Anna Maria Bortz
Identität und Kontinuität

Beihefte zur Zeitschrift für die alttestamentliche Wissenschaft

Herausgegeben von
John Barton, Reinhard G. Kratz, Nathan MacDonald,
Carol A. Newsom und Markus Witte

Volume 512

Anna Maria Bortz

Identität und Kontinuität

Form und Funktion der Rückkehrerliste Esr 2

DE GRUYTER

ISBN 978-3-11-056878-3
e-ISBN (PDF) 978-3-11-056975-9
e-ISBN (EPUB) 978-3-11-056881-3
ISSN 0934-2575

Library of Congress Cataloging-in-Publication Data

Names: Bortz, Anna Maria, 1986- author.
Title: Identität und Kontinuität : Form und Funktion der Rückkehrerliste
Esr 2 / Anna Maria Bortz.
Description: Edition 1. | Berlin ; Boston : De Gruyter, [2018] | Series:
Beihefte zur Zeitschrift für die Alttestamentliche Wissenschaft ; volume 512
Identifiers: LCCN 2018007881 | ISBN 9783110568783 (hardcover)
Subjects: LCSH: Bible. Ezra II–Criticism, interpretation, etc. |
Judaism–Post-exilic period, 586 B.C.-210 A.D. |
Jews–To 1500.
Classification: LCC BS1355.52 .B67 2018 | DDC 229/.1–dc23
LC record available at https://lccn.loc.gov/2018007881

Bibliografische Information der Deutschen Nationalbibliothek
Die Deutsche Nationalbibliothek verzeichnet diese Publikation in der Deutschen
Nationalbibliografie; detaillierte bibliografische Daten sind im Internet über
http://dnb.dnb.de abrufbar.

© 2018 Walter de Gruyter GmbH, Berlin/Boston
Satz: Konvertus, Haarlem
Druck und Bindung: CPI books GmbH, Leck
♾ Gedruckt auf säurefreiem Papier
Printed in Germany

www.degruyter.com

Für Christoffer und Noah

Vorwort

Die vorliegende Arbeit ist im Wintersemester 2016/2017 an der Johannes Gutenberg – Universität Mainz als Dissertation angenommen worden. Für die Drucklegung wurde sie geringfügig überarbeitet.

Mein herzlicher Dank gilt zuerst meinem Doktorvater Prof. Dr. Sebastian Grätz für die exzellente Betreuung. Während des Entstehungsprozesses der Arbeit hat er mich stets mit viel Geduld, kritischen Rückfragen und wertvollen Denkanstößen begleitet. Auch Prof. Dr. Wolfgang Zwickel, der das Werden der Arbeit mit vielen Anregungen verfolgt hat, möchte ich für den wissenschaftlichen Austausch und die zügige Erstellung des Zweitgutachtens danken.

Ein ganz besonderer Dank gilt weiterhin Dr. Anna Zernecke, der ich meine Faszination für das Alte Testament verdanke und die mir während des Studiums und der Promotionszeit zu einer Mentorin und Freundin geworden ist.

Ihr und meinen Kollegen und Doktorgeschwistern Ulrich Hofeditz, Dr. Stefan Höhn und Dr. Sonja Beckmayer verdanke ich zahlreiche Mittagessen und Kaffeepausen mit fachlichem und nicht-fachlichem Austausch, die ich nicht missen möchte.

Dr. Reinhard G. Lehmann und der Sozietät für Nordwestsemitische Epigraphik der Universität Mainz sowie der alttestamentlichen Sozietät der Universität Mainz verdanke ich viele fruchtbare Diskussionen und Impulse, die entscheidend zum Werden dieser Arbeit beigetragen haben.

Prof. Dr. Katharina Greschat (Bochum) danke ich ganz herzlich für das wertvolle Coaching im Rahmen des Christine de Pizan Mentoring-Programms der Universität Mainz.

Prof. Dr. Thomas Hieke, Dr. Eva von Contzen, Prof. Dr. Astrid Möller, Prof. Dr. Sabine Mainberger, Prof. Dr. Claudia Klodt danke ich für den interessanten Austausch und zahlreiche Anregungen im Rahmen der Tagung „Die Macht der Liste: Aufzählungen aus interdisziplinärer Perspektive" (FRIAS, Freiburg 2014).

Nico Bensing B. Sc. bin ich für die gründliche Durchsicht des Manuskripts sehr zu Dank verpflichtet. Mein Dank gilt ferner den Herausgebern der Beihefte zur Zeitschrift für die alttestamentliche Wissenschaft (BZAW) für die Aufnahme der Dissertation in ihre Reihe. Weiterhin danke ich der Studienstiftung des deutschen Volkes und der Stipendienstiftung Rheinland-Pfalz für die finanzielle und ideelle Förderung während meiner Studien- und Promotionszeit.

https://doi.org/10.1515/9783110569759-202

Vor allem aber bin ich meiner gesamten Familie zu großem Dank verpflichtet, allen voran meinem Ehemann Dr. Christoffer Bortz, unserem Sohn Noah Emil sowie meinen Eltern, Silvia und Heinrich Schneider. Ohne ihre Geduld, Unterstützung und Ermutigung hätte diese Arbeit nicht entstehen können.

Mainz im September 2017

Inhalt

1 Einleitung

Und so zog also aus jedem Geschlecht eine bestimmte Zahl aus. Ich halte es nun nicht für zweckmäßig, diese Geschlechter alle einzeln aufzuzählen, damit der Leser nicht von dem Zusammenhang der Begebenheiten abgelenkt werde und der Geschichtserzählung besser folgen könne. (Josephus, *Ant.* XI, 68)

Dieser Auszug aus Josephus' Version der Rückkehr-Tempelbau-Erzählung zeigt deutlich, wie er das ihm vorliegende Textmaterial gewichtet. Während der Fokus seines Erzählinteresses auf den Umständen und Begebenheiten der Rückkehr des Volkes Israel aus der babylonischen Gefangenschaft und des Wiederaufbaus des Tempels liegt, tritt die Auflistung der Rückkehrer selbst in den Hintergrund. Die Liste der einzelnen Geschlechter ist für seine Erzählabsicht uninteressant, ja lenke von den eigentlichen Geschehnissen ab.

In Esr 1–6 hingegen, der kanonischen Version der Rückkehr-Tempelbau-Erzählung, nimmt die Liste der Heimkehrer ein ganzes Kapitel ein: Esr 1 schildert den Aufbruch aus Babylonien und die Rückgabe der Tempelgeräte, Esr 2 liefert sodann ein ausführliches Verzeichnis der heimkehrenden Exilierten, und Esr 3 knüpft mit Altarbau und Grundsteinlegung des Tempels durch die Alijot an die Heimkehr an. Die aramäischen Kapitel 4–6 schildern schließlich Spannungen und Anfeindungen bis hin zur Tempeleinweihung.

Während die Liste Esr 2 somit im Zentrum des hebräischen Erzähltextes steht, hält Josephus jedoch für seine Geschichtsschreibung eine Aufzählung der einzelnen zurückgekehrten Geschlechter für unnötig. Auch der heutige Leser springt gerne über das spröde Listenmaterial hinweg, um besser dem Berichteten folgen zu können. Das Empfinden, dass die Liste in Esr 2 den Erzählverlauf unterbricht, hat in der Forschung häufig dazu geführt, diese als Zusatzmaterial zu betrachten, mit dem der Autor oder ein späterer Redaktor die Erzählung entweder weiter ausgestalten bzw. untermauern oder als Ersatz für einen Rückkehrbericht fungieren lassen wollte.[1] Vor diesem Hintergrund stellt sich die Frage, ob die Liste unverzichtbar für ihren Kontext ist oder ob die Rückkehr-Tempelbau-Erzählung auch ohne Esr 2 auskäme.

---

[1] Dabei lassen sich Ansätze unterscheiden, die von einer nachträglichen Einfügung ausgehen – wie etwa Noth, Studien, S. 144; Galling, Studien, S. 91; Ackroyd, Chronicles, S. 218; Willi, Juda, S. 76 f; Karrer, Ringen, S. 293; Weingart, Stämmevolk, S. 73; Redditt, Census, S. 225 f; 237; Kratz, Komposition, S. 63 f; Wright, Rebuilding, S. 301 – und solche Ansätze, die die Eintragung auf einer Entstehungsebene mit der Gesamtkomposition Esr 1–6 betrachten; vgl. u. a. Hölscher, Bücher, S. 492; Rudolph, Esra, S. 11; Mowinckel, Studien I, S. 42 f; Gunneweg, Esra, S. 53–56; Williamson, Ezra, S. xxiii; Blenkinsopp, Ezra, S. 83; Rothenbusch, Tora, S. 89; Fried, Ezra, S. 4; 18–21; 136 f; Häusl, Registriert, S. 136 f; Heckl, Neuanfang, S. 181–217.

https://doi.org/10.1515/9783110569759-001

Ihr offiziell anmutender Charakter hat dabei immer wieder eine Diskussion um ihre Authentizität und ihren Quellencharakter entfacht – liegt uns mit Esr 2 eine tatsächliche Abschrift aus dem Tempelarchiv vor?[2] Wie ist das Dokument dann zeitlich einzuordnen?[3] Oder haben wir es mit einer bloßen Fabrikation des Verfassers zu tun?[4]

Zugleich findet sich aber ebendiese Rückkehrerliste erneut in Neh 7, und auch die Esraerzählung präsentiert eine weitere Auflistung von Heimkehrern (Esr 8,1-14), die deutliche Ähnlichkeiten zu Esr 2 par. aufweist. Die Liste in Esr 2 und ihr Erzählkontext Esr 1-6 scheinen mit dem Rest des Esr-Neh-Buches auf komplexe Weise verwoben, obgleich der Text sich inhaltlich abgrenzen lässt. Im Hinblick auf die Zusammensetzung der ersten sechs Kapitel des Esrabuches und ihr Verhältnis zur folgenden Esraerzählung bzw. zur gesamten Komposition des Esr-Neh-Buches ist auch in der gegenwärtigen Forschungsdebatte noch kein Konsens erreicht. Dabei hat die Komposition der Rückkehr-Tempelbau-Erzählung Esr 1-6 in der Vergangenheit vergleichsweise wenig Beachtung gefunden. Wenngleich in den letzten zwei Jahrzehnten das Interesse an Esr-Neh stark gewachsen ist, scheint ein vorrangiger Fokus auf der Esraerzählung und der sogenannten Nehemia-Denkschrift bzw. auf den beiden Protagonisten zu liegen.[5] Auch die Monographien der letzten Jahrzehnte befassen sich entweder mit dem gesamten Esr-Neh-Buch oder der Esra- bzw. Nehemiaerzählung.[6] Ausführlichere Studien zu den Listen des Esr-Neh-Buches finden sich zuletzt bei Smend (1881)[7] und Mowinckel (1964).[8] Die Liste in Esr 2 wurde zudem in einem Aufsatz von Redditt

---

2 So z. B. Hölscher, Bücher, S. 492; Rudolph, Esra, S. 17; Galling, Studien, S. 108; Coggins, Books, S. 4; Mowinckel, Studien I, S. 62 f; Fensham, Books, S. 48; Gunneweg, Esra, S. 56–66; Williamson, Ezra, S. 31; Blenkinsopp, Ezra, S. 83; Schunck, Nehemia, S. 201–203 (Neh 7); Redditt, Census, S. 237 f. Ähnlich auch Rothenbusch, Tora, S. 88 f.
3 Die Datierungsansätze gehen hierbei weit auseinander und reichen von der Zeit vor Vollendung des Tempelbaus 515 v. Chr. (vgl. Galling, Studien, S. 108; Rudolph, Esra, S. 17; Williamson, Ezra, S. 31; Rothenbusch, Tora, S. 92) über das vierte Jahrhundert (vgl. Mowinckel, Studien I, S. 108; Gunneweg, Esra, S. 66; Redditt, Census, S. 240) bis hin zu einer Spätdatierung von Finkelstein, Geographical Lists, S. 68, der Gegebenheiten späthellenistischer bzw. hasmonäischer Zeit annimmt.
4 So etwa Torrey, Composition, S. 5; 39–41; Becker, Esra, S. 18.
5 Während die Forschung an den Chronikbüchern bereits in den 1980/90ern florierte, haben die Bücher Esr-Neh (vor allem als Quelle für die Perserzeit) zunächst nur langsam Beachtung gefunden. Für eine ausführliche Zusammenschau der Forschungsgeschichte in den letzten zwanzig Jahren des letzten Jahrhunderts vgl. Willi, Zwei Jahrzehnte Forschung, S. 61–104.
6 Vgl. etwa Eskenazi, Age of Prose; Karrer, Ringen; Wright, Rebuilding; Pakkala, Ezra; Rothenbusch, Tora; Bänziger, Jauchzen und Weinen.
7 Vgl. Smend, Listen.
8 Vgl. Mowinckel, Studien I.

(2012)[9] sowie im Rahmen der Studien von Heckl (2016)[10] ausführlicher diskutiert. Darüber hinaus gibt es allerdings in der neueren Forschung keine einschlägige Untersuchung, die sich dezidiert mit jenen Listen beschäftigt.

Die vorliegende Arbeit möchte daher die bisher eher ausgesparte Liste Esr 2 in den Fokus nehmen. Ziel soll es dabei sein, die Liste nicht nur isoliert im Hinblick auf ihre Authentizität und Ursprünglichkeit zu betrachten, sondern zugleich auch ihre Einbettung und Funktion im vorliegenden hebräischen Erzählkontext Esr 1-3 zu untersuchen. Dabei muss jedoch immer auch die gesamte Komposition von Esr 1-6 im Blick behalten werden. Denn der Text bietet keinen chronologisch stimmigen Erzählverlauf, präsentiert manche Ereignisse doppelt (etwa das Kyros-Edikt und die Grundsteinlegung in Esr 1; 3 bzw. Esr 5 f) und wechselt nach der Hälfte des Textes ins Aramäische, um die Erzählung dann wieder mit wenigen hebräischen Versen (Esr 6,19-22) abzuschließen. Esr 1-6 präsentiert sich als hebräisch-aramäische Komposition von „material of two major literary genres: narrative and document, and the transition between them or their integration do not depend upon the change in language".[11]

Diese Beobachtung hat in der bisherigen Forschung Anlass zu verschiedenen Erklärungsversuchen bezüglich der Entstehung gegeben. Dabei gehen vor allem frühere Kommentare und Untersuchungen im Rahmen der Hypothese eines Chronistischen Geschichtswerkes (ChrG) von einer Abfassung von Esr 1-6 durch den sogenannten Chronisten aus. Diesem werden nicht nur 1/2 Chr zugeschrieben, sondern auch die entsprechende Fortsetzung der Geschichte Israels durch die Kompilation der Bücher Esr-Neh.[12] Der Chronist habe dieser Auffassung zufolge unter Aufnahme verschiedener (authentischer) Quellen die Rückkehr-Tempelbau-Erzählung Esr 1-6 als Auftakt zu Esr-Neh und als Brücke zu 1/2 Chr verfasst. Dabei habe er vor allem vorhandenes Material – entsprechend auch die Liste in Esr 2[13] – kompiliert und in einen Erzählrahmen eingebettet. Die Arbeit des Chronisten bilde demnach den Abschluss des Entstehungsprozesses von Esr-Neh.

Daran anknüpfend geht die letzte große Untersuchung sämtlicher Listen des Esr-Neh-Buches durch Mowinckel von einer mehrstufigen Entstehungsgeschichte des Esr-Neh-Buches aus, wobei die Erzählung Esr 1-6 zwar samt der für

---

9 Vgl. Redditt, Census.
10 Vgl. Heckl, Neuanfang, S. 58–81; 177–181.
11 Japhet, Composition, S. 192.
12 Vgl. Torrey, Composition; Hölscher, Bücher; Batten, Commentary; Noth, Studien, S. 144; Rudolph, Esra; Ackroyd, Chronicles; Galling, Bücher; ders., Studien; Mowinckel, Studien I; Myers, Ezra; Gunneweg, Esra; Coggins, Books; Fensham, Books; Clines, Ezra; Becker, Esra. So auch noch Blenkinsopp, Judaism, S. 163–167; ders., Ezra, S. 44; 47–54.
13 Anders Galling, Studien, S. 91, der hier von einer „postchronistischen" Einfügung ausgeht.

authentisch befundenen Liste Esr 2 durch den Chronisten kompiliert worden, eine letzte Bearbeitung jedoch mit der Anfügung der Nehemiaerzählung in nach-chronistischer Redaktion erfolgt sei:[14] *„Erst die nachchronistische Redaktion hat die Nehemiadenkschrift mit der Ezrageschichte des Chron verbunden und das grosse Chaos in Neh 7-12 geschaffen."*[15] Neh 7 sei dabei durch den nachchronisti-schen Verfasser aus Esr 2 entlehnt worden.[16]

Eng mit der Auffassung einer gemeinsamen Komposition von 1/2 Chr und Esr-Neh verbunden ist auch die Diskussion um die literarische Ursprünglichkeit des uns nur in griechischer Sprache überlieferten, apokryphen 3 Esrabuches. Dieses bietet ebenfalls eine Version der Rückkehr-Tempelbau-Erzählung inklusive Heimkehrerliste (3 Esr 5). Es beginnt jedoch mit Material aus den letzten beiden Kapiteln des 2 Chronikbuches und hat wohl auch Josephus' Geschichtsschreibung zugrunde gelegen. Lange Zeit war daher die sogenannte „Fragmenthypothese" vorherrschend, der zufolge mit 3 Esr nur ein Fragment des Gesamttextes, aber dennoch eine ursprüngliche Version des Esrabuches erhalten sei und die zugleich beweise, dass Esr originär mit 1/2 Chr verbunden war.[17] Allen diesen Entwürfen gilt Williamsons Kritik, dass unter der Annahme, „that Chronicles, Ezra, and Nehe-miah were all part of a single work (with or without the NM in its "first edition"), Ezra 1-6 has not received the attention it deserves in scholarly research."[18]

Im Zuge der Arbeiten von Japhet und Williamson[19] ist in jüngerer Zeit stärker von der These einer gemeinsamen Verfasserschaft von 1/2 Chr und Esr-Neh

---

14 Vgl. Mowinckel, Studien I, S. 29–63. „Die Liste ist von Chron als einen Teil seiner Restaura-tionsgeschichte, als ein Verzeichnis der unter Zerubabel, d. h. nach Meinung des Chron schon zur Zeit des Kyros, vom Exil Heimgekehrten, aufgenommen und hineingearbeitet. Zu der Annah-me, dass er sie selber gemacht haben solle, dass sie daher eine Fälschung sei könne, liegt nicht der geringste Grund vor. Er hat sie somit vorgefunden. Damit ist aber nicht gegeben, dass er sie richtig gedeutet habe." (Mowinckel, Studien I, S. 62 f)

15 Mowinckel, Studien I, S. 47 (Kursivierung dort).

16 Vgl. Mowinckel, Studien I, S. 40–45. Anders Galling, Studien, S. 91, der zwar auch von einem „postchronistischen" Autor ausgeht, welcher jedoch Esr 2 aus Neh 7 entlehnt habe und nicht um-gekehrt.

17 So etwa noch Mowinckel, Studien I, S. 18. Für einen forschungsgeschichtlichen Abriss der heute kaum noch vertretenen Fragmenthypthese vgl. Pohlmann, Studien, S. 19–26.
Unabhängig von der Annahme einer originären Verbindung der beiden Bücher ist jedoch die – im Rahmen dieser Arbeit noch ausführlich zu diskutierende und von einigen Autoren vertretene – Auffassung, dass 3 Esr eine ältere Fassung der Rückkehr-Tempelbau-Erzählung bewahrt habe, der gegenüber Esr 1-6 die Priorität zukomme. Vgl. etwa Pohlmann, 3. Esra-Buch; Pohlmann, Stu-dien; Schenker, Relation, S. 218–249; Böhler, Stadt; ders., 1 Esdras, S. 16 f; Fulton/Koppers, Lower Criticism, S. 11–29.

18 Williamson, Ezra, S. xxiii.

19 Vgl. Japhet, Supposed Common Authorship, S. 330–371; dies., Relation, S. 298–313; Williamson, Israel, S. 5–70; ders., Composition, S. 244–270.

Abstand genommen worden. Sowohl Japhet als auch Williamson analysieren die Texte vor allem auf sprachlich-stilistischer, aber auch auf inhaltlicher Ebene und kommen zu dem Schluss, dass die Unterschiede zwischen den beiden Werken deutlich überwiegen. So fasst Japhet zusammen: „Chr und Esr-Neh stellen zwei verschiedene Werke von zwei verschiedenen Autoren dar. Sie weisen nicht nur eine Fülle von mehr oder weniger geringfügigen Unterschieden sprachlicher, stilistischer und literarischer Art auf und vertreten unterschiedliche, häufig entgegengesetzte historische und theologische Auffassungen; aufs Ganze gesehen handelt es sich um zwei verschiedene Ausprägungen biblischer Geschichtsschreibung während der persisch-hellenistischen Epoche."[20] Gemeinsam ist ihnen, dass „[t]hey are both fruits, however, of the spiritual endeavour of the Restoration community, and represent the last fruits of biblical historiography."[21]

Dennoch ist in der Forschungsdiskussion diesbezüglich noch kein Konsens erreicht.[22] Selbst Williamson bemerkt im Hinblick auf eine abschließende Redaktion von Esr-Neh: „[...] this editor should probably be linked with the circle of those who had previously subjected the books of Chronicles to a pro-priestly redaction."[23] Denn gerade für Esr 1-6 lassen sich durchaus Gemeinsamkeiten mit den Chronikbüchern feststellen, die jedoch auf unterschiedliche Weise erklärt werden können.[24] So spricht Blenkinsopp noch jüngst von einer „unity of conception" mit den Chronikbüchern:[25] „Based on similarity of language, theme, and ideology, the balance of probability favors a reading of Ezra 1-6 as the continuation of the Chronicler's history. Whether the Ezra narrative (Ezra 7-10; Nehemiah 8) represents a further extension of the history from the same source is much less clear."[26] Besonders die Kapitel 3 und 6, die sich mit der Kultrestauration befassen, weisen dabei einerseits mehr oder weniger spezifische inhaltliche und sprachliche Übereinstimmungen, andererseits aber auch dezidierte Unterschiede zu 1/2 Chr auf.[27]

---

20 Japhet, 1 Chronik, S. 29.
21 Japhet, Relationship, S. 312.
22 Vgl. zur Diskussion Rothenbusch, Tora, S. 26–34.
23 Williamson, Ezra, S. xxxv. Vgl. hierzu Willi, Zwei Jahrzehnte Forschung, S. 100: „W[illiamson] konzediert hier also eine Verbindung zwischen Esr-Neh und Chr, auf welcher Ebene und in welcher Weise auch immer."
24 So auch schon Braun, Chronicles, S. 63: „Applied to specific portions of Ezra-Nehemiah, our study would suggest that the contents of Ezra i-iii and vi 14–18 lie closest to the thought world of the Chronicler."
25 Vgl. ausführlich Blenkinsopp, Judaism, S. 163–167; ders., Ezra, S. 44; 47–54 (Zitat S. 54).
26 Blenkinsopp, Judaism, S. 166.
27 Vgl. zusammenfassend Rothenbusch, Tora, S. 29–31.

Rothenbusch zufolge ist dieser „Befund für Esra 1-6 [...] besser so zu erklären, dass einer der beiden sich thematisch berührenden Texte in Kenntnis des anderen verfasst und von diesem beeinflusst wurde, als durch eine gemeinsame Verfasserschaft."[28] Ein komplexes Entstehungsmodell, bei dem die literarische Abhängigkeit in beide Richtungen geht, hat auch Steins herausgearbeitet. So nimmt dieser an, dass erstens 1/2 Chr „eine mehrfach fortgeschriebene Großkomposition Esra 1-Neh 13* voraussetzt und punktuell als Vorlage benutzt und [dass] *zweitens* auch Bezüge zwischen den Ergänzungen in 1/2 Chr und Esr/Neh festzustellen sind, die aber noch weiterer Untersuchung bedürfen. [...] Zwischen 1/2 Chr und Esr/Neh bestehen entstehungsgeschichtlich vielfältige Beziehungen, die unter den beiden Kategorien ‚Rezeption' und ‚Bearbeitung' zusammengefasst werden können."[29] Dabei sei festzustellen, dass gerade die Kapitel Esr 3; 6 und 8 auf späte Einfügungen kultischer Thematik hinweisen, die wohl im Zusammenhang mit einer Bearbeitung der Chronikbücher stehen.[30] „Der Befund läßt sich durch die Annahme klären, daß Esra/Neh den Verfassern von 1/2 Chr bekannt war, als Quelle benutzt worden ist, aber auch seinerseits Bearbeitungen durch die chronistischen Verfasser erfahren hat."[31] Eine ähnliche Auffassung teilt auch Hieke.[32] Dieser vielschichtige Befund zeigt, dass auch das Verhältnis zu den Chronikbüchern bei einer Analyse der Rückkehr-Tempelbau-Erzählung nicht ganz außer Acht gelassen werden kann.

In der neueren Forschung finden sich dabei sowohl synchrone als auch diachrone Ansätze für eine Betrachtung der Erzählung. So analysieren einige Entwürfe Esr 1-6 auf synchroner Ebene, ohne jedoch ein Textwachstum zu leugnen. Eine solche umfassende Analyse des gesamten Esr-Neh-Buches hat zuletzt T.C. Eskenazi vorgelegt, die dem Text nach dem Model des Strukturalisten Claude Bremond eine dreigliedrige Struktur zuweist: I. „Potentiality" (Esr 1,1-4); II. „Process of actualization" (Esr 1,5- Neh 7,72); III. „Success" (Neh 8,1-13,31).[33] Der Hauptteil II ist überdies noch einmal in drei „movements"[34] unterteilt. Dabei gelte: „The repeated list of returnees, Ezra 2 and Neh 7:6-72, *literally* frames this

---

28 Rothenbusch, Tora, S. 31 mit Braun, Chronicles, S. 63 f.
29 Steins, Chronik, S. 442.
30 Vgl. Steins, Chronik, S. 443.
31 Steins, Chronik, S. 443.
32 Vgl. Hieke, Bücher, S. 39: „Die Berührungen zwischen Esra-Nehemia und den Chronikbüchern sind unverkennbar und lassen sich am besten durch die Vermutung erklären, dass zum einen der Chronist Esra-Neh als Quelle heranzog, zum anderen spätere Theologen beide Werke (also die vier Bücher 1/2 Chr, Esra, Neh) zusammen bearbeiteten."
33 Vgl. Eskenazi, Age, S. 38; 175.
34 Eskenazi, Age, S. 38.

section.“[35] Eskenazis Entwurf ist darin besonders, dass sie die sonst in der Forschung gängige Unterteilung in Esr 1-6; Esr 7 ff und Neh nicht übernimmt,[36] sondern eine ganz eigene Gliederung vorlegt, die den sukzessiven Bau des Hauses Gottes – ein Begriff, der sowohl für den Tempel als auch für Jerusalem als heilige Stadt gelte[37] – beschreibe. Dabei sei die Wiederholung der Rückkehrerliste (Esr 2// Neh 7) der „clue to the structure“.[38] Eskenazis Anwendung literaturwissenschaftlicher Methoden eröffnet neue Sichtweisen auf den biblischen Text, läuft aber zugleich Gefahr, seine komplexe Struktur und inhaltliche Diversität in ein einheitliches Schema zu zwängen.[39] Grabbe merkt hierzu an: „Therefore, Bremond's model, as applied by Eskenazi, works well enough to illustrate the literary unity and the overall message of the two books as they now stand. Nevertheless, it is not the only possible analysis of the structure; there may be other structural outlines which would be equally convincing [...].“[40]

Als ein für die Forschungsdebatte prägender Ansatz hat sich Williamsons Analyse der Komposition von Esr 1-6 herausgestellt. Unter der Voraussetzung, dass hier nicht die Hand des Chronisten anzunehmen sei, geht er von einem mehrstufigen Entstehungsprozess des Esr-Neh-Buches aus, bei dem die Textpassage Esr 1-6 den Abschluss bilde.[41] Ausgangspunkt seiner Argumentation ist dabei die Liste Esr 2, die er als von Neh 7 abhängig betrachtet.[42] Da Neh 7 f jedoch auch die Stelle sei, an der die Esra- und Nehemiaerzählungen miteinander verwoben wurden, gelte folgendes: „[...] it follows that the editor responsible for Ezra 2 already knew Ezra 7-10 and Nehemiah in substantially its present shape.“[43] Daneben bediene sich der Autor noch sieben weiterer Quellen, die

---

35 Eskenazi, Age, S. 39 (Kursivierung dort).
36 Vgl. beispielsweise Japhet, Composition, S. 190.
37 Vgl. Eskenazi, Age, S. 54 f.
38 Eskenazi, Age, S. 37.
39 Siehe z. B. die Kritik bei Rothenbusch, Tora, S. 40, der bemerkt, dass eine solche einheitliche Strukturierung des Textes „nur um den Preis einer starken interpretatorischen Nivellierung seiner Inhalte zu erreichen“ sei. Vgl. hierzu auch Willi, Zwei Jahrzehnte Forschung, S. 96 f; Grabbe, Ezra, S. 97 f.
40 Grabbe, Ezra, S. 97.
41 Williamson, Ezra, S. xxxv unterscheidet „three basic stages“: „(1) the writing of the various primary sources, all more or less contemporary with the events they relate; (2) the combination of the EM, NM, and other sources to form Ezra 7:1-Neh 11:20; 12:27-13:31 (11:21-12:26 were added seperately); (3) the later addition of the introduction in Ezra 1-6.“
42 Vgl. Williamson, Composition, S. 245–250. Ihm folgt darin jüngst auch Schunck, Nehemia, S. 203–206.
43 Williamson, Composition, S. 250.

er mit einem narrativen Rahmen verbinde.[44] Auch die Kenntnis von anderem biblischen Textmaterial, wie etwa Hag und Sach 1-8, habe er dabei einfließen lassen.[45]

Williamsons These wurde in der neueren Forschung vielfach rezipiert und weiter ausgeführt. Blenkinsopp stimmt mit ihm größtenteils bezüglich einer Abfassung von Esr 1-6 unter „extensive use of source material" überein,[46] obgleich er Williamsons Negation eines chronistischen Geschichtswerkes sowie eine Priorität von Neh 7 gegenüber Esr 2 nicht teilt.[47] Auch Grabbe zufolge seien die Kapitel Esr 1-6 als zu Esr 7-10 parallel konstruierte „Joshua-Zerubbabel story"[48] im Wesentlichen Produkt eines Erzählers, der – darin folgt er Williamson – verschiedene Quellen zu einem Narrativ zusammengearbeitet hat.[49] Dabei sei der älteste Erzählkern jedoch in 3 Esr 2; 5-9 und nicht in der kanonischen Fassung überliefert.[50]

Viele der neueren Entwürfe zu Esr 1-6 zeigen dabei einen Fokus auf die besondere Art der Historiographie in der Rückkehr-Tempelbau-Erzählung bzw. in Esr-Neh. So betrachtet auch Japhet auf synchroner Ebene die Entstehung des gesamten Esr-Neh-Buches als bewusst geplante Komposition eines Autors,[51] der ein Konzept der „historical periodization"[52] zugrunde liege. Innerhalb dieser ließen sich zwei fast gleich lange Zeitperioden von jeweils ungefähr einer

---

44 Vgl. Williamson, Composition, S. 250–267. Insgesamt identifiziert er folgende Quellen: „(1) the decree of Cyrus (1:2-4); (2) the inventory of temple vessels (1:9-11); (3) the list of those returning (chap. 2, a compilation of those who returned during the first twenty years or so of Achaemenid rule); (4) two letters which the editor summarizes at 4:6 and 7. He may have used part of the information contained in these letters in his writing of 4:1-3; (5) a letter in Aramaic from Rehum and others to Artaxerxes (4:8-16) and (6) Artaxerxes' reply (4:17-22); (7) a letter from Tattenai to Darius (5:6-17) and (8) Darius' reply (6:3-12), which included a transcript of a separate decree of Cyrus (vv 3-5)." (Zitat Williamson, Ezra, S. xxiv)
45 Vgl. Williamson, Ezra, S. xxiv.
46 Blenkinsopp, Ezra, S. 42.
47 Vgl. Blenkinsopp, Ezra, S. 43 f.
48 Vgl. Grabbe, Ezra, S. 107 f; 119–121.
49 Vgl. Grabbe, Ezra, S. 126–133. „The argument that the narrator of Ezra 1-6 had no information apart from a handful of sources (the Cyrus decree, a list of temple vessels, the list of Ezra 2, the supposed Persian documents, and the books of Haggai and Zechariah) and used them in compiling his narrative (Williamson 1983) seems persuasive to me. This means that much of the narrative, both in Hebrew and in Aramaic, is an inference from preserved documents; consequently, the narrative has no independent authority." (Zitat S. 133)
50 Vgl. Grabbe, Ezra, S. 121 f. Siehe auch ders., Chicken, S. 31–43.
51 Vgl. Japhet, Composition, S. 200 f: „I wish to suggest that it is possible – and hence obligatory – to explain the composition of EN precisely in that manner: as a book that was produced 'all at one', by an author, according to a clear plan."
52 Japhet, Composition, S. 215.

Generation (Esr 1-6; Esr 7-Neh 13) ausmachen.[53] Während die erste Phase Esr 1-6 durch das Projekt des Tempelbaus definiert sei, stünden in der zweiten Phase Esr 7-Neh 13 die Rollen der Anführer Esra und Nehemia im Vordergrund.[54] Für den ersten Abschnitt Esr 1-6 gelte dabei, dass „[t]he author apparently did not possess a complete and continuous literary source describing that period, but only miscellaneous documents that related to it."[55] Entsprechend habe er die verschiedenen ihm vorliegenden Dokumente mit einer Rahmenerzählung verbunden.[56] In dieser Hinsicht geht Japhets Interpretation der Komposition Esr 1-6 mit der von Williamson parallel.

Auch Halpern folgt Williamson weitestgehend in Bezug auf die Kompilierung von Esr 1-6 innerhalb nur einer Abfassungsphase durch einen Verfasser, den er „the historian" nennt.[57] Dabei analysiert er den Text besonders unter dem Gesichtspunkt der Chronologie und erklärt die Schwierigkeiten bei der zeitlichen Abfolge der Geschehnisse mit einer zweifachen Chronologie, nämlich einer „real chronology" und einer „ostensible chronology".[58] Dabei seien die jeweiligen Kapitel selbst nicht chronologisch, sondern vielmehr nach Inhalt angeordnet – der erste Teil beschreibe den Beginn der Rückkehr und des Baus noch ohne Anfeindungen, der Mittelteil biete dann eine Geschichte der Spannungen, während der letzte ausschließlich mit dem erfolgreichen Abschluss des Tempelbaus und den entsprechenden Feierlichkeiten beschäftigt sei.[59] Um jede seiner Quellen individuell sprechen zu lassen, ohne dabei offensichtliche chronologische Widersprüche zu kreieren, habe der Verfasser beschlossen „to soften the chronological focus with the gauze of thematic development; he blurs, disguises, obscures the passage of time, all to good effect in the service of his program [...]."[60] Hinsichtlich der thematischen (nicht chronologischen) Anordnung der Ereignisse zeige sich ein „familiar pattern in Mesopotamian royal inscriptions".[61]

53 Vgl. Japhet, Composition, S. 208.
54 Vgl. Japhet, Composition, S. 209 f.
55 Japhet, Composition, S. 212.
56 Vgl. Japhet, Composition, S. 213. Diesem Ansatz schließt sich auch Bänziger, Jauchzen und Weinen, S. 34 f an, der für seine Untersuchung zur Darstellung einer ambivalenten Restauration in Juda davon ausgeht, dass „das Esra-Nehemia-Buch als Gesamtkomposition nach einem Plan zusammengestellt wurde." (Zitat S. 35)
57 Vgl. Halpern, Commentary, S. 122.
58 Halpern, Commentary, S. 111: „Overall, Ezra 1-6 presents a dual sequence. In the real chronology, Zerubbabel founds the temple in 520. In the ostensible one, he does so around 537." Siehe auch a. a. O., S. 118.
59 Vgl. Halpern, Commentary, S. 111.
60 Halpern, Commentary, S. 133.
61 Halpern, Commentary, S. 111.

Zugleich bediene das Tempelbauschema in Esr 1-6 „predictable Near Eastern topoi"[62] bzw. „established modes of conceptualizing and describing the reconstruction of a ruined temple."[63]

Dieser Aspekt wurde jüngst von Fried aufgegriffen, die in einer ausführlichen Analyse alle Elemente einer altorientalischen Tempelbauerzählung mit wenigen Abweichungen auch für Esr 1-6 ausmacht – „the historian who wrote Ezra 1-6 built his narrative around a building story, perhaps the Second Temple's authentic bilingual building inscription."[64] Im Anschluss an Williamsons These geht sie davon aus, dass zusätzlich zu den von ihm identifizierten Quellen „and instead of a decree by Cyrus, the historian had the Second Temple's building account available to him as a separate source."[65] Zugleich sei die Verwendung und Anordnung der Dokumente in Esr 1-6 den hellenistischen Regeln rhetorischer Historiographie geschuldet.[66] Der Passage Esr 1-3 komme die Funktion eines Prologs zu, Esr 4,1-6,15 bilde den Haupttext mit dem verschiedenen Briefmaterial als Textbelegen und Esr 6,16-22 den Epilog.[67] Das Ziel der Erzählung sei es dabei den Leser davon zu überzeugen „that the *'am hā'areṣ* are the enemies of the Jews."[68]

Einen anderen Weg geht jüngst Heckl, der mit der Verarbeitung nur einer Quelle, nämlich der aramäischen Tempelbauchronik (Esr 5 f*) in Esr 1-6 rechnet. „Bei der Abfassung von Esr 1-6 wurde mit der aramäischen Tempelbauchronik ein literarischer Text eingebunden, der eine mit dem Bau des Tempels verbundene Bevölkerungsliste enthielt."[69] Diese Liste sei sodann gekürzt, angepasst und nach vorn (Esr 2) verschoben worden,[70] um die am Tempelbau Beteiligten gleichzeitig

---

62 Halpern, Commentary, S. 112.
63 Halpern, Commentary, S. 115.
64 Fried, Land, S. 49.
65 Fried, Land, S. 34. Esr 1,9-3,6 seien dabei als durch den Historiker vorgenommene Einfügungen unterschiedlichen Materials in die ursprüngliche Tempelbauinschrift zu betrachten, vgl. Fried, Ezra, S. 171.
66 Vgl. Fried, Documents, S. 17: „If Ezra 1-6 was composed according to Hellenistic rules of rhetorical historiography, then the chapters ought to be divisible into these four components: prologue, narration, proofs, and epilogue."
67 Vgl. Fried, Documents, S. 16–26. Dabei dienten die Briefe in Esr 4 als authentische Textbelege („proofs") aus einer anderen Zeit, da „the author seems not to have had direct evidence available to him to prove his contention [...]. Had he had direct proof, he would have provided it." (Zitat S. 22)
68 Fried, Documents, S. 26.
69 Heckl, Neuanfang, S. 194.
70 Auf eine Versetzung der Liste von Esr 5 nach Esr 2 deuteten laut Heckl, Neuanfang, S. 177–181 die Verse Esr 5,4 f.10 f hin, die eine folgende schriftliche Auflistung der Namen erforderlich machten. Ob in Esr 5 jedoch tatsächlich eine Personenliste gestanden haben muss oder ob hier nicht

zu Rückkehrern der ersten Stunde zu machen und so „von den Samaritanern abzuheben."[71] Daneben habe die ursprüngliche Quelle parallel weiter existiert und sei bei der Einfügung der Liste in Neh 7 auch noch im Blick gewesen.[72] Zugleich sei für den gesamten Textkomplex Esr 1-8 eine „kohärente übergreifende Konzeption" und somit eine gemeinsame Verfasserschaft anzunehmen.[73]

Becking hingegen macht andere Erzählgrenzen fest. So enthalte das Esrabuch drei zusammengefügte Erzählstränge: Esr 1-2; Esr 3-6 und Esr 7-10.[74] Dabei äußert er generell Zweifel bezüglich der Echtheit der verarbeiteten Quellen sowie der Möglichkeit, eine dahinterstehende authentische Geschichte rekonstruieren zu können (gegen Williamson und Halpern):[75] „The methodical mistake made by source-oriented historians, regardless of their being minimalists or maximalists, is that they identify the source under consideration with 'what really happened'." Ein Text gebe jedoch zunächst einmal primär über den Autor, dessen zeitgeschichtliches Umfeld und seine Interpretation der Geschichte Auskunft – „its story is a history on its own".[76]

Eine Reihe weiterer Aufsätze betrachtet die Komposition Esr 1-6 vor allem hinsichtlich der prophetischen Tradition. So wirft Krüger einen „Blick auf übergreifende Strukturen des vorliegenden Textes, die quer zur literarkritisch ermittelten Abgrenzung der ‚Quellen' verlaufen",[77] während er zugleich mit Gunneweg von einer Verarbeitung und „Neuakzentuierung" einer „aramäischen Jerusalem-Erzählung" (Esr 4,6-6,18)[78] sowie der Aufnahme der Liste in Esr 2,1-67 ausgeht.[79] Ihm zufolge schildere der Text zwei sukzessive Tempelbauversuche. Während der erste (Esr 3,7-4,24) aufgrund der Widerstände zum Scheitern verurteilt sei, verlaufe der zweite Versuch (Esr 5,1-6,22), der auf Initiative der Propheten Haggai und Sacharja hin geschieht, erfolgreich, da mit ihnen als Sprachrohr der Befehl

---

von Anfang an eine Leerstelle intendiert war, bleibt noch zu diskutieren, kann aber im Rahmen dieser Arbeit nicht weiter verfolgt werden.

71 Vgl. Heckl, Neuanfang, S. 177–181 (Zitat S. 181); siehe auch a. a. O., S. 58–81.

72 Vgl. Heckl, Neuanfang, S. 71 f.

73 Vgl. Heckl, Neuanfang, S. 270–280 (Zitat S. 279).

74 Vgl. Becking, Re-enactment, S. 48: „(1) Ezra 1-2 relates the movement of a group of people from 'being in Babylonia' to 'living in Jerusalem and vicinity'. (2) Ezra 3-6 is to be seen as coherent narrative – the main narrative programme of which can be labelled as the abolition of the non-celebration of the Passover. [...] (3) The story of Ezra's coming to Jerusalem and the measures taken by him (Ezra 7-10)."

75 Vgl. Becking, Re-enactment, S. 50–53.

76 Vgl. Becking, Re-enactment, S. 52 f. (Zitat S. 53)

77 Krüger, Esra, S. 66.

78 Krüger, Esra, S. 71 mit Gunneweg, Esra, S. 31; 82–94.

79 Vgl. Krüger, Esra, S. 72 mit Gunneweg, Esra, S. 50–56.

Gottes hinzutrete.[80] „So hebt die Struktur von Esr 1-6 die Bedeutung der Institution Prophetie [...] für das Gelingen des Tempelbaus als der ersten Phase der Restitution ‚Israels' im Lande hervor [...]".[81] In ähnlicher Weise betrachtet auch Lortie, allerdings ohne etwaige Quellen zu diskutieren, den Aufbau der Rückkehr-Tempelbau-Erzählung. Diese sei einerseits durch die beiden Leitworte עלה und בנה strukturiert, die als Imperative im Kyrosedikt begegnen (vgl. Esr 1,3). Damit verbunden könne andererseits der zweite Imperativ des Bauens erst ab Esr 5 durch die Rolle der Propheten Haggai und Sacharja durchgesetzt werden.[82] Auch hier wird also die prophetische Stimme als Sprachrohr JHWHs und „catalyst for the success of the temple rebuilding project" verstanden.[83]

Für Edelman präsentiert sich Esr 1-6 als bewusste Gesamtkomposition, als „narrative of fulfilled prophecy", die keinen historischen Bericht darstelle, sondern einen „account framed according to prophetic predictions telling what should have happened".[84] Dabei verwende und harmonisiere der Verfasser sämtliche prophetische Traditionen, die sich mit der Phase der Restauration befassen, während er sich zugleich noch der Bücher Neh (und damit der Rückkehrerliste in Neh 7) und 1/2 Chr bediene.[85] Aufgrund der zahlreichen intertextuellen Bezüge kommt Edelman zu der Annahme, die Erzählung sei eine „very much late composition that presumes and draws upon a number of other compositions that form part of the emerging authoritative corpus of texts defining the religious community of Israel at some point after the reconstruction of the temple."[86]

Es zeichnen sich also auch in der neueren Forschung eine Reihe von Entwürfen ab, die für Esr 1-6 von der Kompilation durch primär einen einzigen Verfasser ausgehen, der unter Verwendung verschiedensten Quellenmaterials, einer ganzen Reihe alttestamentlicher Bezüge und mesopotamischer Topoi eine Erzählung kreierte. Deren Aussageinteresse wird dabei je nach Interpretationsansatz jedoch unterschiedlich gewichtet. Die Frage nach dem literarischen Wachstum von Esr 1-6 tritt hier hinter der Erzählintention eines Quellen-kompilierenden Verfassers zurück.

Daneben begegnen jüngst auch literarkritische Ansätze, die eine komplexe Entstehung von Esr 1-6 annehmen. Kratz geht von der sogenannten „Aramäischen Chronik" in Esr 5 f als einem gegenüber dem restlichen Text älteren,

---

80 Vgl. Krüger, Esra, S. 69.
81 Krüger, Esra, S. 69.
82 Vgl. Lortie, These Are, S. 161–169.
83 Lortie, These Are, S. 169.
84 Edelman, Ezra, S. 47.
85 Vgl. Edelman, Ezra, S. 51 f.
86 Edelman, Ezra, S. 52 f.

eigenständigen Überlieferungsstück und damit als Grundlage der Erzählung aus.[87] Dabei seien die ältesten Überlieferungskerne „die protokollartigen Auszüge in 5,6.7bβ.8 und 6,6-7.12b und vielleicht das Memorandum in 6,3-5."[88] Diese seien dann in mehreren Schritten zur aramäischen Tempelbauchronik ausgestaltet worden.[89] Eine „Verlängerung der Tempelbauchronik Esr 5-6 nach vorn"[90] habe zunächst die Einträge in Esr 1,1-11; 3,8abα.10a.12 f; 4,1-5 sowie einen neuen Schluss in 6,16-18 zur Folge gehabt.[91] Erst dann sei „die Vorgeschichte durch verschiedene Zusätze ergänzt [worden], von denen die einen den Büchern I-II Chr (Esr 2; 3,1-7.8bβγ.9.10b-11; 6,19-22), die anderen (4,6.7.8-23) sprachlich und stilistisch dem näheren Kontext und thematisch dem Nehemiabuch nahestehen."[92] Wright folgt dem Modell von Kratz und führt dies weiter.[93] Dabei versteht er Esr 1-6 als pro-priesterlichen Gegenentwurf zur Nehemiaerzählung,[94] während Esr 7 f hingegen erst in Anlehnung dessen als literarische Brücke zur Nehemiaerzählung modelliert sei und nicht umgekehrt.[95]

Auch Grätz sieht in dem aramäischen Briefwechsel Esr 5 f* „eine Größe *sui generis* innerhalb von Esr 1-6",[96] wobei zu überlegen sei, „ob der Bestand von Esr 5,3-6,14aα.15 nicht eine eigene schriftliche Überlieferung gebildet hat, die ohne die Protagonisten Serubbabel und Jeschua einerseits sowie Haggai und Sacharja andererseits ausgekommen ist."[97] Weiterhin sei auch die Artaxerxeskorrespondenz in Esr 4,6-23 literarisch von ihrem Kontext Esr 3; 5 abzugrenzen,[98] deren Baubericht von Stadt und Mauern möglicherweise „einen Vorgriff auf die

---

87 Vgl. Kratz, Komposition, S. 55; 57.
88 Kratz, Komposition, S. 63.
89 Vgl. Kratz, Komposition, S. 67.
90 Kratz, Komposition, S. 63.
91 Vgl. Kratz, Komposition, S. 67.
92 Kratz, Komposition, S. 67.
93 Wright, Rebuilding, S. 301: „1:1-5 appears to have been expanded with v. 6 and then vv. 7-11 based on the supplement in 5:14-15. The beginning of the story in vv. 1-5(6) forms a direct point of contact with 3:8."
94 Vgl. Wright, New Model, S. 342: „But once Nehemiah presents his building project as the Restoration of Judah after the catastrophe of 586 B.C.E. and exposes widespread corruption in the temple, Priestly authors take it upon themselves to set the historical record straight."
95 Vgl. Wright, New Model, S. 343 f: „Ezra 7-8 meshes very well with the aims of Ezra 1-6; indeed, these chapters may be described as nothing more than a variation on the theme of the temple-building account." (Zitat S. 344)
96 Grätz, Aramäische Chronik, S. 417.
97 Grätz, Chronologie, S. 220.
98 Vgl. Grätz, Aramäische Chronik, S. 414; ders., Chronologie, S. 216–219. Zur Einbettung der Artaxerxeskorrespondenz in ihren Kontext vgl. auch ders., Kommunikation, S. 258–262.

Maßnahmen Nehemias darstellt und im gegenwärtigen Kontext als retardierendes Element fungiert".[99]

Karrer hingegen geht von einer ursprünglichen Kompilation der gesamten aramäischen Texte Esr 4,7-6,15 als erstes Entstehungsstratum aus.[100] In einem zweiten Schritt sei dann auf Ebene der Gesamtkomposition ein hebräischer Rahmen Esr 1; 3-4,6 und 6,16-22 formuliert worden, dessen Verfassungskonzept identisch mit dem des ganzen Esr-Neh-Buches sei.[101] Erst danach sei die Liste Esr 2 eingefügt worden,[102] denn diese weiche von ihrem Kontext ab und setze nochmals eigenständige Akzente.[103] Auch Rothenbusch präsentiert jüngst ein mehrschichtiges Entstehungsmodell im Zusammenhang mit der Gesamtkomposition Esr-Neh. So haben dem Verfasser zwei große Quellen „Esr 2,1a(ואלה בני המדינה). 3-62 und 5,3-6,15" vorgelegen, die er dann „in einen neuen inhaltlichen und ideologischen Horizont gestellt" habe.[104] Dabei müsse Esr 1-6 als Korrektur zur Darstellung der Restauration in der Aramäischen Quelle Esr 5 f* gelesen werden.[105] Die Artaxerxeskorrespondenz Esr 4,6-24 hingegen, deren Quellenkern wohl ursprünglich in 4,7.8.11b-23 bestand „wurde durch V. 6 und 24 sowie V. 9 f.11a in den Zusammenhang Esr 1,1-4,5; 5 f. erst nachträglich eingefügt",[106] ist also auf der Ebene der Buchredaktion Esr-Neh anzusiedeln und weist bereits auf das Wirken Nehemias voraus.[107] Sie bildet so „eine inhaltliche und chronologische Brücke zwischen Esr 1-6 und Esra 7-Neh 13 und integriert die verschiedenen Teile des Buches stärker."[108]

Unter literarkritischer Perspektive werden also Entstehungsstrata, die sich allein auf die Kompilation Esr 1-6 beziehen, von solchen unterschieden, die im Zusammenhang mit der Gesamtkomposition Esr-Neh stehen. Auch Hieke rechnet für die Esr-Neh-Komposition mit einer „Reihe späterer Bearbeitungen in Esr 3*; 6*; 8*; Neh 8*-12*", die „das Schwergewicht auf kultische Fragen und die Belange des Kultpersonals am Tempel (Leviten, Musiker Torwächter)" legen.[109] Ähnlich nimmt Pakkala, der sich zwar in seiner Monographie vorrangig mit der Esraerzählung (Esr 7-10; Neh 8) auseinandersetzt, für Esr 3,1-6 ein literarisches Wachstum

---

99 Grätz, Kommunikation, S. 262 Anm. 49.
100 Vgl. Karrer, Ringen, S. 292.
101 Vgl. Karrer, Ringen, S. 126 f; 284; 292.
102 Vgl. Karrer, Ringen, S. 293.
103 Vgl. Karrer, Ringen, S. 108 f. Ähnlich auch Weingart, Stämmevolk, S. 81–83.
104 Rothenbusch, Tora, S. 108.
105 Vgl. Rothenbusch, Tora, S. 108–121.
106 Rothenbusch, Tora, S. 58.
107 Vgl. Rothenbusch, Tora, S. 54–61.
108 Rothenbusch, Tora, S. 60.
109 Hieke, Bücher, S. 39.

an, das zugleich im Zusammenhang mit weiteren Einfügungen des Esrabuches steht. Während Esr 3,4 f noch später zu verorten sei, seien Esr 3,1-3.6 „added by an editor interested in the sacrifices. Similar interests are found in Ezr 6:9, 16-17; 7:17-18; 8:35-36, which may derive from the same hand."[110]

Bei einer Betrachtung dieser Ansätze wird deutlich, dass eine Analyse von Esr 1-6, auch wenn der Text gemeinhin als in sich geschlossene Erzählung gelten kann, nur schwer von der Diskussion um das Verhältnis der Bücher Esr, Neh und 1/2 Chr zueinander zu trennen ist. So ist auch eine Untersuchung der Rückkehrerliste eng mit dieser Problematik verbunden, da ihre dreifache Überlieferung in Esr 2, Neh 7 und 3 Esr 5 ebenfalls die Frage nach Komposition und Zusammenhang der einzelnen Bücher berührt. In einem ersten Schritt soll daher in dieser Arbeit die Ursprünglichkeit der Rückkehrerliste im Hinblick auf ihre dreifache Überlieferung diskutiert werden (Kap. 2). Im Folgenden liegt der Fokus auf dem Kapitel Esr 2 und seinem unmittelbaren Kontext. So wird zunächst eine vollständige Übersetzung und ausführliche literar- und traditionsgeschichtliche Analyse der Kapitel Esr 1-3 vorgelegt (Kap. 3). Auf dieser Basis soll dann die Kernfrage dieser Arbeit untersucht werden: Handelt es sich bei Esr 2 um eine nachträgliche Einfügung von authentischem oder fiktivem Material, auf die auch ohne weiteres verzichtet werden könnte? Oder hat Esr 2 eine spezifische Funktion für seinen Kontext (Kap. 4)? Die Ergebnisse dieser Analyse sollen sodann in die Untersuchung des Selbstverständnisses des sich in Esr 2 präsentierenden Israel einfließen (Kap. 5). Im Rahmen des Ertrages ist zuletzt auch noch einmal auf die Implikationen der Ergebnisse für die Gesamtkomposition Esr 1-6 einzugehen (Kap. 6).

---

110 Pakkala, Ezra, S. 144.

2 Die dreifache Überlieferung der Rückkehrerliste in Esr 2, Neh 7 und 3 Esr 5

Die im Fokus der Arbeit stehende Rückkehrerliste ist uns gleich dreifach überliefert. Wo diese Liste ihren ursprünglichen Platz hatte und wie die literarischen Abhängigkeiten verlaufen, wird in der Forschung immer wieder kontrovers diskutiert. Sie findet sich mit je kleinen textlichen Variationen in Esr 2,1-70; Neh 7,6-72 und 3 Esr 5,7-45. 3 Esr, in der Septuaginta als Esdras α wiedergegeben, ist eine nur im griechischen Text überlieferte Fassung, die neben eigenem Material Stücke aus 2 Chr, Esr und Neh umfasst.[1] Dabei gibt sie den gesamten Inhalt des Esrabuches in geänderter Reihenfolge und somit auch die Liste in Esr 2 (in 3 Esr 5,7-45) wieder, wohingegen der Nehemiatext, der auch die zweite Nennung der Rückkehrerliste umfasst, bis auf das Stück Neh 7,72-8,13a keine Aufnahme findet. Neben der Frage, ob sich der Originalkontext bzw. die ursprüngliche Version der Rückkehrerliste im Esra- oder im Nehemiabuch oder womöglich in beiden gleichzeitig findet, muss also auch noch die Überlieferung in jenem apokryphen 3 Esrabuch in Betracht gezogen werden.

Daher ist im Hinblick auf die Einbettung der Rückkehrerliste in ihren Kontext auch die Frage nach der Komposition von 3 Esr sowie dem komplexen literarischen Verhältnis von Esr, Neh und 3 Esr zu klären. Entsprechend müssen hierbei auch Aussagen über den Entstehungsprozess dieser Schriften getroffen werden, obgleich im Rahmen dieser Arbeit kein differenziertes Entstehungsmodell entworfen werden kann.

Innerhalb der Listen selbst finden sich nur kleinere Differenzen, wie etwa andere oder zusätzliche Namen, vertauschte Namensreihenfolgen oder auch abweichende Zahlenwerte, wobei die Gesamtzahl von 42 360 Mitgliedern der „Gemeinde" gleichbleibt. Bezüglich der Priorität der Texte finden sich in der Forschungsliteratur ganz unterschiedliche Auffassungen. So vertritt beispielsweise Mowinckel in seiner Studie zu den Listen in Esr-Neh die Ansicht, „dass die ‚ursprungliche' [sic!] Stelle dieser Liste Ezr 2 ist",[2] dass 3 Esr als Fragment jedoch die „ursprüngliche Gestalt" eines die Chronikbücher sowie das Esra-Nehemiabuch umfassenden „chronistischen Geschichtswerkes" wiedergibt.[3] Entsprechend gibt er zwar Esr 2 gegenüber Neh 7 den Vorzug, entscheidet

---

1 Neben den Einfügungen von eigenem Material in 3 Esr 1,21 f; 3,1-5,6, finden sich die Texte in folgender Reihenfolge: 2 Chr 35,1-19; 2 Chr 35,20-36,21; 2 Chr 36,22-23 = Esr 1,1-3a; Esr 1,3b-11; Esr 4,7-24; 2,1-4,5; Esr 5,1-10,44; Neh 7,72-8,13a; vgl. Pohlmann, 3. Esra-Buch, S. 377.
2 Mowinckel, Studien I, S. 62.
3 Mowinckel, Studien I, S. 28.

https://doi.org/10.1515/9783110569759-002

textkritische Fragen jedoch mal zugunsten von 3 Esr 5, mal zugunsten von Esr 2.[4] Hierin zeigt sich, dass eine vermutlich ältere Textfassung nicht unbedingt den besseren Text bewahrt haben muss und dass sich mithilfe textkritischer Untersuchungen an der Liste keine absolut sicheren Aussagen über die Priorität eines bestimmten Kontextes treffen lassen. Auch Mowinckel bemerkt zur Frage nach dem ursprünglichen Ort der Liste: „Die Frage wird nicht durch textkritische Resultate gelöst. Nichts verhindert, dass die Rezension, die bezüglich der Platzierung der anderen gegenüber sekundär ist, in Einzelfällen den besseren Text bewahrt haben kann."[5] Aus diesem Grund soll bei einem Vergleich der Rückkehrerlisten zunächst nicht nur auf einzelne textkritische Aspekte der Listen selbst, sondern vielmehr auch auf die Textkomposition als Ganzes eingegangen werden. Eine ausführliche Untersuchung der Varianten innerhalb der jeweiligen Rückkehrerlisten wird dann im Rahmen der textkritischen Analyse in Kapitel 3.1 erfolgen. Im Folgenden sollen nun die Listen unter Berücksichtigung ihrer jeweiligen Funktion genauer in ihrem Kontext diskutiert werden.

2.1 3 Esr 5

Das in griechischer Sprache überlieferte Buch 3 Esr[6] weist gegenüber MT Esra eine geänderte Reihenfolge sowie zusätzliches Textmaterial auf. Die Erzählung setzt bereits mit den letzten zwei Kapiteln des 2. Chronikbuches ein und führt somit vom Passahfest Josias (2 Chr 35,1 ff), unter Ergänzung eines sich nur in 3 Esr 1,21 f befindlichen Rückblicks auf Josias Taten, direkt zum Bericht über die Rückkehr aus dem Exil (vgl. Esr 1,1 ff). Im Anschluss an die Tempelschatzliste (Esr 1,9-11; 3 Esr 2,9-14) folgt dann jedoch nicht wie im kanonischen Esrabuch die Rückkehrerliste (vgl. Esr 2), sondern direkt die in aramäischer Sprache verfasste Artaxerxeskorrespondenz (vgl. Esr 4,7-24). Daran schließt sich die nur in

---

4 Beispielsweise versteht Mowinckel, Studien I, S. 67 das in 3 Esr 5,41 gegenüber Esr 2,64 hinzugefügte „ἀπὸ δωδεκαετοῦς" als Glosse, bemerkt aber zu Esr 2 in Mowinckel, Studien I, S. 68: „Ebenso fehlen zwischen v. 57 und v. 58 eine Reihe von Namen, die wir in 3 E 5:34 finden."
5 Mowinckel, Studien I, S. 40. Vgl. auch Pakkala, 1 Esdras, S. 94: „After centuries of transmission, different readings emerged, so that one textual tradition may preserve a better reading in one passage, whereas another tradition is more original in another passage. [...] The theory that is able to explain the birth of a particular reading should be given priority and one's general understanding of the primacy of the versions should not impact the evaluation of any single passage."
6 Die Diskussion, ob 3 Esr die griechische Übersetzung eines ursprünglich hebräischen oder aramäischen Originals darstellt, soll hier nicht geführt werden. Vgl. hierzu bspw. Talshir, Origin; Talshir, 1 Esdras; Böhler, Esdras I, S. 1172 f; Williamson, 1 Esdras, S. 851.

3 Esr vorhandene Erzählung des sogenannten Pagenwettstreits an (3 Esr 3,1-5,6). Diese handelt von einem Redewettstreit dreier junger Männer bzw. Diener vor dem Großkönig Darius in Bezug auf die Frage, was am mächtigsten sei. Während die ersten beiden die Macht des Weines bzw. des Königs anführen, antwortet der Dritte, der sodann als Serubbabel identifiziert wird, die Macht der Frau, korrigiert sich dann aber und nennt die ἀλήθεια als das Mächtigste. Daraufhin wird er mit verschiedenen Privilegien ausgestattet und erhält die Genehmigung, nach Jerusalem zu ziehen und mit Unterstützung des Königs bzw. dessen Beamten Stadt und Tempel wiederaufzubauen.

Daran anknüpfend setzt nun mit der Heimkehrerliste (vgl. Esr 2), bis auf die Auslassung der in 3 Esr 2,15-25 bereits erwähnten Artaxerxeskorrespondenz (Esr 4,7-24), die restliche Erzählung ein, die der Reihenfolge des kanonischen Esrabuches bis Esr 10,44 entspricht. Die im kanonischen Buch als Überleitung vom Beginn des Tempelbaus (Esr 3) zur Artaxerxeskorrespondenz dienenden Verse Esr 4,1-5[7] stehen somit in 3 Esr als Überleitung vom Beginn des Tempelbaus zur sogenannten Aramäischen Chronik (vgl. Esr 5 f). Diese berichtet erneut vom Beginn des Tempelbaus unter König Darius, so dass 3 Esr hier eine zweite Unterbrechung des Baus aufweist.[8]

Die Pagenerzählung setzt als zeitlichen Rahmen die Herrschaft des Großkönigs Darius voraus. Auch die daran anschließende Heimkehrerliste und der Beginn des Tempelbaus werden somit in diese Zeit datiert. Die folgenden Verse (3 Esr 5,63-70; Esr 4,1-5), die im kanonischen Esrabuch die Artaxerxeskorrespondenz einleiten,

---

7 Esr 4,6 findet sich nicht in 3 Esr. Der Vers, der von einer Anklage gegen die Bewohner Judas und Jerusalems zur Zeit des Xerxes berichtet, dient wohl im kanonischen Esrabuch speziell als Scharnier zwischen der Herrscherabfolge Kyros bis Darius in Esr 4,5 und dem dann ab Esr 4,7 agierenden Artaxerxes. Die Erwähnung des Xerxes gibt den Anschein einer kontinuierlichen Störung der Baumaßnahmen durch äußere Feinde und dient somit als chronologische Überbrückung. Um welche Gegner, Anklage und Baumaßnahme es sich hierbei handelt, wird in 4,6 nicht ausgeführt. Ziel des Verses ist es lediglich zu zeigen, dass die Unternehmungen der Bevölkerung immer wieder gestört wurden, dass also seit dem Edikt des Kyros die Restauration von äußeren Anfeindungen und Schwierigkeiten bedroht war. Vgl. Fulton/Knoppers, Lower Criticism, S. 25; ähnlich auch schon Gunneweg, Esra, S. 87, der V. 6 allerdings als „Extrakt aus der aramäischen Vorlage" ansieht. Hanhart, Unbekannter Text, S. 115 f; 123 sieht in den Versen Esr 4,6-24 eine „literarische Vorwegnahme" (Zitat S. 123) vergleichbarer Widerstände zur Zeit des Xerxes und Artaxerxes, „verursacht durch die im Anfang stehende chronistische Aussage über das Auftreten ‚der Feinde Judas und Benjamins'" (Zitat S. 115). In 3 Esr hingegen stehen die Verse Esr 4,1-5 in einem anderen Zusammenhang. Sie leiten von einem Baubeginn zu einem erneuten Baubeginn (3 Esr 6,2) über und schildern somit eine durch äußere Gegner verursachte Unterbrechung des Tempelbaus unter Darius. Die Erwähnung einer Anklage unter Xerxes ist in diesem Zusammenhang also überflüssig, da auch im Folgenden König Darius der Handelnde bleibt.
8 Vgl. Grätz, Bild, S. 113 f Anm. 27.

beziehen sich nun zunächst aber wieder auf Kyros, um dann eine zweijährige Unterbrechung bis Darius zu schildern (3 Esr 5,70).[9] Mit dem Auftreten Esras ab 3 Esr 8 ist Artaxerxes dann als der herrschende König genannt. Die in 3 Esr intendierte Abfolge der Könige scheint also Kyros (559-530 v. Chr.) – Darius I. (522-486 v. Chr.)[10] – Artaxerxes I. (465/4-425 v. Chr.) zu sein.[11] Ein Problem stellt hier allerdings der bereits in 3 Esr 2 im Zusammenhang mit dem Baustopp genannte König Artaxerxes dar. Will man diesen in das chronologische Gerüst einbeziehen, so müsste man auf den Artaxerxes aus 3 Esr 2 Darius II. (423-404 v. Chr.) und Artaxerxes II. (404-359 v. Chr.) folgen lassen, was eine sehr lange Spanne vom Auftrag des Tempelbaus unter Kyros bis zur Wiederaufnahme des Kults voraussetzt. Inwiefern der Verfasser die Kenntnis oder Absicht hatte, die tatsächliche Abfolge der persischen Könige wiederzugeben, ist indes unklar.[12] In jedem Fall schildert diese selektive Darstellung jene Könige als aufeinanderfolgend, die wohl in der Tradition für die Restauration Jerusalems von Bedeutung gewesen zu sein scheinen, nämlich Kyros, Darius und Artaxerxes (vgl. Esr 6,14//3 Esr 7,4). Die Erzählung schließt dann mit dem Bericht über die Gesetzesverlesung Esras ab (3 Esr 9,37-55), die sich auch in Neh 7,72-8,13a findet.

---

9 Pohlmann, 3. Esra-Buch, S. 408 geht mit Rudolph, Esra, XIIf davon aus, dass diese zeitlichen Angaben, die „in deutlichem Widerspruch zu den bisherigen Zeitangaben im 3 Esr" stehen, darauf zurückzuführen seien, dass es sich hier um „eine nachträglich vorgenommene[...] Angleichung" an den masoretischen Text Esr 4,5 handelt. Dabei seien die Zeitangaben vor der Umstellung des Textes im Rahmen der Interpolation der Pagenerzählung weggelassen worden. Zur Kritik an diesem Entstehungsmodell vgl. Grätz, Edikt, S. 16 f. Eine weniger komplexe Erklärung, bietet die Annahme von Talshir, Ancient Composition, S. 117 f, dass die Abschnitte Esr 2,1-4,5 aus einem ursprünglich der Vorlage des MT entsprechenden Esrabuch wegen ihres Hauptakteurs Serubbabel in die unmittelbare Nähe zur interpolierten Pagenerzählung verschoben wurden, so dass nun die Artaxerxeskorrespondenz direkt auf das Kyrosedikt folgte. Die Passagen, die Serubbabel nennen, stehen hierbei nun unmittelbar zusammen. Zur zweijährigen Unterbrechung von Kyros bis Darius vgl. Anm. 10 in diesem Kapitel.
10 Zur direkten Abfolge von Kyros und Darius in 3 Esr 5,70 vgl. Grätz, Bild, S. 113 f Anm. 27: „Das bedeutet erstens, dass 3.Esr im Gegensatz zum kanonischen Esrabuch die Dauer des Baustopps nennt und zweitens, dass Darius dezidiert als direkter Nachfolger des Kyros betrachtet wird. Der Text in 3.Esr 5,70 kann insofern als sinnvoll verstanden werden, als dass hier vor der Vorstellung des Tempelbaus in 3.Esr 6,1 ff eine abschließende und vom kanonischen Esrabuch insofern abweichende Zusammenfassung geboten wird, als diese die genaue Dauer der Unterbrechung bietet und eine direkte Akoluthie der Könige Kyros – Darius annimmt [...]."
11 Vgl. hierzu auch Honigman, Cyclical, S. 196, die in 3 Esr drei Erzählzyklen festmacht, an die jeweils ein *pair of actors* gebunden ist: „Cyrus and Sheshbazzar in cycle 1; Darius and Zerubbabel/Jeshua (the two are functionally linked together) in cycle 2; and Artaxerxes and Ezra in cycle 3."
12 Vgl. hierzu Grätz, Bild, S. 116 Anm. 37.

Der letzte, abrupt endende Vers des 3 Esrabuches (3 Esr 9,55) (καὶ ἐπισυνήχθησαν), der im kanonischen Nehemiabuch und in der 3 Esr-Rezeption des Flavius Josephus[13] noch eine je unterschiedliche Fortsetzung erfährt, sowie der unvermittelte Anfang mit καὶ ἤγαγεν hat in der Forschung häufig Anlass dazu gegeben, 3 Esr als Fragment einer uns nicht mehr vollständig überlieferten Version eines größeren Geschichtswerks zu betrachten.[14] So schlussfolgert beispielsweise Mowinckel: „Es kann somit mit aller Gewissheit festgestellt werden, dass 3 E kein ,Buch', sondern ein Fragment ist. Und zwar: *ein Fragment der ältesten uns bekannten griechischen Übersetzung von dem chronistischen Geschichtswerke.*"[15] Auch Pohlmann geht davon aus, dass 3 Esr eine Stufe der Entstehung widerspiegelt, die die Nehemiaerzählung noch nicht kannte, die aber ursprünglich bereits mit den beiden Chronikbüchern zu einem Geschichtswerk verknüpft war.[16]

Im Zuge der grundsätzlichen Zweifel, die sich in der rezenten Forschung bezüglich einer originären Verbindung der Chronikbücher mit Esra und Nehemia mehren,[17] scheint jedoch auch die sogenannte „Fragmenthypothese" an Bedeutung verloren zu haben. Neuere Ansätze gehen mehrheitlich davon aus, dass 3 Esr kein unvollständig erhaltener Auszug eines ursprünglichen Geschichtswerkes ist, sondern eine eigenständige, in sich geschlossene Erzählung oder Kompilation verschiedenen Materials auf Basis einer Tempelbau- bzw. Esratradition darstellt – unabhängig davon, welcher der beiden uns überlieferten Textversionen nun die Priorität zukommt.[18]

Arie van der Kooij konnte in zwei maßgeblichen Aufsätzen plausibel machen, dass Anfang und Ende von 3 Esr nicht auf einen nur noch fragmentarisch erhaltenen Text hinweisen, sondern syntaktisch und inhaltlich durchaus sinnvoll als solche zu verstehen sind.[19] Nach einer Analyse der ausschließlich in 3 Esr 1,21 f

---

13 Josephus, Ant. XI, 1-158.

14 Vgl. hierzu den forschungsgeschichtlichen Abriss über die sogenannte „Fragmenthypothese" bei Pohlmann, Studien, S. 19–26; siehe auch Pohlmann, 3. Esra-Buch, S. 378 Anm. 6.

15 Mowinckel, Studien I, S. 18.

16 Vgl. Pohlmann, Studien, S. 32–35; 143–145.

17 Vgl. Fulton/Knoppers, Lower Criticism, S. 15 mit Verweis auf entsprechende Forschungsliteratur in Anm. 15.

18 So z. B. van der Kooij, Frage, S. 239–52; ders., Ending, S. 37–49; Williamson, 1 Esdras, S. 851 f; 858; Grätz, Bild, S. 111; Japhet, 1 Esdras, S. 751; dies., Genre, S. 212. Vgl. auch Talshir, Ancient Composition, S. 111 f, die jedoch nicht ausschließt, dass das Ende von 3 Esr noch eine ursprüngliche Fortsetzung gehabt haben könnte. Siehe auch Talshir, 1 Esdras, S. 500. Ähnlich auch Grabbe, Chicken, S. 38; 43; der davon ausgeht, dass das ursprüngliche Ende noch Neh 8,13-18 umfasste und somit die Erzählung durch einen Festkreis rahmend mit dem Sukkot abschloss.

19 Vgl. van der Kooij, Frage, S. 239–52; ders., Ending, S. 37–49. Vgl. hierzu auch die Diskussion bei Grätz, Edikt, S. 8–13.

vorhandenen Verse hält er fest, „daß V.22 sich auf Elemente aus II Reg 22 und II Chr 34 bezieht, und V.21 f. inhaltlich die Passage von II Chr 34,29-33 ausschließt.“[20] Entsprechend muss 3 Esr erst mit 2 Chr 35 einsetzen. Zudem lassen sich als Parallelen zum Beginn von 3 Esr auch „noch andere Beispiele von Buchanfängen mit καί + Handlungsverb nennen: LXX Lev 1,1; Num 1,1.“[21] Auch bezüglich des Endes macht van der Kooij darauf aufmerksam, dass die Ansicht, καὶ ἐπισυνήχθησαν bilde einen unabhängigen Satz, zwar auf Basis des hebräischen MT Neh 8,12.13a zunächst plausibel erscheine, jedoch mit Blick auf die griechische Version und Grammatik in 3 Esr einer anderen Satzlogik unterliege. So sei die Satzstruktur in 3 Esr 9,55 ὅτι καὶ ἐνεφυσιώθησαν ... καὶ ἐπισυνήχθησαν als ὅτι-Satz „structured by double καί" zu verstehen: „... not only because the teaching given them had been instilled to their mind, but also because they had been gathered together".[22] Damit unterstreiche der Verfasser von 3 Esr nicht nur die Bedeutung der neu etablierten kultischen Versammlung bzw. Gemeinschaft, die Anlass zur Freude gebe, sondern stelle gleichzeitig eine grammatikalische und inhaltliche Parallele zu dem ebenfalls mit einem ὅτι-Satz abschließenden Abschnitt 3 Esr 7,10-15 dar.[23]

Daneben weist Talshir darauf hin, dass Anfang und Ende des 3 Esrabuches genauso abrupt erscheinen, wie Anfang und Ende der Chronikbücher.[24] Dies muss also kein Argument dafür sein, dass 3 Esr ein aus seinem Kontext herausgerissenes Fragment darstellt, sondern könne vielmehr als Hinweis darauf gedeutet werden, dass die Erzählung auf einen größeren Zusammenhang verweist, der dem damaligen Leser bekannt gewesen sein dürfte. Talshir versteht das Ende von 3 Esr als „something technical, along the lines of 'to be continued'", was bedeuten würde, dass der Text auf eine bereits existierende Fortsetzung verweist, die an dieser Stelle nicht mehr mit aufgenommen wurde; ebenso wie auch Anfang und Ende der Chronikbücher an 1 Sam 31 und Esr 1 anschließen, ohne eine gemeinsame Komposition zu bilden.[25]

Die bereits erwähnten Unterschiede zum kanonischen Esrabuch machen hierbei deutlich, dass der Text ein anderes Erzählinteresse als MT Esr-Neh aufweist, was im Folgenden (Kapitel 2.1.1 und 2.1.2) noch näher ausgeführt werden

---

20 Van der Kooij, Frage, S. 252.
21 Van der Kooij, Frage, S. 251. LXX Lev 1,1: καὶ ἀνεκάλεσεν; Num 1,1: καὶ ἐλάλησεν.
22 Vgl. van der Kooij, Ending, S. 44 f (Zitate S. 45).
23 Vgl. van der Kooij, Ending, S. 45–47.
24 Vgl. Talshir, Ancient Composition, S. 111 f: „We have a wonderful example of a parallel choice made by the author of the book of Chronicles: he began his running history with the last chapter of Saul's reign (1 Chr 10//1 Sam 31), throwing the reader into the middle of a scene that, in the book of Samuel, started long before." (Zitat S. 111).
25 Vgl. Talshir, Ancient Composition, S. 111 f, die eine ursprüngliche Fortsetzung des Verses jedoch nicht ausschließt (Zitat S. 111).

soll. Unter Annahme, dass 3 Esr nicht Teil eines größeren, komplexen Geschichtswerks ist, wird ein eigenes Programm des Buches sichtbar. Japhet weist in diesem Zusammenhang darauf hin, dass auch der Ausgangspunkt der Erzählung ganz bewusst gewählt wurde. 3 Esr beginnt mit der Schilderung der Wiedereinführung des Passahfestes unter Josia (2 Chr 35). Dieser Tatsache muss somit auch bei einem Vergleich zu Esr-Neh Rechnung getragen werden.[26] Dass der Text zu diesem Zeitpunkt einsetzt, ist hierbei nicht dem Zufall geschuldet, sondern verrät ein bestimmtes Interesse: „[...] the author of 1 Esdras was not interested in King Josiah himself, certainly not in the religious reforms that he introduced. Therefore the book does not open with the first chapter of Josiah's reign (2 Chr 34) [...]."[27] Der Startpunkt von 3 Esr ist somit die letzte ausführliche Schilderung der Passahfeier unter einem judäischen König vor der Zerstörung Jerusalems. Von dort aus wird ein Erzählverlauf entwickelt, der sich als historisches Kontinuum von der vorexilischen zur nachexilischen Zeit präsentiert.[28] Dass die Rolle Josias hierbei wichtig für den folgenden Erzählverlauf ist, der sich dann auch dem Handeln der persischen Könige, unter denen wieder Passah gefeiert wird, zuwendet, hat Grätz herausgearbeitet.[29]

Die Frage, welche Version der Tempelbau-Esraerzählung nun aber die ursprünglichere ist, besteht jedoch noch weiterhin. Unter der Voraussetzung, dass 3 Esr einen in sich abgeschlossenen Text darstellt, ist nun die gegenüber der kanonischen Überlieferung zusätzliche Pagenerzählung und abweichende Erzählreihenfolge zu betrachten. Zunächst ist zu klären, ob 3 Esr die Übersetzung einer gegenüber dem masoretischen Text (MT) älteren, ursprünglicheren Fassung darstellt,[30] ob 3 Esr selbst eine neue Zusammenstellung des bereits vorliegenden Textmaterials, das uns heute in Form des MT überliefert ist, vorgenommen hat[31]

---

26 Anders Böhler, Stadt, S. 16; 72 f, der 3 Esr 1 in seiner Analyse bezüglich der Gesamtaussage des Werks und der Unterschiede zu Esr-Neh nicht berücksichtigt. Zur Kritik an dieser Methode vgl. Japhet, Genre, S. 211 Anm. 6.
27 Japhet, Genre, S. 212. Vgl. auch Grätz, Bild, S. 111: „Das ist deshalb nicht unwichtig, weil mit dieser Wahl die chronistische Ausgestaltung der knappen Vorlage 2 Kön 23,21-23 (Passafeier Josias im achtzehnten Jahr seiner Regierung) und nicht seine Wirksamkeit als deuteronomistischer Vollstrecker des ersten Gebots in den Fokus des 3. Esr rückt."
28 Vgl. Japhet, Genre, S. 221.
29 Vgl. Grätz, Bild, S. 112: „[...], dass diese Rolle Josias für 3. Esr insofern programmatisch ist, als die Rolle der persischen Fremdherrscher an dem vorliegenden Josiabild profiliert wird und diese in besonderer, den kanonischen Bericht von Esr-Neh noch übersteigender Weise als Wegbereiter der nachexilischen Restauration dargestellt werden."
30 Vgl. u. a. Pohlmann, Studien; Schenker, Relation; Böhler, Stadt.
31 Vgl. u. a. Williamson, Problem; ders., Rewritten; Talshir, Origin; Wright, Remember; Pakkala, 1 Esdras; Becking, Story.

oder ob beide Fassungen unabhängig voneinander auf nicht mehr erhaltene Quellen zurückgreifen.[32] Damit verknüpft ist die Frage nach der ursprünglichen Abfolge der Esraerzählung. In welchem Textzusammenhang hat die Rückkehrerliste also ursprünglich gestanden?

2.1.1 Die Pagenerzählung

In der Forschung ist ein zunehmender Konsens zu beobachten, der die Pagenerzählung als Interpolation bzw. Zusatzmaterial betrachtet, die ihrerseits selbst eine redaktionelle Überarbeitung erfahren hat. So fasst Grabbe zusammen: „As has long been recognized, Zerubbabel's choice of topic indicates that an original story has been embellished by a pious redactor. The account of the three arguments as to which is stronger fits well the topics of wine, the king, and women, but the subject of the truth is clearly added on and goes against the ground rules, which are to find which one thing is strongest. The author of 1 Esdras has taken over a traditional story but either has a version already expanded by the addition of the element of truth or has done the expansion himself."[33]

Unter den Autoren, die 3 Esr als ursprüngliche Version erachten, scheint Einigkeit darüber zu herrschen, dass die Pagenerzählung nachträglich in den Kontext von 3 Esr eingefügt worden sei.[34] Diese Annahme kann erklären, warum sich der Pagenwettstreit im kanonischen Buch nicht findet: Als der Verfasser von Esr-Neh den 3 Esr-Stoff rezipierte, lag dieser noch ohne die spätere Interpolation vor.

Unter der Prämisse einer Priorität von Esr-Neh muss jene Erzählung ebenfalls als Interpolation von Zusatzmaterial betrachtet werden. Damit ist jedoch noch nicht abschließend geklärt, ob eine Version 3 Esr* ohne die Pagenerzählung jemals existierte.[35] So sieht Becking mit Talshir die Pagenerzählung als „integral

---

32 Vgl. Grabbe, Ezra, S. 109–122; ders., Chicken.
33 Grabbe, Chicken, S. 33; vgl. auch S. 36: „Most scholars agree that it is a traditional tale that has somehow been turned into a Jewish morality tale (the third candidate for the most powerful is clearly 'women,' yet the concept of 'truth' has been tacked on with no logic except for the evident desire to add a moral to the story)." Eine ähnliche Auffassung vertritt beispielsweise auch Pohlmann, Studien, S. 37–48; 150 f; Pohlmann, 3. Esra-Buch, S. 381–383, nach dem eine ursprüngliche Weisheitserzählung in sich zunächst mehrmals redaktionell bearbeitet und dann nachträglich in 3 Esr eingefügt worden sei.
34 Vgl. u. a. Pohlmann, Studien, S. 35–52; ders., 3. Esra-Buch, S. 380–383; Böhler, Esdras I, S. 1169; Schenker, Relationship, S. 46 f.; Grabbe, Chicken, S. 43.
35 Vgl. zur Diskussion Becking, Story, S. 64 f.

part of the composition of 1 Esdras."[36] Demnach handle es sich dabei um eine „Hellenistic court narrative", wie sie beispielsweise auch in Esther, Dan 1-6 und Ahiqar ihren Platz habe.[37] Die Kompilation 3 Esr knüpfe die Wiederaufnahme und den eigentlichen Vorgang des Baus an einen frommen Serubbabel, der die weltliche Macht – den König Darius – dazu bewegt, den Bau des Tempels und der Stadt aktiv zu unterstützen.[38] Damit verfolge sie das Interesse eines „ideological and moral support for all those who wanted to cleanse the temple in Jersualem from foreign, that is, Greek influences"[39].

Weiterhin macht Becking darauf aufmerksam, dass die Antworten der Pagen – Wein, König, Frauen und Wahrheit – als Themenzusammenhänge im Verlauf der weiteren Erzählung 3 Esr wiederkehren.[40] Diese Beobachtung spricht dafür, dass der Pagenwettstreit dicht mit der restlichen Erzählung verwoben wurde.

Ein Interesse der Pagenerzählung scheint darin zu bestehen, Serubbabel als Hauptakteur stärker in den Fokus zu rücken. Somit kommen den Versen 3 Esr 3,1-5,6[41] eine wichtige Funktion in ihrem Erzählkontext zu. Indem 3 Esr die Rückkehrerliste an die Pagenerzählung anschließt, wird die Rückkehr nicht wie in Esr 2 als direkte Folge des Kyrosedikts verstanden. Die Heimkehrer werden vielmehr von Darius (zwar unter Berufung auf Kyros; vgl. 3 Esr 4,57) entsandt. Die Entsendung ist als eine Errungenschaft Serubbabels zu verstehen, der sich durch seine weise Rede die Gunst des Königs zu erwerben vermag. Auffällig ist bei dieser Schilderung die programmatische Nähe zur Nehemiaerzählung: Als Diener des Königs bekommt er auf eigene Anfrage hin gestattet, nach Jerusalem zurückzukehren und die Stadt sowie den Tempel (3 Esr 4,63) wieder aufzubauen.

---

36 Becking, Story, S. 71. Vgl. auch Talshir, Origin, S. 58, die noch einen Schritt weiter geht und die Pagenerzählung als „catalyst for the formation of 1 Esd – its *raison d'être*" ansieht.
37 Becking, Story, S. 67. Vgl. zu den hellenistischen Elementen der Pagenerzählung auch Harvey Jr., Darius' Court.
38 Vgl. Becking, Story, S. 66.
39 Becking, Story, S. 71.
40 Vgl. Becking, Story, S. 69–71.
41 Hierbei sind 3 Esr 5,1-6, die von dem Aufbruch nach Jerusalem erzählen, noch zu der eigentlichen Pagenerzählung hinzuzurechnen, da sie eine Überleitung zu der in 3 Esr 5,7-45 präsentierten Rückkehrerliste bilden. 3 Esr 5,1.4-6 ist in Anlehnung an die Heimkehrerliste modelliert, nennt aber andere Personengruppen und dient vor allem dazu, den Fokus nochmals auf Darius (V. 2.6), Serubbabel (vgl. zur Filiation Serubbabels: Pohlmann, 3. Esra-Buch, S. 402 f Anm. 5a) sowie den später im Text zusammen mit diesem auftretenden Jeschua (V. 5) zu legen und einen passenden Anschluss zur Liste zu konstruieren. Vgl. Schenker, Relationship, S. 47: „[T]he passage 1 Esdr 5:1-6 clearly shares some specific features of the story of the three pages and is therefore the concluding part of it." Vgl. auch Talshir, Ancient Composition, S. 122 f, die in der Doppelung der Einleitung einen Beleg für die sekundäre Kompilation von 3 Esr sieht.

Mit seiner Einführung in 3 Esr 3 gilt Serubbabel nun durchweg bis zum Abschluss des Tempelbaus in 3 Esr 7 als leitende und hauptverantwortliche Person für das Vorhaben.[42] An keiner Stelle wird das Geschehen durch einen anderen Protagonisten unterbrochen. In dieses Bild fügt sich auch sehr gut die auffallende Tatsache, dass Serubbabel, der in MT Esr 5 f lediglich in 5,2 einmal erwähnt wird, in 3 Esr 6,17.26.28 noch drei weitere Male als maßgebliche Ansprechperson benannt wird. VanderKam bemerkt dazu: „Each of these unique references is problematic in some sense, and all of them have the look of notes inserted into an existing but less detailed text."[43] Die Wichtigkeit und Autorität Serubbabels, der in 3 Esr 6,17 sogar zusätzlich zu Scheschbazzar mit der Rückführung der Tempelgeräte betraut wird,[44] wird durch die Pagenerzählung entscheidend verstärkt.

So lesen sich 3 Esr 2-7 (als Parallele zu Esr 1-6) wie eine Erfolgsgeschichte des Serubbabel. Nachdem ein erster Bauversuch zum Scheitern verurteilt war (3 Esr 2,1-25), was verhältnismäßig kurz beschrieben ist, tritt in 3 Esr 3 Serubbabel auf den Plan und führt den Bau nicht nur selbst an, sondern bewegt auch noch den persischen Großkönig dazu, das Vorhaben von offizieller Seite her großzügig zu fördern. Diese Erfolgsgeschichte wird über vier Kapitel (3 Esr 3-7) ausgeführt und kann als eine Art Legendenbildung[45] um Serubbabel gedeutet werden, dessen Taten hier zu denen Esras[46] in den folgenden Kapiteln 3 Esr 8-9 (vgl. Esr 7-10) eine Parallelisierung erfahren. Möglicherweise steht hinter der Stärkung Serubbabels die Absicht „to have a more impressive political figure associated with the early phases of the restoration when the city and temple were built."[47]

Indem er vom König verschiedene Privilegien erhält, bekommt er eine Esra und dem kanonischen Nehemia vergleichbare Rolle zugesprochen. Dies könnte

---

42 Vgl. De Troyer, Second, S. 80 f zu Serubbabels Rolle in 3 Esr: „He is now directly permitted to return and build the temple, whereas in MT Ezra he was simply one of the returnees after Cyrus had given a general edict to all those who wished to go home. This unit renders explicit what was left implicit there."

43 VanderKam, Questions, S. 137.

44 Dies ist deshalb notwendig, da in der Pagenerzählung nun von Darius gefordert wird, eben jene Tempelgeräte nach Jerusalem zu schicken (3 Esr 4,43 f). Vgl. VanderKam, Questions, S. 135: „The fact that the passage, in both 1 Esdras and Ezra, continues with singular forms, as if Cyrus gave the vessels to just one person, and identifies this individual as Sheshbazzar betrays the secondary character of Zerubbabel's name in 1 Esd 6:18."

45 Vgl. auch Hanhart, Unbekannter Text, S. 112.

46 Pakkala, 1 Esdras, S. 104 f, verweist zudem darauf, dass die Figur Esras in 3 Esr durch zusätzliches Material gegenüber Esr MT erhoben bzw. glorifiziert wird; so z. B. darin, dass der persische Großkönig Esra in 3 Esr 8,4 Ehre erweist (καὶ ἔδωκεν αὐτῷ ὁ βασιλεὺς δόξαν) (vgl. S. 104) oder darin, dass er in 3 Esr 9,39.40.49 den Titel „Hohepriester" führt (vgl. S. 105). Die beiden judäischen Hauptakteure des 3 Esrabuches werden also in vergleichbarer Weise hervorgehoben.

47 VanderKam, Questions, S. 143.

darauf hinweisen, dass hier Serubbabel möglicherweise mit der Mission Esras parallelisiert wird und Aspekte der Rolle Nehemias übernimmt. In diesem Zusammenhang macht VanderKam unter Verweis auf Talshir darauf aufmerksam, dass beide, Serubbabel (in 3 Esr) und Nehemia, nicht nur mit dem Aufbau der Stadt und den Angelegenheiten der Priester und Leviten beschäftigt sind, sondern dass zudem die beiden spezifischen Bitten Nehemias an den König – Briefe für sicheres Geleit und die Erlaubnis Holz für den Bau zu erwerben (Neh 2,7 f) – den ersten Privilegien entsprechen, die Darius Serubbabel gewährt (3 Esr 4,47-48).[48] Es lässt sich also nur schwer davon absehen „that Zerubbabel is in some ways exalted at the expense of Nehemiah"[49].

Doch nicht nur die Rolle des Serubbabel wird besonders hervorgehoben, auch der persische Großkönig Darius tritt durch die Pagenerzählung als Handelnder stärker in den Vordergrund. Grätz hat gezeigt, dass neben dem ersten, weisheitlich geprägten Teil der Interpolation „sich der zweite Teil der Beschreibung des Königs Darius als Euergeten zugunsten des Tempels in Jerusalem [widmet]: Darius genehmigt und finanziert den Neubau des Tempels, den Unterhalt der Priester und Leviten, der Wachmannschaften sowie den vorläufigen Opferdienst bis zur Wiederherstellung des Heiligtums"[50]. Damit wird nicht nur Serubbabels Mission durch die Großzügigkeit des Königs aufgewertet, sondern Darius selbst wird als maßgeblicher Förderer des Jerusalemer Kults präsentiert, der in Analogie zum judäischen König Josia in 3 Esr 1 das Passahfest nach einer langen Zeit wieder feiern lässt.[51] „Die Pagenerzählung dient damit nicht zuletzt einer deutlichen Hervorhebung der Rolle des Darius für die Restauration Jerusalems und des Tempels wie sie das kanonische Buch Esra nicht bietet."[52] Dieses Bild fügt sich in die Gesamtdarstellung der Könige in 3 Esr ein. Der Zusatz von 3 Esr 1 (Josiaerzählung) sowie 3 f (Pagenerzählung) gegenüber dem kanonischen Esrabuch lenkt den Fokus auf die beispielhafte Rolle der Könige als Garanten des Jerusalemer Kults – und damit auf die persischen Könige als Nachfolger des judäischen Königs Josia –, so dass die Erzählung 3 Esr als „Fürstenspiegel"[53] verstanden werden kann.

Die enge Verzahnung der Texte, wie sie Becking herausstellte,[54] der Fokus auf Serubbabel, dem mit seiner Einführung in 3 Esr 3 bis zum Abschluss der

---

48 Vgl. VanderKam, Questions, S. 137; Talshir, Origin, S. 49 f.
49 VanderKam, Questions, S. 138.
50 Grätz, Bild, S. 114.
51 Vgl. Grätz, Bild, S. 114.
52 Grätz, Bild, S. 115.
53 Grätz, Bild, S. 119.
54 Vgl. Becking, Story, S. 69–71.

Tempelbauerzählung in 3 Esr 7 die Leitungsfunktion des Projekts zukommt, sowie die besonders hervorgehobene Großzügigkeit des persischen Königs machen die Annahme wahrscheinlich, dass der Pagenwettstreit als zusätzliches Material im Zuge der Kompilation von 3 Esr bereits von Anfang an mit dazugehörte. Das eigene theologisch-politische Programm der Schrift lässt darauf schließen, dass sie wohl nie ohne den Pagenwettstreit existiert hat.[55] Dabei kann die Erzählung eigens für den Kontext kreiert worden sein, wahrscheinlich aber war der Kern einer solchen „court story" bereits vorhanden und wurde abgeändert aufgenommen.[56] Dies spräche mithin für eine sekundäre Kompilation von 3 Esr auf Basis von Esr-Neh und anderem Textmaterial, da sonst nicht erklärbar wäre, wieso der Verfasser von Esr-Neh* auf die Pagenerzählung samt dem Fokus auf Serubbabel und die besondere Rolle des persischen Königs verzichtet haben sollte.

Die Heimkehrerliste steht somit in einem anderen Kontext als in Esr 2. Sie schließt hier nicht an das Edikt des Kyros, sondern direkt an die Pagenerzählung an. Die Rückkehr der Exilierten wird somit von Serubbabel und Darius initiiert, findet also auf der Erzählebene zu einem späteren Zeitpunkt in der Geschichte statt. Auch die Einleitung der Rückkehr in 3 Esr 5,1-6 setzt den Schwerpunkt eindeutig auf diese beiden Hauptakteure.[57] Zwar ist der Text in V. 5 wohl verderbt,[58] doch wird schon durch V. 6 die Rückbindung an das Geschehen der Pagenerzählung ganz deutlich. Zudem nennt 3 Esr 5,6 erneut als Datum das zweite Regierungsjahr des Darius, das sich auch in 3 Esr 2,25 und 6,1 findet,[59] wo es jeweils das Ende der durch Anfeindung bedingten Unterbrechung des Tempelbaus markiert

---

55 Vgl. auch Talshir, Ancient Composition, S. 113: „It was created in order to provide a stage in the narrative that is completely missing in the canonical version, where Zerubbabel appears out of the blue as leader of the returnees." Gegen Böhler, Stadt, S. 69–72. Parallelen Serubbabels zu Nehemia kann Böhler aber nur deshalb außer Acht lassen, weil er die Pagenerzählung für eine sekundäre Ergänzung hält, die erst „sehr spät auf Serubbabel hin interpretiert" (S. 70) worden sei.

56 Vgl. Anm. 33 in diesem Kapitel. Dafür spricht u. a. die Tatsache, dass der Name Serubbabel insgesamt nur zweimal innerhalb der Pagenerzählung vorkommt (3 Esr 4,13; 5,5), sowie die Glosse οὗτός ἐστιν Ζοροβαβελ in 3 Esr 4,13, die Serubbabel nachträglich mit dem dritten Sprecher assoziiert; vgl. u. a. Pohlmann, 3. Esra-Buch, S. 399 Anm. zu Vers 4,13a; VanderKam, Questions, S. 134 sowie die Literaturhinweise ebd., Anm. 11.

57 Vgl. Anm. 41 in diesem Kapitel.

58 Vgl. Pohlmann, 3. Esra-Buch, S. 402 f Anm. zu Vers 5a, der mit Rudolph, Esra, S. XI bemerkt, dass die in Spannung zu V.6 und der restlichen Erzählung stehende Filiation des Jojakim als Sohn Serubbabels „nur durch eine Verschiebung der Glieder im Stammbaum Serubbabels entstanden sein" könne und hier die Filiation „Ζοροβαβὲλ τοῦ Ζαλαθιὴλ ὁ τοῦ Ἰωακείμ (= Jojachin 1 Chr 3,17) zu rekonstruieren sei. Vgl. auch Talshir, 1 Esdras, S. 249 f.

59 Zu der in 3 Esr gehäuft vorkommenden Datierung des „zweiten Jahres" vgl. De Troyer, Second Year.

und somit die Ereignisse am persischen Hof mit der Wiederaufnahme der Arbeiten bzw. dem eigentlichen Beginn verknüpft. Die Verse 3 Esr 5,1-6 dienen also der Überleitung von den Ereignissen am Hof des Darius zur daraus resultierenden Rückkehr. Durch die Profilierung Serubbabels und die Großzügigkeit des Darius kann nun endlich die eigentliche Restauration beginnen. Die Heimkehrerliste fungiert hierbei also als Beleg für die Bedeutsamkeit des Geschehens, der Initiierung der Restauration durch das Duo Serubbabel und Darius, das auch im Anschluss an die Liste (3 Esr 5,46-62) und bei der Fortsetzung der Bauarbeiten (3 Esr 6,1-7,15) wieder eine wichtige Rolle spielt. Da die die Liste rahmende Erzählung in 3 Esr 5,6 und 6,1 jeweils das zweite Regierungsjahr des Darius nennt, kann die Auflistung der Rückkehrer als retardierendes Moment bzw. Dehnung der Erzählzeit verstanden werden.[60]

Die gleiche Liste findet sich im kanonischen Esr-Neh-Buch dann nochmals in Neh vor der Gesetzesverkündigung Esras. In 3 Esr fehlt diese zweite Liste. Entsprechend bleibt es noch zu untersuchen, ob auch der Stoff der Nehemiaerzählung und somit eine zweite Fassung der Heimkehrerliste bereits vorlag und was gegebenenfalls der Rezeption entgegenwirkte.

2.1.2 Der Nehemiastoff

Der letzte Abschnitt 3 Esr 9,37-55 gibt einen Teil des Nehemiatextes (Neh 7,72-8,13a) wieder, der von der Verlesung des Gesetzes durch Esra handelt. Die Person Nehemias kommt darin nicht vor. Hierbei ist es auffällig, dass der Text unmittelbar nach der im kanonischen Esr-Neh-Buch zum zweiten Mal aufgeführten Heimkehrerliste (Neh 7,6-72) einsetzt. Eine zweite Erwähnung der Heimkehrerliste findet sich in 3 Esr nicht. Ist die Auslassung also darauf zurückzuführen, dass die Liste zum Nehemiastoff gehörte?

Diese Frage berührt ein weiteres Grundproblem der 3 Esr-Forschung: Kannte 3 Esr die Nehemiaerzählung? In welcher Form hat diese dann vorgelegen? War sie bereits mit einer Esratradition verbunden? Eng damit verknüpft ist daher auch die Diskussion um die Priorität von 3 Esr. Fänden sich in 3 Esr Hinweise darauf, dass der Text eine ursprünglich mit Esr verknüpfte Nehemiatradition bewusst nicht aufgenommen hätte, spräche auch dies für den sekundären, kompilatorischen Charakter des Buches.

Wie oben dargestellt, weist vieles darauf hin, dass die Pagenerzählung eng mit dem restlichen Text in 3 Esr verbunden ist und dass die Unterschiede und

---

60 Vgl. auch Honigman, Cyclical, S. 200.

Zusätze gegenüber Esr MT größtenteils auf das eigene politisch-theologische Programm von 3 Esr zurückzuführen sind. Dies macht es wahrscheinlich, dass der Verfasser von 3 Esr eine Umstellung bzw. andere Gewichtung des in Esr-Neh vorgefundenen Materials vorgenommen und Zusätzliches ergänzt haben könnte, um seine eigene Aussage deutlich zu machen. Wenn dies aber der Fall ist, bleibt die Frage zu klären, ob der Verfasser die Nehemiaerzählung bewusst nicht übernahm oder ob Esra zum Zeitpunkt dieser „Rekomposition" noch nicht in der uns heute vorliegenden Form mit Neh verbunden war.

Auffällig ist hierbei die oben beschriebene Beobachtung (siehe 2.1.1), dass die Rolle Serubbabels in 3 Esr starke Ähnlichkeiten zu der Nehemias aufweist. In gewisser Hinsicht übertrifft das Vorhaben Serubbabels sogar das Nehemias. Denn während Nehemia noch um die Garantie einer sicheren Reise bitten muss (Neh 2,7.9), bekommt Serubbabel von Darius nicht nur ungefragt sicheres Geleit garantiert (3 Esr 4,47), sondern auch noch eintausend Reiter (3 Esr 5,2: ἱππεῖς χιλίους) geschickt, wohingegen in Neh 2,9b lediglich von שָׂרֵי חַיִל וּפָרָשִׁים die Rede ist.[61] Zudem wird Serubbabel durch die darauffolgende Rückkehrerliste zum offiziellen Anführer einer zahlenmäßig sehr großen Gruppe von Heimkehrern, während Nehemia alleine nach Jerusalem (Neh 2,6) reist.

Während Wright für eine bewusste Auslöschung der Erinnerung Nehemias aufgrund seiner Kritik an der Jerusalemer Priesterschaft plädiert,[62] sieht Japhet die Zurückdrängung Nehemias in 3 Esr vielmehr als „part of its overall pupose, the reformulation of the historical picture"[63]. Dabei erscheine Nehemia durchaus noch an zwei Stellen, nämlich unter den Anführern der Rückkehrer (3 Esr 5,8) und in einer möglichen Identifikation mit dem Tirschata (3 Esr 5,40), welche auf die Nehemiaerzählung selbst zurückgeführt werden könne (vgl. die Identifikation mit dem Tirschata in Neh 8,9; 10,2).[64] Damit werde der vormalige Zeitgenosse Esras in die Zeit Serubbabels verschoben, so dass einerseits Esra als der einzige Anführer und oberste Offizielle Judas im Fokus steht, und zum anderen Nehemia als Zeitgenosse Serubbabels zur „person of secondary significance" wird.[65] Ein Grund für die zeitliche Einordnung könnte dabei die gemeinsame Erwähnung

---

61 Vgl. Wright, Remember, S. 157.
62 Vgl. Wright, Remember, S. 158–163: „Whereas Ezra-Nehemiah and Josephus seek to relativize and recontextualize Nehemiah's account, 1 Esdras takes the more radical step of completely eliminating it from the historical record of the restoration." (Zitat S. 163). In eine ähnliche Richtung argumentiert auch Hieke, Esra, S. 20 f. Auch VanderKam, Questions, S. 143 geht von einer bewussten Auslassung aus, obgleich er nicht notwendigerweise eine polemische Motivation unterstellt.
63 Japhet, Genre, S. 218.
64 Vgl. Japhet, Genre, S. 218.
65 Vgl. Japhet, Genre, S. 218 f (Zitat S. 219).

Serubbabels und Nehemias in Neh 12,47 gewesen sein, die hier simultan und nicht konsekutiv verstanden wurde.[66]

Die Bezüge zwischen den beiden Charakteren, Serubbabel in 3 Esr und Nehemia in MT Esr-Neh, sind in jedem Fall unverkennbar. Ob Nehemia nun bewusst aus politisch-theologischen Gründen aus der Erzählung gestrichen wurde oder ob er einfach im Rahmen der Erzählabsicht nicht für wichtig befunden und deshalb ausgelassen wurde, soll hier nicht Gegenstand der Diskussion sein. Vieles scheint jedenfalls dafür zu sprechen, dass der Verfasser von 3 Esr eine Nehemiaerzählung gekannt haben muss.[67]

Doch in welcher Form hat die Nehemiatradition dann vorgelegen? Kann 3 Esr auf eine unabhängige Erzählung zurückgegriffen haben oder lässt sich hier eine Abhängigkeit zur Gesamtkomposition Esr-Neh feststellen? Letztere Annahme wird durch text- und literarkritische Beobachtungen gestützt. Wright hat darauf hingewiesen, dass für die Verse Esr 8,22; Neh 2,9b; 3 Esr 5,2; 8,51 f, die alle von einer Rückkehr unter dem Geleit königlicher Truppen jeweils in Bezug auf Esra, Nehemia oder Serubbabel sprechen, eine Abhängigkeit besteht.[68] Im Falle Esras (Esr 8,22//3 Esr 8,51 f) wird eindeutig herausgestellt, dass dieser (anders als in Neh) *nicht* nach eben solchem sicheren Geleit fragte, denn יד־אלהינו על־כל־מבקשיו לטובה ועזו ואפו על כל־עזביו (Esr 8,22b). Nach Wright ist diese Aussage polemisch auf Nehemia hin zu lesen, dem es an Glauben mangle und der sich deshalb den Schutz für eine sichere Reise vom König statt von Gott erhoffe.[69] Ebenso fragt auch Serubbabel in 3 Esr 4,47; 5,2 nicht danach, bekommt aber auf Initiative des Königs hin trotzdem Briefe, die sicheres Geleit garantieren. Da Esr 8,22//3 Esr 8,51 f ebenso wie Serubbabel in 3 Esr die Rolle Nehemias überbieten, ja möglicherweise bewusst polemisch kommentieren, kommt Wright zu dem Schluss: „The formulation of Ezra's statement in 8:22, which is otherwise difficult to understand as a response to the king, renders it very likely that this line 1) was formulated with Neh 2,9b in view and, 2) in order to function properly (as a new context for understanding Nehemiah's comment), must have stood in a narrative sequence with Nehemiah's account (i. e., in the same book)."[70]

---

66 Vgl. Japhet, Genre, S. 219.
67 Gegen Pohlmann, 3. Esra-Buch, S. 383. Auch Grabbe, Chicken, S. 36 f, geht davon aus, dass jeweils eine getrennte Esra- und eine Nehemiatradition existierte, die dann erst in MT Esr-Neh zusammengefügt wurden, während 3 Esr die Nehemiatradition gar nicht kennt. Allerdings wäre dann die Überbietung Nehemias durch die Rolle des Serubbabel in 3 Esr kaum erklärbar und die Übereinstimmungen wären rein zufällig.
68 Vgl. Wright, Remember, S. 152.
69 Vgl. Wright, Remember, S. 154.
70 Wright, Remember, S. 154.

Die beschriebenen Ähnlichkeiten, die zwischen dem Serubbabel des 3 Esrabuches und Nehemia bestehen, sowie die gegenseitige Bezugnahme des Handelns
der Charaktere Serubbabel (in 3 Esr) sowie Esra und Nehemia (MT) aufeinander,
können also dafür sprechen, dass 3 Esr eine bereits existierende Komposition
Esr-Neh kannte und verwendete.

Dagegen argumentiert Böhler mit Schenker,[71] der 3 Esr als die ursprüngliche
Textversion ansieht, welche simultan den Bau des Tempels *und* der Stadt schildert, Nehemia habe in 3 Esr zunächst keine Rolle gespielt. Erst die Verfasser von
Esr-Neh hätten dann eine Nehemiaerzählung mit der Tempelbau-Esraerzählung
verwoben.[72] Die Notwendigkeit, der Geschichte Nehemias einen Platz einzuräu-
men, habe dazu geführt, dass Jerusalem nachträglich zu einem „Trümmerhaufen"[73] werde, dessen Wiederaufbau dann Nehemias Aufgabe sei.[74] Entsprechend
seien alle Verweise auf einen Aufbau Jerusalems aus dem 3 Esr-Text entfernt
worden, um auf das Handeln Nehemias vorzubereiten.[75] So sei beispielsweise
auch das Fehlen Jerusalems in der Siedlungsnotiz von Esr 2,70//Neh 7,72 gegenüber 3 Esr 5,45 zu erklären.[76]

Gegen die Auffassung, 3 Esr habe Esr-Neh nicht gekannt, spricht jedoch noch
eine weitere wichtige Beobachtung. Wie bereits oben erwähnt, gibt der letzte
Abschnitt 3 Esr 9,37-55 einen Teil des kanonischen Nehemiabuches (Neh 7,72-
8,13a) wieder. Der Text setzt mit einer Siedlungsnotiz ein und schließt unmittelbar
an die Mischehenliste an. Diese Siedlungsnotiz in 3 Esr 9,37a entspricht dem Ende
der Heimkehrerliste in Neh 7,72a, die aber selbst in 3 Esr keine Aufnahme gefunden hat.[77] Grätz bemerkt dazu: „Es hat den Anschein, als folgten die Herausgeber von 3.Esr einer Vorlage, die auch der MT aufbewahrt: Nach Neh 7,71 wird eine
Petucha angegeben, während BHS ein offenes Zeilenende nach Neh 7,72a bietet.
Die Herausgeber von 3.Esr hätten demnach den Zusammenhang mit Neh 7,72
eröffnet und die davor stehende Liste entfernt [...]."[78] An ihrer Stelle schließt in
3 Esr nun die Mischehenliste an. Der Vers 3 Esr 9,37//Neh 7,72a weist also darauf

---

71 Vgl. Schenker, Relation.
72 Vgl. Böhler, Stadt, S. 179.
73 Böhler, Stadt, S. 144.
74 Vgl. Böhler, Stadt, S. 108–110.
75 Vgl. Böhler, Stadt, S. 118 f. Nach Böhler, Stadt, S. 115 war die Figur des Nehemia dem Verfasser des 3 Esrabuches dennoch bekannt: „Esdr α* kennt ganz offensichtlich die Person, die in
Esr-Neh als letzter Protagonist auftritt, schreibt ihm allerdings nicht ausdrücklich den Aufbau
Jerusalems und die Wiederbesiedlung der Stadt zu und setzt ihn auch etwas früher an, während
er in Esr-Neh der abschließende Höhepunkt der Restauration ist."
76 Vgl. Böhler, Stadt, S. 151.
77 Vgl. Grätz, Bild, S. 110 Anm. 9.
78 Grätz, Bild, S. 110 Anm. 9.

hin, dass hier noch ein ursprünglicher Bestandteil der zweiten Rückkehrerliste Neh 7,6 ff übernommen wurde und somit die Nehemiaerzählung bereits vorgelegen haben muss.

Böhler hat hierbei auf die parallele Darstellung von Altarbau und Toralesung aufmerksam gemacht. Sowohl in Esr-Neh als auch in 3 Esr werden diese Vorgänge parallelisiert. In Esr-Neh findet sich jeweils die gleiche Heimkehrerliste (Esr 2; Neh 7), gefolgt von einer Siedlungsnotiz (Esr 2,70; Neh 7,72a) und der Eröffnung der Versammlung (Esr 3,1; Neh 7,72b-8,1), woraufhin dann der Altarbau (Esr 3) bzw. die Toraverlesung (Neh 8) stattfinden kann.[79] Denselben Ablauf hält Böhler dann auch für den Altarbau in 3 Esr 5 fest. Dem dazu parallelen Vorgang der Toraverlesung in 3 Esr 9 geht allerdings nicht die Heimkehrerliste, sondern die Mischehenliste (3 Esr 9,18-36) voraus. Den daran anschließenden Vers 3 Esr 9,37a nennt Böhler dann in Abgrenzung zu den anderen Siedlungsnotizen „Wohnnotiz".[80] Somit wird durch den Aufbau des Textes auch die Parallelisierung der beiden Charaktere Serubbabel und Esra in 3 Esr verstärkt. Dabei sieht Böhler in dem Abschnitt Neh 7 eine Wiederholung von Esr 2: „Die Liste Neh 7 ist Vorbereitung für die Besiedlung Jerusalems durch Nehemia und will die Erstheimkehr in Erinnerung rufen."[81] Ähnlich verhalte es sich in der nach Böhler ursprünglichen Fassung 3 Esr 5 und 3 Esr 9. Dabei sei 3 Esr 9,37a jedoch keineswegs mit Neh 7,72a identisch: „Ebenso stammt der Schluß der Mischehenliste nicht aus dem Schluß der Erstheimkehrerliste, sondern ist diesem bewußt nachempfunden, um eine Parallelität der beiden Listen- und Erzählkomplexe herzustellen."[82] Den beiden Versen seien nur die ersten drei Worte gemeinsam, der Rest sei völlig verschieden.[83] Eine Kritik haben Böhlers Argumente gegen eine Identität der beiden Listenschlüsse durch Talshir erfahren.[84] Diese bemerkt zunächst, dass eine Siedlungs- oder Wohnnotiz nur für die Rückkehrerliste ein adäquater Schluss sei, nicht aber für die Liste der Mischehen.[85] Auch das Fehlen der Tempelsänger und Torwächter in 3 Esr 9,37a könne nicht als Indiz genommen werden, da diese in der Mischehenliste ebenfalls vorkommen. Eine bewusste Auslassung aufgrund einer Angleichung an diese Liste wäre hier also unbegründet. Ebensowenig ließen sich

---

79 Vgl. Böhler, Stadt, S. 87.
80 Vgl. Böhler, Stadt, S. 87.
81 Böhler, Stadt, S. 86.
82 Böhler, Stadt, S. 87.
83 Vgl. Böhler, S. 88.
84 Vgl. Talshir, Ancient Composition, S. 126 f.
85 Vgl. Talshir, Ancient Composition, S. 126. Vgl. auch Pakkala, Ezra, S. 18: „Esdras α 9:3-4, 12-13 clearly imply that the people were already living in their towns, after which Esdras α would be redundant."

die eingeführten Kategorien der Betroffenen „Priester, Leviten und Israeliten"
anhand von 3 Esr 8,92 begründen, denn der Vers „rather mentions the heads of
priests, Levites, and Israelites as being commissioned to take action against the
transgressors"[86]. Talshir bemerkt abschließend: „Finally, it is quite odd to assume
that two very similar verses that precede the very same account (the reading of
the Torah) have nothing to do with one another."[87] Die von Talshir angeführten Argumente machen plausibel, dass Neh bereits mit Esr verbunden war und
bewusst herausgelassen wurde. Dabei wurde der ursprüngliche Listenschluss
möglicherweise nicht als solcher wahrgenommen und daher nicht zusammen mit
der restlichen Liste entfernt.[88]

Die Heimkehrerliste in Neh 7 muss als doppelt empfunden und daher nicht
übertragen worden sein. Ein weiterer Grund dürfte auch die Verknüpfung mit
der Person Nehemias gewesen sein; ist es doch im kanonischen Buch Nehemia
selbst, der die Liste als bereits „historisches" Dokument findet (Neh 7,5). Überdies wurden die Rückkehrer ja schon im Zuge Serubbabels erwähnt und scheinen
so für das Handeln Esras im Kontext von 3 Esr keine Rolle gespielt zu haben.
Denn zum einen ist für Esra bereits ein Heimkehrerzug genannt (3 Esr 8,28-40).
Zum anderen wäre es aber auch für den geschichtlichen Verlauf, das „historical
continuum",[89] in 3 Esr gegenläufig, wenn die Rückkehrerliste, die in 3 Esr 5 nun
eindeutig mit der Zeit Darius' und Serubbabels in Verbindung gebracht wird,
noch einmal in der gleichen Form zur Zeit Artaxerxes' und Esras erscheinen
würde.

An dieser Stelle wird die Parallelisierung von Altarbau unter Serubbabel und Toraverlesung unter Esra, auf die Böhler hingewiesen hat,[90] deutlich.
Serubbabel wird in einem ersten Schritt mit der Rückkehr und dem Wiederaufbau betraut; dies wird durch die Heimkehrerliste unterstrichen. Esra, der
in 3 Esr 9,40 ausdrücklich Hohepriester (ἀρχιερεύς) genannt wird, hat für die
Etablierung des Kultes und die Reinheit des Volkes zu sorgen. Daher schließt
die Mischehenliste direkt an die Toraverlesung an. Hinter dieser Strukturierung
verbirgt sich die Erzählabsicht des Verfassers von 3 Esr, der für seinen Fokus
auf Serubbabel und Esra die Nehemiaerzählung möglicherweise nicht benötigte
und daher ausließ. Dass er den Vers 3 Esr 9,37a, der offensichtlich Neh 7,72a entspricht, mit übernahm, mag ein Versehen gewesen sein oder ist der Tatsache
geschuldet, dass er, wie Böhler es vermutet, eine bewusste Parallelisierung der

---

86 Vgl. Talshir, Ancient Composition, S. 126 f (Zitat S. 126) gegen Böhler, Stadt, S. 88 f.
87 Talshir, Ancient Composition, S. 127.
88 Vgl. Grätz, Bild, S. 110 Anm. 9.
89 Japhet, Genre, S. 223.
90 Vgl. Böhler, Stadt, S. 87.

Vorgänge intendierte und daher den Vers, wenn auch nicht ganz passend, als Überleitung verwendete.[91]

2.1.3 Die ursprüngliche Erzählfolge

Wie oben dargestellt, ist die Priorität mit großer Wahrscheinlichkeit Esr-Neh zuzuschreiben, die eine Vorlage für 3 Esr gebildet haben. Bei einem Vergleich des Erzählverlaufs ergeben sich somit zwei verschiedene Abfolgen der Tempelbauerzählung:

3 Esr 2-7:

Kyrosedikt – Artaxerxeskorrespondenz – *Pagenerzählung* – Rückkehrerliste und Baubeginn – Aramäische Chronik

Esr 1-6:

Kyrosedikt – Rückkehrerliste und Baubeginn – Artaxerxeskorrespondenz – Aramäische Chronik

Talshir, die die Reorganisation aufgrund der Einfügung des Pagenwettstreits vermutet, rekonstruiert die Umstellung des Materials folgendermaßen: Der Erzählblock, der von Serubbabel handelt (Esr 2,1-4,5), wurde hinter die Pagenerzählung geschoben, da dort dessen Rückkehr initiiert wird. Da Serubbabel aber in der Artaxerxeskorrespondenz nicht vorkommt, sah der Verfasser von 3 Esr keine Notwendigkeit, diesen Text mit zu verschieben.[92] „On the contrary, the Artaxerxes section ends by mentioning the second year of Darius and thus forms a perfect setting for the story of the youths."[93] Die Verbindung von Kyrosedikt und Artaxerxeskorrespondenz wird hier als Nebeneffekt betrachtet.[94]

Die Stellung der Artaxerxeskorrespondenz zwischen Kyrosedikt und Pagenwettstreit am Hof des Darius kann jedoch auch als bewusste Strukturierung der Erzählung verstanden werden. Die Schwierigkeiten, die sich im Erzählverlauf aus der Abfolge der Könige ergeben,[95] lassen sich weder in Esr noch in 3 Esr ganz

---

91 Vgl. Böhler, Stadt, S. 86 f.
92 Vgl. Talshir, Ancient Composition, S. 117.
93 Talshir, Ancient Composition, S. 117.
94 Vgl. Talshir, Ancient Composition, S. 118. Ähnlich auch Pohlmann, Studien, S. 51; 149, der die Umstellung der ursprünglich dem kanonischen Esr 1-6 entsprechenden Kapitel aufgrund der erst später vorgenommenen Einfügung der Pagenerzählung vermutet.
95 Vgl. Kap. 2.1.

ausräumen. In beiden Fällen wird durch die Artaxerxeskorrespondenz ein Ana-chronismus geschaffen.[96] In 3 Esr ist dabei der Versuch erkennbar, das Erzählte chronologisch sinnvoll zu strukturieren. Nach Esr 1 wird der Tempelbau mit dem Erlass des Kyrosedikts initiiert, aber erst zur Zeit des Darius richtig begonnen (5 f), wobei Serubbabel bereits vor der ersten eindeutigen Datierung in die Regie-rungszeit des Darius (Esr 4,5.24) erwähnt wird (Esr 2,2; 3,2.8).[97] Diese zeitliche Lücke von ca. 18 Jahren[98] wird in 3 Esr durch die Umstellung der Artaxerxeskor-respondenz überbrückt und durch die Pagenerzählung eine erneute Initiation des Tempel- und (nur in 3 Esr) Stadtbaus geschaffen. „Die Logik besteht darin, den gesamten Tempelbau in die Zeit des Darius zu verlagern, was wiederum durch die vorgeschaltete Pagenerzählung bedingt ist: [...]. Die Stellung der Artaxerxeskor-respondenz in 3. Esr erklärt also, warum es bei der Willensbekundung des Kyros geblieben ist: Intriganten verhindern in der Zeit des Artaxerxes das Voranschrei-ten des Projekts [...].“[99]

Der Verfasser von 3 Esr nimmt eine zeitliche Strukturierung der einzelnen Erzählphasen vor und versucht so, chronologische Mehrdeutigkeiten der Vorlage Esr-Neh klarer zu machen.[100] Dabei ist Kyros derjenige, der in der Tradition mit dem Beginn der Restauration assoziiert wurde. In der Zeit des Tempelbaus spielen sodann vor allem Darius und Serubbabel eine Rolle.[101] Letzterer wird hier auch wesentlich eindeutiger als in Esr 2 f als Zeitgenosse Darius' verortet.[102] Diese his-toriographische Strukturierung wird noch durch die Formulierung des „zweiten

---

96 Vgl. Grabbe, Chicken, S. 33: „First Esdras still has the problem that Artaxerxes precedes Da-rius, but Ezra's problem of Zerubbabel coming in the time of Cyrus does not exist in the 1 Es-dras account because Zerubbabel is not associated with the first wave of immigrants." Vgl. auch Anm. 101 in diesem Kapitel.

97 Vgl. auch Becking, Story, S. 63. Siehe auch Exkurs 1.

98 Esr 4,24 nennt hier das zweite Jahr des Darius als Baubeginn; vgl. Hag 1,1.

99 Grätz, Bild, S. 116.

100 Vgl. auch Williamson, Rewritten, S. 242, der den chronologischen Ordnungsprozess als einer der Charakteristiken der Textkategorie „rewritten Bible" ansieht.

101 Vgl. VanderKam, Questions, S. 141: „If Cyrus was the one who set in motion the sanctuary-building project and Darius was ruling when it came to an end, there was only one logical place for Artaxerxes and that was between Cyrus and Darius. I presume the author thought this was the correct sequence of the three Persian monarchs praised in Ezra 6:14."

102 Vgl. Becking, Story, S. 63. Fried geht hierbei von einer zusätzlichen Stärkung der Rolle Se-rubbabels aus; vgl. Fried, Why the Story, S. 92: „It seems likely, therefore, that the author of 1 Esdras moved the correspondence with Artaxerxes to the front of his narrative in order to exone-rate Zerubbabel from causing the long delay in temple building. [...] In sum, it seems that even without the story of the three youth, there is ample reason to conclude that 1 Esd 1-7 is a rearran-gement of Ezra 1-6 and that it was rearranged in order to absolve Zerubbabel of responsibility for the long delay in temple building."

Jahres" verstärkt, die in 3 Esr gehäuft auftritt (3 Esr 2,25; 5,6.54.70; 6,1) und dazu dient, den zeitlichen Ablauf der neuen Komposition deutlicher zu machen.[103]

Wie in 2.1.1 dargestellt, ist es plausibel, dass 3 Esr eine Kompilation ist, die einen Fokus auf die Könige legt.[104] So werden in der Folge von Josia auch die persischen Könige Kyros, Darius und Artaxerxes positiv beurteilt. Alle fördern den judäischen Kult bzw. unterstützen dessen Etablierung. Nach dem Verlust des eigenen Königtums nehmen die persischen Großkönige eine vergleichbar wichtige Stellung ein, „who behaved in the same manner as Josiah did by enabling and fostering the religious needs of the Judaeans until the restoration is completed"[105]. Dabei fällt auf, dass allen drei genannten persischen Königen ein Repräsentant Judas beiseite gestellt wird. Denn obgleich diese die Restauration Judas fördern, sind sie nicht die aktiv Handelnden.[106] Unter Kyros ist es Scheschbazzar, unter Darius Serubbabel und unter Artaxerxes Esra,[107] die jeweils mit den Hauptaufgaben der Restauration betraut sind und als „Offizielle" Judas stellvertretend für das Volk agieren bzw. es anleiten. Dass unter Josia keine einzelne Person explizit hervorgehoben wird, hängt wohl damit zusammen, dass er als König Judas sowieso oberste Leitungsfunktion besitzt. Für die Zeit der Fremdherrschaft macht der Text jedoch klar, dass diejenigen, die die Restauration aktiv vorantreiben, auch aus dem Volk Judas stammen. Die Tatsache, dass jeder persische König in 3 Esr einen judäischen Gesandten mit der Kultrestauration beauftragt (Scheschbazzar mit dem Transport des Tempelschatzes,[108] Serubbabel mit dem Wiederaufbau des Tempels und Esra mit der Verkündigung des göttlichen

---

103 Vgl. De Troyer, Second, S. 79.

104 Vgl. Grätz, Bild.

105 Grätz, Image, S. 177.

106 Vgl. Grätz, Bild, S. 119: „Die Könige Kyros, Darius und Artaxerxes (so auch die Aufzählung in 3.Esr 7,4) ermöglichen die Einrichtung des Tempelkultes und die Lehre des Gesetzes, also der Tora, kontrollieren und beeinflussen diese Vorgänge, die den einheimischen Fachleuten, allen voran dem als Hohepriester bezeichneten Esra, anheim gestellt sind, im weiteren aber nicht."

107 Auch Honigman, Cyclical, S. 196 weist auf drei *pair[s] of actors"* innerhalb je eines Erzählzyklusses hin: „Cyrus and Sheshbazzar in cycle 1; Darius and Zerubbabel/Jeshua (the two are functionally linked together) in cycle 2; and Artaxerxes and Ezra in cycle 3." Diese seien im kollektiven Gedächtnis Judas im Zusammenhang mit der Rückkehr aus Babylonien erinnert worden. Die drei Erzählzyklen, die sich mit dem gleichen geschichtlichen Zusammenhang befassen, seien hierbei Versuche, diese Vielfalt der überlieferten Namen zu strukturieren und auszubalancieren. Vgl. Honigman, Cyclical, S. 197.

108 Die Tatsache, dass der Rücktransport der Tempelgeräte zweimal geschildert wird (3 Esr 2,11.14 und 3 Esr 6,17), mag damit zusammenhängen, dass mit der Unterbrechung des Tempelbauvorhabens noch vor seinem eigentlichen Beginn (3 Esr 2,12-25) der Auftrag des Kyros und somit der des Scheschbazzar zum Erliegen kommt. Entsprechend muss das Projekt inklusive des Rücktransports der Geräte von Darius und Serubbabel fortgesetzt werden.

Gesetzes), kann auch eine mögliche Begründung dafür liefern, dass Nehemia, der ja ebenfalls zur Zeit des Artaxerxes auftritt, sich aber schwerpunktmäßig mit dem Wiederaufbau der Stadt befasst, keine Erwähnung findet. Denn weder benötigt Artaxerxes hier zwei Repräsentanten, noch dreht sich der Fokus der Erzählung 3 Esr um den Aufbau der Stadt. Im Zentrum steht vielmehr die Restauration des Kultes von Kyros bis Artaxerxes.

Anders als Esr-Neh zeigt 3 Esr also den Versuch, die einzelnen geschichtlichen Abschnitte von der vorexilischen Feier des Passah bis hin zur Toraverkündigung als Abschluss der Restauration zeitlich in Phasen als „tight continuity between destruction and return"[109] zu strukturieren, ohne länger auf die verheerende Exilszeit einzugehen.[110] Man kann daher von einzelnen, abgeschlossenen Erzählzyklen sprechen,[111] die gleichzeitig eine historische Kontinuität von vorexilischem und nachexilischem Israel suggerieren.[112]

2.1.4 Fazit

Die Diskussion hat gezeigt, dass dem kanonischen Esra-Nehemiabuch mit hoher Wahrscheinlichkeit die Priorität zukommt und dass zum Zeitpunkt der Abfassung von 3 Esr die Rückkehrerliste sowohl in Esr 2 als auch in Neh 7 zu finden war. Entsprechend kann auch die Erzählfolge der Texte in Esr 1-6 als die ursprünglichere angesehen werden. Die Heimkehrerliste folgte also unmittelbar auf das Kyrosedikt und die Vorbereitung des Auszugs sowie des Rücktransports des Tempelinventars. Nach der Grundsteinlegung des Tempels findet dann die Artaxerxeskorrespondenz Erwähnung. Die Umstellung der Erzählfolge ist dann erst in 3 Esr aufgrund des eigenen Erzählinteresses dieses Textes, der sich als eine Art „rewritten Bible"[113] verstehen lässt, zustande gekommen.

Die Schwerpunktverschiebung in 3 Esr hin zu einer zyklischen[114] oder periodisierten[115] Geschichtsdarstellung geht einher mit einem stärkeren Fokus auf die „*pair*[s] *of actors*",[116] die den Erzählverlauf und somit die erzählte Geschichte

---

109 Japhet, Genre, S. 214.
110 Vgl. Japhet, Genre, S. 213.
111 Vgl. Honigman, Cyclical, S. 193–199.
112 Vgl. Japhet, Genre, S. 221; 223; Honigman, Cyclical, S. 196.
113 Vgl. Williamson, Rewritten, zeigt verschiedene Kriterien für diesen Texttypus auf, die 3 Esr ebenso erfüllt.
114 Vgl. Honigman, Cyclical, S. 193–197.
115 Vgl. Japhet, Genre, S. 221; dies., Periodization, S. 84–86.
116 Honigman, Cyclical, S. 196 (Kursivierung dort).

von der Restauration maßgeblich vorantreiben. In 3 Esr wird also ein Fokus auf die einzelnen Akteure deutlich, wobei Serubbabel/Darius und Esra/Artaxerxes, unter denen die Restauration hauptsächlich vonstattenging, besonders hervorgehoben werden. Ihr Handeln strukturiert die Erzählung. Die Listen in 3 Esr, deren Anzahl sich durch die Auslassung der Nehemiaerzählung gegenüber Esr-Neh halbiert hat, haben hier eine retardierende und legitimierende Funktion.[117] Sie dienen weniger der Gliederung des Gesamttextes, sondern vor allem der Autorisation der Hauptakteure: Serubbabel und Esra besitzen beide eine Vollmacht des Königs und fungieren so auch als Anführer des rückkehrenden (3 Esr 5,7-45; 8,28-48: Heimkehrerliste) bzw. zu unterweisenden und zu reinigenden Volkes (3 Esr 9,18-36: Mischehenliste).

Die Annahme einer Priorität von Esr-Neh gegenüber 3 Esr bedeutet jedoch nicht, dass Esr 2//Neh 7 MT in allen Fällen gegenüber 3 Esr 5 den besseren Text bewahrt haben muss. So kann auch der MT im Laufe der Zeit größerer Textverderbnis ausgesetzt worden sein. Aus diesem Grund müssen bei einer späteren Diskussion der Liste auch relevante textkritische Fragen geklärt werden (siehe 3.1).

2.2 Neh 7

Im Nehemiabuch findet sich die Heimkehrerliste (Neh 7,6-72) im Anschluss an die Vollendung des Mauerbaus durch Nehemia (Neh 1,1-7,4), wobei Neh 7,5 als Überleitung dient. Eine Besonderheit dieser Doppelüberlieferung besteht darin, dass nicht nur die Liste selbst an zwei Stellen gleichzeitig überliefert ist, sondern dass auch noch der Textanschluss und Übergang zu der jeweils folgenden Erzählung an beiden Stellen zur Parallele gehört (Esr 3,1//Neh 7,72b-8,1): Nachdem das Volk sich niedergelassen hat, versammelt es sich zu Beginn des siebten Monats „wie ein Mann" (כאיש אחד). Von diesem Punkt aus werden dann die jeweils unterschiedlichen Erzählstränge fortgesetzt.

Die Listen Esr 2 und Neh 7 sind weitestgehend identisch. Es gibt kleinere Unterschiede innerhalb der Aufzählungen, wie etwa die Auslassung von Namen oder abweichende Zahlenangaben, anhand derer sich jedoch schwer die Priorität einer Version festmachen lässt. In Neh 7,5b wird die Liste mit einem Bericht Nehemias über deren Auffindung eingeleitet. Im Esrabuch hingegen geschieht keine solche Einführung. Größere Abweichungen liegen vor allem in den letzten Versen

---

117 Vgl. Honigman, Cyclical, S. 200; 208.

der Doppelüberlieferung sowie ihrem direkten Anschluss an den zeitlichen und situativen Erzählkontext vor.

Die nach der eigentlichen Aufzählung folgende Spendenliste in Neh 7,69-71 unterscheidet sich in Umfang und Inhalt deutlich von ihrer Parallele in Esr 2,68 f. Auch die Siedlungsnotiz (Esr 2,70//Neh 7,72a) und der Anschluss an den unmittelbaren Erzählkontext (Esr 3,1//Neh 7,72b-8,1) sind nicht völlig identisch. Sowohl in Esr als auch in Neh folgt nach der Besiedlung eine Versammlung des ganzen Volkes im siebten Monat. In Esr ist jedoch als Ort Jerusalem genannt (Esr 3,1: אל־ירושלם) und es folgen Altarbau und Brandopfer, in Neh hingegen versammelt sich das Volk vor dem Wassertor (Neh 8,1: אל־הרחוב) zur Verlesung der Tora.

Anfang und Ende sowie der Kontextanschluss der beiden Textversionen weichen also in bestimmten Punkten voneinander ab. Diese „Scharnierstellen" sind dementsprechend für eine Diskussion um den ursprünglichen Ort der Liste von besonderer Bedeutung. Argumentationen für oder gegen die Ursprünglichkeit der Liste in einem bestimmten Kontext setzen meist dort an. Im Folgenden sollen diese Stellen daher bei der Frage nach der Richtung der literarischen Abhängigkeit von Esr 2 und Neh 7 besonders in den Blick genommen werden. Dabei bestehen grundsätzlich die Möglichkeiten, dass Esr 2 von Neh 7 abhängig ist,[118] Neh 7 auf Esr 2 zurückgreift[119] oder beide Listen gleichzeitig eingefügt worden sind.[120]

---

[118] Vgl. u. a. Smend, Listen, S. 15; Meyer, Entstehung, S. 98 f; Rudolph, Esra, S. 11–15, der vermutet, die Liste sei durch den Chronisten aus der Nehemiadenkschrift aufgegriffen und in ihrem ursprünglichen Kontext der Heimkehr wiedergegeben worden (vgl. S. 14 f); Weinberg, Community, S. 41 f; Halpern, Commentary, S. 93–95. In der neueren Literatur findet sich die Auffassung einer Priorität von Neh 7 u. a. bei Williamson, Ezra, S. xxiif; 29 f; ders., Unity, S. 337; Schunck, Nehemiah, S. 204–206; Fried, Who Wrote, S. 77.

[119] Vgl. z. B. Noth, Studien, S. 128 f; Mowinckel, Studien I, S. 29–45; Blenkinsopp, Ezra, S. 43 f; 83 (in Auseinandersetzung mit Williamson, Ezra); Becker, Esra, S. 18; Kratz, Komposition, S. 64; Wright, Rebuilding, S. 301–303; Pakkala, Ezra, S. 137–140; Hieke, Esra, S. 187; Rothenbusch, Tora, S. 63–68. Die Priorität von Esr 2 wird auch von Pohlmann, Studien, S. 57 f und Böhler, Stadt, S. 317–326 vertreten, die 3 Esr als gegenüber Esr-Neh ursprüngliche Fassung sehen, denn sonst „müßte 3 E, weil in 5,7-46 ganz eindeutig von Esr 2 abhängig, implizit die jetzige Textgestalt der Bücher Esr/Neh als Ausgangstext voraussetzen." (vgl. Pohlmann, Studien, S. 57)

[120] So z. B. Fensham, Books, S. 49: „In the case of Nehemiah it is mentioned that the list is drawn up from 'the book of the genealogy' (Neh. 7:5). This document might have been the original for both authors." Vgl. auch Gunneweg, Esra, S. 56; Redditt, Census, S. 235; Boda, Redaction, S. 45; 47 f; 53 f. Synchrone Ansätze gehen von der Wiederholung der Liste als bewusstem Gestaltungsmuster der Gesamtkomposition aus. Vgl. Eskenazi, Age, S. 88–95; 181–183; Siedlecki, Contextualizations, S. 268; 270. Dies impliziert jedoch nicht gleichzeitig, dass die Liste an beiden Stellen gleichermaßen ursprünglich sein muss; vgl. Siedlecki, Contextualizations, S. 270.

Letztere Ansicht wird häufig mit der doppelten Einfügung durch eine buchübergreifende Redaktion erklärt. So schreibt unter anderem Gunneweg beide Einträge der Redaktion des Chronisten zu.[121] Redditt zufolge wurden beide Listen gleichzeitig eingefügt und durch den verantwortlichen Redaktor lose in ihren jeweiligen Kontext eingepasst: „The redactor of Ezra-Nehemiah ‚tweaked‘ the beginnings and ends of his account of the Golah to fit it into its two different positions.“[122] Auch Boda geht von einer „common Vorlage“ aus, die an beiden Stellen eingefügt worden sei.[123] Die Verse Neh 7,6-8,1 zeigten durch ihre narrativen Einschübe „that this ‘list’ has been drawn from a preexisting narrative account.“[124] Dies sei auch in Esr 2 f der Fall, wobei Esr 3,1-6 die Kurzzusammenfassung einer Vorlage lieferte.[125] Der für Esr 2//Neh 7 verantwortliche Redaktor sei aufgrund der Inhalte, die sich mit Aufgaben und Fragen der frühpersischen, nachexilischen Gemeinde beschäftigen,[126] daher möglicherweise mit dem Verfasser oder Kompilator von Esr 1-6 gleichzusetzen. Boda vermutet daher „that the one(s) responsible for Ezra 1-6 was (were) responsible for much of the transformation of the Nehemiah materials into their present form.“[127]

So plausibel diese Annahme einer gleichzeitigen Einfügung durch eine buchübergreifende Redaktion zunächst klingt, bereitet doch der Neueinsatz in Esr 3,1//Neh 7,72b-8,1 weiterhin Schwierigkeiten. Mit welchem Grund würde ein Redaktor, der auch sonst Anpassungen und Veränderungen am Text vornimmt, die Liste samt ihrer narrativen Einschübe und dem Neueinsatz an beiden Stellen fast unverändert aus einer Vorlage übernehmen?

So ist es nach VanderKam wenig vorstellbar, dass ein Esr und Neh gemeinsamer Redaktor den siebten Monat in Esr 3,1 auf ein Regierungsjahr des Kyros und in Neh 7,72b auf Artaxerxes bezogen haben könne. In beiden (etwa 90 Jahre auseinanderliegenden) Kontexten gleichzeitig könne dieses Datum kaum historisch sinnvoll und unmöglich so intendiert sein.[128] Er schließt daher, dass es zwei

---

121 Vgl. Gunneweg, Esra, S. 56.

122 Redditt, Census, S. 235. Vgl. auch S. 234; 237.

123 Boda, Redaction, S. 45–47 (Zitat S. 45).

124 Boda, Redaction, S. 45. Siehe auch S. 53.

125 Vgl. Boda, Redaction, S. 47 f. Boda scheint mit einer weit über die Liste hinaus gehenden gemeinsamen Vorlage zu rechnen, die vom Redaktor aufgenommen und verändert bzw. angepasst wurde: „Correspondences can be seen between Ezra 3.1-6 and Neh 7.72b-10.30“ (S. 48). Siehe auch S. 53.

126 Vgl. Boda, Redaction, S. 53.

127 Boda, Redaction, S. 53 f.

128 Vgl. VanderKam, Ezra-Nehemiah, S. 68. Ihm folgt Fried, Who Wrote, S. 76: „A single author would not use the same narrative verse to refer to events that happened decades apart. There must have been at least two historians then, one who wrote Ezra 2.1-3.1 and who presumably compiled at least Neh. 7.1-8.1.“

Redaktoren gegeben haben muss: „[...] if one posits one editor for the book of Ezra and another for the book of Nehemiah, then the phenomenon is more readily explicable and no historical problem arises."[129]

Für die Frage nach dem literarischen Verhältnis von Esr 2 und Neh 7 spielt also der letzte gemeinsame Vers, der den Übergang der Liste zur folgenden Erzählung markiert, eine entscheidende Rolle. Denn wäre die Liste gleichzeitig in Esr und Neh eingefügt worden, bliebe zu bedenken, ob und in welcher Form dem Redaktor die entsprechende Quelle vorgelegen habe. Bestand diese nur aus der reinen Liste, ist es kaum verständlich, warum er für beide Listen denselben narrativen Neueinsatz gewählt haben sollte.[130] Mithin ist so nicht eindeutig, welches Volk sich nun in Neh 8,1 versammelt – die frühen Heimkehrer der vorausgehenden Liste oder das Volk, das in Esr 8,2ff die Tora hören wird? Hat, wie Boda vermutet,[131] bereits der komplette narrative Kontext vorgelegen, ist auch dann wenig begreiflich, warum der Redaktor diesen Neueinsatz, aber nicht die restliche Erzählung übernahm und so für einen zeitlichen Bruch in Neh 8,1 sorgte; hätte er den letzten Vers doch einfach (zusammen mit der vermeintlich restlichen Erzählung) weglassen können. Aus diesem Grund ist wohl eher mit Williamson u. a. davon auszugehen, dass einer der beiden Texte als ursprüngliche Vorlage diente und daher auch der Neueinsatz Esr 3,1// Neh 7,72b-8,1 zur Verknüpfung der beiden Geschehnisse mit übernommen wurde.[132]

Der Anschluss der Liste sowie deren Einpassung in den Erzählzusammenhang sollen nun Aufschluss über die mögliche Ursprünglichkeit der Liste im Nehemiabuch geben.

---

129 VanderKam, Ezra-Nehemiah, S. 68. Allerdings lässt sich aus VanderKams Erwägung nicht notwendigerweise schließen, dass die zwei Autoren unabhängig voneinander auf die Liste zurückgegriffen haben müssen. Dies macht vor allem die gleichzeitige Übernahme von Esr 3,1// Neh 7,72b-3,1 unwahrscheinlich. Karrer, Ringen, S. 59 verweist hierzu auf die Einleitung Neh 7,5, die explizit die Einfügung eines älteren Dokuments kennzeichnet: „Es wird geradezu betont, daß man die Liste genau so versteht, wie sie in Esr 2 verstanden wird."
130 Pakkala, Ezra, S. 137 Anm. 7: „The fact that the narratives are also partially parallel (e. g., Ezra 3:1 and Neh 8:1) implies that the relationship between the passages is deeper than only a dependence on a common list." So auch schon Kellermann, Nehemia, S. 25. Vgl. auch Wright, Seeking, S. 293.
131 Vgl. Boda, Redaction, S. 53 f.
132 Vgl. Williamson, Ezra, S. 29: „Since in both cases these verses introduce the next section rather than serving as a summary or conclusion of the preceding list, it is quite clear that one passage must have been dependent directly upon the other."

2.2.1 Der Anfang der Liste Neh 7

Neh 7,1-3 berichten von der Fertigstellung der Jerusalemer Stadtmauer. V. 4 richtet den Blick auf die große, jedoch noch wenig bewohnte und bebaute Stadt. Neh 7,5 dient sodann als Überleitung zur Aufzählung der Exilsheimkehrer. Hier erfährt die Heimkehrerliste eine dezidierte Einleitung mit einem Bericht über ihre Auffindung: ואמצא ספר היחש העולים בראשונה ואמצא כתוב בו. Ein solcher Hinweis auf die Liste als „Realie" fehlt in Esr 2. Dort schließt sie unkommentiert an die Rückführung der Tempelgeräte durch Scheschbazzar im Rahmen der Heimkehr aus Babylonien an (Esr 1,11). Neh 7,5b verweist auf den Dokument-Charakter der Liste, so dass hier deutlich wird, dass nun eine Einfügung geschieht.[133] Auf der Ebene der uns vorliegenden Gesamtkomposition ist klar: Nehemia findet die in Esr 2 bereits erwähnte Liste der Erstheimkehrer. Diese kann nicht identisch mit der Registrierung sein, die in Neh 7,5a angekündigt wird.[134] Grätz bemerkt unter Hinweis auf die Parallele der Auffindung des ספר התורה in 2 Kön 22,8; 2 Chr 34,14, dass Neh 7 „möglicherweise an bereits Erzähltes anknüpfen möchte. Denn nirgendwo wird in Neh vorgegeben, die Liste sei verschollen oder vorher nicht bekannt gewesen."[135] Es ist daher auch denkbar, dass Esr 2 nicht nur auf der Erzählebene, sondern auch tatsächlich bei der Textentstehung als Quelle für Neh 7 diente. Der Verfasser von Neh 7 fand das Heimkehrerverzeichnis also einige Kapitel weiter vorne: „The most cogent argument one may bring to bear in support of the supplementary nature of 7:4-72 is the likelihood that Nehemiah 'found' the list of names that he quotes in vv. 6 ff. not in the temple-archives, as is often assumed, but rather in Ezr-Neh itself."[136] Anders als man im Anschluss an Neh 7,5a hätte vermuten können, wird hier nicht die Registrierungsmaßnahme Nehemias, sondern stattdessen eine „alte" Liste präsentiert, die – so der Kontext in Esr 1-3 – der ersten Exilsheimkehrer.

Die Bindung an den literarischen Kontext in Neh 1-7,4 ist so nur durch Vers 5 gegeben, der die Registrierung Nehemias mit der der Heimkehrer in frühpersischer Zeit verknüpft. Diese lose Anbindung an den Text ist auch am Abschluss der Liste zu greifen, wenn es ab Neh 8,1b plötzlich um die Zeitgenossen Esras geht. Die Liste bildet somit eine Brücke zwischen „zwei literarisch ursprünglich selbständigen Texten"[137]. Dagegen zeigen sich, wie unten noch weiter ausgeführt

---

133 Vgl. Karrer, Ringen, S. 294 geht davon aus, dass dieser Teil „offensichtlich auf die Einfügung der Liste hin überarbeitet" wurde. So auch schon Mowinckel, Studien I, S. 44.
134 Vgl. Hieke, Esra, S. 185: „Dieses riesige ‚Zitat' verdrängt die eigentliche Registrierung."
135 Grätz, Edikt, S. 36. Vgl. auch Karrer, Ringen, S. 59 f, die den Rückbezug von Neh 7,5 ff auf Esr 1-3 hervorhebt.
136 Wright, Rebuilding, S. 301. Vgl. auch S. 303 unter Verweis auf Spinoza.
137 Rothenbusch, Tora, S. 61.

werden soll, für die Liste in Esr 2 im Hinblick auf den unmittelbar vorangehenden Erzählabschnitt Esr 1 „deutliche terminologische Übereinstimmungen"[138].

Vor diesem Hintergrund ist eine Beobachtung zu den elf bzw. zwölf Anführern, mit denen das unten gelistete Volk gemeinsam zurückkehrt (Esr 2,2a: אשר־באו עם־//Neh 7,7: הבאים עם־), besonders bedeutsam. In Neh 7,7 wird eine Zwölfzahl von Namen geboten, wohingegen Esr 2,2 nur elf Anführer nennt. Zieht man den unmittelbaren Kontext der Liste in Betracht, so ist zwei Verse vorher, in Esr 1,11, ein weiterer Anführer genannt: Scheschbazzar. Dieser Scheschbazzar, in Esr 1,8 als „Fürst Judas" (הנשיא ליהודה) bezeichnet, wird bei der Rückkehr dadurch besonders hervorgehoben, dass er mit der Rückführung der Tempelgeräte betraut ist (הכל העלה ששבצר עם העלות הגולה מבבל לירושלם). Er ist daher auch zu den Anführern der Stämme in Esr 2,2a dazuzuzählen, woraus sich eine Zwölfzahl an Anführern – wahrscheinlich die Verkörperung der zwölf Stämme Israels – ergibt.[139]

In Neh 7,7 spielt dieser Scheschbazzar keine Rolle mehr. Dafür finden sich unter den zwölf Namen allerdings drei Namensbildungen mit der Wurzel נחם. Davon ist nur der Name נחמיה Esr 2,2 und Neh 7,7 gemeinsam. Statt רחום hat Neh mithin נחום.[140] נחמני stellt wohl ein gegenüber Esr 2,2 zwölfter, zusätzlicher Name dar und findet sich sonst an keiner anderen Stelle des Alten Testaments. Zadok zufolge handelt es sich hierbei um eine „secondary addition based on Nḥmyh"[141]. Das könnte darauf hinweisen, dass der nun im Kontext von Neh 7 fehlende Scheschbazzar als zwölfter Anführer durch eine Namensbildung mit der Wurzel נחם ersetzt und die Liste somit „aufgefüllt" wurde.[142] Da der Kontext in Neh 7 ein anderer war, konnte Scheschbazzar nicht mitgezählt werden, weshalb der Verfasser oder Redaktor, um die Liste „voll" zu machen, eine Derivation der – sich vielleicht schon aufgrund des Protagonisten aus Neh 1-6 anbietenden – Wurzel נחם vornahm, um einen zwölften Namen zu kreieren. Die dreifache Verwendung der Wurzel in dieser Liste sowie die sonst fehlenden Belege für נחום und נחמני sprechen dafür, dass die literarische Abhängigkeit von Esr zu Neh verläuft und nicht umgekehrt.

---

138 Rothenbusch, Tora, S. 65.

139 Vgl. Kratz, Komposition, S. 64.

140 Dass רחום wohl die ursprüngliche Form ist, zeigt bereits das mehrfache Vorkommen des Namens innerhalb des Esr-Neh-Buches (Esr 2,2; 4,8.9.17.23; Neh 3,17; 10,26), wohingegen נחום nur in Nehemia 7,7 bzw. als Naḥum in Nah 1,1 vorkommt. Vgl. hierzu auch Zadok, Issues, S. 173.

141 Zadok, Issues, S. 173.

142 Anders Blenkinsopp, Ezra, S. 84, der die Anführer-Liste in Esr 2,2 mit Nahamani auffüllt.

2.2.2 Der Schluss der Liste Neh 7

Die meisten Argumente für die Priorität von Neh setzen am Schluss der Liste, bei den Versen Neh 7,68-8,1, an. Schunck hat diesbezüglich in seinem Kommentar zuletzt vier Hauptargumente vorgetragen, die im Wesentlichen denen von Williamson folgen.[143]

Nach Schunck kompiliert der Verfasser von Esr-Neh verschiedenes Material und unterbricht dabei die ursprüngliche Nehemiadenkschrift (Neh 1,1b-4.11b; 2,1-20; 3,33-7,5*.72a; 11,1-2; 12,31-32.37-40; 13,4-31*). Zwischen einzelne Verse setzt dieser sodann Listen und andere Erzählkomplexe.[144] Dabei geht Schunck davon aus, dass Vers 7,72a ursprünglich „zusammen mit 11,1 f. inhaltlich an Neh 7,4.5a anschloß"[145] und so die eigentliche Nehemia-Denkschrift fortsetzte. Nach Neh 11,1 f unterbreche der Kompilator die Denkschrift allerding nochmals, um die Namensliste der Bewohner Jerusalems (Neh 11,4b-19) und eine Liste mit von Benjaminiten und Judäern bewohnten Orten (Neh 11,25b-35) einzufügen.[146]

Die Heimkehrer- und Spendenliste hätten demnach also nicht zur ursprünglichen Denkschrift gehört, sondern seien durch einen Ergänzer, der diese im Tempelarchiv gefunden habe, eingefügt worden, wobei der ursprüngliche Vers 72a, der zunächst nur die Gruppen מן־העם הלוים הכהנים umfasste, dann aber mit der Einfügung der Liste um die vier weiteren Gruppen der *Torhüter, Sänger, Tempeldiener* und *ganz Israel* erweitert worden sei.[147] Neh 7 müsse also die Priorität zukommen, weil Vers 7,72a essenzieller Bestandteil des Erzählverlaufs der Nehemiadenkschrift (Neh 1,1b-4.11b; 2,1-20; 3,33-7,5*.72a; 11,1-2; 12,31-32.37-40; 13,4-31*) sei,[148] der erst später durch Neh 8-10 unterbrochen wurde.

---

143 Vgl. Schunck, Nehemia, S. 204–206 nach Williamson, Ezra, S. 29 f. Anders als Williamson, Ezra, S. 273, geht jedoch Schunck, Nehemia, S. 203 davon aus, dass die Nehemiadenkschrift nicht von Nehemia selbst um die Liste Neh 7 ergänzt wurde.
144 Vgl. Schunck, Nehemia, S. XIII–XV.
145 Schunck, Nehemia, S. 203. Die eigentliche Registrierung Nehemias sei dabei weggebrochen, wobei V. 72a* bestehen blieb. Dagegen vermutet Williamson, Ezra, S. 273; 268, dass Nehemia mit der Aufnahme der Liste in seine Denkschrift den Vers 7,72a* anfügte, um dann mit seiner Erzählung fortzufahren, die in Neh 11,1 f nur noch in ihrer Substanz, jedoch nicht mehr in ihrem Wortlaut überliefert ist. Dagegen bemerkt Böhler, Stadt, S. 325 f zutreffend: „Das Postulat, Neh 7$_{72a}$ müsse nehemianisch sein, um 7$_{1-4}$ mit einem ausgefallenen postulierten Text in Neh 11$_{1f}$ zu verbinden, überzeugt nicht."
146 Vgl. Schunck, Nehemia, S. XIV f.
147 Vgl. Schunck, Nehemia, S. 203 in Anlehnung an Williamson, Ezra, S. 273, der diese Erweiterung jedoch erst im Zuge der Einfügung des Esra-Materials Neh 8-10 annimmt.
148 Vgl. Schunck, Nehemia, S. XIII.

Die Bedeutsamkeit von 7,72a* für den Erzählverlauf ist indes nicht ersichtlich. Neh 7,1-3 handeln von der Sicherung der Stadt, V. 4 von der fehlenden Bebauung bzw. Besiedlung. In Neh 7,5a sollen anschließend die Vornehmen (חרים), die Beamten (סגנים) und das Volk versammelt und gezählt werden. In Neh 11,1 finden die Vertreter der weltlichen Oberschicht dann nochmals Erwähnung: Die Oberen des Volkes (שׂרי־עם) wohnen in Jerusalem, während sich das übrige Volk durch Losentscheid 1:10 auf Jerusalem und die anderen Städte verteilt.

Wright betont an dieser Stelle „the emphasis upon the defense of the city in both of these texts (cf. e. g. שׂר הבירה and the משׁמרות in 7.2-3 with שׂרי־העם and המתנדבים in 11.1-2; the military sense of the latter term is explicit in Judg. 5.2[9]; 2 Chron. 17.16)"[149]. Eine Verteidigung Jerusalems durch Oberste und Volk ist in Neh 7,72a jedoch nicht Thema, ja die Stadt selbst, die in Neh 1-7,4 so im Fokus steht, spielt in diesem Vers gar keine Rolle. Mithin nennt Neh 7,72a* völlig andere Personengruppen als 7,4 f; 11,1 f. Das Kultpersonal, die Priester und Leviten, finden weder in 7,4 f noch in 11,1 f Erwähnung.

Zudem steht im Fokus von Neh 7,4 die mangelnde Bewohnung Jerusalems. Die Besiedlung der umliegenden Orte muss zu diesem Zeitpunkt (ca. 100 Jahre nach dem Kyrosedikt) schon vorausgesetzt werden.[150] So bietet der Bericht über das Wohnen des Volkes in seinen Städten in V. 72a nicht nur keinen neuen Informationsgehalt, vielmehr reagiert auch erst 11,1 auf das zentrale Anliegen von Neh 7,4, nämlich Jerusalem wieder aufzufüllen. Um eine Besiedlung Judas und Benjamins geht es im Kontext von Neh 7,4 gar nicht – wohl aber in Esr 1-6![151] Weder lassen sich also die Personengruppen gut in den Bericht von 7,4 f; 11,1 f integrieren, noch trägt V. 72a* zum Fortgang der Erzählung bei, da erst in 11,1 f die Verteilung der Bewohner auf Jerusalem und ihre übrigen Städte geschieht: „[...] one should note that Neh. 11.1-2 picks up the thread from Neh. 7.5a, which contends that the city of Jerusalem was without inhabitants."[152] Die Annahme, dass Neh 7,72a* für die Verbindung von 7,4 f und 11,1 f notwendig sei, kann daher nicht bestätigt werden.

Darüber hinaus ist darauf hinzuweisen, dass nicht mit Sicherheit behauptet werden kann, mit Neh 11,1 f werde überhaupt eine ursprüngliche Nehemia-Denkschrift (Neh 1-7,5*) fortgesetzt. Die der sogenannten Denkschrift folgenden Kapitel sind aufgrund ihres wechselnden Stils und Inhalts kaum eindeutig zuzuordnen. So wird in der Forschungsliteratur ebenso häufig die Ansicht vertreten,

---

149 Wright, Seeking, S. 290 Anm. 56.
150 Vgl. Mowinckel, Studien I, S. 35: „Vollends sinnlos sind aber in diesem Zusammenhang die Worte ‚und die Israeliten waren in ihren Städten'. Wo sollten sie sonst sein, wenn nicht in den Städten, wo sie mehr als 100 Jahre gewohnt hatten?"
151 Vgl. auch Hieke, Esra, S. 187.
152 Redditt, Dependence, S. 234.

die Denkschrift finde erst in Neh 12,27 ff ihren Anschluss.[153] Boda gibt überdies zu bedenken, dass die zweite Hälfte des Nehemiabuches nicht nur einen anderen Stil gegenüber Neh 1-6 aufweist,[154] sondern Neh 7-13 auch noch ein neues Thema zugrunde liegt, das eine zweite Phase der Aktivität Nehemias reflektieren könnte: „In the first period, reflected in Neh. 1.1-6.19 the focus is placed on the building of the wall with little evidence of concern for religious affairs. In the second period, one linked to his second governorship, Nehemiah is preoccupied with the pro-clamation of the law and proper maintenance of the cult."[155] Die von einem ein-heitlichen Thema und Stil geprägte ursprüngliche Nehemiaerzählung endete demzufolge in Neh 7,5.[156] Neh 7,6-13,3 hingegen ließen „a series of documents from the earliest Persian period"[157] durchscheinen.

Das zweite Argument Schuncks wird bereits in der älteren historisch-kritischen Forschung angeführt:[158] Der *siebte Monat* sei eine für Esra 1-6 untypi-sche, nicht auf ein konkretes Ereignis bezogene Datierung und hänge in Esr 3,1 „völlig in der Luft", wohingegen diese Angabe in Neh 7,72b durch die wiederholte Erwähnung des siebten Monats in Neh 8,2 als „fester Bestandteil des Kontextes" betrachtet werden könne.[159] Bereits Blenkinsopp bemerkt in Auseinandersetzung mit den Thesen Williamsons jedoch, dass in Esr 3,6 mit dem Sukkot-Fest ebenso der siebte Monat genannt ist.[160] Auch dort steht die Datierung ohne einen konkre-ten Bezug auf ein Königsjahr oder Ereignis. Zudem ist die Angabe des Monats in Zahlen (mit Ausnahme von Esr 5,16) in Esr 1-6 gängig (Esr 3,1.6.8; 6,19), wohinge-gen in der Nehemiadenkschrift die Namensbezeichnung des jeweiligen Monats gegeben wird (Neh 1,1; 2,1; 6,15).[161]

Darüber hinaus ist es jedoch schwierig, in Esr 1-6 von einer einheitlichen Datierung zu sprechen.[162] So kennen Esr 2 f im Gegensatz zu Esr 1,1; 4,24; 6,15 gar

---

153 Vgl. bspw. Redditt, Census, S. 236; Boda, Redaction, S. 50: „The continuation of Nehemiah's account has been a point of great debate, many noting that the autobiographical style does not continue until at least the dedication of the wall in Nehemiah 12."
154 Vgl. Boda, Redaction, S. 53.
155 Boda, Redaction, S. 54.
156 Vgl. Boda, Redaction, S. 52.
157 Boda, Redaction, S. 53.
158 Vgl. hierzu die Verweise bei Williamson, Ezra, S. 29.
159 Schunck, Nehemia, S. 204.
160 Vgl. Blenkinsopp, Ezra, S. 43. Vgl. auch Böhler, Stadt, S. 319.
161 Vgl. Blenkinsopp, Ezra, S. 44.
162 Dies zeigt schon der Versuch von Schunck, Nehemia, S. 204, die Datierungsangaben in Esr 1-6 zu systematisieren und konkretisieren: „[...] wo mitgeteilte Ereignisse sonst auf ein ent-sprechendes Jahr des jeweiligen persischen Königs bezogen sind (vgl. Esr 1,1; 4,24; 6,15) und wo weitere Daten durch ein anderes Ereignis konkretisiert (vgl. Esr 3,8) oder durch den Kontext er-läutert (vgl. Esr 6,19) werden."

keine absoluten Datierungen, sondern folgen vielmehr einer inneren, relativen Chronologie.[163] Das genaue Datum der Rückkehr bleibt offen – auch in Neh 7. Die Rückkehrer lassen sich nieder und versammeln sich dann im siebten Monat zu Festlichkeiten. Es ist davon auszugehen, dass hier noch das erste Jahr ihrer Ankunft gemeint ist. Denn Esr 3,8 bezieht sich sodann auf den zweiten Monat des zweiten Jahres nach ihrer Ankunft.[164] Die Nennung des siebten Monats nach der Rückkehr ist hierbei zu verstehen als „ein Rückverweis auf die Vorschriften für den siebten Monat von Num 29, der große Festmonat im Herbst, in dem Neujahrsfest, Versöhnungstag und Laubhüttenfest mit zahlreichen Opferfeiern eng beieinander liegen"[165]. Der siebte Monat trägt also für das folgende Geschehen in Esr 3,1-7 (Altarbau, Opferhandlungen und Feste) eine ebenso wichtige Bedeutung wie für die Ereignisse in Neh 8 und ist folglich fest im Kontext Esr 1-3 verankert.[166]

Auch das kürzlich von Fried vorgebrachte Argument, nur die Gesetzesverlesung in Neh 8 beziehe sich auf die gesamte Bevölkerung, weshalb die Versammlung des ganzen Volkes nur in Neh 8,1a originär sein könne, ist aus diesem Grund nicht überzeugend.[167] In Esr 3,1 wird vom Eintreffen (נגע) des siebten Monats gesprochen. Das Verb נגע kann mit „berühren; bis an etwas reichen; eintreffen" übersetzt werden.[168] Es ist daher anzunehmen, dass Esr 3,1 (wie 3,6 auch) den Beginn und somit den ersten Tag des siebten Monats meint.[169] Mit dem Beginn des siebten Monats wird jedoch nicht nur vom Altarbau, der die Voraussetzung für alles Folgende schafft, sondern vor allem auch von den Brandopfern (עלות/עלת: Esr 3,2.3.4.5.6!) berichtet. In diesem Zusammenhang lässt sich das Versammeln (אסף) des Volkes in Esr 3,1 f im Lichte der Vorschriften von Num 29,1 f verstehen, die eine „heilige Versammlung" (מקרא־קדש)[170] mit Brandopfer am ersten Tage des siebten Monats vorsehen. Das Laubhüttenfest in Esr 3,4 erinnert daneben an Num 29,12-39 (vgl. Lev 23,34-43), die täglichen Brandopfer sowie das Opfer

---

163 Vgl. auch Exkurs 1.

164 Gegen Böhler, Stadt, S. 321, der die Datierungen in Esr 3,1.6 auch auf das zweite Jahr des Darius bezieht.

165 Hieke, Esra, S. 96.

166 Vgl. Wright, Rebuilding, S. 302.

167 Vgl. Fried, Who Wrote, S. 77: „Only the story of the law-reading involves the entire population, however. Ezra 3, in contrast, contains a story in which only Zerubbabel and his kin and Joshua and his fellow priests appear. [...] The population as a whole does not enter the story until v. 11 [...]." Ihr folgt Williamson, Unity, S. 337.

168 Vgl. Schwienhorst, Art. נָגַע, Sp. 220.

169 Dass die Datierung so verstanden wurde, zeigt auch die zeitliche Abfolge in Neh 8,1 (beim Eintreffen des siebten Monats), 8,13 (am zweiten Tage) und 9,1 (am 24. Tage dieses Monats).

170 Dass sich מקרא auf die gesamte Gemeinde bezieht, wird an Stellen wie Num 10,2; Jes 1,13; 4,5 und den Opfer- und Festvorschriften in Lev 23 sowie Num 28 f deutlich.

für die Neumonde in Esr 3,5 an Num 29,6. Die Passage Esr 3,1-7 weist durch ihren Bezug auf Num 29 auf die für alle Israeliten geltenden Feste hin und zeigt somit eine enge Verbindung zwischen der Versammlung des *ganzen* Volkes – nicht nur der kleinen Gruppe um Serubbabel und Jeschua (die zudem nur in Esr 3,2 und dann erst wieder in 3,8 erwähnt werden) – und den folgenden Geschehnissen. Der siebte Monat als von verschiedenen Opfern begleiteter Festmonat und das in die Festlichkeiten involvierte Volk Israel haben durchaus auch in Esr 3,1 ff ihren festen Ort.

Dass das obligatorische Brandopfer am ersten Tag des siebten Monats (vgl. Num 29,1) in Neh 8 allerdings nicht vorkommt, stattdessen aber die Tora verlesen wird, ist dabei besonders bedeutsam – scheint die Verlesung doch das Brandopfer zu ersetzen. Dies stellt indes gegenüber Esr 3,1 f und dessen Bezugspunkt Num 29,1 f eine Neuinterpretation dar, was ebenfalls für eine Priorität des Esrabuches sprechen kann.

Auch das dritte von Schunck vorgebrachte Argument hat in der Forschungsgeschichte bereits Tradition: Esr 2,68 f stellten gegenüber Neh 7,69-71 eine „Verkürzung bzw. Zusammenfassung" dar.[171] Grund für diese Annahme sind die unterschiedlichen Zahlenangaben in beiden Passagen. Esr 2,68 f addierten und rundeten die Priesterkleider in Neh 7,69-71 (30 + 67) auf 100, die Silberminen in Neh 7,69-71 (500 + 2 200 + 2 000) auf 5 000 sowie die Golddrachmen (1 000 + 20 000 + 20 000) auf 61 000 auf. Für diese Rechnungen müssen jedoch im Text von Neh 7,69 Konjekturen vorgenommen werden. Bezüglich der Summe der Golddrachmen nimmt Schunck dabei mit Galling an, dass Esr 2,69 noch 20 000 zusätzliche Golddrachmen aus Neh 7,69a (vgl. Neh 7,70) addiert habe, die später ausgefallen seien, „da nur so zusammen mit den in V. 69b-71 genannten Golddrachmen die in Esr 2,69 aufgeführte Gesamtsumme von 61 000 Golddrachmen zusammenkommt".[172] Die Textüberlieferung bietet hierzu jedoch keinen Anhalt. Ebenso ergänzt er nach שלשים die Worte וכסף מנים, um somit 30 Priesterkleider und 500 Silberminen zu erhalten.[173] Zwar endet in LXX der Vers nach שלשים, so dass es dort nur 30 Priesterkleider sind, doch findet sich auch an dieser Stelle keine textliche Variante, die eine Ergänzung der Worte וכסף מנים belegt. Mit Blenkinsopp lässt sich daher feststellen, dass solche Textemendationen an dieser Stelle zwar möglich, jedoch aufgrund fehlender Anhaltspunkte in der Textüberlieferung auch nicht zwingend sind.[174]

---

171 Schunck, Esra, S. 205. Vgl. hierzu auch Williamson, Ezra, S. 29.

172 Vgl. Schunck, Nehemia, S. 200; 205 (Zitat S. 200) mit Galling, Studien, S. 103.

173 Vgl. Schunck, Nehemia, S. 201 mit Rudolph, Esra, S. 142; Galling, Bücher, S. 230; Williamson, Ezra, S. 266 f.

174 Vgl. Blenkinsopp, Ezra, S. 43.

Auffällig ist hingegen, dass der erste Satz in Neh 7,69a unvollständig und funktionslos erscheint. Während in V. 69b sowie V. 70 f jeweils die Spenden genau benannt sind, fehlen diese bei der ersten Erwähnung der Sippenoberhäupter.[175] Dies ist umso merkwürdiger, da V. 69 und 70 in ihrem Anfang fast parallel laufen.[176] Selbst wenn man, wie Schunck annimmt, in V. 69a ausgefallene Spenden vermutet, bleibt die Funktion der doppelten Aufführung dieser Gruppe unklar: „That the list with its narrative sequel has been adapted to a new context in Nehemiah is also suggested by the syntactic awkwardness of Neh. 7:69 [70], which begins with the heads of ancestral houses, breaks off without giving their contributions, then begins again with a listing of donors in descending order of importance."[177] Die Wiederaufnahme der ראשי האבות in V. 70 weist daher auf eine textliche Anpassung hin. Selbst Williamson bemerkt die „clumsy repetition at the opening of the verse at the start of the next" und verweist auf den Zusatzcharakter der Tirschata-Passage.[178] Die besondere Hervorhebung des Tirschata innerhalb der Passage dient möglicherweise der Einpassung in den Nehemiakontext. So wird in Neh 8,9; 10,2 Nehemia selbst mit dem Amt des Tirschata assoziiert.[179] Aufgrund der auffallenden Satzstruktur und sekundären Ausdifferenzierung der Spender in Neh 7,69 f ist hier wohl von einer sekundären Anpassung an einen neuen Kontext auszugehen.

Schunck hingegen ist der Auffassung, dass vielmehr in Esr 2,68 f eine solche Anpassung vorliege. Dies ließe sich anhand der Erwähnung des Tempels sowie der Verwendung spezifischen Vokabulars nachvollziehen.[180] In der Tat weisen die Verse 68 f viele literarische Bezüge zu den Kapiteln Esr 1 und 3 auf, so dass die Passage sehr gut in ihren Kontext eingebettet ist.[181] Weniger eindeutig sind die Bezüge in Neh. Auch wenn in Neh 7 der Zweck der Spenden relativ vage mit למלאכה (V. 69a) und לאוצר (V. 69b) bzw. לאוצר המלאכה (V. 70) angegeben ist,[182]

---

175 Vgl. Pakkala, Ezra, S. 139.
176 Vgl. Mowinckel, Studien I, S. 31.
177 Blenkinsopp, Ezra, S. 43 f. Vgl. auch Mowinckel, Studien, I, S. 31; Pohlmann, Studien, S. 60.
178 Vgl. Williamson, Ezra, S. 271 (Zitat S. 271). Vgl. auch Mowinckel, Studien I, S. 30 f; Hieke, Esra, S. 187; Rothenbusch, Tora, S. 66. Pakkala, Ezra, S. 139 vermutet: „It is probable that an editor started with the ראשי, copying it from Ezra 2:68, but left the idea unfinished because he wanted to add the governor's contribution – the most important one in the hierarchy – to the beginning of the list before the contribution of all others." Böhler, Stadt, S. 324 weist zudem drauf hin, dass es keinen Grund gäbe, die Spende des Tirschata in Esr 2 nachträglich zu streichen, „steht er doch bereits in Esr 2₆₃".
179 Vgl. Rothenbusch, Tora, S. 67.
180 Vgl. Schunck, Nehemia, S. 205 f mit Williamson, Ezra, S. 29 f.
181 Vgl. Blenkinsopp, Ezra, S. 43; Halpern, Commentary, S. 101 f; Rothenbusch, Tora, S. 65.
182 מלאכה ist in Esr 2,69 eindeutig auf den Tempelbau bezogen, im Kontext von Neh 7 wird zuletzt der Mauerbau in Neh 6,16 als מלאכה bezeichnet. Vgl. Böhler, Stadt, S. 325.

weisen die gespendeten Priesterkleider und Schalen auf eine Verwendung im kultischen Bereich hin, so dass es sich hierbei wahrscheinlich um eine Spendenliste für den Tempel handelt.[183] Die Tempelspenden sind jedoch im Kontext der Nehemiaerzählung sowie der Verlesung der Tora durch Esra ohne Bezug.[184] Die Tatsache, dass die Verwendung der Spenden in Neh keine Konkretisierung erfährt, könnte daher auch ebenso gut für eine Anpassung der Liste in den Kontext des Nehemiabuches sprechen. Dabei ist es möglich, dass die Tempelthematik bei der Übertragung von Esr 2,68 ausgelassen wurde, weil der Bau zum Zeitpunkt Nehemias bereits abgeschlossen war.[185]

Die Einfügung der Tirschata-Passage trägt in diesem Zuge zur Anpassung an den Kontext bei, „um die führende Rolle Nehemias im kultischen Leben (Neh 8-13) vorzubereiten",[186] dem ab Neh 8 das Amt des Tirschata zugeschrieben wird. Die Verse 69-71 haben somit die Funktion, die Liste in Neh zu verankern. Dadurch erscheint sie zwar auch in Neh gut eingepasst, ihr Hauptthema, nämlich Tempel und Kult, bleibt in Neh jedoch völlig unberücksichtigt.[187] Denn selbst wenn man mit Schunck annähme, dass die Tempelthematik zunächst in Esr 2,68//Neh 7,69 f fehlte, wird doch der Fokus auf das Tempelpersonal in Esr 2//Neh 7 deutlich. Die ausführliche Auflistung der Priester, Leviten, Sänger, Torhüter, Tempeldiener und Nachkommen der Diener Salomos sowie die Diskussion um die kultische Reinheit der Priester in Esr 2,61-63//Neh 7,63-65 legen den Schwerpunkt auf die Kultorganisation. Diese besitzt für das Nehemiabuch kaum Relevanz. Im unmittelbaren Kontext von Esr 3 jedoch werden die gelisteten Akteure, die Priester und Leviten (V. 2.8-12), die Sänger (V. 10) und die Sippenoberhäupter (V. 12) wieder aufgegriffen und die Kult- bzw. Tempelspenden erhalten hier ihre Bestimmung.[188] Die Rückkehr- und Tempelbauerzählung in Esr 1 und 3 ist somit aufgrund zahlreicher Verknüpfungen mit der Liste selbst als ursprünglicher Kontext anzunehmen. In Neh 7 hingegen lässt sich an Einleitung und Abschluss der Liste eine

---

183 Vgl. Redditt, Census, S. 234: „Judging by the lists, the gifts were for the temple, but their purpose in Nehemiah remains vague."

184 Vg. Rothenbusch, Tora, S. 65. Siehe auch Blenkinsopp, Ezra, S. 94; Böhler, Stadt, S. 322.

185 Vgl. Pakkala, Ezra, S. 139; Böhler, Stadt, S. 325. Das Werk, auf das sich die freiwilligen Gaben nun beziehen, bleibt hier unbestimmt; eine Assoziierung mit dem Mauerbau wird dabei durch den Erzählverlauf (Neh 1-6) möglich, wenngleich die Funktion der Spenden in diesem Rahmen nur schwer erklärbar ist. Vgl. auch Anm. 182 in diesem Kapitel.

186 Böhler, Stadt, S. 325.

187 Vgl. Blenkinsopp, Ezra, S. 43.

188 Vgl. Böhler, Stadt, S. 325, der hier auf die Exodustypologie verweist: „In Ex 35₃₁ bringen die Israeliten ihre ‚Abgabe für den Herrn zur Herstellung des Offenbarungszeltes und für seinen gesamten Dienst (מלאכה) und die heiligen Gewänder.'"

nachträgliche Einpassung in den neuen Kontext greifen, weshalb von einer sekundären Einfügung und literarischen Abhängigkeit von Esr 2 auszugehen ist.

2.2.3 Die Funktion der Liste in Neh 7

Es ist anzunehmen, dass hinter der Übertragung der Heimkehrerliste aus Esr 2 nach Neh 7 ein bewusstes literarisches Gestaltungsprinzip steht.[189] Die oben dargestellten Unterschiede am Anfang und Schluss der Liste sind Ausdruck einer sorgfältigen Anpassung an den neuen Kontext. Für Esr 3,1 gilt hierbei, dass der Vers nicht einfach versehentlich mit übernommen wurde, sondern für die Konzeption des Nehemiabuches eine bestimmte Funktion besitzt. Sowohl Esr 3,1 als auch Neh 7,72b-8,1 sind sehr gut in ihren Kontext eingebunden, so dass damit auch die Folgeereignisse, Altarbau und Opfer (Esr 3) sowie die Toraverlesung (Neh 8), eine Parallelisierung erfahren.[190] Die Wiederholung der Liste in Neh 7 leistet dabei im Wesentlichen zwei Dinge für das Verständnis der neuen Gemeinde Israel nach Vollendung der Restauration:

Zum einen werden die Geschehnisse von Altarbau und Opfer – und somit die Wiederaufnahme des Kults – mit der Verlesung der Tora durch Esra parallelisiert. Die Liste der Rückkehrergemeinde, der Männer des Volkes Israel (Esr 2,2//Neh 7,7), steht also beide Male vor einem wichtigen Ereignis.[191] Auch lassen beide Kapitel das Sukkotfest folgen (Esr 3,4 f; Neh 8,13-18).[192] Dass die Restaurationserzählung in ihrer Gesamtkomposition jedoch in Neh 8-10 ihren Höhepunkt erreicht, könnte dafür sprechen, dass Neh 7 f mehr als nur eine Gleichsetzung mit Esr 2 f darstellen. Die Bedeutung beider Passagen wird zwar dadurch unterstrichen, dass beide Ereignisse im siebten Monat, dem Festmonat, stattfinden. Doch werden in Neh 8 an keiner Stelle die (in Esr 3,1-7 allein 5-mal vorkommenden) obligatorischen Brandopfer (עֹלָה/עֹלוֹת) erwähnt, was für ihre Ersetzung durch die Toralesung sprechen könnte, von der in Neh 8 wiederum gleich mehrfach berichtet wird (vgl. auch Neh 8,13.18). Während in Esr 3 also noch Kult und Opfer im Vordergrund

---

189 Eskenazi, Age, S. 89 weist im Rahmen ihres synchronen Ansatzes zur Betrachtung der Komposition Esr-Neh darauf hin, dass in der gegenwärtigen Literarkritik Wiederholungen, wie die der Liste, als „significant vehicles for the text's intention" zu verstehen sind. Bänziger, Jauchzen und Weinen, S. 129–132; 195 führt dies noch weiter aus, indem er in der Doppelung der Liste Esr 2//Neh 7 eine Analogie zur Doppelung der Musterungen in Num 1; 26 und somit einen theologischen Bezug zu Exodus und Landnahme sieht. Siehe hierzu auch Kap. 4.3.
190 Vgl. Gunneweg, Ezra, S. 56; Böhler, Stadt, S. 319; Hieke, Esra, S. 187 f; Honigman, Cyclical, S. 126.
191 Vgl. Grätz, Edikt, S. 37.
192 Vgl. Pakkala, Ezra, S. 136.

stehen, liegt der Fokus in Neh 8 auf einem schriftlichen Dokument, der göttlichen Weisung, das zudem nicht am Tempel selbst verlesen wird.[193] Die Toraverlesung reflektiert in ihrer Darstellung in Neh 8 womöglich bereits einen „prototypische[n] synagogale[n] Gottesdienst für die Volksgemeinde"[194] und kann somit als bewusste Steigerung und Höhepunkt der Restauration der Gemeinde Israels verstanden werden.

Zum anderen ist die „kultisch-religiöse Erneuerung mittels Opferdienst und Toraverlesung [...] eng und konstitutiv mit der Gemeinschaft der aus dem Exil heimgekehrten Israeliten (Esra 2/Neh 7!) verbunden [...]: *Sie allein* sind Träger und Protagonisten dieser religiösen und sozialen Etablierung".[195] Die Wiederholung der Heimkehrerliste hat im Nehemiabuch daher auch die Funktion, das Volk, das die Tora empfängt, mit der zurückgekehrten Gola zu identifizieren. Diese ist das wahre Israel, das seine Herkunft nachweisen kann (vgl. Esr 2,59-63). Beide Listen zusammen stellen so ein „geschichtliches Kontinuum" dar, das das „von JHWH erwählte und erweckte Volk schriftlich fixierte".[196] In Neh 7,5b wird zwar die Verwendung eines historischen Dokuments angekündigt, der erneute Wechsel des Zeitbezugs in Neh 7,72b-8,1 jedoch nicht mehr.[197] Durch den fließenden Übergang des Zeitbezugs verschmilzt auch die Identität des Volkes in Neh 8,1bff mit der Gola in Esr 2//Neh 7. Dass in Neh 7 eine solche Identitätsvergewisserung stattfindet, ist nicht zuletzt deswegen für den Erzählverlauf von Neh entscheidend, da nach der Verlesung der Tora und der Formierung der religiösen Identität auch die Mischehenkrise und somit die Abgrenzung nach außen wieder Thema wird. Die Wiederholung der Liste kann daher als Mittel zur religiösen Selbstvergewisserung der nachexilischen Gemeinde verstanden werden.

2.3 Esr 2

Im Esrabuch hat die Heimkehrerliste ihren ursprünglichen Ort. Sie ist zu beiden Seiten sehr gut in den Kontext eingebunden. Den Auftakt der Rückkehr-Tempelbau-Erzählung bildet das Kyrosedikt in Esr 1,1-4, das die Rückkehr aus dem Exil in Babylonien initiiert. Unter Kyros werden die Vorbereitungen getroffen (Esr 1,5 f) und Scheschbazzar mit der Rückführung des Jerusalemer

---

193 Vgl. Grätz, Edikt, S. 294.
194 Grätz, Edikt, S. 294.
195 Hieke, Esra, S. 188.
196 Schaack, Ungeduld, S. 126.
197 Vgl. Karrer, Ringen, S. 60.

Tempelschatzes beauftragt (Esr 1,7-11). Zusammen mit den in Esr 2,2a genannten Namen ergibt sich damit eine Zwölfzahl von Anführern.

Der in Esr 1,11 angekündigte Exodus wird dann in Esr 2 weiter ausgeführt. Durch die Liste in Esr 2 wird der Schwerpunkt der Erzählung nicht auf das *Wie* der Rückkehr, sondern auf das *Wer* gelegt. Was interessiert, ist die Identität der Rückkehrer, weniger der konkrete Verlauf des zweiten Auszugs. Denn diese sind die Gemeinde, die in Esr 3 Kult und Tempel wieder etablieren. Die Spenden von Gold, Silber und Priesterkleidern sind, wie die freiwilligen Gaben (נדבה) in Ex 35,5.29.31 auch, für das „Werk" (המלאכה), nämlich den Wiederaufbau des Heiligtums, bestimmt.[198] Esr 2,68 f schließen also gut an die folgende Thematik der Wiederaufnahme des Kultbetriebs in Esr 3 an. Zudem zeigen sich für V. 68 f auffallende Übereinstimmungen mit dem Wortschatz von Esr 1 und 3: „[...] so etwa bei der Bezeichnung des Tempels als בית יהוה אשר בירושלם in 1,5 und 2,68. Mit נדב Hitp. und den großzügigen Spenden der Rückkehrer taucht ein wichtiges Stichwort und Motiv aus Esra 1,6 wieder auf (vgl. auch 3,5) und die ראשי האבות aus Esra 2,68 begegnen auch in Esra 1,5; 3,12; 4,2 f. als Repräsentanten des Volks."[199]

Die anschließende Siedlungsnotiz in Esr 2,70 stellt eine notwendige Folge des Exodusgeschehens und gleichzeitig die Voraussetzung für Esr 3 dar:[200] Das zurückgekehrte Volk lässt sich an seinen Orten nieder. Mit der Grundsteinlegung (Esr 3,8-13) findet die Rückkehr-Tempelbau-Erzählung ihren vorläufigen Höhepunkt.[201] Das Ende von Esr 3 markiert im Rahmen der Gesamtkomposition Esr-Neh den Beginn einer langen, von Hindernissen und Unterbrechungen geprägten Restaurationsphase, die sowohl den Tempel als auch die Stadt umfasst und schließlich in Neh 8-13 auf ihren Höhepunkt und ihre Vollendung zuläuft. Esr 2 f schließen chronologisch zwar an das Kyrosedikt aus Esr 1 an, erfahren aber keine eindeutige Datierung durch ein Königsjahr, auch wenn sie sich als Folge des Edikts lesen lassen. Anhand von Hag 1 f und Sach 1-6 lässt sich der Beginn des Tempelbaus jedoch in die Zeit Darius I. datieren. Der genaue Zeitpunkt der Rückkehr bleibt indes offen.[202]

Exkurs 1: Datierungen in Esr 1-3

Esr 1,1 bietet mit der Erwähnung des ersten Jahres des Kyros innerhalb von Esr 1-3 die einzige absolute Datierung. Esr 2 f hingegen scheinen einer inneren, relativen

---

198 Vgl. Böhler, Stadt, S. 325. Siehe auch Anm. 188 in diesem Kapitel.
199 Rothenbusch, Tora, S. 65.
200 Vgl. auch Grätz, Chronologie, S. 214.
201 Vgl. auch Arnold, Aramaic, S. 6.
202 Vgl. auch Hanhart, Unbekannter Text, S. 120.

Chronologie zu folgen. Die eigentliche Rückkehr erfährt keine Datierung. Sie passiert zu irgendeinem Zeitpunkt nach dem Edikt des Kyros. Ausführlich dokumentiert wird nicht die Rückkehr selbst, sondern das zurückgekehrte Volk Israel. Die Listeneinleitung in Esr 2,1 f fasst dabei das Exodusgeschehen kurz zusammen und bereitet so das eigentliche Aussageinteresse von Esr 2 vor: Das Volk Israel sind die nachfolgend genannten Rückkehrer. Dieses aufgelistete Israel bekommt somit zeitlose Gültigkeit. Dies wird auch durch die Wiederverwendung der Liste in Neh 7 betont.

Auch im folgenden Kapitel wird keine vollständige Zeitangabe gegeben. Esr 3,1.6 nennt zweimal den ersten Tag bzw. das Herannahen des siebten Monats ohne Jahresreferenz. So scheint hier nicht die konkrete Einordnung in ein Königsjahr von Interesse zu sein, sondern dass alle wichtigen kultischen Handlungen und Feste (unter Voraussetzung des Altarbaus) im richtigen Monat, nämlich dem siebten als großen Festmonat und Beginn des neuen Jahres, stattfinden.[203] Dadurch wird die korrekte, vorschriftsmäßige Wiederaufnahme der kultischen Tradition betont.

Der zweite Monat des zweiten Jahres in Esr 3,8 bezieht sich auf die Ankunft Serubbabels, Jeschuas und des restlichen Volkes am Hause Gottes, nicht aber auf das Kyrosedikt oder die Rückkehr, wie Williamson bemerkt: „It has generally been assumed that 'the second year' relates to the exiles' return from captivity, so that this section would still be within the reign of Cyrus. In fact, however, the writer makes clear that this is not his meaning by adding the striking qualification, 'of their coming to the house of God.' In the context of the previous verse and of 2:68, this obviously refers to the time when they turned their attention in earnest to the work of rebuilding by starting to collect the materials."[204] Gleichzeitig erinnern sowohl der *zweite Monat* als auch das *zweite Jahr* als Beginn des Tempelbaus an zwei in unmittelbarer Verbindung mit dem Heiligtum stehende, wichtige Ereignisse. Im zweiten Jahr des Exodus aus Ägypten geschieht die Errichtung des Zeltheiligtums (Ex 40,17);[205] im zweiten Monat des vierten Jahres seiner Herrschaft lässt Samuel den ersten Tempel bauen (1 Kön 6,1; 2 Chr 3,2),[206] wobei die zusätzliche Datierung in das 480. Jahr nach dem Auszug aus Ägypten (1 Kön 6,1) ebenfalls auf das „heilsgeschichtliche[...] Datum, den Exodus, rekurriert".[207]

---

203 Vgl. Hieke, Esra, S. 96; Grätz, Chronologie, S. 214.
204 Williamson, Ezra, S. 47.
205 Vgl. Rothenbusch, Tora, S. 114: „Wenn Esra 3,8a die Tempelgründung in das zweite Jahr der *Rückkehr* datiert [...], könnte darin ein weiterer Hinweis auf den Exodus liegen, da Ex 40,17 zufolge die Wohnstätte am Sinai am ersten Tag des ersten Monats im *zweiten Jahr* des Exodus errichtet wird." (Kursivierung dort)
206 Vgl. u. a. Gunneweg, Esra, S. 75; Williamson, Ezra, S. 47.
207 Grätz, Chronologie, S. 215.

Diese Zeitangabe verrät also ebenso wie die Nennung des siebten Monats in V. 1.6 ein theologisches Interesse.

Mit dem Auftreten Serubbabels und Jeschuas sowie der Grundsteinlegung des Tempels in Esr 3,8 befinden wir uns nach Hag 1 f und Sach 1-6 in der Regierungszeit Darius' I. Dort werden der Beginn des Tempelbaus und das Aktiv-Werden Jeschuas und Serubbabels in das *zweite Jahr* des Darius datiert.[208] Dass diese Angabe des Königsjahrs in Esr 3,8 bezeichnenderweise fehlt, hat den Effekt, dass in Esr 1-3 die Zeit zwischen Kyrosedikt und Auszug einerseits, der Regentschaft des Darius und dem Tempelbau andererseits verschwimmt.[209] Die Ereignisse stehen in Esr 1-3 in der Folge des Kyrosedikts. Der Fokus liegt auf diesem einzig genannten König, der in Esr 1,1-4 den Anstoß zu Rückkehr und Tempelbau gibt. Damit scheinen nach Esr 3 (anders als in Hag und Sach) Serubbabel, Jeschua und der Tempelbau mit der Regentschaft des Kyros assoziiert zu werden. Das sich daraus ergebende chronologische Problem ist wohl so zu „lösen, dass die Verfasser von Esr 1-6 die Zeit des Kyros im Sinne von Esr 1,1-4 als Heilszeit verstanden haben".[210] Damit ist das wichtigste Datum für Esr 1-3 gleich zu Anfang gegeben – das erste Jahr des Kyros, mit dessen Königsherrschaft die Erneuerung und Heilszeit Israels beginnt (Esr 1,1-4).[211] Esr 2 f lassen sich durch ihre relative Chronologie als Folge dieses kausalen Zusammenhangs verstehen. Eine präzise Datierung scheint hier bewusst nicht verwendet worden zu sein, auch wenn Esr 3,8 stark an das zweite Jahr des Darius (vgl. Hag 1 f; Sach 1-6) erinnert.[212] Denn das Interesse des Textes besteht darin, die Verantwortung für die Restauration allein Kyros zuzuschreiben – eine Tradition, die sich schon bei Deuterojesaja (Jes 44,28) findet.[213]

Die Datierungen in Esr 2 f besitzen also eine eigene theologische und heilsgeschichtliche Aussagekraft, indem sie an bekannte Traditionen wie den siebten

---

208 Vgl. Grätz, Chronologie, S. 221 f.

209 Vgl. auch Halpern, Commentary, S. 108–111; 124; 133, der eine absichtliche Abweichung von der Datierung nach Königsjahren in Esr 2 f annimmt. Der Verfasser „blurs, disguises, obscures the passage of time", um alle seine Quellen gleichermaßen sprechen zu lassen (Zitat S. 133). Er erreiche somit eine „dual sequence", bei der zwei Chronologien verschwimmen: „In the real chronology, Zerubbabel founds the temple in 520. In the ostensible one, he does so around 537." (Zitate auf S. 111)

210 Grätz, Chronologie, S. 222.

211 Vgl. Willi, Juda, S. 47–50; Grätz, Chronologie, S. 222.

212 Vgl. Grätz, Chronologie, S. 222: „So ist die Datierung in Esr 3,8 sicher der Vorstellung der Heilszeit unter Kyros zu verdanken, wobei aber gleichzeitig das Thema des zweiten Jahres mitsamt dem Personal aus Hag/Sach übernommen worden sind."

213 Vgl. Grätz, Chronologie, S. 222. Dies mag auch der Grund sein, warum Scheschbazzar, der mit der Regierungszeit des Kyros assoziiert wird, in Esr 5,16 als jener beschrieben wird, der den Grund des Hauses Gottes in Jerusalem legt.

Monat und den Zeitpunkt des Baus von Zeltheiligtum und erstem Tempel anknüp-fen.[214] Sie können in die Regentschaft des Kyros fallen, können sich aber ebenso bis hin zur Regentschaft des Darius erstrecken (denn ebenso wie Darius fehlt auch der Name des Kyros in diesen Datumsangaben!). Das Ende von Esr 3 knüpft dabei gut an Esr 5 f an, wo die Fortsetzung des Tempelbaus geschildert wird. Die größere zeitliche Lücke, die zwischen Anfang (Esr 3) und Ende des Baus (Esr 6), zwischen der Initiation unter Kyros und dem Abschluss unter Darius entstehen könnte, wird durch die – zwar anachronistische – Einfügung der Artaxerxeskor-respondenz überbrückt. Diese schildert eine durch externe Feinde verursachte Bauverzögerung, „die es erlaubt, die Fertigstellung des Heiligtums in die (kor-rekte) Zeit des Darius zu datieren".[215]

Unabhängig davon, ob der Beginn des Tempelbaus mit Kyros oder wie in der Hag-Sach-Tradition mit der Regentschaft des Darius assoziiert wird, weist die Artaxerxeskorrespondenz in Esr 4 einen chronologischen Bruch auf.[216] Dass die Passage Esr 1-6 dabei literarisch nicht einheitlich sein kann, zeigen nicht nur die chronologischen Schwierigkeiten, die Esr 4 mit der Erwähnung des Artaxer-xes verursacht, sondern auch der Sprachwechsel vom Hebräischen ins Aramäi-sche und zurück, der gleichzeitig nicht den Dokumentengrenzen folgt.[217]

Innerhalb von Esr 1-6 können dabei grob drei Abschnitte unterschieden werden: erstens der hebräische Teil, der von der Rückkehr, der Wiederaufnahme des Kults und der Grundsteinlegung handelt (Esr 1-3*), zweitens die aramäische Artaxerxeskorrespondenz (Esr 4*), die Komplikationen während des Wiederauf-baus Jerusalems bzw. der Stadtmauer schildert, und drittens die Aramäische Chronik oder Aramäische Quelle (Esr 5 f*), die die Legitimation und Fertigstel-lung des Tempels zum Thema hat.

Die Artaxerxeskorrespondenz mit ihrer Thematik des Stadtbaus wurde mit einiger Wahrscheinlichkeit später hinzugefügt.[218] Dass sie als eigenständiger

---

214 Vgl. auch Fried, Land, S. 46: „The reference to 'the seventh month' is not reliable; such an auspicious month may have been inserted to suit the historical goals of the historian."
215 Grätz, Chronologie, S. 223.
216 Vgl. auch die Diskussion zu 3 Esr in 2.1.3.
217 So werden die aramäischen Briefe (Esr 4,8 ff) in Esr 4,7 noch in hebräischer Sprache ein-geleitet und angekündigt, in 4,23 f; 5 f wird die Erzählung sodann jedoch weiter auf Aramäisch fortgesetzt und wechselt erst wieder am Schluss (6,19-22) – diesmal ohne Ankündigung – ins Hebräische zurück.
218 Vgl. z. B. Kratz, Komposition, S. 66; Rothenbusch, Tora, S. 58; Grätz, Chronologie, S. 216–219. Vgl. auch Grätz, Kommunikation, S. 260–262, der für Esr 4 von einer sekundären Ausweitung der Stadtbauthematik auf den Tempelbau ausgeht, um diesen „zu einem Politikum von Weltrang" zu stilisieren (Zitat S. 261). Dagegen Williamson, Ezra, S. xxiii und Fried, Documents, S. 25 f, die Esr 1-6 als Gesamtkomposition unter Verwendung verschiedenen Quellenmaterials verstehen.

Erzählabschnitt verstanden werden kann, zeigt mithin auch schon die Verschiebung dieses gesamten Textblocks in einen neuen Zusammenhang in 3 Esr 2,15-25. In ihrem jetzigen Kontext von Esr-Neh weist die Artaxerxeskorrespondenz zum einen auf das Wirken Nehemias und die Komplikationen beim Wiederaufbau Jerusalems bzw. der Stadtmauer voraus,[219] zum anderen vermag sie einen Grund für die Verzögerung des Baus zu liefern, der nach Esr 1-6 ja mit Kyros seinen Anfang nahm.[220] Die hebräischen Verse Esr 4,1-5 dienen dabei als Einleitung in die Thematik, haben aber mit der Erwähnung des Darius und der Wiederaufnahme des Baus ihren direkten Bezug erst wieder in V. 24, der an das in 5,1 ff Erzählte anknüpft.[221] Esr 4,1-5.24 fungieren somit als Scharniere zwischen Esr 3 und Esr 5, die eine Art Exkurs markieren.[222]

Mit der Grundsteinlegung in Esr 3,8-13 ist die Erzählung auf zeitlicher Ebene bereits am Anfang von Esr 5 angekommen, wo vom laufenden Tempelbau berichtet wird. Dabei lesen sich Esr 1-3 wie die Vorgeschichte zur Aramäischen Chronik.[223] Die Kapitel 1–3 führen die in Esr 5 f erwähnten Ereignisse um Kyros und Scheschbazzar, die Rückkehr und den Tempelbau weiter aus. Kratz sieht im aramäischen Teil Esr 5 f* den ursprünglichen Kern der Erzählung Esr 1-6, der nach vorne erweitert wurde: „Die Erzählung ist in sich abgerundet, stellt am Anfang die Protagonisten der Handlung vor, kommt sofort zur Sache und führt den in (4,24) 5,1-5 eröffneten Spannungsbogen bis zu seinem Ende in 6,13-15. Der Anfang hat die Kap. 1–4 nicht zur Voraussetzung, im Gegenteil: Die Personen treten auf und werden eingeführt, als wären sie noch nicht bekannt.‟[224] Esr 5 f* kann folglich als eigenständiger Erzählabschnitt bzw. eigenständige Quelle verstanden werden.

---

219 Vgl. u. a. Hanhart, Unbekannter Text, S. 115 f; Kratz, Komposition, S. 54; Karrer, Ringen, S. 342; Rothenbusch, Tora, S. 59 f. Vgl. auch Karrer-Grube, Scrutinizing, S. 144 f; Ezkenazi, Age, S. 55 f, die den engen Zusammenhang zwischen dem Bau des Tempels und dem Bau der Stadtmauer hervorheben.
220 Vgl. u. a. Blenkinsopp, Ezra, S. 105; Fried, Story, S. 91; Rothenbusch, Tora, S. 58; Grätz, Chronologie, S. 8. Anders als bei Haggai liegt somit die Schuld für die Bauverzögerung nicht beim Volk selbst, sondern in eben diesen äußeren Umständen, vgl. z. B. Myers, Ezra, S. 35.
221 Vgl. auch Grätz, Adversaries, S. 76; Rothenbusch, Tora, S. 54 f.
222 Vgl. Throntveit, Ezra, S. 21, der Esr 4,5.24 mit Talmon, Ezra, S. 322 als „repetitive resumption‟ versteht, die im Sinne einer Klammer oder Fußnote eine Einfügung zusätzlichen Materials kennzeichnet. So auch Williamson, Ezra, S. 57; Blenkinsopp, Ezra, S. 111. Dem folgt auch Fried, Documents, S. 21 f, die gleichzeitig die Bedeutung dieses Exkurses als „proofs‟ (S. 21) für das zuvor Erzählte hervorhebt.
223 Vgl. hierzu auch Halpern, Commentary, S. 88–90, der Esr 1 als Prolog mit zusätzlichen Hintergrundinformationen für Esr 5 annimmt. Zum Anschluss von Esr 3 an Esr 5 siehe Exkurs 3.
224 Kratz, Komposition, S. 57. Vgl. hierzu auch Kratz, Israel, S. 164. Ähnlich auch Pakkala, Ezra, S. 3.

Im Hinblick auf Esr 1-6 dienen Esr 4,1-5[.6 f] dabei nicht nur der Überleitung in den aramäischen Text, sondern auch der Einführung einer neuen Thematik: die Anfeindung von außen und die Gefährdung des Weiterbaus.[225] Die Auseinandersetzung mit dem „Außen", den Fremden, wird in Esr 1-3 (mit Ausnahme von Esr 3,3) nicht explizit erwähnt, wohl aber im aramäischen Teil Esr 4-6. Selbst in Esr 2,59-63 ist vornehmlich die Definition der eigenen Gemeinde, das Innere, im Blick. Erst mit den צרי יהודה ובנימן (Esr 4,1) und dem עם־הארץ (Esr 4,4) nimmt dieses „Außen" Gestalt an: „Ging es bisher um die wahre Heimkehrergemeinde in ihrer Identität mit dem im Gericht des Exils geläuterten und daraus zu neuem Heil zurückgeführten wahren Israel, so geht es jetzt ebensosehr um die Abgrenzung und Abscheidung von allem, was zu diesem wahren Israel nicht gehört."[226] In Esr 4 unterbrechen Feinde den Bau der Stadt (Esr 4,12), in Esr 5 f muss ein Nachweis für die Legitimität des Tempelbaus gebracht werden.[227]

Esr 4-6 sind also nicht nur größtenteils in einer anderen Sprache verfasst, auch der Blickwinkel der Erzählung ist hier ein anderer – es geht um die direkte Auseinandersetzung mit den Fremden im Hinblick auf Legitimitätsfragen. Zudem sind auch die Akteure verschieden. Im aramäischen Teil wird, anders als in Esr 1-3, die „Bevölkerung [...] ausschließlich als ‚Judäer' bezeichnet."[228] Die Gruppe der „Ältesten" bietet zudem in Esr 5 f das einzige, von Scheschbazzar, Serubbabel, Jeschua und den Häuptern der Vaterhäuser in Esr 1-3 aber unterschiedene Leitungsorgan.[229] Überdies erscheinen Esr 4-6 als Kompilationen verschiedener offiziell anmutender Briefdokumente und Korrespondenzen,[230] die auch als solche eingeleitet werden und somit als stilistische und rhetorische Mittel die Diskussion um die Legitimität der Bauvorhaben illustrieren. Esr 1-3 verwenden zwar Listen, diese sind jedoch nicht als offizielle Dokumente eingeleitet und stärker in die narrative Schilderung der Ereignisse integriert (vgl. z. B. Esr 2,59-63.68). Die Korrespondenzen mit den nicht zu Israel gehörenden Völkern bzw.

---

225 Vgl. auch Blenkinsopp, Ezra, S. 42: „In the section 4:1-6:12 attention focuses on sustained opposition which had to be overcome before the project could be finished." Ähnlich auch Kidner, Ezra, S. 53: „From this point onwards right to the end of Nehemiah there is conflict. Nothing that is attempted for God will now go unchallenged, and scarcely a tactic be unexplored by the opposition." Vgl. auch Halpern, Commentary, S. 111.

226 Gunneweg, Esra, S. 81 f.

227 Vgl. Grätz, Adversaries, S. 77. Anders als in Esr 4, ist die Investigation der Außenstehenden in Esr 5 f „not understood as an act of hostility", sondern „functions as a means to display the legitimacy of the second temple [...]." (Zitat S. 77)

228 Karrer, Ringen, S. 111.

229 Vgl. Kratz, Komposition, S. 57; Karrer, Ringen, S. 111; Grätz, Chronologie, S. 220.

230 Zur Diskussion um die Authentizität der aramäischen Dokumente in Esr 4-6 vgl. Schwiderski, Handbuch, der von fiktiven Texten ausgeht.

der persischen Regierung sind daher ein Kennzeichen des aramäischen Teils, der diese als Medium verwendet, um sich mit der „Außenperspektive" auseinanderzusetzen.

Im Zentrum und Fokus von Esr 1-3 hingegen steht die Abgrenzung nach Innen, die Identität der Heilsgemeinde. Diese Konzentration auf die zum Tempel gehörige Gemeinde Israel wird auch schon durch die literarische Gestaltung dieses Abschnittes sichtbar. Im Zentrum von Esr 1-3 steht die ein ganzes Kapitel umfassende Rückkehrerliste. Diese ist gerahmt von zwei weiteren kurzen Listen: der Tempelschatzliste (Esr 1,9-11) und der Tempelspendenliste (Esr 2,68 f).

Kyrosedikt und Befehl zum Bau des Tempels in Jerusalem (1,1-4)
  Aufbruch (1,5 f)
    Tempelschatzliste (1,7-11)
      Rückkehrerliste (2,1-67)
    Tempelspendenliste (2,68 f)
  Ansiedlung (2,70)
Altarbau und Grundsteinlegung des Tempels (3,1-13)[231]

Dieser Textabschnitt schildert den Beginn der Heilszeit nach dem Ende des babylonischen Exils, das in der prophetischen Tradition durch Unheilsankündigungen vorbereitet worden war. Mit der Rückkehr und der Grundsteinlegung beginnt nun die Phase der Restauration. Esr 1-3 können daher – zunächst einmal synchron betrachtet[232] – als in sich sinnvolle, eigene, wenn auch nicht unabhängige Erzähleinheit verstanden werden, die die Geschichte vom Kyrosedikt bis zur Grundsteinlegung des Tempels, auf die sich Esr 5 f in der Auseinandersetzung mit den Fremden beziehen, aufgreift und weiter mit Blick auf Gemeinde und Tempel ausführt.[233] Für eine Analyse der Form und Funktion von Esr 2 soll sich daher zunächst auf eine nähere Betrachtung der Komposition Esr 1-3 beschränkt werden, ohne jedoch Esr 5 f* als möglicherweise ältere Quelle ganz außer Acht

---

231 In Esr 3 liegt mit der Schilderung von Altarbau (V. 1-5) und Grundsteinlegung (V. 6-13) eine Doppelüberlieferung vor, wobei erstere Szene bereits Aspekte der Tempelgründung vorwegnimmt; vgl. hierzu auch Kratz, Komposition, S. 64. Zur literarkritischen Diskussion vgl. ausführlich Kap. 3.3.3.
232 Zur diachronen Betrachtung der einzelnen Kapitel vgl. die literargeschichtliche Analyse in Kap. 3.3.
233 Vgl. auch Fried, Documents, S. 25, die Esr 1-6 als „complying with the demands of Hellenistic rules of rhetorical historiography" (Zitat S. 25) beschreibt und in diesem Rahmen Esr 1-3 als Prolog ansieht. Gunneweg, Esra, S. 94 sieht die Kapitel 1–3 im Rahmen von Esr 1-6 als „erste Szene im ersten Akt" (Zitat S. 94); vgl. hierzu auch ebd., S. 30.

zu lassen. Die Gesamtkomposition von Esr 1-6 soll dann am Schluss der Untersuchung noch einmal aufgegriffen werden.

2.4 Fazit

Während die Rückkehrerliste in 3 Esr 5 den Fokus auf einen der Hauptakteure, Serubbabel, verstärkt und dessen Vorhaben legitimiert und autorisiert, dient die Liste in Neh 7 und Esr 2 stärker der religiösen Selbstvergewisserung. In 3 Esr 5 folgt sie als Beleg für den zuvor in der Pagenerzählung geschilderten Erfolg Serubbabels, die Genehmigung für die Rückkehr der Gemeinde Israels und den Wiederaufbau bekommen zu haben. In Esr 2 hingegen wird durch den oben dargestellten Aufbau von Esr 1-3 die Verbindung zwischen Rückkehrergemeinde und Tempel bzw. Kult verstärkt. Auch in Neh 7 steht die Liste in unmittelbarem Bezug zum Kult, nämlich vor der Verlesung der Tora. Esr 2 und Neh 7 dienen somit der religiösen und geschichtlichen Selbstvergewisserung der sich dort definierenden Gemeinde Israel.

Neh 7 greift dabei, wie oben dargestellt wurde, auf Esr 2 zurück. Die Provenienz und Zusammensetzung der Liste sowie ihre Bedeutung für den Kontext von Esr 1-3 bleibt indes ein weiteres Desiderat der Forschung. So ist zu diskutieren, ob es sich bei der Heimkehrerliste um ein Originaldokument z. B. aus einem Tempelarchiv[234] oder um ein literarisches Produkt handelt.[235] Daneben werfen diachrone Ansätze weitere literarkritische Fragen auf: Wurde Esr 2 erst nachträglich in den Zusammenhang von Esr 1 und 3 eingefügt?[236] Ist die Liste zusammengesetzt oder gewachsen bzw. mit der Zeit ergänzt worden?[237] Auch die Frage, wen die Liste

---

234 So z. B. Rudolph, Esra, S. 17; Galling, Studien, S. 108; Coggins, Books, S. 4; Mowinckel, Studien I, S. 62 f; Fensham, Books, S. 48; Gunneweg, Esra, S. 56–66; Williamson, Ezra, S. 31; Blenkinsopp, Ezra, S. 83; Schunck, Nehemia, S. 201–203 (Neh 7); Redditt, Census, S. 237 f. So auch Rothenbusch, Tora, S. 88 f, der jedoch von einem Nachtrag der Zahlen ausgeht, vgl. S. 92. Fried, Ezra, S. 138–141 versteht Esr 2 als ursprüngliche Steuer- oder Spendenliste sogenannter „ḫadrus": „The Murašû archive reveals that vacant land around Nippur was organized into a system of estates called ḫadrus, each held by a group of agnatic relatives." (Zitat S. 138). Heckl, Neuanfang, S. 77; 177–181 nimmt eine authentische Bevölkerungsstatistik an, die ihren literarischen Platz ursprünglich in Esr 5* hatte.

235 So Torrey, Composition, S. 5; 39–41; Becker, Esra, S. 18.

236 So u. a. Noth, Studien, S. 144; Galling, Studien, S. 91; Willi, Juda, S. 76 f; Karrer, Ringen, S. 293; Redditt, Census, S. 225 f; 237; Kratz, Komposition, S. 63 f; Wright, Rebuilding, S. 301. Anders Rudolph, Esra, S. 11; Mowinckel, Studien I, S. 42 f; Rothenbusch, Tora, S. 89; vgl. auch Williamson, Ezra, S. xxiii; Fried, Ezra, S. 4; 18–21, die von einer Gesamtkomposition Esr 1-6 ausgehen.

237 So z. B. Rudolph, Esra, S. 17; Williamson, Ezra, S. xxiv; 28; 31; Schunck, Nehemia, S. 208; Bolin, Ezra, S. 26. Vgl. auch Rothenbusch, Tora, S. 92, der eine nachträgliche Ergänzung der Zahlen annimmt.

tatsächlich umfasst – nur die Rückkehrer, auch die Gola in Babylonien oder sogar jene, die weiterhin im Land gewohnt hatten? – ist bisher ungeklärt.

Ziel soll es daher im Folgenden sein, die Herkunft, Zusammensetzung und Funktion von Esr 2 sowie ihre Bedeutung für die Komposition Esr 1-3 zu untersuchen. Grundlage dafür wird eine ausführliche Analyse des Textes Esr 1-3 sowie die Untersuchung vergleichbaren Listenmaterials bieten.

3 Esr 2 im Kontext der Rückkehr-Tempelbau-Erzählung Esr 1-3

Im Folgenden wird für die Texteinheit Esr 1-3 eine Übersetzung vorgelegt. Relevante textkritische, philologische und etymologische Anmerkungen werden im Anschluss an den jeweiligen Textabschnitt behandelt. Daran schließt sich nach ersten Beobachtungen am Text kapitelweise eine literar- und traditionsgeschichtliche Analyse an.

Aufgrund des großen textlichen Umfangs soll bei einem ausführlichen Vergleich der Textvarianten und Parallelen der Fokus auf der eigentlichen Liste in Esr 2 liegen. Wie bereits herausgearbeitet wurde, bietet 3 Esr eine eigenständige Rezension des Esr-Neh-Textes, weshalb für die Kapitel Esr 1 und 3 auf einen ausführlichen Vergleich mit dem zum Teil sehr stark abweichenden 3 Esr-Text verzichtet werden soll. Varianten von 3 Esr sollen nur dann hinzugezogen werden, wenn sie für die Übersetzung und Interpretation des masoretischen Esr-Textes von Bedeutung sind.

3.1 Übersetzung und Anmerkungen

Esr 1

1 Im ersten Jahr des Kyros, des Königs von Persien – damit erfüllt würde das Wort JHWHs aus[a] dem Munde Jeremias – erweckte JHWH den Geist des Kyros, des Königs von Persien, so dass[b] er folgenden Befehl in sein ganzes Reich – auch schriftlich – ausgehen ließ:
2 So spricht Kyros, König von Persien: Alle Reiche der Erde hat mir JHWH, der Gott der Himmel, gegeben und er selbst hat mich beauftragt, ihm ein Haus in Jerusalem, das in Juda ist, zu bauen.

[1a] 2 Chr 36,22 und 3 Esr 2,1 lesen hier בפי „im Munde". Möglicherweise ist die Verwendung dieser Präposition durch den Vers 2 Chr 36,21 beeinflusst, der ebenfalls בפי hat.[1]
[1b] Verwendung der *wayyiqtol*-Form als Ausdruck einer (logischen) Folge.[2]

---

1 Vgl. Williamson, Ezra, S. 4.
2 Vgl. Joüon/Muraoka, Grammar, S. 392 § 118h.

https://doi.org/10.1515/9783110569759-003

3 Wer unter euch aus seinem Volk[a] ist, sein Gott sei[b] mit ihm. Und der ziehe hinauf nach[c] Jerusalem, das in Juda ist, und baue das Haus JHWHs des Gottes Israels; dieser ist der Gott, der in Jerusalem ist.

4 Und jeden[a], der an irgendwelchen Orten übriggeblieben ist, wo er als Fremder gelebt hat, den sollen die Leute seines Ortes unterstützen[b] mit Silber, Gold, Gütern[c] und Vieh, dazu mit der freiwilligen Gabe für das Haus des Gottes, der in Jerusalem ist.

[3a] Wörtlich: *aus seinem ganzen Volk*. Eskenazi verweist hier auf das Wortspiel mit den beiden Formen עַמּוֹ „sein Volk" und עִמּוֹ „mit ihm".[3]

[3b] 2 Chr 36,23 liest an Stelle von יהי das Tetragramm יהוה. Hierbei handelt es sich wahrscheinlich um eine Erweiterung, die nun auch den Gottesnamen explizit macht. יהי אלהיו עמו „sein Gott sei mit ihm" ist als Ausspruch des persischen Großkönigs jedoch sehr gut vorstellbar, da er eine gewisse Distanzierung zwischen dem Perserkönig als Instrument JHWHs und Israel als dem Volk JHWHs schafft.[4]

[3c] לְ- dient hier als „direktionale[...] Präposition" in „aramaisierendem Gebrauch".[5]

[4a] Der Subjektwechsel wird durch einen *casus pendens*, der hier das Objekt darstellt, eingeleitet.[6] Dadurch bleiben auch die Adressaten aus V. 3 weiterhin angesprochen.

[4b] Das Verb נשא, das im *piel* die Grundbedeutung „erheben, tragen" hat, muss hier abstrakter – im Sinne von „unterstützen, helfen" verstanden werden. Das Bedeutungsspektrum von נשא umfasst „die Aspekte ‚helfen, leiten, führen, unterstützen, sich sorgen um.'"[7] In dieser Bedeutung findet נשא im *piel* auch in Esr 8,36 (וְנִשְּׂאוּ אֶת־הָעָם) und Est 9,3, in 1 Kön 9,11 zudem noch mit der Präposition בְּ- (נִשָּׂא אֶת־שְׁלֹמֹה בַּעֲצֵי אֲרָזִים) Verwendung.[8]

[4c] 3 Esr 2,4 hat hier μεθ' ἵππων = ברכש anstelle von ברכוש. רכוש mit *mater lectionis* ו kommt in Esr 1,4.6; 8,21; 10,8 vor. Für Esr 10,8 übersetzt 3 Esr κτήνη.[9] Der Begriff רכוש bezeichnet „in der Mehrzahl der Fälle die bewegliche Habe [...], die aufgeladen und fortgeführt werden kann".[10] Darunter können auch Tiere fallen.[11] Es ist möglich, dass 3 Esr in Esr 1,4.6 eine Konkretisierung des relativ allgemeinen (vielleicht sogar in Defektivschreibung vorgefundenen) Begriffs רכוש vorgenommen und damit רֶכֶשׁ gelesen hat. Wahrscheinlich ist in MT Esr 1,4.6 jedoch eher רכוש „Güter" als Sammelbegriff für alles das zu lesen, was nicht zum separat erwähnten Silber oder Gold gehört.

---

3 Vgl. Eskenazi, Age, S. 43.

4 Vgl. hierzu auch Grabbe, Ezra, S. 11, der die Sprache des Edikts in Esr 1 als „language of the outsider" bezeichnet.

5 Jenni, Präpositionen 3, S. 270 Rubrik 861.

6 Vgl. auch Gunneweg, S. 40 Anm. 4a.

7 Freedmann-Willoughby, Art. נָשָׂא, Sp. 632.

8 Vgl. auch Williamson, Ezra, S. 4.

9 Κτῆνος verwendet auch die LXX für die Vorkommen von רכוש in Num, vgl. Thiel, Art. רְכוּשׁ, Sp. 518 f.

10 Thiel, Art. רְכוּשׁ, Sp. 515.

11 So zum Beispiel in Num 35,3; vgl. Thiel, Art. רְכוּשׁ, Sp. 517.

5   Da[a] erhoben sich die Häupter der Vaterhäuser[b] von Juda und Benjamin[c], und die Priester und Leviten, nämlich[d] jeder, dessen Geist Gott erweckt hatte um hinaufzuziehen, das Haus JHWHs zu bauen, das in Jerusalem ist.

6   Und alle, die um sie herum waren,[a] stärkten ihre Hände[b] mit Silbergeräten[c], Gold, Gütern, Vieh[d] und Kostbarkeiten, abgesehen von allem[e], was sie dazu noch freiwillig gaben.

[5a] Hier wird wieder mit einer *wayyiqtol*-Form eingesetzt, die konsekutiv zu verstehen ist. Nun erfolgt die Umsetzung des zuvor erwähnten Dekrets, wobei V. 5 die Realisierung von V. 3 darstellt.

[5b] Wörtlich „die Häupter der Väter". ראשי האבות ist als Kurzform von ראשי בית האבות zu lesen.[12] Vergleichbare Konstruktionen finden sich beispielsweise in Num 32,28; 36,1; Jos 19,51; 21,1; 1 Chr 8,6.13.28. Dagegen sind unter anderem in Num 1,4; 7,2; Jos 22,14; [Esr 10,16]; 1 Chr 5,15.24; 7,2 Verbindungen von ראש/ראשי mit בית אבות zu finden. Die Verwendung beider Ausdrücke nebeneinander zeigt, dass die Begriffe synonym zu verstehen sind.

[5c] Um deutlich zu machen, dass sich die Verbindung ראשי האבות sowohl auf Juda als auch auf Benjamin bezieht und um eine längere Constructus-Verbindung zu vermeiden, steht vor den Ortsangaben ein ל- in attributiver Verwendung. Diese Verwendung von ל- findet sich häufig bei Angaben der Herkunft bzw. Stammeszugehörigkeit.[13]

[5d] ל- markiert hier eine Apposition. Die Häupter der Vaterhäuser Juda und Benjamin sowie die Priester und Leviten sind jene, für die gilt: העיר האלים את-רוחו. Nach Jenni liegt hier eine „generalisierende Reidentifikation" vor, die im Sinne von „kurz, alle ..." übersetzt werden kann.[14] Diese Wendung ist im Späthebräischen oft gebräuchlich[15] und findet sich auch im Aramäischen (vgl. Esr 7,25).

[6a] סביבתיהם ist im Sinne von „Nachbarn" zu verstehen. סביב meint eigentlich die umliegenden Gegenden, wird aber hier, wie an verschiedenen anderen Stellen auch (vgl. Ps 44,14; 79,4; Dan 9,16), persönlich gebraucht.[16]

Auch hier findet, wie in V. 4, ein Subjektwechsel statt, der die Aktion der ortsansässigen Nachbarn fokussiert. V. 6 ist dabei als Realisierung des Ediktes (V. 4) zu sehen. Siehe auch Anm. 5a zu Esr 1,5.

[6b] חזק *piel* + את-ידי steht im Sinne von „jemandem die Hände stärken; jemanden kräftigen" an anderen Stellen ohne die Präposition ב- (Ri 9,24; Jes 35,3; Jer 23,14; Ez 13,22; Hi 4,3; Esr 6,22). בידיהם kann aber auch nicht modal auf die סביבתיהם bezogen werden („mit ihren Händen"), da sonst das direkte Objekt im Satz fehlen würde. In Esr 6,22 findet sich eine sehr ähnliche Formulierung mit Suffix 3. Pl. m., jedoch ebenfalls ohne ב-. Daher ist es in Betracht zu ziehen, dass das ב- aufgrund der folgenden Konstruktionen mit dieser Präposition versehentlich eingefügt wurde und als Dittographie zu elidieren ist.[17]

---

12 Vgl. u. a. Gunneweg, Esra, S. 45; Williamson, Ezra, S. 15; Blenkinsopp, Ezra, S. 77.

13 Vgl. Jenni, Präpositionen 3, S. 65 f Rubrik 2119.

14 Vgl. Jenni, Präpositionen 3, S. 45 f.

15 Vgl. Williamson, Ezra, S. 5.

16 Vgl. Gunneweg, Esra, S. 45.

17 Vgl. auch Gunneweg, Esra, S. 45.

7 Und der König Kyros gab alle Gegenstände des Hauses JHWHs heraus, die
Nebukadnezzar aus Jerusalem herausgeführt[a] und in das Haus seines Gottes[b]
gegeben hatte.

[6c] Die BHS schlägt im Anschluss an 3 Esr 2,6 (ἐν πασιν, ἀργυρίῳ) בכל בכסף vor. Doch gibt es dafür
keinen textlichen Anhaltspunkt, zumal auch in Esr 1,7.10.11 der Terminus כלי bzw. כלים wieder
genannt wird. Den Text somit an die Aufzählung in Esr 1,4 anzugleichen, ist schon allein deshalb
schwierig, weil V. 6 auch noch zusätzlich ובמגדנות „Kostbarkeiten" nennt. Vielmehr sollte auch
im Hinblick auf die in Esr 1 gehäuft auftretenden Anspielungen auf den Exodus, die Nähe zum
Motiv der „Beraubung der Ägypter"[18] (כלי־כסף: Ex 3,22; 11,2; 12,35) in Betracht gezogen und daher
MT beibehalten werden.[19]
[6d] Vgl. Anm. 4c zu Esr 1,4.
[6e] In der Regel steht לבד in der Bedeutung „außer" mit der Präposition מן/־מ. 3 Esr 2,6 hat ὡς
πλείσταις πολλῶν und daher wahrscheinlich לָרֹב gelesen. Auch die BHS schlägt לָרֹב vor,[20] wofür
es jedoch außer 3 Esr keine Textzeugen gibt. Esdr β übersetzt hier πάρεξ (+ Gen.) „außer". Bei
der Aufzählung in V. 6 ist die erste Gruppe von Spenden von der zweiten, den freiwilligen Gaben
(נדבה), zu unterscheiden. מן/־מ + לבד drückt eine Separation aus.[21] So kommen die Konstruktionen לבד מ־ und מלבד häufig in Aufzählungen vor, wenn etwas oder jemand nicht mitgerechnet
werden soll.[22] Auch in Esr 2,65 wird מלבד verwendet, um jene zu benennen, die nicht in der Gesamtsumme (2,64) mitgerechnet wurden. Die Kombination mit על anstelle von מן/־מ drückt in
diesem Zusammenhang möglicherweise eine andere Bedeutungsnuance aus. לבד + על lässt sich
daher wohl eher im Sinne von „darüber hinaus noch" verstehen.[23]
[7a] Hier wird zweimal das gleiche Verb הוציא verwendet. Die BHS schlägt daher vor, in Anlehnung an die Verwendung zwei verschiedener Verben in 3 Esr, der Septuaginta und der Vulgata
im zweiten Fall הביא zu lesen. So auch Williamson, der dies als „stylistically preferable"[24] ansieht. Allerdings ist es ebenso möglich und wahrscheinlich, dass hier durch die Verwendung des
gleichen Verbs bewusst die Handlungen Darius' und Nebukadnezzars antithetisch parallelisiert
werden sollen.[25] Dafür spricht auch die Tatsache, dass in der aramäischen Parallele in Esr 5,14
ebenfalls für Nebukadnezzar und Kyros das gleiche Verb נפק *hafel* „herausholen" verwendet
wird.
[7b] Möglich wäre auch: *seiner Götter*.

---

18 Vgl. Williamson, Ezra, S. 16. Zum Motiv in Exodus vgl. Coats, Despoiling, S. 450–457; Lux,
Silber, S. 165–179. Siehe hierzu auch Kap. 3.3.1.
19 So auch Gunneweg, Esra, S. 45; Williamson, Ezra, S. 5; 16; Becker, Esra, S. 17; gegen Blenkinsopp,
Ezra, S. 77.
20 So auch Williamson, Ezra, S. 5; Blenkinsopp, Ezra, S. 77;
21 Vgl. Jenni, Präpositionen 3, S. 278 Rubrik 915.
22 So z. B. in Ex 12,37 (כשש־מאות אלף רגלי הגברים לבד מטף). Vgl. die Beispiele bei Jenni, Präpositionen 3, S. 278 Rubrik 915.
23 Siehe auch Gunneweg, Esra, S. 45.
24 Williamson, Ezra, S. 5.
25 Vgl. auch Gunneweg, Esra, S. 46.

8 Da gab[a] sie Kyros, der König von Persien, heraus in die Obhut[b] des Mitredat[c], des Schatzmeisters[d], und der zählte[e] sie dem Scheschbazzar[f], dem Fürsten Judas[g], vor.

[8a] V. 8 setzt ebenso wie V. 5 mit einer *wayyiqtol*-Form ein und stellt die Umsetzung und Folge von V. 7 dar.

[8b] Wörtlich: *auf die Hand*. Eine ähnliche Formulierung findet sich auch in der aramäischen Inventarliste TAD C3.13:חנן בר הגי ליד.[26]

[8c] Sehr geläufiger persischer Eigenname mit dem theophoren Element „Mitras".[27] Der Name findet sich beispielsweise auch in TAD A5.5; A6.2.[28]

[8d] Persisches Lehnwort, abgeleitet von der im Altpersischen selbst zwar nicht belegten, aber von benachbarten Sprachen herleitbaren Form *ganzabara.[29] Während 3 Esr hier הגזבר mit γαζοφύλακι (Schatzwächter) übersetzt, transkribiert Esdr β 1,8 γασβαρηνου. Die Vulgata hat dies wohl als Eigenname verstanden und übersetzt den Begriff daher als Filiation des Mitredat *filii Gazabar*.

[8e] Die zweite *wayyiqtol*-Form markiert hier die Folgehandlung und gleichzeitig einen Subjektwechsel. Das neue Subjekt ist nun der Schatzmeister. Dieser Abfolge der Akteure liegt eine strikte Hierarchie zugrunde. Kyros übergibt die Tempelgeräte also nicht persönlich an Scheschbazzar, sondern überlässt dies seinem Schatzmeister.

[8f] Babylonischer Name, „der vielleicht aus *Šamaš-ab-ussur* (,Schamasch, beschütze den Vater') verballhornt worden ist".[30] 3 Esr liest dafür durchweg Σαναβασσάρῳ, Esdr β Σασαβασαρ. Dabei kann weder von einer Identität mit Schenazzar (שנאצר),[31] einem Sohn Jojachins aus 1 Chr 3,18, noch mit Serubbabel[32] ausgegangen werden.

[8g] Das הנשיא ליהודה mit der Präposition -ל in attributiver Verwendung steht hier im Gegensatz zu der sonst in Esr 1,1 f.7 f gebrauchten Constructus-Verbindung מלך פרס. Es ist schwer zu sagen, ob hierbei ein Bedeutungsunterschied intendiert ist. Jenni weist diesbezüglich darauf hin, dass ein solches „Lamed ascriptionis namentlich in Expositionen und Neueinführungen seinen Platz findet".[33] Vergleichbare Konstruktionen mit -ל finden sich beispielsweise auch in Num 2,3.5.7 usw. (vgl. z. B. Num 2,3: נשיא לבני יהודה).[34]

---

26 = Cowley Nr. 61:2. Vgl. den Hinweis bei Williamson, Ezra, S. 7.

27 Vgl. u. a. Williamson, Ezra, S. 5 unter Verweis auf Justi, Namenbuch, S. 209–213.

28 = Cowley Nr. 26:2.7; 80:7. Siehe auch Blenkinsopp, Ezra, S. 78.

29 Vgl. Schaeder, Beiträge, S. 47; Williamson, Ezra, S. 5 unter Verweis auf Ellenbogen, Foreign, S. 55.

30 Gerstenberger, Israel, S. 86. Vgl. auch Berger, Zu den Namen, S. 98–100; Dion, ששבצר, S. 111 f.

31 Vgl. Berger, Zu den Namen, S. 98–100; Dion, ששבצר, S. 111 f. So auch Donner, Geschichte 2, S. 443 Anm. 22; Blenkinsopp, Ezra, S. 79; Williamson, Ezra, S. 5.

32 Vgl. Donner, Geschichte 2, S. 443 Anm. 22; Japhet, Sheshbazzar I, S. 91; Blenkinsopp, Ezra, S. 79: „The other suggestion, that Sheshbazzar be identified with Zerubbabel, hinted at by Josephus (*Ant.* 11.13-14), first proposed in the modern period by Ewald, and still occasionally argued (e. g., by Bartal), is speculative and highly improbable. Both names are Babylonian [...], and the Aramaic source makes a clear distinction between them (Ezra 5:14-16)."

33 Jenni, Präpositionen 3, S. 54.

34 Vgl. Jenni, Präpositionen 3, S. 66 Rubrik 2119.

9   Und dies ist ihre Zahl: Goldgefäße[a] 30[b], Silbergefäße 1 000, Wechselstücke[c] 29.

[9a] אגרטל ist ein Hapaxlegomenon, dessen Bedeutung unklar ist. 3 Esr hat hier σπονδεῖα „Gefäße zum Ausgießen der Opferspende", Esdr β ψυκτῆρες „Kühlgefäße". Ob es sich hierbei um ein persisches Lehnwort handelt, lässt sich nicht mit Sicherheit sagen.

[9b] 3 Esr 2,9 hat hier χίλια „tausend", Esdr β stützt jedoch MT Esr. Es ist möglich, dass 3 Esr hier im Hinblick auf die Gesamtzahl der Geräte in V. 11 eine Anpassung vornimmt.

[9c] Die Bedeutung von מחלפים, in der vorliegenden Form ein Hapaxlegomenon, ist hier schwer zu greifen. Sie kann als *maqtal*-Bildung von חלף I *qal* „aufeinander folgen, weiterziehen, vergehen", *hifil* „wechseln, ersetzen, ändern" oder חלף II *qal* „durchschneiden" verstanden werden. Unpunktiert entspräche die Form einem Partizip Plural *piel, pual* oder *hofal*.

Die Vulgata übersetzt מחלפים mit *cultri* „(Opfer?)Messer". Gestützt wird dies durch die Belege im Ugaritischen (ḫlp „Messer") und Mischnisch-Hebräischen (חליף „Messer").[35] 3 Esr liest θυίσκαι ἀργυραῖ. Der Begriff θυίσκαι ist vor Entstehung der Septuaginta noch nicht belegt und kann im Sinne von „Weihrauchgefäß" übersetzt werden.[36] θυίσκαι findet sich häufiger in der Aufzählung der Heiligtums- bzw. Tempelausstattung (Ex 25,29; 37,16; Num 7,14-86 [14-mal]; 1 Kön 7,50; 2 Kön 25,14; Jer 52,19 etc.), so dass 3 Esr sich möglicherweise eines in Bezug auf das Tempelinventar bekannten, häufig vorkommenden Begriffes bediente. Als hebräisches Äquivalent steht an diesen Stellen jedoch fast immer כפת/כף.

Tengström schlägt vor, in allen Fällen, wo ein חלף II angenommen wird, ein חלף I vorauszusetzen.[37] Dass Esdr β מחלפים in diesem Sinne verstanden hat, zeigt ihre Übersetzung mit einem Partizip Perfekt Passiv παρηλλαγμένα „Geändertes". Rudolph nimmt diesbezüglich für מחלפים ein Partizip *hofal* mit der Bedeutung „abzuändern" an und schlägt vor, dies als Glosse zu lesen, die dann versehentlich in den Text gerutscht sei, sich aber eigentlich auf die Abänderung einer Zahlenangabe beziehe.[38] Zur selben Wurzel gehört auch חלף als Hapaxlegomenon in Num 18,21.31, was den „Ersatz" bzw. „das Entgelt" für die Leviten bezeichnen soll. Die Wurzel חלף für Begriffe wie „Ersatz", „Wechsel" ist auch im Aramäischen gut belegt.[39] Muraoka schägt für παρηλλαγμένα entsprechend „replacement (utensils)"[40] vor. Galling versteht unter מחלפים Gegenstände, „an denen man Ersatz vorgenommen hatte".[41]

חלף I im *piel* und *hifil* findet sich zudem gelegentlich mit dem Akkusativobjekt „Kleider" (vgl. Gen 35,2; 41,14; 2 Sam 12,20): „Kleiderwechsel wird besonders als Vorbereitung zu religiösen Handlungen erwähnt, wobei auch die Waschung genannt wird [...]."[42] Des Öfteren steht חלף auch als Verbalsubstantiv mit שמלת oder בגדים, im Sinne von „‚Wechsel' der Kleider, daher konkret

---

35 Vgl. Marcus, Introduction, S. 39* mit dem Verweis auf Gordon, Ugaritic Textbook, S. 402 Nr. 968.

36 Vgl. Muraoka, Lexicon, S. 333: „*censer*: fixture of a ritual table [...]"; so auch Lust/Eynikel/Hauspie, Lexicon, S. 279.

37 Vgl. Tengström, Art. חָלַף, Sp. 999

38 Vgl. Rudolph, Esra, S. 5. Ihm folgt u. a. Myers, Ezra, S. 4.

39 Vgl. auch Beyer, Texte, S. 580; ders., Texte 2, S. 397.

40 Muraoka, Lexicon, S. 529.

41 Galling, Studien, S. 84.

42 Tengström, Art. חָלַף, Sp. 1000.

10 Goldene Schalen[a] 30, Silberne Schalen zweiter Art[b] 410, andere Geräte 1 000.

11 Alle Geräte aus Silber und Gold: 5 400[a]. Das alles brachte Scheschbazzar hinauf, als die Deportierten aus Babylonien nach[b] Jerusalem hinaufgeführt wurden[c].

Kleider zum Wechseln, Festanzug"[43] (vgl. Gen 45,22; Ri 14,12 f.19; 16,13.19; 2 Kön 5,5.22 f). Diese Interpretation wird auch durch die Peschitta nahegelegt, die „(Priester) Gewänder" übersetzt. Im Hinblick auf die Aufzählung der Tempelspenden in Esr 2,68, die ebenfalls Gold, Silber und zuletzt Priesterröcke aufzählen, ist dies nicht ganz unwahrscheinlich. Auch im Motiv der „Beraubung der Ägypter" in Ex 3,22; 12,36 findet sich eine Aufzählung goldener und silberner Gegenstände sowie Kleidern (hier jedoch: שמלת). Damit wäre in Betracht zu ziehen, מחלפים hier als „Wechsel- oder Festkleid" bzw. „Wechselstück" in kultischem Kontext zu deuten. Auch die Zusammenfassung unter das Gesamt der כל־כלים in V. 11 widerspräche dem nicht, da כלי auch Kleider und andere Gebrauchsgegenstände umfassen kann (vgl. z. B. Gen 45,20; Dtn 22,5).

[10a] Esdr β transkribiert den hebräischen Begriff in κεφφουρη. 3 Esr hat φιάλαι „Opferschale" und entspricht damit MT.

[10b] Die eigentliche Wortbedeutung „doppelt; zweite/r" ist in diesem Zusammenhang unklar. Rudolph sieht hierin ebenfalls eine Randglosse mit der gerundivischen Bedeutung „zu ändern".[44] Galling liest mit Rudolph zwar auch ein Partizip *pual* von שנה II, versteht es aber als „geändert", im Sinne von „in beschädigter Form".[45] 3 Esr liest משנים stattdessen als δισχίλιαι „zweitausend" und harmonisiert den Text somit im Hinblick auf die Gesamtsumme in V. 11. Esdr β 1,10 hat an dieser Stelle nur ἀργυροῖ διακόσιοι. Die zweite Erwähnung von κεφφουρη fehlt also. Ob sich in der Zahlenangabe διακόσιοι „zweihundert" vielleicht das משנים widerspiegelt, ist unklar. Es ist jedoch mit Becker zu überlegen, ob durch das משנים hier nicht eine Art Rangfolge (vgl. auch 1 Sam 15,9; 2 Kön 23,4; Neh 11,9; 1 Chr 5,12 etc.) ausgedrückt wird.[46]

[11a] 3 Esr 2,11 hat hier 5 469 und somit die genaue Summe aller in 3 Esr aufgezählten Gegenstände. Die einzelnen Zahlenangaben stimmen jedoch nicht mit den jeweiligen Zahlen des in Esr 1 aufgelisteten Tempelinventars überein, sondern sind vielmehr als Harmonisierungen des Textes gegenüber seiner Vorlage zu betrachten. Esr 1,11 stellt hierbei die *lectio difficilior* dar.

[11b] Vgl. Anm. 3c zu Esr 1,3.

[11c] Der Konsonantenbestand würde hier auch einen Infinitiv Constructus *hifil* erlauben; eine Lesart, die auch die BHS vorschlägt. Dann wäre es Scheschbazzar persönlich, der die Deportierten hinaufführte. Eine Lesung im *nifal* gibt dem Text jedoch eine andere Bedeutungsnuance: „The passive verb 'were brought up' is deliberately chosen in order to imply divine activity. It thus echoes the descriptions of the Exodus of which, it may be noted, it is העלה ('bring up,' as here) rather than הוציא ('bring out') which is followed by the 'from ... to' formula; cf. Gen 50:24; Exod 3:8, 17; 33:1 [...].".[47]

---

43 Tengtröm, Art. חֲלָף, Sp. 1000.
44 Vgl. Rudolph, Esra, S. 5.
45 Galling, Studien, S. 85. Dagegen siehe Williamson, Ezra, S. 6.
46 Becker, Esra, S. 17 zieht eine Übersetzung des MT mit *„zweiten Ranges(?)"* in Erwägung.
47 Williamson, Ezra, S. 19.

Esr 2

1 Und dies sind die Leute der Provinz[a], die aus der Gefangenschaft heraufzogen, die Deportierten[b], die Nebukadnezzar[c], König von Babylonien, nach[d] Babylonien verschleppt hatte, und nun zurückkehrten nach Jerusalem und Juda – ein jeder in seine Stadt;

2 die kamen[a] mit Serubbabel, Jeschua, Nehemia, Seraja[b], Reelaja[c], Mordechai, Bilschan, Mispar[d], Bigwai[e], Rehum[f], Baana[g].

[1a] Die Provinz wird hier, anders als in Esr 5,8 (יהוד מדינתא), nicht benannt. 3 Esr 5,7 hat stattdessen οἱ ἐκ τῆς Ἰουδαίας, was bereits eine Deutung darstellt. Ob Juda auch in Esr 2,1 ergänzt werden muss, kann nicht mit Sicherheit gesagt werden. Fensham weist dagegen darauf hin, dass sich die Bezeichnung המדינה auch auf Babylon beziehen kann.[48] In jedem Fall ist in Betracht zu ziehen, dass eine genaue Definition der Provinz hier bewusst ausbleibt; möglicherweise sogar, um keine politischen Grenzen bemühen zu müssen.[49]

[1b] Es ist ebenso möglich, משבי הגולה als Constructus-Verbindung („aus der Gefangenschaft der Deportation") anzusehen, wobei die beiden Begriffe גולה und שבי eine vergleichbare Bedeutung haben. Wahrscheinlich ist daher הגולה eher als Apposition zu משבי העלים zu verstehen. 3 Esr hat hier den Genitiv τῆς παροικίας und daher womöglich die Wurzel גור gelesen.[50]

[1c] Das Qere liest mit Neh die sonst im Alten Testament gängige Variante נבוכדנצר statt des Ketib נבוכדנצור, welches jedoch „ebenso wie die Schreibung von G, die Ναβουχοδονοσόρ hat, besser der babyl[onischen] Endung -uṣur entspricht".[51]

[1d] In diesem Vers wird die Präposition ־ל dreimal als aramaisierender Direktionalis verwendet. Vgl. auch Anm. 3c zu Esr 1,3.

[2a] Neh 7,7 liest statt der אשר-Konstruktion הבאים. Auch 3 Esr hat hier ein Partizip, wohingegen Esdr β mit MT einen Relativsatz konstruiert. Esr ist hierbei als *lectio difficilior* zu verstehen. So bietet Neh eine syntaktische Glättung der auffällig nachklappenden אשר-Konstruktion.[52]

[2b] Neh 7,7 hat stattdessen עזריה. Beide Namen finden sich in der Filiation Esras in Esr 7,1 wieder, Seraja als Vater, Azarja als Großvater Esras. Dabei ist auffällig, dass Azarja auch als „alternative form of Ezra"[53] gelesen werden kann. Möglicherweise hat Neh hier vielleicht sogar eine Nebeneinanderstellung der beiden Hauptakteure Esra und Nehemia (neben Serubbabel und Jeschua!) intendiert. 3 Esr stützt mit Ζαραιου den Esratext.

[2c] Neh hat stattdessen רעמיה. Beide Namen sind alttestamentlich sonst nicht weiter belegt. 3 Esr bietet Ρησαιου, weshalb es möglich erscheint, eine Verwechslung von מ und ס und somit eine Verschreibung von ursprünglich רעמיה zu רעסיה anzunehmen. In Neh folgt noch der Name נחמני, der in Esr fehlt und in Neh wohl dazu diente, die Liste auf zwölf Namen aufzufüllen.[54]

---

48 Fensham, Books, S. 48. Vgl. auch Fensham, Mĕdînâ, S. 795–97.
49 Vgl. hierzu auch Kap. 3.3.2.
50 So auch der Apparat der BHQ.
51 Schunck, Nehemia, S. 197. So auch schon Williamson, Ezra, S. 24.
52 Vgl. auch Kratz, Komposition, S. 64. Anders Heckl, Neuanfang, S. 61, der die Konstruktion in Esr als stilistische Verbesserung ansieht.
53 Blenkinsopp, Ezra, S. 85.
54 Vgl. hierzu auch Kap. 2.2.1.

Zahl der Männer des Volkes Israel:

3 die Söhne Parosch 2 172,

4 die Söhne Schefatja 372,

5 die Söhne Arach 775[a],

6 die Söhne Pachat-Moab[a], nämlich die Söhne Jeschua, Joab[b] 2 812[c],

7 die Söhne Elam 1 254,

[2d] Übersetzt „Zahl", bereitet dieser Name einige Schwierigkeiten. Neh liest מספרת und damit eine weibliche Form. Rudolph schlägt vor, ein Partizip *piel* מְסַפֵּר oder מְסַפֶּרֶת „Erzähler" zu lesen.[55] Es ist jedoch sehr gut möglich, dass es sich hierbei um einen, von dem vier Worte weiter stehenden מספר beeinflussten Abschreibfehler handelt und der ursprüngliche Name nur schwer zu rekonstruieren ist.[56] Williamson zieht darüber hinaus eine Verschreibung des Namens „אספדת, 'Aspadat,' a Persian name, on the basis of 1 Esdr 5:8 Ασφαρασου 'Aspharasou'"[57] in Erwägung. Fried verweist dagegen auf den persischen Namen „Mišparra", der sowohl in der Behistun Inschrift (elam. *mi-iš-par-ra*//babylon. *mi-is-pa-ru-'*) als auch in den Persepolis Fortification Tablets belegt ist.[58]

[2e] בגוי ist wahrscheinlich ursprünglich persisch und „wohl absichtlich umvokalisiert worden aus בְּגוֹי, was durch die Form בגוהי in den Elefantine-Papyri [...] nahegelegt wird".[59]

[2f] Dieser Name kommt auch in Esr 4.8.9.17.23; Neh 3,17; 10,26 vor. Neh hat hingegen נְחוּם, der außer der Form נַחוּם in Nah 1,1 sonst nicht mehr belegt ist.[60]

[2g] In 3 Esr folgt nach der Aufzählung der ersten 11 Namen noch die Näherbestimmung und Deutung τῶν προηγουμένων αὐτῶν. Auch im Anschluss an V. 2b liest 3 Esr noch καὶ οἱ προηγούμενοι αὐτῶν, was explizit macht, dass die zuvor Genannten eindeutig als Anführer verstanden wurden. In beiden Fällen handelt es sich um für 3 Esr spezifische, deutende Zusätze.

[5a] Auffälligerweise stehen die Einer vor den Zehnern. Inwiefern hier jedoch eine Korruption des Textes vorliegt, lässt sich nur schwer beurteilen. Neh hat an dieser Stelle 652, 3 Esr 756.[61]

[6a] Wörtlich: *Gouverneur Moabs*, eine Amtsbezeichnung, die wohl zu einem Eigennamen geworden ist.

[6b] In Neh sind die beiden Näherbestimmungen durch eine Kopula verbunden. Grund für die fehlende Kopula in Esr ist wahrscheinlich eine Haplographie aufgrund der Buchstabenkombination ויואב ויו.

[6c] Neh hat 2 818, was möglicherweise auf die Ähnlichkeit der beiden Zahlen שנים und שמנה zurückzuführen ist.[62]

---

55 Vgl. Rudolph, Esra, S. 6.
56 Vgl. Williamson, Ezra, S. 25; Schunck, Nehemia, S. 197.
57 Willamson, Ezra, S. 25. So schon Marquart, Fundamente, S. 35 Anm. 2.
58 Vgl. Fried, Ezra, S. 95. Siehe PF 1638:3; DB § 68.
59 Schunck, Nehemia, S. 197. Vgl. hierzu auch Rudolph, Esra, S. 6. Siehe TAD A4.7; TAD A4.9.
60 Vgl. hierzu auch Kap. 2.2.1.
61 Zu den abweichenden Zahlenangaben siehe auch Kap. 3.2.
62 Vgl. Williamson, Ezra, S. 25.

8 die Söhne Zattu 945[a],

9 die Söhne Zakkai 760,

10 die Söhne Bani 642[a],

11 die Söhne Bebai 623[a],

12 die Söhne Azgad 1 222[a],

13 die Söhne Adoniqam 666[a],

14 die Söhne Bigwai 2 056[a],

15 die Söhne Adin 454[a],

16 die Söhne Ater, nämlich Hiskija[a] 98[b],

17   die Söhne Bezai 323[a],

18 die Söhne Jorah[a] 112,

19 die Söhne Chaschum 223[a],

[8a] Neh: 845.

[10a] Neh hat hier בנוי; so auch Esdr β mit Βανουι. Neh liest zudem 648, was auch hier mit einer Verwechslung von שנים und שמנה erklärt werden kann. Vgl. Esr 2,6.

[11a] Neh: 628.

[12a] Neh: 2 322.

[13a] Neh: 667.

[14a] Neh: 2 067.

[15a] Neh: 655.

[16a] Neh liest statt לחזקיה ליחזקיה, was die geläufigere Schreibung darstellt. Die Variante יחזקיה findet sich darüber hinaus nur noch in Hos 1,1; Mi 1,1.

[16b] Neh zieht hier im Anschluss noch V. 19 vor. In 3 Esr folgt der Zusatz: υἱοὶ Κιλαν καὶ Αζητας ἑξήκοντα ἑπτά. υἱοὶ Αζουρου τετρακόσιοι τριάκοντα δύο. Die ersten beiden Namen sind mit Bewer als Textkorruption von V. 31 zu sehen.[63] Der folgende Name Αζουρου findet sich auch in Neh 10,18 (עזור). Da die Reihenfolge der aufgelisteten Personen in 3 Esr 5,15 f mit der in Neh 10,18 f übereinstimmt und Neh 7,21-23 ohne den Namen Assur ebenfalls die gleiche Reihenfolge aufweisen, wird hier meist angenommen, dass auch in Esr 2,16 par. עזור zu ergänzen sei und Neh die ursprüngliche Reihenfolge biete.[64] Doch selbst wenn man von einer Abhängigkeit der Liste Neh 10 von Neh 7 ausgehe, sind auch dort erhebliche Unterschiede auszumachen. Nicht nur fehlen in Neh 10 Namen, die in Neh 7 gelistet sind, sondern es finden sich auch einige Personen, die in der Rückkehrerliste nicht erscheinen. Zudem sind gerade die in der Liste folgenden griechischen Namen Αννιας und Αροµ (3 Esr 5,16) nicht mit eindeutiger Sicherheit mit הודיה und חשם aus Neh 10,19 zu identifizieren.[65] Es ist daher möglich, dass 3 Esr sich hier zusätzlicher Namen bediente, die nicht in Neh 7 par. gestanden haben.

[17a] Neh: 324.

[18a] Neh hat hier stattdessen חריף, vgl. Neh 10,20. Dem folgt 3 Esr mit Αριφου.

[19a] Neh: 328.

---

63 Vgl. Bewer, Text, S. 21 f; siehe auch Rudolph, Esra, S. 8.

64 Vgl. z. B. Bewer, Text, S. 22; Rudolph, Esra, S. 8; Williamson, Ezra, S. 25.

65 Vgl. den Kommentar zur Übersetzung von Talshir, 1 Esdras S. 262.

20 die Söhne Gibbar[a] 95,

21 die Söhne Betlehem 123[a],

22 die Männer Netofas 56,

23 die Männer Anatots 128,

24 die Söhne Asmawet[a] 42,

25 die Söhne Kirjat-Jearim[a], Kefira und Beerot 743,

26 die Söhne Rama[a] und Gaba 621,

27 die Männer Michmas'[a] 122,

[20a] Während mit V. 21 eindeutig eine Reihe an Ortsnamen beginnt, ist für dieses Hapaxlego-menon nicht eindeutig zu sagen, ob es sich um einen Personen- oder auch bereits um einen Ortsnamen handelt. Esdr β liest Γαβερ. Neh hat hier jedoch גבעון, Esdr γ Γαβαων, 3 Esr dagegen Βαιτηροῦς. Mit der Vokalisation גִּבָּר findet sich גבר als Eigenname in 1 Kön 4,13.19. Möglicherwei-se handelt es sich in Esr 2,20 also ebenfalls ursprünglich um eine Namensbildung, die entweder von der Wurzel גבר „stark sein" oder von גֶּבֶר „Mann" abgeleitet ist. Der Ortsname Gibeon in Neh ist im Hinblick auf die spätere Erwähnung der Städte Kirjat-Jearim, Kefira und Beerot nicht ganz unwichtig, werden diese vier doch in Jos 9,17 zusammen als Städte der Gibeoniter benannt. In Jos 18,25-28 gehören sie zu den Städten und Gehöften Benjamins. Neh könnte demnach eine sekundäre Umformung des Namens und somit eine Neudeutung darstellen.[66]

[21a] Neh fasst Esr 2,21.22 zusammen und stellt statt בני den Begriff אנשי voran. Dabei hat Neh wohl die Zahlenangaben aus beiden Versen addiert. Die Summe von 188 stimmt nicht ganz mit Esr (123 + 56 = 179) überein.

[24a] Neh hat die sonst nicht belegte Verbindung בת־עזמות, so auch 3 Esr. In Neh 12,29 hingegen findet sich der Ortsname ohne בת-. Da עזמות in den anderen Fällen (2 Sam 23,31; mehrfach in den Chronikbüchern) einen Personennamen bezeichnet, ist es möglich, dass בת־עזמות hier dezidiert als Ort herausgestellt werden sollte. Da spätestens in Esr 2,21 eine relativ homogene Ortsliste beginnt, ist wohl auch hier eine Ortschaft anzunehmen.[67]

[25a] Neh hat statt בני אנשי. MT Neh sowie Esdr β, Esdr γ und 3 Esr haben קרית יערים. Die Variante קרית ערים in Esr 2,25 findet sich sonst nur noch einmal in Jos 18,28. Dort ist das ערים jedoch mit der darauffolgenden Zahlenangabe als „14 Städte" zu lesen, weshalb hier sehr wahrscheinlich ein Schreibfehler anzunehmen ist.[68] Neh hat somit die korrekte Form bewahrt.
3 Esr ergänzt im Anschluss an diesen Vers noch zusätzliche Namen mit Zahlenangaben οἱ Χαδιασαι καὶ Αμμιδιοι τετρακόσιοι εἴκοσι δύο.

[26a] Neh hat auch hier אנשי. Der Ort Rama steht, mit Ausnahme von Jer 31,15 (im masoretischen Text indeterminiert mit der Präposition ב-) und Neh 11,33, in allen alttestamentlichen Belegstel-len mit Artikel.

[27a] Hier und in der Parallele Neh 7,31 wird מכמס mit ס geschrieben, an allen anderen Stellen (1 Sam 13,2.5.11.16.23; 14,5.31; Neh 11,31; Jes 10,28) jedoch mit שׁ. 3 Esr liest abweichend Μακαλων.

---

66 Vgl. auch Kap. 3.3.2 V. 3-35.

67 Vgl auch Kap. 3.3.2 V. 3-35.

68 Vgl. auch Marcus, Introduction, S. 40*.

28 die Männer Bet-Els und Ais[a] 223[b],

29 die Söhne Nebo[a] 52,

30 die Söhne Magbisch 156,[a]

31 die Söhne des anderen Elam[a] 1 254,

32 die Söhne Charim[a] 320[b],

33 die Söhne Lod, Chadid und Ono 725[a],

34 die Söhne Jericho 345,

[28a] Übersetzt bedeutet der Konsonantentext העי „der Trümmerhaufen". Außer in Jer 49,3 findet sich Ai immer mit Artikel, der den Ortsnamen markiert. Es gibt darüber hinaus abweichende Schreibvarianten in Jes 10,28: עית; Neh 11,31; 1 Chr 7,28: עיה. Ai und die folgende Zahlenangabe fehlt in 3 Esr.

[28b] Neh: 123.

[29a] In Neh liest אנשי נבו אחר. 3 Esr lässt neben dem Ort Ai auch Nebo aus und fügt an Bet-El direkt die Summe 52 an.

[30a] Dieser Vers fehlt in Neh. Der Ausfall kann durch ein Homoioarkton erklärt werden, da hier wie in Neh 7,34/Esr 2,31 die Form בני verwendet wird.[69] 3 Esr hat hier Νιφις. Auch wenn sonst nicht weiter belegt, ist wohl auch hier ein Ortsname anzunehmen.[70]

[31a] אחר unterscheidet dieses Elam von dem Elam in V. 7. Ob in V. 7 ein Personenname intendiert ist (vgl. Gen 10,22; Neh 12,42; 1 Chr 1,17; 8,24; 26,3), ist unklar.[71] Allerdings ist die Zahlenangabe in beiden Versen identisch. Mit Williamson ist es möglich, „that the numbers have been assimilated to each other in the course of transmission".[72] 3 Esr liest υἱοὶ Καλαμω ἄλλου καὶ Ονους und weist somit eine Auslassung bis Esr 2,33 „Ono" auf.

[32a] Ob es sich hier um einen Personen- oder einen Ortsnamen handelt, ist nicht eindeutig. In Esr 2,39 wird auch unter den Priestern einer mit Namen חרם erwähnt. Der Personenname findet sich ausschließlich in Esr, Neh und einmal in 1 Chr 24,8 (unter den Priestern). Es ist zu überlegen, ob es sich in Esr 2,32 inmitten der Aufzählung von Ortschaften nicht auch um einen Ortsnamen handeln könnte. Allerdings fehlen dafür die Belege. In Jos 19,38 wird zwar ein bisher unidentifizierter Ort חָרֶם erwähnt, der allerdings dem Gebiet Naftali zugeteilt und somit viel zu weit nördlich zu verorten ist.[73]

[32b] Neh hat hier 1 017, was auf eine Angleichung an die gleichnamige, unter den Priestern gelistete Sippe (Esr 2,39) zurückgeführt werden kann.

[33a] Neh listet V. 34 vor V. 33 und weist mit der Gesamtzahl von 721 für Lod, Chadid und Ono eine Abweichung um vier Personen gegenüber Esr auf.

---

69 Vgl. Marcus, Introduction, S. 46*.

70 Vgl. auch Kap. 3.3.2 V. 3-35.

71 Vgl. auch Kap. 3.3.2 V. 3-35.

72 Williamson, Ezra, S. 26.

73 Zu einer möglichen Identifizierung siehe auch Kap. 3.3.2 V. 3-35.

35 die Söhne Senaa[a] 3 630[b],

36 Die Priester: die Söhne Jedaja, nämlich das Haus Jeschua[a], 973,

37 die Söhne Immer 1 052,

38 die Söhne Paschchur 1 247,

39 die Söhne Charim 1 017,

40 Die Leviten: die Söhne Jeschua und Qadmiel, nämlich die Söhne Hodawja[a], 74,

---

[35a] סנאה wird noch an zwei weiteren Stellen, allerdings mit Artikel, genannt: Neh 3,3 und 1 Chr 9,7. Schunck folgert: „Da in der Mauerbauliste 3,1-32 die Angehörigen von Ortschaften immer mit אנשי oder ישבי, nicht aber mit בני bezeichnet werden, muß es es sich bei הסנאה um eine Person handeln.“[74] Allerdings ist dabei zu beachten, dass in eben dieser Mauerbauliste nur zweimal אנשי in Verbindung mit einem Ortsnamen (Neh 3,2.7[.22]) und nur einmal ישבי (Neh 3,13) vorkommt. Daneben wird für die Bewohner Tekoas das Gentilizium התקועים verwendet (V. 5.27). Diese sind (mit Ausnahme der ungenauen Angabe in V. 22) die einzigen Beispiele, in denen eine Gruppe von Menschen und zudem gleichzeitig auch eine Ortszugehörigkeit bezeichnet wird. Darüber hinaus jedoch werden die Bauenden (mit Ausnahme des Tempelpersonals) immer einzeln mit Namen und Filiation bezeichnet. Dies lässt darauf schließen, dass es sich im Falle der בני הסנאה auch eher um eine Gruppe Ortszugehöriger handelt. Ein weiteres Indiz dafür könnte auch der Artikel als ursprüngliches Appelativum sein, der in Esr 2,35 par. womöglich ausgefallen ist. Blickt man auf Ortsnamen wie הרמה und העי, ist es möglich, dass auch hier ein abgeleiteter Ortsname (möglichereise von סְנֶה „Dornbusch; Strauch“) zugrunde liegt.[75] Die „genealogische Vorhalle" der Chronik hat הסנאה (1 Chr 9,7) dann möglicherweise in Anlehnung an Neh 11,7-9 als Eigenname verstanden.[76]

[35b] Neh: 3 930.

[36a] Hier wird von dem gewohnten Aufzählungssystem durch die Verwendung von בת abgewichen. Möglicherweise handelt es sich daher bei der Konstruktion לבית ישוע um eine nachträgliche Ergänzung.[77]

[40a] Diese Übersetzung legt der masoretische Text nahe. Im Hinblick auf die Satzstruktur muss sich die Näherbestimmung לבני הודיה auf Jeschua und Qadmiel als gemeinsame Gruppe (double duty-Funktion von בני-) beziehen, da sonst gemäß der Aufzählungsstruktur der Liste (בני + Personenname + Zahl) nach Jeschua eine Zahlenangabe bzw. vor Qadmiel ein בני- fehlen würde. Während auch Esdr β die Söhne Jeschua und Kadmiel den Söhnen Oduia (= Hodawja) zuordnet (υἱοὶ Ἰησοῦ καὶ Καδμιηλ τοῖς υἱοῖς Οδουια), versteht MT Neh בני als Namen und liest בני-ישוע לקדמיאל לבני הדוה. Somit werden בני und קדמיאל den הדוה בני-ישוע zugeordnet. 3 Esr stellt dagegen vier Personengruppen nebeneinander: υἱοὶ Ἰησοῦ καὶ Καδμιηλου καὶ Βαννου καὶ Σουδιου.

---

74 Schunck, Nehemia, S. 199.

75 Vgl. z. B. auch die Ortsabgaben קרית-סנה in Jos 15,59 und סנה in 1 Sam 14,4. Siehe hierzu auch Zadok, Pre-Hellenistic, S. 78. Zu einer möglichen Identifizierung des Ortes siehe auch Kap. 3.3.2 V. 3-35.

76 Zu הסנואה (Neh 11,9) als Variante vgl. Zadok, Pre-Hellenistic, S. 6.

77 Vgl. Rudolph, Esra, S. 22; Bowman, Ezra, S. 582; Williamson, Ezra, S. 35; vorsichtig auch Gunneweg, Esra, S. 60. Anders Schunck, Nehemia, S. 199; 215, der nur das Wort לבית als Ergänzung ansieht. Vgl. auch Kap. 3.3.2 V. 36-58.

41 Die Sänger: die Söhne Asaf 128[a],

42 Die Söhne[a] der Torwächter: die Söhne Schallum, die Söhne Ater, die Söhne Talmon, die Söhne Aqqub, die Söhne Chatita, die Söhne Schobai, insgesamt: 139[b].

43 Die Netinim[a]: die Söhne Ziha, die Söhne Chasufa, die Söhne Tabaot,

---

Insofern Jeschua und Qadmiel auf gleicher Aufzählungsebene anzusiedeln sind, weicht Esra von seiner vorherigen Aufzählungsstruktur ab. Denn beiden Levitengeschlechtern zusammen gilt die Apposition לבני הודיה. In diesem Falle läge dann keine Auffächerung (wie in Esr 2,6), sondern eine Bündelung auf ein gemeinsames Geschlecht vor.

Dagegen ist auch בני als Name in Esr-Neh häufig belegt (Esr 2,10; 10,29.34.38; Neh 3,17; 8,7; 9,4.5 usw.). Würde man in Anlehnung an Neh vor Qadmiel statt der Kopula eine Präposition -ל konjizieren, so ließen sich Qadmiel, Bani und Hodawja als synchrone Auffächerungen zu Jeschua verstehen. Rudolph schlägt daher vor, für לבני entweder Binnui oder Bani zu lesen und die Präposition -ל als Dittographie zu betrachten.[78] Dafür spräche auch die Tatsache, „that the Levitical family of Bani or Binnui is elsewhere found and associated with Jeschua and Kadmiel (see Neh 10:10; 12:8; etc.). The forms בְּנֵי, בִּנּוּי, בָּנִי, and בְּנֵי are often confused in Ezra-Neh [...]".[79] Damit wäre die Struktur klar und die Apposition vergleichbar zu Esr 2,6.16.

[41a] Neh: 148.

[42a] Das בני am Anfang fehlt in Neh und 3 Esr, ist aber für Esdr β und Peschitta belegt. Da die anderen Gruppen der Liste (V. 36.40.41.43, mit Ausnahme von V. 55) jedoch ohne בני eingeleitet sind, handelt es sich hierbei möglicherweise um einen Schreibfehler. Eine Dittographie wäre im Hinblick auf die vielen Aufzählungen mit בני- denkbar.

[42b] Das הכל fehlt in der Parallele Neh 7,45, die zudem eine Person weniger, nämlich 138, zählt. Auffällig ist, dass sich ab hier die Aufzählungsstruktur eindeutig ändert. Für die Torwächter sowie dann auch für die Netinim und Beamten Salomos werden nun erst alle der einzelnen Geschlechter aufgelistet und dann mit einer gemeinsamen Gesamtzahl (כל/הכל) erfasst.

[43a] Der Begriff kann von der Wurzel נתן abgeleitet werden und ist im Sinne von „Übergebene; Übereignete" zu übersetzen.[80] Während diese Personengruppe in Esr, Neh und 1 Chr häufiger Erwähnung findet, ist sie vorexilisch nicht belegt. Ihre genaue Tätigkeit lässt sich kaum bestimmen, weshalb im Folgenden der Name der Berufsgruppe unübersetzt bleiben soll. Lediglich in Esr 8,20 heißt es, David und die Oberen hätten jene als Diener für die Leviten bestimmt. Es ist jedoch davon auszugehen, dass es sich hierbei um eine nachträgliche Deutung handelt. Neh 3,26.31 f; 11,21 verorten sie zudem noch auf dem Ophel in direkter Nachbarschaft zu den Goldschmieden und Händlern. Weinberg vermutet aufgrund der feindseligen Einstellung des Talmuds zu den Netinim, ihres Wohnorts auf dem Ophel, ihrer Namensgebung sowie des Namens qrsy auf dem Ostrakon Arad (6):18 (Anfang 6. Jh. v. Chr.; vgl. Esr 2,44),[81] dass „in vorexilischer Zeit die netînîm und die ‚Söhne der Sklaven Salomos' Handwerker im königlichen Dienst, königliche Dienstleute waren, die zusammen mit den übrigen Einwohnern Jerusalems

---

78 Rudolph, Esra, S. 10. Dem folgen u. a. auch Myers, Ezra, S. 13; Gunneweg, Esra, S. 50; 61; Blenkinsopp, Ezra, S. 88 f.

79 Marcus, Introduction, S. 40*. Zu außeralttestamentlichen Belegen des Namens Bani vgl. Anhang.

80 Vgl. Weinberg, N^etînîm, S. 359.

81 Vgl. HAE I, S. 382 f; siehe auch Aharoni, Arad, S. 35 f.

44 die Söhne Keros, die Söhne Siaha[a], die Söhne Padon,
45 die Söhne Lebana, die Söhne Chagaba, die Söhne Aqqub[a],
46 die Söhne Chagab[a], die Söhne Schalmai[b], die Söhne Chanan,
47 die Söhne Giddel, die Söhne Gachar, die Söhne Reajah,
48 die Söhne Rezin, die Söhne Nekoda, die Söhne Gazzam[a],

---

deportiert wurden".[82] Deren Nachkommen seien nun wieder eingewandert, hätten aber eine nur geringe Stellung im neuen Sozialgefüge der Gemeinschaft inne.[83] Dagegen ist jedoch anzuführen, dass sie in der Liste eindeutig zum Tempelpersonal gerechnet werden und auch am Privileg der Steuerbefreiung (Esr 7,24) teilhaben dürfen.[84]

Die נתינים in Esr-Neh erinnern an Num 3,9; 8,19; 18,6, wo die Leviten als נְתוּנִם (3,9) bzw. נְתֻנִים (8,19; 18,6) für die Priester bezeichnet werden. Als eine solche Form des Partizip Passiv *qal* ist wohl auch das Ketib in Esr 8,17 (הנתונים) zu verstehen. Ungeachtet dessen lässt sich jedoch über eine vorexilische Institution aufgrund mangelnder Zeugnisse kaum eine Aussage treffen. Möglicherweise sind sie mit den babylonischen *šerkūtu* zu vergleichen, „Tempelsklaven, die man der Gottheit ‚gegeben' (*nadānu*) oder ‚geweiht' (*zukkû*) hatte, um ihre Gunst zu gewinnen".[85] Ein Hinweis könnte auch die ugaritische Liste der *ytnm* bieten, die ebenfalls eine bestimmte am Tempel ansässige Gilde dokumentiert.[86] Mit Schunck lässt sich annehmen, dass ihre Aufgabe wohl in der „Erledigung der zahlreichen einfachen Dienstleistungen und Arbeiten, die sich im Tempel und auf dem Tempelberg ergaben", bestand.[87]

[44a] Neh hat Sia (סיעא) anstelle von Siaha (סיעהא). Beide Namen sind alttestamentlich weiter nicht belegt. Es ist möglich, dass Neh die Form als Doppelpleneschreibung (ה für a *und* א für a) gedeutet und korrigiert hat.

[45a] Dieser Name fehlt in Neh. Siehe Anm. 46a zu Esr 2,46. Der gleiche Name findet sich zudem in Esr 2,42 in der Liste der Torwächter. 3 Esr erweitert die Aufzählung hier noch um die Namen υἱοὶ Ουτα, υἱοὶ Κηταβ.

[46a] Dieser Name fehlt in Neh. Der Ausfall dieses und des letzten Namens des vorherigen Verses kann mit einem Homoioteleuton aufgrund der Ähnlichkeit von חגבה und חגב begründet werden.[88]

[46b] Das Qere liest mit Nehemia שלמי statt שמלי. Da andere Namensbildungen mit der Wurzel שלם belegt sind, ist hier von einer Metathesis auszugehen.[89]

[48a] 3 Esr weist für die beiden Verse Esr 2,47 f zum Teil sehr stark abweichende sowie zusätzliche Namen auf: υἱοὶ Καθουα, υἱοὶ Γεδδουρ (= גדל), υἱοὶ Ιαϊρου (= ראיה?), υἱοὶ Δαισαν (= רצין?), υἱοὶ Νοεβα (= נקודא?), υἱοὶ Χασεβα, υἱοὶ Γαζηρα (= גזם). Möglicherweise handelt es sich bei den letzten beiden Namen um die doppelte Wiedergabe von גזם.[90]

---

82 Weinberg, *N^etînîm*, S. 371.
83 Vgl. Weinberg, *N^etînîm*, S. 371.
84 Vgl. Williamson, Ezra, S. 35 f.
85 Lipiński, Art. נָתַן, Sp. 710.
86 Vgl. Blenkinsopp, Ezra, S. 90 mit Verweis auf Gordon, Ugaritic Manual, S. 169 Text 301:I (*spr. ytnm*).
87 Schunck, Nehemia, S. 217.
88 Vgl. u. a. Schunck, Nehemia, S. 199.
89 Vgl. Marcus, Introduction, S. 40*.
90 Vgl. Rudolph, Esra, S. 12.

49 die Söhne Uzza, die Söhne Paseach[a], die Söhne Besai,

50 die Söhne Asenah[a], die Söhne der Mëuniter[b], die Söhne der Nefusiter[c],

51 die Söhne Baqbuq, die Söhne Chaqufa, die Söhne Charchur,[a]

52 die Söhne Bazlut[a], die Söhne Mechida[b], die Söhne Charscha,

53 die Söhne Barqos, die Söhne Sisera, die Söhne Tamach,

54 die Söhne Neziach, die Söhne Chatifa.

55 Die Söhne der Beamten Salomos[a]: die Söhne Sotai[b], die Söhne Hassoferet[c], die Söhne Peruda[d],

---

[49a] 3 Esr ergänzt hier noch υἱοὶ Ασαρα.

[50a] Dieser Name fehlt in Neh, in 3 Esr ist er belegt.

[50b] Ketib: מעינים, Qere: מעונים. Neh stimmt mit dem Qere und Esdr β (Μαωνιμ) überein, was die richtige Schreibung darstellen dürfte. Darüber hinaus ist diese Schreibung מעונים in Esr 2,50 auch für wenige hebräische Handschriften sowie in 2 Chr 26,7 (והמעונים) und 1 Chr 4,41 Qere als nicht-israelitischer Volksstamm belegt.

[50c] Ketib: נפיסים, Qere: נפוסים. Weder Ketib noch Qere sind alttestamentlich noch an anderer Stelle belegt. Neh hat Ketib: נפושסים, Qere: נפישסים.[91] Nach Schunck liegt hier der „Name des ismaelitischen Stammes נָפִישׁ (vgl. Gen 25,15; 1 Chr 1,31; 5,19), der auch in dem neuassyr[ischen] Brief CT 53, 289 (ver. 7) in dem Wort *Na-pi-šá-a-a* vorkommt [...] zugrunde".[92] Die Wiedergabe des Sibilanten mit שׁ in Neh sei dabei als zusätzliche Variante zu verstehen.[93]

[51a] 3 Esr hat für diesen Vers eine abweichende bzw. erweiterte Auflistung. בקבוק fehlt, stattdessen werden folgende Gruppen aufgezählt: υἱοὶ Ακουφ (= חקופא), υἱοὶ Αχιβα, υἱοὶ Ασουρ (= חרחור?), υἱοὶ Φαρακιμ.

[52a] Neh hat hier בצלית. Beide Namen sind alttestamentlich kein weiteres Mal belegt.

[52b] 3 Esr lässt noch υἱοὶ Κουθα folgen.

[55a] Während Esdr γ hier wie auch in V. 58 δούλων Σαλωμων übersetzt, hat Esdr β Αβδησελμα und verstand עבדי שלמה damit wohl als Eigennamen. Diese Gruppe wird oft mit den übriggebliebenen Fremdvölkern assoziiert, die Salomo in 1 Kön 9,20 f zum מַס־עֹבֵד („Frondienst, verpflichtete Arbeit") einsetzte. Die Bezeichnung עבד impliziert jedoch nicht automatisch das Sklaventum, sondern zunächst einmal nur eine Unterordnung. עבד ist „ein *dynamischer Relationsbegriff* [...]: Der so Bezeichnete wird damit als *abhängig* von seinem jeweiligen Bezugspartner charakterisiert [...]".[94] Aufgrund der engen Bindung an den König sind die עבדי שלמה somit wohl eher als von diesem unterhaltene Beamte zu verstehen.[95] Dass diese trotz der engen Bindung an das Königshaus unter das Kultpersonal gefasst werden,[96] ist nicht weiter verwunderlich, wenn man bedenkt, dass der salomonische Tempel und die königlichen Paläste als gemeinsamer Macht- und Gebäudekomplex verstanden werden können.
Mit einiger Wahrscheinlichkeit ist auch hier das בני vor עבדי שלמה zu elidieren. Vgl. Anm. 42a zu Esr 2,42.

---

91 Zur Form vgl. Schunck, Nehemia, S. 199.

92 Schunck, Nehemia, S. 199.

93 Vgl. Schunck, Nehemia, S. 199 mit Zadok, Remarks, S. 297 f.

94 Riesener, Stamm עבד, S. 268 f.

95 Vgl. Rüterswörden, Art. עֶבֶד, Sp. 998 f.

96 Vgl. Schunck, Nehemia, S. 218.

56 die Söhne Jaelah, die Söhne Darqon, die Söhne Giddel,

57 die Söhne Schefatja, die Söhne Chattil, die Söhne Pocheret-Hazzebajim[a], die Söhne Ami[b],

58 alle Netinim und Söhne der Beamten Salomos: 392.

59 Und dies sind die, die aus Tel Melach, Tel Charscha[a], Kerub, Addan[b], Immer[c] heraufgezogen sind, aber ihr Vaterhaus und ihre Abstammung – ob sie aus Israel sind – nicht angeben konnten:

60 die Söhne Delajah[a], die Söhne Tobijah, die Söhne Nekoda 652[b].

[55b] Dieser Name fehlt in 3 Esr.

[55c] In Neh ohne den Artikel. הספרת kann mit „die Schreiberin" übersetzt werden. Die feminine Form dieser Berufsbezeichnung findet sich sonst an keiner anderen Stelle im Alten Testament. Möglicherweise ist hier die Berufsbezeichnung zum Eigennamen geworden. Vgl. auch Anm. 57a zu Esr 2,57. Die Transkription ins Griechische mit Ασεφηραθ zeigt, dass Esdr β dies als Eigenname verstand und daher nicht mit dem griechischen Äquivalent übersetzte. Ebenso verhält es sich in 3 Esr mit Ασσαφιωθ.

[55d] Neh zeigt eine Abweichung in der Plene-Schreibung: פרידא. Dem folgt 3 Esr mit Φαριδα.

[57a] Eine Übersetzung dieses Namens ist nicht ganz eindeutig möglich. Williamson schlägt „Gazellenfängerin" vor, wobei die Form פכרת unklar bleibt.[97] Nach Blenkinsopp stehen sowohl die feminine Form Hassoferet (V. 55) als auch das feminine Pocheret-Hazzebajim für Berufe, vergleichbar zur Qohelet.[98] Möglicherweise handelt es sich also auch hier ursprünglich um eine Berufsbezeichnung, die zum Eigennamen geworden ist. Vgl. auch Anm. 55c zu Esr 2,55. Esdr β transkribiert Φαχεραθ-ασεβωιν. 3 Esr ergänzt danach noch acht weitere Namen: υἱοὶ Σαρωθιε, υἱοὶ Μασιας, υἱοὶ Γας, υἱοὶ Αδδους, υἱοὶ Σουβας, υἱοὶ Αφερρα, υἱοὶ Βαρωδις, υἱοὶ Σαφατ. Dabei „handelt es sich jedoch nur um Varianten zu schon genannten".[99]

[57b] Neh hat stattdessen den wesentlich geläufigeren Namen אמן, so auch 3 Esr.

[59a] 3 Esr ergänzt hiernach ἡγούμενος αὐτῶν und liest somit die folgenden drei Namen als Personennamen.

[59b] Neh hat hier אדון.

[59c] אמר ist in Neh mit der Kopula ו angeschlossen.

[60a] Nur Esdr β ergänzt hier noch υἱοὶ Βουα.

[60b] Nur Neh bietet die Zahl שש מאות וארבעים ושנים = 642. 3 Esr, Esdr β und Peschitta stimmen dagegen mit MT Esr überein.

---

97 Vgl. Williamson, Ezra, S. 27; siehe auch Gesenius, Handwörterbuch[18], S. 1050 f: (צבי + כפר). Anders Eskenazi, Art. Pochereth-Hazzebaim, S. 384.

98 Vgl. Blenkinsopp, Ezra, S. 91.

99 Pohlmann, 3. Esra-Buch, S. 405 Anm. 34a mit Bewer, Text, S. 30. Gemeint sind Varianten zu den Namen ab 3 Esr 5,32 Θομοι. So auch Rudolph, Esra, S. 14. Anders Talshir, 1 Esdras, S. 273 f.

61 Und von den Söhnen der Priester[a]: die Söhne Chabajjah, die Söhne Haqqoz, die Söhne Barzillai[b], der sich von den Töchtern Barzillais, des Gileaditers[c], eine zur Frau nahm und so auf ihren[d] Namen gerufen wurde.

62 Diese suchten ihren Eintrag[a] als Registrierte[b], aber wurden nicht gefunden[c]. So wurden sie als kultisch verunreinigt vom Priestertum ausgeschlossen.[d]

[61a] In Neh sowie in 3 Esr fehlt die Bezeichnung „Söhne": ומן־הכהנים, was im Hinblick auf Esr 2,36 auch besser passen würde. Da die Präposition מן־ direkt an בני angefügt ist, kann jedoch (anders als in Esr 2,42.55) nicht von einer bloßen Dittographie ausgegangen werden kann. 3 Esr ergänzt hier noch die Erläuterung οἱ ἐμποιούμενοι ἱερωσύνης καὶ οὐχ εὑρέθησαν.

[61b] 3 Esr hat stattdessen Ιοδδους.

[61c] In 3 Esr entfällt die Apposition הגלעדי, während die Tochter des Barzillais einen Namen erhält: Αυγιαν γυναῖκα τῶν θυγατέρων Φαρζελλαιου. Pohlmann zufolge ist der Name *Augia* „durch verdorbenes αγιλαδι [*Anm.* = הגלעדי] eingedrungen".[100]

[61d] שמם trägt ein Suffix der 3. Pl. m., was sich in diesem Kontext nur auf die gesamte Sippe Barzillais beziehen kann. Schunck zufolge handelt es sich hierbei um einen „Gedankensprung des Schreibers [...], und es ist besser על־שמו (‚nach seinem Namen') zu lesen [...]".[101] 3 Esr nimmt mit αὐτοῦ diese Angleichung vor. Dass mit der gut bezeugten Variante שמם die ursprüngliche Form vorliegt, ist jedoch im Hinblick auf die Familie oder Sippe (בני־) als zentrale Größe in Esr 2 durchaus wahrscheinlich.[102]

[62a] כתבם ist ein Aramaismus.

[62b] Die Syntax erscheint hier etwas holprig; das המתיחשים klappt merkwürdig nach. So müsste man wörtlich übersetzen: *Diese suchten ihren Eintrag – die Registrierten [...]*. המתיחשים ist damit wohl am ehesten im Sinne einer Apposition zu verstehen, die כתבם als Objekt näher qualifiziert: *Diese suchten ihren Eintrag als Registrierte.*[103] Oder: *Sie suchten ihre Registrierung.* Da die Bestätigung der Registrierung in diesem Kontext ja noch aussteht, kann המתיחשים nicht als weiteres Subjekt verstanden werden. 3 Esr bietet hier eine einfachere Konstruktion: τῆς γενικῆς γραφῆς ἐν τῷ καταλοχισμῷ. Esdr β dagegen transkribiert המתיחשים ins Griechische (οἱ μεθωεσιμ), ohne den Begriff zu übersetzen, was entweder auf einen damals schon feststehenden Terminus schließen lässt, oder aber auf die Tatsache, dass Esdr β ihn nicht verstand. Letztere Möglichkeit könnte dadurch gestützt werden, dass auch die anderen beiden Stellen, an denen eine solche Form in Esr vorkommt (Esr 8,1.3), von Esdr β nicht eindeutig übersetzt werden. In Esr 8,1 übersetzt Esdr β οἱ ὁδηγοὶ = „Anführer", „Lehrer"; in Esr 8,3 für התיחש לזכרים nur τὸ σύστρεμμα = „Versammlung".

Formen der Wurzel יחש sind alttestamentlich nur nachexilisch und, abgesehen von der Nominalform היחש in Neh 7,5, nur im *hitpael* belegt: 3-mal in Esr (2,62; 8,1.3), 2-mal in Neh (7,5.64) und 15-mal in den Chronikbüchern. Dabei ist es auffällig, dass es sich in fast allen Fällen um einen Infinitiv *hitpael* handelt, der meist nominal mit „Registrierung, Geschlechtsregister, Stammesliste" übersetzt werden kann. Eine Ausnahme bilden die beiden Perfekta in 1 Chr 5,17; 9,1. Eine Partizipialbildung findet sich dabei einmalig in Esr 2,62//Neh 7,64. Die Etymologie ist unklar.

---

100 Pohlmann, 3. Esra-Buch, S. 405 Anm. 38b.

101 Schunck, Nehemia, S. 200. Vgl. auch Galling, Bücher, S. 188; Williamson, Ezra, S. 27.

102 So schon König, Lehrgebäude, S. 455 § 346h.

103 Vgl. auch Gesenius, Handwörterbuch[18], S. 460.

63 Und da sagte ihnen der Tirschata[a], dass sie nicht vom Hochheiligen essen sollen bis zum Auftreten eines Priesters[b] für Urim und für Tummim[c].

Möglicherweise ist ein Zusammenhang mit arab. *wḥš* („verwildern", „sich entfremden") anzunehmen.[104] Dies ist insofern plausibel, als die Zugehörigkeit zu einer Gruppe immer auch die Abgrenzung zu anderen impliziert.[105] Während die Wurzel bisher in anderen semitischen Sprachen nicht belegt ist,[106] kommt sie dann als יחס im jüdisch-aramäischen und mittelhebräischen Gebrauch relativ häufig vor.

[62c] Neh hat hier den Singular נמצא. Damit versteht der Text entweder כתבם als Subjekt, oder es liegt eine Haplographie aufgrund des anschließenden Narrativs vor.

[62d] Das מן־ ist hier separativ zu verstehen; wörtlich: *So wurden sie kultisch verunreinigt weg vom Priestertum*. Ein *pual* von גאל II ist nur in Mal 1,7.12; Esr 2,62; Neh 7,64 belegt; auch die einzige *piel*-Form findet sich in Mal 1,7. In Mal 1,7.12 wird die Speise, die die Priester opfern, als מגאל „kultisch verunreinigt" und daher als den Tisch Gottes entweihend beschrieben.

[63a] התרשתא, hier mit Artikel, ist mit einiger Wahrscheinlichkeit ein persisches Lehnwort. Vom altpersischen **tarsa-* abgeleitet, wird es seit Scheftelowitz häufig im Sinne von „der zu Fürchtende" bzw. „Exzellenz" übersetzt.[107] Der Begriff als eine Art Ehrentitel ist in diesem Textzusammenhang gut denkbar, zumal dieser mit Artikel steht. Interessanterweise bleibt die Person hier jedoch anonym. Eine Tatsache, die für den gesamten Komplex Esr 1-3 ungewöhnlich ist. Der Begriff findet sich ebenso in Neh 7,65 sowie zusätzlich in Neh 7,69. Außerhalb der Parallele wird er in Neh 8,9 und 10,2 erwähnt und mit Nehemia gleichgesetzt.

In der Smitten weist in diesem Zusammenhang auf die linguistischen Schwierigkeiten hin, die sich mit dieser Übersetzung ergeben. So ließe sich aus dem Stamm **tarsa-* höchstens ein Partizip Perfekt Passiv ableiten, was dann aber *„einer, der zum Zittern gebracht worden ist* und nicht *Exzellenz!"*[108] hieße. Mithin kennt das Altpersische bereits andere Begriffe für die Titulatur „Exzellenz", nämlich *aruvasta* und *frādafarna*.[109]

Eine andere Möglichkeit der Deutung wäre, die Titulatur von der Verballhornung des persischen Eigennamen *Tiridata* (*Tiri* als persische Astralgottheit, *dāta* „Gesetz") abzuleiten. Auch im Nippur des 5. Jh.s v. Chr. ist der Name *Tiridata* belegt.[110] Ungeklärt bliebe jedoch, inwiefern ein Personenname zur Titulatur und so zusätzlich determiniert werden kann.

3 Esr hat stattdessen Νεεμιας καὶ Ατθαριας. Dabei ist Ατθαριας wohl als Transkription von התרשתא anzusehen. Möglicherweise ist die Assoziation des Tirschata mit Nehemia durch Neh 8,9; 10,2 verursacht.

[63b] In Nehemia mit Artikel. 3 Esr hat hier wohl wegen des Bezugs zum Priesteramt Aarons in Ex 28,30; Lev 8,8 ἀρχιερεύς „Hohepriester".

---

104 Vgl. Mosis, Art. יָחַשׂ, Sp. 610.
105 Vgl. auch Mosis, Art. יָחַשׂ, Sp. 613.
106 Vgl. Mosis, Art. יָחַשׂ, Sp. 611.
107 Vgl. Scheftelowitz, Arisches, S. 93 f; Rudolph, Esra, S. 20; Gunneweg, Esra, S. 64; Blenksinsopp, Ezra, S. 92. Zur Übersicht über die verschiedenen Deutungsansätze vgl. Williamson, Ezra, S. 27.
108 In der Smitten, Tirschātā', S. 620.
109 Vgl. In der Smitten, Tirschātā', S. 620.
110 Vgl. Dandamaev/Lukonin, Culture, S. 340: „The Babylonians in turn gave their children Iranian, Aramaic or foreign names. [...] others called their children by the Iranian names Tiridata, Shatabarzanu, [...]."

64 Die ganze Gemeinde zusammen[a]: 42 360.

65 Außer ihren Knechten und Mägden. Diese waren 7 337 und dazu Sänger und Sängerinnen: 200[b];

66 ihre Pferde: 736; ihre Maultiere: 245;

67 ihre[a] Kamele: 453 und Esel[b]: 6 720.

68 Und seitens[a] der Häupter der Vaterhäuser[b] – als sie zum[c] Haus JHWHs, das in Jerusalem ist, kamen – gab man freiwillig für das Haus Gottes, um es an seiner Stätte aufzustellen.[d]

[63c] In Ex 28,30; Lev 8,8 sind אורים und תמים Gegenstände der Brusttasche Aarons, in Dtn 33,8 werden sie dem Stamm Levi zugeschrieben. Ex 28,30 versteht sie als Elemente der Rechtsprechung: ונתת אל־חשן המשפט את־האורים ואת־התמים. In 1 Sam 28,6 ist mit אורים wohl ein Orakelinstrument gemeint. Worum es sich hier genau handelt, ist unklar. Esdr β übersetzt τοῖς φωτίζουσιν καὶ τοῖς τελείοις, in 3 Esr 5,40 werden τὴν δήλωσιν καὶ τὴν ἀλήθειαν als Kleidung des Hohepriesters verstanden. Möglicherweise sind die beiden Begriffe von אור „Licht" und תם „Vollkommenheit" abzuleiten. Williamson weist darauf hin, dass diese jeweils mit dem ersten und letzten Buchstaben des Alphabets beginnen.[111] „Es könnte um die Weisheit und Weisungsbefugnis des Hohepriesters gehen, wenn Urim eine Anspielung auf das Licht (*'ōr*) und Tummim auf Vollkommenheit (*tamm*) wäre. Wenn es sich um Orakelinstrumente handelt, müsste man eher eine antonyme Bedeutung (z. B. ‚verflucht – schuldlos') annehmen."[112]

[64a] Wörtlich: *wie einer* (כאחד). 3 Esr fügt hier noch eine Näherbestimmung der Gruppe an: Ισραηλ ἀπὸ δωδεκαετοῦς χωρὶς παίδων καὶ παιδισκῶν, was entweder auf eine andere Tradition oder eine nachträgliche Erweiterung schließen lässt.

[65a] Die Zahl 200 einschließlich des nächsten Verses bis zur Zahl 245 (מאתים ארבעים וחמשה) fehlt in Neh, weshalb dort für die Summe der Sänger und Sängerinnen 245 angegeben ist. Grund des Ausfalls ist ein Homoioteleuton מאתים am Ende der beiden Verse 65 und 66. 3 Esr folgt zunächst Neh mit 245 Sängern und Sängerinnen und 435 Kamelen, trägt dann aber in geänderter Reihenfolge und Anzahl die anderen Tiere nach (7 036 Pferde; 5 525 Esel bzw. Lasttiere).

[67a] Neh und 3 Esr haben hier kein Possessivsuffix, sondern nur einen Plural.

[67b] Esdr β sowie wenige hebräische Handschriften fügen auch hier in Angleichung an den Kontext ein Possessivpronomen bzw. -suffix im Plural an. Es ist nicht auszuschließen, dass auch in MT ein Possessivsuffix gestanden haben und das ה in ursprünglich חמרהים ausgefallen sein könnte.

[68a] ומראשי האבות ist eine *casus pendens*-Konstruktion, die im Nebensatz mit בבואם und im Hauptsatz mit התנדבו wieder aufgegriffen wird. Das מן־ am Satzanfang ist nicht als separativ anzusehen, sondern verweist auf die Herkunft der Spenden.[113] Daher ist in Anlehnung an Gunneweg wohl am ehesten eine Übersetzung mit „seitens" und unpersönlichem „man" zu wählen.[114]

---

111 Vgl. Williamson, Ezra, S. 37.

112 Hieke, Esra, S. 90.

113 Zur Verwendung von מן־ vgl. Joüon/Muraoka, Grammar, S. 489 § 133e: „It is used in particular to express the idea of provenance: material from which something was made, cause [...], source or origin."

114 Vgl. Gunneweg, S. 66: „Es dürfte kaum gemeint sein, daß nur einige der Vaterhäuser spendeten, wie man meist zu übersetzen pflegt; das ומראשי deutet lediglich die Herkunft von dieser Gruppe an." So auch Becker, Esra, S. 24.

69 Nach ihrem Vermögen[a] gaben sie zum Schatz des Werkes[b] 61 000[c] Golddrachmen[d], 5 000 Silberminen und 100 Priesterröcke.

> Neh 7,69:[115] Und ein Teil der Häupter der Vaterhäuser gaben für das Werk. Der Tirschata gab für den Schatz 1 000 Golddrachmen, 50 Sprenggefäße, 530 Priesterröcke.
> 70 Und seitens der Häupter der Vaterhäuser gab man zu Schatz für das Werk 20 000 Golddrachmen und 2 200 Silberminen,
> 71 während der Rest des Volkes 20 000 Golddrachmen, 2 000 Silberminen und 67 Priesterröcke gab.

[68b] Vgl. Anm. 5b zu Esr 1,5. In Neh geht hier ein zusätzlicher Vers (Neh 7,69) voraus, der weitere Spender hinzufügt.[116]

[68c] ל- als aramaisierender Direktionalis. Vgl. Anm. 3c zu Esr 1,3.

[68d] Ab בבואם fehlt dieser Abschnitt, der den Tempel thematisiert, in Neh ganz.[117] 3 Esr geht hier größtenteils mit Esr parallel.

[69a] ככחם fehlt in Neh.

[69b] Weder muss die Kombination לאוצר המלאכה hier einen Widerspruch darstellen,[118] noch ist אוצר als eigentlicher Tempel- oder Kultschatz zu verstehen. אוצר umfasst die Sammlung bzw. den Vorrat von Geldspenden zur Finanzierung des Baus sowie die Ausstattung des Personals. Dies wird in Esr 3,7 deutlich, wo die Bezahlung von Arbeitern explizit genannt ist. Der Terminus המלאכה findet sich sehr häufig im Kontext von Arbeiten am Heiligtum: beim Bau der Stiftshütte (Ex 35,29; 36,2.7.8; 39,43; 40,33), beim Bau des ersten Tempels (1 Kön 5,30; 7,40.51), – unter expliziter Erwähnung der Geldspenden des Volks – bei Ausbesserungsarbeiten am Tempel unter Joasch (2 Kön 12,12-16) und Josia (2 Kön 22,4-6.9) sowie in den Parallelen der Chronikbücher (2 Chr 4,11; 5,1; 24,13; 34,10.17). Die Erwähnung der Priesterröcke unter den Spenden ist hierbei nicht ungewöhnlich. In Ex 39,43 blickt Mose auf את-כל-המלאכה, wozu auch die Ausstattung der Priester in ihren Amtskleidern gehört (vgl. Ex 39,27: כתנת!; Ex 39,41).

[69c] רבאות (vgl. Dan 11,12), im Hebräischen normalerweise רבבות, ist wahrscheinlich ein Aramaismus.

[69d] Hierbei handelt es sich aufgrund der Schreibweise nicht um Dareiken (Esr 8,27; 1 Chr 29,7: אדרכנים), sondern griechische Drachmen (vgl. griech. δραχμαί bzw. Genitiv Pl. δραχμων).[119] Der Begriff דרכמונים ist alttestamentlich nur in Esr 2,69 und Neh 7,69-71 belegt. „Die Silberdrachme war die griechische Münze, die besonders begehrt war, vor allem die athenische Drachme, im 5. Jahrhundert v. Chr. die ‚Eule' unter den ‚Krähen'. Golddrachmen wurden nur selten geprägt

---

115 Da die Parallele in Neh 7,69-71 erheblich von Esr 2,68 f abweicht, soll dieser Abschnitt zum besseren Vergleich hier aufgeführt werden. ומקצת ist ein Aramaismus, der sich vergleichbar auch in Dan 2,42 findet. Die Zahlenangabe für die Priesterröcke in V. 69 ist sofern auffällig, als zuerst die Zehner und dann die Hunderter genannt werden. Dies hat immer wieder dazu Anlass zu geben, zwischen die beiden Zahlenangaben שלשים und חמש מאות noch מנים וכסף einzufügen, um zu zeigen, dass Esr 2,69 die Anzahl der Priesterröcke sekundär aufrunde. Diese Textemendation lässt sich jedoch kaum sicher belegen. Vgl. hierzu auch Kap. 2.2.2.

116 Vgl. hierzu auch Kap. 2.2.2.

117 Vgl. hierzu auch Kap. 2.2.2.

118 Gegen Schunck, Nehemia, S. 201.

119 Vgl. Hieke, Esra, S. 91; Eskhult, Loanwords, S. 12.

70 Und da ließen sich die Priester, Leviten und[a] welche aus dem Volk[b] nieder, und die Sänger, Torwächter und Netinim[c] in ihren Städten[d], und ganz Israel war in seinen Städten[e].

---

und fanden auch wenig Verbreitung."[120] Unter der Herrschaft der Perser wurde ab 515 v. Chr die Golddareike mit dem Bild des Großkönigs im Knielaufschema eingeführt.[121] Die Erwähnung der Drachme in diesem Kontext ist also anachronistisch, bietet aber einen Anhaltspunkt für die Abfassungszeit des Textes. Für den ägyptischen und arabischen Raum sind Nachprägungen von attischen und athenischen Tetradrachmen (sowie seltene Goldstatere) erst für das 4. Jh. v. Chr. belegt.[122] Die vermehrte Goldprägung unter dem makedonischen Herrscher Philippos II. (359-336 v. Chr.) und Verbreitung der Münzprägung im hellenistischen Großreich unter Alexander dem Großen[123] lassen auch für die hier genannte Golddrachme einen hellenistischen Kontext bzw. das 4. Jh. v. Chr. als *terminus a quo* erwarten.

3 Esr hat hier χρυσίου μνᾶς χιλίας = 1 000 Goldminen. Die Menge der Spenden weicht in Neh 7,69-71 erheblich ab und ist auf verschiedene Spendergruppen verteilt.

[70a] Neh listet an dieser Stelle bereits die Torhüter (השוערים) und Sänger (המשררים) auf, möglicherweise um das Tempelpersonal zusammen zu gruppieren. Es ist nicht auszuschließen, dass Neh hier eine Systematisierung des zunächst etwas unsortiert wirkenden Esr-Textes vorgenommen hat.

[70b] 3 Esr ergänzt hier ἐν Ἰερουσαλὴμ καὶ τῇ χώρᾳ. Dabei handelt es sich um einen erklärenden Zusatz.

[70c] Diese Gruppe fehlt in 3 Esr.

[70d] Das erste בעריהם fehlt sowohl in Neh als auch in 3 Esr. Möglicherweise wurde es als Doppelung empfunden und daher ausgelassen. Zur Übersetzung dieses Verses vgl. auch Kap. 3.3.2 V. 68-70.

[70e] Es ist auch möglich, den zweiten Halbvers וכל־ישראל בעריהם als von וישבו abhängig zu übersetzen: *Und da ließen sich nieder ... und ganz Israel in seinen Städten.* Dann würde es sich jedoch um eine sehr lange, redundante von וישבו abhängige Subjektkette handeln. Wahrscheinlich ist V. 70b daher eher mit einem Nominalsatz zu übersetzen, der zusammenfassend und die Liste abschließend einen Zustand beschreibt: *Und ganz Israel war in seinen Städten.*

---

120 De Vaux, Lebensordnungen, S. 334.

121 Vgl. Klose, Art. Münzprägung, Sp. 450.

122 Vgl. Klose, Art. Münzprägung, Sp. 450.

123 Vgl. von Kaenel, Art. Münzprägung, Sp. 448.

Esr 3

1 Und der siebte Monat traf ein, während[a] die Söhne Israels schon in den Städten[b] waren. Da versammelte[c] sich das Volk[d] wie ein Mann nach Jerusalem[e].

2 Und Jeschua, der Sohn Jozadaks, und seine Brüder, die Priester,[a] und Serubbabel, der Sohn Schealtiels, und seine Brüder machten sich auf und bauten den Altar des Gottes Israels, um Brandopfer darauf darzubringen, wie es geschrieben steht in der Weisung des Mose, des Mannes Gottes.

3 Und sie stellten den Altar auf seinen Fundamenten[a] auf – denn Schrecken war über ihnen[b] durch die Völker des Landes[c] – und brachten[d] darauf Brandopfer dar für JHWH, Brandopfer des Morgens und des Abends.

---

[a] Hierbei handelt es sich um einen Zustandssatz.[124]

[b] Neh sowie Esdr β haben „ihre Städte" (בעריהם//πόλεσιν αὐτῶν). Da Esr 3,1 direkt an die Siedlungsnotiz 2,70 (zweimal בעריהם) anknüpft, ist es nicht auszuschließen, dass auch Esr ursprünglich ein ה als Possessivum der 3. Person Plural gelesen hat.

[c] Das Verb steht eigentlich in der 3. Person Plural, was in Verbindung mit einem Kollektivum wie העם, vor allem in der jüngeren alttestamentlichen Literatur, nicht ungewöhnlich ist.[125]

[d] Neh liest כל־העם, was אחד כאיש antithetisch gut ergänzen würde.[126] Ein versehentlicher Ausfall des כל- lässt sich hier jedoch nur schwer erklären. Es ist daher nicht auszuschließen, dass Esr die *lectio difficilior* bietet und Neh – möglicherweise in Analogie zu Esr 2,64//Neh 7,66 (כל־הקהל כאחד) – eine Ergänzung vorgenommen hat.

[e] Neh 8,1 markiert das Ende der Parallele mit Esr. Mit אל־הרחוב אשר לפני שער־המים beginnt hier eine von Esr 3 abweichende Erzählung. Die Angabe τὸ εὐρύχωρον τοῦ πρώτου πυλῶνος τοῦ πρὸς τῇ ἀνατολῇ in 3 Esr ist von Neh her beeinflusst.

[2a] הכהנים kann hier nur eine Apposition sein. Dabei sind nicht die leiblichen Brüder, sondern die Priesterkollegen gemeint.

[3a] Die Passage erinnert an den Vers Esr 2,68, der die maskuline, suffigierte Form מכונו („Stätte") im Singular hat. Esdr β übersetzt hier wie in 2,68 ἑτοιμασία, „that which has been prepared and produced".[127] Der Text in Esr 3,3 bietet jedoch mit מכונתיו einen Plural feminin und muss daher die Fundamentreste, nicht die Stätte an sich, meinen.[128] Zwar schlägt BHS vor, מכונתו und somit einen Singular zu lesen, was auch durch Esdr β (τὴν ἑτοιμασίαν αὐτοῦ), 3 Esr (τοῦ τόπου αὐτοῦ) und Peschitta gestützt wird, doch sind diese eher als Glättungen des Textes bzw. Angleichungen an Esr 2,68 (vgl. Esdr β 2,68: τὴν ἑτοιμασίαν αὐτοῦ/; 3 Esr 5,43: τοῦ τόπου αὐτοῦ) zu verstehen. מכונתיו ist somit als *lectio difficilior* anzusehen.

---

124 Vgl. Joüon/Muraoka, Grammar, S. 600 f § 159; Gesenius/Kautzsch, Grammatik, S. 512 f § 156. Vgl. auch Williamson, Ezra, S. 41.

125 Vgl. Joüon/Muraoka, Grammar, S. 553 § 150e.

126 Vgl. auch Williamson, Ezra, S. 41.

127 Muraoka, Lexicon, S. 296.

128 Vgl. u. a. Gunneweg, Esra, S. 70; Williamson, Ezra, S. 41; Blenkinsopp, Ezra, S. 97.

4 Sie hielten das Sukkotfest, wie es geschrieben steht, und das tägliche Brandopfer[a] nach der Anzahl, wie es für jeden Tag die entsprechende Bestimmung ist.[b]

5 Und danach das beständige Brandopfer[a] und das für die Neumonde und für alle geheiligten Feste JHWHs sowie für jeden, der freiwillig eine Gabe für JHWH darbrachte.

[3b] Die Präposition ־ב in באימה bereitet Übersetzungsschwierigkeiten. 3 Esr hat ἐν ἔχθρᾳ „in Feindschaft" und daher wohl באיבה gelesen. Eine mögliche Erklärung liegt in der Annahme einer Haplographie von א in ursprünglich אימה בא.[129] Hierbei ist es nicht ungewöhnlich, dass das vorangehende Prädikat in der 3. Person maskulin Singular steht, während das Subjekt ein Femininum ist.[130] Somit hat dieser Nebensatz womöglich einmal gelautet: *Denn Schrecken war über sie gekommen durch die Völker des Landes.*

[3c] Diese Constructus-Verbindung עמי הארצות findet sich mit einem doppelten Plural nur 7-mal im Alten Testament, nämlich ausschließlich in Esr-Neh und den Chronikbüchern. עמי הארץ ist hingegen öfter belegt und nicht auf die eben genannten Bücher beschränkt. Dass beide Nomina im Plural stehen, ist ein häufiger auftretendes Phänomen: „This fairly common construction can be explained by *grammatical attraction*: the plural of the first noun was mechanically passed on to the second."[131] Somit ist auch hier das *nomen rectum* im Singular zu übersetzen[132] und als späthebräische Variante von עמי הארץ zu betrachten.[133]

[3d] Ketib: ויעל; Qere: ויעלו. Die Lesung einer 3. Pl. wird durch den Kontext (andere Narrative der 3. Pl.) sowie durch 3 Esr gestützt.

[4a] עלת ist Singular. BHS korrigiert mit mehreren hebräischen Handschriften sowie Esdr β und 3 Esr einen Plural עלות. Doch auch in den Opfervorschriften Num 29 werden die jeweilig notwendigen Opfer im Singular genannt. Der Text bietet daher keinen Anlass, einen Plural zu konjizieren.

[4b] Die Konstruktion במספר כמשפת begegnet häufiger in den Opfervorschriften Num 29,18-33.[134] דבר־יום ביומו findet sich 14-mal im Alten Testament. Der Ausdruck bedeutet wörtlich „Sache eines Tages an ihrem Tage" und bezeichnet „was einem Tag entspricht bzw. am jeweiligen Tag erforderlich ist (Lev 23,37; 1 Kön 8,59; Esr 3,4; Neh 11,23; 12,47; 1 Chr 16,37; 2 Chr 8,14; 31,16), d. h. sowohl die Aufgabe, das Soll oder Pensum eines Tages (Ex 5,13.19) als auch den Tagesbedarf (Ex 16,4; 2 Kön 25,30 = Jer 52,34; Dan 1,5)".[135]

[5a] Während Vulgata und Peschitta hier ebenfalls einen Singular (עלת) haben, lesen Esdr β und 3 Esr einen Plural (עלות). Der Singular ist jedoch beizubehalten. Vgl. Anm. 4a zu Esr 3,4. 3 Esr ergänzt danach noch καὶ θυσίας σαββάτων, denn „[s]abbath and new moon usually go together, as at Num. 28:9-15".[136] Auch in 2 Chr 2,3; 8,13; 31,3 werden Neumond- und Sabbatopfer zusammen genannt. Dennoch ist ein Ausfall von לשבתות auf Basis des Textes kaum zu erklären. MT Esr ist darum als *lectio difficilior* anzusehen, während 3 Esr eine nachträgliche Anpassung darstellt.[137]

---

129 Vgl. Williamson, Ezra, S. 41.
130 Vgl. Gesenius/Kautzsch, Grammatik, S. 487 § 145o; Williamson, Ezra, S. 41.
131 Joüon/Muraoka, Grammar, S. 504 § 136o.
132 Vgl. Joüon/Muraoka, Grammar, S. 504 § 136o.
133 Vgl. auch Williamson, Ezra, S. 42.
134 Vgl. auch u. a. Gunneweg, Esra, S. 70.
135 Schmidt, Art. דבר, Sp. 112.
136 Blenkinsopp, Ezra, S. 98.
137 So auch Fensham, Books, S. 60; Williamson, Ezra, S. 42.

6 Vom ersten Tag des siebten Monats an begannen sie JHWH Brandopfer darzubringen, aber der Tempel JHWHs[a] war noch nicht gegründet[b].

7 So gaben sie Silber den Steinhauern und Handwerkern, und Speise, Getränke
und Öl[a] den Sidoniern und Tyrern, damit sie Zedernhölzer vom Libanon zum
Meer Jafos[b] brächten, gemäß der ihnen erteilten[c] Genehmigung[d] des Kyros,
des Königs von Persien.

8 Und im zweiten Jahr ihrer Ankunft beim Hause Gottes in[a] Jerusalem, im zweiten
Monat, begannen[b] Serubbabel, der Sohn Schealtiels, und Jeschua, der Sohn
Jozadaks, und der Rest ihrer Brüder, die Priester und Leviten und alle, die aus
der Gefangenschaft nach Jerusalem gekommen waren[c]. Und sie setzten Leviten
ab 20 Jahren und darüber ein, die Arbeit des Hauses JHWHs zu leiten.

[6a] Es fällt auf, dass vom היכל יהוה (vgl. auch V. 10) und nicht wie sonst in Esr 1-3 vom
בית יהוה/האלהים die Rede ist. Es ist möglich, dass היכל den Hauptraum bzw. Hauptbau des Tempels (wie im Falle des salomonischen Tempels oder der ezechiel'schen Tempelvision) meint. Die
beiden Termini היכל und בית werdend jedoch auch häufig abwechselnd gebraucht.[138] Der gleiche
Ausdruck mit יסד *pual* findet sich zudem in Hag 2,18: יסד היכל-יהוה. Auch in Hag wird zunächst
durchgängig בית יהוה, in 2,15.18 dann aber היכל-יהוה verwendet. Daneben findet sich die Kombination von יסד und היכל auch in Esr 3,10 (*piel*) sowie einem Ausspruch des Kyros in Jes 44,28 (*nifal*).
[6b] יסד *piel* hat hierbei „den bautechnischen präzisen Sinn ‚die Fundamente legen', auf denen der
Bau errichtet und vollendet werden kann [...] und unterscheidet sich somit klar von *jsd qal* und
niph, das die Errichtung des ganzen Baus bezeichnet [...]".[139] Im Vordergrund steht hier somit vor
allem die „Markierung des Anfangs der Bauarbeiten".[140]
[7a] 3 Esr liest stattdessen κάρρα „Wagen", was eine Deutung des Verfassers bzw. Übersetzers
darstellt.[141]
[7b] Williamson versteht dies als Apposition: „to the sea, Joppa."[142] Gunneweg nimmt mit 2 Chr 2,15
eine Änderung von אל zu על vor, um „über See nach Jaffa" übersetzen zu können.[143] Dagegen ist
es jedoch auch möglich, hier eine Constructus-Verbindung anzunehmen. Damit wäre das „Meer
Jafos" hier womöglich als das Hafenbecken bzw. der Hafenbereich Jafos zu verstehen.
    Darüber hinaus ist auffällig, dass יפוא nur hier mit einem finalen א geschrieben wird.
[7c] Wörtlich: *gemäß der Genehmigung des Kyros, des Königs von Persien, über sie.*
[7d] רשיון ist ein aramäisches Hapaxlegomenon.
[8a] ל- als aramaisierender Direktionalis. Vgl. Anm. 3c zu Esr 1,3.

---

138 Vgl. Ottosson, Art. הֵיכָל, Sp. 409.
139 Mosis, Art. יָסַד, Sp. 676.
140 Mosis, Art. יָסַד, Sp. 677.
141 Vgl. Hanhart, Text und Textgeschichte, S. 65; Pohlmann, 3. Esra-Buch, S. 406.
142 Williamson, Ezra, S. 42.
143 Vgl. Gunneweg, Esra, S. 74.

9 Und da traten[a] Jeschua, seine Söhne und seine Brüder, Qadmiel und seine Söhne, die Söhne Hodawja[b] zusammen[c] auf, um die Arbeiter[d] des Werkes am Hause Gottes anzuleiten – die Söhne Chenadad, ihre Söhne und ihre Brüder, die Leviten.[e]

[8b] החלו steht hier absolut. Zu erwarten gewesen wäre eine Infinitivkonstruktion, die die zu beginnende Handlung näher erläutert.[144] Eine Möglichkeit bestünde darin, החלו in Verbindung mit ויעמידו zu sehen. Dass das gesamte Tempelpersonal und Volk jedoch zusammen die Leviten einsetzt (V. 8b), ist hierbei schwer vorstellbar. Dies mag der Grund für die Einfügung von 3 Esr 5,55 (καὶ ἐθεμελίωσαν τὸν ναὸν τοῦ θεοῦ ...) nach ירושלם gewesen sein, die sicher auch von Esr 5,2 (= 3 Esr 6,2) her inspiriert ist: קמו זרבבל בר־שאלתיאל וישוע בר־יוצדק ושריו למבנא. Allerdings würde diese Ergänzung eine inhaltliche Doppelung darstellen, da auch Esr 3,10 dezidiert von der Fundamentlegung durch die Bauleute (הבנים) berichtet. Vgl. hierzu ausführlich Kap. 3.3.3 *V. 6-10a*.

[8c] Aufgrund der fehlenden Kopula vor הכהנים ist die komplette Phrase מהשבי ירושלם ... הכהנים als Apposition zu ושאר אחיהם zu verstehen. Auffällig ist dabei die sehr lange Subjektreihe, die zwar an Hag 1,12.14 (זרבבל בן־שלתיאל ויהושע בן־יהוצדק הכהן הגדול וכל שארית העם) erinnert, aber deutlich erweitert ist.

[9a] ויעמד steht im Singular, obwohl aufgrund des Subjekts ein Plural zu erwarten gewesen wäre. Die Verwendung des Singulars lässt sich jedoch durch den Ausdruck כאחד erklären.

[9b] Der masoretische Text liest eigentlich: *Qadmiel und seine Söhne, die Söhne Juda.* Dabei ist zum einen anzumerken, dass vor Qadmiel keine Kopula steht, was eher für eine Apposition denn für eine Aufzählung spricht. Zum anderen ist die Erwähnung der „Söhne Juda" hier unklar. Wird sich hier auf eine weitere Levitenfamilie oder auf die Einwohner der geographischen Größe Juda bezogen? Letzteres würde in diesem Kontext inhaltlich keinen Sinn ergeben. Vielmehr erinnert ובני בני־יהודה hingegen an die Formulierung in Esr 2,40: לבני הודיה. So wird häufig angenommen, dass hier eine Verschreibung von Hodawja vorliegt, was im Hinblick auf die Aufzählung der Leviten in Esr 2,40 durchaus sinnvoll ist. Sehr wahrscheinlich ist zudem, wie in Esr 2,40 auch, ein vierter Name „Bani" zu lesen: [הודיה]־ובני ובני.[145] Vgl. auch Anm. 40a zu Esr 2,40. Dabei würde das vormalige י-Suffix als Kopula an בני־[הודיה] rutschen. Möglicherweise lässt sich darüber hinaus eine Dittographie von ובני annehmen, so dass der Satz ursprünglich geheißen haben könnte: ישוע בניו ואחיו קדמיאל ובני והודיה: *Jeschua, seine Söhne und seine Brüder Qadmiel, Bani und Hodawja.*[146] Damit entspräche der Vers der Aufzählung der Leviten in Esr 2,40 par. Zur möglichen Übernahme eines bereits bestehenden Textverderbnisses aus Esr 2,40 vgl. Kap. 3.3.3 *V. 6-10a*.

[9c] Wörtlich: *wie einer.*

[9d] Statt des Singular עשה müsste hier ein Plural stehen. BHS schlägt den Constructus Plural עשי vor, was durch verschiedene masoretische Handschriften bezeugt wird. Auch Esdr β und 3 Esr haben hier einen Plural. Der Ausdruck עשי המלאכה findet sich 12-mal im Alten Testament und bezeichnet meist jene, die am Heiligtum bzw. Tempel arbeiten (vgl. Ex 36,8; 2 Kön 12,12.15.16; 22,5.9; Neh 11,12; 13,10; 2 Chr 24,13).

---

144 Vgl. auch Davidson, Hebrew Syntax, S. 115 § 83 Rem. 2.
145 Zur Konjektur dieser beiden Namen vgl. u. a. Galling, Bücher, S. 192; Rudolph, Esra, S. 30; Gunneweg, Esra, S. 74; Williamson, Ezra, S. 42; Blenkinsopp, Ezra, S. 99 f.
146 Vgl. z. B. Rudolph, Esra, S. 30.

10 Und die Bauleute legten die Fundamente des Tempels JHWHs. Da standen auf[a] die Priester, bekleidet[b], mit Trompeten, und die Leviten – die Söhne Asafs[c] – mit Zimbeln, JHWH zu preisen nach der Anweisung Davids,[d] des Königs von Israel.

11 Und da stimmten sie JHWH preisend und dankend an: Ja, er ist gut, denn seine Güte[a] währt auf ewig[b] über Israel. Und das ganze Volk erhob im Preisen JHWHs ein großes Jubelgeschrei[c], weil das Haus JHWHs gegründet worden war.[d]

[9e] Dieser Abschnitt klappt merkwürdig nach. Die Unverbundenheit zum Vorhergehenden wird auch durch die Setuma markiert. Sehr wahrscheinlich handelt es sich hierbei um einen Nachtrag, der auf Basis von Neh 3,18.24; 10,10 vorgenommen wurde.[147] Da dort Binnui als Sohn Chenadads aufgeführt ist, vermutet Rudolph, Chenadad könne deswegen nachgetragen worden sein, weil Binnui „aus 9a verlorengegangen war".[148]

[10a] Der masoretische Text liest hier ein *hifil* ויעמידו: *und sie setzten ein*. Damit wären die Priester und Leviten Objekt, wenngleich (anders als in V. 8) ohne *nota accusativi*. Dann muss jedoch ein Subjektwechsel vorliegen, da es unwahrscheinlich ist, dass die Bauleute die Priester und Leviten einsetzen. Das Subjekt können somit nur Serubbabel, Jeschua und deren Brüder aus V. 8 sein. Dort war jedoch bereits vom Einsetzen der Leviten die Rede, was die Textaussage inhaltlich schwierig macht. BHS und BHQ schlagen daher vor, mit Esdr β, 3 Esr und Peschitta hier ein *qal* „sie traten auf" zu lesen. Auch von einigen hebräischen Handschriften wird dies gestützt, so dass hier eine von V. 8 beeinflusste Verschreibung von ויעמדו zu ויעמידו anzunehmen ist.[149]

[10b] BHQ schlägt vor, hier בוץ „Byssus" in Analogie zur Tempeleinweihung Salomos in 2 Chr 5,12 einzufügen. Die Nähe der Verse 10 f zur in 2 Chr geschilderten Tempeleinweihung legt dies nahe. Ein Ausfall könnte mit einem Homoioarkton zu erklären sein.[150] In 2 Chr 5,12 sind es jedoch die Leviten, die Byssus tragen (vgl. auch 1 Chr 15,27).

[10c] Da hier die Kopula fehlt, muss es sich bei בני־אסף um eine Apposition handeln.

[10d] Vgl. die ähnliche Formulierung in 2 Chr 29,27.

[11a] Der Begriff חסד kann in der deutschen Übersetzung kaum angemessen wiedergegeben werden. Er umfasst mehr als „Treue" oder „Güte". Die Bedeutung חסד „erstreckt sich auf den Tat- und Gemeinschaftscharakter sowie auf die Stetigkeit des göttlichen Hulderweises".[151] Dabei kann חסד zum Inbegriff JHWHs werden.[152]

[11b] Dieses Psalmfragment findet sich auch in Ps 100,5; 106,1; 107,1; 118,1; 136,1.[153]

[11c] Wörtlich: *jubelten einen Jubel.* הריעו תרועה ist *figura etymologica*.

---

147 Vgl. u. a. Gunneweg, Esra, S. 74; Williamson, Ezra, S. 42; Blenkinsopp, Ezra, S. 101.
148 Rudolph, Esra, S. 30.
149 Vgl. auch Gunneweg, Esra, S. 74; Marcus, Introduction, S. 41*.
150 Vgl. Rudolph, Esra, S. 30.
151 Zobel, Art. חֶסֶד, Sp. 69.
152 Vgl. Zobel, Art. חֶסֶד, Sp. 69.
153 Vgl. Williamson, Ezra, S. 48.

12 Und viele von den Priestern und den Leviten und den Häuptern der Vaterhäuser, die Alten,[a] die das erste Haus in seinem Fundament[b] gesehen hatten – dies ist das Haus in ihren Augen[c] – weinten mit lauter Stimme, und viele erhoben[d] die Stimme mit Freudenjubel.[e]

[11d] Die Einleitung mit עַל־ markiert einen Kausalsatz. Dieser kann mit einem Perfekt oder auch einem Infinitiv konstruiert werden.[154] Deshalb ist es für die Übersetzung unerheblich, ob es sich bei הוסד nun um eine 3. Person Singular Perfekt *hofal* oder um einen Infinitiv *hofal* handelt. Dabei ist הוסד wohl am ehesten mit einem Plusquamperfekt zu übersetzen.[155]

[12a] הזקנים ist wohl eine Apposition, die sich auf die zuvor genannten Gruppen zurückbezieht. Manche Handschriften schließen הזקנים mit einer Kopula an. Ihnen liegt wohl eine von der vorherigen Aufzählung beeinflusste Dittographie zu Grunde.

[12b] Der Konsonantentext ביסדו ist mehrdeutig. Es könnte sich um einen Infinitiv Constructus *qal* handeln oder aber um eine Nominalform. ביסדו nach der masoretischen Lesung temporal mit „als er gegründet wurde/bei seiner Gründung" zu übersetzen, bringt die inhaltliche Schwierigkeit mit sich, dass jene, die die Gründung des ersten Tempels erlebt haben sollen, zu diesem Zeitpunkt nicht mehr am Leben gewesen sein können. Eine Umvokalisierung zu בִיסֹדוֹ (vielleicht ursprünglich in Pleneschreibung ביסודו) „Fundament; Grund; Sockel" ist daher die inhaltlich wahrscheinlichere Variante.[156] Diese Lesung wird auch durch Esdr β (ἐν θεμελιώσει αὐτοῦ) gestützt.

[12c] Dieser Abschnitt bereitet im Hinblick auf das Satzgefüge von V. 12 einige Schwierigkeiten. Der hebräische Text erscheint hier brüchig. זה הבית kann nur als Nominalsatz verstanden werden, da זה als Demonstrativum sonst attributiv nach הבית stehen müsste. Die meisten Kommentare nehmen daher für זה הבית בעיניהם bzw. זה הבית eine Glosse an.[157] Die Frage, wie dieser Abschnitt zu verstehen ist, ist davon abhängig, ob ראו mit בעיניהם eine Klammer bildet und so ein gemeinsames Satzgefüge (ראו את־הבית הראשון ... בעיניהם) darstellt oder ob es sich hierbei um zwei separate Sätze handelt. ראו und בעיניהם stehen jedoch sehr auseinandergerissen. Geht man nicht von einer Zugehörigkeit von בעיניהם zu ראו aus, bildet זה הבית בעיניהם einen vollständigen Nominalsatz,[158] der erklärt, dass die Alten mit den noch vor ihnen liegenden Trümmern den ersten Tempel als „wahren" Tempel vor Augen hatten, während an dessen Stelle der neue Tempel noch nicht wiedererrichtet war. Diese etwas brüchige, kurze Einfügung lässt eine Glosse oder eine Korruption des ursprünglichen Textes vermuten. Die Nähe zu Hag 2,3 ist unverkennbar. Inwiefern wir hier jedoch mit einer Korruption dieses Textes rechnen müssen und welchen Verlauf diese genommen hat,[159] lässt sich kaum nachvollziehen. Vgl. hierzu auch Kap. 3.3.3 *V. 10b–13*.

---

154 Vgl. Gesenius/Kautzsch, Grammatik, S. 516 § 158bc.

155 Vgl. Waltke/O'Connor, Hebrew Syntax, S. 490.

156 Vgl. Rudolph, Esra, S. 30.

157 So z. B. Rudolph, Esra, S. 30; Gunneweg, Esra, S. 74; Blenkinsopp, Ezra, S. 100. Anders Williamson, Ezra, S. 42.

158 Vgl. Blenkinsopp, Ezra, S. 100 f.

159 Vgl. z. B. die Annahme von Gunneweg, Esra, S. 74 mit Batten, Books, S. 125, בכבודו in Hag 2,3 sei in Esr 3,12 versehentlich zu ביסדו geworden. Dies stellt zwar die literarische Abhängigkeit Esras von Hag heraus, lässt sich jedoch nicht belegen.

13 Und das Volk[a] konnte den Laut des Freudenjubels nicht von dem Laut des
Klagens[b] unterscheiden, denn das Volk war ja[c] in großen Jubel ausgebrochen,
und das Geräusch war hörbar von fernher.

3.2 Erste Beobachtungen am Text Esr 1-3

3.2.1 Beobachtungen zu Sprache, Syntax und Stil

Die Sprache der Kapitel 1–3 zeugt von aramäischem Einfluss. Die vorkommenden
Aramaismen כתבם („Schriftstück; Verzeichnis" Esr 2,62a), רבאות („zehntausend;
Myriaden" Esr 2,69) und רשיון („Genehmigung" Esr 3,7) lassen sich wahrschein-
lich auf den Gebrauch des Aramäischen als Verwaltungssprache zurückführen.
Dazu kann auch noch גזבר gezählt werden, was wohl altpersischen Ursprungs,[160]
aber in der vorliegenden Form sonst nur noch biblisch-aramäisch (Esr 7,21; גדבר:
Dan 3,2.3) belegt ist.

Darüber hinaus bietet der Text vor allem unter den Netinim mehrere Namen,
die auf א־ enden und somit aramäisch bzw. aramaisiert anmuten: חטיטא (Esr 2,42);
חשופא, ציחא (Esr 2,43); סיעהא (Esr 2,44); נקודא (Esr 2,48); עזא (Esr 2,49); חרשא, מחידא
(Esr 2,52); סיסרא (Esr 2,53); חטיפא (Esr 2,54); פרודא (Esr 2,55),[161] aber auch התרשתא
(Esr 2,63). Für das Biblisch-Hebräische wäre an diesen Stellen wohl eher der

---

[12d] Der Infinitiv Constructus mit der Präposition ל־ ist hier wie ein finites Verb parallel zu בכים zu
sehen: „Sometimes in poetic speech or in late Hebrew the infinitive construct after לו is used as
an equivalent of a finite verb (or of a nominal construction) to represent a situation successive to
that represented by a finite verb [...] or participle [...]."[162]

[12e] Wörtlich: *mit Jubel in Freude*.

[13a] Hieraus wird nicht deutlich, ob das eigene Volk oder Fremde gemeint sind. Es ist strittig, ob
das erste העם mit Ehrlich[163] und BHS zu elidieren ist. Die Textüberlieferung bietet dafür keine
Anhaltspunkte. Möglicherweise ist daher MT als *lectio difficilior* anzunehmen.

[13b] Das zweite העם in diesem Halbvers ist mit Esdr β *Codex Vaticanus* zu elidieren. Es handelt es
sich hierbei sehr wahrscheinlich um eine Dittographie aufgrund der Ähnlichkeit der hinterein-
ander folgenden Wörter בכי und כי.

[13c] V. 13b ist ein Rekurssatz, der auf eine bereits bekannte Tatsache verweist.[164]

---

160 Vgl. Anm. 8d zu Esr 1,8.
161 Gunneweg, Esra, S. 62 sieht die Namen der Netinim als Hinweis darauf, dass sie „auslän-
discher Herkunft waren".
162 Vgl. Waltke/O'Connor, Hebrew Syntax, S. 611 § 36.3.2.
163 Vgl. Ehrlich, Randglossen 7, S. 163.
164 Vgl. Michel, Grundlegung 2, S. 96.

Auslaut הָ- zu erwarten gewesen.[165] Auch im Falle des Ortsnamens יפו liest der alttestamentliche Text nur in Esr 3,7 die Variante יפוא.

Die sonst in Esr 1-3 erwähnten Namen sind hingegen von ganz unterschiedlicher Herkunft.[166] Etymologisch unklar sind neben einigen Orts- und Personennamen auch die für den Tempelschatz verwendeten Fachtermini אגרטל und מחלפים (Esr 1,9). Ersterer ist möglicherweise, wie גזבר (Esr 1,8) auch, ein persisches Lehnwort.

Weiterhin fällt die vielfältige Verwendung der Präposition לְ- auf. Ihr häufiges Auftreten (58-mal innerhalb von Esr 1-3) kann auf das Phänomen zurückgeführt werden, dass לְ- im Aramäischen viele zusätzliche Funktionen übernimmt und so „zu einer Art von Universalpräposition"[167] wird. So weist beispielsweise der direktionale Gebrauch von לְ- bei den Ortsangaben in Esr 2,1a.68; 3,1.8 auf aramäischen Einfluss hin.[168] Weiterhin ist zu überlegen, ob die von Jenni beschriebenen Phänomene der Reidentifikation in Esr 1,5 („Generalisierende Reidentifikation");[169] 11a.b („Spezifizierende Reidentifikation");[170] 2,6.16. 36.40 („Repräsentierende Reidentifikation einer Einzelgröße"),[171] die mit „nämlich" übersetzt werden können, nicht auch einen aramäischen Gebrauch wiederspiegeln, wie dies beispielsweise in Esr 7,25 der Fall ist: לכל־ידעי דתי אלהך.[172]

Neben den sich häufenden – womöglich aramäisch beeinflussten – Appositionen mit reidentifizierender bzw. entsprechender Funktion (לְ-) fallen weiterhin die vielen mit אשר eingeleiteten Beifügungen auf. So wird innerhalb von Esr 1f viermal der Tempel als אשר בירושלם (Esr 1,3.4.5; 2,68) näher bestimmt.[173] Der Tempel selbst wird in Esr 1-3 dabei abwechselnd בת האלהים und בת יהוה genannt. Ist von seiner eigentlichen Gründung (יסד) die Rede, steht jedoch wie in Hag 2,18 auch היכל יהוה (Esr 3,6.10).[174]

Neben den Datierungen als chronologischem Gerüst (Esr 1,1; Esr 3,1.6.8) geschieht in Esr 1-3 die Einleitung neuer Erzählabschnitte meist durch einen mit *waw* angeschlossenen Nominalsatz (Esr 1,9; 2,1.59.61; 3,12.13) oder ein

---

165 Vgl. hierzu beispielsweise die beiden Varianten עזא (2 Sam 6,3.6; Esr 2,49 etc.) und עזה (2 Sam 6,7.8 etc.). In der Smitten, Esra, S. 3 bemerkt dies bereits für den Namen Esra: „Der Name Esra kann als aramaisierte Form des hebräischen עזר (helfen, beistehen) angesehen werden. Das feminine עזרה (Hilfe, Helfer) veränderte durch die Aramaisierung die Mater lectionis הָ- zu אָ-."
166 Vgl. hierzu auch Anhang.
167 Segert, Grammatik, S. 351.
168 Vgl. Jenni, Präpositionen 3, S. 270.
169 Jenni, Präpositionen 3, S. 46 Rubrik 171.
170 Jenni, Präpositionen 3, S. 46 Rubrik 174.
171 Jenni, Präpositionen 3, S. 46 Rubrik 173.
172 Vgl. hierzu Segert, Grammatik, S. 351.
173 Dass sich diese Apposition in Esr 3 nicht mehr findet, kann damit erklärt werden, dass in Esr 2,70 bzw. spätestens in Esr 3,8 (לירושלם אל־בית האלהים השנית לבואם ובשנה) die Ankunft in Jerusalem vorausgesetzt ist und daher der Ort des Tempels nicht mehr erläutert werden muss.
174 Vgl. hierzu auch Anm. 6a zu Esr 3,6.

vorangestelltes Subjekt mit folgendem Perfekt (Esr 1,7; 2,68). Esr 1-3 machen häufigen Gebrauch von Perfekt- oder Nominalformen. *Wayyiqtol*-Formen finden hingegen verhältnismäßig wenig Verwendung, vor allem aber dann, wenn eine Folge oder Ausführung des zuvor Angekündigten initiiert werden soll; so z. B. Esr 1,5 f als Ausführung des Kyrosedikts; Esr 1,8 als Folge der Freigabe der Geräte durch Kyros in 1,7; Esr 3,7 als Reaktion auf die Bemerkung, dass der Bau noch nicht angefangen habe (Esr 3,6).

Bezeichnenderweise finden sich im „Listenkapitel" Esr 2 mit Ausnahme des erzählenden Einschubs Esr 2,61-63 nur in 2,1 und 2,70 Narrative. Diese thematisieren das Zurückkehren (שׁוב) und Niederlassen (ישׁב). Die Liste der Rückkehrer wird also von zwei Narrativen mit sehr ähnlichem Konsonantenbestand gerahmt. Damit ist auch bereits der ganze Prozess der Heimkehr erzählt.[175] In Esr 3,1-4[.5] fällt hingegen die lange Kette von sieben Narrativen auf, die Altarbau und Opfertätigkeit in einer Ausführlichkeit schildern, wie sie sonst nur den Listen zukommt. Das Berichtete bzw. die erzählte Zeit von Edikt, Auszug, Rückkehr des Tempelschatzes, Heimkehr aus dem Exil und Beginn des Tempelbaus wird in Esr 1-3 sonst jedoch relativ „kondensiert" und elliptisch dargestellt. Nur die dazwischen befindlichen Listen zeugen sonst von einer gewissen Ausführlichkeit und einem Fokus auf Details. Weiterhin zeigt auch der Passus Esr 3,8b–11 eine Häufung von vier Narrativen, wobei drei sogar dieselbe Wurzel עמד aufweisen. Auch an dieser Stelle wird der schnell voranschreitende, berichtende Stil unterbrochen, und das Erzählte verweilt auf detaillierteren Schilderungen über die feierliche Grundsteinlegung. Es ist daher auffallend, dass sich die Häufung der Narrative in den Passagen findet, die über die Opfer- und Baufestlichkeiten elaborieren. An diesen Stellen kommt das Erzählte zu einem Halt.

3.2.2 Die Liste Esr 2 im Vergleich mit den Parallelüberlieferungen

Die Namen in Esr 2 stimmen größtenteils mit denen in Neh 7 überein. Nur an wenigen Stellen finden sich Unterschiede in der Schreibweise oder der Reihenfolge. Bei den Namen der Torwächter, Netinim und Beamten Salomos sind jedoch innerhalb von MT Esr-Neh häufiger Abweichungen in der Plene-Schreibung zu vermerken, so zum Beispiel bei ציחא (Esr 2,43) und צחא (Neh 7,46); חשׁופא (Esr 2,43) und חשׁפא (Neh 7,46). Für diese drei Gruppen sind die Differenzen in der

---

175 Vgl. hierzu auch Bach, Esra 1, S. 59, der bemerkt, dass die Heimkehr selbst kaum thematisiert wird: „Kein einziger berichtender Satz über die Heimkehr auch in Esr 2."

Namensschreibung wesentlich größer als für den Abschnitt der Laien, Priester und Leviten.

Sieht man von dem Homoioteleuton in Esr 2,45 f//Neh 7,48 ab, beschränken sich die Fälle, in denen kein oder ein komplett anderer Name in der Liste der Rückkehrer (Esr 2,3-65 par.) steht, auf nur wenige Verse: יורה (Esr 2,18)/חריף (Neh 7,24); גבר (Esr 2,20)/גבעון (Neh 7,25); מגביש (Esr 2,30)/–; אסנה (Esr 2,50)/–; אמי (Esr 2,57)/אמין (Neh 7,59). Im einleitenden Vers Esr 2,2a//Neh 7,7 differieren drei Namen in geringem Maße: נחום/רחום; רעמיה/רעליה; עזריה/שריה, wobei נחמני in Esr fehlt.[176] Die Septuaginta weist dabei nur wenige Unterschiede zu den jeweiligen Listen des MT auf und hält sich auch bei der Transkription der Namen sehr eng an den hebräischen Text. Auch in 3 Esr 5 liegen die ins Griechische übertragenen Namen im Abschnitt der Laien bis zu den Torwächtern eng am hebräischen Text. Wo es in Esr 2//Neh 7 unterschiedliche Varianten gibt, stimmt 3 Esr mal mit Esr, mal mit Neh überein. Im Falle der Netinim und Beamten Salomos zeigt der Text jedoch wesentlich größere Abweichungen zu Esr-Neh sowie zusätzliche Namen.[177] Es lässt sich also die Beobachtung festhalten, dass die Differenzen sowohl zwischen Esr und Neh als auch zwischen Esr-Neh und 3 Esr im Bereich des „niederen" Tempelpersonals der Torwächter, Netinim und Beamten Salomos wesentlich größer werden. Ob dies darauf zurückzuführen ist, dass die Namen zum Teil fremdartig klingen, möglicherweise weniger geläufig waren und somit auch ihre Schreibung nicht eindeutig war, kann jedoch nur vermutet werden.

Weiterhin sind die variierenden Bezeichnungen בני und אנשי zu beachten. In dem Textabschnitt, in dem von Ortschaften die Rede ist, verwendet Esr 2 an vier Stellen statt בני den Begriff אנשי (Esr 2,22 f.25 f). In diesem Kontext scheinen beide Bezeichnungen synonym bzw. ohne unterschiedliche Bedeutungsnuancen gebraucht zu werden. Neh 7 dagegen verwendet den Begriff häufiger und präsentiert so einen einheitlichen Block von Constructus-Verbindungen mit אנשי (Neh 7,26-33). Daran schließen sich weitere mit בני verbundene Ortschaften (wie z. B. Neh 7,36: בני ירחו) an. Wie die BHS konjiziert zuletzt Schunck an diesen Stellen ebenfalls אנשי, um hier eine einheitliche Auflistung von Ortschaften herzustellen.[178] Damit wird vorausgesetzt, dass die Liste Angehörige von Sippen mit בני und Angehörige von Ortschaften mit אנשי markiert. Dieses System lässt sich jedoch an der Textüberlieferung selbst nicht festmachen. So unterscheiden Esdr β und Esdr γ zwar ebenfalls, aber an wiederum anderen Stellen zwischen υἱοί und ἄνδρες: Esdr β liest nur in zwei Fällen ἄνδρες (Esr 2,26 f), Esdr γ hat,

---

176 Vgl. hierzu die jeweiligen Anmerkungen zur Übersetzung in Kap. 3.1.
177 Vgl. hierzu Anhang.
178 Vgl. Schunck, Nehemia, S. 199.

wo MT Neh 7,26 f אנשי bietet, υἱοί, dagegen aber ἄνδρες anstelle von MT Neh 7,34 בני. Die Überlieferung in 3 Esr weist daneben einen ähnlich einheitlichen Textabschnitt wie MT Neh auf, in dem Ortschaftszugehörige mit οἱ ἐκ bezeichnet werden (3 Esr 5,18-21a). Doch gilt auch dies nicht für alle Orte, wie die Verse 21b–23 zeigen. Es ist daher anzunehmen, dass in Neh wie auch in 3 Esr eine Assimilation bzw. Vereinheitlichung des Textes stattgefunden hat. In keiner Textfassung findet sich jedoch eine eindeutige Unterteilung in Verbindungen mit בני für Sippen und Verbindungen mit אנשי für Orte. Es ist daher davon auszugehen, dass der Esr-Text den beiden Bezeichnungen בני und אנשי keine Bedeutungsunterschiede beimisst.[179] Erst Neh 7 und 3 Esr 5 glätten den Text zu einem jeweils einheitlichen Abschnitt, auch wenn die Zuordnung des Bezeichnung אנשי/οἱ ἐκ nicht konsequent durchgehalten wird.

Die Zahlenangaben in Esr 2 und Neh 7 sowie 3 Esr weichen anders als die Namen wesentlich häufiger voneinander ab. Vergleicht man die Varianten in Esr und Neh, fällt auf, dass es sich in vielen Fällen um im Zahlenwert nur sehr geringe Abweichungen handelt. Häufig stimmt nur eine Einer-, Zehner- oder Hunderterstelle nicht überein (z. B. Esr 2,13: 666; Neh 7,18: 667). Es ist daher nicht auszuschließen, dass hier ursprünglich, wie etwa auch auf hebräischen Ostraka und Dokumenten aus der Umwelt des Alten Testaments belegt, vertikale und horizontale Striche als Zahlzeichen benutzt wurden.[180] Dabei ist anzunehmen, dass Abschreibfehler z. B. durch Verzählen in diesem Fall wesentlich häufiger passieren konnten als bei ausgeschriebenen Zahlen.

In Fällen wie Neh 7,15 f (648 und 628 Personen) und der Parallele Esr 2,10 f (642 und 623) ist die Verschreibung aufgrund einer „vertical influence"[181] nicht unwahrscheinlich, wenn man annimmt, dass alle Personen und Zahlen untereinander aufgelistet wurden. Gerade für diese relativ lange Liste mit vielen

---

179 So auch schon Mowinckel, Studien I, S. 70: „Die einzig mögliche Erklärung ist m. A. n., dass es für die Abschreiber, evtl. auch für den Verfasser, ganz gleichgültig war, ob sie *běnê* oder *'anšê* sagten." Vgl. auch Kap. 5.1.

180 Vgl. hierzu Allrik, Lists. Inwiefern für die nachexilische Zeit jedoch noch von der Verwendung hieratischer Zahlzeichen auszugehen ist, bleibt noch zu diskutieren. Nach Wimmer, Palästinisches Hieratisch, S. 280 geht das Ende der Verwendung des palästinischen Hieratisch „mit der Zerstörung Jerusalems einher und kann präzise auf das Jahr 586 vC datiert werden." (Zitat S. 280) Vgl. auch Rollston, Scribal Education, S. 66 f. Danach werden Zahlenschreibungen im palästinischen Raum „durch Buchstaben mit Zahlenwert ersetzt" (Wimmer, Palästinisches Hieratisch, S. 280). Vgl. auch Ifrah, Universalgeschichte, S. 271. Die aramäischen Dokumente aus Elephantine zeugen jedoch auch nachexilisch von einem Gebrauch der hieratischen Zahlzeichen.

181 Williamson, Ezra, S. 25.

Zahlenangaben ist es sehr schnell möglich, beim Übertragungsprozess in der Zeile zu verrutschen.

Addiert ergeben die Zahlen in Esr und Neh jeweils eine unterschiedliche Summe an Personen (Esr: 29 818; Neh: 31 089), die jedoch in keinem Fall mit der für beide Listen angegebenen Gesamtzahl von 42 360 Rückkehrern übereinstimmt. Welchen Verlauf die Überlieferung der Zahlen in beiden Fassungen genommen hat, lässt sich jedoch nicht rekonstruieren. Gerade im Hinblick auf die Zahlenunterschiede in Esr 2,13-15 par. ist mit Williamson zu konstatieren: „This situation well illustrates the impossibility in such lists in deciding between errors caused by the notation system, in which a unit of one could easily be lost, and regular scribal errors such as assimilation and parablebsis."[182] Zusammenfassend ist daher festzuhalten, dass aus einem Vergleich der Varianten kaum mit Sicherheit eine frühere Textfassung rekonstruiert werden kann.

3.3 Literar- und traditionsgeschichtliche Analyse

3.3.1 Esr 1

Das erste Kapitel lässt sich grob in drei größere Abschnitte gliedern. Der Text verbindet einen als offiziell dargebotenen Erlass durch einen narrativen Abschnitt mit einer ebenso als authentisch präsentierten Inventarliste:

1. V. 1-4: Kyrosedikt
2. V. 5-8: Reaktion auf das Kyrosedikt und Rückgabe der Tempelgeräte durch Kyros
3. V. 9-11: Liste der Tempelgeräte

Die Form und Authentizität der beiden Dokumente (V. 1-4; 9-11a) sind in der Forschung immer wieder Gegenstand der Diskussion gewesen. Die Verse 5-8 bilden dabei eine Überleitung vom Kyrosedikt zur Rückkehr bzw. Liste der Tempelgeräte. Der persische Großkönig wird so zweimal aktiv: In V. 1-4 ergeht das Edikt, in V. 7 erfolgt dann eine Fortsetzung bzw. Umsetzung des Edikts – denn nicht nur das Volk erhält Erlaubnis zur Rückkehr, sondern auch das Tempelinventar.

---

182 Williamson, Ezra, S. 25.

V. 1-4:

Authentizität und Quellencharakter des Kyrosedikts in Esr 1,1-4 sind in der Forschung immer wieder diskutiert worden, zumal es uns in insgesamt drei unterschiedlichen Fassungen (2 Chr 36,22 f; Esr 1,1-4; 6,3-5) überliefert ist. Für die Version in 2 Chr 36,22 f haben wohl mit einiger Wahrscheinlichkeit Esr 1,1-3a Pate gestanden.[183] Esr 6,3-5 bietet eine dritte, aramäische Fassung, die noch stärker als offizielles Dokument anmutet.[184] Dass hier in allen Fällen Traditionsgut vorliegt, aus dem kaum eine echte Quelle oder ursprüngliche Version des Edikts rekonstruiert werden kann, verrät jedoch schon die bewusste Gestaltung der drei Fassungen für ihren jeweiligen Erzählkontext.[185] Sie enthalten Anweisungen und Formulierungen, die für ein offizielles Dokument des Großkönigs eher unwahrscheinlich sind, vielmehr aber judäische Propaganda durchscheinen lassen.[186] In Esr 1,2 wird dies schon dort ganz deutlich, wo Kyros, König der Perser,[187] sich selbst als Günstling und Beauftragter JHWHs präsentiert. Schaack stellt im Hinblick auf die Einleitung des Ediktes in Esr 1,1.2a entsprechend fest, dass hier „die Grenze zwischen Verwaltungsdokumenten und religiöser Literatur wenn nicht aufgehoben, so doch für bestimmte Fälle durchlässig gemacht wird".[188] Dass es in der Tat eine Art Genehmigung zur Re-Etablierung des Kultes gegeben haben kann, legen der Text des Kyroszylinders sowie das Schmähgedicht eines babylonischen Priesters auf den letzten babylonischen König

---

183 Zur Aufnahme von Esr 1,1-3 in 2 Chr 36 vgl. Grätz, Edikt, S. 30–32.

184 Auch wenn der aramäische Abschnitt Esr 5,13-15 ebenfalls vom Kyrosedikt berichtet, handelt es sich hier doch um eine nacherzählende Form, die von den als Dokument (Esr 6,2) sowie mit כה אמר (2 Chr 36,23; Esr 1,2) eingeleiteten Fassungen zu unterscheiden ist und keinen Anspruch erhebt, offizielle Wiedergabe des Edikts zu sein.

185 Vgl. auch Grätz, Bund, S. 132.

186 Gegen die Authentizität von Esr 1,1-4 vgl. u. a. Rudolph, Esra, S. 5 f; Galling, Studien, S. 61–77; Donner, Geschichte 2, S. 440 f; gegen Bickerman, Edikt, S. 72–108. Der literarische Charakter und die theologische Indienstnahme treten in den Fassungen in 2 Chr 36,22 f und Esr 1,1-4 wesentlich deutlicher hervor, als dies für Esr 6,3-5 der Fall ist. Doch auch in Esr 6 sprechen einige Aspekte gegen die Überlieferung eines Originaldokuments; vgl. z. B. Grabbe, Ezra, S. 130 f; ders., Persian Documents, S. 548 f. Dass wohl alle drei Kyrosedikte literarische Produktionen und keine Wiedergaben eines Originaldokumentes sind, vertreten schon Torrey, Composition, S. 8; ders., Ezra Studies, S. 140–157; Hölscher, Esra, S. 502, 514. Siehe gegenwärtig auch Bedford, Temple Restoration, S. 180 f; Rothenbusch, Tora, S. 109 f; Grabbe, Ezra, S. 130 f; ders., Persian Documents, S. 541–544; 548 f; 559–563; Hieke, Esra, S. 76–80; 116; Bach, Esra 1, S. 41–60; Willi, Juda, S. 47–58.

187 Dass der Titel מלך פרס nicht authentisch sein kann, hat Bach, Esra 1, S. 45–48 eingehend dargestellt.

188 Schaack, Ungeduld, S. 121.

Nabonid nahe, die von der Rückgabe babylonischer Götterstatuen an ihre Heiligtümer sowie der Förderung des dortigen Kultes berichten.[189]

Wann und in welcher Form dies für den judäischen Kult erfolgt sein könnte, ist nicht zu rekonstruieren.[190] Es ist jedoch wahrscheinlich, dass dem Verfasser bzw. Verfasserkreis von Esr 1,1-4 vergleichbare offizielle Dokumente vorschwebten – „dass sie nicht mehr erhalten sind, hindert den Verfasser von Esr-Neh nicht daran, sie zu ‚rekonstruieren' und sie dabei gleichzeitig seiner Weltsicht und dem jeweiligen Kontext anzupassen: In Esra 1 geht es grundsätzlich um Heimkehr und Wiederaufbau des Tempels, und zwar im Auftrage JHWHs, der Kyrus als Werkzeug seines Heilswerkes einsetzt; in Esra 6 steht konkret die Überwindung von Widerständen und die Fertigstellung des Tempelbaus im Vordergrund."[191]

Das Kyrosedikt in Esr 1,1-4 wird also als scheinbar offizielles Dokument theologisch dienstbar gemacht und zeichnet sich durch eine Vielzahl innerbiblischer Verweise und Bezugnahmen aus. So wird damit nicht nur die Rückkehr-Tempelbau-Erzählung eingeleitet und ein bewusster Neuanfang konstruiert,[192] sondern gleichzeitig ein Rückgriff auf die prophetische Tradition vorgenommen.[193] Auf welches Jeremiawort Esr 1,1 rekurriert, ist dabei unklar. Eine Deutungsmöglichkeit wäre, dass der Vers die Weissagung gegen Babel und die Erweckung (עור hifil; vgl. Esr 1,1) der Mederkönige in Jer 51,11 im Blick hat.[194] Dabei fokussiert dieser Text jedoch primär den Fall Babylons und setzt somit einen anderen Schwerpunkt.[195]

---

189 Vgl. Donner, Geschichte 2, S. 424 f; Borger, Kyros-Zylinder, S. 407–410; Oppenheim, Babylonian, S. 315 Kol. VI.

190 Willi-Plein, Warum, S. 64 weist jedoch zurecht darauf hin, dass im Falle des babylonischen Kultes die Sachlage anders zu verstehen ist. Während der Perserkönig dort mit der Rehabilitation des Kultes „bewußt die Rechtsnachfolge des unterworfenen neubabylonischen Weltreiches" antrat, liegt im Falle des politisch unbedeutenden Judas bzw. Jehuds eine andere Situation vor: „Wie sich dies allerdings in dessen entfernten Randgebieten auswirkte, ist eine andere Frage. Von sich aus hätte gewiß kein Perserkönig an den Wiederaufbau eines vor einem halben Jahrhundert dem Erdboden gleichgemachten Regionaltempels im Bergland Palästinas gedacht."

191 Hieke, Esra, S. 116.

192 Vgl. Willi, Juda, S. 47–58.

193 Vgl. Grätz, Bund, S. 132–134.

194 So Williamson, Ezra, S. 10.

195 Vgl. Schaack, Ungeduld, S. 117; Grätz, Bund, S. 133. Karrer-Grube, Scrutinizing, S. 151–159 schlägt hingegen vor, Esr 1,1 sowie das Buch Neh im Lichte von Jer 30-33 zu lesen: „Considering the relations between the book of Nehemiah and preconditions in Jeremiah, my thesis is that 'the word of the Lord spoken by Jeremiah' in Ezra 1.1 has in view no single quote from the book of Jeremiah, but summarizes the new fortune which is promised to Judah in the compilation of promises in Jeremiah 30-33 and 17.19-27." (Zitat S. 155) Dagegen Blenkinsopp, Unity, S. 308 mit der Begründung, „that neither in these chapters nor elsewhere in Jeremiah does the temple, of central importance for her [Anm.: d. h. Christiane Karrer-Grube] understanding of Ezra-Nehemiah, feature in predictions and projections of the future [...]."

Im Hinblick darauf wäre „die von II Chr 36,21 vertretene Deutung auf die 70 Jahre des Jeremia (Jer 25,11 f; 29,10) wohl mindestens im Hintergrund mitzudenken",[196] die jedoch ihrerseits wohl eine Eintragung des Verfassers dieses Verses darstellt, um an den Verweis auf Jeremia in 2 Chr 36,22 sekundär anzuknüpfen.[197]

Unübersehbar sind in Esr 1,1-4 hingegen die Parallelen zu Deuterojesaja. Jes 45,13 berichtet von der Erweckung des Kyros (עור *hifil*; vgl. Esr 1,1) und dem Wiederaufbau der Stadt. In diesem Sinne können auch Jes 41,2.25 verstanden werden, die ebenfalls vom Erwecken (עור *hifil*) eines Herrschers sprechen und möglicherweise zum Grundbestand des Kyros-Orakels Jes 45,1-7 gehören.[198] Diesem Kontext ist auch der wohl spätere Vers Jes 44,28 zuzurechnen, „der wie Esr 1,1-4 Kyros positiv mit der Heimkehr und dem Tempelbau verbindet".[199] Das Bild des Kyros in Esr 1 erweist sich demnach als von Deuterojesaja geprägt.[200] Blenkinsopp wirft daher die Frage auf, ob der Verfasser von Esr 1,1 – gerade im Hinblick auf die Verwendung von עור *hifil* in Bezug auf Kyros und die Thematik des Wiederaufbaus in Jes 44,28 – nicht doch die deuterojesajanische Tradition im Kopf hatte: „Confusing or conflating biblical citations quoted from memory is not unheard of [...]."[201] In diesem Zusammenhang ist zu überlegen, ob der Textkorpus, der traditionell als Deuterojesaja (Jes 40-55)[202] dem Buch Jesaja zugeordnet wird, nicht vielleicht vorher unabhängig davon existierte oder Teil einer anderen Kompilation war, was zu einer Verwechslung geführt haben könnte (zumal Jesaja selbst in diesem Textabschnitt keine

---

196 Schaack, Ungeduld, S. 117.

197 Vgl. Grätz, Bund, S. 132; Japhet, Chronicles, S. 1076.

198 Vgl. Grätz, Bund, S. 132 f mit Kratz, Kyros, S. 36–43.

199 Grätz, Bund, S. 133.

200 Vgl. Willi, Juda, S. 55, der zudem darauf hinweist, dass „[n]ur in Jes 41,2.25; 45,13 (und Hag 1,14) [...] ebenfalls die Wurzel עיר hif. + רוח in einem für Israel positiven Sinn verwendet wird". (Zitat S. 55)

201 Blenkinsopp, Unity, S. 308.

202 Die Abgrenzung eines deuterojesajanischen Textcorpus wird in der Forschung kontrovers diskutiert. Vor allem das Ende dieses Textcorpus bleibt dabei umstritten. Kiesow, Exodustexte, S. 163 f; 167 f etwa nimmt an, dass sich originäre deuterojesajanische Texte nur in Jes 40-48 fänden. Hermisson, Deuterojesaja 3, S. 738 f; 740–754 lässt die ursprüngliche Botschaft Deuterojesajas mit Jes 52,12 enden. Kratz, Kyros, S. 148–152; 217 sieht den ursprünglichen Grundbestand in Jes 40-48* + Jes 52,7-10. Während relativ deutlich ist, dass mit Jes 40 etwas Neues beginnt, bleibt die klassische Unterteilung des Jesajabuches in drei große Einheiten – Protojesaja (1-39), Deuterojesaja (40-55) und Tritojesaja (56-66) – strittig. So bemerkt Barstad, Isaiah 56-66, S. 61: „Due to many 'overlaps' and numerous inter-textual references throughout Isaiah 1-66, we cannot any longer keep up artificial scholarly units like 'Proto-Isaiah,' 'Deutero-Isaiah,' or 'Trito-Isaiah,' the way it has hitherto been done." Zur Debatte vgl. Tiemeyer/Barstad, Continuity.

Erwähnung mehr findet).[203] In jedem Fall lässt sich festhalten, dass das Kyros-Edikt „deutlich mit der prophetischen Tradition, v. a. derjenigen Deuterojesajas, verschränkt" ist.[204] Daneben könnte auch in der Erwähnung der Übriggebliebenen (Wurzel שאר) die jesajanische Theologie der Errettung des Rests (Wurzel שאר) mit anklingen (Jes 6,13; 10,20-22; 11,11.16; 28,5; vgl. auch Jer 31,7; Zeph 3,12).[205]

Ein wichtiger Bestandteil der Theologie Deuterojesajas ist die Schilderung der Heimkehr als zweiten Exodus. In Jes 40-55 ist die Heimkehr nach Jerusalem ein zentrales Thema. Dabei wird sich der Motive der Exodustradition bedient, die dann gegenüber der ursprünglichen Exoduserzählung zum Teil neu interpretiert werden.[206] Wie in Deuterojesaja wird auch in Esr 1 Kyros mit einem zweiten Exodus verknüpft. Das Thema der materiellen Unterstützung durch Fremde in Esr 1,4 verweist hierbei auf das Motiv der „Beraubung der Ägypter" in Ex 3,21 f.; 11,2; 12,35 f; Ps 105,37: „Wie einst die Ägypter gezwungen wurden, die ausziehenden Israeliten mit Gold und anderen wertvollen Sachen zu unterstützen [...], so sollen nunmehr auch die heidnischen Bewohner des babylonisch-persischen Reiches dem erneut ausziehenden Israel Tribut zahlen."[207] Auch in Esr 1,6 wird dieses Motiv wieder

---

203 Vgl. hierzu die Darstellung bei Höffken, Jesaja, S. 110, mit Verweis auf u. a. Kratz, Anfang, S. 243–261; Bosshard-Nepustil, Rezeptionen, S. 451–457, die für Dtjes einen ursprünglichen Zusammenhang mit Jer und Klageliedern annehmen. Bosshard-Nepustil, S. 457, hält dabei fest: „Relativ deutlich scheint uns hingegen zu sein, daß II Jes und dann auch Thr über längere Zeit unter dem Namen Jeremias überliefert werden, eng an das Jer-Buch angeschlossen sind, ja vielleicht sogar einen Schlußteil bilden." Höffken, Jesaja, S. 110, bemerkt hierzu: „Was dort als vernichtet, vereinsamt, trostlos beklagt wird, wird nun wieder in sein Gegenteil verkehrt, oder betont, dass Jahwe sein Volk nicht ‚verworfen' hat. Dazu kommen weitere sprachliche Bezüge zu Jer, v. a. auch im Schlussteil (Babel-Worte, 50 f). Die These ist eine Art Warnsignal zu den vielleicht etwas vorschnellen Versuchen, DJ als Fortschreibung zu PJ zu verstehen. Sie ist zumindest sachlich konkurrierend." Diese Beobachtung könnte eine mögliche Erklärung für die Erwähnung Jeremias in Esr 1,1 liefern.
204 Grätz, Bund, S. 133.
205 Vgl. Gunneweg, Esra, S. 44. Dabei fallen vor allem die Verse Jes 11,11 f ins Auge, die von dem Aufsammeln der Menschen an verschiedenen Orten der Welt sprechen, sowie Jes 11,16, der den Bogen zum Exodus schlägt.
206 Vgl. hierzu Kiesow, Exodustexte, S. 190–203. Dieser macht deutlich, dass in der von ihm abgegrenzten Grundschicht die „Verwendung der Exodusmotive also keineswegs im Dienst einer simplen äußeren Analogie zwischen dem Exodus aus Ägypten und dem ‚neuen Exodus' aus Babel steht. Von einer ‚Herausführung aus dem Sklavenhaus Babylon' ist so wenig die Rede wie von einer Unterdrückung im Exil. [...] Die Gefährdung der Verbannten ist in der Sicht von Jes 40-48* ein grundsätzlicher Konflikt, eine Identitätskrise, die Auflösungstendenz eines Selbst- und Geschichtsverständnisses, das an Jahwe gebunden war, der nun fern und im fremden Lande machtlos und unzuständig ist". (Zitat S. 193 f)
207 Gunneweg, Esra, S. 44. Vgl. u. a. auch Blenkinsopp, Ezra, S. 75 f; Bach, Esra 1, S. 52. Zum Motiv der „Beraubung der Ägypter" und dessen Geschichte vgl. Coats, Despoiling, S. 450–457; Lux, Silber, S. 165–179.

begegnen, das – wie Lux gezeigt hat – schon in Ex 25 und 35 mit der Schilderung der Verarbeitung von Gold und Silber für das Heiligtum „einen tempeltheologischen Bezug erhält".[208] In Esr 1 erfährt der „Motivkomplex[...] ‚Beraubung der Ägypter – Tempelbau'" jedoch eine Umprägung: der Herrscher Kyros ist anders als der Pharao der Gola wohlgesonnen und fordert die Völker selbst administrativ zum Spenden auf.[209] Dabei klingen in V. 4.6 zugleich „die bei Haggai erwähnten Gabenströme der Völker für den Tempel von Jerusalem" (Hag 2,8) sowie das Thema der Gold und Silber mit sich bringenden Gola aus Sach 6,9-15 an – Texte, die dem Verfasser ebenfalls bekannt gewesen sein dürften.[210]

Überdies hat Bach darauf aufmerksam gemacht, dass נשׂא *piel* (Esr 1,4a) in der Bedeutung „helfen, unterstützen" innerhalb des Alten Testaments nur an vier Stellen belegt ist (1 Kön 9,11; Est 9,3; Esr 1,4, 8,36) und „[m]it Objekt und Angabe der Mittel, mit denen Hilfe geleistet wird", nur in Esr 1,4 und 1 Kön 9,11 begegnet.[211] Demnach ist es wahrscheinlich, dass der Text gleichzeitig auf die Unterstützung des Hiram von Tyrus beim Bau des salomonischen Palasts und Tempels mit Zedern-, Wacholderholz und Gold anspielt.[212] So erfährt die Exodustradition eine Verschränkung mit dem Bau des ersten Tempels: „Die Unterstützung, die die heimkehrenden Deportierten für den Bau des Tempels erhalten sollen, wurzelt in der Hilfe, die die Ägypter beim Exodus leisten mußten, ebenso wie in der Hilfe, die Salomo beim Tempelbau vom tyrischen König erhielt."[213]

Damit bildet das Kyrosedikt den Auftakt zu einer Erzählung, die – wie sich zeigen wird – immer wieder auf Motive der Exodustradition sowie Anspielungen auf den Bau vorangegangener Heiligtümer zurückgreifen wird. Dabei unterscheidet sich Esr 1,1-4 in seinen erzählerischen und theologischen Schwerpunkten sehr stark von dem Edikt in Esr 6,3-5, das weder die Rückkehr der Deportierten noch Kyros als Instrument und Beauftragten JHWHs thematisiert, dafür aber die exakten Maße des zu bauenden Tempels vorgibt und für die Baukosten das Königshaus selbst aufkommen lässt.[214] Hieran wird bereits deutlich, dass der Text

---

208 Lux, Silber, S. 172. „Das eigentliche Ziel der Beraubung besteht nicht mehr in einer materiellen Entschädigung der Hebräer für ihre Sklavenarbeit oder für zurückgelassene Güter, auch nicht in einer mit List und Tücke erwirkten Selbstbereicherung, sondern in der Herstellung des künftigen JHWH-Heiligtums und der zu ihm gehörigen Kultgeräte." (Zitat Lux, Silber, S. 172)
209 Vgl. Lux, Silber, S. 177–179 (Zitat S. 177).
210 Vgl. Lux, Silber, S. 176 f (Zitat S. 176) unter Verweis auf Willi, Juda, S. 55.
211 Bach, Esra 1, S. 52.
212 Vgl. Bach, Esra 1, S. 52 f.
213 Bach, Esra 1, S. 53.
214 Vgl. z. B. Kratz, Komposition, S. 57; 63; Bach, Esra 1, S. 53. Für einen ausführlichen Vergleich der beiden Edikte siehe zuletzt Rothenbusch, Tora, S. 108–112.

der Aramäischen Chronik in Esr 5 f andere Erzählabsichten verfolgt als die ersten drei Kapitel des Esrabuches.[215]

Auf die literarische Abhängigkeit des Kapitels Esr 1 von Esr 5 f ist in der Forschung immer wieder hingewiesen worden. Dabei setzen die beiden Texte in ihren Ausführungen über den Beginn des Tempelbaus – wie oben dargestellt – unterschiedliche Schwerpunkte. Wie bereits erwähnt, kann Esr 5 f* als eigenständige, in sich abgerundete aramäische Erzählung betrachtet werden, die wohl bis zur Vollendung des Tempelbaus in 6,18 bzw. 6,15 reichte und so von ihrem unmittelbaren Kontext abgrenzbar ist.[216] Esr 1-3* als in sich nicht abgeschlossener Text muss demgegenüber als Prolog im Hinblick auf den in Esr 5 f vollendeten Tempelbau gelesen werden.[217] Schon Noth bemerkt, dass Esr 1 auf den „Angaben des aramäischen Sonderstücks"[218] Esr 5 f aufzubauen scheint. In der Forschung ist daher immer wieder darauf hingewiesen worden, dass Esr 5 f* sehr wahrscheinlich als Quelle für Esr 1 gedient hat.[219] So führt das erste Kapitel das in 5,13-18; 6,3-5 Geschilderte näher aus: „Esr 1 setzt in Erzählung um, was die Ältesten der Juden gegenüber der persischen Behörde in 5,13-16 zu ihrer Rechtfertigung vorbringen und die Entdeckung des Kyrosedikts unter Dareios in 5,17-6,5 ans Licht bringt."[220] Zielt die Aramäische Chronik vor allem auf die Überwindung der Hindernisse und die rechtliche Legitimation des Tempelbaus gegenüber Fremden, greift Esr 1 einen Aspekt heraus und führt diesen theologisch weiter aus: Die Erlaubnis zum Tempelbau durch Kyros wird in Esr 1 zur durch JHWH motivierten Rückkehr und Wiederherstellung des Gottesvolks und seines Kultes. Dass Esr 1 dabei voransteht, deutet darauf hin, dass auch der Rest nun unter dieser theologischen Deutung verstanden werden soll. Esr 1 wird somit zum Prolog, der den Leser mit den notwendigen Informationen zum Verständnis des Textes Esr 5 f versorgen soll.[221]

---

215 Vgl. Kratz, Komposition, S. 63; Grätz, Aramäische Chronik, S. 216 f; Rothenbusch, Tora, S. 108.
216 Vgl. hierzu Willi, Juda, S. 66; Kratz, Komposition, S. 57; ders. Israel, S. 164; Grätz, Aramäische Chronik, S. 417–419; Pakkala, Ezra, S. 3; Rothenbusch, Tora, S. 86. Siehe auch Kap. 2.3. Wahrscheinlich handelt es sich bei Esr 6,16-18 um einen sekundären aramäischen Rahmen; vgl. hierzu Kratz, Komposition, S. 59; Rothenbusch, Tora, S. 84 f.
217 Vgl. Kap. 2.3; siehe auch Rothenbusch, Tora, S. 86.
218 Noth, Studien, S. 145.
219 Vgl. Gunneweg, Esra, S. 49; Halpern, Commentary, S. 88 f; Bach, Esra 1, S. 54; Willi, Juda, S. 51 f; Kratz, Komposition, S. 57; Grätz, Aramäische Chronik, S. 416; Rothenbusch, Tora, S. 108 f. So auch Williamson, Ezra, S. xxiv; 19; Blenkinsopp, Ezra, S. 42, die jedoch noch Esr 1,2-4 als eigene Quelle verstehen. Vgl. dagegen Willi, Juda, S. 47–58.
220 Kratz, Komposition, S. 57.
221 Vgl. Halpern, Commentary, S. 88 f. Rothenbusch, Tora, S. 82 spricht in Bezug auf den Text Esr 1-6 sogar von einer „Korrektur einer älteren, darin verarbeiteten aramäischen Quelle zum Tempelbau (Esra 5,3-6,15)".

V. 5-8:

An das Edikt schließt sich das unmittelbare Handeln des Volkes an, was durch den Narrativ in V. 5 signalisiert wird. Die Realisierung von V. 3 f erfolgt unter Verwendung der gleichen Formulierungen und Begrifflichkeiten direkt in V. 5 f.[222] Dabei wird nicht nur der Geist des Kyros erweckt (V. 1: עור *hifil*), sondern auch der Geist der Häupter der Vaterhäuser Judas und Benjamins sowie der Priester und Leviten (V. 5: עור *hifil*), die nun den Auftrag JHWHs ausführen sollen. V. 5 verwendet wie V. 3 das Verbum עלה *qal* „hinaufziehen" – eine Wurzel, die noch öfter in Esr 1-3 begegnen wird und deren *hifil*-Form העלה einer der Leitbegriffe der Exodustradition darstellt.[223] V. 6 greift sodann das Exodusmotiv der Unterstützung durch die im Land wohnende Bevölkerung (siehe V. 4) wieder auf. Die inhaltlichen und sprachlichen Parallelen von V. 3 f und 5 f unterstreichen dabei „the close correspondence between the decree and its fulfillment".[224]

In Esr 6,3-5 sowie der berichtenden Version Esr 5,13-15 umfasst das Kyrosedikt sowohl die Anweisung zum Tempelbau (5,13.15b; 6,3 f) als auch die Rückgabe der Tempelgeräte (5,14.15a; 6,5). Dieser zweite Aspekt wird auch in Esr 1,7 umgesetzt: Kyros tut nun auch seinerseits den ersten Schritt zur Realisierung des Edikts.[225] So wird die „Herausgabe der Gefäße [...] als Akt konkludierenden Handels an den Anfang der Erzählung gestellt [...]".[226]

Die Formulierung ist in 1,7; 5,14 und 6,5 jeweils ähnlich. Alle drei Passagen rekurrieren auf Nebukadnezzar und rufen dessen Plünderung des Tempels in Erinnerung. Dabei fällt auf, wie nahe Esr 1,7 am Text von Esr 5,14 formuliert ist. In beiden Fällen wird das Handeln des Kyros mit das Nebukadnezzars antithetisch parallelisiert, indem für beide Akteure jeweils das gleiche Verb gebraucht wird (Esr 1,7: יצא; Esr 5,14: נפק, mit der sich entsprechenden Bedeutung „herausholen; herausführen").[227] So wird Kyros zum positiven Gegenbeispiel stilisiert. Bach kommt nach einem Vergleich der beiden Passagen daher zu der Feststellung: „Esr 1,7 lehnt sich demnach so eng an 5,14 an, daß man geradezu von einer Übersetzung sprechen muß, jedenfalls von einer treuen Rekapitulation einer ‚Quelle'."[228]

---

222 Vgl. Eskenazi, Age, S. 45, die Esr 1,5 f als „proleptic summary" versteht, das die Erfüllung des Kyrosedikts ankündigt.

223 Vgl. z. B. Wijngaards, הוציא and העלה, S. 91–102.

224 Eskenazi, Age, S. 45.

225 Vgl. Eskenazi, Age, S. 47.

226 Willi, Juda, S. 75.

227 Vgl. Gunneweg, Esra, 47. Siehe auch Anm. 7a zu Esr 1,7.

228 Bach, Esra 1, S. 55.

Der letzte Abschnitt von Esr 5,14 (ויהיבו לששבצר שמה די פחה שמה) findet erst in
V. 8b eine Wiedergabe. In V. 8 weicht Esr 1 stärker von der aramäischen Version
ab. Nicht nur wird Kyros hier wieder מלך פרס genannt (vgl. Esr 1,1.2), sondern
das Berichtete wird unter erneutem Aufgreifen des Verbs יצא (hier als Narrativ
und somit als konkrete Umsetzung des zuvor Angekündigten) zerdehnt.[229] Anlass
dafür bietet die Zwischenschaltung des Schatzmeisters Mitredat, der nur hier in
Esr 1,7 auftaucht.[230] Anders als in der aramäischen Vorlage 5,14 übergibt Kyros die
Geräte nicht direkt an Scheschbazzar. Esr 1 kennt hier klare Dienstwege: „Legitimate transfer of power permeates the scene: Yahweh appoints Cyrus; Cyrus
appoints the people. Next, Cyrus transfers vessels to Mithredath, who transfers
them to Sheshbazzar the prince."[231] Einen Grund für die Einfügung des Schatzmeisters könnte die sich anschließende Liste des Tempelinventars liefern, deren
Interesse an Zahlenangaben wohl auch die Verwendung des Verbs „darzählen;
vorzählen" zu verschulden hat.[232] Welcher Quelle oder welchem Traditionsgut
der persische Name *Mitredat* und seine Berufsbezeichnung (גזבר) entstammen
und inwiefern er mit der Überlieferung der folgenden Tempelschatzliste (V. 9-11)
zusammenhängt, kann nicht mit Sicherheit gesagt werden.[233]

Scheschbazzar bekommt sodann die Geräte dargezählt, um sie zurück nach
Jerusalem zu bringen (V. 11b). Der Name Scheschbazzar findet sich nur viermal im
Alten Testament und ausschließlich in Esr (Esr 1,8.11; 5,14.16).[234] Dabei kommen
diesem Akteur in den beiden Kapiteln 1 und 5 jeweils unterschiedliche Titel und
Funktionen zu. Wird er in Esr 5,14 von Kyros zum פחה „Statthalter" ernannt, was
ein von persischer Seite offiziell eingesetztes Amt impliziert, heißt es in Esr 1,7
hingegen: לששבצר הנשיא ליהודה.

Ob der Titel פחה einen von der persischen Regierung eingesetzten „Statthalter" meint oder eher im Sinne eines „Kommissars" verstanden werden muss,

---

229 Vgl. Bach, Esra 1, S. 56.
230 Vgl. Bach, Esra 1, S. 56. Bach weist dabei auf die Bedeutung der Einschaltung für das Verstehen des Erzählten hin: „Jetzt sieht der Leser den König in eigener Person die 5.400 Teile aus dem
היכל heraustragen und dem Schatzmeister in die Hand geben zur Weitergabe an Scheschbazzar."
(Zitat S. 56)
231 Eskenazi, Age, S. 48 Anm. 21. Vgl. auch Hieke, Esra, S. 81.
232 Vgl. Bach, Esra 1, S. 57.
233 Halpern, Commentary, S. 91 vermutet mit Galling, Studien, S. 80 f eine Überlieferung der
Person Mitredats zusammen mit der Liste der Tempelgeräte (V. 9-11). So auch Bach, Esra 1, S. 57 f,
der allerdings darauf verweist, dass der Liste in V. 9-11 nicht notwendigerweise eine historische
Quelle zugrunde liegen muss.
234 Zur Unterscheidung von Schenazzar (vgl. 1 Chr 3,18) und Serubbabel vgl. Berger, Zu den
Namen, S. 98–100; Dion, ששבצר, S. 111 f; Donner, Geschichte 2, S. 443 Anm. 22; Williamson, Ezra,
S. 5; Blenkinsopp, Ezra, S. 79; Japhet, Sheshbazzar I, S. 91 sowie Anm. 8f zu Esr 1,8.

hängt davon ab, ob Juda schon von Beginn der persischen Oberherrschaft an als eine eigenständige Provinz zu sehen ist.[235] So ist dies erst „für die späteren Jahrzehnte des 4. Jh. v. Chr. direkt nachweisbar durch Stempelsiegel und Silbermünzen".[236] Mit A. Alt wurde daher meist angenommen, dass erst seit Artaxerxes I. bzw. Nehemia mit einer Eigenständigkeit Judas zu rechnen sei, da Juda in frühpersischer Zeit noch zur Provinz Samaria gehört habe.[237]

Jedoch spricht Einiges dafür, dass es selbst schon in neubabylonischer Zeit eine Form der Kontinuität in der Verwaltung des eroberten Judas gegeben hat, auch wenn die genauen Befugnisse Gedaljas in Mizpa (vgl. 2 Kön 25,22-24; Jer 40,5.7.11; 41,2) im Dunkeln bleiben.[238] Inzwischen kann auf Basis des *external evidence* vermutet werden, dass es auch schon zu Beginn der persischen Oberherrschaft „eine eigene Verwaltung einer Provinz Jehud in Jerusalem gegeben hat".[239] Dafür sprechen nicht zuletzt die in das ausgehende 6. und 5. Jh. v. Chr. datierenden Bullen und Siegel, die neben der häufigen Nennung Jehuds u. a. den Titel „Statthalter" in der Form *pḥw'* tragen sowie die Erwähnung des פחת יהוד Bagohi in den Elephantine Papyri (TAD A4.7) um 407 v. Chr.[240] Dieser „erdrückende epigraphische Befund macht deutlich, daß die Bezeugung der Provinz Juda im 5. Jh. v. Chr. nicht nur gut, sondern sogar sehr viel besser ist als die der Provinz Samaria".[241] Auch wenn Scheschbazzar (Esr 5,14), Serubbabel (Hag 1,14; 2,2.21) und Nehemia (Neh 5,14) bisher nur alttestamentlich als פחה belegt sind, lässt es sich weder bestätigen noch ausschließen, dass sie dieses Amt innehatten. „Daß die Personen keine reine Erfindung sind und in der Geschichte der Provinz Juda eine gewisse Rolle gespielt haben, darf man wohl annehmen, da sie ansonsten kaum einen derart prominenten Platz in der überaus selektiven Überlieferung eingenommen hätten."[242]

Der Verfasser von Esr 1,8 hätte auf Basis seiner aramäischen Vorlage diese auch sonst im Alten Testament geläufige und offizielle Bezeichnung פחה verwenden

235 Vgl. hierzu die Überlegungen von Gunneweg, Esra, S. 49, der Scheschbazzar lediglich als Kommissar, nicht aber als Statthalter einer nicht eigenständigen Provinz Juda ansieht.
236 Gerstenberger, Israel, S. 80.
237 Vgl. Alt, Rolle Samarias, S. 316–337.
238 Vgl. hierzu Grätz, Edikt, S. 272; ders., Essay, S. 174 mit Barstad, Myth.
239 Grätz, Edikt, S. 273. Vgl. auch Japhet, Sheshbazzar, S. 86; Willi, Juda, S. 29 f; Kratz, Statthalter, S. 93–101; Hieke, Esra, S. 45–47; Grätz, Essay, S. 171–184. Zum politischen Status der Provinz Jehud vgl. auch den Überblick über die aktuelle Debatte bei Frevel, Geschichte, S. 300 f.
240 Vgl. hierzu Kratz, Statthalter, S. 93 f; 97–99 sowie Grätz, Essay, S. 175 mit Avigad, Bullae S. 6 f; 21–29; Stern, Culture, S. 202–213; Lemaire, Juda, S. 213–216.
241 Kratz, Statthalter, S. 100.
242 Kratz, Statthalter, S. 105. Vgl. auch Grabbe, History 1, S. 141 f.

können, entschied sich jedoch für den „archaisierende[n] Titel"[243] נשׂיא. Eine
Erklärung liefert auch hier die Esr 1 durchdringende Stilisierung der Rückkehr
aus Babylonien zu einem zweiten Exodus. Williamson hat dabei auf den Bezug
zur in Num geschilderten Wüstenwanderung hingewiesen: „There we find as a
well-known characteristic of the narrative that on several occasions there are lists
of those who were 'princes' of the various tribes; cf. Num 2:3-31; 7:1-83; 34:18-28."[244]
Zudem berichten Num 7,84-86 von verschiedenen goldenen und silbernen
Geräten, die die Fürsten Israels zur Einweihung des Altars des Zeltheiligtums
spendeten, „which may well have attracted our author's attention in the context
of his own comparable source".[245] Dabei ist nicht unwichtig, dass in Num 7,2 die
Fürsten Israels mit den Häuptern der Vaterhäuser (ראשׁי בית אבתם) assoziiert
werden. So ist möglicherweise auch Scheschbazzar, der Fürst Judas, gleichzeitig als Haupt des Vaterhauses Juda (Esr 1,5) zu verstehen.[246] Anders als der offizielle Titel des Statthalters impliziert נשׂיא damit in jedem Fall auch „kinship",[247]
ein Konzept, das für den weiteren Verlauf der Erzählung (Esr 2) auch noch von
Bedeutung sein wird.

Es ist nicht ausgeschlossen, dass Scheschbazzar durchaus die Funktion des
Statthalters – möglicherweise des ersten unter persischer Herrschaft – inne-
gehabt haben könnte.[248] Doch für die Schilderung der Rückkehr-Tempelbau-
Erzählung als zweiten Exodus nimmt der Verfasser auch hier Anpassungen an die
Exodustradition vor, um seine Erzählintention deutlich zu machen. Vor diesem
Hintergrund ist Scheschbazzar dann nicht offizieller פחה, sondern נשׂיא – samt
all den traditionsgeladenen Implikationen, die dieser Titel mit sich führt. Dabei
klingt zudem möglicherweise auch die ezechiel'sche Vision eines zukünftigen
Anführers Judas, des נשׂיא (Ez 44,3; 45,7 f.16 f.22-25; 46,2-18; 48,21 f), an.[249] So ist in
Esr 1,8 „aus dem politisch besetzten Titel ein ‚Fürst Judas' (הנשׂיא ליהודה), wahr-
scheinlich mit sakraler Funktion, geworden".[250]

---

243 Gunneweg, Esra, S. 48.
244 Williamson, Ezra, S. 18. Dem folgt auch Rothenbusch, Tora, S. 112.
245 Williamson, Ezra, S. 18.
246 Vgl. auch Rothenbusch, Tora, S. 112. Dabei scheinen die Vaterhäuser in Num unterschiedliche Gruppenkonstellationen zu beschreiben. Während in Num 1 die Vaterhäuser Untergruppen
der einzelnen Stämme zu bezeichnen scheinen (למשׁפחתם לבית אבתם פקדיו במספר שׁמות), werden
sie in Num 7 mit den zwölf Stämmen selbst gleichgesetzt (נשׂיאי ישׂראל ראשׁי בית אבתם).
247 Halpern, Commentary, S. 92.
248 Vgl. auch Williamson, Ezra, S. 18; Grabbe, History 1, S. 142.
249 Vgl. Grätz, Aramäische Chronik, S. 417; Edelman, Origins, S. 178 f. Zur Diskussion, ob es sich
hierbei notwendigerweise um einen Davididen handeln muss, vgl. Konkel, Architektonik, S. 271–
274; dagegen Edelman, Origins, S. 179.
250 Grätz, Aramäische Chronik, S. 417 mit Verweis auf Ez 40-48.

Überdies gilt Scheschbazzar in Esr 5,16 als verantwortlich für die Grundsteinlegung des Tempels, wohingegen seine Funktion in Esr 1,11 auf den Rücktransport der Geräte beschränkt bleibt. Die Grundsteinlegung findet in Esr 3,8-10a erst unter Serubbabel und Jeschua statt, die in Hag-Sach mit der Regentschaft des Darius assoziiert werden. Beide Akteure dürften dem Verfasser auch aus eben diesem Zweiprophetenbuch als Statthalter und Hohepriester bekannt gewesen sein,[251] wobei sie in Esr 3 nur mit ihrer Filiation, nicht aber mit ihrem Titel benannt werden. Diese hier zugrundeliegende prophetische Tradition, die Serubbabel und Jeschua für den Tempelbau verantwortlich macht, ist wohl die Erklärung dafür, dass Scheschbazzar anders als in Esr 5,16 nicht für dessen Gründung zuständig sein kann.[252] Seine – dennoch gewichtige – Aufgabe besteht darin, die Tempelgeräte und mit ihnen wohl auch die Heimkehrer zurückzuführen (הכל העלה ששבצר עם העלות הגלה מבבל לירושלם).[253]

Der Bericht von der Herausgabe der Tempelgeräte dient dabei nicht nur als Vorausschau auf Kommendes,[254] sondern ist gleichsam Ausdruck von Kontinuität und Legitimität des Kultes und der Tradition. Denn einerseits wird auch für die Schilderung der Rückkehr der Geräte auf das Exodusgeschehen rekurriert. So ist mit יצא hifil (3-mal in V. 7 f) einer der wichtigsten Leitbegriffe der Exodustradition genannt,[255] der sich hier allerdings nicht auf die deportierten Personen, sondern auf das Tempelinventar bezieht. Mithin klingt auch in der Erwähnung der את-כלי בית-יהוה (V. 7) wieder die deuterojesajanische Modifikation der Exodustradition an: Auch in Jes 52,11 f wird der Auszug mit dem (Heraus-)Tragen der Geräte JHWHs verbunden (נשאי כלי יהוה).[256]

Andererseits garantiert, wie Ackroyd herausgestellt hat, die Rückgabe der Tempelgeräte, „that there is a direct link with the earlier worship of the

---

251 Vgl. Hallaschka, Haggai, S. 133 Anm. 776 mit Noth, Studien, S. 145 und Kratz, Komposition, S. 59 f. Sehr wahrscheinlich hat eine frühere Version der Aramäischen Chronik Serubbabel und Jeschua noch nicht gekannt, sondern hatte ursprünglich nur Scheschbazzar zum Akteur, den sie mit Kyros, dem Tempelbau und somit dem Beginn der Heilszeit assoziierte. Vgl. hierzu Exkurs 3.
252 Vgl. Halpern, Commentary, S. 123: „Still, the historian did not attribute the foundation to Sheshbazzar himself, in line with Zechariah's statement that 'the hands of Zerubbabel founded this temple' (4:9). Ezra 3:1-6 reflects in part Zech 2:1-4, while 3:7-13 exhibits close contact with Zech 4:6-10 and Haggai.“
253 Vgl. unten Kap. 3.3.1 V. 9-11.
254 So Willi, Juda, S. 75.
255 Vgl. hierzu Wijngaards, הוציא and העלה, S. 91–102.
256 Vgl. Williamson, Ezra, 16; Blenkinsopp, Ezra, S. 78. Vgl. hierzu auch Fried, Ezra, S. 28–30, die darauf hinweist, dass die Tempelgeräte sowohl in Deuterojesaja als auch in Esra die fehlende Götterstatue ersetzen (vgl. S. 28). Dies sei auch außerbiblisch nachweisbar: „[T]he aniconic god is represented in refliefs and in inscriptions by his cultic paraphernalia.“ (Zitat S. 28)

community".[257] Über die Plünderung des Tempelschatzes durch die Babylonier und dessen Verbleib liegen unterschiedliche Berichte vor. Die beiden verschiedenen zugrundeliegenden Traditionen sind dabei jeweils als Ausdruck von entweder „total destruction and loss"[258] oder „continuity, by preservation through the period of exile"[259] zu verstehen. Ungeachtet dessen, ob das Tempelinventar also nun tatsächlich von den Babyloniern zerstört (2 Kön 24,13; 25,13-15; Jer 52,17) oder als Kriegsbeute in Babylonien aufbewahrt wurde (Jer 27,19-22; 28,6; 2 Chr 36,7.10.18), liegt die Bedeutung dieses Motivs darin, dass Zerstörung oder Fortbestand des Tempelinventars zum Marker für die zerstörte oder bewahrte Kontinuität des Kultes und seiner Gemeinde werden.[260] Die Rückgabe der Tempelgeräte, die in Esr 1 über fünf Verse (V. 7-11) ausgeführt wird, ist daher zugleich Ausdruck von Kontinuität und Legitimität: „The community which sought to re-establish itself after the exile, deeply conscious of its ancestry in faith, but also aware of the problem of continuity with that faith, made use of the theme of the vessels, as it made use of other themes, to make good its claim to be the true successor (perhaps thereby to invalidate the claims of others), to be directly linked with those who stood on the other side of the exilic gulf."[261] Dabei ist es bemerkenswert, dass die Kontinuität der Geräte – wie die des Volkes Israel auch – nicht ohne den Gang ins Exil gedacht werden kann.[262] Diese Zäsur gehört damit essenziell zum Selbstverständnis des (re-etablierten) Kults und seiner Gemeinde dazu.

V. 9-11:

Im Anschluss an den Bericht von der Rückgabe folgt nun eine Inventarliste der Tempelgeräte. Nicht alle Termini sind, wie die philologische Analyse gezeigt hat, eindeutig zu bestimmen. Bei manchen Begriffen handelt es sich um Lehnwörter.[263] Auch die Summe der einzelnen Geräte (2 499)[264] entspricht nicht der in V. 11 angegebenen Gesamtzahl von 5 400 Gegenständen. Der Quellenwert dieser Liste ist

---

257 Ackroyd, Temple Vessels, S. 178.
258 Ackroyd, Temple Vessels, S. 179.
259 Ackroyd, Temple Vessels, S. 180.
260 Vgl. Ackroyd, Temple Vessels, S. 175; 179 f.
261 Ackroyd, Temple Vessels, S. 181. Vgl. auch Gunneweg, Esra, S. 48; Williamson, Ezra, S. 16; Blenkinsopp, Ezra, S. 78; Karrer, Ringen, S. 350; Rothenbusch, Tora, S. 113.
262 Vgl. Karrer, Ringen, S. 350. Siehe auch Rothenbusch, Tora, S. 113.
263 Vgl. Kap. 3.1.
264 3 Esr harmonisiert den Text an zwei Stellen in Esr 1,9 f (V. 9: χίλια statt שלשים; V. 10: διοχίλιαι statt משנים) um eine Gesamtzahl von 5 469 erhalten. Vgl. Anm. 9b und 10b zu Esr 1,9 f sowie Marcus, Introduction, S. 40*.

daher immer wieder diskutiert worden, wobei in der Forschungsliteratur häufig von einer – womöglich ursprünglich aramäischsprachigen – historischen Quelle ausgegangen wird.[265] Daneben wird jedoch auch immer wieder darauf hingewiesen, dass sich die Angaben der Liste aufgrund fehlender Quellen nicht verifizieren lassen und daher kaum mit Sicherheit zu beantworten ist, ob es sich hierbei um ein literarisches Produkt oder um ein authentisches Dokument handelt[266] – in jedem Fall sind die Zahlenangaben auffallend hoch.

Dass der Verfasser hier eine (möglicherweise literarische) Vorlage in seinen Text eingearbeitet hat, ist hingegen nicht unwahrscheinlich. Dies wird durch die Beobachtung gestützt, dass die in der Liste „enthaltenen Fachausdrücke teils nur hier, teils nur selten anderwärts belegt sind, der Verfasser also wiederum offensichtlich nicht in das Arsenal geläufiger Wörter greift, um die Liste auf eigene Faust zusammenzustellen".[267] Beispiele wie die aramäischen Liste TAD C3.13, die die Übergabe verschiedener (Kult-)Gegenstände dokumentieren, deuten darauf hin, dass es solche Inventarlisten gegeben hat.[268] Dennoch wird es kaum möglich sein, auf Basis dieser Textüberlieferung die tatsächliche Tempelausstattung für den ersten oder zweiten Jerusalemer Tempel zu rekonstruieren.

In diesem Zusammenhang ist auf die Studie von Andreas Hartmann zu objektbezogenen Erinnerungspraktiken in antiken Gesellschaften hinzuweisen, der festhält: „Mehrfach lässt sich für einzelne Relikte bereits in der Antike der Übergang von konkreter zu abstrakter Existenz in der Form der Verschriftlichung feststellen."[269] Als Beispiel kann hier das „inschriftlich überlieferte Inventar des Tempels der Athena Lindia auf Rhodos"[270] angeführt werden. Nachdem im 4. Jh. v. Chr. der Tempel der Athena Lindia mitsamt seinen Weihgeschenken verbrannte, wurde von Seiten der Lindier 300 Jahre später (99 v. Chr.) ein Katalog von ca. 40 Objekten nachträglich angefertigt, um festzuhalten, welche Weihegaben sich darin vorgefunden hatten.[271] Bei der sogenannten Anagraphe von Lindos

---

265 Vgl. Galling, Tempelschatz, S. 177–183; ders., Studien, S. 88; Noth, Studien, S. 186; Rudolph, Esra, S. 7; Myers, Ezra, S. 9; Fensham, Books, S. 45–47; Williamson, Ezra, S. 7; Blenkinsopp, Ezra, S. 78.
266 Vgl. z. B. Gunneweg, Esra, S. 48; Bach, Esra 1, S. 58 Anm. 52; Hieke, Esra, S. 82.
267 Bach, Esra 1, S. 58.
268 Fried, Ezra, S. 84 bemerkt hierzu: „The form of the list [*Anm.*: TAD C3.13] is the same as in the list of temple vessels in our chapter – the item and then the amount. Further, many of the words on the lists from Elephantine are untranslatable at this time. This lends support to the theory that the list of temple vessels turned over to the temple of Yhwh in Jerusalem may also be genuine."
269 Hartmann, Relikt, S. 492.
270 Hartmann, Relikt, S. 492.
271 Vgl. Hartmann, Relikt, S. 492 f. Zu Text und Übersetzung siehe Higbie, Lindian Chronicle; dies. Art. Lindian Chronicle (532).

wird jedoch deutlich, „dass das Inventar ein Konstrukt darstellt, das so wahrscheinlich zu keinem Zeitpunkt einer historischen Realität entsprach. Entstanden ist sie vielmehr aus der kompilatorischen Auswertung der rhodischen Lokalgeschichtsschreibung".[272] Ihre besondere Funktion bestand darin, die Frage nach „Identität und Status" einer Stadt zu beantworten, die „mit dem Synoikismus 408 v. Chr. ihre politische Selbständigkeit an das neu gegründete Rhodos verloren hatte" und so zu betonen, „was Lindos Rhodos gegenüber auszeichnete: sein hohes Alter".[273] Auch für die Dokumentation des Jerusalemer Tempelschatzes ist eine ähnliche Funktion anzunehmen: Unabhängig davon, welcher Überlieferung oder Tradition das Inventar entstammt, stellt diese Niederschrift sicher, dass die Wurzeln des nachexilischen Tempelkultes bis in vorexilische Zeit zurückreichen, und gewährleistet somit den Kultangehörigen gegenüber außenstehenden Gruppen und anderen Traditionen Legitimität und Autorität. Mithin kann angenommen werden, dass die in Esr 1,9-11 erwähnten Geräte, die in der Summe nicht der Gesamtzahl entsprechen, „vermutlich nur als herausragende Beispiele zu verstehen sind".[274] Die Liste gibt demnach zunächst einmal nur darüber Aufschluss, wie der Verfasser und seine Umwelt das Tempelinventar konstruierten.[275]

Der abschließende Satz (V. 11b) fasst sodann das in Esr 1 ausgelöste Geschehen (Rückkehr der Heimkehrer und Rückkehr der Tempelgeräte) noch einmal zusammen und knüpft durch seine zweimalige Verwendung der Wurzel עלה zugleich schon an den Beginn von Esr 2 (Esr 2,1: ואלה בני המדינה העלים משבי) an. Scheschbazzar, der hier zunächst als Einziger unter den Exilierten mit Namen genannt ist, nimmt dabei eine Führungsrolle ein, auch wenn es nicht explizit heißt, dass er das Volk persönlich hinaufführt. Denn zwar findet in V. 11b ein Wechsel von Aktiv (העלה) zu Passiv (העלות) statt, der durch das Verbum עלה *nifal* göttliche Intervention suggeriert und so wieder deutlich auf das Exodusgeschehen verweist.[276] Doch wird innerhalb von Esr 1 deutlich, dass der Text Scheschbazzar als dem „Fürsten Judas" (נשיא) und wohl auch ראש האבות eine leitende Position zukommen lässt.

---

272 Hartmann, Relikt, S. 494.
273 Hartmann, Relikt, S. 494.
274 Hieke, Esra, S. 82. Auch die Verfasser der Anagraphe von Lindos trafen bei der Inventarisierung eine Auswahl „anhand des Kriteriums der historischen Bedeutung", vgl. Hartmann, Relikt, S. 505 f (Zitat S. 505).
275 Vgl. hierzu auch Hartmann, Relikt, S. 494: „Der besondere Wert des lindischen Tempelinventars liegt nun darin, dass es uns in methodischer Hinsicht einen Spiegel vorhält: Wie Tharsagoras und Timachidas, so konstruieren auch wir aus den vorliegenden literarischen Quellen einen Denkmälerbestand für einzelne Städte und Heiligtümer."
276 Vgl. Williamson, Ezra, S. 19; siehe auch Anm. 11c zu Esr 1,11.

Fazit

Der Erzählfortgang von Esr 1 ist durch die drei Narrative in Esr 1,1.5.8 strukturiert: Es ergeht der Befehl (V. 1), die Rückkehr wird initiiert (V. 5) und der Tempelschatz übergeben (V.8). Der eigentliche „Stoff" ist der Aramäischen Chronik entnommen und wird nun theologisch neu ausgedeutet und erläutert. Esr 1 präsentiert sich so als Esr 5,13-18; 6,3-5 ausführende Neuerzählung mit eigener Schwerpunktsetzung. Leitend ist dabei die Schilderung der Heimkehr als zweiten Exodus, eine Tradition, die sich auch bei Deuterojesaja findet.[277] Dies wird durch die Entfaltung der für die Exodustradition typischen Leitbegriffe עלה und יצא – hier jedoch in unterschiedlichen Stämmen – lexikalisch unterstützt.[278] Gleichzeitig steht dabei auch immer der Tempel im Mittelpunkt des Berichteten, wie die Anspielungen auf den Bau früherer Heiligtümer – des Zeltheiligtums und des salomonischen Tempels (vgl. Ex 25; 35; 1 Kön 9,11) – deutlich machen. Die Exoduserinnerung wird so mit der Erinnerung an den Bau des Heiligtums verwoben. Auch wo sich der Text der (heils-)prophetischen Tradition der Bücher Deuterojes, Hag und Sach bedient, nehmen die entsprechenden Stellen Bezug auf das Exodusgeschehen oder den Tempelbau.

Es besteht mithin kein Grund, hier ein sukzessives literarisches Wachstum anzunehmen.[279] Esr 1 macht vielmehr den Anschein eines sorgfältig aufgebauten Auftakts zur Rückkehr-Tempelbau-Erzählung, für die der Verfasser auf verschiedene Traditionen und Textmaterial zurückgreift: auf die Exodusmotivik, die prophetische Tradition Dtjes, Hag-Sach und die Aramäische Chronik Esr 5 f*. Dazu kommt die für uns nicht mehr greifbare Tradition eines das Exil überdauernden Tempelinventars. Dabei verbindet der narrative Abschnitt V. 5-8 nicht nur das Kyros-Edikt mit der ersten Liste von Esr 1-3, sondern entfaltet gleichzeitig zwei für diesen Textkomplex bedeutsame Handlungsstränge. Während V. 5 f die Realisierung von V. 3 f und somit die Rückkehr des Volkes Israel schildern, thematisieren V. 7 f die Rückkehr der Tempelgeräte auf Basis von Esr 5,13-16; 6,5. Diese doppelte Rückkehr ist Voraussetzung für die Re-Etablierung des Kultes in Esr 3. Entsprechend werden diese beiden Stränge in Form von Listen ausgeführt – zunächst für die Tempelgeräte (Esr 1,9-11) und im Anschluss für die Heimkehrer (Esr 2,2-67).

---

277 Darauf wird bereits bei Rudolph, Esra, S. 6; Myers, Ezra, S. 8; Galling, Studien, S. 61 f u. a. hingewiesen. Rudolph, Esra, S. 6 zufolge, konnte der Verfasser es sich „nicht anders vorstellen, als daß sich unter Cyrus die in Ex 3 22 11 2 12 35 erzählten Dinge wiederholt hätten […]".
278 Vgl. hierzu Wijngaards, הוציא and העלה, S. 91–102.
279 Gegen Wright, Rebuilding, S. 301: „1:1-5 appears to have been expanded with v. 6 and then vv. 7-11 based on the supplement in 5:14-15. The beginning of the story forms a direct contact with 3:8."

3.3.2 Esr 2

Das folgende Kapitel besteht größtenteils aus einer langen Liste von Personen-gruppen. Narrative Elemente finden sich nur in der Einleitung (V. 1 f) und dem Schluss (V. 70) sowie der Zwischenschaltung V. 59-63. Der Aufbau der Liste ist häufig diskutiert worden. Dabei wurde immer wieder angenommen, dass die Liste aufgrund ihrer großen Personenzahl sowie des Wechsels zwischen Personen- und Ortsnamen zusammengesetzt oder mit der Zeit gewachsen ist.[280] Darüber hinaus wird mehrheitlich davon ausgegangen, dass entweder das gesamte Kapitel Esr 2 nachträglich eingefügt wurde[281] oder der Verfasser sich schon während der Kompilation von Esr 1-6 einer (authentischen) Personenliste als Quelle bediente.[282] Diesem Aspekt soll in Kap. 4 gesondert nachgegangen werden.

Eine Liste ist gattungsbedingt schon immer einerseits elliptisch, andererseits instabil und leicht erweiterbar.[283] Entsprechend lädt diese Form bei ihrer Tradierung ganz besonders zu Ergänzungen ein. An der vorliegenden Rückkehrerliste lassen sich daher nur mit äußerster Vorsicht literarkritische Maßstäbe anlegen. Überdies ist Esr 2 par. aus diesem Grund auch für eine Erfassung historischer Daten wie der Größe und Bevölkerungszahl der perserzeitlichen Provinz Jehud[284] nur unter Vorbehalt zu gebrauchen, denn „[u]nfortunately, these lists present many problems of origin, sources and principles of compilation, and dating [...]".[285]

V. 1-2:

Die ersten beiden Verse dienen der Einleitung in die Liste der zurückgekehrten Gemeinde. V. 1 schließt unmittelbar an Esr 1,11 an. Dieser letzte Vers in Esr 1 fungiert dabei als Überleitung von der ersten zur zweiten Liste. An dieser Stelle wird keine neue Datierung gegeben, „[t]he lack of any explicit passage of time between

---

280 Vgl. z. B. Hölscher, Esra, S. 504; Rudolph, Esra, S. 17; Galling, Gōlā-List, S. 152; Williamson, Ezra, S. xxiv; 28; 31; Schunck, Nehemia, S. 208; Bolin, Ezra, S. 26. Rothenbusch, Tora, S. 92 nimmt eine nachträgliche Ergänzung der Zahlenangaben an.
281 Vgl. Noth, Studien I, S. 144; Galling, Studien, S. 91; Willi, Juda, S. 76 f; Karrer, Ringen, S. 293; Redditt, Census, S. 255 f; 237; Kratz, Komposition, S. 63 f; Wright, Rebuilding, S. 301.
282 So z. B. In der Smitten, Esra, S. 4 f; Rudolph, Esra, S. 11; Michaeli, Livres, S. 18; Mowinckel, Studien I, S. 42 f; Williamson, Ezra, S. xxiii; Grabbe, Ezra, S. 133; Abadie, Esra-Nehemia, S. 679; Heckl, Neuanfang, S. 58–81.
283 Vgl. hierzu Kap. 4.1. Siehe auch Mainberger, Kunst, S. 177.
284 Im Folgenden wird der Terminus *Jehud* verwendet, wenn das perserzeitliche Juda im Sinne einer Verwaltungseinheit innerhalb der persischen Satrapie gemeint ist.
285 Grabbe, History 1, S. 135.

1:11 and 2:1, suggesting the identity of the two episodes".[286] Die Heimkehrerliste steht somit ohne genauen zeitlichen Fixpunkt zwischen dem Kyrosedikt und dem Beginn des Tempelbaus.[287]

Durch die Einleitung Esr 2,1 f wird die Rückkehr der Gemeinde mit der Rückkehr der Tempelgeräte in Esr 1,7-11 synchronisiert und parallelisiert. Wie Esr 1 auch, greift der Passus hierbei wohl auf die Aramäische Chronik vor.[288] So wird in Esr 5,12 der Gang ins Exil geschildert und muss in Esr 2,1 nun nicht mehr eigens erwähnt werden. Esr 2,1 ist ähnlich wie Esr 1,7 formuliert. Beide Verse thematisieren die Wegführung durch Nebukadnezzar in einem אשר-Satz: Esr 1,7 אשר הוציא נבוכדנצר מירושלם; Esr 2,1 אשר הגלה נבוכדנצר מלך־בבל לבבל.[289] Auch die Rückkehr beider wird eigens thematisiert (Esr 1,11; Esr 2,1b.70).[290] Überdies wird in beiden Fällen die eigentliche Liste unmittelbar mit Hinweis auf ihre zahlenmäßige Erfassung eingeleitet: Esr 1,9 ואלה מספרם; Esr 2,2b מספר אנשי עם ישראל.

Darüber hinaus hat die Einleitung der Namensliste, wie Achenbach bemerkt, Parallelen im Pentateuch:

...ואלה שמות בני־ישראל הבאים מצרימה	Gen 46,8
...ואלה שמות בני ישראל הבאים מצרימה	Ex 1,1
ובני ישראל היצאים מארץ מצרים:	Num 26,4b
...אלה בני המדינה העלים משבי הגולה	Esr 2,2//Neh 7,6[291]

Auch die Namenslisten des Pentateuchs führen entweder die Gesamtsumme (Gen 46,26 f; Ex 1,5) des Volkes Israel (בני ישראל) oder einzelne Zahlenangaben mit anschließender Gesamtsumme (Num 26,51.62) auf. Dabei bleibt jedoch im Folgenden noch zu diskutieren, ob Esr 2 par. als Beleg dafür herangezogen werden kann, dass es nachexilisch solche Geschlechterlisten gegeben hat, an denen sich wiederum auch oben genannte Pentateuch-Listen orientierten,[292] oder ob zwischen den Pentateuch-Listen und Esr-Neh direkte literarische Abhängigkeiten verlaufen.[293]

---

286 Halpern, Commentary, S. 96.

287 Vgl. Exkurs 1; Halpern, S. 108.

288 Vgl. Heckl, Neuanfang, S. 63.

289 Interessanterweise scheint dabei das Verbum יצא *hifil* für die Tempelgeräte vorbehalten zu sein (Esr 1,7.8).

290 Vgl. auch Eskenazi, Age, S. 48 Anm. 21: „In each case the book reiterates that these (vessels and people) had been displaced earlier by Nebukadnezzar (vessels in Ezra 1:7; people in Ezra 2:1), and how they now return to their proper location (vessels in Ezra 1:11; people in Ezra 2:70)."

291 Auflistung nach Achenbach, Vollendung, S. 450.

292 So die Annahme von Achenbach, Vollendung, S. 450.

293 Diese Fragestellung ist Gegenstand von Kapitel 4.

Auffällig ist dabei in jedem Fall, dass das rückkehrende Volk in Esr 2,1 f anders als in den Listeneinleitungen des Pentateuchs nicht mit dem geläufigen Terminus בני ישראל, sondern mit בני המדינה (V. 1) und אנשי עם ישראל (V. 2) benannt wird.

Beide Konstruktionen sind (von der Parallele in Neh 7,6 f abgesehen) im Alten Testament einzigartig. Die Bezeichnung בני המדינה steht hierbei ohne direkten lokalen Bezug. In der Forschungsliteratur wird jedoch meist der Name Juda ergänzt bzw. mitgedacht.[294] Dass Juda im hebräischen Text fehlt, begründet Galling mit der auf der These Alts basierenden Annahme, im 6. Jh. v. Chr. habe es noch keine eigenständige Provinz Juda gegeben. Vielmehr sei dieses noch „Südannex der Provinz Samarien" gewesen.[295] Dem folgt auch Fensham, der daraus jedoch den Schluss zieht, המדינה „might only have designated a territorial area or the province from which the exiles returned, namely, the province of Babylonia".[296] Wie oben dargestellt, wird jedoch die These von der Uneigenständigkeit Judas inzwischen angezweifelt, wozu nicht zuletzt auch der wachsende *external evidence* beigetragen hat.[297] Zudem steht auch im Nehemiabuch, das von Geschehnissen des 5. Jh.s v. Chr. berichtet, der Terminus isoliert (Neh 11,3: ראשי המדינה) und wird erst im folgenden Relativsatz mit Juda in Verbindung gebracht (אשר ישבו בירושלם ובערי יהודה ...; vgl. Esr 2,1b!).

Der Begriff מדינה besitzt je nach Kontext unterschiedliche Bedeutungsnuancen: „It can mean province in the official Persian sense of the meaning or only an area of government or simply land."[298] Dabei ist der aramäische Vers Esr 5,8 „die einzige Stelle der Bibel, wo Juda bzw. Jehud ausdrücklich als מדינה bezeichnet ist"[299] und so dem Kontext zufolge auch als offizielle persische Verwaltungseinheit verstanden wird. Da sich schon Esr 1 und wohl auch Esr 2[300] der Aramäischen Chronik Esr 5 f* als Quelle bedienen,[301] ist es umso verwunderlicher, dass der Name Juda in 2,1a fehlt.

Die anderen Erwähnungen Judas innerhalb des Textkomplexes Esr 1-3 lassen hingegen nicht darauf schließen, dass hier notwendigerweise eine verwaltungstechnische Einheit im Blick ist. Esr 1,2 f nennen Juda (wie Esr 2,1b) immer nur in

---

294 Vgl. Rudolph, Esra, S. 6; Myers, Ezra, S. 10; Mowinckel, Studien I, S. 63; Gunneweg, Esra, S. 51 Anm. 1a; Williamson, Ezra, S. 33; Blenkinsopp, Ezra, S. 84; Hieke, Esra, S. 82; Grabbe, Ezra, S. 13.
295 Galling, Studien, S. 93. Vgl. hierzu auch Alt, Rolle Samarias, S. 316–337.
296 Fensham, Books, S. 48. Vgl. auch Fensham, Mĕdînâ, S. 795–97. Dagegen Schunck, Nehemia, S. 210.
297 Vgl. z. B. Japhet, Sheshbazzar, S. 86; Willi, Juda, S. 29 f; Kratz, Statthalter, S. 93–101; Hieke, Esra, S. 45–47; Grätz, Edikt, S. 273; ders., Essay, S. 171–184. Vgl. auch Kap. 3.3.1 V. 5-8.
298 Fensham, Mĕdînâ, S. 795. Vgl. auch Grabbe, History 1, S. 141.
299 Willi, Juda, S. 18 Anm. 1.
300 Vgl. Halpern, Commentary, S. 96.
301 Siehe Kap. 3.3.1 V. 1-4.

Verbindung mit Jerusalem (nicht Mizpa!) als Zentrum, Esr 1,8 spricht anachronistisch von dem „Fürsten" (nicht dem Statthalter!) Judas und Esr 1,5 suggeriert eine Unterteilung in die Stämme Juda und Benjamin. An all diesen Stellen scheint daher zunächst ein „Land der Väter", ein (vages) vorexilisches Gebiet Judas, im Fokus zu stehen und weniger ein politischer Bezirk. Dass המדינה in Esr 2,1 also ohne Bezugswort steht, ist – auch wenn mit Blick auf Esr 5,8 die Verwaltungseinheit Juda mitgedacht werden kann – deshalb umso auffälliger. Es ist daher zu überlegen, ob durch die Vermeidung einer Konstruktion wie beispielsweise מדינת יהודה in 2,1a nicht vielleicht sogar ganz bewusst verwaltungstechnische bzw. politische Grenzen ignoriert werden und המדינה an dieser Stelle eher als eine nicht klar abgegrenzte Landschaft denn als persische Provinz gedacht werden muss.

Esr 2,1 dient als Einleitung in die folgende Liste und verknüpft diese mit dem Geschehen in Esr 1. Die lange Constructus-Verbindung in 2,2b (מספר אנשי עם ישראל) hingegen ist dabei als eigentliche Überschrift der unmittelbar anschließenden Personenliste anzusehen. Während die Bezeichnungen אנשי ישראל und בני ישראל für das Volk Israel häufig vorkommen und auch עם ישראל mehrfach im Alten Testament belegt ist,[302] findet sich die Kombination אנשי עם ישראל ausschließlich in Esr 2,2//Neh 7,7. Es ist daher besonders im Hinblick auf die oben genannten Listeneinleitungen in Gen 46,8; Ex 1,1; Num 26,4b auffällig, dass die sonst so geläufigen בני ישראל mit Ausnahme von Esr 3,1 an keiner anderen Stelle in Esr 1-3 erwähnt werden.

Die Einleitung schließt in Vers 2,1 mit der Rückkehrnotiz V. 1b zunächst ab. Zusammen mit der Siedlungsnotiz in 2,70 bildet 2,1 einen Rahmen, der durch die Narrative שוב (V. 1) und ישב (V. 70) die Rückkehr zusammenfasst. V. 2b ist sodann als eigentliche Überschrift der Liste zu betrachten, die sich auf die in V. 3-35 genannten Laien bezieht, während das Tempelpersonal jeweils eigens eingeleitet wird (V. 36.40.41.42.43.55). An das zusammenfassende איש לעירו in Esr 1,1b schließt sich jedoch zunächst noch in V. 2a ein אשר-Satz an, der elf Personennamen auflistet. Mit Blick auf die Tradition in 3 Esr 5,8, die τῶν προηγουμένων αὐτῶν ergänzt, wird dabei deutlich, dass der Text diese elf Personen wohl als Anführer der heimkehrenden Gruppe(n) verstanden haben will.

Die Apposition אשר־בוא עם־ klappt jedoch merkwürdig nach, so dass der Text hier brüchig erscheint. Auch Gunneweg bemerkt, dass V. 2 „wenig elegant an V 1 angeschlossen"[303] ist, rechnet allerdings damit, dass die Einleitung V. 1 f in dieser Form schon bei der Einfügung der Liste von einem chronistischen Verfasser eingetragen wurde. Da die Einleitung bereits in V. 1 zu einem Abschluss gekommen

---

302 אנשי ישראל findet sich vor allem in 1/2 Sam, בני ישראל ist in der gesamten Tora sowie den Vorderen Propheten und 1/2 Chr sehr gebräuchlich.
303 Gunneweg, Esra, S. 58.

ist, der zweite אשר-Satz sich aber nochmals auf den Anfang von V.1 (הגולה ...)
zurückbezieht und den Lesefluss unterbricht, ist mit einer nachträglichen Einfügung zu rechnen.[304] Die Parallele in Neh 7,7 hat hier stattdessen ein Partizip
הבאים, so dass der Anschluss glatter wirkt. An dieser Stelle wird deutlich, dass
die „Syntax des Nachtrages Esr 2,2 [...] in Neh 7,7a an 7,6/Esr 2,1 angeglichen" ist.[305]

Der Nachtrag in Esr 2,2 bietet elf Namen, Neh 7,7 hingegen zwölf. Die meisten
Kommentare ergänzen daher in Esr 2,2 nach Neh einen zwölften Namen.[306] Grund
dafür ist die theologische Bedeutung der Zwölfzahl, als heilsgeschichtliche Erinnerung an das Zwölfstämmevolk. „The aim is to show that those returning were
representatives of Israel in its full extent (twelve tribes) and thus perhaps to
provide an echo of the first Exodus."[307]

Wie oben dargestellt, ist jedoch vielmehr davon auszugehen, dass Scheschbazzar, der zuvor erwähnte נשיא Judas, der sich bereits in Esr 1,11 in einer führen-
den Rolle hervorgetan hatte, bei der Auflistung der Anführer mitzuzählen und
der Text daher nicht nach Neh zu ergänzen ist.[308] Erst der neue Kontext der Liste
in Neh 7 hat dann den Verfasser veranlasst, einen zwölften Namen zu generie-
ren.[309] Es ist zu überlegen, ob der für Esr 2,2a verantwortliche Redaktor bei der
Ergänzung der elf Namen nicht vielleicht auch jene zwölf Männer bzw. Fürsten im
Sinn hatte, die der Zählung bzw. Lagerung der Stämme in Num 1,1-16 (איש); 2,2-32
(נשיא) vorstanden. Dies könnte durch die Titulatur Scheschbazzars in Esr 1,8 und
ihren Anklang an die Tradition in Num 2,3-31; 7,1-83; 34,18-28 verursacht sein.[310]

Die Zwölfzahl der Stämme Israels spielt im sonstigen Textkomplex Esr 1-3
keine Rolle. In Esr 1,5 sind von den zwölf Stämmen ausdrücklich nur Juda und
Benjamin sowie die Leviten genannt, und auch Esr 2 ist – anders als die Listen
der Israeliten im Pentateuch oder in Chr – nicht nach den zwölf Stämmen sortiert.
„Der Bezug auf das Zwölfstämmevolk entspricht nicht dem Aufbau der Liste,
findet sich aber ähnlich in dem zu den Verfasserabschnitten gehörenden Vers
6,17, wo die Sühnopfer für Israel entsprechend der Zahl der zwölf Stämme dargebracht werden."[311] Die Vorstellung, dass das Volk Israel durch die zwölf Stämme
repräsentiert wird, ist daneben auch essenzieller Bestandteil der chronistischen

---

304 Vgl. Kratz, Komposition, S. 64.
305 Kratz, Komposition, S. 64. Anders Heckl, Neuanfang, S. 61.
306 Vgl. Rudolph, Esra, S. 6; Mowinckel, Studien I, S. 63 Anm. 2; Gunneweg, Esra, S. 51 Anm. 2 f;
Kidner, Ezra, S. 40; Williamson, Ezra, S. 24 Anm. 2d; Blenkinsopp, Ezra, S. 84.
307 Williamson, Ezra, S. 32.
308 Vgl. auch Kratz, Komposition, S. 64. Siehe auch Kap. 2.2.1.
309 Vgl. Kap. 2.2.1.
310 Vgl. hierzu Kap. 3.3.1.
311 Rothenbusch, Tora, S. 90 mit Myers, Ezra, S. 17.

Theologie.[312] In den Chronikbüchern „all twelve tribes of Israel are regarded as necessary to the fulness of the people".[313]

Die ersten beiden Namen der „Anführerliste" gehören den Protagonisten des Zweiprophetenbuches Hag-Sach, Serubbabel und Jeschua (vgl. Hag 1,1.12.14; 2,2.21; Sach 3,1; 4,6-9), die auch in Esr 3 eine wichtige Rolle spielen.[314] Nehemia und Seraja wiederum lassen an die beiden Protagonisten des Esr-Neh-Buches denken. Sowohl Seraja als auch die in Neh vertretene Variante Azarja finden sich in Esr 7,1 in der Filiation Esras als Vater bzw. Großvater Esras wieder. Azarja kann zudem als Nebenform zu Esra gelesen werden,[315] doch ob hier eine Identifikation intendiert ist, lässt sich nicht abschließend sagen. Mordechai erinnert an den Helden des Esterbuches; Bigwai ist wohl von Bagohi abgeleitet, dem Namen des judäischen Statthalters, der durch die Elephantine-Papyri TAD A4.7; A4.9 für das 5. Jh. v. Chr. belegt ist.[316] Rehum ist auch der Name des Beamten aus Esr 4,8, der einen Beschwerdebrief an Artaxerxes verfasst. Sechs der Namen (Nehemia, Seraja, Jeschua, Bigwai, Rehum, Baana) begegnen überdies auch in der Liste Neh 10, in der sich das Volk auf das Gesetz verpflichtet. Die Namen Reelaja, Bilschan, Mispar/Aspadat hingegen sind (bis auf ihre Parallele in Neh) einmalig im Alten Testament. Es fällt also auf, dass „several names on it are of prominent individuals but whose activities seem to lie in a different context (Nehemiah, Ezra?, Mordecai, Bilshan, Bigvai?); a couple of the names are otherwise attested in the time of Nehemiah (Baanah, Rehum?)".[317]

Da sich die Namen teilweise zu unterschiedlichen Zeitpunkten in der uns überlieferten Geschichte einordnen lassen, wurde immer wieder angenommen, dass es sich hier und im Folgenden (V. 3-67) um die Kompilation einzelner, sukzessiver Rückkehrerzüge und deren Anführer handelt.[318] Auch wenn man davon ausgeht, dass uns hier für diese Epoche sehr geläufige Namen vorliegen, lässt sich in diesem Zusammenhang dennoch von einer „remarkable coincidence between a number of the names and individuals important elsewhere in the literature of this period"[319] sprechen. Dies lässt vermuten, dass es sich weniger um

---

312 Vgl. Japhet, Ideology, S. 278; Williamson, Israel, S. 96; Willi, Chronik, S. 55; Kratz, Komposition, S. 52; Oswald, Staatstheorie, S. 270.
313 Williamson, Israel, S. 96.
314 Vgl. hierzu auch Kap. 3.3.3.
315 Vgl. Blenkinsopp, Ezra, S. 85. So auch Mowinckel, Studien I, S. 65; Gunneweg, Esra, S. 57.
316 So schon Rudolph, Esra, S. 6. Vgl. auch Blenkinsopp, Ezra, S. 85; Schunck, Nehemia, S. 197.
317 Grabbe, Ezra, S. 14.
318 Vgl. Williamson, Ezra, S. 32: „Since these number exactly twelve and since Scheschbazzar is not included, it is likely that the whole of this heading is a slightly artificial construction, listing a selection of those who were prominent in the various returns between 537 and 520 B.C." So auch Mowinckel, Studien I, S. 65 f; Blenkinsopp, Ezra, S. 84; Schunck, Nehemia, S. 209.
319 Grabbe, Ezra, S. 13.

eine Liste von Anführern tatsächlicher Heimkehrergruppen handelt, sondern dass sich der Redaktor verschiedener Namen als Traditionsgut bedient hat. Grabbe zieht neben der möglichen Echtheit der Anführerliste Esr 2,2 als weitere Deutungsmöglichkeiten in Erwägung, dass die Liste „has been cobbled together from a collection of general names for this period".[320] So könnte mit dieser Kompilation eine Erinnerung an wichtige Persönlichkeiten vorliegen, die in der schriftlichen oder mündlichen Tradition mit der Epoche der Perserzeit in Verbindung gebracht wurden.[321]

Während es sich also bei Esr 2,2a um eine nachträgliche Ergänzung handelt, die eine neue theologische Nuance, nämlich die des Zwölfstämmevolks, einträgt, bildet die Einleitung V. 1 zusammen mit der Überschrift V. 2b den Auftakt zur Rückkehrerliste. V.1 und V. 2b sind dabei nicht etwa als konkurrierende Einleitungen der Liste zu verstehen, sondern ergänzen einander. Während 2,1 (parallel zu 1,7 f) von der Rückkehr berichtet und die Verknüpfung zu Esr 1 herstellt, dient Esr 2,2b (parallel zu 1,9a) als Überschrift für die nun folgende Auflistung bzw. Zählung und gleichzeitig als erstes Gliederungsmerkmal der Liste, indem es zunächst die Laien herausstellt.[322] Der Frage, ob Esr 2,2b nun die originäre Überschrift einer ursprünglich eigenständigen Liste darstellt, die als Quelle in Esr 2 verarbeitet wurde, soll in Kap. 4 ausführlich nachgegangen werden.

V. 3-35:
Nach der Überschrift folgt nun eine Auflistung von Personengruppen nach Namen bzw. Orten. Da bereits in Esr 1,5 und anschließend auch wieder in 2,68 von den ראשׁי האבות als Akteuren die Rede ist, ist davon auszugehen, dass es sich bei den nach dem Schema בני (אנשׁי) + *Personen-/Ortsname* aufgelisteten Gruppen um eben jene Vaterhäuser (בית האבות) handelt.[323] Während in V. 3-19[.20] Personennamen vorliegen, folgt sodann eine Liste, die mehrheitlich Ortsnamen beinhaltet (V. 21-35). Die jeweils folgenden Zahlenangaben sowie die in V. 64 präsentierte

---

320 Grabbe, Ezra, S. 14.
321 Auch Blenkinsopp, Judaism, S. 82 bemerkt: „This part of the list appears to have been assembled from the names of leading figures occuring throughout the book [...]."
322 Vgl. auch Clines, Ezra, S. 47: „The term people of Israel for the lay members of the community is an old priestly usage (cf. Num 2:32 f., 'The Levites were not numbered among the people of Israel'; similarly, 'Israel' in Ezr. 10:25). "
323 Vgl. auch Karrer, Ringen, S. 89: „Diese Einheiten als ‚Vaterhäuser' aufzufassen, liegt umso näher, als in Esr 2,59//Neh 7,61 vom בית אבותם derer, die hinaufzogen, die Rede ist." Zur Bedeutung der בית האבות bzw. der Auflistung nach Vaternamen vgl. Kap. 5.1.

Gesamtsumme von 42 360 sind überaus hoch und entsprechen daher kaum der tatsächlichen Bevölkerungszahl des perserzeitlichen Jehuds.[324]

Die Personennamen in V. 3-19 sind vorwiegend entweder Hapaxlegomena oder auf das Esr-Neh-Buch sowie 1/2 Chr beschränkt.[325] In zwei Fällen (V. 6.16) liegt eine durch לְ eingeleitete Apposition vor, die eine Personengruppe näher bestimmt.[326] Insgesamt fällt auf, dass – anders als in den übrigen Listen des Esr-Neh-Corpus – nur wenige Personennamen überhaupt ein jahwistisch theophores Element aufweisen (V. 6: Jeschua, Joab; V. 7: Schefatja; V. 16: Hiskija).[327] In manchen Fällen handelt es sich möglicherweise um Hypocoristica (Zaccai, Bani).[328] „Others again appear to have originated as nicknames (Parosh = flea, Jorah/Hariph = wintry?)"[329] oder Titel (Pachat-Moab). Nicht alle Namen sind zudem hebräisch. Bigwai ist als semitische Wiedergabe des persischen Eigennamens *Bagavahya* zu verstehen,[330] Bezai „contains the name of the Egyptian demon Bes as theophoric element".[331] Kurzum handelt es sich hierbei um eine Auflistung von Namen, die – schaut man sich allein die Liste in Esr 8 zum Vergleich an – wenig „fromm" und zum Teil fremdartig klingen. Ein weiterer Personenname liegt wahrscheinlich auch in V. 20 vor:[332] גבר (LXX: Γαβερ) ist ein Hapaxlegomenon und möglicherweise von der Wurzel גבר *qal* „stark/überlegen sein" abgeleitet.[333] Als Eigenname findet sich der Konsonantentext nur mit der Vokalisation גֶּבֶר in 1 Kön 4,13.19. Neh bietet hier hingegen die Ortschaft גבעון. Die Tatsache, dass dieser Name jedoch einige Verse entfernt von den anderen drei Gibeoniterstädten Kirjat-Jearim, Kefira und Beerot in V. 25 (vgl. Jos 9,17; 18,25-28) steht, lässt vermuten, dass גבעון in Neh sekundär ist.

Anders als bei den oben präsentierten Personennamen folgen ab V. 21 mehrheitlich in der alttestamentlichen Tradition gut belegte Ortschaften,[334] deren Lagen inzwischen größtenteils identifiziert sind (z. B. Bethlehem, Netofa, Lod, Chadid, Ono, Jericho etc.).[335] „Vergleicht man die territoriale Verteilung der

---

324 Vgl. hierzu Exkurs 2 sowie Kap. 3.3.2 V. 64-67.
325 Siehe Anhang.
326 Vgl. Jenni, Präpositionen 3, S. 46 Rubrik 173 sowie Kap. 3.2.1.
327 Vgl. hierzu auch Mowinckel, Studien I, S. 80 f; Becking, Construction, S. 63.
328 Vgl. Blenkinsopp, Ezra, S. 86.
329 Blenkinsopp, Ezra, S. 86.
330 Vgl. Becking, Construction, S. 63.
331 Becking, Construction, S. 63.
332 So auch Schunck, Nehemia, S. 199.
333 Vgl. hierzu auch Anm. 20a zu Esr 2,20.
334 Schon Passagen wie beispielsweise Jos 9; 18; 2 Sam 23 und Jes 10 bezeugen viele der genannten Ortscluster.
335 Vgl. Schunck, Nehemia, S. 213. Für einen ausführlichen Überblick über die einzelnen Surveys und Ausgrabungen der Ortschaften vgl. Finkelstein, Geographical Lists, S. 60–68.

genannten Ortschaften, so fällt auf, daß sie alle – abgesehen von den in V. 37 [*Anm.*: gemeint ist die Parallele Neh 7,37//Esr 2,33] genannten Orten Lod, Hadid und Ono – im Umkreis von Jerusalem liegen."[336] Dennoch ist für eine Reihe von Namen noch nicht abschließend geklärt, um welche Ortslagen es sich handelt bzw. ob in diesen Fällen überhaupt Ortsnamen vorliegen.

Schwieriger einzuordnen ist zunächst der Name Asmawet (V. 24: עזמות), in Neh 7 mit בית־עזמות bezeichnet. Dieser findet sich alttestamentlich des Öfteren als Personenname.[337] Möglicherweise soll die in Neh 7,28 belegte Konstruktion בית־עזמות herausstellen, dass es sich hier dezidiert um einen Ortsnamen handelt. Es ist dabei möglich, dass das בית־ in Esr 2 aufgrund einer Haplographie (בני בית־) ausgefallen ist. Darüber hinaus wird בית־עזמות auch in Neh 12,29 eindeutig als Ort verstanden. Dass dieselben Namen gleichzeitig für Personen und Orte verwendet werden können, ist ein bekanntes Phänomen.[338] Im Hinblick auf die Belege in Neh ist es daher naheliegend, hier einen Ort anzunehmen. „The village has been identified as modern Hizmeh [...], a suggestion first made by Robinson and widely accepted by scholars [...]."[339] Dieser Ort nördlich von Jerusalem zwischen Geba und Anatot „has provided archaeological remains from the 2nd Temple period".[340]

Vor allem die Verse 29-32.35 sind in der Forschung häufig diskutiert worden, da die genannten Namen entweder nicht eindeutig mit entsprechenden Orten identifiziert oder für Personennamen gehalten werden können. Für Nebo (V. 29: נבו bzw. נבו אחר in Neh) sind zunächst drei verschiedene Identifikationen denkbar: der Ort nahe des ostjordanischen Berges Nebo auf moabitischem Gebiet,[341] der benjaminitische Ort Nob (נב)[342] nordöstlich von Jerusalem oder ein noch unbekannter Ort Nebo auf judäischem Gebiet. In letzterem Fall wird gelegentlich eine Identifikation mit dem heutigen *Nûbā*, nordwestlich von Bethzur vorgenommen.[343] Da die anderen in der Liste genannten Orte vornehmlich auf benjaminitisch-judäischem Gebiet liegen, wird die Gleichsetzung mit dem ostjordanischen Nebo

---

336 Schunck, Nehemia, S. 212.
337 So in 2 Sam 23,31 und mehrfach in den Chronikbüchern; vgl. hierzu Schley, Art. Azmaveth, S. 539.
338 Beispielsweise enthalten die genealogischen Angaben der Musterungsliste Num 26 einige Ortsnamen (z. B. in den Versen 31-33), die in diesem Kontext jedoch als Personennamen bzw. Eponyme Verwendung finden. Vgl. Olson, Death, S. 67; Gottwald, Tribes, S. 268.
339 McGarry, Art. Azmaveth, S. 540. Vgl. auch Albright/Bacon, Excavations, S. 156 f; Abel, Géographie II, S. 257 f; Finkelstein, Geographical Lists, S. 63. So auch Gunneweg, Esra, S. 60; Blenkinsopp, Esra, S. 86; Clines, Ezra, S. 51.
340 McGarry, Art. Azmaveth, S. 540.
341 Vgl. Cogan, Men, S. 37–39; Williamson, Ezra, S. 26 Anm. 29.b; Schunck, Nehemia, S. 199.
342 Vgl. die vorsichtigen Vermutungen bei Gunneweg, Esra, S. 60; Blenkinsopp, Ezra, S. 87.
343 Vgl. Abel, Géographie II, S. 398; Simons, Geographical, S. 380; Bowman, Ezra, S. 581; Schoville, Ezra, S. 55. Vgl. Ferch, Art. Nebo, S. 1056.

meist bestritten.[344] Dass dieser im Alten Testament häufiger erwähnte Ort nicht gemeint ist, könnte durch die Bezeichnung נבו אחר in Neh 7,33 angedeutet werden. Gegen die Annahme, mit נבו sei das benjaminitische נב gemeint, spricht hingegen die Plene-Schreibung am Wortende. Wahrscheinlich ist daher ein dritter (judäischer?) Ort Nebo anzunehmen, der noch nicht sicher lokalisiert ist. Auch wenn die These, hierbei handle es sich um das moderne *Nûbā*, bisher nicht abschließend bestätigt werden konnte und die Gefahr einer Zirkularität der Argumentation in sich birgt, ist eine Identifikation aufgrund der Namensähnlichkeit sowie der Lage südlich von Jerusalem als Möglichkeit in Betracht zu ziehen.

In der alttestamentlichen Tradition sonst nicht weiter bezeugt ist der Name מגביש (V. 30), ein Hapaxlegomenon, das in Neh fehlt. Die Etymologie ist unklar. Möglicherweise liegt hier die *maqtil*-Bildung einer biblisch-hebräisch nicht belegten Wurzel *גבש vor. Zadok folgert aufgrund der Belege „*Ga-ba-še* at Ugarit and MHeb. *gabšûšît* 'height, hill'": „*Magbîš* (PE) probably derives from G-B-Š 'be firm, massive' [...]."[345] Sehr wahrscheinlich liegt also auch hier ein Ortsname vor, dessen Lage bisher noch nicht mit Sicherheit bestimmt worden ist. Mit Abel wird מגביש gelegentlich mit *Khirbet el-Makhbiye* südwestlich von Jerusalem identifiziert,[346] „a site which has yielded Persian-period remains".[347]

Unter den ab V. 21 genannten Ortslagen fallen weiterhin die beiden Verse 31 f auf, die zugleich auch als Personennamen in derselben Liste belegt sind und auch im restlichen Textkorpus des Esr-Neh-Buches (Esr 8,7; 10,2.26; Neh 10,6.15; 12,5) als solche verstanden werden.[348] Die Erwähnung von עילם אחר (V. 31) ist insofern auffällig, als sich auch in V. 7 der Personenname עילם mit der gleichen Zahlenangabe von 1 254 findet. Entweder ist hier also mit einem versehentlichen Duplikat oder einer Angleichung der Zahlen zu rechnen.[349] Letzteres schließt mithin nicht aus, dass auch hier eine Ortschaft gemeint gewesen sein kann. Abel nimmt hier das ebenfalls im Süden gelegene *Beit 'Alam* östlich von Maresha an.[350] Auch hier könnte das אחר darauf hindeuten, dass nicht das sonst bekannte Elam gemeint war.[351]

---

344 Vgl. z. B. Rudolph, Esra, S. 9; Ferch, Art. Nebo, S. 1056; Gunneweg, Esra, S. 60.

345 Zadok, Pre-Hellenistic, S. 124.

346 Vgl. Abel, Géographie II, S. 373, 398; Schoville, Ezra, S. 55. Vgl. Herion, Art. Magbish, S. 463. Dagegen identifiziert Simons, Geographical, S. 380 den Ort mit dem etwas weiter südlich gelegenen Khirbet Qanan Mugheimis.

347 Herion, Art. Magbish, S. 463.

348 Vgl. hierzu auch Blenkinsopp, Ezra, S. 87.

349 Vgl. Simons, Geographical, S. 381; Williamson, Ezra, S. 26 Anm. 31.a.

350 Vgl. Abel, Géographie II, S. 398. So auch Simons, Geographical, S. 381; Schoville, Ezra, S. 55.

351 Dass es sich hierbei um das Land Elam östlich des Tigris handelt, ist unwahrscheinlich. Vgl. auch Gunneweg, Esra, S. 60.

חרם (V. 32) ist in der gleichen Vokalisierung in Esr 2,39 als Priestergeschlecht und auch sonst des Öfteren als Personenname belegt.[352] Es ist nicht auszu-schließen, dass hier ein Personenname versehentlich an diese Stelle in der Liste gerutscht ist. Vor allem unvokalisiert betrachtet ist jedoch zu überlegen, ob es sich nicht auch in diesem Fall um einen Ortsnamen handeln könnte. „The presence of Harim in a section with many geographic names (Ezra 2:21-35) raises the possibility that this family's name was derived from a place rather than a person."[353] Entsprechend vermutet Abel hier das nordöstlich von Marescha gelegene *Khirbet Horān*.[354]

Auch סנאה ist als Ortschaft sonst nicht belegt und zudem etymologisch unklar. Vor allem aufgrund der damit verbundenen hohen Personenzahl von 3 630 ist die Bedeutung dieses Namens immer wieder diskutiert worden. So schlägt bereits Meyer vor, hier die Wurzel שׂנא *qal* „hassen" anzunehmen und in Anlehnung an Jes 60,15 (das sonst in der Auflistung fehlende) Jerusalem als שׂנואה/ס „die Verhasste" zu lesen.[355] Gemeint sei damit „der nicht besitzende und auch keiner wohlhabenden Innung angehörige Theil der Stadtbevölkerung von Jerusalem, der sich neu gebildet hatte, wenn er auch damals noch nicht zahlreich war".[356] Wie jedoch schon Rudolph bemerkt, ist eine solche Bezeichnung für eine sich sonst als offizielles Dokument stilisierende Liste eher ungewöhnlich.[357] Auch dass diese Personengruppe nach V. 64 zur Gemeinde (קהל) gezählt wird, spricht eher gegen diese Vermutung. Wie oben dargestellt,[358] ist vielmehr auch hier mit einem Ortsnamen zu rechnen, der möglicherweise von סנה „Dornbusch, Strauch" abgeleitet ist.[359] Da die Söhne Senaa auch in der Mauerbauliste Neh 3,3 unmittelbar mit den Männern Jerichos (Neh 3,2) zusammenstehen, vermutet Abel, dass es sich hierbei um das bei Eusebius acht bzw. in der Übersetzung Hieronymus' sieben Meilen von Jericho entfernte Magdalsenna („Turm von Senaa") aus Num 34,4 handelt. Dieses identifiziert er mit dem ca. 11 km südwestlich von Jericho gelegenen *Khirbet el-ʿAuǧa el-Fōqa*.[360] Dieser Annahme sind verschiedene Kommentare gefolgt.[361] Oft wird dabei jedoch auf die Schwierigkeiten

---

352 Vgl. Batten, Books, S. 81.
353 Bergdall, Art. Harim, S. 60.
354 Vgl. Abel, Géographie II, S. 398. So auch Simons, Geographical, S. 381; Schoville, Ezra, S. 56.
355 Vgl. Meyer, Entstehung, S. 150.
356 Meyer, Entstehung, S. 156.
357 Vgl. Rudolph, Esra, S. 9. So auch Williamson, Ezra, S. 34; Schunck, Nehemia, S. 214.
358 Vgl. Anm. 35a zu Esr 2,35.
359 Vgl. hierzu auch Zadok, Pre-Hellenistic, S. 78.
360 Vgl. Abel, Géographie II, S. 455. Siehe auch Eusebius, Onomasticon 154,16.
361 So auch Bowman, Ezra, S. 582; Clines, Ezra, S. 53; Schoville, Ezra, S. 56. Vorsichtiger Williamson, Ezra, S. 34; Blenkinsopp, Ezra, S. 87.

hingewiesen, die die hohe Personenzahl von 3 630 Rückkehrern für die Interpretation mit sich bringt: „in that case the settlement of so many people in such a remote and inhospitable region remains unexplained."[362] Dagegen sind jedoch die generell sehr hohen Angaben in dieser Liste zu bedenken; man vergleiche allein schon die Zahlen in Esr 2,3.6.7.12.14.31, die allesamt vierstellig sind.

Insbesondere für die Namen Elam (V. 31) und Charim (V. 32), die auch als Personennamen in den Texten vorkommen, kann wohl nicht abschließend geklärt werden, ob es sich um Personen oder um Orte handelt. Es besteht einerseits die Möglichkeit zur Annahme, die nach Personen- und Ortsnamen sortierte Liste sei hier absichtlich oder unabsichtlich in Unordnung geraten. Denn es ist nicht auszuschließen, dass – wie bereits ein Vergleich zu der Parallele Neh 7 zeigt – in der Tradierung der Liste Zeilen verrutscht sind, doppelt überliefert oder einzelne Orte und Namen unten angefügt wurden.[363] Dennoch lässt sich dies schon aufgrund des elliptischen Charakters der Gattung Liste nicht eindeutig nachweisen. Schunck geht bei Nebo, Elam und Harim sowie Senaa von Sippennamen aus, die nachträglich ergänzt wurden. Als Begründung nennt er deren Konstruktion mit בני.[364] Doch wie erwähnt, lässt sich für die Liste Esr 2 par. keine konsequente Unterteilung in Personennamen mit בני und Ortsnamen mit אנשי ausmachen.[365] Andererseits ist es ebenso möglich anzunehmen, dass es sich in allen Fällen um Ortsnamen handelt, denn „since a number certainly are geographical and since this applies to names introduced both by בני 'sons/inhabitants of' and אנשי 'men of,' it is probable that they all should be so understood [...]".[366]

Eine archäologische Lokalisierung wird dabei in den oben beschriebenen Fällen (V. 29-32) vor allem durch die Ähnlichkeit zu modernen oder überlieferten Ortsnamen sowie die Datierung der Funde vorgenommen.[367] Oft lassen sich jedoch aufgrund des beschränkten Fundmaterials und der schlechten Quellenlage die vermuteten Identifizierungen bzw. Lokalisierungen weder verifizieren noch falsifizieren. Im Rahmen der Lokalisierung des Ortes Nebo argumentiert Abel, „ce qui répond au contexte, car ʿEilam répond à *Beit ʿAlam*, Ḥârim à *Kh. Horān*, Magbiš

---

362 Blenkinsopp, Ezra, S. 87. Ähnlich auch Williamson, Ezra, S. 34.

363 So beispielsweise Galling, Bücher, S. 189 f; Rudolph, Esra, S. 17; Gunneweg, Esra, S. 60, die sukzessive Nachträge ab V. 29 annehmen.

364 Vgl. Schunck, Nehemia, S. 213.

365 Siehe hierzu Kap. 3.2.2 und 5.1. Vgl. auch Fensham, Books, S. 51: „One cannot maintain that 'the men of' refers to place names and 'the sons of' refers to personal names; see, e. g., [...]. The two ways of expressing the inhabitants of localities are a stylistic device and nothing more."

366 Williamson, Ezra, S. 33. Ähnlich auch Grabbe, History 1, S. 135.

367 Zur Methodik der Identifizierung alter Ortslagen anhand von Quellen, Namensanalysen und der Auswertung der archäologischen Ergebnisse vgl. Aharoni, Land, S. 128–133.

à *Maḥbiyé.*[368] In methodischer Hinsicht ist hier jedoch die Gefahr des Zirkel-schlusses evident, da nicht allein die Tatsache, dass potenzielle Orte in einer Liste beieinanderstehen, als Begründung dafür dienen kann, möglichst passende Ortslagen in derselben geographischen Umgebung zu suchen. Hinzu kommt die Problematik von Erzählzeit und erzählter Zeit. Müssen für die genannten Orte per-serzeitliche Siedlungen nachweisbar sein oder reflektiert die Liste vielleicht sogar eigentlich hellenistische Gegebenheiten? Auch wenn also mit einiger Wahrschein-lichkeit auch für die Verse 29-32 eine Ortslagenliste angenommen werden kann, sind deren derzeitige Lokalisierungen gleichwohl mit Vorsicht zu gebrauchen.[369]

Die mit einiger Sicherheit identifizierbaren Orte (V. 21-28.33 f)[370] befinden sich größtenteils auf benjaminitischem Gebiet bzw. nördlich von Jerusalem. Auffällig ist dabei, dass weder Jerusalem selbst noch das Verwaltungszentrum Mizpa in der Liste Erwähnung finden.[371] Zudem ist zu beobachten, dass die Orte in einer auf den ersten Blick chaotisch anmutenden Reihenfolge aufgelistet werden: „There seems to be no clear topographical order in the listing of these place-names. They begin in the south, then go north, then northwest and southwest, concluding with the points furthest west and east." Wie bereits erwähnt, liegen alle Orte im Umkreis von Jerusalem.[372] Von diesem als Zentrum ausgehend wird jedoch ein Aufzählungssystem deutlich: Beginnend mit Bethlehem und Netofa im Süden werden verschiedene „Ortscluster" im Umkreis von Jerusalem von innen nach außen beschrieben.[373] Von dort aus wandert die Auflistung nach Asmawet und Anatot nordöstlich von Jerusalem, danach weiter nach Westen zu der Gibe-onitertrias Kirjat-Jearim, Kefira und Beerot. Die Erwähnung von Rama, Geba und Michmas weitet den Umkreis nun nach Norden aus. Darauf folgen Bethel und Ai als Ortscluster, das am weitesten in nördlicher Richtung von Jerusalem ent-fernt ist. Wandert die Aufzählung also von innen nach außen, ist es auch nicht

---

368 Abel, Géographie II, S. 398.

369 Vgl. hierzu auch Clines, Ezra, S. 52: „It is possible to equate Nebo, Magbish, Elam and Harim with four modern place names, 10-15 m. south-west of Jerusalem (Nuba, Kh. Maḥbiyeh or Kh. Qanan Mugheimis [...], Beit ʿAlam, Kh. Hôrân), but in the absence of evidence of Israelite towns of this name, the identification is precarious."

370 Vgl. hierzu auch die Übersicht bei Finkelstein, Geographical Lists, S. 60–68. Finkelstein zu-folge sind die Orte Netofa, Nebo und Senaa „not sufficiently well established" (Zitat S. 60 f), auf die Namen Magbisch, Elam und Harim geht er nicht ein.

371 Vgl. Schunck, Nehemia, S. 212.

372 Vgl. auch Schunck, Nehemia, S. 213.

373 Ähnlich auch schon Myers, Ezra, S. 17 f: „If all except Gibeon are to be identified as places, then there is a certain order to be observed, as well as a grouping that seems to stem from reports of investigating committees sent to the regions involved, for example, in the order of the comple-tion of work [...]." Dem folgt Fensham, Books, S. 52.

verwunderlich, dass nun weitere Orte an der Peripherie genannt werden. Mit einiger Vorsicht – auch im Hinblick auf die Gefahr der Zirkularität – kann möglicherweise auch für die in V. 29-32 genannten Namen (Nebo, Magbisch, Elam, Harim) ein Ortscluster südwestlich von Jerusalem nahe der Grenze zu Idumäa angenommen werden.[374] In der nordwestlichen Peripherie befindet sich sodann die Gruppe Lod, Chadid und Ono. Unter der Annahme, dass es sich bei Senaa um das besagte Magdalsenna nördlich von Jericho handelt, wäre auch für die beiden letztgenannten Orte Jericho und Senaa ein Gebiet im äußeren Nordosten der Provinz anzunehmen. Die Ordnung der Liste beruht also auf der Auflistung verschiedener Ortsgruppen nach zunehmender Entfernung von Jerusalem.

Bei der Betrachtung der Ortsliste fällt auf, dass sich die Städte Lod, Chadid und Ono mit einiger Wahrscheinlichkeit nicht innerhalb der perserzeitlichen Grenzen der Provinz Jehud befunden haben.[375] Albrecht Alt vermutete auf Basis der Städtelisten im Buch Josua, dass diese Orte unter der Expansionspolitik Joschijas dem Südreich einverleibt wurden und somit Teil der maximalen Ausdehnung Judas vor dem Exil waren.[376] Archäologische Funde haben diese Annahme bisher jedoch noch nicht bestätigt. „Ob und inwieweit es Joschija wirklich gelungen ist, auch außerhalb der Grenzen von Juda und Benjamin das Gebiet unter seine Kontrolle zu bringen, bleibt unklar."[377] Nachexilisch sind diese drei Städte wohl erst in hasmonäischer Zeit (2. Jh. v. Chr.) zu dem politischen Gebiet Judas bzw. Judäas hinzuzurechnen (vgl. 1 Makk 11,34; 12,38; 13,13),[378] was gelegentlich Anlass zu der Annahme gegeben hat, V. 33 sei ein redaktioneller Nachtrag bzw. Teil einer sukzessiven Ergänzung.[379] Williamson vermutet andererseits: „The evidence thus points rather strongly to the view that these are the towns from which the people had been exiled, and not necessarily in every case those to which they returned."[380]

---

374 So z. B. Abel, Géographie II, S. 398; Myers, Ezra, S. 18; Schoville, Ezra, S. 55 f, die die im Süden beieinander liegenden Orte *Nûbā*, *Maḥbiyé*, *Beit 'Alam*, *Khirbet Horān* identifizieren.

375 Vgl. Aharoni, Land, S. 413; Blenkinsopp, Ezra, S. 268; Carter, Emergence, S. 97 f; Grabbe, History 1, S. 138 f; Lipschits, Fall, S. 165; Kaiser, Provinzen, S. 202 (Karte). Dabei sind die tatsächlichen Grenzen des perserzeitlichen Jehuds immer noch Gegenstand reger Diskussionen. Zur Schwierigkeit, genaue Grenzlinien auszumachen, vgl. Wright, Remapping, S. 67–89.

376 Vgl. Alt, Judas Gaue, S. 283. Siehe auch Williamson, Ezra, S. 34.

377 Van der Veen, Juda, S. 181.

378 Zur Gebietsausdehnung in hasmonäischer Zeit vgl. Hofeditz, Unabhängigkeit, S. 250. Vgl. auch Arav, Art. Hadid, S. 15; Hunt, Art. Lod, S. 346 f; Lipschits, Fall, S. 149; Finkelstein, Geographical Lists, S. 68.

379 So z. B. Rudolph, Esra, S. 17; Gunneweg, Esra, S. 60; Lipschits, Fall, S. 163; Schunck, Nehemia, S. 213.

380 Williamson, Ezra, S. 34. Ähnlich auch Bowman, Ezra, S. 580. Zur Frage, ob im Fall der Ortsnamen eine vorexilische Zugehörigkeit zu einem bestimmten Ort gemeint ist oder ob es sich um Gebiete handelt, in denen nachexilisch Rückkehrer siedelten, vgl. auch Kap. 5.1.2.

Dagegen stellt sich die Frage, ob hier die administrativen bzw. politischen Grenzen der persischen Provinz Jehud tatsächlich im Blick sind. So wird die Bevölkerung erst „in Esr 4,4a zum ersten Mal in der Gesamtkomposition explizit mit den Bewohnern der Provinz ‚Juda' identifiziert."[381] Die Beobachtung, dass in der Einleitung der Liste (Esr 2,1a) eine Provinz Juda (anders als in 5,8) nicht explizit genannt ist und darüber hinaus in Esr 1 f die Erwähnung Judas meist im Zusammenhang mit Jerusalem (Esr 1,2 f; 2,1) oder Benjamin (Esr 1,5) steht, lässt erahnen, dass es hier nicht um eine Erfassung der politischen Grenzen der Provinz Jehud geht, sondern vielmehr um ein Konzept, das „Juda" geographisch nur vage, womöglich auch soziologisch definiert, an die vorexilische Tradition anknüpft und Jerusalem zum Zentrum hat. Dass auch Lod, Chadid und Ono nachexilisch als in diesem Sinne zugehörig verstanden wurden, zeigt auch deren Zuordnung zum Geschlecht Benjamin in 1 Chr 8,12.[382] Grabbe hat bei der Untersuchung von Esr 2 par., Neh 3 und Neh 11,25-36 darauf hingewiesen, dass sich bei den aufgelisteten Orten kaum Übereinstimmungen finden lassen: „In fact, none of them pretends to be listing the habitations of the province; rather they speak of places where Jews lived. It is likely that there were Jewish settlers in many places outside Yehud. It would be foolish to insist that every name in these lists must have been within the boundaries of Yehud."[383]

In Esr 2,1b werden mit ליהודה וירושלם die beiden lokalen Größen genannt, die in Esr 1-3 immer wieder im Zentrum stehen. Jerusalem wird dabei zuerst erwähnt und somit (wie in Esr 1 auch) fokussiert. Dieser Blick vom Zentrum Jerusalem nach außen (d. h. Juda) kann auch den Wechsel von Personen- zu Ortsnamen erklären, die ihrerseits dann selbst einer Auflistung in Clustern nach wachsender Entfernung zu Jerusalem folgen. Dieser Wechsel in V. 21 „may simply differentiate Jerusalemites from non-Jerusalemites per 2:1, 'Jerusalem and Judah'".[384] Gestützt wird dies durch die Beobachtung, dass das sonst in Esr 1-3 so häufig erwähnte Jerusalem in der Ortsnamensliste selbst nicht vorkommt, die Rückkehr nach Jerusalem (und Juda) in 2,1 aber angekündigt wird.

---

381 Karrer, Ringen, S. 305.

382 Dabei ist nicht auszuschließen, dass hier schon hasmonäische Realitäten ihren Niederschlag gefunden haben.

383 Grabbe, History 1, S. 137.

384 Halpern, Commentary, S. 96. So auch Gunneweg, Esra, S. 59 mit Keil, Biblischer Commentar, S. 417; Clines, Ezra, S. 46. Dagegen wird oft aufgrund der hohen Zahlen mit Meyer, Entstehung, S. 152–154, in Erwägung gezogen, dass es sich hierbei um eine Unterscheidung zwischen Einwohnern mit (V. 3-20) und ohne (V. 21-35) Grundbesitz (vgl. 2 Kön 25,12; Jer 40,7) handelt; vgl. hierzu Rudolph, Esra, S. 20; Williamson, Ezra, S. 34.

V. 36-58:

Ab V. 36 wird nun unter gesonderten Überschriften das Tempelpersonal aufgeführt. In absteigender Hierarchie werden verschiedene Berufsgruppen aufgelistet.
Die gegenüber der אנשי עם ישׂראל (Esr 2,2b) separate Auflistung ist dabei nicht ungewöhnlich, sondern hat ihre Entsprechung in „an old priestly usage (cf. Num 2:32 f.,
'The Levites were not numbered among the people of Israel'; similarly, 'Israel' in Ezr.
10:25)".[385] Mit הכהנים eingeleitet sind in V. 36-39 zunächst vier Priestergeschlechter
mit jeweiliger Anzahl genannt. Dabei fallen auch hier die sehr hohen Zahlen auf,
die für jedes Priestergeschlecht ± 1 000 Personen, also zusammen circa ein Zehntel
der Gesamtsumme (V. 64), angeben. Verschwindend gering wirkt dagegen die in
V. 40 genannte Anzahl von nur 74 Leviten. Doch auch das weitere Tempelpersonal
reicht zahlenmäßig bei Weitem nicht an die Gruppe der Priester heran.

Das erste Priestergeschlecht (V. 36) wird mit der Apposition לבית ישׁוע näher
bestimmt. Anders als bei den anderen Appositionen der Liste (vgl. V. 6.16.40)
erfolgt die Näherbestimmung nur hier mit לבית, wodurch eine neue Größe eingeführt wird, die sonst innerhalb der Liste nicht vorkommt. Die Erwähnung eines
Priesterhauses ישׁוע lässt sofort an den zusammen mit Serubbabel genannten
Priester Jeschua, den Sohn Jozadaks (Esr 2,2; 3,2.8), denken. Betrachtet man den
Aufbau der Liste, ist die darin sonst weiter nicht vertretene Konstruktion mit לבית,
die Clines als „syntactically awkward"[386] beschreibt, am ehesten als sekundäre
Einfügung anzusehen.[387] Der Nachtrag von לבית ישׁוע hat wohl die Funktion, den
in Hag 1,1 als Hohepriester bezeichneten Jeschua in die Priester-Lineage einzu-
tragen bzw. hervorzuheben.

Die vier aufgelisteten Priestergeschlechter finden vor allem im Esr-Neh-Buch
sowie in 1 Chr erneut Aufnahme.[388] Während Immer und Paschchur[389] schon vorexilisch als Priesternamen einer gemeinsamen Lineage in Jer 20,1-3.6 belegt sind,
wird außerhalb von Esr-Neh und den Chronikbüchern nur noch Jedaja als Laie in

---

385 Clines, Ezra, S. 47.
386 Clines, Ezra, S. 54.
387 Vgl. Rudolph, Esra, S. 22; Bowman, Ezra, S. 582; Williamson, Ezra, S. 35; vorsichtig auch
Gunneweg, Esra, S. 60. Anders Schunck, Nehemia, S. 199; 215, der nur das Wort לבית als Ergänzung ansieht: „Das aber ist nur im Hinblick darauf verständlich, daß man den mit Serubbabel
zurückgekehrten ersten Hohepriester Jeschua mit dem hier genannten Jeschua identifizierte und
in ihm so das Oberhaupt des aus dem Exil heimgekehrten Teil der alten Priestersippe Jedaja sah."
(Zitat S. 215)
388 Siehe Anhang.
389 Der ägyptische Name Paschchur, mit der Bedeutung *Sohn des Horus*, ist angesichts der
vielen anderen nicht-israelitischen Personennamen dieser Liste nicht ungewöhnlich. Zumal „already in Jeremiah 20 mention is made of 'Paschur the son of Immer, the priest' indicating that
this name could also be borne by a Judean priest" (Becking, Construction, S. 63).

Sach 6,10.14 erwähnt. Jedaja, Immer und Charim werden in 1 Chr 24,7.8.14 unter den 24 Abteilungen der Priester aufgeführt, die dem Text zufolge von David und Zadok eingesetzt wurden. Dies gilt möglicherweise auch für Paschchur, nimmt man nach Neh 11,12 [; Jer 21,1; 38,1][390] eine Zuordnung über den in 1 Chr 24,9 genannten Malkija an.[391]

Betrachtet man andere Priesterlisten in Esr-Neh sowie in 1/2 Chr, fällt auf, dass es sich in Esr 2 bei keinem der genannten Priestergeschlechter um eine zadokidische Linie handelt. Häufig wird jedoch angenommen, dass die Zadokiden, die zugleich genealogisch mit Aaron verknüpft werden (vgl. Esr 8,2; 1 Chr 5,30-34; 6,35-38), in nachexilischer Zeit das vorherrschende Priestergeschlecht am Jerusalemer Tempel waren.[392] Auch in der Genealogie Esras präsentiert sich der Protagonist als Zadokide und Aaronide zugleich (Esr 7,1-5). Umso bemerkenswerter ist es, dass weder das zadokidische noch aaronidische Priestergeschlecht in Esr 2 par. erwähnt werden. „Es lässt sich auch nicht belegen, dass die Priester-Lineage Jedaja ben Jeschua zadokidisch gewesen sei. Sie steht in den Genealogien unverbunden neben der der Zadokiden, ebenso wie die Priester-Lineages von Paschchur, Charim und Immer."[393] Die Heimkehrerliste in Esr 8 präsentiert sich dagegen als „aufschlussreiche Kontrastfolie", in der uns nun „durch das AT vertraute Namen genannt" sind[394] und die „signalisiert, dass mit der Heimkehr Esras die zad. Priesterschaften in der machtpolitischen Hierarchie die Spitzenposition

---

390 Bei der Filiation in Jer 21,1; 38,1 handelt es sich möglicherweise nicht um den Priester Paschchur aus Jer 20,1-6. Vgl. auch Schunck, Nehemia, S. 215.

391 Vgl. Bowman, Ezra, S. 583; Clines, Ezra, S. 54; Kidner, Ezra, S. 43.

392 Vgl. Hieke, Esra, S. 86. Diese Annahme wird jedoch jüngst von MacDonald, Priestly Rule, relativiert, der in einer Studie zu Ez 44 herausstellt, dass die „Söhne Zadoks" ursprünglich nur in einer kleinen Gruppe von Texten belegt seien: „in some of the latest redactions of Ezekiel's temple vision, and in the later developments of the Serekh tradition at Qumran, and in one part of the Ben Sira textual tradition. Every other Second Temple source is completely silent on the matter." (MacDonald, Priestly Rule, S. 147) Die Rolle der Zadokiden in der Zeit des zweiten Tempels gelte es folglich zu überdenken: „The origins of these sons of Zadok are not to be found in the hoary past, or in genealogical descent; they are the result of textual exegesis. These basic facts about the sons of Zadok should, at very least, give us a pause. They should certainly make us reconsider the numerous theories that appeal to Zadokites to account for significant moments in Second Temple religious history, such as the origins of the Pentateuch, the Maccabean crisis, or the origins of the Qumran sect." (MacDonald, Priestly Rule, S. 148)

393 Dahm, Opferkult, S. 33. Dahm vermutet, dass der Name Jehozadak erst sehr spät in der zadokidischen Genealogie ergänzt wurde (vgl. S. 43) und „dass sich hinter dem Namen Jehozadak eine fiktive Priestergestalt verbirgt. Der Name steht kunstvoll für das Ende der königlichen Epoche, in Anlehnung an den Namen Zadok, der mit dem Beginn dieser Epoche verbunden wurde". (Zitat S. 43)

394 Dahm, Opferkult, S. 34.

einnahmen".[395] Esr 2 par. bezeugt somit eine in Esr-Neh nicht weiter belegte nicht-zadokidische Priestertradition.

Die Aufzählung der Leviten wird sodann in einem Vers (2,40) abgehandelt, dessen Struktur nicht ganz deutlich wird und möglicherweise korrupt ist. Der masoretische Text nennt zunächst die Söhne Jeschua und Qadmiel und ergänzt dann die Apposition לבני הודויה. Wie oben dargestellt, ist hier jedoch wahrscheinlich analog zur Parallele in Neh 7,43 mit vier Namen – Jeschua, Qadmiel, Bani/Binnui und Hodawja – zu rechnen,[396] was auch durch Neh 9,4 f; Neh 10,10; Neh 12,8 nahegelegt wird.[397] Nach Neh 7 werden die drei Levitengeschlechter Qadmiel, Bani/Binnui und Hodawja den בני־ישוע zugeordnet. Unklar ist, ob auch für Esr 2,40 eine solche Unterordnung unter die Söhne Jeschua intendiert war (*בני־ ישוע לקדמיאל בני הודויה) oder ob die vier Namen alle als gleichberechtigt (*בני־ישוע קדמיאל בני הודויה) gedacht sind.[398] Letzteres würde jedoch in Analogie zum Aufbau der restlichen Liste erfordern, dass alle vier Levitengruppen mit בני־ eingeleitet würden, was hier nicht der Fall ist. Dies spricht daher eher für eine Zuordnung der letzten drei Namen zu Jeschua (vgl. auch Esr 2,16!).

Festzuhalten bleibt außerdem, dass jene vier Namen bei der Aufzählung von Leviten im Esr-Neh-Corpus immer wieder gemeinsam in verschiedenen Konstellationen auftreten (z. B. in Esr 3,9; Neh 9,4 f; Neh 10,10; Neh 12,8; nicht aber unter den Leviten in Esr 10,23!), darüber hinaus jedoch äußerst selten und – bis auf בני in 2 Sam 23,36 – nur in 1/2 Chr belegt sind.[399] In Esr 2,40 bilden sie ein gemeinsames Geschlecht bzw. Vaterhaus, das durch seine geringe Anzahl von 74 Personen auffällt. Gleichzeitig stehen sie am Anfang der hierarchisch geordneten Aufzählung des niederen Tempelpersonals.[400]

Anders als in den Chronikbüchern (1 Chr 25,1-31; 26,1-19; 2 Chr 23,18 f; 29,30; 35,15 f), werden die nun folgenden Tempelsänger (V. 41) und Torwächter (V. 42) nicht zu den Leviten gezählt, was für eine davon unabhängige Tradition spricht.[401] Daneben werden die Asafiten auch in Esr 3,10 und Neh 11,15-17 als Tempelsänger

---

395 Dahm, Opferkult, S. 34 f.
396 Vgl. Anm. 40a zu Esr 2,40. Ein ähnliches Übersetzungsproblem stellt sich auch für Esr 3,9, der wohl ebenfalls korrupt überliefert worden ist; vgl. Anm. 9b zu Esr 3,9.
397 Vgl. Williamson, Ezra, S. 26.
398 Vgl. Anm. 40a zu Esr 2,40.
399 Vgl. Anhang.
400 Samuel, Von Priestern, S. 386 bemerkt hier zur Unterteilung in *clerus maior* und *clerus minor* in Esr-Neh, dass die in den früheren alttestamentlichen Texten merklichen Differenzen in der Verhältnisbestimmung zwischen Priestern und Leviten bereits geklärt scheinen: „Die grundlegende Unterscheidung von Priestern und Leviten sowie z. T. weiteren Klassen des Kultpersonals ist durchgängig vorausgesetzt, die nominelle Vorordnung der Priester scheint unbestritten."
401 Vgl. Hieke, Esra, S. 87.

unter die Leviten gefasst. Während Esr 2,41 nur diese eine Gruppe kennt, sind die Söhne Asaf nach 1 Chr 25,1 f.6 eine der drei großen Sängergilden (Söhne Asaf, Heman und Jedutun) und stellen die erste der von David eingesetzten 24 Abteilungen der Sänger. Der in der Forschungsdiskussion häufig modifizierten These Geses zufolge bestand zunächst allein die asafitische Sängergilde, wobei sich im Laufe der Zeit mehrere Gruppen von Sängern am Tempel ausdifferenzierten.[402] „Konsens ist, dass die Asafiten zunächst die einzige Musikergilde waren, später aber eingebunden wurden in eine Kooperation (oder ‚Konkurrenz') mit weiteren levitischen Dienstgruppen am Tempel."[403]

Neben der Erwähnung eines hohen Beamten (מזכיר) mit dem Namen Asaf in 2 Kön 18,18.37//Jes 36,3.22 findet sich der Name nur in Esr-Neh, 1/2 Chr und in zwölf Psalmpräskripten (לאסף: Ps 50; 73-83). Mit Ausnahme von Neh 2,8 ist in diesen Fällen immer der Tempelsänger bzw. Ahnherr der entsprechenden Gilde gemeint.[404] „Entstehungsgeschichtlich handelt es sich bei den Asaf-Belegen in Esr-Neh um die ältesten innerhalb der nachexilischen Schriften Esr-Neh und I/II Chr."[405] Wie die Präskripte (לאסף) der Psalmen 50; 73-83 zu datieren sind, wird in der Forschung kontrovers diskutiert und soll hier nicht Gegenstand der Erörterung sein.[406] Es ist jedoch bemerkenswert, dass die Psalmen, die mit Asaf assoziiert werden (Ps 50; 73-83) häufig von einem „Nordreich-Kolorit verbunden mit Exodus-Traditionen",[407] zugleich aber auch von einem Fokus auf Jerusalem und die Zionstradition zeugen.[408] Dabei tritt das Geschichtsbewusstsein, verknüpft mit dem Motiv des Erinnerns, deutlich hervor.[409] So kann zudem beispielsweise für den Asafpsalm 77 auch eine motivische Parallele zur Tradition Deuterojesajas herausgestellt werden: „In Ps 77 und bei Dtjes spielt gleichermassen die Erinnerung an das Exodusgeschehen (mit der charakteristischen ‚Macht'-Begrifflichkeit) eine

---

402 Vgl. Gese, Geschichte, S. 147–158. Zur forschungsgeschichtlichen Diskussion vgl. den Abriss bei Weber, Asaf, S. 253 f.

403 Weber, Asaf, S. 254.

404 Vgl. auch Weber, Asaf, S. 239 f.

405 Weber, Asaf, S. 241. So auch Gese, Geschichte, S. 148.

406 Vgl. hierzu beispielsweise die Darstellung bei Weber, Asaf, S. 254–258.

407 Weber, Asaf/Asafiten, Abschnitt 2.4.

408 Vgl. Weber, Asaf, S. 248: „In einigen Asafpsalmen finden sich Hinweise darauf, dass mit dem Gottesvolk das Zehnstämmereich Israel (mit)gemeint ist (vgl. namentlich Ps 77,16; 78,9.67; 80,2 f.; 81,6). Die genaue Ein- und Zuordnung der ‚ephraimitischen' Akzente ist allerdings strittig, zumal auch Jerusalemer Anliegen und (Zions-) Theologie greifbar werden (vgl. Ps 74,2; 76,2-4; 78,58-72; 79,1-3)."

409 Vgl. Weber, Asaf, S. 248: „Die hinter den Asafpsalmen stehenden Trägerkreise zeichnen sich durch eine profunde Kenntnis von Überlieferungen sowie ein breites theologisches Spektrum aus. Insbesondere (früh)geschichtliche Traditionen (Exodus u. a.) werden aufgegriffen, aktualisiert und in die poetische Psalmenrede eingebracht."

bedeutende Rolle."[410] Es ist daher im Hinblick auf die auch sonst in Esr 1-3 gehäuft auftretenden Bezüge zur Exodustradition wohl kein bloßer Zufall, dass auch die einzige erwähnte Sängergilde mit dieser Tradition identifiziert wird. Zusammenfassend ist damit auch für die Gruppe der Tempelsänger eine zur Chronik unterschiedene Tradition anzunehmen.

Gleiches gilt für die Torwächter, die 1 Chr 9,17 ebenfalls zu den Leviten zählt. Von den sechs Namen werden Schallum, Talmon und Aqqub auch dort gelistet. Die Namen Ater, Chatita und Schobai sind alttestamentlich hingegen nur in Esr-Neh belegt.[411] Allein der Name Schallum ist darüber hinaus vorexilisch für verschiedene Personen bezeugt (2 Kön 15,10.13-15; 22,14; Jer 22,11; 32,7; 35,4). In Jer 35,4 ist dies auch der Name eines Torhüters – hier jedoch mit שמרי הסף ("Schwellenhüter") statt mit שער bezeichnet. Gunneweg hat darauf hingewiesen, dass die Berufsbezeichnung שער „zwar älter (2 Sam 18,26; 2 Reg 7,10), aber als Titel eines Teils des Kultpersonals nachexilisch"[412] ist. Die Textbelege weisen darauf hin, dass שער vorexilisch für die Hüter des Stadttores, שמרי הסף hingegen für den kultischen Bereich (vgl. 2 Kön 12,10; 22,4; 23,4; 2 Kön 25,18//Jer 52,24; Jer 35,4) verwendet worden zu sein scheint. In Esr-Neh wird der Terminus שער aus dem säkularen Bereich auf den Tempel übertragen, was die Auflistung der שערים unter dem Kultpersonal zeigt. In 1 Chr 9,17-19 werden hingegen beide Bezeichnungen gleichgesetzt und für den kultischen Bereich gebraucht.

Die folgenden beiden Gruppen von Kultpersonal sind erst nachexilisch vor allem in Esr-Neh (außerhalb von Esr 2 par. in Esr 7,7; 8,17.20; Neh 3,26.31; 10,29; 11,3.21), seltener auch in 1/2 Chr als „fest umrissene Größe"[413] belegt. Dabei kann, wie bereits dargestellt, weder für die נתינים noch für die בני עבדי שלמה von einer niedrigen Stellung im Sozialgefüge der Gemeinde ausgegangen werden.[414] Vorexilisch ist die Bezeichnung נתינים in ähnlicher Form nur in Num 3,9; 8,19; 18,6 für die Leviten bezeugt; die Gruppe der בני עבדי שלמה ist so nur in 1 Kön 9,27 belegt. Über ein genaues Tätigkeitsfeld bieten diese Passagen jedoch keinen Aufschluss. Die Gesamtzahl von nur 392 Personen zeigt, dass die einzelnen Geschlechtergruppen zahlenmäßig hier jeweils sehr klein sind. Von ihren Namen sind viele nicht hebräisch bzw. „significantly largely foreign" oder klingen wie „informal nicknames as might be given to servants".[415] Es ergibt sich ein ähnliches Bild wie bei den in V. 3-19 genannten Laien. Mit Ausnahme von ראיה (V. 47) und שפטיה

---

410 Weber, Psalm 77, S. 247.
411 Siehe Anhang.
412 Gunneweg, Esra, S. 61.
413 Gunneweg, Esra, S. 62.
414 Vgl. hierzu Anm. 43a zu Esr 2,43 und 55a zu Esr 2,55.
415 Bowman, Ezra, S. 584. Siehe auch Anhang.

(V. 57) ist keiner der Namen theophor, geschweige denn JHWH-haltig, nur neun sind „exclusively Hebrew-Canaanite".[416] Aus diesem Grund wird oft ein „fremd-ländische[r] Ursprung der beiden Gruppen" angenommen.[417] Zudem findet sich hier eine besondere Form der Namensbildung gehäuft: „Names denoting physical traits are amply represented among the nᵉtînîm."[418] Ein Großteil dieser Personennamen findet sich ausschließlich in Esr 2 par., wenige werden noch einmal in 1/2 Chr erwähnt.[419] Unter dieser Vielzahl an verschiedenen, zum Teil etymologisch unklaren Namen, sind allein Hanan (Gen 36,38 f; 1 Kön 4,9; Jer 35,4; wahrscheinlich als Hypcoristicon von Hananja), Rezin (vgl. 2 Kön 15,37; 16,5 f.9; Jes 7,1.4.8; 8,6; 9,10), Uzza (2 Sam 6,3.6-8; 2 Kön 21,18.26), Sisera (Ri 4,2.7-18.22; 5,20.26-30; 1 Sam 12,9; Ps 83,10) und Schefatja (2 Sam 3,4; Jer 38,1) alttestamentlich vorexilisch belegt. Auffällig sind die vielen mit einem finalen א- gebildeten Namen,[420] die sich bei den letzten drei Gruppen des Tempelpersonals (V. 42-57) finden, sowie die Beobachtung, dass in diesem Abschnitt die Abweichungen in der Namensschreibung zwischen den beiden Versionen in Esr 2 und Neh 7 wesentlich größer werden.[421]

Festzuhalten bleibt für die gesamte Liste der Rückkehrer, dass die aufgeführten (Personen-) Namen häufig fremd klingen, selten theophor sind und im alttestamentlichen Textkorpus kaum noch einmal erwähnt werden. Letzteres gilt für die Gruppe der Tempelwächter, Netinim und Beamten Salomos ganz besonders. Die meisten Namen werden selbst innerhalb des mit Listen gefüllten Esr-Neh-Korpus nicht wieder genannt: „The cross-section of the nᵉtînîm and slave names is different from that of the hundreds of names occuring in the books of Ezra and Nehemiah."[422]

Im Hinblick auf die Form fällt zudem auf, dass sich ab V. 42 das Schema der Aufzählung eindeutig ändert.[423] Ab hier werden die Sippen zwar weiterhin einzeln aufgelistet (בני + PN), doch wird erst am Ende (V. 42.58), mit כל-/הכל zusammengefasst, eine gemeinsame Anzahl für die gesamte Berufsgruppe gegeben. In V. 58 werden sogar die beiden Gruppen der Netinim und der Söhne der Beamten

---

416 Zadok, Notes, S. 115. Zu einer ausführlichen Analyse der Namen (V. 43-57) vgl. Zadok, Notes, S. 110–116 sowie Anhang.
417 Becker, Esra, S. 22. So auch Gunneweg, Esra, S. 62; Williamson, Ezra, S. 36; Blenkinsopp, Ezra, S. 90.
418 Zadok, Notes, S. 110 f.
419 Siehe Anhang.
420 Vgl. Kap. 3.2.1.
421 Vgl. Kap. 3.2.2.
422 Zadok, Notes, S. 116.
423 V. 41 ist noch unauffällig, da hier sowieso nur eine Personengruppe gelistet wird.

Salomos zusammengefasst. Ein Grund dafür könnte die geringe Gesamtzahl sein. Dennoch ist dies in einer Liste, die sonst alle Stellen detailliert aufführt und auch kleinere Gruppen einzeln erwähnt (vgl. V. 22.24.29), ungewöhnlich. Auch wenn mit dieser Abweichung von der bisherigen Form kein eindeutiges literarkritisches Scheidungskriterium vorliegt, bleibt auffällig, dass weder die Torhüter noch die Netinim oder Beamten Salomos im weiteren Verlauf von Esr 1-3 [-6] eine Rolle spielen. Auch keiner der Namen wird – abgesehen von Schallum und Schefatja (vgl. aber Esr 2,4!) – noch einmal im gesamten Esrabuch erwähnt. Mit Ausnahme des literarisch schwierigen Verses 2,70 stellen in Esr 1-6 nur die Priester, Leviten und Laien als gemeinsame Gruppe die eigentlichen Handlungsträger dar (vgl. schon Esr 1,5!).

V. 59-63:
Bevor die Liste der Rückkehrer nun mit der Angabe der Gesamtsumme zu ihrem Abschluss kommt, ist eine narrative Passage eingeschoben, die gleichzeitig eine neue Liste einleitet. Hier geschieht ein „Wechsel vom aufzählenden zum erzählenden Stil".[424] Es folgen jene, die ihre Zugehörigkeit zu Israel nicht angeben bzw. belegen können. Dass jener Einschub noch vor der Gesamtzahl der Gemeinde (קהל) steht, lässt darauf schließen, dass sie dennoch zur קהל hinzugerechnet werden.[425] Wie Rothenbusch bemerkt, gehen die Verse 59-63 „deutlich über den inhaltlichen Kontext von Esr 1-6 hinaus",[426] obgleich dies für ihn kein literarisches Scheidungskriterium darstellt. Allein für V. 63 zieht er eine sekundäre Einfügung in Betracht.[427] Auch sonst wird in der Literatur meist angenommen, dass die Verse 59-63 bereits mit der Komposition von Esr 1-6 Aufnahme in den Text fanden.[428]

Die Passage lässt sich in zwei Abschnitte unterteilen. Zunächst werden drei (Laien-)Sippen eingeführt, die ihre Herkunft nicht mitteilen können (V. 59 f). Anders als im Falle der Ortsnamen in V. 21-35 sind hier nun Orte in Babylonien

---

424 Schaack, Ungeduld, S. 135.
425 Vgl. u. a. auch Galling, Studien, S. 99; Kidner, Ezra, S. 46; Clines, Ezra, S. 58; Williamson, Ezra, S. 36 f; Schunck, Nehemia, S. 219.
426 Rothenbusch, Tora, S. 89.
427 Rothenbusch, Tora, S. 92.
428 Dies gilt unabhängig davon, ob die Liste in Esr 2 als echte Quelle oder als literarisches Produkt verstanden wird. So wird entweder eine ursprüngliche Zugehörigkeit dieser Verse zur verwendeten Listen-Quelle postuliert oder der Verfasser der Gesamtkomposition, in der älteren Forschungsliteratur meist der Chronist, für die Einfügung von V. 59-63 verantwortlich gemacht. Vgl. u. a. Rudolph, Esra, S. 4; Mowinckel, Studien I, S. 90 f; Galling, Studien, S. 99 f; Gunneweg, Esra, S. 63; Williamson, Ezra, S. xxiiif; Blenkinsopp, Ezra, S. 42; Schunck, Nehemia, S. XIV; Redditt, Census, S. 232.

angegeben, aus denen Exilierte zurückkehren.[429] Williamson vermutet, dass diese möglicherweise „as a substitute for the lacking genealogical point of reference"[430] zu verstehen sind. Keiner dieser Orte konnte bisher identifiziert werden. Blenkinsopp deutet vorsichtig an, „Tel Melah (Salt Mound) may be the Thelma located in the salt flats near the Persian Gulf according to the geographer Ptolemy (5.20)".[431] Doch lässt sich dies ebenso wenig mit Sicherheit festmachen wie die Überlegung, ob ein Zusammenhang zwischen dem (hier wie das Priestergeschlecht in V. 37 punktierten) Ort אמר und dem in jTaanit 4:69a genannten *Kfar Imra* besteht.[432] Diesen Orten zugeteilt werden die drei Rückkehrergruppen der Söhne Delajah, Tobijah und Nekoda. Auch wenn aufgrund der ersten beiden theophoren Namen ein Bekenntnis zu JHWH angenommen werden kann, ist es jenen Exilierten nicht möglich anzugeben, ob sie auch ihrer Abstammung nach zu Israel gehören. „Die Annahme, daß sie diesen Nachweis nicht führen konnten, weil sie von Proselyten abstammten [...], ist jedoch in Anbetracht der Jahwe-haltigen Namen der Sippen Delaja und Tobija unwahrscheinlich und wird auch vom Text her nicht nahegelegt [...]."[433] Nicht unwichtig ist dagegen die Beobachtung, dass sich Delajah in den Elephantine-Papyri auch als Name eines Sohnes des samarischen Statthalters Sanballat findet, sowohl Sanballat als auch Tobijah jedoch als Gegner Nehemias bekannt sind (vgl. Neh 2,10 etc.).[434] Nekoda hingegen ist weiterhin nur noch als Name eines Geschlechts der Netinim belegt (Esr 2,48).

Auf diese Gruppe folgt eine Auflistung dreier Priestergeschlechter, die nicht in der Lage sind, ihre Eintragung in das Geschlechtsregister nachzuweisen und daher vom Priesterdienst – zumindest vorläufig – ausgeschlossen werden (V. 61-63). Chabajjah ist sonst nur noch in der Parallele Neh 7,63 belegt. Das Geschlecht Haqqoz wird in 1 Chr 24,10, neben Jedaja, Charim und Immer (vgl. Esr 2,36-39), zu den 24 Abteilungen der Priester gezählt. Darüber hinaus wird der Name nur noch in der Mauerbauliste Neh 3,4.21 erwähnt. Dass der in Esr 8,33 genannte מרמות בן־אוריה הכהן möglicherweise mit dem מרמות בן־אוריה בן־הקוץ aus Neh 3,4.21 gleichzusetzen ist, deutet jedoch darauf hin, „daß die Mitglieder dieser Sippe irgendwann nach ihrer Suspendierung vom Priesterdienst ihre Anerkennung als mit allen Rechten ausgestattete Priester wieder zurückerlangt haben müssen".[435] Für die letzte Gruppe wird angegeben, dass Barzillai auf den Namen

---

429 Vgl. z. B. Blenkinsopp, Ezra, S. 91; Hieke, Esra, S. 90.
430 Williamson, Ezra, S. 37.
431 Blenkinsopp, Ezra, S. 91.
432 Vgl. Blenkinsopp, Ezra, S. 91.
433 Schunck, Nehemia, S. 219, gegen Rudolph, Esra, S. 24.
434 Vgl. u. a. Blenkinsopp, Esra, S. 92; Hieke, Esra, S. 40 f; Grabbe, Ezra, S. 15. Siehe TAD A4.7.
435 Schunck, Nehemia, S. 221.

seiner Frau gerufen wurde. Dabei wird sehr wahrscheinlich auf den Gileaditer angespielt, der in der Gunst des Königs David stand (2 Sam 17,27-29; 19,32-40). Dass ein Schwiegersohn den Namen des Vaters seiner Frau übernimmt, ist jedoch nur verständlich unter der Annahme, dass jener Vater keine Söhne hatte und so die Kontinuität des Geschlechts gefährdet war (vgl. Num 27,1-11). Die Söhne Barzillais finden dagegen in 1 Kön 2,7 Erwähnung. Mit Becker dürften hier jedoch „die Berichte über die Erbtöchter Zelofhads eingewirkt haben (Num 27$^{1-11}$ 36$^{1-12}$ Jos 17$^{3-6}$, vgl. 1 Chr 7^{15}). Als Handhabe für dieses midraschische Vorgehen genügte dem Chr, daß Barsillai ein Gileaditer war, Zelofhad aber nach Num 27^1 Jos 17^3 ein Enkel Gileads".[436]

Anders als für die oben genannten Laien werden für die Priester Konsequenzen angegeben. Ohne fehlenden Nachweis der Zugehörigkeit gelten sie als unrein, werden vom Priesterdienst ausgeschlossen und dürfen nicht vom Hochheiligen essen, jenem Anteil am Speiseopfer, der nach Lev 2,3; 6,9-11; 7,6-10.33-35 Aaron und seinen Söhnen zugesprochen wird. In diesem Absatz wird damit zum ersten Mal innerhalb von Esr 1-3 die Regelung des Kults in den Blick genommen und so ein Aspekt berührt, der über das Thema von Rückkehr und Tempelbau hinausgeht. Dieser Ausschluss von der Partizipation am Kult – nicht aber aus der Gemeinde! – kann erst durch den priesterlichen Gebrauch der Orakelinstrumente Urim und Tummim[437] aufgehoben werden. Allerdings findet sich jedoch kein Beleg für deren nachexilischen Gebrauch. So erwartet auch „die spätere rabbinische Tradition die Verwendung von Urim-Tummim erst für die messianische Zeit".[438]

In Ex 28,30; Lev 8,8 werden auch diese Gegenstände dem Priesteramt Aarons zugeschrieben und sind Teil seiner Ausstattung. Es fällt also auf, dass sowohl beim Essen vom Hochheiligen als auch bei der Verwendung der Orakelinstrumente Urim und Tummim (Esr 2,63) auf Kompetenzen und Befugnisse verwiesen wird, die in der Tora erstmals für das Priesteramt Aarons etabliert werden, dass sich jedoch zugleich für die in Esr 2,36-39 aufgezählten Priester keine aaronidische Lineage belegen lässt.[439]

Für die Entscheidung des Ausschlusses wird der Tirschata (התרשתא) verantwortlich gemacht. Der Artikel -ה weist möglicherweise auf eine (noch nicht zweifelsfrei geklärte) Amtsbezeichnung hin, da ein Eigenname keine zusätzliche Determination erfordert.[440] Meist wird hinter dieser Bezeichnung

---

436 Becker, Esra, S. 23 f.
437 Vgl. hierzu Anm. 63c zu Esr 2,63.
438 Gunneweg, Esra, S. 64; vgl. hierzu bSota 48b.
439 Vgl. Kap. 3.3.2 V. 36-58.
440 Vgl. hierzu Anm. 63a zu Esr 2,63.

Scheschbazzar[441] oder Serubbabel[442] vermutet; an keiner Stelle findet jedoch tatsächlich eine Identifikation mit einem der beiden statt. Die Anonymität des sogenannten Tirschata ist hingegen ungewöhnlich für den Textkomplex Esr 1-3, der sogar den Eigennamen des königlichen Schatzmeisters, Mitredat (Esr 1,8), nennt und auch sonst auf Personennamen Wert legt. In jedem Fall obliegen dieser Person kultische Befugnisse, auch wenn unklar ist, ob es sich hierbei um ein ziviles oder kultisches Amt handelt.[443] Trotz der offensichtlich wichtigen Stellung innerhalb der Gemeinde spielt התרשתא im folgenden Geschehen von Esr 1-6 keine Rolle mehr.

Es wird also deutlich, dass beide Abschnitte unterschiedliche thematische Schwerpunkte setzen. Während V. 59 f zunächst die Liste V. 3 ff um jene ergänzen, die sich ihrer Abstammung nicht sicher sind, fokussieren V. 61-63 die kultische Komponente unter dem Aspekt der Reinheit. Der Beginn von V. 59 ist dabei parallel zu 2,1 formuliert und dient als Einleitung für die folgende Auflistung, die ebenfalls mit einer Zahlenangabe (V. 60) endet:

... ואלה בני המדינה העלים משבי	Esr 2,1
... העלים מתל ואלה	Esr 2,59

Während in V. 60 eine reine Aufzählung vorliegt, ist der syntaktische Anschluss von V. 61 auffällig. Anders als in V. 36 (... הכהנים) wird hier – wie sonst an keiner anderen Stelle in der Liste Esr 2 – eine Aufzählung mit einer Kopula (ומבני הכהנים ...) angefügt, die zudem in einem erzählenden Relativsatz (אשר... לקח ...ויקרא...) endet. Eine Zahlenangabe für diese Gruppe wird hier jedoch nicht geboten. Zwar knüpft V. 61 an die Auflistung von V. 60 an. Doch bezieht sich die Einleitung V. 59 zunächst nur auf V. 60, während die in V. 61 Genannten erst in V. 61b–63 näher eingeführt werden. Inhaltlich liegen hier unterschiedliche Nuancen vor: In V. 59 f handelt es sich um die fehlende Kenntnis,[444] in V. 61-63 hingegen um den fehlenden Nachweis (כתבם המתיחשים) der Herkunft. Durch die chiastische Struktur werden die Verse 61-63 mit dem Abschnitt 2,59 f verbunden. Die Unklarheit der

---

441 So z. B. Rudolph, Esra, S. 25; Kidner, Ezra, S. 47; Williamson, Ezra, S. 37.

442 So z. B. Galling, Studien, S. 90; Fensham, Books, S. 56; Becker, Esra, S. 24; Schunck, Nehemia, S. 220.

443 Blenkinsopp, Ezra, S. 92, der wie viele andere Autoren davon ausgeht, dass es sich um ein säkulares, verwaltungstechnisches Amt handelt, bemerkt: „[...] and it is significant that the civil authority (*tiršātā'*, from the Old Persian *taršta*, revered) intervened in cultic matters, as did Nehemiah, who held the same office (Neh. 7:69[70]; 8:9; 10:2; cf. 12:26), and Arsames, satrap of Egypt (*AP* 21)."

444 Die Wurzel נגד hat ein gemeinsames Wortfeld mit ידע, שמע und כחד. In enger Berührung mit ידע ist נגד daher im Sinne von „nicht wissen" zu verstehen; vgl. García-López, Art. נגד, Sp. 191.

Herkunft bedeutet jedoch in beiden Fällen etwas anderes: „Bei der ersten Gruppe V. 59 wird dies noch in ganz allgemeiner Weise ausgesagt, bei den Priestern aber auf das spezielle Problem hin zugespitzt, daß sie vielleicht Aussagen über ihre Herkunft machen konnten, diese aber aus den Akten nicht zu belegen waren."[445] V. 61 setzt also nur scheinbar die Aufzählung von V. 60 fort, fügt jedoch eigentlich einen neuen Aspekt hinzu und verzichtet zudem auf die abschließende Zahlenangabe.

Eines der Schlüsselwörter des Abschnitts V. 61-63 und gleichzeitig eines der schwierigsten dieses Textes ist das Partizip Plural *hitpael* המתיחשׂים (V. 62). Die in der Form יחס im Jüdisch-Aramäischen und Mittelhebräischen relativ häufig gebrauchte Wurzel יחשׂ („sich in das Geschlechtsregister eintragen lassen") findet sich alttestamentlich ausschließlich im nachexilischen Textcorpus – 15-mal in 1/2 Chr, 6-mal in Esr-Neh (Esr 2,62; 8,1.3; Neh 7,5[2x].64) – und ist etymologisch unklar.[446] „Die Belege sind nicht gleichmäßig auf die (sekundären) Texteinheiten des Chronistischen Geschichtswerks verteilt, sondern finden sich nur in einem geringen Teil von ihnen, hier allerdings bisweilen gehäuft (z. B. 1 Chr 7,5-9; 2 Chr 31,16-19). Öfter scheint *jḥś* innerhalb der (sekundären) Texte noch einmal sekundär zugesetzt zu sein, vor allem als Einleitung oder Abschluß einer vorgegebenen Liste (1 Chr 4,33; 5,17; 7,5.40; Esr 8,1; auch 1 Chr 5,7? 9,1?)."[447] Mosis verweist dabei auf die „prägnante, nahezu technische Bedeutung des Wortes" und nimmt an, dass יחש „zunächst zur spezifischen Sprache einer gesonderten, in sich geschlossenen Gruppe gehörte, die für die sekundäre Einfügung (eines Teils) der Belege verantwortlich ist, und deren Sprachgebrauch und Denkweisen in das nachbiblische, rabbinische Judentum eingegangen sind."[448] Dass jener Terminus für die Verfasser der Septuaginta unbekannt war, zeigt seine Transkription ins Griechische an dieser Stelle (οἱ μεθωεσιμ).[449]

In Esr 2,62 wird durch המתיחשׂים ein neuer Schwerpunkt gesetzt. Es geht nicht mehr allein darum, ob die Herkunft aus Israel bekannt ist (vgl. 2,59), sondern darum, ob sie auch dokumentiert wurde.[450] Dabei ist zu beachten, dass die Rückkehrerliste sich selbst nicht als ספר היחשׂ (Geschlechtsregister) bezeichnet, sondern mit מספר eingeleitet ist (Esr 2,2; Neh 7,7).[451] Erst Neh 7,5 verwendet diesen

---

445 Schaack, Ungeduld, S. 135. Vgl. auch Mowinckel, Studien I, S. 91.
446 Vgl. Anm. 62b zu Esr 2,62.
447 Mosis, Art. יָחַשׂ, Sp. 611.
448 Mosis, Art. יָחַשׂ, Sp. 612.
449 Vgl. Anm. 62b zu Esr 2,62.
450 Das Geschlechtsregister (vgl. Neh 7,5: ספר היחשׂ) ist dabei auch nicht gleichzusetzen mit dem in Neh 12,23 genannten ספר דברי ימים.
451 Vgl. dagegen Esr 8,1: התיחשׂם!

Terminus im Bericht vom Fund der Liste, was möglicherweise als Reflex auf Esr 2,62 zu verstehen ist.[452]

Nicht nur ist der Anschluss von V. 61 also holprig, sondern auch der Inhalt von V. 61-63 fokussiert eine neue Thematik. Ging es zuvor um die Rückkehr des Volkes Israel, wird nun der Aspekt der amtlichen Dokumentation von Herkunft (V. 62) und der kultischen Reinheit (V. 63) eingeführt – Themen, die über das bisher Gesagte hinausführen. Die fehlenden Zahlenangaben (V. 61), der Gebrauch der nicht näher erläuterten Wendung כתבם המתיחשים (V. 62) sowie die Anonymität des verantwortlichen Amtsträgers (V. 63) setzen sich ebenso deutlich vom übrigen Text der Liste ab. Der schnelle exzerpthafte Stil der bisherigen Rückkehrerzählung wird dabei durch den Wechsel der Textsyntax unterbrochen. Mit Ausnahme des äußeren Rahmens (Esr 2,1.70) werden nur an dieser Stelle in der Liste Narrative bzw. Imperfekta (viermal innerhalb von V. 61-63) verwendet.[453] Hier verweilt das Erzählgeschehen auf dem Problem der fehlenden Legitimation und dessen Folgen. Die Aspekte des Herkunftsnachweises sowie der Reinheit spielen jedoch im Textabschnitt Esr 1-6 nur eine untergeordnete Rolle und treten erst in Esr 8-10 deutlicher hervor.

Vieles spricht daher dafür, V. 61-63 als sekundäre Einfügung zu betrachten, die an die vorherige Aufzählung anschließend eine neue Thematik einführt und so bestimmten Personengruppen eine mangelnde Legitimation attestiert. Dabei verweist sie auf die Institution des vorexilischen aaronidischen Priestertums (Ex 28,30; Lev 2,3; 6,9-11; 7,6-10.33-35; 8,8), das jedoch in Esr 2 mit keinem Geschlecht belegt ist.

V. 64-67:

In V. 64 wird nun die Liste zu ihrem Abschluss gebracht. Die oben aufgeführten Vaterhäuser werden als קהל („Versammlung, Gemeinde")[454] zusammengefasst

---

452 Zur Abhängigkeit Neh 7 von Esr 2 vgl. Kap. 2.2.
453 Vgl. auch Galling, Gōlā-List, S. 152: „It is at this point that the list changes into narrative [...]. This striking change in the list, which otherwise consists exclusively of a register of names, indicates that the people were anxious to justify themselves in every last detail – even in a temporary matter – before a stranger."
454 Der Begriff קהל kann sowohl im profanen als auch im kultischen Sinne gebraucht werden (vgl. Hossfeld/Kindl, Art. קהל IV, Sp. 1210-1219). In Esr 2,64 steht er zunächst „in der technischen Grundbedeutung zur Zusammenfassung einer numerischen Größe" (Hossfeld/Kindl, Art. קהל IV, Sp. 1218). Im Kontext von Esr 2 ist darunter jedoch gleichzeitig die Kultgemeinde Israel zu verstehen. Mowinckel, Studien I, S. 89, hält aufgrund der häufigen Verwendung des Begriffes קהל als „Gemeinde" in Esr-Neh und 1/2 Chr fest: „Dass haq-qāhāl somit in nachexilischer Zeit ein Terminus für die jüdische Religionsgemeinde geworden ist, ist evident."

und eine Gesamtzahl von 42 360 Personen angegeben. Die Summe der einzelnen Personengruppen (29 818)[455] stimmt jedoch nicht mit der angegebenen Gesamtzahl überein. Diese Differenz ist auf verschiedene Weise erklärt worden. So geht zuletzt unter anderem Schunck davon aus, dass in der Gesamtsumme die vorher nicht beachteten Frauen mitgerechnet wurden.[456] Redditt hat aufgrund der Art der Verwendung des Begriffes קהל jüngst die These aufgestellt, dass die Gesamtzahl in V. 64 zwar die Gesamtbevölkerung Judas und Benjamins bezeichnet, nur die gelisteten Vaterhäuser jedoch das „wahre Israel" darstellen: „The implication is that the rest did *not* belong to the true Israel."[457]

Wie groß die Differenz zwischen den beiden Gesamtzahlen jedoch tatsächlich war, lässt sich – wie bereits die Abweichungen der Zahlenwerte zwischen Esr, Neh und 3 Esr sowie deren komplexe Textgeschichte zeigen – nicht mehr nachvollziehen. Auch über die tatsächliche Bedeutung dieser Differenz kann nur spekuliert werden.[458] Dagegen stellt sich vielmehr die Frage, ob an dieser Stelle überhaupt historische Zahlen wiedergegeben werden sollen. Dass die Gesamtzahl von 42 360 durch zwölf teilbar ist, dürfte hierbei kein Zufall sein. Esr 2,1 f (מספר אנשי עם ישראל) suggerieren zudem, dass die Gruppe der Rückkehrer mit der Gesamtbevölkerung Judas bzw. Jehuds identisch ist. Es ist jedoch zu bedenken, dass eine Anzahl von fast 50 000 Bewohnern Jehuds für die Perserzeit viel zu hoch angesetzt ist.[459] Neueren archäologischen Erkenntnissen zufolge muss von einer wesentlich geringeren Bevölkerungszahl ausgegangen werden.

Exkurs 2: Die Besiedlung Jehuds

Für die Anzahl der von den Babyloniern deportierten Judäer liefert uns das Alte Testament verschiedene Berichte. 2 Kön 24,14 berichtet von einer Deportation von 10 000 Menschen; zwei Verse später nennt eine Dublette 7 000 + 1 000 Deportierte (2 Kön 24,16). Für eine zweite Wegführung in 2 Kön 25,11 werden keine Zahlen geliefert. Jer 52,28-30 kennt hingegen sogar drei mit einigen Jahren Abstand folgende Deportationen von 3 023 (V. 28) + 832 (V. 29) + 745 (V. 30) und

---

455 Neh 7 hat 31 089.
456 Vgl. Schunck, Nehemia, S. 221 f mit Weinberg, Demographische Notizen, S. 53, der anders als Schunck noch die Kinder hinzurechnet. Vgl. auch Rudolph, Esra, S. 25; Karrer, Ringen, S. 83.
457 Redditt, Census, S. 213.
458 Vgl. Blenkinsopp, Ezra, S. 93: „Various reasons for the discrepancy have been suggested, all of them speculative."
459 Vgl. auch Bolin, Ezra, S. 28: „It is also clear, given the most recent archaeological data, that the population of Judah throughout the Persian period was many times smaller than the numbers of returning exiles in Ezra-Nehemiah (not to mention the people who were already living in Judah)."

somit insgesamt 4 600 (V. 30) Judäern.[460] Obgleich wohl mit einer großen Zerstörung Jerusalems und der judäischen Umgebung gerechnet werden muss, hat Barstad in seiner Studie *The Myth of the Empty Land* eingehend herausgearbeitet, dass Juda während der Exilszeit zwar stark dezimiert, aber dennoch nicht völlig entvölkert war.[461] Die Rückkehrer sind also nicht in ein leeres Land eingewandert, sondern Juda war kontinuierlich besiedelt. Auch die Rückkehr selbst ist, wie Becking ergänzend angemerkt hat, nicht als gemeinsamer „mass return" der Exilierten zu verstehen. Vielmehr ist wohl mit einer langsamen, sukzessiven Rückwanderung von maximal 4 000 Personen während der ersten Hälfte der Perserzeit zu rechnen.[462]

Auch wenn die Gesamtzahl von 42 360 Rückkehrern vereinzelt noch als realistisch eingeschätzt wird,[463] besteht mittlerweile weitestgehend Konsens darüber, dass für die Perserzeit von einer wesentlich geringeren Bevölkerungsgröße Jehuds ausgegangen werden muss – zumal Rückkehrer und Bevölkerung Jehuds, auch wenn Esr 1-3 dies suggerieren, hier nicht gleichgesetzt werden dürfen. Für die Besiedlung Jerusalems hält Zwickel fest: „Auf Grund der archäologischen Befunde gibt es somit keine Belege, dass die Stadt Jerusalem zur Zeit Nehemias oder überhaupt in der Achämenidenzeit eine bedeutende Stadt war. Weder in der Stadt selbst noch in ihrem näheren Umfeld lässt sich eine bedeutende Siedlungsaktivität nachweisen, und auch die Zahl der Gräber ist bemerkenswert gering."[464] Lipschits vermutet nach Auswertung der Siedlungsbefunde etwa 30 000 Einwohner für das perserzeitliche Jehud.[465] Carter schätzt die eigentliche Bevölkerungszahl Jehuds in der Perserzeit anhand von Surveydaten auf ca. 13 350 für die *Perserzeit I* und 20 650 für die *Perserzeit II*.[466] Faust korreliert diese Daten in einer neuen Studie und stellt so eine starke Dezimierung nach 586 v. Chr. auf bis zu zehn Prozent der eisenzeitlichen Bevölkerung fest, die erst allmählich mit einem Anwachsen auf ca. 20 Prozent ihren perserzeitlichen Höhepunkt

---

460 Vgl. hierzu auch die Darstellungen bei Barstad, Myth, S. 25–45; Albertz, Exilszeit, S. 69–80.

461 Trotz immer wachsender archäologischer Erkenntnisse besitzt Barstads These noch weitgehend Gültigkeit. Vgl. Becking, We All, S. 7; Albertz, Exilszeit, S. 73–80. Siehe auch Barstad, After, S. 3–20: „Archaeological excavations support the continued existence of a considerable Israelite material culture in the Negev beyond doubt, particularly in the area of Benjamin, but also in the Judean Hills, and probably even in Jerusalem." (Zitat S. 14)

462 Vgl. Becking, We All, S. 10.

463 So beispielsweise Knauf, Bethel, S. 300; Redditt, Census, S. 238 f.

464 Zwickel, Jerusalem, S. 211.

465 Lipschits, Fall, S. 270 f; 372. Dem folgt auch Grabbe, History 1, S. 201.

466 Carter, Emergence, S. 201. Ähnlich auch die Berechnungen von Hofeditz, Judäa, S. 232, die sich auf eine mögliche Spanne von ca. 12 500 bis 20 000 Einwohnern Jehuds in persischer Zeit belaufen.

erreichte.[467] Zwickel nimmt sogar auf Basis der Mauerbauliste Neh 3 für die Perserzeit eine Anzahl von nur 2 000 – 4 000 Bewohnern Judas bzw. 200 Einwohnern Jerusalems an.[468] Nicht nur ist also von der Annahme einer völligen „Entleerung" des Landes durch die Babylonier oder einer Massenrückkehr aus dem Exil – und somit einer Gleichsetzung von Rückkehrern und judäischer Bevölkerung – abzusehen. Auch die Gesamtzahl von allein 42 360 + 7 337 + 200 Rückkehrern, wie Esr 2,64 f dies nahelegt, widerspricht somit deutlich den derzeitigen archäologischen Erkenntnissen.

Es ist daher im Hinblick auf die hohen Zahlenangaben zu „erwägen, ob sie nicht – wie viele andere völlig übertriebene Größen- und Mengenangaben in der biblischen und altorientalischen Literatur – einen ideologischen Grund haben".[469] Die großen Personengruppen der Verse 3-58 sowie die Gesamtsumme der Liste (V. 64) erinnern daher auch an die hohen Zahlen der Musterungslisten in Num 1 f.26, in denen für jeden der 12 Stämme eine Gesamtzahl von ± 50 000 Mann angegeben ist.[470] In Esr sind es ebenfalls rund 50 000 Personen, die Esr 1,5 zufolge aus Juda-Benjamin stammen und nach Juda zurückkehren (Esr 2,1).

Daran angefügt und somit offensichtlich nicht zur Qahal gehörig finden sich 7 337 Knechte und Mägde sowie 200 (profane) Sänger und Sängerinnen (V. 65). Auch hier überrascht die große Anzahl an Personal in einem Verhältnis von „one to every six freemen".[471] Daneben trägt auch die große Menge an Vieh (V. 66 f) zu einem Eindruck von Wohlstand und Überfluss bei, der wohl nicht den tatsächlichen historischen Gegebenheiten entsprechen dürfte. „Daß solcher Luxus in hartem Kontrast zu den offensichtlich ärmlichen Verhältnissen der nachexilischen Zeit steht, der [...] Idealisierung entspringt und kein historisches Vertrauen verdient, ist deutlich."[472]

Die hohe Gesamtzahl der Heimkehrer sowie die in Esr 2,65-67 beschriebene Fülle an Mensch und Vieh sollen wohl die Vorstellung von einer prachtvollen Restauration bzw. Wiederbevölkerung Jerusalems und Judas widerspiegeln, wie sie sich auch schon in den Verheißungen Deuterojesajas (Jes 49,19 f; 54,2 f) und Sacharjas (Sach 2,8: פרזות תשב ירושלם מרב אדם ובהמה בתוכה) findet. Dabei sind die Pferde, Maultiere, Kamele und Esel wohl jenes בהמה, das dem Kyrosedikt zufolge

---

467 Vgl. Faust, Judah, S. 132–147.
468 Vgl. Zwickel, Jerusalem, S. 215 f.
469 Rothenbusch, Tora, S. 92.
470 Vgl. Olson, Death, S. 79. Zur Funktion der Zahlen in Num vgl. Achenbach, Vollendung, S. 469–472.
471 Kidner, Ezra, S. 48.
472 Gunneweg, Esra, S. 66.

den Rückkehrern mitgegeben werden sollte (Esr 1,4.6). Das nicht zur Qahal gehörige Volk – die Diener und Sänger – sowie das viele Vieh erinnern zugleich aber auch an Ex 12,38. Denn auch dort schließt sich viel fremdes Volk (עֵרֶב רַב), Schafe, Rinder und sehr viel Vieh (וּמִקְנֶה כָּבֵד מְאֹד) dem Auszug der Israeliten an. Zwar handelt es sich hierbei teilweise um andere Tiere, doch bemerkt auch Blenkinsopp: „there may be an echo of the exodus narrative."[473]

V. 68-70:

Esr 2,68 f fügen eine Liste der Tempelspenden an. Die nehemianische Parallele ist an dieser Stelle ausführlicher und differenzierter. Wie bereits dargestellt, müssen Neh 7,69-71 jedoch als Erweiterung der Version in Esr 2 erachtet werden, die der Einpassung in den neuen Kontext dient.[474] Das Kommen zum Haus JHWHs (V. 68a: ... בְּבוֹאָם לְבֵית יהוה) ist hierbei nicht etwa anachronistisch zu verstehen, sondern meint wohl die Ruinenstätte des alten Tempels.

Mit V. 68 wird nun das Projekt des Tempelbaus wieder in den Blick genommen. Dass sich hier auf Esr 1,5 f rückbezogen wird, zeigt auch die Verwendung der gleichen Terminologie für die Schlüsselwörter: Die Häupter der Vaterhäuser (Esr 1,5: רָאשֵׁי הָאָבוֹת) geben freiwillig (Esr 1,6: נדב *hitpael*) für den Bau des Tempels (Esr 1,5: בֵּית יהוה אֲשֶׁר בִּירוּשָׁלִָם).[475] Halpern sieht in V. 68 zudem ein „echoing of 5:15 and 6:5, 7 in 2:68, 'to erect it on its site'" (2,68: עַל־מְכוֹנוֹ; 5,15; 6,7: עַל־אַתְרֵהּ) – also auch hier ein Rückgriff auf die Aramäische Chronik – sowie ein „mirroring of 1:9-11 in 2:68-69".[476] Die Liste des zurückkehrenden Tempelschatzes (1,9-11) wird so durch die Liste der Spenden für den Tempelbau (2,68 f) ergänzt. Erstere sorgt für die entsprechende Kontinuität von erstem und zweitem Tempel. Letztere dokumentiert die Finanzierung des Baus und die Ausstattung des Personals.[477] Beide Arten von Gaben – Geld und Priesterröcke – sind hier als zusammengehörig zu betrachten. „Denn Bau und Ausstattung des Heiligtums bilden schon im Pentateuch eine Einheit (Ex 25-28; 36-39)."[478]

Zugleich zeigt sich hier eine deutliche Parallele zur Exodustradition bzw. Sinai-Perikope. Nach der Ankunft am Sinai werden freiwillige Spenden für den

---

473 Blenkinsopp, Ezra, S. 93. Vgl. auch Clines, Ezra, S. 60: „Ezr 1.6 speaks of cattle accompanying the returning exiles, since the description there is to some extent patterned on the Exodus from Egypt (cf. 'very many cattle, both flocks and herds', Exod. 12:38)."
474 Vgl. Kap. 2.2.2.
475 Vgl. Rothenbusch, Tora, S. 65.
476 Halpern, Commentary, S. 96.
477 Vgl. hierzu Anm. 69b zu Esr 2,69.
478 Schneider, Bücher, S. 104.

Bau der Stiftshütte von den Israeliten eingesammelt (Ex 25,2-7; 35,4-9.21-29).[479] In beiden Fällen wird als spezifischer Terminus wie in Esr 1,4.6; 2,68 auch die Wurzel נדב gebraucht (Ex 25,2; 35,5.22.29). Für alle Wortbildungen mit נדב „ist der Aspekt der Freiwilligkeit maßgeblich".[480] Die Wurzel wird vorwiegend für den Bereich des Kultes verwendet und unterscheidet sich von anderen Opfertermini darin, dass es ein spontanes und freiwilliges Dankopfer für eine vergangene Wohltat oder Rettung bezeichnet.[481] Vor allem in der Priesterschrift sowie in Esr-Neh und 1/2 Chr dient sowohl das Nomen נדבה als auch das Verb נדב „allgemein zur Bezeichnung einer freiwilligen Gabe für das zentrale Heiligtum" und steht so immer im unmittelbaren Zusammenhang von Heiligtumsbau und Kultrestitution.[482]

Ganz ähnlich spricht auch Num 7,2 von großen Spenden (hier jedoch קרב hifil „darbringen, darbieten") an das Heiligtum.[483] Dort sind es wie in Esr 2,68 die Häupter der Vaterhäuser (Num 7,2: ראשי בית אבתם), die opfern, nachdem ihre Stämme nach der Ankunft am Sinai gezählt bzw. gemustert (vgl. Num 1-4) wurden: הם נשיאי המטת הם העמדים על-הפקדים. Auch wenn die Oberhäupter hier zugleich als Fürsten gekennzeichnet werden, ist eine gewisse Ähnlichkeit zu den Abläufen in Esr 2 nicht übersehbar. Die Art der Gaben – Gold, Silber und Priesterröcke – erinnert darüber hinaus an die materielle Unterstützung der Israeliten durch die Ägypter vor dem Auszug (vgl. Ex 3,21 f; 11,2; 12,35 f)[484] und somit an das sogenannte Motiv der „Beraubung der Ägypter", das in modifizierter Form auch in Esr 1,4.6 begegnet.[485]

Es wird also deutlich, dass sich sowohl für den „ersten" Exodus als auch für den „zweiten" aus Babylonien eine Verbindung von Spenden, Bau des Heiligtums und Kultgründung feststellen lässt. Esr 2,68 f beziehen sich so nicht nur auf Esr 1 zurück, sondern bedienen sich der gleichen Motive, die bereits essenzielle Bestandteile des ersten Exodus darstellen.

Diese Feststellung kann auch die hohen Summen von 61 000 Golddrachmen und 5 000 Silberminen erklären, die in V. 69 zusammenkommen. Ein solcher Reichtum ist für die Rückkehrer wohl kaum anzunehmen.[486] Es ist daher nicht

---

479 Vgl. auch Myers, Ezra, S. 21; Fensham, Books, S. 57.

480 Conrad, Art. נדב, Sp. 238.

481 Vgl. Conrad, Art. נדב, Sp. 239 f.

482 Vgl. Conrad, Art. נדב, Sp. 240 f (Zitat in Sp. 240). Dieselbe Bedeutung kommt zudem im Falle von Ex 35,5.22 auch dem Adjektiv נדיב zu (vgl. Sp. 242).

483 Vgl. auch den Hinweis bei Schneider, Bücher, S. 103; Myers, Ezra, S. 21.

484 Vgl. Blenkinsopp, Ezra, S. 96.

485 Vgl. hierzu 3.3.1 V. 1-4.

486 Vgl. auch Blenkinsopp, Ezra, S. 95. Coggins, Books, S. 20 bemerkt hierzu treffend: „The wealth here said to be available is in very marked contrast to the poverty of the community pictured in the contemporary prophecy of Haggai [...]."

von einer historischen Auflistung der Gaben auszugehen, sondern vielmehr von einer symbolischen Funktion der Spendenliste. Sie lässt den Bau des Tempels und die Restitution des Kultes ähnlich prachtvoll erscheinen, wie es auch für den Bau der Stiftshütte in der Exoduserzählung geschildert wird, wobei die Art der Spenden vergleichbar mit der materiellen Unterstützung der Ägypter in Ex 3,21 f; 11,2; 12, 35 f ist. Die anachronistische Verwendung des Terminus דרכמונים „Drachme",[487] der alttestamentlich nur in Esr 2,69 sowie Neh 7,69-71 belegt ist, setzt daher auch nicht voraus, dass die Drachme zu diesem Zeitpunkt gängiges Zahlungsmittel war, sondern lediglich, dass eine solche Goldmünze zum Zeitpunkt der Textabfassung bekannt gewesen sein muss. Dass Golddrachmen sehr selten und besonders wertvoll waren, dürfte die Beobachtung stützen, dass 61 000 dieser Exemplare den großen Reichtum der Gemeinde und somit den besonders prachtvollen Wiederaufbau des Tempels untermalen sollen. Ein vorsichtiger Anhaltspunkt für eine Datierung des Textes ist damit dennoch gegeben. Ist anzunehmen, dass Golddrachmen erst ab dem 4. Jh. v. Chr., d. h. in hellenistischer Zeit bekannt wurden,[488] kann möglicherweise auch für die Abfassung des Textes von der frühhellenistischen Epoche als *terminus a quo* ausgegangen werden.[489]

Die Rückkehrerzählung läuft mit V. 68 f zunächst auf die heilige Stätte in Jerusalem zu; der Tempel bzw. dessen alter Platz ist der zentrale Kristallisationspunkt. Dorthin werden zunächst die Weihegaben getragen, von dort aus findet dann – so der Ablauf der Erzählung – die notwendigerweise folgende Wiederbesiedlung statt. Kündigt Esr 2,1 bereits an: וישובו לירושלם ויהודה איש לעירו, folgt nun eine Art Landnahme (Esr 2,70: בעריהם ... וישבו). Esr 2,1.70 bilden so zusammen einen narrativen Rahmen, der zudem für das zeitliche Voranschreiten der Erzählung verantwortlich ist – sie kehrten zurück (V. 1) und ließen sich nieder (V.70).[490]

Die literarische Integrität des Verses Esr 2,70 ist mithin immer wieder diskutiert worden.[491] So bieten die lange, etwas unsortiert wirkende Reihe an Subjekten (Tempelpersonal, Laien, Tempelpersonal) sowie die jeweils abweichenden Versionen in Neh 7,72 und 3 Esr 5,45 Anlass zur Annahme, dass hier literarisches Wachstum vorliegt. Aufgrund der auffälligen Aufzählungsreihenfolge im ersten Halbvers – הכהנים והלוים ומן־העם והמשררים והשוערים והנתינים – vermutet auch Karrer,

---

487 Vgl. auch Bolin, Ezra, S. 29.
488 Vgl. hierzu Anm. 69c zu Esr 2,69.
489 Vgl. auch Hieke, Esra, S. 91.
490 Vgl. auch Heckl, Neuanfang, S. 65.
491 Zur Diskussion vgl. auch Williamson, Ezra, S. 272 f.

„daß hier ursprünglich nur von ‚Priestern, Leviten und Volk' die Rede war [...]".[492] Denn mit ומן־העם ist die Aufzählung zunächst einmal abgeschlossen; die drei folgenden Gruppen (es fehlen die Söhne der Beamten Salomos!) erscheinen davon abgesetzt als Nachtrag. Gleiches gilt für die Konstruktion בעריהם im ersten Halbvers. Diese steht „zweimal auf engstem Raum; auch das dürfte kaum ursprünglich sein".[493] Demnach hätte der Vers möglicherweise geheißen: וישבו הכהנים והלוים ומן־העם וכל־ישראל בעריהם *Und da ließen sich Priester, Leviten und welche aus dem Volk nieder, und ganz Israel (war) in seinen Städten.*

Der letzte Halbvers (V. 70b: וכל־ישראל בעריהם) korrespondiert als abschließende Bemerkung dabei mit איש לעירו in Esr 2,1b. Da der Ausgangspunkt von V. 68 f Jerusalem (בבואם לבית יהוה) ist und auch der einleitende Vers 2,1 von einer Rückkehr nach Jerusalem und Juda spricht,[494] ist auch hier davon auszugehen, dass Jerusalem im ersten Halbvers in Esr 2,70 impliziert ist. Dies bedeutet nicht, dass hier ein ursprüngliches בירושלם ausgefallen ist und mit 3 Esr 5,45 zu ergänzen wäre.[495] Denn der Kontext legt es bereits nahe, an dieser Stelle Jerusalem mitzudenken. Die Priester, Leviten und welche aus dem Volk ließen sich demnach vor Ort nieder (Esr 2,70a), während sich das restliche Volk auf die anderen Städte verteilte (Esr 2,70b). Es ist gut vorstellbar, dass „[r]eligious and civil leaders would naturally congregate at the capital, where sacrifices were reinstituted soon after the return and administrative tasks must have needed attention immediately".[496] Da die Zahlenangaben mit großer Wahrscheinlichkeit nicht historisch sind, kann auch das Argument nicht standhalten, eine solch große Anzahl an Personen habe in Jerusalem keinen Platz gefunden.[497]

Auch Williamson vermutet, dass jene drei Gruppen von Tempelsängern, Torwächtern und Netinim erst später ergänzt wurden, geht aber unter Annahme einer Priorität von Neh 7 davon aus, dass eine ursprüngliche Fassung bereits im Nehemiamemoir enthalten war, ursprünglich an Neh 11 anschloss und erst mit

---

492 Karrer, Ringen, S. 85 Anm. 53. So auch Gunneweg, Esra, S. 68 f. Vgl. auch Schneider, Bücher, S. 104 f: „Die Sänger, Torwächter und Tempelangehörigen erscheinen in Esr 2; Neh 7; 3 Esr 5,45; 9,37 an verschiedener Stelle und in wechselnder Reihenfolge oder überhaupt nicht; dies läßt vermuten, daß sie erst von späteren Händen ergänzt sind."

493 Gunneweg, Esra, S. 69.

494 Vgl. auch Clines, Ezra, S. 62: „It is likely that the author was in the last verse referring back to v. I, 'they returned to Jerusalem and Judah, each to his own town', and that while priests and Levites and some of the people returned to Jerusalem, the rest of the people returned to their own villages in the province of Judah."

495 Gegen Myers, Ezra, S. 12; Mowinckel, Studien I, S. 32; Kidner, Ezra, S. 50; Blenkinsopp, Ezra, S. 94. Anders Williamson, Ezra, S. 272.

496 Clines, Ezra, S. 62.

497 Siehe auch Kap. 3.3.2 V. 64-67. Gegen Schneider, Bücher, S. 105.

Einfügung der Liste Neh 7 um das niedere Tempelpersonal ergänzt und in Esr 2 nochmals angepasst worden ist.[498] Für die Entstehung von Esr 2,70 schlägt er somit einen dreistufigen Prozess vor. Dagegen ist zunächst einzuwenden, dass wie oben dargestellt die Priorität der Liste bei Esr 2 liegt.[499] Zum anderen lässt sich sowohl für Neh 7,72 als auch für 3 Esr 5,45 bereits eine Tendenz zur Systematisierung bzw. Glättung des schwierigen Textes Esr 2,70 feststellen.[500] In Neh 7 sind die Tempelsänger und Torhüter bereits mit den Priestern und Leviten gruppiert. Darüber hinaus wurde möglicherweise das zweite unverständliche בעריהם ausgelassen, wobei auch hier noch die Subjektkette viel zu lang und gleichzeitig redundant erscheint. 3 Esr 5 nimmt dann die entscheidende Änderung und Deutung vor, indem es die Priester, Leviten und einen Teil des Volkes tatsächlich in Jerusalem und dem Umland verortet (ἐν Ἰερουσαλὴμ καὶ τῇ χώρᾳ).

Mit einiger Sicherheit kann jedoch davon ausgegangen werden, dass jene drei Gruppen von Tempelpersonal nachträglich in Esr 2,70a ergänzt wurden. Das zweite בעריהם wurde dabei nötig, weil Jerusalem als Siedlungsort gerade nicht explizit genannt war und daher sonst der zweite Halbvers (וכל־ישׂראל בעריהם) Teil der langen von וישׁבו abhängigen Subjektkette geworden und so nicht mehr als abschließender Nominalsatz zu erkennen gewesen wäre. Im Hinblick auf den Kontext Esr 1-6 fällt dabei auf, dass mit Ausnahme von Esr 2,70 ausschließlich die Priester, Leviten und das Volk als gemeinsame Gruppe auftreten (Esr 1,5; 3,12; 6,16) und auch sonst anderes Tempelpersonal – mit Ausnahme der Asafiten in 3,10 – an keiner Stelle erwähnt wird. Anders sieht es hingegen im restlichen Esr-Neh-Corpus aus. In Esr 7,7; Neh 10,29; 11,3 werden alle Gruppen von Tempelbediensteten gemeinsam erwähnt. Auch vereinzelt tauchen diese im Textkomplex Esr 7-Neh 13 immer wieder auf.

Sieht man von dem redaktionellen Eingriff in V. 70a ab, wird schon aufgrund der Rahmung, die der Vers mit 2,1 bildet, deutlich, dass Esr 2,70 untrennbar mit seinem Kontext verbunden ist. Die Wiederbesiedlung ist notwendige Folge der Rückkehr und deutet hier lediglich an, was im Anschluss an den Exodus aus Ägypten im Buch Josua (v. a. Jos 18-19) als Landnahmeerzählung deutlich ausgeführt wird.[501] Anders als in Ex-Jos belässt Esr 1-6 es jedoch bei dieser Bemerkung

---

498 Vgl. Williamson, Ezra, S. 273. Dem folgt auch Schunck, Nehemia, S. 226 f.

499 Vgl. Kap. 2.

500 Siehe auch Anm. 70a-d zu Esr 2,70.

501 Vgl. Blenkinsopp, Ezra, S. 96; Abadie, Livre, S. 24; Throntveit, Ezra, S. 19: „Both the inclusion formed by the mention of 'all to their towns' (vv.1, 70) and the identification of the returnees with specific towns in verses 21-35 recall the parallel with the original occupation of the promised land as it is related in the latter half of the book of Joshua. There, as here, the land is allocated to the people, according to their towns, under the leadership of a diarchy (Joshua and Eleazar, the priest, Josh. 14:1; Zerubbabel and Jeshua, the priest, Ezra 2:2)."

in 2,70. Daran zeigt sich zum einen wieder der starke elliptische Stil der Erzählung; zum anderen wird deutlich, dass Esr 1-6 kein Interesse an der Schilderung einer Landnahme und der damit einhergehenden Probleme der Landverteilung zu haben scheint. Es ist zwar allzu plausibel, dass angesichts der durchgängigen Besiedlung des Landes „[i]t was clearly a gigantic undertaking to find dwelling places for the number of people involved".[502] Doch wird nichts davon in Esr 1-6 berichtet, der klare Fokus der Erzählung liegt auf Jerusalem und dem Tempelbau, nicht auf der Landnahme.

Die enge Parallele zur Exodustradition, die Auszug und Tempelbau mit Spenden bzw. Geldgaben verbindet, zeigt hierbei, dass die Verse 68 f literarkritisch nicht vom restlichen Text abzutrennen, sondern sinnvoll mit dem Kontext verbunden sind. Gleiches gilt für Vers 70, der zusammen mit Esr 2,1 einen narrativen Rahmen um die Liste der Heimkehrer sowie deren Weihegaben bildet und zudem den notwendigen Ausgangspunkt für das Geschehen in Esr 3 darstellt.

Fazit

Esr 2,1 und Esr 2,70 rahmen das gesamte Rückkehrgeschehen und parallelisieren es mit der Rückkehr der Tempelgeräte in Esr 1,7-11. 2,68 f stellen zudem begriffliche Bezüge zu den Versen Esr 1,5 f her, in denen die Rückkehr der Stämme Juda und Benjamin sowie der Priester und Leviten initiiert wird. Nicht nur für das Tempelinventar, sondern auch für das Volk (V. 3-58) gilt so eine das Exil überdauernde Kontinuität. Allein durch Esr 2,1.68-70 wird dabei der eigentliche Fortgang der Erzählung geschildert.

Esr 2 kennt zwei Strukturierungsmerkmale: eine Fokussierung auf die beiden Größen Jerusalem und Juda sowie die getrennte Auflistung nach Laien und Kultpersonal. Die erste Strukturierung wird bereits durch den Rahmen 2,1b (לירושלם ויהודה) vorgegeben und ist ebenso in 2,70 unterstellt. Gleichzeitig findet sich diese Struktur aber auch in der Sortierung der Liste selbst wieder, die in ihrer Aufzählung der Personen und Orte vom Zentrum (Jerusalem) nach außen (Juda) „wandert". Dort sind zunächst die zu Jerusalem Gehörigen mit Namen genannt (V. 3-20),[503] sodann folgen jene, die nach Ortsclustern mit wachsendem Abstand zu Jerusalem sortiert sind (V. 21-35). Das zweite Strukturierungsmerkmal, die Sortierfolge, die (anders als etwa Esr 10 oder Neh 10) zuerst die Laien und dann das Kultpersonal listet, hat ihre Entsprechung in „an old priestly usage"[504] – auch

---

502 Myers, Ezra, S. 22.
503 Vgl. Halpern, Commentary, S. 96; Gunneweg, Esra, S. 59; Clines, Ezra, S. 46.
504 Clines, Ezra, S. 47.

Num zählt die Leviten nicht mit dem Volk gemeinsam, sondern separat im Anschluss (vgl. Num 2,32; 3,16-39; 26,57-62).

Analog zu Esr 2,1 formuliert, listen 2,59 f sodann drei Gruppen von insgesamt 652 Menschen, die ihr Vaterhaus nicht kennen, in Anbetracht ihres Namens (Delajah, Tobijah) aber offenbar JHWH-Gläubige sind. Diesbezüglich erfahren wir jedoch von keiner weiteren Konsequenz – im Gegenteil, auch diese werden zur Gemeinde in V. 64 hinzugerechnet. Literarisch davon abzugrenzen sind hingegen die V. 61-63, die einen anderen Themenschwerpunkt (Kultreinheit und „dokumentierte[...]' Identität")[505] haben und durch ihre abweichende Syntax auffallen.

Im Rahmen (2,1.70) sowie dem „Listenanhang" (2,65-69) treten die Bezüge zum Exodusgeschehen wieder deutlich hervor. Das Heraufziehen aus der Gefangenschaft (הַעֹלִים מִשְּׁבִי הַגּוֹלָה) in Esr 2,1 erinnert an vergleichbare Listeneinleitungen in Gen 46,8; Ex 1,1; Num 26,4b, die allesamt den Exodus aus Ägypten thematisieren. Dabei wird auch hier wieder die Wurzel עלה als einer der Leitbegriffe der Exodustradition (vgl. schon Esr 1,3.5.11) verwendet. Die hohen Gesamtzahlen an Rückkehrern, Dienern und Vieh (V. 64-67) sowie Art und Summe der Tempelspenden, die auf die Rückkehr folgen (V. 68 f), lassen dabei ganz deutlich Motive der Exodustradition durchscheinen.[506] Blickt man auf Ex 12,35-38, wird der Zusammenhang zwischen den wertvollen Gaben an Gold, Silber und Priestergewändern (Ex 12,35 f) sowie der großen Menge an Rückkehrern (Ex 12,37: 600 000),[507] Vieh und fremdem Volk (Ex 12,38) deutlich: Hier zeigt sich der Segen der Mehrungsverheißung[508] und die große Fülle, mit der das erwählte Volk aus Ägypten auszieht.

Auch nachexilisch spielt der Segen durch eine Fülle an Mensch und Vieh sowie die „Hoffnung auf große Ausbreitung des Volkes"[509] eine wichtige Rolle. Dies wird in den Verheißungen von Überfluss in Jes 49,19 f; 54,2 f und Sach 2,8 deutlich. Und auch in Esr 2 ist das Volk mit Fülle und Wohlstand gesegnet. Die Anzahl von circa 50 000 Mann sowie die große Menge an Vieh und Bediensteten (vgl. Ex 12,38!) sind auch hier nicht historisch, sondern theologisch zu erklären. Gleiches gilt für den hohen Wert an Dankopfern (Esr 2,68 f), die einen historisch

---

505 Hieke, Esra, S. 89.

506 Vgl. auch Blenkinsopp, Ezra, S. 96, der in diesem Zusammenhang von einer Exodustypologie spricht.

507 Dem entsprechen im Schnitt 50 000 Heimkehrer pro Stamm. Diese Anzahl von ca. 600 000 findet sich „im Folgenden in unterschiedlichen Varianten wieder (vgl. Ex 38,26; Num 1,46; 2,32; 11,21; 26,51)" (Utzschneider/Oswald, Exodus 1-15, S. 268).

508 Vgl. auch Ex 1,7.12. Zur hohen Gesamtzahl vgl. Utzschneider/Oswald, Exodus 1-15, S. 268: „Ihre literarische Funktion scheint zu sein, dass sie das Motiv der trotz aller Unterdrückung und Verfolgung ungebrochenen Fruchtbarkeit der Israeliten [...] aufnimmt und in großen Zahlen veranschaulicht."

509 Hallaschka, Haggai, S. 183 Anm. 211.

kaum anzunehmenden Reichtum der Gemeinde widerspiegeln. Die Rückkehrer sind an Zahl und Wohlstand gesegnet, was sie als erwähltes Volk und treibende Kraft für die Restauration qualifiziert.[510] Viel Vieh, Bedienstete und großer Reichtum – der „zweite Exodus" wird also ähnlich prächtig geschildert wie der erste. Auch dass die in Esr 2,41 als einzige Sängergilde gelisteten Asafiten mit der Exodus- und Zionstradition zugleich sowie einem verstärkten Geschichtsbewusstsein und der Aufgabe des Erinnerns in Verbindung gebracht werden,[511] dürfte in diesem Zusammenhang kein Zufall sein.

Darüber hinaus verbinden sowohl die Exodustradition als auch Esr 2 Auszug und Rückkehr in das „Land der Väter" mit einem freiwilligen Dankopfer bzw. Geldspenden, die sodann dem Bau des Heiligtums bzw. der Kultrestitution dienen: vgl. Ex 25,2-7; 35,4-9.21-29. In Num 7,2 sind es sogar die נשיאי ישראל bzw. die ראשי בית אבתם, die nach einer Zählung der Stämme Weihegaben zur Stiftshütte bringen. In beiden Fällen lässt sich also eine Verbindung von Spenden, Bau des Heiligtums und Kultgründung ausmachen.

Ungeachtet der zahlreichen Anklänge an den Exodus bzw. die Sinaiperikope fällt jedoch auf, dass Esr 2 das Zwölf-Stämme-Konzept meidet. Schon in Esr 1,5 ist nur von Juda und Benjamin die Rede, Esr 2,1 bezieht sich ebenfalls eindeutig auf Juda, und auch die Personen der Liste sind – anders als die Listen und Genealogien der Tora – nicht nach den zwölf Stämmen Israels gegliedert. Der einzige Bezug zum Zwölf-Stämme-Volk findet sich in dem redaktionellen Nachtrag Esr 2,2a. Hieran fügt sich auch die Beobachtung, dass Esr 2 die sonst für die Tora und die Vorderen Propheten typische Begrifflichkeit בני ישראל, in der eben jener genealogische Aspekt der zwölf Stämme anklingt, meidet und stattdessen die Bezeichnungen אנשי עם ישראל/בני המדינה verwendet. Daneben findet sich in der Liste kein Beleg einer aaronidischen oder zadokidischen Lineage, wohingegen in Ex 28 das Priestertum mit Aaron etabliert wird.[512]

Weiterhin wird deutlich, dass Juda hier nicht als persische Provinz Jehud oder politische Verwaltungseinheit verstanden wird, sondern als vorexilisches „Land der Väter", dessen Grenzen nicht genau definiert scheinen, und das Jerusalem, nicht Mizpa zum Zentrum hat. Dies zeigt nicht allein die Verwendung des archaisierenden Titels[513] הנשיא ליהודה in Esr 1,8 anstelle von פחה, sondern auch

---

510 Vgl. auch Michaeli, Livres, S. 263: „L'intention première des auteurs de la liste pourrait avoir été [...] de montrer par des chiffres aux adversaires des Juifs, que le peuple était capable numériquement et fancièrement d'entreprendre et d'achever la reconstruction du Temple [...]."
511 Vgl. Weber, Asaf, S. 258; ders., Asaf/Asafiten, Abschnitt 2.4.
512 Nicht uninteressant ist in diesem Zusammenhang, dass Aaron und die Aaroniden ursprünglich wohl mit dem Nordreichsheiligtum Bethel in Verbindung zu bringen sind (vgl. Ex 32,1-6 und 1 Kön 12,29; Ri 20,27 f). Siehe hierzu Koenen, Aaron/Aaroniden, Abschnitt 3.1.
513 Vgl. Gunneweg, Esra, S. 48.

der Gebrauch von המדינה (Esr 2,1) ohne Bezugswort sowie die Beobachtung, dass die in 2,21-35 genannten Orte nicht mit den Grenzen des perserzeitlichen Jehuds übereinstimmen.[514]

Während sich in mancher Hinsicht also ganz eindeutig von Exodustypologie sprechen lässt, finden sich in Esr 2 zugleich vereinzelt markante Unterschiede zu dieser Tradition – der zweite Exodus gilt nicht den zwölf Stämmen Israels, sondern nur Juda-Benjamin. Auch die Personen der Liste stehen nur durch den Kontext, in den sie eingebettet sind, in der Kontinuität eines vorexilischen Israels. Denn viele ihrer Vaternamen finden sich ausschließlich innerhalb des Esr-Neh (und 1/2 Chr)-Corpus, sind zum Teil von fremder Herkunft oder gänzlich unbekannt.

Inwiefern die Liste selbst gewachsen ist bzw. mit der Zeit ergänzt wurde, lässt sich anhand literarkritischer Methoden kaum mit Sicherheit bestimmen. Mit einiger Wahrscheinlichkeit sind jedoch Esr 2,2a.36*(לבית ישוע).61-63.70a* (והמשררים והשוערים והנתינים בעריהם) als Nachträge zu betrachten, die den neben der Einschreibung des Zwölf-Stämme-Konzeptes (V.2a) den Fokus stärker auf den Themenkomplex *Institutionalisierung des Kultes*, *Reinheit* und *dokumentierte Herkunft* verschieben.

3.3.3 Esr 3

Das Kapitel Esr 3 bietet wohl den größten Anlass für Diskussionen um die literarische Einheitlichkeit. Dabei fällt zum einen auf, dass zweimal von einer Kultgründung und entsprechenden Festlichkeiten berichtet wird. Esr 3,1-5 schildern den Altarbau mit einer feierlichen Einweihung zum Sukkotfest, Esr 3,6-13 widmen sich dann der Grundsteinlegung des Tempels, wobei erstere Szene bereits Aspekte der Tempelgründung vorwegnimmt.[515] Es scheint sich hierbei um eine Doppelüberlieferung zu handeln, die jeweils unterschiedliche Schwerpunkte setzt. Zum anderen werden besonders in Esr 3 die Bezüge zu den Chronikbüchern immer wieder hervorgehoben. Dieses Kapitel „spielt wegen der großen Zahl sachlicher und sprachlicher Parallelen zur Chronik eine Schlüsselrolle in der Diskussion um das entstehungsgeschichtliche Verhältnis von Esr/Neh zu 1/2 Chr".[516]

---

514 Vgl. auch Grabbe, History I, S. 137.
515 Vgl. Kratz, Komposition, S. 64.
516 Steins, Chronik, S. 332.

V. 1-5:

Das Volk hat sich nach der Rückkehr niedergelassen (Esr 2,70). Esr 3,1a greift diese Aussage noch einmal auf, wenn davon berichtet wird, dass die בני ישראל bereits im siebten Monat in ihren Städten waren. Dabei folgt Esr 3 einer inneren, relativen Chronologie, denn der siebte Monat ist in Esr 3,1.6 ohne eine Jahresreferenz gegeben.[517] Ob sich das Erzählte nun noch in der Regenschaft des Kyros oder vielleicht schon unter Darius I. ereignet, wird hier nicht gesagt. Mit der Nennung von Jeschua und Serubbabel in Esr 3,8 – nach Hag-Sach Zeitgenossen des Darius – ist es möglich, auch hier in die Regentschaft des Darius I. zu datieren. Entsprechend würde Esr 2 die Zeit zwischen Kyros (Esr 1) und Darius (Esr 3; 5 f) überbrücken. Doch scheint es in der Intention des Verfassers zu liegen, die Zeitangaben bewusst verschwimmen zu lassen.[518] Wichtig ist hier nicht das Königsjahr, sondern allein der Monat. So besteht die eigentliche Aussage von V. 1.6 darin, dass nach der Ankunft sofort die entsprechenden kultischen Handlungen und Feierlichkeiten im dafür vorgesehenen siebten Monat als dem großen Festmonat (vgl. Num 29) begangen werden (V. 2-5.6) und so der Kult vorschriftsmäßig eine Wiederaufnahme findet.[519] Daraus wird deutlich, dass es „keine Zwischenzeit zwischen Heimkehr und Neubeginn"[520] gibt: Inbetriebnahme des Kultes und Wiederaufbau erfolgen sofort nach der Heimkehr.[521]

Dazu versammelt sich das Volk in Jerusalem. Dies erinnert einerseits an die in Num 29,1-6 vorgeschriebene „heilige Versammlung" zu Beginn des siebten Monats, mit der bereits die Darbringung verschiedener Opfergaben einsetzt.[522] Andererseits klingt hier zugleich die feierliche Einweihung des salomonischen Tempels im siebten Monat in 1 Kön 8,1 f//2 Chr 5,2 f an. Und auch in Esr 3 steht das Zusammenkommen des Volkes (Esr 3,1b: כאיש אחד) als Auftakt für ein besonderes Ereignis: den Bau des Altars (V. 2 f) und den Beginn der Opfertätigkeit (V. 4 f). Ähnliches wird nochmals in Esr 6,16 bei der Vollendung des Baus des zweiten Tempels geschildert – auch dort ist das ganze Volk (... בני־ישראל כהניא ולויא ושאר) bei der Einweihung des Tempels anwesend. Auffällig ist dabei, dass an allen diesen Stellen (auch Esr 3,1!) von den בני ישראל die Rede ist. Dagegen wird an keiner anderen Stelle in Esr 1-3 diese sonst so geläufige Konstruktion gebraucht.[523]

---

517 Vgl. Exkurs 1.
518 Vgl. Exkurs 1; Halpern, Commentary, S. 108–111; 214; 133.
519 Vgl. auch Hieke, Esra, S. 96; Wright, Rebuilding, S. 303; Grätz, Chronologie, S. 214. Siehe auch Exkurs 1.
520 Gunneweg, Esra, S. 71.
521 Vgl. auch Gunneweg, Esra, S. 71; 73; Williamson, Ezra, S. 47.
522 Vgl. auch Kap. 2.2.2.
523 Vgl. auch Pakkala, Ezra, S. 143 sowie Kap. 3.3.2 V.1-2.

In den Passagen der Tempeleinweihung 1 Kön 8,1 f//2 Chr 5,2 f sowie auch in Esr 6,16 f ist dabei immer die Zwölfzahl der Stämme impliziert (vgl. v. a. Esr 6,17: תרי־עשׂר למנין שׁבטי ישׂראל). Der Kontext von Esr 1-3 hingegen kennt dieses Konzept nicht, denn Israel bedeutet dort nur Juda-Benjamin (vgl. Esr 1,5).

Esr 3,2 f berichten sodann von der Ausführung des Altarbaus. V. 2 nennt Jeschua und Serubbabel als Protagonisten für dessen Wiederaufbau. Beide Akteure spielen in Hag-Sach als Hohepriester und Statthalter (Hag 1,1.12.14; 2,2.21; Sach 3,1) bei der Restauration eine wichtige Rolle, werden aber hier ohne die entsprechenden Titel genannt.[524] Für beide wird, wie in Esr 3,8 auch, lediglich die Filiation angegeben. Anders als sonst in Esr-Neh wird Jeschua in 3,2 zudem vor Serubbabel gelistet,[525] was möglicherweise darauf zurückzuführen ist, dass es sich beim Wiederaufbau des Altars um einen sakralen Akt handelt und daher Jeschua als Priester Vorrang gegeben werden soll.[526] Beide sind (in umgekehrter Reihenfolge) später auch in Esr 3,8 maßgeblich am Bau des Tempels beteiligt.[527] Auffällig bleibt dabei jedoch „the author's reticence to tell us who these men are".[528]

Dass nun ein Altar – und zwar an der Stelle des alten (Esr 3,3)[529] – gebaut wird, scheint zunächst widersprüchlich, wenn man eine kontinuierliche Besiedlung Jerusalem und Judas sowie eine Fortsetzung des Opferkultes nach der Zerstörung des Tempels annimmt.[530] Genau dies wird jedoch durch Jer 41,4 f nahegelegt. Dort wird von einer Nordreichsdelegation (80 Männer aus Sichem, Silo und Samaria) berichtet, die Opfergaben und Weihrauch (מנחה ולבונה) zum Tempel (בית יהוה) bringt. Die Kultstätte in Jerusalem scheint also auch während der Exilszeit weiterhin in Gebrauch gewesen zu sein.[531] „Die Heiligkeit des Ortes blieb über die Zerstörung hinaus erhalten. Das ist nach antiker Anschauung ganz selbstverständlich."[532] Im Hinblick auf das in Esr 3,1-5 Berichtete wird daher meist davon

---

524 Vgl. auch Gunneweg, Esra, S. 72.

525 Vgl. Eskenazi, Age, S. 51 Anm. 28: „Zerubbabel precedes Jeshua in Ezra 2:1, 3:8, 4:3, 5:2; Neh 7:7, 12:1; Jeshua precedes Zerubbabel in Ezra 3:2."

526 Vgl. Clines, Ezra, S. 64: „[...] but here where cultic affairs are directly concerned Jeshua takes the precedence."

527 Vgl. hierzu Kap. 3.3.3 V. 6-10a.

528 Grabbe, Ezra, S. 16.

529 Der Neubau findet auf den Fundamentresten des alten Baus statt; vgl. auch Anm. 3a zu Esr 3,3.

530 Vgl. hierzu Barstad, Myth, S. 77–82.

531 Vgl. hierzu auch Willi-Plein, Warum, S. 61: „Allerdings kann auch erwogen werden, daß ein gewisser inoffizieller Brandopferaltar auf dem Areal des zerstörten Tempels bereits unmittelbar nach 587 eingerichtet und während der ganzen Exilszeit von der im Land verbliebenen Bevölkerung unterhalten wurde."

532 Janssen, Juda, S. 102.

ausgegangen, dass die Rückkehrer den alten Altar bzw. die Opferstelle aufgrund der Fremdnutzung und möglichen Verunreinigung nicht anerkannt haben.[533] Denn nur das zurückgekehrte Israel kann den wahren JHWH-Kult ausüben bzw. fortsetzen. Treffend bemerkt dabei Rudolph die Tendenz des Verfassers, „den nachexilischen Kult als eine Neuschöpfung der Exulanten erscheinen zu lassen".[534] Dabei garantieren jedoch die alten Tempelgeräte sowie das zurückgekehrte Haus Juda und Benjamin (vgl. Esr 1 f) zugleich eine legitime Kontinuität zum vorexilischen Israel. So beginnt in Esr 3,1-5 nun mit dem Bau des Altars die Kultrestitution durch das „wahre" Israel.

Die Bemerkung כי באימה עליהם מעמי הארצות in V. 3 erscheint in diesem Kontext etwas unvermittelt und ohne direkten Bezug, antizipiert aber die Auseinandersetzung mit den עמי הארץ bzw. den Fremden beim Tempelbau in Esr 4 sowie beim Mauerbau in Neh 1-6.[535] Möglicherweise steht hier der Anspruch auf die einzig legitime Kultstätte im Hintergrund. Denn mit dem Neubau wird die alte, von den „Anderen" benutzte Opferstätte verworfen. Der Einschub „würde sich dann auf eine Kontroverse um den rechten Altar beziehen".[536] Andererseits wird vermutet, dass hiermit die Tatsache unterstrichen werden soll, dass wie schon zur Zeit Davids „the building of an altar and offering sacrifices had the purpose of warding off danger to the community".[537] In jedem Fall verweist die Bemerkung auf eine mögliche Konfrontation mit fremdem, nicht zu Israel gehörigem Volk und ist so „eine versteckte Vorankündigung der bevorstehenden Schwierigkeiten mit dem Tempel- und Stadtmauerbau".[538] Die Beobachtung, dass dieser Einschub mit כי ziemlich unvermittelt und ohne weiteren Kontextbezug dasteht,[539] das Thema der Auseinandersetzung mit Feinden jedoch vor allem Gegenstand der Kapitel Esr 4 sowie Neh 1-6 ist, legt die Annahme nahe, dass es sich um eine Glosse handelt, die schon hier die „Völker des Landes" als Feindbild stilisiert und

533 Vgl. Rudolph, Esra, S. 29; Janssen, Juda, S. 103; Fensham, Books, S. 59; Myers, Ezra, S. 27; Clines, Ezra, S. 63; Williamson, Ezra, S. 46; Blenkinsopp, Ezra, S. 97. Gunneweg, Esra, S. 73 schlägt einen vorübergehenden Notaltar an der Trümmerstätte vor, „den die im Lande Ansässigen betreuten".
534 Rudolph, Esra, S. 29. Ähnlich sieht dies auch Fensham, Books, S. 59, der sogar vermutet, die Rückkehrer hätten den ursprünglichen Altar zerstört und an derselben Stelle einen neuen errichtet, was die Einfügung כי באימה עליהם מעמי הארצות in V. 3 erkläre. Diese Annahme lässt sich jedoch weder durch textliche Belege noch durch *external evidence* erhärten.
535 Vgl. Grabbe, Esra, S. 17; Hieke, Esra, S. 96.
536 Gunneweg, Esra, S. 73. So auch Fensham, Books, S. 59.
537 Blenkinsopp, Esra, S. 97 f. Ähnlich auch Williamson, Ezra, S. 46; Clines, Ezra, S. 66.
538 Hieke, Esra, S. 96.
539 Vgl. Pakkala, Ezra, S. 142: „In the MT of v. 3, the purpose of the כי-sentence is obscure. [...] The idea hangs in the air and one receives the impression that something is missing."

die Baubehinderungen durch fremden Widerstand beim Tempel- und Mauerbau vorbereiten soll.[540] Die Glosse verweist somit bereits auf Esr 4,4[541] und ist möglicherweise sogar zusammen mit der Artaxerxeskorrespondenz (Esr 4*) eingefügt worden. So werden die fremden Völker schon beim Altarbau zur präsenten Bedrohung. Dabei liefert Esr 4,2 zusammen mit Jer 41,5 einen Hinweis darauf, dass eben diese Gruppen möglicherweise den alten Altar als Opferstätte nach der Zerstörung Jerusalems durchgängig genutzt haben.

Dagegen baut nun Israel unmittelbar nach der Rückkehr und Wiederbesiedlung des Landes (Esr 2,70; 3,1a) einen neuen Altar. Dahinter steht, wie die Bemerkung כבתוב בתורת משה איש־האלהים (V. 2b) schon nahelegt, wohl auch die Konformität mit dem mosaischen Gesetz, „which prescribes the building of an altar immediately on entering the land"[542] (vgl. Dtn 27,6 f). Mit Mose und dem Gesetz wird hier erstmals in Esr 1-3 eine neue Größe eingeführt. Dabei fällt auf, dass der Terminus איש־האלהים zwar für Propheten (vor allem in den Königebüchern) relativ häufig gebraucht,[543] dass Mose jedoch nur in Dtn 33,1; Jos 14,6; 1 Chr 23,14; 2 Chr 30,16 sowie Ps 90,1 so bezeichnet wird. Der Verweis auf das Gesetz des Mose für den Bau der Kultstätte und die Opfervorschriften wird in Esr 3,10b dann mit dem Verweis auf die Ordnung Davids für den Ablauf der Kultfeierlichkeiten parallelisiert. Sowohl Mose, איש־האלהים (V. 3), als auch David, מלך־ישראל (V. 10), stellen dabei die zentralen Identifikationsfiguren des vorexilischen Israels dar und sind besonders auch für die Chronikbücher wichtige Autoritäten (vgl. auch 2 Chr 23,18!).[544] Bemerkenswert ist daher auch im Hinblick auf die Erwähnung Jeschuas und Serubbabels, dass Mose den „feierliche[n] Titel" איש־האלהים in V. 2 zugesprochen bekommt, „während die beiden Anführer titellos bleiben".[545]

Die gleiche Wendung כבתוב בתורת משה findet sich auch in Esr 6,18 wieder. Während ähnliche Verweise auf das „Gesetz" des Mose (בתורת משה /ביד) in Esr 7,6 sowie häufiger noch in Neh begegnen (Neh 1,7 f; 8,1.14; 9,14; 10,30; 13,1), spielt

---

540 Vgl. Gunneweg, Esra, S. 70; 73. Ähnlich auch Rudolph, Esra, S. 28, der jedoch eine konzessive Funktion des Nebensatzes („trotz der Feindschaft wider sie") annimmt.
541 Vgl. auch Bewer, Text, S. 39; Bowman, Ezra, S. 590; Myers, Ezra, S. 25; Gunneweg, Esra, S. 70.
542 Blenkinsopp, Ezra, S. 97. Vgl. auch Pakkala, Quotations, S. 208.
543 Vgl. auch Clines, Ezra, S. 65.
544 Vgl. Oswald, Staatstheorie, S. 269: „Die Chronik kennt nur zwei grundlegende Epochen: Die Zeit Moses, in der die Ordnungen für Israel niedergeschrieben wurden, und die Zeit Davids, in der diese Ordnungen für den Betrieb des Tempels adaptiert wurden." Vgl. auch Abadie, Chronik, S. 694, der darauf verweist, dass David zusammen mit Mose in den Chronikbüchern „zum Bezugspunkt jeder Kultreform" wird.
545 Gunneweg, Esra, S, 72.

die Tora in Esr 1-6 sonst noch keine Rolle.[546] V. 2 führt somit eine neue Autorität ein – nicht das Wort des Propheten (Esr 1,1) oder das Edikt des Königs Kyros (Esr 1,2-4) sind hier maßgeblich, sondern die Weisung des Mose (תורת משה), nach der Altarbau und Opfertätigkeiten ausgerichtet sind. So werden auch in den folgenden Versen 3b–5 in knapper Form Festlichkeiten und Opfer aufgeführt, die ausführlich in der Tora geregelt sind (vgl. Ex 29; Lev 23; Num 28 f).

V. 3b nennt ein tägliches Brandopfer jeweils am Morgen und am Abend (vgl. Ex 29,38-42; Num 28,3-8). Von dessen Wiedereinsetzung wird auch zweimal in 2 Chr (nicht aber in den Parallelen 2 Kön!) berichtet, nämlich „after the repair of the temple by king Joash (2 Chron. 24:14) and, after another period of neglect, by Hezekiah (2 Chron. 29:7, 27-29)".[547] V. 4 berichtet sodann von der Wiederaufnahme des Sukkotfestes sowie entsprechenden Brandopfern. Das Sukkot- oder Laubhüttenfest wird als eines der drei großen Wallfahrtsfeste nach den Vorschriften in Lev 23,34-36 am 15. Tag des siebten Monats abgehalten und nach Lev 23,43 mit dem Auszug aus Ägypten verknüpft.[548] Es ist das Fest mit der größten Anzahl an Opfertieren,[549] was jedoch an dieser Stelle nicht weiter ausgeführt wird. Es genügt hier der Verweis ככתוב, „wie es geschrieben steht". Auf die Erwähnung der täglichen Brandopfer (V. 4b) folgt zudem die Referenz כמשפט דבר־יום ביומו. Auch diese Wendung „zwingt gleichsam dazu, in der Tora nachzuschlagen (Num 29,12-38) – obwohl sonst in Esr-Neh eine Vorliebe für Listen und Zahlen vorliegt, begnügt man sich hier mit dem Rückverweis auf Numeri."[550] In Neh 8,13-18 wird – in unmittelbarer Nachbarschaft zur Rückkehrerliste Neh 7 – nach der Verlesung der Tora ebenfalls das Sukkotfest begangen. Und auch in 1 Kön 8//2 Chr 7 fällt die Einweihung des salomonischen Tempels mit diesem Fest zusammen.[551] Die Feier des Sukkot steht also in allen diesen Fällen mit einem Ereignis in Zusammenhang, das von großer kultischer Bedeutung ist.

V. 5 nennt nun nochmals diverse Opfer: das beständige Brandopfer (עלת תמיד), das Opfer für die Neumonde (לחדשים, vgl. Num 28,11-15) und für alle geheiligten Feste JHWHs (לכל־מועדי יהוה, vgl. Lev 23) sowie freiwillige Gaben (נדבה). Letzteres Opfer „führt so das schon aus Esr 1 f. bekannte Spenden-Motiv fort".[552]

---

546 Vgl. Grätz, Bund, S. 129, der feststellt, dass in Esr 1-6 vor allem die prophetische Tradition Geltung besitzt, die dann mit Esr 7 ff-Neh durch die Tora abgelöst wird. Vgl. hierzu auch Pakkala, Quotations, S. 193–221.

547 Blenkinsopp, Ezra, S. 98.

548 Zum Laubhüttenfest in der Tora vgl. auch Hieke, Esra, S. 201–203.

549 Vgl. Schneider, Bücher, S. 106; Hieke, Esra, S. 96.

550 Hieke, Esra, S. 96. Vgl. auch Anm. 4b zu Esr 3,4.

551 Vgl. auch Bolin, Ezra, S. 30.

552 Rothenbusch, Tora, S. 117. Zur Bedeutung der freiwilligen Spende (נדבה) vgl. auch Kap. 3.3.2 V. 68-70.

Dabei ist V. 5 mit der erneuten Nennung der verschiedenen Brandopfer nicht als Doppelung zu V. 3 f zu verstehen,[553] sondern als abschließender, zusammenfassender Vers, als „generalising account of the types of sacrifice offered throughout the year".[554]

Gelegentlich werden die Verse 4 f als nachträgliche Einfügungen betrachtet, mit dem Argument, dass V. 6 inhaltlich und chronologisch direkt an V. 3 anschließe.[555] So wird in V. 1-3a von Altarbau und Versammlung zu Beginn des siebten Monats, in V. 3b von den ersten Opfern und in V. 6 nochmals vom Beginn der Opfertätigkeit am ersten Tag des siebten Monats berichtet. Dagegen würden V. 4 f mit ihrem Fokus auf das Sukkotfest sowie die verschiedenen Arten von Opfern einen Bruch im Erzählgeschehen darstellen und den Beginn der Opfertätigkeit erst mit Beginn des Fests am 15. Tag ansetzen.[556]

Doch „[w]ie schon mehrfach im Esra-Nehemia-Buch beobachtet wurde, geht es nicht um eine exakte Datierung, sondern darum, Bezüge und Zusammenhänge sichtbar zu machen".[557] So ist es auch hier naheliegend, dass dem Verfasser des Textes an dieser Stelle nicht an der historisch-chronologisch exakten Abfolge gelegen war, sondern einerseits daran deutlich zu machen, dass der Opferdienst unmittelbar nach der Rückkehr im passenden Monat wieder aufgenommen wurde (V. 1-3) und so oberste Priorität genoss; andererseits aber auch daran, die Bedeutung dieses Geschehens in einen angemessenen Kontext (V. 4 f) zu setzen. So geschieht gleichzeitig mit der Wiederaufnahme der Brandopfer und der Erwähnung des Sukkotfestes am 15. des Monats eine Anknüpfung an den vorexilischen Tempel – Esr 3,4 f erinnern so an das Sukkotfest nach der Einweihung des ersten Tempels (vgl. 1 Kön 8//2 Chr 7) sowie an die Wiedereinsetzung der Brandopfer nach dessen Restaurierung (vgl. 2 Chr 24,14; 29,7.27-29). Die erneute Wiederaufnahme des Kultbetriebs steht also in der Tradition des vorexilischen Tempelkultes und besitzt so die gleiche Legitimität. Mit V. 4 f sind daher nun die Opfertätigkeiten wieder in vollem Umfang aufgenommen. Auch wenn also schon zu Beginn des siebten Monats erste Brandopfer dargebracht wurden (V. 3), markiert das Sukkotfest in V. 4 also, wie an anderen Stellen auch, die offizielle, feierliche Inbetriebnahme des Kultes und hat daher auch im Kontext von Esr 3,1-5 einen sinnvollen

---

553 Gegen Rudolph, Esra, S. 28; 31; Becker, Esra, S. 26.
554 Clines, Ezra, S. 67.
555 Vgl. Gunneweg, Esra, S. 73; Steins, Chronik, S. 334; Pakkala, Ezra, S. 143.
556 Vgl. Gunneweg, Esra, S. 73; Pakkala, Ezra, S. 143.
557 Hieke, Esra, S. 204.

Platz.[558] Mit Ausnahme der Glosse in V. 3 (כי ... הארצות) sind Esr 3,1-5 somit als einheitlich zu betrachten.

Im Hinblick auf den unmittelbaren Kontext fällt hingegen auf, dass die Verse 1-5 inhaltlich einen anderen Schwerpunkt setzen als der Kontext Esr 1-3. Deutlich wird dies schon durch die siebenmalige Verwendung der Wurzel עלה, um die verschiedenen Opfertätigkeiten zu beschreiben.[559] Esr 3,1-5 demonstrieren damit „the cultic zeal of the golah even before the building of the temple."[560] Obwohl ab V. 7 ff der Beginn des Tempelbaus und seine feierliche Grundsteinlegung geschildert werden, ist mit Esr 3,4 f die Kulttätigkeit bereits wieder voll aufgenommen. Damit liegt eine inhaltliche Doppelung vor: „Die Szene nimmt in vielem die Tempelgründung von 3,8 ff vorweg."[561] Anlass dafür gab möglicherweise die Aussage in V. 6, die – anders als sonst angenommen wird[562] – wohl nicht zu Esr 3,1-5 hinzuzurechnen ist. Denn V. 6 stellt nicht den ursprünglichen Abschluss des bisher Gesagten dar. Vielmehr fungiert bereits V. 5 als abschließende Zusammenfassung für die Wiederaufnahme der Opfertätigkeiten.[563] Esr 3,6 gibt hingegen eine neue Information: Die Rückkehrer begannen zwar direkt nach der Ankunft zu opfern, doch waren die Fundamente des Tempels noch nicht gelegt. Dabei leitet der Vers zum folgenden Abschnitt (Esr 3,7-13) über[564] und schließt zugleich sinnvoll an Esr 2,70 an: Nachdem sich das Volk niedergelassen hat, folgen im siebten Monat die entsprechenden Brandopfer, noch bevor ein Wiederaufbau vorgenommen werden kann.

Wurden die Opfertätigkeiten jedoch unmittelbar nach der Rückkehr wiederaufgenommen, wird dabei nahegelegt, dass die Rückkehrer den bestehenden Altar (vgl. Jer 41,4 f) dafür bis zum Bau des Tempels nutzten. Die Einfügung Esr 3,1-5 macht nun jedoch deutlich, dass die alte Opferstätte nicht akzeptiert wurde, sondern die Rückkehrer vorschriftsgemäß einen eigenen, „reinen" Altar bauten. Die Verse 1-5 fokussieren somit die Frage der Reinheit und Rechtmäßigkeit

---

558 Vgl. auch Rothenbusch, Tora, S. 116: „Dass V. 5 noch einmal *alle* Brandopfer nennt, muss man aber nicht so verstehen, dass es vor dem Fest, seit der Wiedererrichtung des Altars, kein Morgen- und Abendopfer gegeben habe. Der Sinn scheint eher zu sein: von da an war der volle Opferbetrieb aufgenommen und wurde nicht mehr unterbrochen."
559 Hingegen begegnet die Wurzel עלה sonst in Esr 1 f nur in der Bedeutung „heraufziehen" (zusammen mit יצא) als Leitbegriff der Exodustradition.
560 Myers, Ezra, S. 27.
561 Kratz, Komposition, S. 64.
562 Alle gängigen Kommentare fassen die Verse Esr 3,1-6 als gemeinsamen Abschnitt zusammen. Vgl. z. B. Rudolph, Esra, S. 28; Halpern, Commentary, S. 97; Clines, Ezra, S. 63–67; Gunneweg, Esra, S. 70–73; Williamson, Ezra, S. 45–47; Blenkinsopp, Ezra, S. 98.
563 Vgl. auch Clines, Ezra, S. 67, der Esr 3,5 als „generalizing account of the types of sacrifice offered throughout the year" beschreibt.
564 Vgl. auch Schneider, Bücher, S. 107; Blenkinsopp, Ezra, S. 98.

des Kultbetriebs. Dass der Tempelbau erst später erfolgt, ist zwar ein Muster, dass sich auch beim Bau des ersten Tempels findet – während David nur den Altar baut, ist der Tempelbau Salomo vorbehalten.[565] Doch werden nicht zuletzt mit der Schilderung des Sukkotfests in V. 4 f bereits Parallelen zum vorexilischen Tempelbau (vgl. 1 Kön 8//2 Chr 7) konstruiert. Schon der Bau des Altars wird so in Analogie zum Bau des salomonischen Tempels beschrieben.

In diesem Zusammenhang hat Fried ausführlich dargestellt, dass die Erzählung vom Tempelbau in Esr 1-6 der altorientalischen Ideologie der Tempelrestauration entspricht, die einem bestimmten Schema folgt.[566] Dabei beginnt der Wiederaufbau nach einem kurzen Abriss der Geschichte des Tempels (im Falle Esras muss hier wohl 1/2 Kön vorausgesetzt werden) mit der Entscheidung den Tempel zu bauen. Dazu erhält der König einen göttlichen Auftrag (vgl. Esra 1,1-4). Darauf folgen die Beschaffung und Vorbereitung des Baumaterials (vgl. Esr 3,7) und die feierliche Grundsteinlegung (vgl. Esr 3,8-13).[567] Der Altarbau ist jedoch Bestandteil des späteren Bauprozesses, so dass dessen Einweihung vor Beginn des Tempelbaus in Esr 3,1-5 hier „out of order" erscheint.[568] „The erection of the altar actually belongs to one of the last stages of Temple construction [...]."[569] Die Tatsache also, dass der Altarbau vorgezogen und so nicht Teil des eigentlichen Tempelbaus ist, ist im Hinblick auf das typische altorientalische Tempelbaumuster ungewöhnlich.[570] Fried zufolge sei diese Umstellung der Textpragmatik des hellenistischen Historikers als Verfasser von Esr 1-6 geschuldet.[571] Edelmann zieht dagegen in Erwägung, "that the section in 3.2-6a detailing its construction and the celebration of the Feast of Booths immediately thereafter may be a later addition [...]".[572]

Esr 3,1-5 machen also deutlich, dass die Reinheit der Opfer durch den Bau eines neuen Altars gewährleistet ist, zu dem nur das wahre Israel – die Rückkehrergemeinschaft – einen Zugang hat. Dass dieser Abschnitt sich inhaltlich stärker mit Fragen des Kultes befasst, zeigt auch die Beobachtung, dass Jeschua

---

565 Vgl. Schneider, Bücher, 105 f; Clines, Ezra, S. 63; Blenkinsopp, Ezra, S. 97; Rothenbusch, Tora, S. 116.
566 Vgl. Fried, Land, S. 33–49. Dazu auch Fried, Ezra, S. 18–30.
567 Vgl. Fried, Land, S. 33–46. Siehe hierzu auch Ambos, Baurituale, S. 65–84.
568 Fried, Land, S. 41; vgl. auch S. 33; 46.
569 Fried, Land, S. 41.
570 Vgl. auch Edelman, Origins, S. 161.
571 Vgl. Fried, Ezra, S. 20 f; 154 f. „In the process, he [*Anm.*: the historian] has transformed the story from a Mesopotamian temple-building account to a Greek one. Sacrificing on an isolated altar with no temple present at all, however, is typical of Hellenistic and Greek ritual practices. Indeed the sacrificial altar is the only necessary ingredient when establishing a Greek cult site; a temple did not need to be built at all [...]." (Zitat S. 155)
572 Edelman, Origins, S. 161. Edelman nimmt zudem an, dass die Einfügung des Altarbaus mit der Ergänzung von Esr 6,19-22 zusammenfällt (vgl. S. 168).

hier als Priester noch vor Serubbabel genannt ist, „implying that the author of this passage had different hierarchical (more theocratic) conceptions than the authors of the sourrounding text".[573] Der mit Fragen der rechtmäßigen Ausübung des Kultes verbundene Fokus auf Mose und die Tora ist ebenfalls für den Zusammenhang Esr 1-3(-6) ungewöhnlich, da dort vor allem die prophetische Tradition (vgl. Esr 1,1 sowie die Anklänge an Dtjes und Hag-Sach) eine gewisse Autorität besitzt, während sonst in Esr-Neh die Tora als Bezugstext immer wieder vorkommt.[574] Hier wird nun ein anderes Modell vorgeschlagen: nicht מפי ירמיה (Esr 1,1), sondern ככתוב בתורת משה (Esr 3,2).

Daneben fallen die vielen Narrative dieses Textabschnitts ins Auge; insgesamt siebenmal wird in V. 1-5 die Form *wayyiqtol* verwendet. Nirgendwo sonst treten diese so gehäuft auf. Während in Esr 1-3 sonst ein berichtender, schnell voranschreitender Stil erkennbar ist, wird hier die Wiedereinsetzung des rechtmäßigen Opferbetriebes an seiner alten Stelle erzählerisch ausführlich und weniger kondensiert geschildert. Esr 3,1-5 sind also syntaktisch und inhaltlich von der restlichen Erzählung abzugrenzen und wurden vermutlich eingeschoben, um den Altar als Werk der Rückkehrer darzustellen. Dies zeigt auch der Anschluss von V. 1 an Esr 2,70. „Verse 1b implies that the ensuing text has been secondarily attached to the preceding one. Verse 1aβ awkwardly repeats Ezra 2:70b, changing בני־ישראל to כל־ישראל."[575] Zugleich nimmt Esr 3,1 den Beginn des siebten Monats aus V. 6 auf, um den Text hier einzupassen.

Insgesamt lässt sich somit festhalten, dass sich die Verse 1-5 inhaltlich mit Fragen des Kultes und seiner rechtmäßigen Ausübung beschäftigen und hierzu ausdrücklich auf Mose und die Tora rekurrieren – Themen also, die Esr 1-3 sonst nicht zum Inhalt haben. Auch der in V. 1 für Israel verwendete Terminus בני־ישראל, der zudem an das Zwölf-Stämme-Volk erinnert (vgl. Esr 6,16 f), weicht vom sonstigen Gebrauch in Esr 1-3 ab. Mit dem Fokus auf Opfer- bzw. Kultfragen und das Konzept eines Zwölf-Stämme-Israels steht der Text jedoch zum einen Teilen der Chronikbücher nahe,[576] zum anderen aber auch den Versen Esr 6,16-18.19-22, die die Aramäische Chronik bzw. die Rückkehr-Tempelbau-Erzählung abschließen.[577] Hieke vermutet daher eine übergreifende Redaktion: „Eine Reihe späterer

---

573 Pakkala, Ezra, S. 140 f.

574 Für eine Übersicht der vielen Toraverweise innerhalb von Esr-Neh vgl. Pakkala, Quotations, S. 193–221.

575 Pakkala, Ezra, S. 140.

576 Vgl. Steins, Chronik, S. 334; Kratz, Komposition, S. 67.

577 Vgl. Kratz, Komposition, S. 67; Pakkala, Ezra, S. 143 f. Steins, Chronik, S. 234 f stellt dabei auch für Esr 6,16-22 Bezüge zu Bearbeitungen in 2 Chr 30,10-12.18-20; 35,4 f fest: „Der Befund lässt sich mit der Annahme erklären, daß die Bearbeitungen in Esra 6,16-22 auf ein und dieselbe ‚Hand'

Bearbeitungen in Esra 3*; 6*; 8*; Neh 8*–12* legt das Schwergewicht auf kultische Fragen und die Belange des Kultpersonals am Tempel (Leviten, Musiker, Torwächter)."[578] Das gleiche Phänomen ist ebenso für die Chronikbücher auszumachen. Auch hier ist die „Präzisierung kulttechnischer Details [...] schon mehrfach als Intention kleinerer sekundärer Texte aufgefallen (‚Kult-Schicht')".[579] Die thematischen Zusammenhänge lassen daher annehmen, dass sowohl im Esr-Neh-Buch als auch in den Chronikbüchern in einzelnen Passagen eine spätere Bearbeitung vorliegt, die den Fokus auf kultische Details legt.[580]

V. 6-10a:
Wie oben dargestellt, bedeutet die Erwähnung des siebten Monats direkt nach der Siedlungsnotiz, dass sich das Volk sofort nach der Ankunft im großen Festmonat auch den kultischen bzw. opferdienstlichen Pflichten zuwandte.[581] Kein Zeitpunkt würde dafür besser passen als der siebte Monat, der große Festmonat (vgl. Num 29),[582] wobei ungeklärt bleibt, in welches Jahr und welche Königsherrschaft dieser fällt.[583] Dabei schloss V. 6 ursprünglich an die Siedlungsnotiz Esr 2,70 an und führte so in dem für Esr 1-3 typischen knappen, exzerpthaften Stil die Erzählung fort.

Obwohl der Opferdienst also direkt wieder aufgenommen wurde (V. 6a), waren die Fundamente des Tempels noch nicht gelegt (V. 6b). Die Terminologie des zweiten Halbverses (יסד *pual*; היכל יהוה) findet sich exakt noch einmal in Hag

---

zurückgehen wie die späten Bearbeitungen in 2 Chr 30 und 35. [...] Die strukturellen Parallelen zwischen Esra 6 und 2 Chr 29 f und 35 (Wiedereinweihung des Tempels; Pesach- und Mazzenfest) gaben den Anstoß für die Angleichung der in Esra 6 geschilderten Vorgänge an die entsprechenden Ereignisse in 2 Chr 29-35." (Zitat S. 235)
578 Hieke, Esra, S. 39. So auch Pakkala, Ezra, S. 144: „Ezra 3:1-6 would thus belong to a relatively late phase in the development of the book. Ezra 3:1-3, 6 was added by an editor interested in the sacrifices. Similar interests are found in Ezra 6:9, 16-17; 7:17-18; 8:35-36, which may derive from the same hand."
579 Steins, Chronik, S. 334.
580 Vgl. auch Steins, Chronik, S. 443: „Zahlreiche weitere Parallelen zwischen 1/2 Chr und Esra/ Neh sind darauf zurückzuführen, daß in Esra/Neh sehr spät Einträge erfolgt sind, die mit den Bearbeitungen in 1/2 Chronik zusammenhängen; solche Zusätze lassen sich z. B. in Esra 3.6 und 8 und Neh 10-13 feststellen. Diese Bearbeitungen berühren ausschließlich kultische Belange (Kultpersonal; Details der Opferpraxis; Durchführung von Festen) und stimmen in der Art der Einbindung in den Kontext mit der in 1/2 Chr beobachteten überein."
581 Vgl. auch Gunneweg, Esra, S. 71; 73; Williamson, Ezra, S. 47.
582 Vgl. Hieke, Esra, S. 96. Siehe auch Exkurs 1.
583 Es fehlt die Erwähnung des Darius. Der letztgenannte König ist Kyros in Esr 1. Doch sind die in Esr 3,8 genannten Protagonisten Serubbabel und Jeschua nach Hag-Sach in die Zeit des Darius zu verorten. Vgl. Kap. 3.3.3 V.1-5.

2,18 (יסד היכל־יהוה), wo die Grundsteinlegung des Tempels als Wende zum Heil geschildert wird. Zudem kommt die Kombination der beiden Begriffe יסד und היכל (יהוה) noch einmal in Esr 3,10 (יסד *piel*) und im Kyrosorakel Jes 44,28 (יסד *nifal*) vor. Mit der Notwendigkeit des Tempelbaus im Blick leitet Esr 3,6 so zum folgenden Vers über.

In V. 7 beginnt nun die Realisierung des Tempelbauprojektes – und zwar unter Berufung auf eine durch Kyros erteilte Genehmigung (כרשיון כורש מלך־פרס עליהם). Der Bezugspunkt für das Handeln in V. 7 ist hier also nun wieder der persische Großkönig, nicht die Tora. Zugleich dient diese Aussage als Rückverweis sowohl auf das Kyrosedikt in Esr 1[584] als auch auf das Kyrosorakel in Jes 44,28, das nun eine Aktualisierung erfährt. Die in V. 7 geschilderte Beschaffung von Handwerkern und Baumaterial hat dabei eine unübersehbare Parallele in der Schilderung des Baus des salomonischen Tempels in 1 Kön 5,15-25//2 Chr 2,2-15 bzw. 1 Chr 22,2-4.[585] Aufgrund der gemeinsamen Erwähnung von Sidon und Tyrus (vgl. 1 Chr 22,4) sowie des Schiffens der Hölzer nach Jaffa (vgl. 2 Chr 2,15), was sich so in 1 Kön nicht findet, wird häufig eine Abhängigkeit von den Chronikbüchern angenommen.[586] Doch „über die Gleichursprünglichkeit beider Texte ist damit [...] noch nicht entschieden".[587] Denn Esr 3,7 zeigt auch deutliche Abweichungen von den chronistischen Texten. So sind es in Esr 3 nur Zedernhölzer, in 2 Chr 2,7 hingegen Zedern-, Zypressen- und Sandelholz (עצי ארזים ברושים ואלגומים), das aus dem Libanon gesandt wird. Zudem findet in 2 Chr 2 Sidon an keiner Stelle Erwähnung, in 1 Kön 5,20 wird jedoch dezidiert von der Zedernabfertigung durch die Sidonier berichtet.[588] Dagegen kommen die mit Silber bezahlten Steinhauer und Handwerker aus Esr 3,7 sonst in keinem der anderen beiden Tempelbauberichte vor. Es ist somit auch sehr gut möglich, dass Esr 3,7 an dieser Stelle die Texttradition der Königebücher als Vorlage hatte und diese weiter ausgestaltete.[589]

Desweiteren stimmt Esr 3,7 bezüglich der Gegenleistung für die Zedern weder exakt mit der einen noch mit der anderen Texttradition überein. Während Hiram von Tyrus in 1 Kön 5,25 Öl und Weizen als Speise (חטים מכלת ...שמן) bekommt, werden die Tyrer und Sidonier in Esr 3,7 mit Speise, Getränken und Öl (מאכל ומשתה ושמן) entlohnt, die Tyrer in 2 Chr 2,9.14 sogar mit Weizen, Gerste, Öl

---

584 Vgl. Krüger, Esra, S. 67.
585 Vgl. u. a. Batten, Books, S. 116; Myers, Ezra, S. 27; Clines, Ezra, S. 68; Gunneweg, Esra, S. 75; Williamson, Ezra, S. 47; Blenkinsopp, Ezra, S. 100; Edelman, Origins, S. 166 f.
586 Vgl. z. B. Myers, Ezra, S. 27; Gunneweg, Esra, S. 75; Williamson, Ezra, S. 47; Blenkinsopp, Ezra, S. 100.
587 Steins, Chronik, S. 63.
588 Vgl. hierzu auch Batten, Books, S. 116.
589 Vgl. auch Steins, Chronik, S. 63; Hieke, Esra, S. 97.

und Wein (החטים והשׂערים השׁמן והיין). Nicht nur an dieser Stelle führt 2 Chr dabei
den Tempelbaubericht der Königebücher noch wesentlich stärker aus. So spricht
„[b]ei einem genauen Textvergleich [...] mehr für die Annahme, daß dem Autor
von 1 Chr 22 und 2 Chr 2 Esra 3,7 vorlag und er diesen Text in die Neufassung von
1 Kön 5,16-32 in 1 Chr 22,2-4 und 2 Chr 2,1-17 einbezog".[590] Daher lässt sich festhalten, dass an dieser Stelle „einiges für die Annahme einer Verwendung von Esra 3
als Vorlage des chronistischen Tempelbauberichtes spricht".[591]

Das Besorgen von Holz ist zudem auch in Hag 1,8 Thema. Dies hängt wohl
nicht zuletzt damit zusammen, dass die Materialbeschaffung für den Bau eines
Heiligtums zu den ersten Schritten des altorientalischen Tempelbauschemas
zählt.[592] Die Ausgestaltung dieses Themas in Esr 3,7 ist jedoch nicht allein dadurch
motiviert, sondern legt, wie sich gezeigt hat, darüber hinaus eine Abhängigkeit
vom salomonischen Tempelbaubericht in 1 Kön 5,15-25 nahe. Zu diesem Tempelbauschema gehört auch, dass der König durch die Gottheit beauftragter Bauherr
des Heiligtums ist.[593] War es also in 1 Kön 5 f König Salomo, der von JHWH damit
betraut wird (2 Sam 7,13; 1 Kön 5,19), den ersten Tempel zu bauen, dient nun
ersatzweise der von JHWH erweckte persische Großkönig (Esr 1,1-4) als Bauherr
für den zweiten Tempel: כרשׁיון כורש מלך־פרס עליהם (Esr 3,7).[594]

Fanden sich also bereits in Esr 1 verschiedentliche Anspielungen auf den Bau
der vorexilischen Heiligtümer – Zeltheiligtum und salomonischer Tempel–,[595] wird
dies nun mit Esr 3,7 f fortgesetzt. Die Parallelisierung des vorexilischen Heiligtums-
baus mit dem des nachexilischen hat dabei die Funktion, die Kontinuität zum
ersten Tempel und entsprechend auch die Legitimität des zweiten zu garantieren.[596]

Im zweiten Monat des zweiten Jahres ihrer Ankunft am Tempel beginnt
sodann der eigentliche Wiederaufbau (V. 8). Bedeutsam ist auch hier, dass die
Jahresangabe nicht an die Regentschaft eines Herrschers geknüpft ist. Die innere
Chronologie der Erzählung wird hier fortgesetzt, wobei sich die Datierung nicht
auf das zweite Jahr der Rückkehr, sondern der Ankunft (לבואם אל־בית האלהים)
bezieht.[597] Wie lange die in Esr 2 beschriebene Phase der Rückkehr dauerte,
wird nicht gesagt. Dadurch verschwimmt die Zeit zwischen Rückkehr und

---

590 Steins, Chronik, S. 63.
591 Steins, Chronik, S. 335.
592 Vgl. auch Fried, Land, S. 33; 41 f. Zum Aufbau des Tempelbauschemas vgl. auch Hurowitz, I
Have Built, S. 131–310.
593 Vgl. Fried, Land, S. 33; 35 f.
594 Vgl. auch Fried, Land, S. 36: „In the ideology of temple-building, it is not the exiles who de-
cide to build. The decision to build comes from the god to the king who has the power to build it."
595 Vgl. hierzu Kap. 3.3.1.
596 Vgl. auch Hieke, Esra, S. 97.
597 Vgl. auch Williamson, Ezra, S. 47.

Tempelbau, und somit auch zwischen den Regentschaften des Kyros und des Darius.[598] Ebenso wie der siebte Monat in Esr 3,1.6 besitzt jedoch auch der zweite Monat des zweiten Jahres eine eigene theologische Aussagekraft, während historisch-chronologische Fragen hier zweitrangig sind. So finden sich sowohl der zweite Monat als auch das zweite Jahr in einer Reihe von Traditionen wieder, die allesamt mit dem Exodus oder dem Heiligtumsbau verknüpft sind.[599] In Ex 40,17 ist es das zweite Jahr nach dem Auszug aus Ägypten,[600] in dem das Zeltheiligtum aufgestellt wird.[601] Im zweiten Monat des zweiten Jahres nach dem Auszug wird überdies das gesamte Volk am Sinai gemustert (Num 1,1). Auch der salomonische Tempel wird im zweiten Monat gebaut (1 Kön 6,1; 2 Chr 3,2).[602] Dabei wird auch hier weiterhin nach dem Exodus als *dem* „heilsgeschichtliche[n] Datum"[603] datiert: ויהי בשמונים שנה וארבע מאות שנה לצאת בני־ישראל מארץ־מצרים (1 Kön 6,1). Zudem verweist auch das gemeinsame chronologische Gerüst des Hag-Sach-Buches für den Beginn des Baus des zweiten Tempels auf das zweite Jahr – in diesem Fall der Regentschaft des Darius (vgl. z. B. Hag 1,1), auch wenn die Monatsangaben hier nicht mit Esr 3,8 übereinstimmen. Die Datierung in Esr 3,8 verfolgt somit ein eigenes theologisches Interesse, indem sie an bedeutsame, heilsgeschichtliche Ereignisse anknüpft: den Exodus und die darauffolgende Errichtung von Heiligtümern.

Unter der Schirmherrschaft des persischen Großkönigs wird der Bau des zweiten Tempels nun von den Rückkehrern begonnen. Galt bisher das gesamte Volk als handelndes Subjekt, wechseln die Akteure in den folgenden Versen häufiger. In V. 8 liegt eine relativ lange Subjektkette vor, die zuerst die Hauptakteure Serubbabel und Jeschua und dann ihre Brüder nennt, wobei letztere in einer Apposition als Priester, Leviten und zurückgekehrtes Volk identifiziert werden. Die Unterteilung in Priester, Leviten und Volk folgt dabei dem in Esr 1-3 auch sonst auftretenden Muster (vgl. Esr 1,5; 2,70). Diese gesamte Gruppe setzt nun nach V. 8bβ die Leviten mit der Aufgabe ein, die Arbeit am Haus JHWHs zu leiten. In V. 9 treten wiederum die schon in 2,40 gelisteten Levitenoberhäupter und deren Nachkommen auf, um nochmals die Arbeiter am Bau des Tempels anzuleiten. Dass hier eine Doppelung vorliegt, die analog formuliert ist, ist unverkennbar:

| ויעמידו ... לנצח על־מלאכת בית־יהוה | V. 8 |
| ויעמד ... לנצח על־עשה המלאכה בבית־האלהים | V. 9 |

---

598 Vgl. Exkurs 1; Halpern, Commentary, S. 108–11; 124; 133.
599 Vgl. hierzu auch Exkurs 1.
600 Nach Ex 19,3 richtet sich die Datierung nach dem Auszug aus Ägypten.
601 Vgl. auch Rothenbusch, Tora, S. 114.
602 Vgl. u. a. Bowman, Ezra, S. 592; Clines, Ezra, S. 69; Gunneweg, Esra, S. 75; Williamson, Ezra, S. 47; Blenkinsopp, Ezra, S. 100 f; Halpern, Commentary, S. 102; Edelman, Origins, S. 166.
603 Grätz, Chronologie, S. 215.

Zunächst werden die Leviten eingesetzt, um die Arbeit am Hause Gottes zu beaufsichtigen. Diese, nun mit Namen (vgl. Esr 2,40) benannt, leiten wiederum die Arbeiter am Tempel an, die dann in V. 10a die Fundamente des Tempels legen. Diese lange, umständlich anmutende Delegationskette dürfte wohl nicht ursprünglich sein. Erschwert wird das Textverständnis zudem dadurch, dass die Leviten bereits in V. 8abα als Subjekt genannt sind, in V. 8bβ aber wiederum eingesetzt werden. Dass jedoch das gesamte Tempelpersonal (inklusive der Leviten selbst) und das Volk (V. 8bα) zusammen die Leviten einsetzen, um den Bau zu überwachen, ist schwer vorstellbar, ja widersprüchlich. Es ist daher zu überlegen, ob entweder ein Teil der Subjektkette in V. 8bα oder der Halbvers 3,8bβ (ומעלה ... ויעמידו) als sekundär angesehen werden müssen. Eine weitere Schwierigkeit bereitet zudem החלו als absolute Verbform in V. 8bα, der erst in V. 8bβ der Narrativ ויעמידו folgt. Meist steht חלל *hifil* in der Bedeutung „anfangen" in Verbindung mit einer untergeordneten Infinitivkonstruktion, einem Partizip oder Adjektiv (vgl. Esr 3,6). [604] Eine vergleichbare Konstruktion findet sich zwar auch in Gen 9,20 (... ויטע ... ויחל *er fing an ... und er pflanzte ...*), doch ist die Verbindung von החלו und ויעמידו in Esr 3,8 insofern verwunderlich, als עמד „einsetzen" eine relativ kurze, in sich abgeschlossene Handlung beschreibt. „One would not expect such a verb if only the appointment of the supervisors was meant. חלל hif. implies the beginning of a more extensive action that is not limited to a single action."[605] Die Verbindung zwischen den beiden Verbformen erscheint hier also brüchig. Dass V. 8 f daher literarisch nicht einheitlich sein können, zeigt sich also bereits „an der harten syntaktischen Fügung (,sie fingen an und sie bestellten') und inhaltlichen Unstimmigkeit (Subjekt ist immerhin ,alle Heimkehrer')",[606] zugleich aber auch an der inhaltlichen Doppelung in V. 8by.9aβ (... לנצח).

Aus diesem Grund nehmen einzelne Autoren an, dass mit Esr 3,8bβy (... ויעמידו...לנצח).9 eine nachträgliche Einfügung vorliegt, die die Arbeit der Leviten besonders hervorhebt, und der ursprüngliche Text erst in V. 10a fortgesetzt wird.[607] Während in Esr 1-3 sonst das ganze Volk Akteur ist, wird die leitende Funktion der Leviten bei der Gründung des Tempels in Esr 3,8 f deutlich herausgestellt. Steins sieht hier „deutliche Übereinstimmungen mit Texten, die

---

604 Vgl. auch Davidson, Hebrew Syntax, S. 115 § Rem. 2.
605 Pakkala, Ezra, S. 270.
606 Kratz, Komposition, S. 65.
607 Vgl. Steins, Chronik, S. 332 f; Kratz, Komposition, S. 65; Rothenbusch, Tora, S. 223; 226. Gunneweg, Esra, S. 76 nimmt nur V. 9 als Nachtrag an. Pakkala, Ezra, S. 270 zufolge „8by and 9b were added later in order to replace the original supervisors of the temple construction with the Levites".

in vorangegangenen Analysen als sekundär erkannt und der [*Anm.*: chronisti-
schen] ‚Musiker-Torwächter-Bearbeitungsschicht' zugewiesen wurden".[608] So
hat Esr 3,8by (לנצח על־מלאכת בית־יהוה) in 1 Chr 23,4 eine exakte Parallele.[609] Die
gleiche Aussage liegt in Esr 3,9 hingegen in etwas abgewandelter Form vor:
Dort wird nicht die Arbeit (מלאכת) beaufsichtigt, sondern jene, die die Arbeit
tun (עשׂה־מלאכה).[610] Weiterhin ist in diesem Zusammenhang noch die dreima-
lige Verwendung des Lexems עמד in Esr 3,8-10 zu erwähnen, das im gesamten
Esr-Buch nur just an diesen Stellen vorkommt. In Neh sowie 1/2 Chr hingegen
findet sich עמד, vor allem im *hifil* mit der Bedeutung „einsetzen; zum Dienst
bestellen", sehr häufig.[611] Gerade die Chronikbücher zeigen dabei ein besonderes Interesse an „Details über Zusammensetzung der ‚Dienste', Verteilung und
Zuweisung von Aufgaben an Leviten und Priester", auch wenn hier kein einheitliches Bild geschildert wird.[612] Es ist also plausibel, dass auch in Esr 3,8 f
eine Erweiterung mit dem Fokus auf das Tempelpersonal, speziell den Dienst
der Leviten, stattgefunden hat, zumal diese sonst in Esr 1-3(-6) keine gesonderte Rolle spielen.

Streicht man nun die gesamte Passage Esr 3,8bßy (... לנצח ... ויעמידו). 9, würde
החלו an V. 10a anschließen (... ויסדו הבנים ... החלו *es fingen an ... und die Bauleute
legten die Fundamente...*). Probleme bereitet jedoch auch an dieser Stelle immer
noch das absolut stehende החלו sowie dessen Anschluss an einen Narrativ mit
neuem Subjekt in V. 10a (ויסדו הבנים), was die Verbindung der beiden Halbverse
weiterhin holprig erscheinen lässt. Die bereits erwähnte Konstruktion in Gen 9,20
hat dagegen für beide Verben dasselbe Subjekt (ויחל נח ... ויטע ...). Auch Pakkala
bemerkt diesbezüglich: „[...] one would not expect the subject to be reintrodu-
ced in v. 10a (cf. the long list of subjects in v. 8bαβ in contrast with the בנים of
v. 10a)."[613]

Eine mögliche Lösung bieten hier die beiden parallel gestalteten, jeweils
mit einem Infinitiv Constructus לנצח beginnenden Halbverse. Dabei liefert die
Doppelung dieser Aussage einen literarkritischen Anhaltspunkt. Während nur

---

608 Steins, Chronik, S. 332. Zur „Musiker-Torwächter-Schicht" in den Chronikbüchern vgl.
Steins, Chronik, S. 422–428.
609 Vgl. Steins, Chronik, S. 332.
610 Steins, Chronik, S. 332 verweist hierzu auf 2 Chr 34,12, wobei es sich dabei nicht um eine
direkte Parallele handelt. Vgl. auch Anm. 616 in diesem Kapitel.
611 Insgesamt findet sich עמד in Esr-Neh sowie 1/2 Chr 59-mal (38-mal *hifil*, 21-mal *qal*), nur drei
Belege entfallen davon auf das Esrabuch, 21 auf das Nehemiabuch. Vgl. auch Ringgren, Art. עָמַד,
Sp. 201, der für die *hifil*-Form von einer „auffallende[n] Häufung der Belege in späten Texten
(ChrGW, Est, Dan, Koh)" spricht.
612 Gerstenberger, Israel, S. 120.
613 Pakkala, Ezra, S. 270 f Anm. 110.

Esr 3,8by (לנצח על־מלאכת בית־יהוה) in 1 Chr 23,4 eine exakte Parallele hat, greift
Esr 3,9aβ (לנצח על־עשׂה המלאכה בבית האלהים) einerseits wie V. 8by den Begriff des
Werkes (המלאכה) aus 2,69 wieder auf, verweist aber gleichzeitig auf die Bauenden
selbst und verbindet somit Esr 3,7 und 3,10, die von den Handwerkern bzw. Arbeitern am Tempel sprechen. Der Halbvers stellt somit den Zwischenschritt dar, der
für die Verse 8abα und 10a nötig ist. Zugleich bietet sich mit לנצח ein sinnvoller
Anschluss an das Verbum החלו in Esr 3,8. So fängt mit Esr 3,8abα.9aβ das gesamte
Volk an, jene zu beaufsichtigen, die die Arbeit am Tempel taten, so dass die Bauenden die Fundamente des Tempels legen konnten (Esr 3,10a). Die etwas modi-
fizierte Wiederaufnahme von Esr 3,9aβ in 3,8by zeigt dabei, wie die Leviten-Be-
arbeitung in den Kontext eingepasst wurde. So wird durch deren Einfügung ein
Zwischenschritt in der Aufgabenkette geschaffen. Das gesamte Volk und dessen
Anführer beaufsichtigen die Arbeiten nun nicht mehr direkt, sondern haben
diese Aufgabe an die Leviten im Alter von 20 Jahren und darüber[614] delegiert.
Dabei handelt es sich bei der Aufzählung der Leviten in Esr 3,9aα um einen Einschub auf der Basis der Rückkehrerliste, der wohl „die Textverderbnis von 2,40 –
Fehlen von Binnui – bereits voraussetzt."[615] Somit ist anzunehmen, dass die Verse
Esr 3,8bβγ (ויעמידו ... לנצח...).9aα (בני יהודה כאחד ... ויעמד) in Anlehnung an Esr 2,40
sowie 3,9aβ eingeschoben wurden, um die Bedeutung und Funktion der Leviten
hervorzuheben, und möglicherweise aus der gleichen Hand stammen wie die
Bearbeitungsschicht der identischen Formulierung in 1 Chr 23,4.[616] Dieser Fokus
auf die Dienste und Funktionen des Tempelpersonals findet sich daneben auch
im Abschluss der Tempelbauerzählung in Esr 6,18.20.[617]

Dabei hat Esr 3,9aβ sehr wahrscheinlich direkt an V. 10a angeschlossen.
Der Halbvers 9b (בני הנדד...), der eine weitere Gruppe Leviten nachträgt, „hinkt

---

614 Bezüglich des Alters bei der Bestellung der Leviten finden sich im Alten Testament verschiedene Angaben: Ein Dienstbeginn im Alter von 20 Jahren findet sich auch in 1 Chr 23,24.27;
2 Chr 31,17, von 25 Jahren in Num 8,24 sowie von 30 Jahren in Num 4,3; 1 Chr 23,3.
615 Gunneweg, Esra, S. 76.
616 Vgl. Steins, Chronik, S. 332 zur „Musiker-Torwächter-Bearbeitungsschicht" in den Chronikbüchern. Wie Steins feststellt, gibt es vielfältige Beziehungen zwischen dem Esr-Neh-Buch und den
Chronikbüchern, wobei eine Grundschicht des Esr-Neh-Buches 1/2 Chr als Quelle gedient hat (vgl.
S. 442 f). Es ist daher gut möglich, dass auch Esr 3,9aβ bereits vorgelegen hat und daher Anlass für
eine gemeinsame Bearbeitung in Esr 3,8 und 1 Chr 23,4 geboten hat. So ist auch zwischen Esr 3,9aβ
und 2 Chr 34,12 kein direkter Zusammenhang auszumachen (gegen Steins, Chronik, S. 332), da sich
נצח in Esr 3,8 f wohl auf das Leiten bzw. Beaufsichtigen des Baus bezieht, in 2 Chr 34,12 jedoch
„wahrscheinlich auf die die Arbeit begleitende Musik" (Zitat vgl. Anderson, Art. נצַח, Sp. 568).
617 Vgl. Karrer, Ringen, S. 110: „Priester und Leviten spielen in der Schilderung von Tempeleinweihung und Passafeier jeweils eine gesonderte Rolle. Darin ist der Abschnitt (Esr 6,18.20) dem
Beginn des Tempelbaus vergleichbar (Esr 3,8-11), wo ebenfalls die gesonderte Rolle der Leviten in
der Leitung der Arbeit und beider Gruppen bei der Dankfeier hervorgehoben ist."

deutlich nach und dürfte wegen N 3,18.24;10,10 angehängt sein",[618] was auch durch die Setuma im masoretischen Text gestützt wird. Die Bearbeitungsschicht verweist somit auf das Nehemiabuch bzw. die Gesamtkomposition Esr-Neh und steht womöglich auf gleicher Ebene wie die Einschübe in Esr 3,3 (כי... הארצות) und Esr 4*, die ebenfalls Inhalte des Nehemiabuches vorwegnehmen. Diese Bearbeitung dürfte jedoch, wie die Glosse in Esr 3,3 auch, einer noch späteren Hand entstammen, da hier bereits die Eintragung der Leviten aus Esr 2,40 vorausgesetzt wird.

Ursprünglich war hier also, wie auch sonst in Esr 1-3, das gesamte Volk (zurückgekehrte Laien, Priester und Leviten) als gemeinsamer Akteur für die Vorbereitung, Leitung und Ausführung des – einst von Kyros initiierten – Tempelbaus verantwortlich. Damit wird die Aussage in Esr 3,6 wieder aufgegriffen und weitergeführt. Hieß es dort noch, dass das Volk anfing (החלו) zu opfern, aber das Fundament des Tempels noch nicht gelegt war (והיכל יהוה לא יסד), werden in V. 7 entsprechende Schritte eingeleitet, so dass nun in Esr 3,8abα.9aβ.10a Anführer, Tempelpersonal und Volk beginnen konnten, den Bau zu beaufsichtigen (החלו... לנצח) und die Bauleute die Fundamente des Tempels legten (ויסדו הבנים את־היכל יהוה). So bilden Esr 3,6 und 3,10a mit der Verwendung der gleichen Terminologie (יסד; היכל) eine Klammer, die die schrittweise Realisierung des Baus (und des Kyrosorakels Jes 44,28) bis hin zur Grundsteinlegung unterstreicht.

An dieser Stelle fällt auf, dass es in Esr 3,10 die nicht näher definierten „Bauenden" (הבנים) sind, die das Fundament des Tempels legen. Hier wird keine spezifische Person hervorgehoben. Zwar stehen Serubbabel und Jeschua am Anfang der Auflistung in Esr 3,8, doch ist es nach 3,8-10* vielmehr das ganze Volk zusammen mit den nicht weiter eingeführten Handwerkern (V. 7), das an der Grundsteinlegung beteiligt ist. Damit steht der Text im Kontrast zu sowohl Esr 5,16, wo Scheschbazzar unter Kyros den Grundstein legt, als auch der Prophetie in Sach 4,9 f, nach der Serubbabel unter Darius mit eigenen Händen das Haus gründet und vollendet.

Es ist anzunehmen, dass die Personen Serubbabel und Jeschua, die hier ganz unvermittelt auftreten, durch das Buch Haggai in Esr 3,8 Aufnahme fanden. Dabei ähnelt der Aufbau von Esr 3,8bα der Aufzählung in Hag 1,12.14:

Hag 1,12	זרבבל בן־שלתיאל	ויהושע בן־יהוצדק הכהן הגדול וכל שארית העם
Hag 1,14	זרבבל בן־שלתיאל פחת יהודה ... יהושע בן־יהוצדק הכהן הגדול ... וכל שארית העם	
Esr 3,8	זרבבל בן־שאלתיאל וישוע בן־יוצדק	ושאר אחיהם הכהנים והלוים וכל־הבאים...

---

618 Gunneweg, Ezra, S. 74. So u. a. auch Clines, Ezra, S. 69; Williamson, Ezra, S. 42; Blenkinsopp, Ezra, S. 101.

So sind es in beiden Texten Serubbabel, Jeschua und das Volk, die die Arbeiten am Tempel ausführen. Doch finden sich zugleich bedeutsame Unterschiede zu Hag 1,12.14. Zum einen werden in Esr 3,8 nur die Filiationen der beiden Anführer, nicht aber die Titel – Statthalter und Hohepriester – angegeben.[619] Zum anderen wird der Begriff des „Rests" (שאר/שארית) in beiden Büchern jeweils aus entgegengesetzter Perspektive betrachtet. Während Haggai hier die im Lande Gebliebenen im Blick hat und die Gola gar nicht erwähnt, definiert Esra den „Rest" als das gesamte aus dem Exil zurückgekehrte Volk Israel, neben dem es gar kein anderes geben kann (vgl. auch Esr 1f): הכהנים והלוים וכל־הבאים מהשבי ירושלם.[620] Mit dem Ausdruck וכל־הבאים מהשבי ירושלם rekurriert Esr 3,8 zugleich auf den Listenbeginn Esr 2,1 und definiert so noch einmal das Israel, das den Tempel baut. Durch die lange Subjektkette, die das Schwergewicht auf das ganze Volk legt, treten Serubbabel und Jeschua als nicht weiter definierte Anführer noch stärker in den Hintergrund, wohingegen sie im Hag-Sach-Buch (neben den Propheten selbst) *die* leitenden Figuren der Restauration sind.

Beide Personen sind indes auch sonst schwer zu greifen. In 1 Chr 3,19 wird Serubbabel als „Davidide und Nachkomme des verbannten Königs Jojakin" identifiziert.[621] Auch Jeschua, der Sohn Jozadaks, wird durch 1 Chr 5,29-41 Teil einer bedeutungsträchtigen Genealogie, obgleich sein Name selbst nicht genannt ist. Denn dort werden Jozadak und dessen Vater Seraja in die Nachkommenschaft Aarons und Zadoks eingereiht. Seraja findet sich zudem in 2 Kön 25,18 als Oberpriester (כהן הראש), der während des Falls Jerusalems getötet wurde (2 Kön 25,21). „Together these references provide indirect evidence that Joshua was a Zadokite priest and a true descendant of Aaron, and that he was the legitimate heir to the senior priestly office within the Israelite cultic system."[622] Durch die Chronikbücher werden Serubbabel und Jeschua so als Davidide und Zadokide identifiziert.

Als weitere, wohl älteste alttestamentliche Quelle für die beiden Figuren bietet sich außerdem noch das Zweiprophetenbuch Haggai-Sacharja, wo sie mit den entsprechenden Titeln Statthalter und Hohepriester (vgl. Hag 1,1.12.14; 2,2.21; Sach 3,1-10; 6,10-14) benannt sind. Dort werden sie als Führungspersonen zur dyarchischen Spitze sowie zum Kristallisationspunkt für messianische Erwartungen und die Hoffnung auf die Restitution Jerusalems und des Tempelkultes. „In Hag 2,21-23 lässt die Tradition durchscheinen, dass es um die Person Serubbabels messianische Enderwartungen gegeben habe: Die endgeschichtlichen Wehen setzen ein,

---

619 Vgl. Grabbe, Ezra, S. 16. Siehe auch Kap. 3.3.3 V. 1-5.
620 Vgl. auch Bowman, Ezra, S. 592 f.
621 Gunneweg, Esra, S. 71.
622 Tollington, Tradition, S. 126.

und er ist der ‚Siegelring' Jahwes, d. h. sein irdischer Vizeregent (Lordsiegelbewahrer mit Herrschervollmacht).“[623] Entsprechend ist es auch Serubbabel, der nach Sach 4,6-10 im Auftrag JHWHs den Grund des Tempels legt und auch den Schlussstein setzt – von dem Zutun eines persischen Großkönigs ist hier also keine Rede! Während Serubbabel königlich-messianische Attribute zugesprochen bekommt, hat auch Jeschua in Hag-Sach eine besondere Rolle. Er wird in Sach 3 zur Spitze des Jerusalemer Tempelkults: „Die (erneute und bleibende) heilvolle Erwählung Jerusalems als der heiligen Stadt Jahwes manifestiert sich im Hohepriester des Jerusalemer Tempels.“[624] In Sach 6,9-15 erfährt er neben Serubbabel (V. 12 f) sogar eine symbolische Krönung. An dieser Stelle (vgl. auch die beiden „Ölsöhne“, בני־היצהר, in Sach 4,1-10) wird das dyarchische Konzept, das Nebeneinander von geistlicher und weltlicher Führungsspitze, von Davidide und Zadokide (vgl. 1 Chr 3,19; 5,29-41), noch einmal deutlich.[625] Historische Informationen über die Personen sind jedoch auch Hag-Sach nur wenige zu entnehmen.[626] „Außer den Namen und der begründeten Vermutung, daß Serubbabel und der Priester Joschua gleichzeitig oder unabhängig voneinander wichtige Funktionen im perserzeitlichen Juda innehatten, sind die Angaben über ihre Stellung als Statthalter und messianischer ‚Sproß' bzw. Hoherpriester und ihre Rolle beim Tempelbau nicht frei von dem Verdacht, nachträgliche historische Kombinationen zu sein.“[627]

Nichtsdestoweniger zeugen sie jedoch davon, dass es eine Tradition gegeben hat, die diese beiden Gestalten mit dyarchischen Herrschaftsverheißungen, der Hoffnung auf die Rückkehr der Davididen und der glanzvollen Restitution des vorexilischen Tempelkultes assoziierte. Im Esrabuch fehlt diese Vorstellung hingegen völlig und scheint bewusst nicht übernommen worden zu sein. Dies ist insofern nicht verwunderlich, als für das theologische Konzept dieses Buches zwei andere Protagonisten eine Rolle spielen: der persische Großkönig als erwecktes Werkzeug Jahwes (Esr 1,1-4; 3,7) und somit legitimer Bauherr des Tempels[628] sowie das gesamte Volk als das erwählte Israel.[629] Serubbabel zugesprochene

---

623 Gerstenberger, Israel, S. 86 f.

624 Hallaschka, Haggai, S. 204.

625 Vgl. hierzu auch Hieke, Esra, S. 106 f.

626 Dabei sind Serubbabel und Jeschua möglicherweise ursprünglich zunächst in Hag ergänzt und dann sekundär in Sach eingeführt worden, wobei deren Eintragung eng mit dem buchübergreifenden Redaktionsprozess von Hag-Sach verbunden ist. Vgl. hierzu ausführlich Kratz, Serubbabel, S. 79–92; Hallaschka, Haggai, S. 133–136; 303 f.

627 Kratz, Serubbabel, S. 92.

628 Vgl. auch Fried, Land, S. 35 f.

629 Grätz, Bund, S. 131–134, hat hierzu gezeigt, dass Esr 1-6 mit der prophetischen Tradition Deuterojesajas verschränkt sind, der zufolge „die anscheinend okkasionelle ‚Erweckung' (עור III hif.) des Kyros mit der dauerhaften ‚Erwählung' (בחר) des Knechts Israel" kontrastiert wird (Zitat S. 134).

königlich-messianische Züge widersprächen so deutlich dem Gesamtkonzept der Rückkehr-Tempelbau-Erzählung, die sich in diesem Fall eher an die Theologie Deuterojesajas zu halten scheint, welche Kyros als heilgeschichtlichen Ausgangspunkt und Auslöser der Restauration betrachtet. Aus diesem Grund kann auch Serubbabel allein in Esr 3,10 nicht den Grundstein legen. Der Tempelbau wird damit, wie die Verweise auf Kyros andeuten, zum Gemeinschaftsprojekt von erwecktem König und erwähltem Volk.[630]

Auch wenn also Vieles dafür spricht, dass Esra 1-3 die Hag-Sach-Tradition gekannt und verwendet hat,[631] setzt der Text hier eigene Schwerpunkte. Ebenso verhält es sich mit der Verwendung der Aramäischen Chronik Esr 5 f*, der auch Scheschbazzar seine Rolle zu verdanken hat.[632] Während diese in Esr 5,16 bereits Scheschbazzar für die Grundsteinlegung des Tempels sowie den Baubeginn verantwortlich macht, wird dieser in Esr 3 gar nicht mehr erwähnt. Jedoch wird durch seine Aufgabe des Rücktransportes der Tempelgeräte in Esr 1,8.11 bereits die erste Voraussetzung für den Tempelbau geschaffen und so ein symbolischer Grundstein gelegt.

Der Baubeginn wird zwar unter Kyros initiiert, aber erst später unter Darius, Serubbabel und Jeschua ausgeführt, wie die prophetische Traditon Hag-Sach dies nahelegt. Damit präsentiert sich Esr 3 als Text, der verschiedene Tempelgründungstraditionen – die prophetischen Traditionen Hag-Sach sowie Dtjes, die Aramäische Chronik Esr 5 f* und die Berichte vom Bau vorexilischer Heiligtümer – aufgreift, unterschiedlich gewichtet und für seine eigenen theologischen Intentionen neu deutet.

V. 10b–13:
Die Verse 10b–13 beschreiben jeweils die geräuschvolle Begleitung des Bauprozesses. In V. 10b.11a sind es die Priester und Leviten, die mit Trompeten und Zimbeln einen Psalm anleiten. In V. 12 f erheben Priester, Leviten und Volk sowohl Klagelaute als auch Freudenjubel. Die Grundsteinlegung wird also in den folgenden Versen entsprechend liturgisch ausgestaltet.

V. 10b greift erneut das Lexem עמד auf (vgl. V. 8 f),[633] um analog zu V. 9 die Funktion des Tempelpersonals weiter auszuführen. Auffällig ist jedoch, dass die Leviten hier nun als asafitische Tempelsänger näher bestimmt werden,

---

630 Vgl. hierzu auch Grätz, Bund, S. 134.
631 Vgl. auch Halpern, Commentary, S. 123: „Ezra 3:1-6 reflects in part Zech 2:1-4, while 3:7-13 exhibits close contact with Zech. 4:6-10 and Haggai." Vgl. auch Kratz, Kyros, S. 88 f; Rothenbusch, Tora, S. 114 f.
632 Vgl. Rothenbusch, Tora, S. 114.
633 Zur Konjektur einer Form עמד *qal* vgl. Anm. 10a zu Esr 3,10.

wohingegen Esr 2,40 f diese beiden Gruppen klar von einander trennen. Damit steht der Vers deutlich „in einer Spannung zum Nahkontext".[634] Neben der Levitisierung der Sänger wird „ihre Dienstfunktion [...] zugleich – in Übereinstimmung mit I Chr 25,1 f (vgl. I Chr 6,16-28; 15,14-19) – auf König David zurückgeführt".[635] Vergleichbar zu Esr 3,2 wird nun auf eine neue Autorität rekurriert: דויד מלך־ישראל. Während die Tora des Mose die Grundlage für die korrekte Ausführung der Opfer bot, ist die Anweisung Davids nun für die Ordnung und den Ablauf des Tempelbetriebs maßgeblich.[636] Auch hier wird die Nähe zur chronistischen Theologie deutlich, für die die David-Figur von zentraler Bedeutung ist.[637] „Dem Beispiel von Mose folgend erscheint der Urvater der Dynastie hier wie der Begründer des Kultes und Vorbild der levitischen Sänger."[638]

Esr 3,10b setzt so thematisch einen anderen Schwerpunkt als der Gesamttext Esr 1-3(-6). Der neue Fokus auf David und dessen Kultordnung wird auch durch den Titel מלך־ישראל gestützt, der in gewissem Maße im Spannungsverhältnis zur Ideologie des Kontextes steht. Denn Israel hat keinen König mehr und auch die Rehabilitation der davidischen Linie ist in Esr 1-6 kein Thema. Vielmehr ist es der persische König, מלך־פרס, auf den sonst für Tempelbau und Restauration rekurriert wird (Esr 1,1-4; 3,7). Gemeinsam mit dem in V. 11a folgenden Psalmfragment zeigen sich hier enge Parallen zur chronistischen Schilderung des Tempelbaus unter Salomo in 2 Chr 5,12 f; 7,6.[639] Denn auch in 2 Chr 5,12 f begleiten Leviten mit Zimbeln und Harfen sowie Priester mit Trompten die Einweihung des Tempels. Aufgegriffen wird dies sodann nochmals in kürzerer Form in 2 Chr 7,6. Der Ausruf כי טוב כי־לעולם חסדו על־ישראל (V. 11a) scheint hierbei zum Repertoire formelhafter Sprache zu gehören und findet sich in vergleichbarer Form auch in Jer 33,11; Ps 100,5; 106,1; 107,1; 118,1; 136,1. Auch Williamson bemerkt bezüglich der Verse 10 f: „In this account interest centers less on the process of foundation-laying and more on the accompanying religious celebration [...]."[640] Zusammen mit Esr 3,12 f werden so die den Baubeginn begleitenden

---

634 Steins, Chronik, S. 333. So auch Rothenbusch, Tora, S. 226 Anm. 55. Anders Halpern, Commentary, S. 101, der darauf hinweist, dass Esr 3,10 hier nur die Söhne Asafs als Tempelsänger nennt und so Esr 2,41 folgt, während die Chronikbücher gleich mehrere Sängergilden (vgl. z. B. 2 Chr 5,12) kennen.

635 Weber, Asaf, S. 241.

636 Vgl. Oswald, Staatstheorie, S. 269: „Die Chronik kennt nur zwei grundlegende Epochen: Die Zeit Moses, in der die Ordnungen für Israel niedergeschrieben wurden, und die Zeit Davids, in der diese Ordnungen für den Betrieb des Tempels adaptiert wurden."

637 Vgl. u. a. Abadie, Chronik, S. 694 f; Oswald, Staatstheorie, S. 269.

638 Abadie, Chronik, S. 694. Vgl. auch Witte, Schriften, S. 532 f.

639 Vgl. Clines, Ezra, S. 69 f; Gunneweg, Esra, S. 76; Williamson, Ezra, S. 48; Steins, Chronik, S. 332.

640 Williamson, Ezra, S. 48.

Handlungen des Tempelpersonals und des Volkes auf insgesamt vier Verse ausgedehnt. Dabei liegt in V. 11b (הריעו תרועה גדולה) zudem eine inhaltliche Doppelung zu V. 12 f vor.

Diese ausführliche Beschreibung der Grundsteinlegung steht dabei im Kontrast zu den sonst in Esr 1-3 sehr knapp gehaltenen Schilderungen des Restitutionsprozesses. Der erneute Fokus auf Tempelpersonal und Kultgeschehen, der damit verbundene Verweis auf die Anweisung Davids und die engen Parallelen zur Chronik bzw. deren späterer Bearbeitungsschicht,[641] legen daher nahe, dass es sich auch in Esr 3,10b.11 um eine spätere Redaktion handelt, die mit den Bearbeitungen der Verse 8 f zusammenfällt.[642] „Esra 3,8b–9 und vermutlich Esra 3,10b–11 gestalten die Grundlegung des Tempels durch Serubbabel und Jeschua nachträglich liturgisch aus. Die Einordung der Sänger unter die Leviten und die Rückführung der Tempelmusik auf David (V. 10b) entsprechen dabei ganz der Sicht der Chronik."[643] So ordnet Steins auch diese Verse 10b.11 einer mit den Chronikbüchern gemeinsamen Bearbeitungsschicht zu, die er als „Musiker-Torwächter-Schicht" klassifiziert.[644]

Die sekundäre Einfügung der beiden Verse wird auch an V. 11b deutlich. Dieser Halbvers greift lexikalisch und inhaltlich auf den Rahmen zurück, in den die Einfügung V. 10b.11 eingepasst wurde. Hierbei verweist er sowohl zurück auf die Grundsteinlegung in V. 10a (vgl. הוסד בית־יהוה) als auch voraus auf V. 12 f (vgl. הריעו תרועה גדולה).[645] Mit der Musik und dem Psalmgesang der Priester und Leviten wird so ein weiteres liturgisches Moment eingefügt. „Statt des Freudengeschreis (V. 12 f) ist nun das Lärmen der Trompeten zu hören."[646]

Esr 3,12 f haben daher wohl ursprünglich direkt an den Bericht von der Grundsteinlegung in Esr 3,10a angeschlossen. Die beiden Verse schildern den Bauprozess nun als von zwei verschiedenen Reaktionen begleitet – sowohl von Klagelauten als auch von Freudenjubel. V. 12 führt zunächst einmal wieder die für Esr 1-3 typische Konstellation von Priestern, Leviten und Volk bzw. Häuptern der Vaterhäuser ein. Mit den ראשי האבות rekurriert er so auf die Akteure in Esr 1,5; 2,68.

---

641 Zu 2 Chr 5,12 f; 7,6 als späte Bearbeitung und Teil der sogenannten „Musiker-Torwächter-Schicht" vgl. Steins, Chronik, S. 395; 423.

642 Vgl. Kratz, Komposition, S. 65: „Sprachlich hängen damit auch die Abschweifungen in 3,8bβγ.9.10b–11 zusammen, wo Priester und Leviten zur Überwachung der Bauarbeiten bestellt werden und ihren Gesang anstimmen." So auch Rothenbusch, Tora, S. 223; 226.

643 Rothenbusch, Tora, S. 226.

644 Vgl. Steins, Chronik, S. 332; 395; 422.

645 Vgl. auch Kratz, Komposition, S. 65; Rothenbusch, Tora, S. 226 Anm. 55.

646 Kratz, Komposition, S. 65.

V. 12 ist syntaktisch schwierig, da der Textfluss durch זה הבית unterbrochen wird.[647] Die hier favorisierte Deutung versteht den gesamten Ausdruck זה הבית בעיניהם als Nominalsatz, der als Glosse Aufnahme in den Text gefunden hat.[648] Eine Nähe zur Formulierung in Hag 2,3 wird hierbei deutlich,[649] auch wenn es schwierig ist, eine direkte literarische Abhängigkeit festzumachen:

אשר ראה את־הבית הזה בכבודו הראשון ... הלוא כמהו כאין בעיניכם ...	Hag 2,3
בעיניהם זה הבית הראשון ביסרו אשר ראו את־הבית ...	Esr 3,12

Hag adressiert dabei jenen Rest, der den alten Tempel noch in seiner Herrlichkeit kannte. Ähnlich bezieht sich auch Esr 3,12 auf jene Alten, die den ersten Tempel an derselben Stelle noch haben stehen sehen und sich nun daran erinnern.[650] Die Reaktion des Weinens ist in diesem Zusammenhang immer wieder diskutiert worden. Handelt es sich um Trauer angesichts der Zerstörung bzw. der defizitären Wiederherstellung[651] oder um Rührung aufgrund des Wiederaufbaus[652]?

Fried hat diesbezüglich gezeigt, dass der Vers an das mesopotamische *kalû*-Ritual erinnert, dem zufolge ein *kalû*- oder Klagepriester beim Wiederaufbau eines neuen Tempels so lange opfert und Klagelieder singt, bis die Ruinen des alten Tempels nicht mehr sichtbar sind und der neue gebaut ist, wobei ein Stein des alten mit in das neue Heiligtum integriert wird.[653] Damit würde sich das Weinen auf ein die Grundsteinlegung begleitendes Klageritual beziehen. So wären die alten Priester, Leviten und Häupter der Vaterhäuser nicht nur allesamt am Bau des Tempels (vgl. Esr 3,8-10), sondern gleichermaßen auch an der rituellen Begleitzeremonie beteiligt.[654] Während in Hag 2,3 der alte Tempel noch wie

---

647 Vgl. auch Anm. 12c zu Esr 3,12.

648 Vgl. auch Blenkinsopp, Ezra, S. 100. Rudolph, Esra, S. 30; Fensham, Books, S 64; Gunneweg, Esra, S. 74 hingegen sehen nur זה הבית als Glosse an.

649 Vgl. Rudolph, Esra, S. 32; Myers, Ezra, S. 29; Gunneweg, Esra, S. 74 f; Williamson, Ezra, S. 48; Blenkinsopp, Ezra, S. 101; Hieke, Esra, S. 97.

650 Vgl. Myers, Ezra, S. 26; Gunneweg, Esra, S. 76; Williamson, Ezra, S. 48; Hieke, Esra, S. 97.

651 So z. B. Rudolph, Esra, S. 32; Kidner, Ezra, S. 53; Fensahm, Books, S. 64; Williamson, Ezra, S. 48 f; Blenkinsopp, Ezra, S. 101; Hieke, Esra, S. 97.

652 Vgl. Myers, Ezra, S. 29; Gunneweg, Esra, S. 76

653 Vgl. Fried, Land, S. 43–45. Zwar konstatiert Fried: „Rather than referring to the weeping of very old men who remembered the first temple from almost fifty years earlier, the crying may refer to prescribed lamentation rites for the old Temple, whose ruins they still see before their eyes" (Zitat S. 44). Die Nähe zu Hag 2,3 sowie die spezifische Erwähnung der Alten (הזקנים) legen jedoch auch ersteres nahe. Zu den *kalû*-Ritualen siehe ausführlich Ambos, Baurituale, S. 10–13; 18–20; 41–84.

654 Eskenazi, Age, S. 50 f hat in ihrer Betrachtung der handelnden Personen darauf aufmerksam gemacht, dass es immer die „community as a whole" und nie einzelne Führungspersonen alleine

„Nichts" daliegt und seine große Herrlichkeit erst in 2,9 verheißen wird, bietet jedoch in Esr 3,12 f der Beginn des Baus und somit der Restauration Anlass zur Freude. Die rituelle Begleithandlung des Klagens (V. 12: בכים, V. 13: קול בכי) widerspricht dabei nicht, sondern ergänzt den in V. 12b.13 beschriebenen Freudenjubel des Volkes.[655]

Die Ähnlichkeit zu Hag 2,3 könnte dabei für die Einfügung der Glosse זה הבית בעיניהם in V. 12 verantwortlich sein. Während es in Hag in Bezug auf den Tempel heißt: *Ist er nicht wie Nichts in euren Augen?*, könnte sich auch die Glosse darauf beziehen, dass eben jene noch vorhandenen Ruinen, dem „Nichts", vor dem die Gruppe stand, tatsächlich der alte Tempel waren.

In V. 13 gehen Klagerituale und Freudengeschrei über den Wiederaufbau zusammen; beides ist nicht mehr voneinander zu unterscheiden. Die offensichtliche Lautstärke unterstreicht dabei die Bedeutung des Ereignisses. Mit dem Rekurssatz in V. 13b, der das Geschehen noch einmal zusammenfasst, hat die Rückkehr-Tempelbau-Erzählung ihren vorläufigen Höhepunkt erreicht. Aus V. 13a geht jedoch nicht deutlich hervor, welches Volk (העם) hier nun gemeint ist. Ist es das Volk Israel, das nochmals in V. 13b erwähnt wird, oder handelt es sich um Fremde? Während beide Deutungen theoretisch möglich sind, legt die Anknüpfung von Esr 4,1 ff nahe, dass es sich um letztere handelt. Dabei scheint Esr 3,13 Esr 4,1 vorzubereiten.[656] „Die Schlußbemerkung, daß der Jubel bis zu den Ohren der feindlichen Nachbarn drang, leitet bereits zum Folgenden über."[657] Inwiefern die Verbindung von Esr 3,13 und 4,1-3 jedoch bereits ursprünglich ist, bleibt noch zu diskutieren.[658]

---

sind, die für die Restauration Israels und somit auch den Fortgang der Erzählung von Bedeutung sind. (Zitat S. 50)

655 Das Nebeneinander von Klage und Freude wird bei mesopotamischen Baurituralen etwa auch in der Funktion des *nāru* (Sängers) deutlich, der während des Wiederaufbauprozesses sowohl Seufzlieder als auch Preislieder und Lobeshymnen auf den Bauherren sang; vgl. Ambos, Baurituale, S. 13.

656 Vgl. Clines, Ezra, S. 71.

657 Schneider, Bücher, S. 110. Vgl. auch Becker, Esra, S. 28.

658 Ob mit Esr 4,1-3 aufgrund der sprachlichen Nähe zu Esr 1-3 tatsächlich eine ursprüngliche Überleitung zwischen Esr 3,13 und 5 anzunehmen ist, die gleichzeitig das Thema der Auseinandersetzung mit den Fremden einführt, ist fraglich. Siehe hierzu Exkurs 3. Batten, Ezra, S. 115 hat dabei auf die starke Ähnlichkeit von Esr 3,6-4,3 zu Esr 5 f hingewiesen. Es bleibt zumindest nicht ganz unwahrscheinlich, dass auch Esr 4,1-3 – wenn auch sekundär – nach der „Aramäischen Chronik" modelliert worden sein könnte; vgl. Rothenbusch, Tora, S. 117 Anm. 175.

Exkurs 3: Zur Verbindung von Esr 1-3 und Esr 5 f

Wie eingangs dargestellt, dürfte es sich bei der Artaxerxeskorrespondenz in Esr 4*
um eine nachträgliche Einfügung handeln, die bereits die Thematik des Stadtbaus aus Neh vorwegnimmt.[659] Auch wenn das „Hören" (וישמע) in Esr 4,1 zunächst
einmal die Thematik des Akustischen aus Esr 3,13 aufzugreifen scheint, ist der
Bezug hier ein anderer. Auf die Parallelen von Esr 4,1 zum jeweils immer wieder
stereotyp mit וישמע eingeleiteten Auftritt der Gegnerschaft in Neh 2,10.19; 3,33;
4,1; 6,1 hat Grätz aufmerksam gemacht.[660] „Das Erfahren von Neuigkeiten im Fort-
schritt der Restitution bringt die jeweilige Gegnerschaft auf den Plan. Während
dieses Motiv die Geschichte des Mauerbaus in Neh 1-6 regelmäßig begleitet, ist es
in Esr 1-6 einmalig, dürfte aber die gleiche Funktion haben: Die Diskreditierung
einer spezifischen Gegenerschaft, die in Bezug auf den Tempelbau (Esr 4,1-5.24)
sehr wahrscheinlich im Bereich der der samaritanischen Bevölkerung zu suchen
ist [...]."[661] Damit beginnt in Esr 4,1 thematisch bereits etwas Neues, auch wenn
die Sprache erst in 4,8 ins Aramäische wechselt. So bilden Esr 3* und 5* wohl
ursprünglich einen Zusammenhang, der erst durch die Einfügung von Esr 4,1-24
unterbrochen wird. Die Geräusche aus Esr 3,13 scheinen nun vielmehr von Tattenai und Schetar-Bosnai (Esr 5,3) wahrgenommen zu werden.

Problematisch bleibt im Übergang von Esr 3 zu Esr 5 jedoch sowohl die chronologische Einordnung der Protagonisten als auch die Überleitung ins Aramäische.
Wie oben dargestellt,[662] ist nur zu Beginn von Esr 1-3 eine Datierung mit Königsna-
men gegeben. Während der Baubeginn unter Kyros und Scheschbazzar (vgl. Esr 1)
sich bereits in Jes 44,28 (ohne Scheschbazzar) und Esr 5,16 findet, wo der Anfang
der Heilszeit an den Anfang der persischen Oberherrschaft gelegt wird, verortet
die prophetische Tradition in Hag-Sach den Baubeginn unter Darius, Serubbabel
und Jeschua. Esr 1-3 scheint nun durch das „Verschwimmen-Lassen" von Datierungen beide Traditionen miteinander zu kombinieren.[663] Die Beobachtung, dass
Esr 3 die Tradition Haggais und Sacharjas kennt und verwendet,[664] scheint dafür
zu sprechen, dass der Tempelbau auch hier zumindest implizit unter Darius
gedacht wird (auch Kyros ist hier nicht genannt!). So ist Esr 3,10-13 mit der Grundsteinlegung zeitlich und inhaltlich genau da angekommen, wo eigentlich erst
Esr 5,3 beginnt: mitten im Bauprozess des zweiten Tempels.

---

659 Vgl. z. B. Kratz, Komposition, S. 66; Rothenbusch, S. 58; Grätz, Kommunikation, S. 260–262.
Siehe auch Kap. 2.3.
660 Vgl. Grätz, Chronologie, S. 217.
661 Grätz, Chronologie, S. 217.
662 Vgl. in Exkurs 1.
663 Vgl. hierzu die Darstellung in Exkurs 1. Zum absichtlichen „Verschwimmen-Lassen" zweier
Chronologien in Esr 2 f vgl. auch Halpern, Commentary, S. 108–111; 124; 133.
664 Vgl. hierzu Kap. 3.3.3.

Deutlicher wird die Brücke von Esr 3 zu Esr 5 dann durch Esr 4,5.24 geschlagen, die als sekundäre Scharnierverse[665] nun ausdrücklich das „Halten" des Baus thematisieren. Ein erneuter Baubeginn wird nun folgerichtig durch Esr 5,1 f suggeriert. Auffällig bleibt jedoch die Beobachtung, dass die in Esr 5,1 f vorgestellten Akteure an keiner Stelle wieder erwähnt werden. Mit einiger Wahrscheinlichkeit hat eine frühere Version der Aramäischen Chronik dabei sowohl Haggai und Sacharja (V. 1) als auch Serubbabel und Jeschua (V. 2) noch nicht gekannt. Im folgenden Geschehen spielen sie keine Rolle mehr. Hauptakteure sind ab Esr 5,5 vielmehr die Ältesten (שָׂבֵי יְהוּדָיֵא).[666] So scheint in Esr 5,1 f die prophetische Tradition Haggais und Sacharjas, die Esr 3 bereits kennt, nachträglich eingeholt zu werden. Folglich konstatiert Willi: „Dieser ganze Passus, der die Bücher Hag und Sach aufnimmt und in kürzester Form wiedergibt, ist aber redaktionell nach 4,24 eingefügt und erscheint als Motivation zur *Wieder*aufnahme des sistierten Baus."[667] Auch Rothenbusch bemerkt, dass Esr 5,3 „mit בה־זמנא auch formal neu ein[setzt] und damit beginnt offenbar eine ältere aramäischsprachige Quelle, in der Serubbabel ursprünglich anscheinend keine Rolle gespielt hat."[668]

Dabei scheint Esr 5,1 f unter anderem durch Esr 4,4 motiviert zu sein. Die Mutlosigkeit und Untätigkeit des Volkes bzw. der Bauenden wird nun durch den Zuspruch der Propheten konterkariert (Esr 5,2; vgl. Hag 1,12-14!). Während also bereits Esr 4,1-5.24 eine zeitliche Brücke zwischen Baubeginn und Fortsetzung und eine sprachliche Brücke zwischen hebräischem und aramäschen Teil schlagen, scheint es sich bei Esr 5,1 f um eine sehr späte Einfügung zu handeln, die Esr 1-4,5.24 schon voraussetzt, wahrscheinlich sowohl Hag-Sach* als auch Esr-Neh* kennt und an dieser Stelle noch einmal alle wichtigen (fehlenden) Protagonisten des Tempelbaus einholt. Über die Frage jedoch, ob es sich bei Esr 3,13 und Esr 5,3 nun um eine originäre Verbindung handelt, die den Grundbestand des Prologs Esr 1-3* direkt an die ältere Quelle anschließt, oder nicht vielleicht ein ursprünglicher Anfang von Esr 5 weggebrochen ist, kann hier nur spekuliert werden.

---

665 Nach Kratz, Komposition, S. 65 f dienen Esr 4,1-5.24 der Überleitung in den aramäischen Text. Esr 4,5.24 würden sich hierbei ergänzen, da der „hebräisch schreibende Verfasser von Esr 1,1-4,5 einen geeigneten Übergang zur aramäischen Erzählung in Esr 5-6 finden mußte. Er löste das Problem so, daß er den hebräischen Text über eine Art Fangzeile in den aramäischen übergehen ließ, wobei er 4,24 entweder in irgendeiner Form vorgefunden und überarbeitet oder selbst formuliert haben mag." (Zitat S. 65)

666 Vgl. Gunneweg, Esra, S. 95 f; Grätz, Chronologie, S. 220; Grätz, Aramäische Chronik, S. 407–410; 417–419; Kratz, Komposition, S. 59 f; Rothenbusch, Tora, S. 83 f.

667 Willi, Juda, S. 66.

668 Rothenbusch, Tora, S. 84.

Fazit

Vor allem für Esr 3 wurde immer wieder auf die Nähe zu den Chronikbüchern hingewiesen. Dabei hat sich gezeigt, dass das Kapitel in einem komplexen Verhältnis zu diesen beiden Büchern steht. Mit Steins lässt sich dabei festhalten, dass 1/2 Chr zum einen auf Textmaterial aus Esr/Neh zurückgreift – so diente Esr 3* als Vorlage für den chronistischen Tempelbaubericht[669] –, dass späte Einträge in Esr aber auch mit Bearbeitungen der Chronikbücher zusammenfallen.[670]

So lässt sich in Esr 3,1-5.8bβγ.9aα.10b.11 eine Bearbeitungsschicht abgrenzen, die verstärkt Fragen des Opferbetriebs und kultische Belange thematisiert, das Tempelpersonal – insbesondere die Leviten – gesondert hervorhebt und mit dem Verweis auf die Tora des Mose sowie die Ordnung Davids als zentrale, maßgebliche Autoritäten den Chronikbüchern nahesteht (vgl. z. B. 2 Chr 23,18!). Der Schwerpunkt dieser Texte steht somit im Kontrast zur restlichen Rückkehr-Tempelbau-Erzählung Esr 1-3, die zum einen immer das Handeln des gesamten Volkes hervorhebt[671] und zum anderen relativ knapp und berichtend gehalten ist, während die sekundären Passagen stärker über die kultischen Belange und Abläufe elaborieren. Dabei fokussiert die Grundschicht Esr 1-3* weniger kultische Fragen, sondern vielmehr die Identität und Kontinutität des Gottesvolkes und seines Tempels.

Wahrscheinlich sind die Ergänzungen auf dieselbe Hand zurückzuführen, die auch für die von Steins als sogenannte „Musiker-Torwächter-Schicht"[672] benannte Bearbeitung der Chronikbücher verantwortlich ist und gleiche Interessen verfolgt. Einen vergleichbaren Fokus zeigen auch die Verse Esr 6,16-18.19-22, die der Erzählung einen sekundären Rahmen verleihen.[673] Dabei scheint sich diese Thematik auch sonst innerhalb des Esr-Neh-Buches wiederzufinden: „Eine Reihe späterer Bearbeitungen in Esra 3*; 6*; 8*; Neh 8*–12* legt das Schwergewicht auf kultische Fragen und die Belange des Kultpersonals am Tempel (Leviten, Musiker, Torwächter)."[674] In diesen Zusammenhang ließen sich möglicherweise auch die Bearbeitungen der Liste in Esr 2 einordnen. Die dort als sekundär identifizierten Textpassagen V. 2a.36*(בית ישוע).61-63.70a* (והמשררים והשוערים והנתינים בעריהם) zeigen eine Nähe zur chronistischen Theologie

---

669 Vgl. Steins, Chronik, S. 62 f; 334 f.
670 Vgl. Steins, Chronik, S. 442 f.
671 Vgl. auch Eskenazi, Age, S. 50 f.
672 Vgl. Steins, Chronik, S. 332–334; 422–425.
673 Vgl. hierzu Kratz, Komposition, S. 67; Steins, Chronik, S. 234 f; Pakkala, Ezra, S. 143 f.
674 Hieke, Esra, S. 39.

(V. 2a) und legen den Fokus auf das Tempelpersonal sowie Fragen der Kultreinheit (V. 36*.61-63.70a*).[675]

Von dieser Redaktionsschicht abzugrenzen ist eine spätere Bearbeitungsschicht, die in Esr 3,3*(כי באימה מעמי הארצות).9b Parallelen zu Themen
und Inhalten des Neh-Buches zieht und möglicherweise zusammen mit der Einfügung Esr 4* der Verzahnung mit ebendiesem diente. So ist bereits in 3,3 ganz
unvermittelt von Anfeindungen (durch die Völker des Landes) die Rede, die erst
in Esr 4,4, vor allem aber in Neh eine Rolle spielen. Zugleich trägt 3,9b ein Levi-
tengeschlecht, die Söhne Chenadads nach, das sonst nur in Neh 3,18.24; 10,10
begegnet. Da diese Redaktionsschicht jedoch eine erste Bearbeitungsphase voraussetzt, ist anzunehmen, dass das Buch Esr* zunächst eine Bearbeitung mit
kultischem bzw. reinheits- und opfertheologischem Schwerpunkt erfahren hat,
bevor es literarisch mit dem Neh-Buch verzahnt wurde.[676]

Eine Grundschicht haben somit die Verse 3,8abα.9aβ.10a.12 f gebildet, die
unmittelbar an die Siedlungsnotiz in Esr 2,70 anschlossen und den raschen
Fortgang des Bauprozesses schilderten. Traditionsgeschichtlich fällt auf, dass
Esr 3* an den Bau vorexilischer Heiligtümer anknüpft. Die Schilderung von der
Beschaffung des Baumaterials in V. 7 erinnert dabei an die Bauvorbereitungen
des salomonischen Tempels (1 Kön 5). Die Grundsteinlegung im zweiten Monat
des zweiten Jahres (Esr 3,8) lässt sowohl an den Bau des Zeltheiligtums (Ex 40,17)
als auch des ersten Tempels (1 Kön 6,1) denken. Die Datierung – ohne Königs-
jahr – verrät hier also ein primär theologisches Aussageinteresse. Dabei folgt
Esr 3* dem typischen Muster altorientalischer Tempelbauideologie (Esr 1,1-4:
Baubefehl – Esr 3,7: Materialbeschaffung – Esr 3,8-13*: Grundsteinlegung mit
Klageritual),[677] gestaltet dies jedoch unter Bezugnahme auf die biblischen Bauer-
zählungen (Ex 40; 1 Kön 5 f) weiter aus. Mit dieser Anknüpfung an vorexilische
Traditionen stellt sich die Erzählung Esr 3* in die Kontinuität des vorexilischen
Kultes und gewährleistet somit die Legitimität des zweiten Tempels.

Gleichzeitig bedient sich Esr 3* weiterhin der prophetischen Tradition.
An verschiedenen Stellen wird dabei der Bezug zum Haggaibuch deutlich.
Dabei ist Esr 3 nicht allein durch die gemeinsame Thematik der nachexilischen

---

675 Esr 2,2a führt das Esr 1-3 sonst fremde Konzept eines Zwölf-Stämme-Israels ein; 2,36*(בית ישוע)
trägt Jeschua (vgl. Esr 3,2.8) bei den Priestergeschlechtern nach, was mit dem Fokus auf den Hohepriester aus Hag-Sach in Esr 3,2 (Jeschua ist zuerst genannt) übereinstimmen dürfte; 2,61-63
regeln Fragen der Kultreinheit und des Ausschlusses; 2,70a*(והמשררים והשוערים והנתינים בעריהם)
ergänzt die für Esr 1-3 charakteristische Gruppe von Priestern, Leviten und Volk (vgl. auch Esr 1,5;
3,8.12) um weiteres Tempelpersonal. Vgl. hierzu Kap. 3.3.2.
676 In diesem Zusammenhang ist möglicherweise auch die Liste aus Esr 2 in Neh 7 eingewandert.
677 Vgl. Fried, Land, S. 33–46.

Tempelrestauration mit Hag verbunden. Auch lässt sich an einzelnen Stellen (Esr 3,6//Hag 2,18; Esr 3,8//Hag 1,12.14; Esr 3,12//Hag 2,3) die Verwendung eines gemeinsamen Wortrepertoires ausmachen. Deutlich wird ein Rückgriff auf Hag vor allem aber in Esr 3,8. Der Vers führt in Anlehnung an Hag 1,12.14 zwei neue Akteure, Serubbabel und Jeschua, ein, die in der prophetischen Tradition des Hag-Sach-Buches fest mit dem Bau des zweiten Tempels (im zweiten Jahr!) verknüpft sind. V. 12 erinnert zudem in der Wortwahl an den Vers Hag 2,3, der jene, die den ersten Tempel noch mit eigenen Augen gesehen hatten, adressiert und seine damalige Herrlichkeit mit den jetzigen Ruinen kontrastiert. Auch in Esr 3,12 erinnern sich die alten Priester, Leviten und die Häupter der Vaterhäuser bei der Grundsteinlegung an den ersten Tempel und stimmen so in ein den Bau begleitendes Klageritual ein.[678]

Weiterhin zeigt der Passus Esr 3,6-13* Übereinstimmungen mit der deuterojesajanischen Theologie. V. 7 verweist bei der Beschaffung der Baumaterialien und der Bezahlung der Handwerker auf die offizielle Genehmigung des Kyros (כרשיון כורש). Kyros als der Ausgangspunkt der Heilswende und durch JHWH beauftragter Bauherr des Tempels bleibt also auch in Esr 3* die für den Wiederaufbau maßgebliche Figur. Mit diesem Rückverweis auf das Edikt des Kyros (Esr 1,1-4) wird Esr 3,7 gleichzeitig zur Realisierung des Kyrosorakels in Jes 44,28 – והיכל תוסד (vgl. auch Esr 3,6; Hag 2,18)! Damit zusammenhängend ist zwar der von JHWH erweckte persische König der Bauherr, die eigentlich Bauenden sind jedoch das Volk Israel. Es ist dabei immer das ganze Volk (Priester, Leviten und Laien bzw. Häupter der Vaterhäuser), das in Esr 1-3 handelt und auch in Esr 3,8-10* den Tempelbau vorantreibt.[679] Keine Einzelpersonen tun sich dabei besonders hervor. Auch Serubbabel und Jeschua reihen sich, anders als in Hag-Sach und zudem ohne Titel oder Herrschaftsprädikationen, in die Gruppe des Volkes ein. Esr 3,8-10* folgen daher weder der Aramäischen Chronik, nach der Scheschbazzar den Grundstein legt (Esr 5,16), noch der prophetischen Tradition Hag-Sach, die Serubbabel als Davididen dafür verantwortlich macht (vgl. z. B. Sach 4,9-10). Legitimer Bauherr ist nur der persische Großkönig, die Ausführenden sind das ganze Volk. Indem Esr 3* in Bezug auf die Person Serubbabels alle königlich-messianischen Zuschreibungen des Hag-Sach-Buches ignoriert, hält es sich stärker an die Konzeption Deuterojesajas, welche Kyros als heilsgeschichtlichen Ausgangspunkt und Auslöser der Restauration betrachtet. Esr 3 greift somit verschiedene Traditionen auf und gewichtet

---

[678] Vgl. Fried, Land, S. 43–46. Zu den *kalû*-Ritualen vgl. ausführlich Ambos, Baurituale, S. 10–13; 18–20; 41–84.

[679] Vgl. auch Eskenazi, Age, S. 50: „Building the house of God is the central task in this section. Ezra-Nehemiah emphasizes the role of the community as a whole by showing that the building is undertaken by all members of the community."

diese jeweils unterschiedlich, um so ein eigenes theologisches Konzept zu transportieren.

3.3.4 Durchgehende Linien in Esr 1-3

In Esr 1-3 lassen sich zwei buchübergreifende Bearbeitungsschichten ausmachen, wobei Esr 3 wohl den größten Redaktionsprozess durchlaufen hat. Mit einiger Wahrscheinlichkeit sind Esr 2,2a.36*.61-63.70a* sowie Esr 3,1-5.8bβγ.9aα.10b.11 als gemeinsame Bearbeitungsschicht abzugrenzen, die einen Schwerpunkt auf kultische Belange sowie Fragen der Reinheit legt und wohl eine mit 1/2 Chr gemeinsame Redaktion erfahren hat, die sich auch über weite Teile des Esr-Neh-Buches erstreckt.[680] Davon zu unterscheiden sind die kleineren, späteren Einfügungen in Esr 3,3*(כי באימה עליהם מעמי הארצות).9b, die Parallelen zu Inhalten des Nehemiabuchs in den Text eintragen und möglicherweise zusammen mit Esr 4* der thematischen Verknüpfung mit diesem dienten.[681]

Für den Grundbestand Esr 1-3* hat sich gezeigt, dass der Textkomplex vielfach auf bestehende Traditionen Bezug nimmt und diese für sein theologisches Aussageinteresse nutzt. Dabei lässt sich ein Rückgriff auf drei große Themen- bzw. Traditionskomplexe ausmachen, die zum Teil miteinander verschränkt sind: erstens die prophetische Tradition Dtjes und Hag-Sach, zweitens die Exodustradition (Ex; Num) sowie drittens die Bauerzählungen vorexilischer Heiligtümer (Zeltheiligtum und salomonischer Tempel). Daneben hat die Aramäische Chronik Esr 5 f* vor allem Esr 1 f als Quelle gedient. Der Textkomplex bezieht daraus alle nötigen Informationen zu Kyrosedikt, Tempelbau, Rückkehr des Tempelinventars sowie der Person Scheschbazzars (vgl. v. a. Esr 1,2-4.7 f; 5,13-16; 6,3-5), gestaltet diese – unter Rückbezug auf die oben genannten Traditionen – aus und deutet sie neu.[682] Leitend ist dabei die Schilderung der Heimkehr als zweiten Exodus, eine Tradition, die sich auch bei Deuterojesaja findet.[683]

Schon die Referenz auf Jeremia direkt zu Beginn der Rückkehr-Tempelbau-Erzählung (Esr 1,1) unterstreicht die Bedeutung der Prophetie für den Textkomplex Esr 1-3*.[684] Mit der Erweckung des Kyros als Heilswerkzeug JHWHs und

---

680 Vgl. hierzu Kap. 3.3.3 Fazit.
681 Vgl. hierzu Kap. 3.3.3 Fazit.
682 Siehe Kap. 3.3.1 V. 1-4.
683 Vgl. Kiesow, Exodustexte, S. 190–203.
684 Vgl. hierzu auch Edelman, Ezra, S. 47–59, die Esr 1-6 nicht als historischen Bericht versteht, sondern als „narrative of fulfilled prophecy set in real time, which draws elements from every prophetic text in the present canon that predicts something about the rebuilt temple and makes the chosen elements fictionalized reality." (Zitat S. 47)

Bauherr des Tempels (Esr 1,1-4; 3,7) teilen Esr 1-3 die Theologie Deuterojesajas, der mit dem Kommen des Gesalbten den Anbruch der Heilswende sieht (vgl. Jes 44,28; 45,1-8).[685] Das von Dtjes geprägte Kyrosbild bleibt auch dort erhalten, wo Esr sonst auf Hag-Sach zurückgreift. Denn vor allem bei der Schilderung der Grundsteinlegung in Esr 3,6-13* zeigt der Text Ähnlichkeiten zu Hag, die über eine bloße gemeinsame Thematik der Tempelrestauration hinausgehen (vgl. Esr 3,6// Hag 2,18; Esr 3,8//Hag 1,12.14; Esr 3,12//Hag 2,3). Serubbabel und Jeschua, die dort eng mit dem Bau des zweiten Tempels unter Darius verknüpft sind, finden so auch Aufnahme in Esr 3,8. Die Datierung nach Darius wird dabei jedoch ebensowenig übernommen wie die Titel (Statthalter und Hohepriester) bzw. Herrschaftsprädikationen der beiden Anführer. Denn auch für Esr 3 ist Kyros weiterhin der Ausgangspunkt der Heilswende und Bauherr des Tempels (vgl. Esr 3,7). Damit liest sich Esr 3,6-10a* zugleich wie die Erfüllung des Kyrosorakels Jes 44,28.

Eng damit verbunden ist die Exodustypologie, die in allen drei Kapiteln deutlich hervortritt und zugleich häufig auf den Bau des Heiligtums bezogen ist. Auf lexikalischer Ebene fallen die für den Exodus typischen Leitworte עלה und יצא (Esr 1,3.5.7 f.11; 2,1.59) auf.[686] Dabei wird die Rückkehr aus Babylonien, wie in Deuterojesaja auch (vgl. z. B. Jes 52,11 f), zu einem zweiten Exodus stilisiert. Bereits die materielle Unterstützung der Rückkehrer durch Fremde in Esr 1,4.6 verweist auf das Exodusmotiv der sogenannten „Beraubung der Ägypter" (Ex 3,21 f; 11,2; 12,35 f), das sodann in Ex 25 und 35 mit der Verarbeitung von Gold und Silber für das Heiligtum noch „einen tempeltheologischen Bezug erhält".[687] In Esr 1,4.6 wird dieses Motiv nun in abgewandelter Form aufgegriffen: Kyros ist anders als der Pharao der Gola wohlgesonnen und fordert die Völker selbst administrativ zum Spenden auf.[688] Ein Zusammenhang mit den Spenden (Gold, Silber, Kleider) für den Bau des Tempels ist dabei durch Esr 2,68 f ebenfalls gegeben. Weiterhin wird das in Esr 1,7 beschriebene Heraustragen der Geräte JHWHs auch bei Deuterojesaja mit dem Exodus aus Babylonien verbunden (Jes 52,11 f).[689]

Daran anschließend (Esr 2,1: העלים משבי!) zeigt auch Esr 2 auffallend viele Bezüge zu Texten in Ex und Num. Kann bereits in der archaisierenden Verwendung des Titels נשיא für Scheschbazzar in Esr 1,8 ein Anklang an die in

---

685 Vgl. Grätz, Bund, S. 131–134. Zwar spielt Kyros auch schon in Esr 5 f* als Initiator des Tempelbaus eine wichtige Rolle, doch findet sich dort noch keine Stilisierung des Perserkönigs zum Heilswerkzeug JHWHs, wie es in Deuterojesaja der Fall ist.

686 Vgl. hierzu auch Wijngaards, הוציא and העלה, S. 91–102.

687 Lux, Silber, S. 172.

688 Vgl. Lux, Silber, S. 177–179.

689 Vgl. Williamson, Ezra, S. 16; Blenkinsopp, Ezra, S. 78. Zur Modifikation der Exodustradition bei Deuterojesaja vgl. Kiesow, Exodustexte, S. 190–203.

Num 2,3-31; 7,1-83; 34,18-28 so häufig auftretenden Fürsten der Stämme gesehen werden,[690] die zudem in 7,2 mit den Häuptern der Vaterhäuser (ראשי בית אבתם; vgl. Esr 1,5; 2,68; 3,12) assoziiert werden, zeigt auch die Liste Esr 2 Parallelen zu Texten des Pentateuchs. Bereits die Listenüberschrift Esr 2,2 ist analog zur Überschrift der Geschlechterlisten Gen 46,8; Ex 1,1 sowie der Musterungsliste Num 26,4b formuliert.[691] Weiterhin folgt auch die nach Laien und Tempelpersonal getrennte Auflistung in Esr 2,3-58 dem in Num 1-3; 26 vorfindbaren Muster und hat so eine Entsprechung in „an old priestly usage (cf. Num 2:32 f., ,The Levites were not numbered among the people of Israel'; [...])".[692] Bemerkenswert ist dabei auch die Beobachtung, dass für jeden der zwölf Stämme in Num 1 f.26 eine Gesamtzahl von jeweils ± 50 000 Mann pro Stamm angegeben ist,[693] was größenmäßig auch der Gesamtzahl Juda-Benjamins (42 360) in Esr 2,64 entspricht. Ein weiterer Textbezug zu Num dürfte darüber hinaus auch in Esr 2,68 f gegeben sein, wenn von Spenden bzw. Gaben an das Heiligtum die Rede ist, die die Häupter der Vaterhäuser nach Auszug und Zählung darbringen (Num 7,2). Das Motiv der Tempelspenden hat darüber hinaus noch eine unübersehbare Parallele in Ex 25,2-7; 35,4-9.21-29, wo nach der Ankunft am Sinai freiwillige Spenden (נדבה) für den Bau der Stiftshütte von den Israeliten eingesammelt werden.[694] Sowohl für den „ersten" als auch für den „zweiten" Exodus lässt sich also eine Verbindung von Spenden und Bau bzw. Einweihung des Heiligtums feststellen.

Mit der Art der Gaben – Gold, Silber, Kleider (Esr 2,69) – klingt dabei einerseits das oben genannte Motiv der „Beraubung der Ägypter" (vgl. Ex 3,21 f; 11,2;12,35 f) an.[695] Andererseits wird hier zugleich an das Völkerwallfahrtsmotiv in Hag 2,6-9 sowie an die Gold und Silber mit sich bringende Gola in Sach 6,9-15 erinnert – Texte, die dem Grundtext von Esr 1-3* bekannt gewesen sein dürften.[696] Zu diesem offensichtlichen Wohlstand fügt sich auch die in Esr 2,65-67 geschilderte Menge an Mensch und Vieh, die schon in den Verheißungen Deuterojesajas (Jes 49,19 f; 54,2 f) und Sacharjas (Sach 2,8) die Hoffnung auf eine prachtvolle Restauration Jerusalems, des Tempels und des Gottesvolkes ausdrücken.[697] Dabei scheinen Esr 2,64-69 zugleich die Passage Ex 12,35-38 wiederzuspiegeln, die jene

---

690 Vgl. Williamson, Ezra, S. 18; Rothenbusch, Tora, S. 112.
691 Vgl. auch Achenbach, Vollendung, S. 450.
692 Clines, Ezra, S. 47.
693 Vgl. Olson, Death, S. 79.
694 Vgl. auch Myers, Ezra, S. 21; Fensham, Books, S. 57.
695 Vgl. Blenkinsopp, Ezra, S. 96.
696 Vgl. Lux, Silber, S. 176 f.
697 Vgl. Kap. 3.3.2 V. 64-67.

wertvollen Gaben sowie die große Menge an Rückkehrern (Ex 12,37), Vieh und fremdem Volk (Ex 12,38) beim Auszug thematisiert.[698]

Während in Esr 1 f noch die Bezüge zu Exodustexten (und so auch häufig die Anklänge an Dtjes) dominieren, rücken in Esr 3 stärker die Verweise auf den Bau vorexilischer Heiligtümer sowie Parallelen zur Schilderung des Wiederaufbaus des Tempels in Hag in den Vordergrund. Gleichwohl läuft auch die Exoduserzählung und so die Verwendung ihrer Motive in Esr 1 f, wie oben beschrieben, auf den Heiligtumsbau zu. Eine gemeinsame Verbindung der beiden Themen zeigt sich dabei in der Datierung Esr 3,8, die mit dem zweiten Monat des zweiten Jahres auf den Zeitpunkt des Baus von sowohl Zeltheiligtum (Ex 40,17) als auch erstem Tempel (1 Kön 6,1) rekurriert und damit gleichzeitig den Exodus als unmittelbaren zeitlichen Bezugspunkt hat. Auch die Tatsache, dass Hag-Sach den Bau des zweiten Tempels in das zweite Jahr (des Darius) datieren, dürfte kein Zufall sein.

Verweist möglicherweise bereits die lexikalische Ähnlichkeit von Esr 1,4 auf 1 Kön 9,11 und somit auf die Unterstützung Hirams von Tyrus beim Bau des salomonischen Palasts und Tempels,[699] wird der Bezug mit Esr 3,7 noch wesentlich deutlicher. Wie gezeigt werden konnte, orientiert sich der Vers für die Schilderung der Beschaffung des Baumaterials nicht nur an dem typischen Schema altorientalischer Tempelbauerzählungen (vgl. auch Hag 1,8),[700] sondern greift dezidiert auf den Baubericht des salomonischen Tempels in 1 Kön 5,15-25 zurück.[701]

Zusammenfassend lässt sich also festhalten, dass Esr 1-3 an Motive des Exodus und damit verschränkt an die Tradition vorexilischer Kultgründungen bzw. Heiligtumsbauten anknüpfen. Damit stellt sich das zurückgekehrte Volk in die Tradition des vorexilischen Israels. Diese konstruierte Kontinuität für Volk und Tempel schafft so eine legitime Basis für den Anspruch, das „wahre" Israel zu sein, das den rechtmäßigen Kult ausübt. In die komplexen inneralttestamentlichen Bezüge fügt sich sodann noch die prophetische Tradition der Bücher Dtjes und Hag-Sach, für die der Tempel essenzieller Bestandteil ihrer Theologie ist.

Durch die Grundschicht von Esr 1-3* spannt sich somit ein dichtes Netz an inner- und intertextuellen Bezügen, die sich vor allem der Traditionen des Exodus und des Tempelbaus sowie der Prophetie Deuterojesajas und Haggai-Sacharjas bedienen. Ungeachtet dessen entfalten Esr 1-3* jedoch auch ein eigenes theologisches und ideologisches Konzept: So scheint der Textkomplex die Vorstellung von einem Zwölf-Stämme-Volk nicht zu kennen – das zurückgekehrte

---

698 Vgl. Kap. 3.3.2 Fazit.
699 Vgl. Bach, Esra, S. 52 f. Siehe auch Kap. 3.3.1 V. 1-4.
700 Vgl. hierzu Fried, Land, S. 33,41 f; Hurowitz, I Have Built, S. 131–310.
701 Vgl. Kap. 3.3.3 V. 6-10a.

Israel besteht nur aus Juda-Benjamin (Esr 1,5). Die in Hag-Sach hervortretenden Führungspersonen Serubbabel und Jeschua treten in Esr 3 zugunsten des ganzen Volkes in den Hintergrund. Eine „israelitische" Führungsspitze scheint es in Esr 1-3 nicht zu geben; weder Davididen noch die zadokidische Priesterlineage finden hier Erwähnung. Die Handelnden sind immer das ganze Volk – Priester, Leviten und Laien bzw. Häupter der Vaterhäuser.[702] Als königliche, von JHWH erweckte Gestalt tritt ihnen der Perser Kyros gegenüber, der so die maßgebliche Autorität für den Tempelbau darstellt.

Von der Anerkennung der persischen Großkönigs einmal abgesehen, fällt jedoch auf, dass Esr 1-3 an keiner Stelle das verwaltungstechnische Gefüge des persischen Jehuds im Blick zu haben scheinen. Die Orte der Liste Esr 2,21-35 beschreiben ein relativ ausgedehntes Gebiet und lassen erahnen, dass es hier nicht um die Erfassung der politischen Grenzen der Provinz Jehud geht,[703] sondern vielmehr um das Konzept eines Judas, das an das vorexilische Juda bzw. Juda-Benjamin anknüpft. Auch Mizpa als Verwaltungszentrum oder der Begriff des פחה kommen in diesem Textkomplex nicht vor. Jersualem und der Tempel sind hingegen das eigentliche Zentrum, auf das die Erzählung zuläuft. Unterstützt wird dies durch die in Esr 1 f mehrfach auftretende Näherbestimmung Gottes bzw. des Tempels als אשר בירושלם (Esr 1,3-5; 2,68 [; 3,8]). Esr 1-3* scheinen somit ein vorexilisches Konzept eines „Landes der Väter" im Sinn zu haben, das nicht die Gegebenheiten des perserzeitlichen Judas reflektiert.[704]

---

702 Vgl. Eskenazi, Age, S. 50 f.
703 Vgl. auch Grabbe, History 1, S. 137.
704 Vgl. hierzu auch Kap. 3.3.2 Fazit.

4 Kontinuität oder Diskontinuität?
Esr 2 als Teil eines Motivkomplexes

Nach der literar- und motivgeschichtlichen Analyse von Esr 1-3 soll nun die Form von Esr 2 genauere Betrachtung erfahren. Ein exemplarischer Blick auf die verschiedenen Ausprägungen von vergleichbaren Personenlisten innerhalb des Alten Testaments sowie auf Textmaterial aus der Umwelt soll dazu dienen, die in Esr 2 vorliegende Form besser einordnen zu können (4.1). Im Zentrum der Untersuchung steht dabei zugleich die Frage nach der Funktion sowie der ursprünglichen Einbettung der Liste innerhalb ihres Kontextes (4.2). Ist Esr 2 nachträglich eingefügt worden oder ist die Liste fester Bestandteil von Esr 1-3? Liegt hier eine authentische Rückkehrerliste zugrunde oder haben wir es mit einer literarischen Fiktion zu tun?

Damit zusammenhängend stellt sich weiterhin die Frage nach der Kontinuität oder Diskontinuität von nachexilischer Rückkehrergemeinde und vorexilischem Israel, wie es im Pentateuch konstruiert wird. In der obigen Analyse hat sich gezeigt, dass Esr 1-3 an bestehende alttestamentliche Traditionen wie die Erzählungen vom Exodus, vom Bau der Stiftshütte sowie dem salomonischen Tempel anknüpfen, jedoch zugleich ein eigenes theologisches Konzept präsentieren. Gleichsam scheint Esr 2 zwar die Bezeichnung „Israel" für das zurückgekehrte Volk aufzugreifen (vgl. Esr 2,2), doch lassen die gelisteten Namen, ohne entsprechende Genealogien, kaum Anknüpfungspunkte an das vorexilische Israel zu. Im Hinblick darauf soll im Folgenden zugleich auch untersucht werden, ob und wie eine Kontinuität der Rückkehrer in Esr 2 zum vorexilischen Israel konstruiert wird bzw. welche Mechanismen der Legitimation hierfür verwendet werden (4.3).

4.1 Zur Form der Rückkehrerliste Esr 2

Mit der Rückkehrerliste in Esr 2 liegt ein Personenverzeichnis vor, das durch die Einleitung Esr 2,1 und die Überschrift Esr 2,2b gleich doppelt qualifiziert wird: Es handelt sich um jene Deportierten, die aus Babylonien nach Jerusalem und Juda zurückgekehrt sind und zugleich als Männer des Volkes Israel präsentiert werden. Damit ist Esr 2 als eine Art Mitglieder- oder Zugehörigkeitsliste zu verstehen. Das Besondere ist jedoch, dass die Rückkehrer hier nicht einzeln mit Namen verzeichnet sind, sondern in Gruppen mit anschließender Gesamtzahl, deren Größe je nach Gruppe im Bereich von 42 (Esr 2,24) bis 3 630 (Esr 2,35) Personen variiert. Die eigentliche Rückkehrerliste ist in zwei größere Abschnitte geteilt, die sich jeweils weiter untergliedern lassen.

https://doi.org/10.1515/9783110569759-004

2,2b-35: Liste der „Laien":
    2,3-20: Laien nach Vaterhäusern (vgl. 1,5; 2,68)
    2,21-35: Laien nach Ortszugehörigkeit[1]
2,36-58: Liste des Tempelpersonals:
    2,36-39: Priester
    2,40: Leviten
    2,41: Sänger
    2,42: Torhüter
    2,43-54: Netinim
    2,55-57: Beamte Salomos
        2,58: Gesamtzahl Netinim und Beamte Salomos
2,64: Gesamtzahl der Gemeinde

Die einzelnen Verse folgen dem Schema בני + Personen-/Ortsname + Zahl, in vier Fällen auch אנשי + Ortsname + Zahl (Esr 2,22 f.27 f). Im Falle der Torhüter sowie der Netinim und Beamten Salomos ist eine Gesamtzahl der ganzen Gruppe erst am Ende der Aufzählung der einzelnen Geschlechter gegeben (Esr 2,42.58). Anders als die folgenden Listen in Esr-Neh, die auch einzelne Personen namentlich nennen (vgl. Esr 8; 10; Neh 3; 10; 11; 12), listet Esr 2//Neh 7 ausschließlich Gruppen. So handelt es sich hier nicht um ein ausführliches Personenregister jedes einzelnen Rückkehrers – was bei einer Gesamtzahl von 42 360 auch den Rahmen sprengen würde –, sondern scheinbar um eine Zusammenfassung in einzelne Gruppen bzw. Vaterhäuser. Diese besondere Form der Liste gilt es im Folgenden genauer in den Blick zu nehmen.

Listen bzw. Aufzählungen stellen ein sowohl für das Alte Testament als auch für seine Umwelt sehr häufiges Phänomen dar. „The list is an extremely archaic form, as early a written literary genre as we have."[2] Listen dokumentieren ganz unterschiedliche Dinge: Landzuteilungen, Tribute, Rationen, Personal, Namen etc.[3] Die Liste ist „eine Form des Verwaltungs-Wollens – des Ordnens, Sammelns und Klassifizierens –, die sich nicht nur in den frühen Schriftkulturen (Ägypten und Sumer), sondern auch in diversen oralen Kulturen findet."[4] Aufgrund ihrer Eigenart als Sammlung sowie der Tatsache, dass die Liste in hohem Maße elliptisch ist, lädt sie immer wieder zu Ergänzungen ein; mit jeder Tradierung kann sie Änderungen erfahren. Listen können bis zu einem gewissen Punkt „fluide" sein; ein Phänomen, das Wilson bereits für mündliche sowie schriftliche Genealogien

---

1 Zur Diskussion, ob es sich hier in allen Fällen um Orte handelt, siehe Kap. 3.3.2 V. 3-35.
2 Scolnic, Theme, S. 7.
3 Vgl. z. B. Scolnic, Theme, S. 3 f.
4 Morenz, Schrift, S. 28.

festgestellt hat.[5] So können Namen bei der Tradierung bewusst hinzugefügt, ausgelassen oder geändert werden.[6] Ein solcher Prozess wird auch bereits bei einem Vergleich von Esr 2, Neh 7 und 3 Esr 5 deutlich – vor allem 3 Esr 5 setzt hier eigene Akzente und fügt der Rückkehrerliste weitere Namen hinzu. Eben diese Beobachtung erschwert jedoch zugleich eine Betrachtung der Liste unter literarkritischen Gesichtspunkten.

Listen bzw. Aufzählungen sind „als Redeform notorisch unterbestimmt",[7] weisen also hinsichtlich ihres Informationsgehaltes Lücken auf; sie sind semantisch „instabil"[8] bzw. vage. „Der Text als solcher mit seiner fehlenden Syntax ist elliptisch, und in die Leerstellen können Ergänzungen und Interpretationen eindringen; determiniert wird die Lektüre nur von dem, was nicht auf der Liste steht, sondern, sofern sie in einen Text eingebettet ist, vor oder nach ihr gesagt wird – oder eben durch die Verwendungssituation."[9] Die Interpretation einer Liste ist daher in jedem Fall auch von ihrem jeweiligen Kontext abhängig. „Was auf einer Liste steht, ist *per definitionem* dekontextualisiert, denn nur, was aus seinem Zusammenhang gelöst wurde, läßt sich auf eine Liste setzen. [...] Die komplementäre Handlung der Kontextualisierung oder Rekontextualisierung ist dagegen wesentlich für alles Verstehen. Die Liste selbst findet sich normalerweise in einem Zusammenhang, der es erlaubt, eine angemessene von einer unangemessenen ‚Lesart' zu unterscheiden."[10] Für die Liste Esr 2 bedeutet dies gleichermaßen, dass sie nur durch ihren Kontext – die Rückkehr Israels in das Land seiner Vorfahren mit dem Ziel des Tempelbaus – ihre Deutung erhält.

Dabei weist eine Liste in narrativem Kontext immer auch einen literarischen Bruch auf, der allein schon auf den Wechsel der Form zurückzuführen ist. Damit ist jedoch noch nicht gesagt, dass sie zuvor unabhängig von ihrem jetzigen Kontext existiert hat.[11] „The list, because of the demands of its form, may very often seem literary jarring even when it is created for its context."[12] Scolnic

---

5 Vgl. z. B. Wilson, Genealogy, S. 27–36; 134 f; 161–163; 174–181; 197. Vgl. auch Johnson, Purpose, S. xiv; xvi; 99–108.

6 Vgl. Wilson, Genealogy, S. 197: „Many of the biblical genealogies we have examined exhibit some sort of formal fluidity. Names are added to or omitted from otherwise parallel versions of the genealogies, and in some cases the genealogical relations of the names themselves are changed. [...] Thus, as far as formal fluidity is concerned, the biblical genealogies fall into the same patterns we have seen in both the anthropological and Near Eastern sources."

7 Mainberger, Kunst, S. 20.

8 Mainberger, Kunst, S. 177.

9 Mainberger, Kunst, S. 20.

10 Mainberger, Kunst, S. 19.

11 Vgl. Scolnic, Theme, S. 11.

12 Scolnic, Theme, S. 11.

schlägt daher vor, die Liste als „*holon*" bzw. „Janus-faced" zu betrachten: „It turns inward, toward its form with its archival background, but it also turns outward, towards the literary contexts in which it is now found."[13]

Esr 2 bietet eine Erfassung von Personengruppen mit jeweiliger Anzahl. Durch die Überschrift (Esr 2,2b) wird deren Zugehörigkeit zu einer Gemeinschaft, in diesem Fall Israel, festlegt. Sie bekommt so die Funktion einer Mitglieder-, Bürger- oder Volkszählungsliste. Durch ihren weiteren Kontext wird sie darüber hinaus noch näher bestimmt. Die Männer, die hier als Israel identifiziert werden, sind zugleich die zurückgekehrte Gola, die neue JHWH-Gemeinde, die nach einem zweiten Exodus mit dem Tempelbau in Jerusalem betraut wird. Der Kontext Esr 1-3 determiniert also die Liste in Esr 2.

Dabei bleibt weiterhin zu diskutieren, ob Esr 2 als bloßes Beiwerk und nachträgliche Ergänzung zu betrachten ist, ob hier sogar eine unabhängig vom Kontext Esr 1; 3 entstandene Realie eingearbeitet bzw. weiterverarbeitet wurde oder ob die Liste möglicherweise zusammen mit ihrem Kontext entstanden und daher nicht aus ihm herauszulösen ist. Im nächsten Schritt soll daher nun alttestamentliches Vergleichsmaterial sowie Material aus der Umwelt aus unterschiedlichen Jahrhunderten herangezogen werden, um die in Esr 2 vorliegende Liste in ihrer Form und Funktion näher zu bestimmen und einzuordnen sowie etwaige Vorbilder auszumachen.

4.1.1 Listenmaterial aus der Umwelt des Alten Testaments

Die Liste ist nicht nur eine für das Alte Testament prominente Textform, auch die Umwelt des Alten Testaments blickt auf eine lange Tradition der Listenführung zurück. Bei der Sichtung von epigraphischem bzw. Archivmaterial sowie in literarischem Kontext überlieferten Textzeugnissen lässt sich eine Vielzahl von Personenlisten ausmachen. Allein für den altorientalischen Kontext finden sich unter anderem unzählige Herrscher-, Eponymen- und Priesterlisten. Ebenso wie die beispielsweise für die althebräische Epigraphik[14] oder Elephantine (7.-3. Jh. v. Chr.)[15] belegte große Anzahl an Rationen-, Liefer-, Spendenlisten oder Abrechnungen, die zum Teil einzelne Personen aufführen, sind solche Aufzählungen jedoch aufgrund ihrer Form und Funktion deutlich von der in Esr 2 zu unterscheiden und brauchen daher nicht als Vergleichsmaterial herangezogen zu werden. Für einen

---

13 Scolnic, Theme, S. 11.
14 Für vorexilische Textzeugnisse vgl. hierzu die Auflistung bei HAE II/1, S. 17–21 sowie Mendel, Epigraphic Lists.
15 Vgl. z. B. TAD C3.1-6.14-19.25-29.

Vergleich mit Esr 2 sind jene Listen von Interesse, die Personen(-gruppen) im Hinblick auf eine Zugehörigkeit zu einem ethnischen, religiösen, verwaltungstechnischen oder ähnlich gearteten Gesamt aufführen. Aufgrund der sehr großen Zahl an überlieferten Listen kann hier überdies nur exemplarisch gearbeitet werden.[16]

Für das anatolische Alalakh sind 53 Tafeln mit Zensuslisten aus dem 15. Jh. v. Chr. überliefert, welche die Einwohner von 14 Dörfern unter der Kontrolle Alalakhs umfassen. Diese sind in der Liste nach drei Klassen (1. *ṣabē namē*; 2. *ḫaniaḫu*; 3. *mariannu*) sortiert.[17] Dabei wird zwar die Anzahl der zu jeder Klasse Gehörigen gegeben, der Zensus selbst aber listet einzelne Personennamen.[18] Ähnlich verhält es sich mit dem sogenannten Harran-Zensus (nordwestliches Mesopotamien) aus dem 8. Jh. v. Chr., der Familien nach Name und Beruf des Vaters, weiteren Mitgliedern sowie deren Anteil an der Landwirtschaft und ihrer lokalen Zuordnung aufzählt.[19] Auch hier unterscheidet sich die Form von Esr 2 insofern, als die einzelne Familie als kleinste Einheit (Mann, Frauen, Söhne und Töchter), zudem aber mit vielen zusätzlichen, teils verwaltungstechnischen Angaben aufgelistet wird. Um eine solche Art von Personen- und Landerfassung handelt es sich in Esr 2 jedoch nicht, liegt mit der Rückkehrerliste doch lediglich eine Aufzählung größerer Personengruppen (בית האבות) mit deren jeweiliger Gesamtzahl vor.

Weiterhin finden sich unter den eisenzeitlichen hebräischen und aramäischen Textzeugnissen reine Namenslisten mit und ohne Filiation, jedoch meist ohne Hinweis auf ihre Verwendung, da eine entsprechende Überschrift in der Regel fehlt.[20] „Einfache Namenlisten können eine ähnliche Funktion gehabt haben wie [...] Lieferlisten, es könnten die Empfänger oder Lieferanten von Lieferungen auch die Steuerpflichtigen bei Abgaben od[er] dergl[eichen], bezeichnet sein. Darüberhinaus sind innerhalb der Militär-, Zivil- und Tempelverwaltung verschiedene Anwendungsbereiche denkbar. Besondere Listen, deren PN hauptsächlich durch Patronymikon bezeichnet sind, könnten mit der Verwaltung zu tun haben [...]. Für die Militärverwaltung gilt grundsätzlich dasselbe."[21] Einen eindeutigeren Verwendungszweck scheint hingegen das in Tel ʿIra gefundene

---

16 Für einen Überblick über sämtliches hebräisches, philistäisches und transjordanisches epigraphisches Listenmaterial aus der Eisenzeit kann dabei auf die umfassende Untersuchung von Mendel, Epigraphic Lists verwiesen werden.

17 Vgl. Wiseman, Alalakh, S. 10 f.

18 Vgl. Wiseman, Alalakh, S. 64–71, Nr. 128–178.

19 Siehe hierzu Fales/Postgate, Imperial, S. XXX–XXXIV; 122–146.

20 Ähnlich verhält es sich auch mit sprachlich verwandten Textzeugnissen wie beispielsweise den ammonitischen Personenlisten aus Tel El-Mazâr (Nr. 7) und Calah oder der edomitischen Namensliste aus Tel el-Kheleifeh, vgl. Ahituv, Echos, S. 354–356; 381–386.

21 HAE II/1, S. 21.

Ostrakon zu haben, das paläographisch in das 8.-7. Jh. v. Chr. datiert wird.[22] Es ist mit der Überschrift מפקד (Zählung, Musterung)[23] betitelt und nennt sodann vier Namen (שלמיהו, מוקר, גבח, ברכיהו). Ein administrativer Zweck der Auflistung ist hier unverkennbar. Unklar bleibt jedoch, ob der erste Name ברכיהו, der in Zeile 1 nach einem Trennzeichen direkt auf das Wort מפקד folgt, „may serve to identify this specific census or to indicate certain districts of the city which he administered" oder ob der Begriff מפקד „may head a register of four names, including that of Berekyahu".[24] Erstere Möglichkeit vertritt auch Renz, der מפקד ברכיהו „Musterung Berekyahus" als zusammengehörige Überschrift liest.[25] Dies ist insofern interessant, als eine solche Form der Zählung eine mögliche Grundlage für die Auflistung nach Gruppen in Esr 2 geboten haben könnte.[26]

Ähnlich unklar ist die Funktion der in Elephantine belegten Personenlisten. Die Mitte 5. Jh. bis Anfang 4. Jh. v. Chr datierenden Papyri (TAD C4.1-9) weisen Namen unterschiedlichster religiöser und ethnischer Herkunft auf.[27] Mit Ausnahme der Liste C4.7, die 14 persische Namen nennt, ist in allen anderen Listen die Filiation (PN br PN) mit angegeben. In C4.4 findet sich sogar eine abschließende Gesamtzahl der gelisteten Personen (Z. 10: כל גברן ||| ||| |||). Der weitere Kontext und Verwendungszweck dieser Listen wird jedoch nicht deutlich. „Lacking or missing title, the lists conceal their intent. They may have constituted military units, collection lists (cf. C3.15) or ration lists (cf. C3.14,27). The list of Persians (C4.7) may be one of officers or officials."[28] Auch für die elephantinischen Ostraka (TAD D.3.2-6.10.13.18.20; D9.1-15) ist der Verwendungszweck unklar, da entsprechende Überschriften fehlen.[29] Dieses Textmaterial aus dem 5.-2. Jh. v. Chr. enthält in den meisten Fällen nur einige wenige gelistete Namen nach dem Schema PN br/bt PN. Allerdings zeigt sich auch hier wieder eine große Namensvielfalt; eine Beobachtung, die sich auch für Esr 2 bestätigen lässt. „The cosmopolitan nature of the Elephantine community is clearly evidenced in a list whose names are Aramaic-Aramaic (D9.10:2,4), Aramaic-Egyptian (D9.10:5,7), Hebrew-Egyptian (D9.10:8), Hebrew-? (D9.10:1), Egyptian (D9.10:6), and Iranian-Iranian (D9.10:3)."[30] Festhalten lässt sich jedoch, dass auch das für Elephantine

---

22 Vgl. Beit-Arieh, Census Document, S. 107; HAE I, S. 251 f.
23 Anders Garfinkel, Meaning, S. 19–23.
24 Beit-Arieh, Census Document, S. 108.
25 Vgl. HAE I, S. 251 f.
26 Siehe unten Kap. 4.1.2.
27 Vgl. TAD C, S. 271–281.
28 TAD C, S. 271.
29 Vgl. TAD D, S. 194.
30 TAD D, S. 194.

belegte Textmaterial formal keine Übereinstimmung mit der Liste Esr 2 aufweist. Denn keine der Listen bietet eine Auflistung in Personengruppen sowie deren jeweilige Größe. Allein die Praxis, die Gelisteten noch einmal zu summieren, ist auch für TAD C4.4 belegt.

Namenslisten, die wie Esr 2 die Zugehörigkeit zu einer bestimmten sozialen, ethnischen oder religiösen Gruppierung beschreiben, finden sich im epigraphischen Material der griechisch-hellenistischen Umwelt wieder. Neben unzähligen Katalogen von Militär- und Kultpersonal, Beamten und anderen Berufsgruppen, die jeweils einzelne Namen, zum Teil nach Orten sortiert, unter der entsprechenden Überschrift nennen, sind dort unter anderem Listen belegt, die Mitglieder von bestimmten sozialen bzw. religiösen Gruppierungen wie Phratrien,[31] Demen[32] oder Sippen[33] u. a. festhalten und so im Hinblick auf ihre Funktion eine Nähe zu Esr 2 aufweisen. Ein Beispiel hierfür ist die athenische Phratrienliste IG II².2344 aus dem 4. Jh. v. Chr., die folgendermaßen überschrieben ist: Z.1 Διὸς : Φρατρίο : Ἀθηνάας : Φρατ[ρίας], Z.2 οἵδε φράτερες. Phratrien, d. h. Bruderschaften, sind Gruppierungen fiktiver Verwandtschaftsverbände mit lokalem Bezugspunkt, deren Mitgliedschaft in männlicher Linie weitervererbt[34] und auf die bereits in den griechischen Epen „bei der Einteilung des Heeres zurückgegriffen wurde (Hom. Il, 9,63; 2,362 f)".[35] Es ist anzunehmen, dass nahezu jeder athenische Bürger auch einer Phratrie angehörig war, die ihre Mitglieder in Registern (κοινὸν γραμματεῖον) festhielt.[36] Wie allen griechischen Gruppierungen ist auch den Phratrien ein religiöser Aspekt inhärent, wobei die Rolle des Priesters in den Phratrien undurchsichtig bleibt.[37] Die Aufgabe der Mitglieder bestand im Wesentlichen „in der Pflege des Kults der Ph[ratie]-Götter, bes[onders] des Zeus Phratrios und der Athena Phratria. Eine zweite wichtige Funktion war die Anerkennung der legitimen Abkunft".[38]

Ungewöhnlich für die Phratrienliste IG II².2344 ist hierbei, dass sie in Marmor gemeißelt wurde und so nicht mehr veränderbar war. Es jedoch davon auszugehen, dass Phratrienlisten kontinuierlich aktualisiert wurden und sich daher ein

---

31 Vgl. z. B. IG II².2344. Manche Phratrienlisten scheinen nochmals in Untergruppen, in sogenannte *Orgeones* und *Thiasoi* untergliedert, vgl. IG II².2345. Vgl. Hierzu auch Lambert, Phratries, S. 19; 81–85; Schmitz, Art. Phratrien, Sp. 963.
32 Vgl. z. B. IG II².2362.
33 Vgl. z. B. IG II².2338-2340.
34 Vgl. Schmitz, Art. Phratrie, Sp. 962; Lambert, Phratries, S. 8; 12.
35 Schmitz, Art. Phratrie, Sp. 962.
36 Vgl. Lambert, Art. Phratries, S. 57; 66. Die Größe und Anzahl der Phratrien wird mithin kontrovers diskutiert; vgl. z. B. Flower, *IG* II².2344, S. 232–235; Lambert, Phratries, S. 80.
37 Vgl. Lambert, Phratries, S. 205; 233.
38 Schmitz, Phratrie, Sp. 962.

anderer Schriftträger in der Regel besser eignete. Diese als Weihgabe gestaltete Stele IG II².2344 „was most likely set up in the sanctuary of the phratry".[39] Aufgrund der sorgfältigen Ordnung der Liste, die acht Familien aus zwei Generation nach Seniorität auflistet und mit der assertiven Überschrift οἵδε φράτερες beginnt, vermutet Lambert, „that it is an authoritative list of the phrateres compiled following a phratry scrutiny".[40]

Phratrien können nicht nur im griechischen Mutterland, sondern auch „in Kleinasien, Unteritalien, Sizilien und im hell[enistischen] Äg[ypten] nachgewiesen" werden.[41] Die Listenführung in Phratrien mit dem Schwerpunkt auf Herkunft bzw. Abstammung sowie der Kultpflege ist daher ein Aspekt, der auch für einen Vergleich mit der Funktion von Esr 2 nicht unbedeutend ist. Kontextuell bedingt weisen diese Listen somit eine Nähe zur Rückkehrerliste auf. Dennoch sind sie insofern formal davon zu unterscheiden, als sie nur Auflistungen einzelner Namen bieten, wohingegen Esr 2 zahlenmäßig nach Untergruppen (Vaterhäusern) zusammengefasst ist.

Eine solche Praxis der Mitgliederliste ist weiterhin in der auch für Qumran belegten Damaskusschrift (CD) bezeugt, die wohl in das 1 Jh. v. Chr zu datieren ist.[42]

XVII, 3-4:

יפקדו כלם בשמותיהם הכ[הני]ם לראשונה והלוים שנים ובני ישראל שלשתם והגר רביע ויכתבו בש[מות]יהם

Sie alle sollen namentlich gemustert werden; die P[riest]er zuerst; die Leviten an zweiter Stelle, die Söhne Israels an dritter und die Proselyten an vierter Stelle. Sie sollen mit ihren N[am]en eingeschrieben werden.[43]

Diese Auflistung entspricht dem auch sonst im Alten Testament belegten Unterteilungsschema von Priestern, Leviten und Laien (oder in umgekehrter Reihenfolge).[44] Wer zu der exklusiven, heiligen Gemeinschaft gehören wollte, musste in einem solchen Register verzeichnet sein. Nötscher nimmt an, dass falls es bereits in Qumran die für das Neue Testament später so wichtig gewordene Vorstellung von himmlischen Listen, die alle Erwählten bzw. Gerretteten dokumentieren, gegeben hat, „dies nur das himmlische Gegenstück zu den Mitglieder- und

---

39 Flower, *IG* II².2344, S. 232.
40 Lambert, Phratries, S. 343.
41 Schmitz, Art. Phratrien, Sp. 963.
42 Vgl. Lohse, Texte, S. 63.
43 Übersetzung nach Lohse, Texte, S. 95.
44 Vgl. auch Nötscher, Bücher, S. 410.

Ranglisten [war], über die auch die Gemeinde von Damaskus beziehungsweise von Qumran verfügte".[45]

Die Mitgliederlisten der Gemeinden von Qumran und Damaskus sowie griechische bzw. hellenistische Demen-, Phratrienlisten etc. sind sorgsam geführte Personenregister, die die Zugehörigkeit Einzelner zu einer exklusiven Gemeinschaft dokumentieren. Damit stehen sie der Liste Esr 2//Neh 7 zwar inhaltlich nahe, sind jedoch in formaler Hinsicht nicht mit ihr gleichzusetzen. Denn während diese Personenregister einzelne Namen untereinander auflisten, bietet Esr 2 gleich ganze Personengruppen mit entsprechender Mitgliederzahl.

Eine solche, zu Esr 2 vergleichbare Form findet sich hingegen am ehesten in der Dokumentation von Truppenmusterungen wieder. Das Mari-Archiv (19./18. Jh. v. Chr) gibt dabei Auskunft über verschiedene Musterungen nach Gruppen (z. B. ARM I 42; IX 298). So zeigt beispielsweise auch die Truppenliste ARM IX 298 eine Untergliederung in einzelne Gruppen mit jeweiliger Gesamtzahl nach folgendem Muster:

> 1/2 1 ME awîlû(meš) Ti-ir-ru ša Sa-am-me-e-tar
> 1/3 2 ME 1 ŠU.ŠI Lu-ul-lu ša Ḫa-lí-Su-mu-ú
>
> ...
>
> napḫar 1 li-im 2 ME 18 awîlû(meš) I-da-ma-ra-aṣ.
>
> *1/2: 100 hommes (de) Tirru, (appartenant?) à Sammêtar;*
> *1/3: 260 (hommes de) Lullu, (appartenant?) à Ḫali-Sûmû;*
>
> ...
>
> *Total: 1.218 hommes de l'Idamaraṣ.*[46]

Die Liste nennt einzelne Kontingente mit jeweiliger Truppenstärke sowie eine abschließende Gesamtsumme. Die Bruchzahlen, die sich nur vor den ersten drei Listungen finden, sind wohl als Rationssätze zu verstehen.[47] Der jeweils erstgenannte Name stellt möglicherweise den entsprechenden Befehlshaber, der zweite Name den jeweiligen Lokalfürsten dar, dem die Männer unterstellt sind.[48] Diese Art der Musterung zeigt formal eine gewisse Ähnlichkeit zur Rückkehrerliste Esr 2, da sie nach Gruppen und Anzahl aufgebaut ist, weist allerdings eine beachtliche zeitliche Distanz (2. Jt. v. Chr.) zu den nachexilischen Texten auf. Überdies ist eine Unterteilung in Laien und Kultpersonal dort nicht gegeben.

---

45 Nötscher, Bücher, S. 410.
46 Transliteration und Übersetzung zitiert nach Birot, Textes, S. 240 f.
47 Vgl. Birot, Textes, S. 348.
48 Vgl. Birot, Textes, S. 348.

Auch in der Perserzeit gab es jährlich „militärisch motivierte Volkszählungen" durch die achämenidische Reichsverwaltung.[49] Zwar sind hierfür keine Listen überliefert, doch finden sich diesbezüglich entsprechende Berichte bei Herodot und Xenophon.[50] Herodot schildert die Musterung der persischen Truppen unter Xerxes folgendermaßen:

> *Welche Mengen nun die einzelnen Völker stellten, kann ich nicht bestimmt angeben; (denn davon hört man nirgends etwas). Es erwies sich aber, daß die Zahl des ganzen Landesheeres 1.700.000 Mann betrug. Gezählt aber wurden sie auf folgende Weise: Man trieb 10.000 Mann an einer Stelle so eng wie möglich zusammen und zog einen Kreis herum. Danach ließen sie die 10.000 heraus und setzten eine Umfriedungsmauer um den Kreis, so hoch, daß sie einem Manne bis zum Nabel reichte. Danach trieben sie andere in den Pferch hinein, bis sie alle auf diese Weise durchgezählt hatten. Nach der Zählung wurden sie nach Völkern geordnet.*[51]

Im Folgenden zählt er die einzelnen Völker, allen voran die Perser selbst, samt Rüstung und Anführern auf. Auffallend sind dabei vor allem die hohen Zahlenangaben. In Hist. VII, 184-186 listet er für den Zug des Xerxes die Truppenstärke der einzelnen Abteilungen von Flotte und Reiterheer auf, zählt dann zu den asiatischen Truppen auch die kampffähigen europäischen Stämme hinzu und kommt schließlich auf eine Menschenmasse von 5 283 220 Mann.[52] Dass es hier darum geht, den „unüberbietbaren Glanz"[53] des persischen Heeres darzustellen, ist offensichtlich.

Ferner beschreibt auch Xenophon in seinem Erziehungsroman Kyrupädie die persischen Militär- und Verwaltungsverhältnisse zur Zeit des Kyros. Auch wenn dies in einer sehr idealisierenden Weise geschieht, die Fragen an die Historizität der Darstellung weckt, ist Xenophons Schilderung der Perser mit Achenbach gerade deshalb eine wichtige Bedeutung zuzurechnen, als sie mit ihrer „Idealisierung und den legendenhaften Übersteigerungen ein Beispiel für Eindruck und die Wirkungen darstellt, welche die persische Kultur mit ihren militärischen Strukturen auf ihre Zeitgenossen zu entfalten imstande war".[54] In Kyrupädie schildert er,

---

49 Achenbach, Vollendung, S. 473. Vgl. auch Dandamaev/Lukonin, Culture, S. 222: „According to Xenophon (*Oec.*, IV, 6–8), the Persian king organized an annual review of all his troops, for which military units [...] were summoned to assembly points in their respective military districts."
50 Achenbach, Vollendung, S. 474 Anm. 117 weist dabei auf den unterschiedlichen Quellencharakter der Textzeugnisse hin. So wird vor allem in Xenophons Kyroupaidie „ein phantastisches, eben idealistisches und romanhaftes Bild der Epoche von Kyrus d. Großen entworfen".
51 Herodot, Historien VII, 60. Übersetzung nach Feix, Herodot, S. 925; vgl. auch Achenbach, Vollendung, S. 475.
52 Vgl. auch Achenbach, Vollendung, S. 475.
53 Achenbach, Vollendung, S. 475.
54 Achenbach, Vollendung, S. 474 Anm. 117.

wie sich die Perser, nach Alter geordnet, in vier Gruppen auf einem Platz in ihrem entsprechenden Abschnitt einzufinden haben und mit unterschiedlichen Aufgaben betraut werden. Dabei wird ein Stämmeprinzip deutlich: *„Für jeden einzelnen dieser vier Abschnitte sind zwölf Beamte zuständig; denn die Perser bestehen aus zwölf Stämmen* (δώδεκα γὰρ καὶ Περσῶν φύλαι διῄρηνται).*“*[55]

Es ist somit nicht auszuschließen, dass die Macht und Präsenz des persischen Heeres, die damit verbundenen Musterungen und Aufmärsche der Truppen nach Völkern, sowie möglicherweise auch das Zwölf-Stämme-Prinzip auch auf dem Gebiet Judas bzw. Jehuds wahrgenommen wurde. „Die persischen Truppen wurden, wie gesagt, durch ausländische Einheiten verstärkt, daß auch Juden dazugehörten, belegen die Elephantine-Texte. Zumindest vom Leben in persischen Garnisonen mußte man auch in Jehud einen Eindruck haben."[56] Achenbach vermutet auf Grund dieser Textbelege eine Vorlage für die alttestamentlichen Musterungen in Num 1; 26; darin ist ihm Seebass gefolgt.[57] In jedem Fall wird auch für das persische System eine Unterteilung in Stämme bzw. Völker deutlich.

Das Aufzählen großer Truppenstärken findet sich außerdem in der epischen Liste des homerischen Schiffskatalogs wieder. Im II. Gesang der Ilias listet Homer die zum Angriff Trojas versammelten Schiffe nach Kontingenten auf.[58] Auch hier scheinen die Zahlenangaben stark übertrieben. Schon die Annahme, dass vor Troja 1 186 Schiffe gelagert hätten, ist historisch und logistisch unwahrscheinlich.[59] Die Funktion ist jedoch klar: „Numbers produce an atmosphere of exactitude. Big numbers make big events. Huge numbers give the factuality an aura of greatness."[60] Dabei nennt der Katalog Herkunft und Anzahl der Schiffe und Krieger sowie deren Anführer. Wie bereits erwähnt, haben für die Einteilung des Heeres in griechischen Epen wohl die oben beschriebenen Phratrien als Grundlage gedient.[61]

---

55 Xenophon, Kyropädie I. Buch II 5. Übersetzung nach Nickel, Xenophon. Kyrupädie, S. 15; vgl. Achenbach, Vollendung, S. 477.

56 Achenbach, Vollendung, S. 477 mit Dandamaev/Lukonin, Culture, S. 232 f.

57 Vgl. Achenbach, Vollendung, S. 478: „Der Eindruck, den das Heer des persischen Großreiches auf die Völker gemacht hat, findet in seinen Grundzügen Entsprechungen in dem Ideal des Erscheinungsbildes Israels, wie es ThB [*Anm. Bortz*: Theokratische Bearbeitung] für die Frühzeit entwirft. Das Wissen über die Strukturen des persischen Heeres war verbreitet. Daran, daß in Juda die Selbstdarstellung des persischen Heeres bekannt war, sollte kein Zweifel bestehen." Vgl. auch Seebass, Numeri IV/1, S. 19 f.

58 Z. 493–760.

59 Vgl. Scolnic, Theme, S. 141.

60 Scolnic, Theme, S. 141.

61 Vgl. Schmitz, Art. Phratrie, Sp. 962 mit Verweis auf Homer, Ilias, II 362 f: *Sondere rings die Männer nach Stamm und Geschlecht* (κατὰ φῦλα, κατὰ φρήτρας), *Agamemnon,/Daß ein*

Von der klassischen Liste unterscheidet sich der Katalog dadurch, dass er stärker elaboriert und nicht elliptisch ist. Kataloge unterschiedlichen Umfangs sind wichtige Bauelemente der homerischen Epen und „ein traditioneller Bestandteil heroischer Dichtung".[62] In der homerischen Dichtung „liefern sie retardierende Momente und erzeugen damit Spannung".[63] Der in seinen narrativen, epischen Kontext eingebettete homerische Schiffskatalog hat dabei immer wieder jene Fragen aufgeworfen, die auch für Esr 2 diskutiert worden sind: Lässt er sich auf eine ältere Liste zurückführen, die dann in den neuen Kontext eingepasst wurde oder ist er für das Epos entstanden; ist der Katalog authentisch oder fiktional?[64]

In jedem Fall kann seine Funktion als identitätsstiftend angesehen werden: „Der Schiffskatalog war, wenn wir die antiken Quellen heranziehen, schon sehr früh, nämlich zu Beginn des 6. Jahrhunderts, im allgemeinen Bewußtsein der Griechen bereits von größter Bedeutung. Sein Rang ging sogar so weit, daß man den Text für die Änderung oder Beibehaltung bestimmter politischer Zustände einsetzte. [...] So sollen nach Dieuchidas die Einwohner Megaras den Athenern vorgeworfen haben, sie hätten den Text von B 558, in dem es heißt, daß Aias von Salamis seine Truppen neben denen der Athener aufgestellt hätte, selbst komponiert, um so ihre Besitzansprüche auf Salamis aus der *Ilias* heraus zu untermauern."[65] Wer also panhellenische Anerkennung erfahren wollte, musste im Schiffskatalog – und somit als Teilnehmer in der großen Schlacht um Troja – genannt sein.

Auch wenn es auf den ersten Blick nicht so aussehen mag – in der Art seiner Auflistung nach Gruppen, der übertrieben hohen Zahlenangaben, seiner Einbettung in einen Erzählkontext sowie durch seine identitätsstiftende Funktion zeigt auch der homerische Schiffskatalog Ähnlichkeiten zur Rückkehrerliste Esr 2.

Zusammenfassend lässt sich nun die Beobachtung festhalten, dass die für die Umwelt des Alten Testaments belegten Mitglieder- oder Volkszählungslisten in der Regel nur einzelne Personennamen, aber keine Gruppen auflisten und daher nicht mit der Form von Esr 2 zu vergleichen sind. Dennoch ist vor allem die Funktion der griechischen Phratrienlisten sowie der Mitgliederlisten der Gemeinde von Qumran eine zu Esr 2 ähnliche. In beiden Fällen wird die Zugehörigkeit von

---

Geschlecht dem Geschlecht beisteh und Stämme den Stämmen. Übersetzung nach Voß, Homer. Ilias. Odyssee, S. 32.

62 Schmitz, Homerische Poetik, S. 68.
63 Schmitz, Homerische Poetik, S. 68.
64 Zur Diskussion vgl. Visser, Katalog, S. 10–15; Kullmann, Ilias, S. 92 f.
65 Visser, Katalog, S. 17.

Personen zu einer exklusiven Gruppe schriftlich dokumentiert und beansprucht höchste Gültigkeit für die Identität der Gruppe.

Im Hinblick auf einen Vergleich der Form scheint es jedoch, als sei eine solche Unterteilung und Aufzählung nach Stämmen bzw. Geschlechtern, wie sie sich in der Rückkehrerliste findet, vor allem ein Phänomen der militärischen Musterungen, was für den Kontext von Esr 2, wo es lediglich um die Heimkehr nach Juda und nicht dessen militärische Einnahme geht, zunächst verwundert. Im Folgenden soll daher nun auch alttestamentliches Vergleichsmaterial herangezogen werden, um diesen Zusammenhang näher zu beleuchten.

4.1.2 Volkszählungen im Alten Testament

Eine Übersicht und Typologie aller alttestamentlichen Listen bietet Scolnic, der fünf große Kategorien von Listen mit jeweiligen Untergruppen unterscheidet.[66] Esr 2 ordnet er zusammen mit Num 1,5-16 und Neh 10,1-28 der Kategorie *I. Name Lists. C. Participant Lists* zu.[67] Im Gegensatz zu den anderen beiden Beispielen fällt jedoch auf, dass Esr 2 keine einzelnen Personennamen aufführt, sondern in Gruppen zusammenfasst. In formaler Hinsicht müsste Esr 2 dagegen also eher Scolnics Kategorie *III. Lists of Israel's Tribes and Clans* zugeordnet werden. Darunter gruppiert er die Musterung des Volkes in Num 1,20-46, der Leviten in Num 3,14-39, die Marschordnung in Num 10,11-28 sowie eine Musterung des davidischen Heeres in 1 Chr 12,24-39.[68] Allen diesen Aufzählungen ist gemein, dass sie Gruppen listen sowie – mit Ausnahme von Num 10 – konkrete Zahlenangaben für die gemusterten Stämme bzw. Geschlechter bieten.

Betrachtet man Esr 2 also genauer, wird deutlich, dass die Rückkehrerliste stärker noch mit eben jenen Stammes- bzw. Clanlisten verwandt zu sein scheint als mit einem regulären Personenregister, wie es sich beispielsweise auch in Neh 10 findet. Wurde im vorigen Kapitel bereits festgestellt, dass Esr 2 eine formale Nähe zu (außerbiblischen) Musterungs- bzw. Truppenlisten aufweist, fällt dies bei einem Vergleich mit alttestamentlichen Volkszählungen noch stärker ins Auge. Denn die größten Übereinstimmungen zeigt Esr 2 mit den Musterungslisten in Num 1-4; 26. Die erste Musterung in Num 1,17-46; 3,17-39 sowie auch die zweite in Num 26,4-63 listen nicht nur die, die aus Ägypten gezogen waren (Num 1,1; 26,4b), nach Stämmen und Zahlen sowie einer abschließenden Gesamtsumme

---

66 I. Name Lists; II. Geographical Lists; III. Lists of Israel's Tribes and Clans; IV. Materials; V. Ritual; vgl. Scolnic, Theme, S. 15–18.

67 Vgl. Scolnic, Theme, S. 17 f.

68 Vgl. Scolnic, Theme, S. 18.

untereinander auf, sondern bieten zudem noch eine Erfassung der einzelnen Levitengruppen im Anschluss (vgl. Num 26,57: ואלה פקודי הלוי למשפחתם).
So werden auch hier zuerst das Volk Israel und dann das Kultpersonal nacheinander in Stämmen bzw. Großfamilien aufgezählt.[69]

Während die Musterung der Israeliten in Num 1 wohl militärischen bzw. die Musterung der Leviten in Num 3 kultischen Zwecken diente,[70] geschieht die Zählung in Num 26 sodann zu Zwecken der Landverteilung. Hierbei ist auch für die Musterungslisten in Numeri ein Vergleich zu Heeresmusterungen aus der Umwelt des Alten Testaments gezogen worden. Bereits Milgrom hat in seinem Numeri-Kommentar auf die in Mari belegten Musterungen verwiesen: „The existence of two types of census, for war (chap. 1) and for land (chap. 26), is duplicated in the Mari archive, dating to the turn of the nineteenth century B.C.E. There too we find a military census (ARM 1.42) and a land census (ARM 1.7.31-45). Clearly, these two biblical censuses are based on hoary precedent."[71] Seebass geht dagegen mit Achenbach davon aus, dass wohl eher die oben beschriebenen achämenidischen Heeresmusterungen als Vorbild für Num 1; 26 gedient haben dürften, da sie zeitlich wesentlich näher am priesterschriftlichen bzw. nachpriesterschriftlichen Text liegen.[72] Denn „von schriftlicher Konskription in Israel erfährt man vorexilisch nichts, während es in nachexilischer Zeit Judas tatsächlich wahrgenommene persische Vorbilder gab".[73] Seebass zufolge sind die zahlenmäßig sehr hohen Musterungslisten von Numeri vor dem Erfahrungskontext von Landverlust und militärischer Ohnmacht in der Perserzeit, also „[k]ontrafaktisch zur damaligen Wirklichkeit", entstanden.[74]

So wird in der gegenwärtigen Forschung eine umfassende Redaktion bzw. Weiterbearbeitung des Numeristoffes, wenn nicht sogar eine – von einigen wenigen Einzelüberlieferungen abgesehen – vollständige, sukzessive Entstehung von Num als Bindeglied von Priesterschrift (Gen-Lev*) und Deuteronomium in nachexilischer Zeit angesetzt.[75] Letzteres Modell wurde zuletzt von Achenbach

---

69 Auf diese getrennte Erfassung von Kultpersonal und Volk als „old priestly usage" sowohl in Num als auch in Esr hat bereits Clines, Ezra, S. 47 hingewiesen.

70 Auf die Musterung folgt in Num 2 die Marsch- und Lagerordnung der Stämme; in Num 4 werden den Levitengeschlechtern Gerschon, Kehat und Merari Dienste am Heiligtum zugewiesen.

71 Milgrom, Numbers, S. 219.

72 Vgl. Seebass, Numeri IV/1, S. 19 f mit Achenbach, Vollendung, S. 473–477.

73 Seebass, Numeri IV/1, S. 20.

74 Seebass, Numeri IV/1, S. 38.

75 Vgl. z. B. Kellermann, Priesterschrift, S. 147–159; Knierim/Coats, Numbers, S. 38; Douglas, Wilderness, S. xix; 35; Achenbach, Vollendung, S. 443 f; 457 f; 629–638; Seebass, Numeri IV/1, S. 30*; ders. Numeri IV/3, S. 171. Dabei wird seit Pola, Priesterschrift, S. 145 f meist davon ausgegangen, dass die sogenannte priesterliche Grundschrift P^g in Num nicht mehr vertreten ist, sondern die

ausführlich dargestellt.[76] Seebass nimmt dagegen mit Knierim/Coats eine gewisse Eigenständigkeit des Numeribuches an, welches dann später im Hinblick auf die Gesamtkomposition eines Tetra- oder Pentateuchs weitere Überarbeitungen erfahren hat.[77] „Danach war die Numeri-Komposition insgesamt die Erzählung oder Tradition von einer Heiligtums-geführten Kampagne aus der Sinaiwüste ins Land."[78]

Ob man nun in Num einen ursprünglich eigenständigen Erzählkern annimmt oder einen aus völlig disparatem Material zusammengestellten, zum Teil ältere Traditionen aufgreifenden Brückentext des Pentateuchs – die beiden Musterungen stehen hierbei an markanten Stellen des Numeribuches, nämlich vor dem Aufbruch vom Sinai (Num 1-4) und nach der vierzigjährigen Wanderung durch die Wüste bzw. vor dem Einmarsch in das verheißene Land, den die erste Generation des Auszugs nicht überleben sollte (Num 26). Nach Olson dienen die beiden Musterungen daher als „major structural edifice on which the organization of the book as a whole stands".[79] Während die erste Generation in Num 1 auszieht, gegen Gott aufbegehrt und als Strafe in der Wüste stirbt, wird in Num 26 ein Zweifaches deutlich: nämlich, dass keiner der ersten Generation überlebt hat (Num 26,64), dass aber diese Generation dennoch als das Volk gilt, dass aus Ägypten ausgezogen ist (Num 26,4b) und dem die Landverheißung weiter gilt.[80] „Thus, the new generation which ends the book of Numbers stands as a paradigm for each succeeding generation who likewise stands on the edge of the promised land, awaiting the fulfillment of the promises of God."[81]

Neben diesem eigenen Programm zeigt Numeri zugleich eine Verzahnung mit dem Buch Exodus. Dabei greift das Numeribuch einzelne Aspekte aus Ex wieder auf und führt diese neu aus. So sieht Douglas Numeri als Neuauflage des Buches Exodus, die Reaktionen auf Gegebenheiten der Perserzeit widerspiegelt: „The

---

Texte vielmehr bereits einer späteren priesterschriftlichen Redaktion zuzurechnen sind. Vgl. auch Römer, Numeri, S. 263. Dagegen Seebass, Numeri IV/I, S. 34*.

76 Vgl. Achenbach, Vollendung, insbesondere S. 629–638. Siehe hierzu auch Nihan/Römer, Entstehung, S. 155–157.

77 Vgl. Seebass, Numeri IV/1, S. 2*; 15*; 22* mit Knierim/Coats, Numbers, S. 9–26.

78 Seebass, Numeri IV/1, S. 2*.

79 Olson, Death, S. 55; siehe hierzu auch a. a. O., S. 83–125.

80 Vgl. auch Seebass, Numeri IV/3, S. 164: „Für die Landnahme waren die beteiligten Israeliten nach dem Grundmuster des Pentateuch ja auf jeden Fall solche, die aus Ägypten kamen, auch wenn es sich erst um Nachfahren der Exodusgeneration handelte. Denn dies war das mit dem Pentateuch nicht nur priesterlich verfolgte Credo, für das nicht entscheidend sein konnte, ob exakt die Generation der Ausziehenden gemeint war, da auch die nachfolgende Generation als aus Ägypten kommend gelten *mußte*."

81 Olson, Death, S. 97.

pattern is admittedly as Noth says: a few chapters of narrative followed by a few ordinances and then the narrative resumed exactly where it had been left in Exodus. But the connection between the two books is not haphazard. If we take the narrative by itself it follows on the story of Exodus, but with some overlap."[82] Denn bereits in Ex 30,11-16; 38,25 f wird zweimal eine Musterung des Volkes nach dem Auszug erwähnt, wobei die genannte Gesamtzahl von 603 550 Mann in Ex 38,26 mit der in Num 1,46 korrespondiert.[83] Numeri greift also das Thema der Volkszählung aus Ex wieder auf, wobei eine „Fülle von Termini-Übereinstimmungen"[84] zwischen den beiden Texten deutlich wird. Im Erzählverlauf der Gesamtkomposition ist Num 1 also schon die zweite Musterung nach dem Exodus.[85] Milgrom weist jedoch zugleich darauf hin, dass es sich hier wohl um ein und denselben Zensus handelt: „Rather than make the puzzling assumption that there was need for two distinct censuses only a few months apart, it is more reasonable to presume that the same census is meant and that Exodus provides its original and authentic setting."[86] Die Anzahl von circa 600 000 Mann ist mithin bereits in Ex 12,37 bei der Schilderung des Auszuges gegeben.

Das literarische Wachstum des Numeribuches wird, vor allem vor dem Hintergrund der Problematik der Entstehung einer übergreifenden Pentateuchkomposition, kontrovers diskutiert und kann hier nicht nachgezeichnet werden.[87] Es ist jedoch anzunehmen, dass die Musterungsthematik aus Numeri zum einen an die Vorlage in Ex 30,11-16; 38,25 f anknüpft, zugleich aber auch an der Genealogie in Gen 46,8-27, die die zwölf Stämme mit entsprechenden Söhnen listet, orientiert ist.[88] Achenbach bemerkt hier, dass „schon die Einleitung der verwendeten Namenslisten [...] eine[n] von Gen 46,8 über Ex 1,1(-5.6) bis Num 26,4 reichenden Zusammenhang konstruieren".[89] Damit stehen die Musterungen in Num im Kontext eines großen Verheißungszusammenhangs: „Es soll anhand der genealogischen Liste der Anspruch der Geschlechter Israels auf das Erbe der Väterverheißung und das Land zur Darstellung gebracht werden."[90] Das Buch Numeri ist also

---

82 Douglas, Wilderness, S. 85.
83 Daneben ist die Gesamtzahl in Num 26,51 für die zweite Generation eine andere (601 730 Mann).
84 Vgl. Seebass, Numeri IV/1, S. 19.
85 Vgl. auch Seebass, Numeri IV/1, S. 19.
86 Milgrom, Numbers, S. 338.
87 Zur aktuellen Diskussion im Hinblick auf die Musterungslisten vgl. Achenbach, Vollendung, S. 443–498.
88 Vgl. auch Achenbach, Vollendung, S. 449.
89 Achenbach, Vollendung, S. 450.
90 Achenbach, Vollendung, S. 451. Vgl. auch Johnson, Purpose, S. 44: „The 'census' list of Num. 26, taken by Moses and Eleazar, purports to show the identity of the people of the exodus with

thematisch mit der Exoduserzählung vernetzt und führt diese unter gleichzeitiger Fortsetzung der Geschehnisse weiter aus. Durch die Musterungslisten wird so deutlich, dass es sich hierbei um dasselbe Zwölf-Stämme-Volk Israel handelt, dem die göttliche Mehrungs- und Landverheißung in der Genesis gilt.[91] Dabei greift es hinter das Buch Leviticus zurück, an das es nur sehr lose anschließt.[92]

In Num 1 sind indes zwei verschiedene Arten der Durchführung von Zählungen erkennbar. So hat Seebass mit Knierim/Coats darauf hingewiesen, dass in V. 2a zunächst von einer Pro-Kopf-Zählung die Rede ist (שְׂאוּ אֶת־רֹאשׁ), in V. 2b (בְּמִסְפַּר שֵׁמוֹת).18a (וַיִּתְיַלְדוּ) sodann jedoch von einer Zählung auf Basis eines schriftlichen Namensregisters.[93] Im Gegensatz zur ersten Variante erfordert zweitere jedoch nicht die persönliche Anwesenheit aller zu Zählenden, weshalb angesichts der circa 600 000 Mann in diesem Zusammenhang auch nur jene zweite Form, die Musterung auf Basis bestehender Listen, als tatsächlich durchführbar erscheint.[94] Wie an der Form von Num 1-4; 26 deutlich wird, sind diese Musterungen wohl als entsprechende Zusammenfassungen solcher in Num 1,18 vorausgesetzten Geschlechterlisten zu verstehen, was in Anbetracht der hohen Gesamtsumme der Gemusterten auch nicht anders möglich ist: „The Bible does not bring us the name lists themselves, but refers to them in its own survey-like list of the census."[95] Dabei sind jedoch Rückschlüsse auf tatsächliche Musterungen, die hier abgebildet sein könnten, nur mit äußerster Vorsicht zuzulassen, ist doch immer auch davon auszugehen, dass der Verfasser dieses Textes „may not have transformed but created the summaries of lists that may never have existed at all".[96]

---

the families of the patriarchs enumerated in Gen. 46, thus affirming the status of the Israelites in Palestine as 'sons of Abraham' and therefore the true heirs of God's promises to the patriarchs."
91 Nach Schmid, Erzväter, S. 69–73 ist die Verbindung von Väterverheißung und Exoduserzählung erst auf der Ebene der Priesterschrift entstanden, wobei Ex 1-3 als wichtige Brücke für die Verbindung der beiden Bücher Gen und Ex dient.
92 Vgl. auch Seebass, Numeri IV/1, S. 22*, der bemerkt, dass Numeri *sachlich* eher an Exodus als an Leviticus anschließt. [...] Das Bild rundet sich dadurch ab, daß es bekannte Motiventsprechungen zwischen Exodus und Numeri, nicht aber zwischen Leviticus und Numeri gibt".
93 Vgl. Knierim/Coats, Numbers, S. 44; Seebass, Numeri IV/1, S. 14 f; 16 f.
Dabei fällt auf, dass das Verb ילד im *hitpael* (וַיִּתְיַלְדוּ) ausschließlich in Num 1,18 belegt ist und wohl als semantisch gleichbedeutend mit dem ebenso fast ausschließlich im *hitpael* belegten Verb יחשׂ angesehen werden kann. Zu יחשׂ *hitpael* vgl. auch Anm. 62b zu Esr 2,62 sowie Kap. 3.3.2 V. 59-63.
94 Vgl. auch Seebass, Numeri IV/1, S. 14 f.
95 Scolnic, Theme, S. 40.
96 Scolnic, Theme, S. 42. Vgl. etwa auch Seebass, Numeri IV/1, S. 38, der die Musterungen in Num angesichts der Macht der Perser als „[k]ontrafaktisch zur damaligen Wirklichkeit" entstanden sieht.

Interessant ist jedoch in jedem Fall, dass Esr 2//Neh 7 ein ähnliches Schema zugrunde zu liegen scheint. Dass wohl auch die Rückkehrerliste als auf ausführlichen Personen- bzw. Geschlechtsregistern basierend gedacht wurde, zeigen die Nachträge in Esr 2,62//Neh 7,64 bzw. Neh 7,5 (Wurzel יחשׂ!). Beispiele für ebensolche exklusiven Personenregister lassen sich beispielsweise in den oben beschriebenen griechischen Phratrienlisten oder den Mitgliederlisten von Qumran und Damaskus finden.[97] Aber auch die in Tel 'Ira belegte „Musterung Berekyahus"[98] könnte einen Hinweis auf solche einzelnen Listen geben, auf deren Basis dann eine Zusammenfassung in Gruppen erstellt werden konnte. Es lässt sich also festhalten, dass in Esr 2 ein zu Num 1-4; 26 vergleichbares Schema vorliegt: in beiden Fällen scheinen die Listen selbst auf bereits bestehende Personenregister zurückzugreifen und diese in größeren Gruppen zusammenzustellen.

Wie die Analyse bereits gezeigt hat, finden sich in Esr 1-3 starke Bezüge zur Exodustradition. Es ist mithin davon auszugehen, dass eine in persischer Zeit entstandene Fassung des Pentateuchs, wenn auch nicht in endgültiger Redaktion, den Verfassern des Esr-Neh-Buches bereits vorgelegen hat.[99] So werden in Esr 1-3 auch Anklänge an das Buch Numeri deutlich. Schon der Baubeginn des Tempels in Esr 3,8 im zweiten Monat des zweiten Jahres nach der Ankunft in Jerusalem (ובשנה השנית לבואם אל־בית האלהים לירושלם בחדש השני) erinnert an die Datierung in Num 1,1 (לחדש השני בשנה השנית לצאתם מארץ מצרים), die zeitlich auf den Auszug aus Ägypten rekurriert.

Auch der Kontext der Rückkehrerliste weist auffallende Ähnlichkeiten zu den Musterungen im Buch Numeri auf. In beiden Fällen dient jeweils der Auszug aus dem Land der Gefangenschaft – in Num 1,1; 26,4b aus Ägypten, in Esr 2,1 aus Babylonien – als Einleitung in die folgende Liste.

ובני ישראל היצאים מארץ מצרים	Num 26,4b
ואלה בני המדינה העלים משבי הגולה [...]	Esr 2,1

Zudem werden in Num 1,4-16 zwölf sogenannte Beisteher (vgl. Num 1,4) aufgelistet, die als Häupter der Vaterhäuser (vgl. Num 1,4: ראש לבית־אבתיו) bzw. Fürsten unter den Stämmen ihrer Väter (vgl. Num 1,16: נשיאי מטות אבותם; 1,44: ונשיאי ישראל שנים עשר)

---

97 Vgl. hierzu Nötscher, Bücher, S. 410: „Diese Mitgliederlisten mit besonderer Kennzeichnung der Priester haben ihr Vorbild vielleicht in den Geschlechterlisten des Alten Testaments, die nach der Heimkehr aus dem Exil eine Rolle spielten (*Neh.* 7,5.64; 12,22-23). Sie dienten als Unterlage bei der Entscheidung über die abstammungsgemässe (!) Tauglichkeit zum Priesteramt (*Neh.* 7,64; *Esra* 2,62)."

98 Vgl. Beit-Arieh, Census Document, S. 107; HAE I, S. 251 f.

99 Anders Douglas, die davon ausgeht, dass es sich bei der abschließenden Redaktion von Num um einen Gegenentwurf zur Esr-Neh-Erzählung handelt; vgl. etwa Douglas, Wilderness, S. 35–41.

identifiziert werden. Auch in der Ordnung des Heerlagers werden diese zwölf Fürsten (נשיאים) jeweils für ihren Stamm hervorgehoben. Wie die Analyse von Esr 2 gezeigt hat, ist zwar der Vers 2,2a, der Namen von Anführern nennt, wohl erst nachträglich ergänzt worden, um dem in Esr 1,8.11 genannten Scheschbazzar noch weitere elf Führungspersonen hinzuzugesellen.[100] Doch die Person des Scheschbazzar wird in Esr 1,8 ausdrücklich mit הנשיא ליהודה bezeichnet und in Esr 1,11 mit Führungsqualitäten ausgestattet. So scheint er dem Rückkehrerzug vorzustehen und ist zudem auch mit der Rückführung der Tempelgeräte betraut. Bezeichnenderweise wird hier jedoch nur ein einziger Fürst, der Fürst Judas, genannt.[101] Dabei ist es auffällig, dass der Vers Esr 1,8 genau diese Terminologie des Numeribuches (נשיא) benutzt, obwohl seine Vorlage in Esr 5,14 Scheschbazzar ausdrücklich als פחה bezeichnet.[102] Sowohl in Num als auch in Esr 1-3 spielen darüber hinaus die ראשי האבות eine wichtige Rolle (vgl. Num 1,4; 7,2; Esr 1,4; 2,68; 3,12). So sind es in beiden Fällen diese Oberhäupter, die nach der Zählung für die Spenden an das Heiligtum zuständig sind (Num 7,2: ויקריבו נשיאי ישראל ראשי בית אבתם ... הם העמדים על־הפקדים; Esr 2,68: ומראשי האבות ... התנדבו לבית האלהים).[103]

Doch auch die Liste der Rückkehrer selbst ist in ihrer Struktur mit den Musterungen des Volkes Israel nach dem Exodus vergleichbar. Denn Num 1,20-43; 26,5-50 listen die einzelnen Stämme jeweils mit ihren Zahlen auf. Zwar sind die Musterungen in Num stärker als Katalog, daher weniger elliptisch als Esr 2 gestaltet und nicht nach einzelnen Vaterhäusern (die jedoch erwähnt werden), sondern in größerem Format nach den zwölf Stämmen gegliedert. Doch ist die Grundstruktur der Aufzählung vergleichbar:

Num 1,22 f:

לבני שמעון תולדתם למשפחתם לבית אבתם פקדיו במספר שמות [...] : פקדיהם למטה שמעון תשעה וחמשים אלף ושלש מאות:

*Für die **Söhne Simeons**: ihre Abkömmlinge nach ihren Sippen, ihren **Vaterhäusern**, nach der Zahl der Namen [...]: Ihre Gemusterten für den Stamm Simeon waren **59 300**.*[104]

---

100 Vgl. Kap. 3.3.2 V. 1-2.
101 Es ist dabei nicht auszuschließen, dass die Ergänzungen von Esr 2,2a möglicherweise auch in Anlehnung an jenen Text in Num 1,4-16 entstanden sind.
102 Vgl. Kap. 3.3.1 V. 5-8.
103 Vgl. Kap. 3.3.2 V. 68-70; Schneider, Bücher, S. 103; Myers, Ezra, S. 21; ähnlich Williamson, Ezra, S. 18.
104 Übersetzung nach Seebass, Num IV/1, S. 9.

Num 26,12-14:

בני שמעון למשפחתם [...] : אלה משפחת השמעני שנים ועשרים אלף ומאתים:

*Die **Söhne Simeons** nach ihren Sippen [...]: Dies sind die Sippen der Simeoniter 22 200.*

Das Schema -בני + ***PN*** + ***Anzahl*** ist also sowohl in Num 1-4; 26 als auch in Esr 2 par. greifbar. So verwendet Esr 2 in stark verkürzter, verdichteter Form dieselbe Struktur, wie sie sich bereits für die Musterungen in Num findet. Diese Beobachtung kann auch die formale Nähe der Rückkehrerliste zu den außerbiblischen Belegen von Truppenmusterungen erklären. Sowohl Num als auch Esr bieten dabei bereits Zusammenfassungen der Gezählten: „What we read are only the tribal totals and significant names, not the lists themselves."[105]

Anders als die „Ganz-Israel" umfassenden Musterungslisten in Num führt die Rückkehrerliste jedoch keine ganzen Stämme, sondern die wohl kleinste Einheit (vgl. z. B. Num 1,22: תולדתם למשפחתם לבית אבתם), die Vaterhäuser, auf (vgl. Esr 1,5; 2,68; 3,12 ראשי האבות). Der Fokus scheint hier nur auf Juda-Benjamin zu liegen (vgl. Esr 1,5: ראשי האבות ליהודה ובנימן). In diesem Zusammenhang ist ein Blick auf die für die Musterung angegebenen Gesamtzahlen von besonderem Interesse. Während Numeri 1 die Zensuszahl von 603 500 Mann aus Ex 38,26 übernimmt, hat Num 26,51 601 730. „The stylized and symbolic quality of the number 600,000 is also evident from the fact that it is a multiple of twelve for the twelve tribes of Israel (12 x 50,000). The numbers of the individual tribes in Numbers 1,45 f and 26 do not usually stray very far from the range of forty to sixty thousand or an average of 50,000. In both lists, six of the tribes are above 50,000 and six of the tribes are below 50,000."[106] Diesbezüglich wurde bereits in der Analyse von Esr 2,64 festgestellt, dass die dort genannte Gesamtzahl von 42 360 Mann in etwa der Größe eines in Num gemusterten Stammes entspricht.[107] Esr 2 scheint also eine im Vergleich zu den Stämmelisten Numeris feingliedrigere Auflistung eines einzigen Stammes zu bieten. Dabei darf die plötzliche Nennung von Orten in Esr 2,21-35 nicht verwundern. Dass auch in den Musterungslisten in Numeri Orts- und Personennamen nicht scharf voneinander getrennt werden, zeigt bereits Num 26,30-33: „Some are place names; Hepher, Hoglah, Shechem, Shemida, and Tirzah are

---

105 Scolnic, Theme, S. 20.
106 Olson, Death, S. 79.
107 Vgl. Kap. 3.3.2 V.64-67. Es ist jedoch anzumerken, dass, während Num 3 f und 26,57-62 die Leviten separat zählen und summieren, die Zählung in Esr 2 das Tempelpersonal zwar überschriftlich von den Laien absetzt, es aber dennoch direkt in die Gesamtsumme von 42 360 integriert. Dies ist wohl auf den veränderten Kontext von Esr 2 zurückzuführen, in dem es nicht mehr um eine militärische Zählung (bei der das Tempelpersonal nicht miterfasst wird), sondern eine Erfassung des gesamten zurückgekehrten Volkes geht.

recognized cities in Manasseh, and Shimron was a city in Zebulun (here credited to Issachar)."[108]

Zusammenfassend lässt sich also festhalten, dass – vergleicht man Form und Struktur der Rückkehrerliste mit alttestamentlichem und außerbiblischem Material – Esr 2 vor allem zu den Musterungslisten in Num 1-4; 26 auffallende Ähnlichkeiten und Parallelen aufweist. Dementsprechend ist es auch nicht verwunderlich, dass der Aufbau der Rückkehrerliste am ehesten auch den Musterungen zu militärischen oder Landverteilungszwecken entspricht. Da anzunehmen ist, dass eine Version des Buches Numeri zum Zeitpunkt der Abfassung von Esr 1-3 bereits vorlag, ist es möglich, dass Esr 2 hier explizit auf den Numeritext Bezug nimmt. So kann man sich der Annahme nicht verwehren, Esr habe die Musterungslisten in Num 1-4; 26 als Vorlage für eine Aufzählung seines neuen Israels benutzt. Dafür sprechen auch die verschiedenen Textbezüge des Kontexts Esr 1-3 zu Num. Interessant ist jedoch der Unterschied in der Funktion bzw. der Verwendungssituation. So dient Esr 2 weder militärischen Zwecken noch ist die Liste explizite Grundlage für Landverteilungen, sondern vielmehr eine Mitgliederliste derer, die aus der Gola zurückgekehrt sind und nun als wahres und einziges Israel den rechtmäßigen JHWH-Kult in Jerusalem wiederaufnehmen. Hieran wird deutlich, wie sehr der Kontext Funktion und Verständnis einer Liste determiniert. Wie diese Funktionsverschiebung von der Heeresmusterung hin zur Gemeindemitgliederliste zustande kommt bzw. zu erklären ist, soll im Folgenden durch eine genauere Betrachtung des Kontextes der jeweiligen Listen untersucht werden.

4.2 Kult und Erinnerung – Der Kontext der Rückkehrerliste

Volkszählungen bzw. Musterungen sind in antiken Kontexten oft mehr als nur rein administrative Vorgänge. Dem schriftlichen Niederlegen von Namen sowie der zahlenmäßigen Erfassung von Personen wird dabei häufig eine gewisse Wirkmächtigkeit zugesprochen, auf die es zu reagieren gilt. Wie sich im Folgenden zeigen wird, ist daher die Zählung von Mensch und Vieh nur schwer von einem kultisch-rituellen Bezug zu trennen. Und auch für das Alte Testament lässt sich anhand der Musterungen einmal mehr nachvollziehen, wie Verwaltungsdokumente zu religiöser Literatur werden können.[109] So soll nun auch der Kontext, in den die Rückkehrerliste Esr 2 eingebettet ist, genauere Betrachtung erfahren.

---

108 Gottwald, Tribes, S. 368.
109 Schaack, Ungeduld, S. 121 hat bereits für das Kyrosedikt in Esr 1,1 bemerkt, dass in der Art seiner Inszenierung „die Grenze zwischen Verwaltungsdokumenten und religiöser Literatur wenn nicht aufgehoben, so doch für bestimmte Fälle durchlässig gemacht wird."

4.2.1 Volkszählungen in kultischem Zusammenhang

Eine Zählung Israels findet sich alttestamentlich an verschiedenen Stellen. In Ex und Num kann sie als wichtiger Bestandteil der Exodus-Sinai-Erzählung betrachtet werden. Nach dem Auszug aus Ägypten und der Ankunft am Sinai sowie erneut nach der 40-jährigen Wanderung durch die Wüste, vor seiner Ankunft im verheißenen Land wird das Volk gemustert. Dabei wird der Musterungsvorgang gleich mehrfach thematisiert: zunächst in Ex 30,11-16 sowie 38,24-26.[110] Dort wird lediglich auf eine Zählung (Lemma פקד) verwiesen, ohne jedoch eine tatsächliche Liste der Gezählten zu bieten. In Num 1 wird dann, wie bereits erwähnt, die Zählung der 603 550 Mann (vgl. Ex 38,26!) direkt zum Auftakt des Buches wieder aufgegriffen und in einer nach Stämmen sortierten Liste vorgelegt. Eine zweite Musterung mit ausführlicher Liste und etwas abweichenden Zahlen (601 730 Mann) findet sich sodann in Num 26.

Dabei fällt auf, dass sich sowohl die Musterungen in Ex und Num als auch in Esr 2 auf den Auszug aus einem fremden Land beziehen – in der Tora auf den Exodus aus Ägypten, in Esr auf den zweiten Exodus aus Babylonien.[111] Auch die Musterung nach der Wüstenwanderung in Num 26 wird in diesem Sinne eingeleitet: ובני ישראל היצאים מארץ מצרים (V. 4b). Obgleich in V. 64 mitgeteilt wird, dass niemand aus der alten Generation den 40-jährigen Marsch überlebt hatte, wird in der Einleitung der Musterungsliste klargestellt, dass auch diese Generation als aus Ägypten ausgewandert verstanden wird.[112] Nach dem Auszug bzw. bei Ankunft im von JHWH verheißenen Land findet also jeweils eine Erfassung des Volkes statt – es folgen die Söhne bzw. Männer des Volkes Israel, die JHWH herausgeführt hat. Die Zählung der Vaterhäuser, Sippen, Stämme kann somit als eine Art des Bilanz-Ziehens verstanden werden. Das Volk ordnet sich neu, macht eine Bestandsaufnahme – für sich und für Gott.[113]

---

110 Diese zweimalige Erwähnung entspricht dem Aufbau des Exodusbuches, nach dem zunächst die Anweisungen für den Bau der Stiftshütte und den Kult in Ex 25-31 und dann die Umsetzung bzw. Ausführung in Ex 35-40 genannt werden. Vgl. auch Dohmen, Exodus, S. 221.

111 Für die vielfältigen Bezüge der Rückkehrerzählung zur Exodustypologie vgl. die Analyse in Kap. 3.3.

112 Vgl. Seebass, Numeri IV/3, S. 164: „Für die Landnahme waren die beteiligten Israeliten nach dem Grundmuster des Pentateuch ja auf jeden Fall solche, die aus Ägypten kamen, auch wenn es sich erst um Nachfahren der Exodusgeneration handelte. Denn dies war das mit dem Pentateuch nicht nur priesterlich verfolgte Credo, für das nicht entscheidend sein konnte, ob exakt die Generation der Ausziehenden gemeint war, da auch die nachfolgende Generation als aus Ägypten kommend gelten *mußte*."

113 Vgl. auch Olson, Death, S. 85: „The census functions to mark a new beginning in the life of the generation which had experienced the Exodus and Sinai revelation. The census is linked

Eine weitere Musterung schließt im Hinblick auf das Erzählgeschehen direkt an Num 26 an. Während Num 27-30 primär weitere Gesetzesvorschriften eintragen,[114] wird das Handeln des Volkes Israel mit dem Kampf und Sieg über die Midianiter in Num 31 fortgesetzt. Dafür werden je 1 000 Mann pro Stamm in die Schlacht geschickt (Num 31,4 f). Bei einer anschließenden, erneuten Zählung stellt sich sodann wundersamerweise heraus, dass nicht ein Mann fehlte (V. 49). Im Zuge dessen wird in V. 50 die Kriegsbeute zur Entsühnung des Lebens (לכפר על־נפשׁתינו) an JHWH bzw. sein Heiligtum geopfert (ונקרב את־קרבן). Auf der Ebene des Endtextes haben wir es hier nun schon mit der dritten Musterung nach dem Exodus zu tun, auch wenn nicht noch einmal das ganze Volk, sondern lediglich 12 000 Mann gezählt werden. Der Bezug zur unmittelbar vorangehenden Musterung in Num 26 bleibt dabei jedoch unklar. Möglicherweise handelt es sich bei diesem Kapitel um einen innerhalb des Numeribuches relativ späten midraschartigen Nachtrag.[115]

Hierbei wird zugleich ein weiterer Zusammenhang erkennbar, der bereits in Ex 30,11-16 und 38,24-26 deutlich zutage tritt, wo die Zählung des Volkes an eine Abgabe geknüpft wird. So wird in Ex 30,12 eine Art Sühnegeld (V. 12: כפר נפשׁו) fällig für jeden, der gezählt wird:

> *Wenn du die Summe der Israeliten nach ihren Gemusterten aufnimmst* (תשׂא את־ראשׁ בני־ישׂראל לפקדיהם), *dann soll ein jeder eine Sühne seiner Seele* (כפר נפשׁו) *für JHWH bei ihrer Musterung* (בפקד) *geben, damit sie keine Plage bei ihrer Musterung* (בפקד) *treffe.*[116]

Das Verbalnomen כֹּפֶר „Lösegeld; Bestechungsgeld" hat seinen *„ursprüngliche[n] Sitz im Leben* [...] im *privaten Schadensersatzrecht* Altisraels."[117] כפר „ist ein Rechtsbegriff; er bezeichnet die materielle Gabe, durch die ein gütlicher Ausgleich zwischen einer geschädigten und einer Schaden verursachenden Partei zustande kommt".[118] In ersterem Fall gilt כפר als „Schadenersatz, Wiedergutmachung, Abfindung", in zweiterem ist er „aus der Sicht des Bezahlenden [...] Lösegeld für sein eigenes, verwirktes Leben [...] und Beschwichtigungsabgabe an die

---

with the organization of the people into a holy camp [...]. The census represents the constitution of the people under the guidance of the LORD as a holy people in preparation for the march through the wilderness toward the promised land."

114 Vgl. hierzu Douglas, Wilderness, S. 103, die das Buch Numeri in sich abwechselnde Sektionen von „story" und „law" einteilt. Demnach bilden Num 28-30 einen zusammenhängenden Gesetzeseinschub.

115 Vgl. etwa Budd, Numbers, S. 330; Achenbach, Vollendung, S. 615–622; Seebass, Numeri IV/3, S. 291; 297 f.

116 Übersetzung nach Dohmen, Exodus 19-40, S. 234.

117 Janowski, Sühne, S. 173 (Kursivierung dort).

118 Lang, Art. כֹּפֶר, Sp. 316.

geschädigte, zürnende Partei".[119] כפר נפשו ist so als Aussühnung des Lebens zu verstehen. Dabei „bewirkt die Gabe eines כֹּפֶר die *Lösung des individuellen Lebens* (נֶפֶשׁ) *aus der Todesverfallenheit.*"[120] Diese kann somit als *„Lebensäquivalent"*[121] verstanden werden, das der Aufhebung des „Sünde-Unheil-Zusammenhanges"[122] dient.

In Ex 30,12-16 bedeutet dies konkret, dass jeder gezählte Israelit einen halben Schekel (מחצית השקל) als Opfergabe (תרומה) und Sühnegeld (V. 12: כפר נפשו; V. 16: כסף הכפרים) an JHWH bzw. sein Heiligtum zu zahlen hatte. Eine ähnliche Situation findet sich auch in Num 31,48-54, wo die Kriegsbeute als כפר על־נפשתינו der Gezählten vor JHWH gilt.[123] In beiden Fällen kommt die Spende bzw. Opfergabe direkt dem Heiligtum zu.[124]

Wie Speiser und Weinfeld dargestellt haben, ist dieser kultische Zusammenhang von Volkszählung und Abgabe auch für die Umwelt des Alten Testaments belegt. So hat bereits Speiser mit Kupper nachgewiesen, dass die Bezeichnung *tebibtum*, die in Mari für den schriftlichen Zensus verwendet wird, eigentlich „Reinigung" bedeutet und von einer solchen Zeremonie begleitet wurde.[125] Im Falle

---

119 Lang, Art. כֹּפֶר, Sp. 316.
120 Janowski, Sühne, S. 173 (Kursivierung dort).
121 Janowski, Sühne, S. 175 (Kursivierung dort).
122 Janowski, Sühne, S. 176.
123 Num 31,48-54 erinnert an die Abgabe des Sühneschekels in Ex 30, übertrifft diese jedoch mit 16 750 Goldschekeln (statt 6 000 Silberschekeln) bei weitem. Dennoch liegt hier wohl keine direkte literarische Abhängigkeit vor. Wahrscheinlicher ist es wohl, dass die Verse Num 31,48-54 „sich an einzelne Motive anlehnen und sie z. T. abwandeln" (Seebass, Numeri IV/3, S. 314). Vgl. auch Fishbane, Census, S. 106: „Though the differences make it unlikely that Exod 30:11-16 was the direct source for the action of the officers in Numbers 31, it is possible that some spontaneous act has been preserved, drawing on older or independent traditions, and that this has been incorporated into the Midianite battle report along with fixed priestly phrases."
124 Dabei weist Janowksi, Sühne, S. 161 f; 186 Anm. 6 gerade für die beiden Textstellen Ex 30,11-16 und Num 31,48-54 darauf hin, dass die dortigen כפ-Belege nicht zur ursprünglichen Thematik „kultischer Sühne" gehören. Hierbei handle es sich um die Umdeutung „andere[r] Kulthandlungen in Sühnehandlungen" (Janowski, Sühne, S. 192). Der „dem priesterlichen Verfasser von Ex 30,11-16 vorgegebene כֹּפֶר-Begriff [werde] von ihm (oder einer späteren Hand?) mit Hilfe des כֹּפֶר- und des כִּפָּרִים-Begriffs exegesiert": das Sühnegeld (כסף הכפרים) diene dazu, für jede einzelne Person Sühne zu schaffen, was jedoch nicht der ursprüngliche Zweck der allgemeinen Tempelsteuer (תרומה) gewesen sei (Janowski, Sühne, S. 162). Vielmehr handle es sich um einen sekundären, „auf urtümliche Vorstellungen" zurückgreifenden Begründungszusammenhang dieser allgemeinen Tempelsteuer (vgl. Janowski, Sühne, S. 162 mit Noth, Das zweite Buch Mose, S. 193).
125 Vgl. Speiser, Census, S. 17–25; Kupper, Nomades, S. 23–27: „En résumé, la *têbibtum* comportait une cérémonie religieuse qui avait pour but de purifier les assistants avant de les inscrire sur les rôles de l'armée." (Kupper, Nomades, S. 27.)

Maris „a cultic term came to describe an administrative act".[126] Ein zu Mari vergleichbarer Zusammenhang tritt auch im Material des Archivs des Yasmaḫ-Addu aus Chagar Bazar (Syrien) zutage, wo von Opfergaben zum „Tag der Reinigung" (*i-nu-ma te-bi-ib-tim*) berichtet wird.[127] Dieser Vorgang kann als Parallele zur in Ex 30,11-16 beschriebenen Auslösung des Lebens (כפר נפשו) betrachtet werden.[128] Dabei wird die apotropäische Funktion dieser rituellen Handlung infolge eines Zensus deutlich. So dient das Sühnegeld nach Ex 30,12 der Vermeidung von Unheil (נגף „Schlag, Strafe").[129] Ein Beispiel dafür, was passieren kann, sollte eine rituelle Handlung ausbleiben, findet sich zudem in 2 Sam 24: Dort lässt König David das Kriegsvolk zählen. Daraufhin schickt Gott die Pest über das Land. Diese wird erst dann beendet, als David JHWH einen Altar errichtet und opfert. Mit dieser Kultgründung in Jerusalem kann also das Unheil schließlich wieder abgewendet werden. Eine Volkszählung scheint somit ein kultisches Handeln, einen Wiedergutmachungs-Akt notwendig werden zu lassen.

Weinfeld zieht hier eine weitere Parallele zur Praxis des *lustrum*, der römische Volkszählungen begleitete: „The very term *lustrum* is most illustrative. It actually overlaps the term *tebibtum*, because it denotes purification just as *tebibtum*. Latin *luo* like Akkadian *ebēbu/ubbubu* means to clean as well as to discharge and liberate, and in the case of census it implies a purification ritual designated to free men from evil."[130] Ebenso wie das hebräische כפר weisen diese Begriffe nicht nur eine semantische Überschneidung, sondern zugleich eine Verbindung mit der Praxis des Zensus auf.[131] „What is most striking in the analogy between Akkadian *tebibtum* and Latin *Lustrum* is that both concepts, which literally mean purification, actually denote, by way of synecdoche, census: *tebibtum* connotes mustering and so does *lustrum*."[132]

Während den Texten aus Mari, Chagar Bazar und Israel bezüglich der rituellen Abläufe dieser Praxis keine genaueren Informationen zu entnehmen sind, geben die Berichte späterer Geschichtsschreiber für Rom detailliertere Auskunft. Demnach wurden zunächst Geldmünzen, die den Opfergaben der mit dem Zensus verbundenen Festlichkeiten zugute kamen, zum Zwecke der Zählung verwendet. Sodann fand im Anschluss an den Zensus eine Entsühnungszeremonie mit

---

126 Speiser, Census, S. 19.
127 Vgl. Gadd, Tablets, S. 26–28 sowie Speiser, Census, S. 22–25, der sich vor allem auf die Tafeln Nr. 971; 978; 990; 996 bezieht.
128 So Speiser, Census, S. 24; Weinfeld, Census, S. 293.
129 Vgl. Weinfeld, Census, S. 293.
130 Weinfeld, Census, S. 294.
131 Vgl. Weinfeld, Census, S. 295.
132 Weinfeld, Census, S. 295.

Tieropfern sowie ein Gebet an den Gott Mars statt, mit der Bitte, die Pest für die
Zeit des gültigen Zensus (fünf Jahre) von der Bevölkerung fernzuhalten.[133] Die Verwendung von Münzen zur Durchführung der Zählung findet sich also sowohl in
Rom als auch in Ex 30; 38. Überdies steht auch in Ex 30,12 die Abwehr von Unheil
im Zentrum der apotropäischen Kulthandlung.[134] Zugleich legt die Erzählung in
2 Sam 24 nahe, dass auch Brandopfer bei diesem Ritual zum Einsatz kamen. So
vermutet Weinfeld: „Although we do not have exact evidence about the ceremony in Mari and Israel, it seems nevertheless that expiations and purification
ceremonies were held not only on the basis of the terms *tebibtu* and *kippurim*
(Exod. 30:15-16), but also on the basis of the description of the sacrifices in 2 Sam
24:25.“[135]

Eine Musterung scheint also eine kultische Reinigungs- oder Sühnehandlung
notwendig werden zu lassen; bleibt diese aus, droht Unheil. Bedeutsam ist dabei,
dass es sich in allen Fällen um einen schriftlichen Prozess, um ein Dokumentieren von Namen handelt. So liegt eine mögliche Erklärung für die Notwendigkeit
der darauffolgenden rituellen Handlung in Form einer Opfergabe in der Vorstellung, dass hinter den schriftlich fixierten Namen eine gewisse Wirkmächtigkeit
bzw. eine Preisgabe der Identität stehe und dass diese Listen dann auch zu Unheil
Verwendung finden könnten. Denn „the writing down of names could on certain
occasions be a very omnious process“.[136]

Religionsgeschichtlich hängt damit wohl auch die Vorstellung göttlicher
Listenführung zusammen, deren Prozess des Eintragens und Auslöschens von
Namen immer auch eine Entscheidung über Heil und Unheil, Leben und Tod
implizierte (vgl. auch Ex 32,32 f).[137] „There must have been a time when the ancient
Near Easterner shrank from the thought of having his name recorded in lists that

---

133 Vgl. Weinfeld, Census, S. 296 mit Bezug auf Dionysius von Halicarnassus IV 15-22 (besonders
IV 22) und Titus Livius I 44. Livius I 44,1 f berichtet etwa: *Censu perfecto, […] edixit, ut omnes
cives Romani, equites peditesque, in suis quisque centuriis in campo Martino prima luce adessent.
Ibi instructum exercitum omnem suovetaurilibus lustravit,* **idque conditum lustrum appellatum,
quia is censendo finis factus est.** („Nachdem der Census durchgeführt war, […] verfügte er, daß
alle römischen Bürger, die Reiter wie die Fußsoldaten, jeder in seiner Centurie, sich bei Tagesanbruch auf dem Marsfeld einzufinden hätte. Als das ganze Heer dort aufgezogen war, entsühnte er
es durch ein Schwein-Schaf-Stier-Opfer; diese Zeremonie nannte man Abschluß-Sühnopfer, weil
damit der Census abgeschlossen wurde.“ Übersetzung nach Hillen, Titus Livius, S. 117.)
134 Vgl. auch Weinfeld, Census, S. 296 f.
135 Weinfeld, Census, S. 298.
136 Speiser, Census, S. 24.
137 Vgl. Speiser, Census, S. 24: „Thus, on periodic occasions, the higher powers made lists which
determined who among the mortals was to live and who was to die.“ Siehe auch Nötscher, Bücher, S. 406 f; Schaack, Ungeduld, S. 128–133.

might be put to unpredictable uses. [...] The connection with the cosmic 'books'
of life and death must have been much too close for one's peace of mind."[138] Vor
allem die Musterung zu militärischen Zwecken verdeutlicht dabei zugleich, dass
die Gezählten immer auch dem Tod im Zuge einer militärischen Kampagne ausgesetzt waren, was im Gegenzug selbstverständlich ein apotropäisches Ritual
notwendig werden ließ.[139]

Im alttestamentlichen Kontext kommt vor dem Hintergrund der Väterverheißung noch ein weiterer Erklärungsansatz für das Misstrauen gegenüber Volkszählungen hinzu. So wird dort der Versuch einer zahlenmäßigen Erfassung des
Gottesvolkes, wie in 1 Chr 21,3 angedeutet, als Zweifel oder Herausforderung von
Gottes Segens- und Mehrungsverheißung an sein Volk Israel verstanden.[140] Lang
deutet zudem den Zählvorgang als „Zugriff[...] auf das Individuum [...], das zuvor
in Familie, Sippe und Ortschaft geborgen war, in einer heiligen Ordnung, die
menschlichem Kalkül entzogen ist".[141] Überdies kann auch sonst in der Ethnologie ein „Widerwille gegen Zählung von Mensch und Vieh" beobachtet werden.[142]

Betrachtet man die verschiedenen Erwähnungen von alttestamentlichen
Volkszählungen, werden zugleich unterschiedliche Abwandlungen des erwähnten Rituals bzw. Opfers erkennbar. So ordnet König Joasch in 2 Kön 12,5 f noch die
Sammlung von Silbergeld für das Heiligtum an, das ein jeder bei seiner Schät-
zung (איש כסף נפשות ערכו) sowie aus freien Stücken (כל־כסף אשר יעלה על לב־איש)
opfert, um eine Tempelrenovierung vornehmen zu können. Dabei bezieht sich
der Text einerseits auf die erwähnte Abgabe aus Ex 30,12-14 (כפר נפשו), die bei
einer Volkszählung fällig wird, andererseits auf die Spende freiwilliger Gaben
an das Heiligtum, wie sie sich auch in Ex 25,2; 35,5.22 (ידבנו לבו) bzw. [ו]לב) findet.[143] In der chronistischen Parallele 2 Chr 24 ist der ursprüngliche Bezug zu
einer vorangehenden Zählung jedoch nicht mehr erkennbar. V. 6 spricht lediglich
von der Zahlung als der „Abgabe Moses und der Gemeinde für das Gesetzeszelt"

---

138 Speiser, Census, S. 24.
139 Vgl. Weinfeld, Census, S. 298: „The reason for the apotropaic rites which accompany the census is that by counting the people before the war, the counted are – as it were – exposed to death
in the campaign; the sacrifices come to prevent it." So auch Speiser, Census, S. 24.
140 Vgl. auch Hieke, Art. Volkszählung/Zensus, Abschnitt 2.4.
141 Lang, Art. כִּפֶּר, Sp. 317.
142 Lang, Art. כִּפֶּר, Sp. 317. Vgl. die Beispiele aus der Ethnologie bei Gaster, Myth, S. 483–488:
„knowledge of a person's name is all-important in working magic against him and, conversely, it
is for this reason that otherworld beings refrain from disclosing it. To know the exact number of
things can produce the same result. Accordingly, all over the world we find a popular resistance
to taking a census, counting cattle, crops or fruits, and even to revealing one's age." (Zitat S. 483)
Vgl. auch am Beispiel des afrikanischen Stammes der Dinka, Lienhardt, Divinity, S. 22 f.
143 Vgl. auch Fishbane, Census, S. 108.

(את־משאת משה עבד־יהוה והקהל לישראל לאהל העדות). „Thus was the ancient silver head tax called in those days, for by now the original act in the desert was presented as the official precedent for subsequent collections."[144] Hierbei handelt es sich nun also um eine institutionalisierte Tempelsteuer, die von einem Zensus oder der Vorstellung eines Rituals bzw. einer Opfergabe zur Beschwichtigung der Gottheit völlig losgelöst ist. So lässt sich an dieser Stelle ein Wandel „of the old census tax from a ransom to a freewill offering" feststellen.[145]

Zugleich wird an 2 Sam 24 deutlich, dass das Alte Testament bezüglich der Abgaben bzw. Opferhandlungen nach Zählungen noch weitere Traditionen kennt. So wird bei der Volkszählung Davids das כסף הכפרים nicht explizit genannt. Dort sind es in V. 24 f der Altarbau und die folgenden Brand- und Auslöseopfer (עלות ושלמים),[146] die Gott wieder gnädig stimmen.[147] Neben die (später institutionalisierte) Kopfsteuer als כפר נפשו (Ex 30; 38; Num 31) treten also auch andere Formen der Opferhandlung. Weiterhin zeigen bereits Ex 25,2; 35,5.22.29 und 2 Kön 12,5, dass das an das Heiligtum gespendete כסף הכפרים zugleich in enger Verbindung mit freiwilligen Gaben steht, die ebenfalls dem Bau des Heiligtums zugutekommen (vgl. Ex 35,29: נדב לבם אתם להביא לכל־המלאכה).[148]

Ebendieser Zusammenhang wird nun auch in Num 7,2 deutlich, wo die Fürsten Israels bzw. die Häupter der Vaterhäuser ebenfalls Weihegaben zur Einweihung des Heiligtums spenden:

ויקריבו נשיאי ישראל ראשי בית אבתם הם נשיאי המטת הם העמדים על־הפקדים:

Da machten die Stammesführer Israels, die Häupter ihrer Vaterhäuser, ihre Darbringung – sie waren die Fürsten der Stämme, die waren die, die den Gemusterten vorstanden.[149]

---

144 Fishbane, Census, S. 109.

145 Fishbane, Census, S. 109. Ähnlich auch bereits Speiser, Census, S. 25.

146 Die tatsächliche Bedeutung von שלמים ist umstritten und scheint je nach Kontext zu variieren. Vgl. Seidl, Art. שְׁלָמִים, Sp. 102: „Die Versuche der semantischen Deutung von šlmjm aufgrund seiner Etymologie sind vielfältig je nach verbaler oder nominaler Derivation: šelāmîm < šlm qal: ein die communio zwischen Gott und Mensch stiftendes Opfer; < šlm pi: Bezahlungs-, Dank-, Auslöse- oder Schlußopfer; < šālôm: Fried-, Heils-, Heilsmahlopfer; < šālem (Adj.): vollkommenes Opfer oder Schlußopfer [...]."

147 Dass allerdings auch dies mit Silber finanziert wird, also Opferplatz und Opfer dezidiert gekauft werden, zeigt V. 24.

148 Vgl. hierzu auch de Hemmer Gudme, Before the God, S. 146: „In Exodus 30:16a it is explicated that the money is to be used for the service ('ăbōdat) in the Tent of Meeting, perhaps in accordance with Exodus 25:1-9 [...] where Yahweh commands the Israelites to donate valuables for the construction of the sanctuary."

149 Übersetzung nach Seebass, Numeri IV/1, S. 178.

Hier wird die auch sonst in Ex 30; 38 sowie Num 1-4; 26 gebräuchliche Wurzel פקד für den Vorgang des Zählens bzw. Musterns verwendet. Während die Musterung in Num 1-4* wohl auf Ex 30; 38 zurückgreift, wird häufig angenommen, dass es sich bei Num 7 um einen späten, mindestens spätperserzeitlich-hellenistischen Nachtrag handelt, der auf den Zeitpunkt der Heiligtumseinweihung rekurriert und so die Passage Ex 40,9 weiter ausführt:[150] „Dies entspricht dem in Ex 40,9 f. von Gott dem Mose Gebotenen, das aber in Ex 40 *einzig* als nicht von Mose ausgeführt vorkommt. Num 7,1 soll daher Versäumtes nachholen und Mose von dem Vorwurf entlasten, er habe jenes Jahwegebot nicht befolgt."[151]

Dabei fällt jedoch auf, dass im Handlungsverlauf des Numeribuches die Spende der Weihgaben direkt im Anschluss an die Zählung des Volkes in Num 1-4 erfolgt – liegt mit den Kapiteln 5 f doch ein weiterer Gesetzesabschnitt vor, der die eigentliche Handlung retardiert.[152] Es ist also anzunehmen, dass sich Num 7,2 zumindest im nun vorliegenden Erzählverlauf direkt auf die zuvor stattgefundene Musterung bezieht,[153] zumal die Namen der Stammesanführer ab V. 12 ff mit denen in Num 1,5-15 und ihre Anordnung mit der in Num 2 übereinstimmen.[154] Achenbach zufolge liegt in Num 7 eine Legendenbildung vor, die die Sitte finanzieller Abgaben an den Tempel weiter institutionalisierte, indem sie ihre Entstehung zurück in die Gründungsphase des Zwölf-Stämme-Volkes verlegte und zugleich eine Verknüpfung mit der Tradition der Volkszählung vornahm.[155] Daneben ist

---

150 Vgl. z. B. Kellermann, Priesterschrift, S. 98 f; 109–111; Davies, Numbers, S. 70 f; Achenbach, Vollendung, S. 529–536; Knierim/Coats, Numbers, S. 98; 102 f; Seebass, Numeri IV/1, S. 5*; 183 f. Letzterer verortet Num 7,1-88 zusammen mit 9,1-14; 31,1-54 einer letzten, sehr späten Kanonredaktion des 1. Jh. v. Chr. bis 1. Jh. n. Chr. zu (vgl. a. a. O, S. 5*; 22*; 30*), während die eigentliche Numeri-Redaktion in das Ende des 4. Jh. v. Chr. zu verorten sei.
151 Seebass, Numeri IV/1, S. 183.
152 Vgl. hierzu Douglas, Wilderness, S. 102–104, die für das Numeribuch eine Strukturierung nach sich abwechselnden Abschnitten von Gesetz und Erzählung annimmt: „[...] we find that it is composed deliberately of two strands, one of law and one of narrative. By introducing the alternative mode each new section cuts off the previous section: the result is a pattern of alternating strands." (Zitat S. 102)
153 Einen solchen Zusammenhang stellt auch bereits Olson, Death, S. 118 fest, der zu Num 1,1-89 bemerkt: „Offerings from the tribal leaders after the census to prevent a plague and preserve the holiness of the camp (cf. Exod 30:11-16)."
154 Vgl. Davies, Numbers, S. 70 f.
155 Vgl. Achenbach, Vollendung, S. 535: „Mit der Notwendigkeit, die Sitte regelmäßiger auch pekuniärer Tempelabgaben einzuführen und diese Ordnung auch im Rahmen der Tora zu verankern, ergibt sich das Dilemma, eine ‚heilige Notwendigkeit' mit der obsolet gewordenen Tradition der Volkszählungen zu verknüpfen. Dieses Dilemma konnte nur unter dem Vorzeichen einer sukzessive ausgebauten Sühnetheologie gelöst werden (Ex 30,11 ff.), da die Tempelsteuer im Rahmen der (regelmäßigen) Musterung bei den jährlichen Versammlungen am Tempel erhoben werden sollte."

auch die Ähnlichkeit zum Musterungs- und Spendenvorgang in Num 31 unverkennbar: „The offering of the leaders in vv 48-50 recalls the earlier offering of Num 7:2."[156]

Wie im Falle von Ex 30; 38; Num 31; 2 Sam 24; 1 Kön 12 lässt sich also auch für Num 1-4; 7 ein unmittelbarer Zusammenhang von Zählung und Abgabe an das Heiligtum ausmachen. Daran anknüpfend wird weiterhin deutlich, dass in Num 1-4; 7 – unterbrochen von weiteren göttlichen Vorschriften – mit der Bezugnahme auf eine Zählung (הם העמדים על־הפקדים) nun derselbe Motiv-Zusammenhang vorliegt wie in Ex 30; 38 auch. Nach dem Auszug aus Ägypten wird das Volk gemustert, woraufhin Abgaben an das Zeltheiligtum folgen, die seinem Bau bzw. der Inbetriebnahme des Kultes dienen.[157] Nur in Num 26 scheint hingegen eine unmittelbare Abgabe nach der Zählung auszubleiben. Ob dies mit der direkt in Num 31 folgenden erneuten Zählung, bei der dann entsprechend gespendet wird, zusammenhängt, lässt sich jedoch nicht mit Sicherheit sagen.

Während der Zusammenhang von Volkszählung und Abgabe für die oben beschriebenen Fälle in der Forschungsliteratur immer wieder erörtert wurde, hat Esr 2 in der Diskussion bisher keine Beachtung gefunden. Doch ist es auch hier kein Zufall, dass die Häupter der Vaterhäuser (ראשי האבות) in Esr 2,68 f – analog zu den Stammesoberhäuptern und Heerführern in Num 7,2 (ראשי בית אבתם!) und 31,52 – Gold, Silber und Priesterkleider für das Werk (המלאכה; vgl. Ex 35,29) bzw. die Restitution von Tempel und Kult unmittelbar nach der erfolgten bzw. schriftlich dokumentierten Zählung der Rückkehrer spenden. So weisen die Verse Esr 2,68 f deutlich inhaltliche Ähnlichkeiten zur Spendentätigkeit der Oberhäupter in Num 7,2 auf.[158] In Esr 2,68 ist es das freiwillige Spenden (Lexem נדב), in Num 7 sind es Weihegaben (Lexem קרב), die nach einer Zählung an das Heiligtum gegeben werden. Dabei können jedoch auch die Weihegaben in Num 7 als „variation of the tradition of the free-will offering (nĕdābâ)"[159] verstanden werden.

In der Analyse von Esr 2,68 f ist bereits deutlich geworden, dass die beiden Verse vielfältige inneralttestamentliche Textbezüge aufweisen – so einerseits zu den bereits erwähnten freiwilligen Spenden aus Ex 25,2-7; 35,4-9.21-29 (Lexem נדב).[160] Andererseits erinnert die Art der üppigen Gaben – Gold, Silber, Priesterröcke – an die materielle Unterstützung der Israeliten durch die Ägypter beim

---

156 Budd, Numbers, S. 329.
157 Knierim/Coats, Numbers, S. 100 bemerken hierzu: „In distinction from the materials elicited in Exod 25:2-7; 35:4-9; and brought in Exod 35:10-29 for the construction of the tabernacle and its vessels, the gifts in Num 7:10-88 consist of the objects for the initiation of the sacrificial cult."
158 Vgl. Kap. 3.3.2 V. 68-70.
159 Knierim/Coats, Numbers, S. 103.
160 Vgl. Kap. 3.3.2 V. 68-70.

Auszug in Ex 3,21 f; 11,2; 12,23 f, also an das Motiv der „Beraubung der Ägypter"
(vgl. auch Esr 1,4.6!).[161] Dabei dürfte es wohl kein Zufall sein, dass auch Num 7
auf genau dieses Motiv zu rekurrieren scheint – also „die Legende vom Reichtum
der Fürsten Israels die Legende von der Beraubung der Ägypter voraussetzt [...]
und sie illustriert".[162] Achenbach verweist dabei auf die strukturierende Funktion,
die dem Motiv „auf der Ebene der Endredaktion mit Hinsicht auf die Gestaltung
des Heiligtums" zukommt.[163] In Esr 2,68 f liegen somit vielfältige Motivverknüp-
fungen vor, die sich allesamt in Bezug zur Exodus-Sinai-Erzählung sowie dem
Heiligtumsbau setzen lassen.

Darüber hinaus wird deutlich: Auch wenn die Bezeichnung des Opfers oder
die Form des Rituals nach einer Volkszählung alttestamentlich in verschiedenen
Variationen oder Traditionen begegnet – als כפר נפשׁו in Ex 30; 38 und Num 31; als
Altarbau und עלות ושׁלמים in 2 Sam 24; als כסף נפשׁות ערכו in 2 Kön 12,5 oder als קרבן
bzw. קרב *hif.* in Num 7,2 f –, der Kontext ist immer der gleiche und auch für Esr 2
gültig: In allen Fällen lässt sich ein ritueller Zusammenhang zwischen Spende
zur Gründung oder Erhalt von Heiligtum und Kult sowie vorangegangener Volkszählung ausmachen.

Die Zählung der Rückkehrergemeinde sowie die anschließende Spende zum
Wiederaufbau des Heiligtums in Esr 2 lassen in ihrem Kontext betrachtet jedoch
mehr als ein mit den vorangegangenen Beispielen gemeinsames religions- oder
traditionsgeschichtliches Element erkennen. In der obigen Analyse wurde bereits
festgestellt, dass sowohl die Exodustradition als auch Esr 2 Auszug und Einmarsch in das „Land der Väter" mit einer Abgabe bzw. einem freiwilligen Opfer in
Verbindung bringen, welches sodann dem Bau des Heiligtums bzw. der Kultrestitution zugutekommt.[164] Dieser Zusammenhang lässt sich nun erweitern. Sowohl
die Exoduserzählung als auch das auf diese zurückgreifende Buch Numeri
(Num 1-4; 7) schildern einen Motivkomplex von *Exodus – Zählung – Kultspende –
Heiligtumsbau bzw. Kultgründung*, der zugleich in dem oben beschriebenen rituellen Zusammenhang begründet ist. Genau dieses Schema lässt sich ebenso auf
die Rückkehr-Tempelbau-Erzählung in Esr 1-3 übertragen. Auch dort findet sich
der gleiche Ablauf von Geschehnissen: *Exodus/Rückkehr* (Esr 1) – *Zählung von
Mensch und Vieh* (Esr 2,1-67) – *Kultspende* (Esr 2,68 f) – *Heiligtumsbau bzw. Kultgründung* (Esr 3).

---

161 Vgl. Kap. 3.3.2 V. 68-70. Siehe auch Blenkinsopp, Ezra, S. 96.
162 Vgl. Achenbach, Vollendung, S. 533; 536 (Zitat S. 536).
163 Achenbach, Vollendung, S. 533 mit Weimar, Berufung, S. 55–59; Otto, Pentateuchredaktion,
S. 107; kritischer im Hinblick auf eine Endredaktion auch Gertz, Tradition, S. 303 f Anm. 324.
164 Vgl. Kap. 3.3.2 V. 68-70 und Fazit.

Mit der Verwendung dieses festen Musters an Motiven werden so zwei Geschehnisse noch stärker miteinander parallelisiert: der erste Exodus aus Ägypten und der zweite aus Babylonien. Die schriftliche Dokumentation der Volkszählung nimmt dabei sowohl in dem priesterschriftlichen Erbe von Num als auch in Esr einen zentralen Stellenwert innerhalb der Erzählung ein. Die Listen dienen jeweils der Strukturierung des Erzählgeschehens,[165] sind aber in ihrer Funktion und Bedeutung mehr als nur bloße Strukturmarker. Wie bereits die religionsgeschichtlichen Parallelen gezeigt haben, ist der Musterungsprozess kein rein säkularer Verwaltungsakt, sondern eng in einen rituellen Zusammenhang, in den Kontext von Heiligtum und Kult eingebettet. Die mit JHWH ausgezogene Volksgruppe wird gemustert und so zugleich mit Bau und Inbetriebnahme des Heiligtums zu seiner Gemeinde und den rechtmäßigen Trägern JHWH-Kults.

4.2.2 Erinnerung und kollektive Identität

Das schriftliche Fixieren von Namen scheint also, wie sich oben gezeigt hat, ein Ausgesetzt-Sein gegenüber fremden Mächten zu implizieren. Zugleich wird dem geschriebenen Namen eine Art Wirkmächtigkeit zugesprochen. So kann das Namen-Geben, Namen-Erhalten und Namen-Auslöschen immer als existentieller Akt, als Akt des Gebens oder Nehmens von Identität betrachtet werden. Als Beispiel hierfür kann auch die altorientalische Vorstellung gelten, der körperlose Name bekomme durch die schriftliche Fixierung eine physische Existenz, die seinen Weiterbestand garantiere.[166] Vor diesem Hintergrund scheint es also nur allzu verständlich, dass ein schriftlicher Zensus von einer rituellen Handlung begleitet werden musste.

Anne Katrine de Hemmer Gudme hat gezeigt, dass die Spenden und Weihgaben an die Gottheit oder den Tempel sowohl im Alten Testament als auch in seiner Umwelt als Vollzug eines rituellen Aktes betrachtet werden können, der die Funktion hat, den Spender in der guten Erinnerung der Gottheit zu halten.[167] Dabei können die alttestamentlich verwendeten Termini für Spenden und Weihgaben

---

165 Zu den Listen in Num vgl. Olson, Death, S. 83–124. „In short, numerous formal indicators suggest that the census lists in Numbers 1 and 26 provide the major framework for the structure of the book. These indicators include the chronological and geographical indicators, the symmetry of the two census lists and their strategic locations within the narrative, the parallels between the two halves of the book, and the cohesiveness within each half of the book." (Zitat S. 89)
166 Vgl. Radner, Macht, S. 272.
167 Vgl. de Hemmer Gudme, Before the God, S. 145–147.

(נדבה; תרמה etc.) variieren und gegenseitig austauschbar verwendet werden.[168] Zudem scheint die alttestamentliche Literatur keine Differenzierung vorzunehmen, ob die Spende an die Gottheit direkt gerichtet ist oder zu Bau, Erhalt oder Reparatur des Heiligtums gebraucht wird.[169]

Entsprechend kann auch der Zensus mit seinen folgenden Spenden und Weihgaben an das Heiligtum in ebendiesem Kontext von Kult und Erinnerung – „as keeping Israel securely in the memory of Yahweh"[170] – verortet werden. Diese Beobachtung unterstreicht noch einmal die Wichtigkeit der kultischen Handlung nach der Aufzählung der Namen: Die Gottheit möge der Gelisteten positiv gedenken, denn dies bedeutet Erhaltung. Deutlich wird dies vor allem in den sich thematisch nahestehenden Passagen Ex 30,11-16 und Num 31,48-54, wo die Geldspende an das Heiligtum nach der Musterung ausdrücklich als Erinnerung vor JHWH (זכרון לפני יהוה) bezeichnet wird.[171] „[...] the census *kōper* concretizes before God the fact that a ransom has been given. Seeing this gift (in whatever new form) assuages divine wrath. It is thus an offering of silver and gold for the sake of human life."[172] Dabei sind diesen Votivgaben auch die Weihgaben in Esr 2,68 zuzurechnen, die de Hemmer Gudme zwar als „sacerdotal giving" klassifiziert, nicht aber in den Kontext der unmittelbar vorangegangenen Volkszählung setzt.[173]

Weih- oder Votivgaben haben meist die Funktion, auf einschneidende Veränderungen oder Geschehnisse im Leben eines Einzelnen oder einer Gemeinschaft zu reagieren. Oft werden sie dargebracht „to accentuate transitions in life".[174] Dabei stehen auch die Musterungen bzw. Volkszählungen häufig an bestimmten Übergängen oder Veränderungen im Leben eines sozialen Kollektivs. Ebenso wie das Spenden von Votivgaben selbst können sie an Phasen des Umbruchs stattfinden. Dies lässt sich sowohl für die Musterungen in Mari und Chagar Bazar als auch für das Alte Testament belegen: „It should be borne in mind in this connection that the census reflected at Mari and Chagar Bazar on the one hand, and in the Old Testament on the other, is not just a routine mustering process. In both instances it is linked to new land grants and relatively recent political structures."[175]

---

168 Vgl. de Hemmer Gudme, Before the God, S. 44.
169 Vgl. de Hemmer Gudme, Before the God, S. 49: „It is clear from the passages presented above that the biblical literature does not discern between the two kinds of giving and that gifts dedicated to Yahweh may be converted and used to repair Yahweh's temple as well."
170 de Hemmer Gudme, Before the God, S. 145.
171 Vgl. auch de Hemmer Gudme, Before the God, S. 146; Fishbane, Census, S. 104–107.
172 Fishbane, Census, S. 107.
173 Vgl. de Hemmer Gudme, Before the God, S. 47–49.
174 Vgl. de Hemmer Gudme, Before the God, S. 10. (Zitat S. 10)
175 Speiser, Census, S. 24 f. Siehe auch Olson, Death, S. 85.

In der Exodus- und Wüstenwanderungserzählung wird dies besonders deutlich: Nach dem Auszug aus Ägypten, nach der Ankunft am Sinai und nach der 40-jährigen Wanderung durch die Wüste wird das Volk gezählt und registriert. Es ordnet sich neu – macht eine Bestandsaufnahme für sich und vor Gott.[176] Und auch in Esr 1-3 wird eine besondere Phase des Umbruchs deutlich. Nach Jahrzehnten im Exil kehrt Israel zurück in das Land seiner Vorfahren, baut den Tempel wieder auf und etabliert sich erneut als Gemeinde. Auch dort ist es notwendig, das Volk zu zählen: Wer vom Volke Israel ist noch da? Wer hat Teil am zweiten Exodus der JHWH-Gemeinde? Wer gehört somit dazu?

An diesen Phasen des Übergangs gehören Zensus und Votiv- bzw. Opfergabe untrennbar zusammen. Sowohl der Umbruch als auch die Zählung selbst lassen dabei eine rituelle Handlung notwendig werden.[177] Ein Volk wird in seine neue (alte) Heimat geführt und schriftlich erfasst. Diese Erfassung nach Zahl und Namen ist gefolgt von einer Spende, die zum Bau des Heiligtums und der Kult- und Gemeindegründung genutzt wird. Die Aufnahme und Fortführung des Kults ist im Gegenzug ein Zeichen dafür, dass sich Israel JHWHs erinnert.[178] Das Muster, in dem das Vergangene dargestellt wird, schafft also sowohl in der Exodus-Sinai-Erzählung als auch in der Rückkehr-Tempelbau-Erzählung einen identitätsstiftenden, rituellen Zusammenhang von *Exodus/Übergang – Zählung – Kulthandlung (Spende und Kultgründung)*.

Dabei kommt dem Dokumentationsvorgang der Zählung selbst schon eine Art rituelle Performanz zu. Der Erhalt des Namens durch die verschriftlichte Liste sichert Kontinuität.[179] „If it seems as if the exactness of the lists parallels the exactness of ritual, it is because these are two concrete manifestations of the same deeply-felt religious emotions in the yearning for continuity and the need for order."[180] Im Zentrum des Textes Esr 1-3 steht die ein ganzes Kapitel umfassende, „für alle Zeiten" schriftlich fixierte Mitgliederliste. Vor diesem Hintergrund handelt es sich bei Esr 1-3 nicht einfach um die Reflexion auf einen historisch so stattgefundenen, rituellen Vorgang. Denn durch die Bewahrung, das Festhalten der Namen auf der Textebene wird der Text selbst zu einem performativen, rituellen Akt, zur Musterung nach einer Phase des Übergangs. Der Text schildert eine rituelle Praxis und wird so durch die Fixierung der Namen in seiner Mitte

---

176 Vgl. Olson, Death, S. 85 f.

177 Vgl. hierzu auch Fishbane, Census, S. 106, der für Ex 30,11-16 und Num 31 bemerkt: „But this passage like the first does retain a trace of an unstable situation; it too notes that the expiation gift serves as a reminder (*zikkārôn*) ... before the Lord."

178 de Hemmer Gudme, Before the God, S. 141.

179 Zum Erhalt der alten Sippennamen vgl. auch Seebass, Numeri IV/3, S. 172.

180 Scolnic, Theme, S. 23.

performativ. Die Musterung passiert also durch den Text und wird mit jedem Leseakt neu vollzogen.

Die Rückkehrerliste Esr 2 hat somit in ihrem Kontext betrachtet eine klare identitätsstiftende Funktion. Sie dokumentiert, wer zur Rückkehrerschaft und damit auch exklusiv zu Israel gehört. Nur die eingeschriebenen Namen haben dauerhafte Gültigkeit, alle anderen geraten in Vergessenheit. „Bereits in *Ez.* 13,9 findet sich die Drohung gegen die falschen Propheten, dass sie in die Liste (*ktb*) des Hauses Israel nicht eingeschrieben werden und (darum) nicht in das Land Israel (zurück) kommen."[181] Nur die in Esr 2 Gelisteten haben also Anspruch auf das Erbe Israels. Nur diese gelten als Gründer und Bauherren des neuen Tempels und als wahre JHWH-Gemeinde. Ähnlich exklusive Funktion hat womöglich auch die oben erwähnte Phratrienliste IG II^2.2344 gehabt, die ihre Mitglieder für alle Zeit auf Marmor dokumentiert hatte und an der sich auch die nachfolgenden Generationen bei der Frage nach der Zugehörigkeit orientieren konnten. Gleiches gilt wohl auch für jene Mitgliederlisten der Gemeinden von Qumran und Damaskus.[182]

Die Rückkehrerliste Esr 2 steht also im Zentrum eines rituellen Kontextes von *Exodus/Übergang – Zählung – Kulthandlung (Spende und Kultgründung).* Dieser gleiche Motivkomplex findet sich zuvor bereits in der Exodus-Sinai-Erzählung, an der Esr 1-3, wie sich gezeigt hat, ganz eindeutig orientiert ist. Diese Parallelisierung trägt so zur Konstitution einer kollektiven Identität[183] der Rückkehrergemeinde bei. Die Männer des Volkes Israel aus Esr 2 stehen damit in der Nachfolge des vorexilischen Israels. Esr 1-3 lassen vor diesem Kontext das wahre Israel neu entstehen und bedienen sich dabei des Mediums Musterungsliste. Als schriftliche Niederlegung und stilisiertes Verwaltungsdokument beansprucht sie dabei höchste Verbindlichkeit und Autorität. Als jene, die mit Weihgaben und Spenden den Tempel und den Kult neu begründen, werden die in Esr 2 Gelisteten nicht nur in der Erinnerung ihres Gottes JHWH gehalten, sondern durch das Medium Schrift – in hebräischer (nicht aramäischer!) Sprache – auch in der Erinnerung zukünftiger Generationen. Esr 1-3 dienen somit als Legitimitätsausweis einer Gruppe, die für sich beansprucht, als Rückkehrergemeinde das wahre Israel zu sein.

---

181 Nötscher, Bücher, S. 410.
182 Vgl. Kap. 4.1.1.
183 Mit Giesen, Kollektive Identität, S. 25 gründet sich kollektive Identität „auf eine gemeinsame Vergangenheit, an der Außenstehende nicht teilhaben, oder auf eine gemeinsame Vorstellung der Zukunft, die von Außenstehenden nicht geteilt wird." Vgl. hierzu auch Weingart, Stämmevolk, S. 39.

4.3 Ein neuer Exodus: Esr 1-3 als alttestamentlicher Motivkomplex

Wie sich gezeigt hat, weist die Rückkehrerliste Esr 2 also nicht nur strukturelle bzw. formale Ähnlichkeiten zu den Musterungslisten in Num 1-4; 26 auf, sondern ist zugleich Teil eines Motivkomplexes, der sich sowohl in der Exodus-Sinai- als auch in der Rückkehr-Tempelbau-Erzählung findet. Durch die gleiche Abfolge von *Exodus – Zählung – Kulthandlung* werden die Geschehnisse in Ex und Num mit denen in Esr 1-3 parallelisiert. Das gezählte Volk in Esr 2 stellt sich so in die Kontinuität des „alten“, vorexilischen Israels. Die Rückkehr-Tempelbau-Erzählung begründet die Identität eines neuen Israels, das in das heilige Land seiner Vorväter zurückgekehrt ist und den rechtmäßigen Kult wieder aufnimmt. Dabei rekapituliert die Rückkehr aus Babylonien zugleich den Auszug der Väter aus Ägypten. Die Geschichte der Vorfahren wird unter Verwendung der „Erinnerungs-figur" Exodus wiedererlebt.[184] Diese Parallelisierung gilt zugleich als Ausweis von Legitimität. Das neue Israel in Esr 2 definiert sich so als rechtmäßiger Nachfolger des Volkes, dessen Geschichte mit JHWH in der Tora bezeugt ist.

Damit greifen Esr 1-3 zugleich auf ein für die Exoduserzählung ganz wesent-liches Konzept zurück: der Erwählung in der Fremde und der Heimführung durch JHWH in das für sein Volk vorgesehene Land. Wie der Aufenthalt in Ägypten setzt auch die Exilszeit eine Zäsur in der Geschichte Israels. Mit der Josefsnovelle in Gen 37-50 beginnt – zumindest auf der Ebene des Endtextes – ein Kapitel der Ent-fremdung.[185] Jakob und seine Söhne verschlägt es von Kanaan (Gen 37,1) nach Ägypten. So verspricht Gott Jakob in Gen 46,4:

אנכי ארד עמך מצרימה ואנכי אעלך גם־עלה ...

---

184 Zum Exodus als Erinnerungsfigur vgl. Assmann, Gedächtnis, S. 200–212: „So wurden die Exodus-Überlieferungen in die Form einer Erinnerungsfigur gebracht, auf die hin alle geschicht-lichen Konfrontationen, sowohl mit den wechselnden Fremdkulturen der Assyrer, Babylonier, Perser, Griechen, Römer usw. als auch mit der assimilationswilligen Mehrheit der eigenen Grup-pe, lesbar blieben – bis heute." (Zitat S. 211 f)
185 Dass die Erzählung der Genesis mit den Erzelterngeschichten im Gegensatz zur Exoduser-zählung ein ganz eigenes theologisches Konzept verfolgt, ist in der aktuellen Forschung immer wieder hervorgehoben worden. Im Hinblick auf das Esrabuch ist jedoch davon auszugehen, dass die Verbindung dieser beiden Entwürfe in einer – wenn auch noch nicht endgültig abgeschlos-senen – Fassung der Tora bereits vorlag. „Der *genealogischen* Vorstellung (Genesis) steht eine *Erwählungs*vorstellung (Exodus) ‚prophetisch-deuteronomistischer' Art gegenüber, für die die Identität ‚Israels' nicht auf der Abstammung beruht, sondern auf dem Gehorsam gegenüber dem Gesetz. [...] Die Quelle P (‚Pᵍ'), die beide Überlieferungen erstmals zu einer zusammenhängenden Erzählung verknüpfte, musste also darum bemüht sein, beide miteinander in Einklang zu brin-gen und so den Konflikt zu lösen." (Nihan/Römer, Entstehung, S. 141)

In Gen 46,8-27 werden daraufhin alle Ausgewanderten mit Namen, nach den zwölf Söhnen Jakobs sortiert, aufgelistet. Daran anschließend setzt in Ex 1 sodann mit einer erneuten Liste der Ausgewanderten und deren Nachkommen die Schilderung der Unterdrückung in diesem fremden Land ein.

ואלה שמות בני־ישראל הבאים מצרימה ...	Gen 46,8
ואלה שמות בני ישראל הבאים מצרימה ...	Ex 1,1

Doch Gott gedenkt (ויזכר!) seines Volkes und des Bundes, den er mit den Vätern geschlossen hatte und nimmt sich seiner an (Ex 3,24 f). Damit beginnt die Geschichte des Auszuges und der Heimkehr nach Kanaan, die nun in den folgenden Büchern des Pentateuchs fortgesetzt wird und mit Josua ihren Abschluss findet. Die Liste Ex 1,1-5 verweist dabei explizit auf Gen 46 und verknüpft so zugleich „die Traditionen der Erzeltern Israels mit denen der Konstituierung des Volkes und der ‚Heilsgeschichte‘ von Erwählung und Auszug".[186] Dabei ist wohl auch die Musterungsliste Num 26, die einen starken literarischen Bezug zu diesen vorangegangenen Listen aufweist, als Teil dieses gemeinsamen, umfassenden Verweissystems zu begreifen.[187] Dort steht nun dieses ausgewanderte Volk (vgl. Num 26,4b), gezählt und geordnet, erneut vor den Toren des verheißenen Landes.

Mit Esr 1-3 wiederholt sich nun die Geschichte in ähnlicher Weise. Den beschriebenen Prozess von Entfremdung und Rückkehr durchläuft Israel hier erneut. Esr 1 setzt dabei den Aufenthalt im Exil voraus, knüpft also an die Erzählung der Königebücher an, ohne dies jedoch explizit zu thematisieren. Und auch hier nimmt sich JHWH, vermittelt durch Kyros (Esr 1,1-4), erneut seines Volkes an – jene, die der Geist Gottes erweckt hatte (עור), ziehen hinauf (עלה) nach Jerusalem (Esr 1,5). Hier wird das gleiche Muster deutlich, das auch der Endfassung des Pentateuchs zugrunde liegt: Gestrandet in einem fremden Land unter fremder Herrschaft erwählt JHWH sein Volk und führt es nach „Hause"[188] in das Land, das er für es vorgesehen hat – nach Kanaan bzw. Juda.

Die Geschichte des Exodus ist eine Geschichte göttlicher Erwählung. Sie kann – mit Assmann gesprochen – als *der* biblische Identitätsstiftungsakt bezeichnet werden: „Die *Herausführung* des Volkes aus Ägypten ist der Gründungsakt schlechthin, der nicht nur die Identität des Volkes, sondern vor allem auch des Gottes begründet. [...] Das heißt: von allem Anfang her wird das Volk

---

186 Hieke, Geneaologien, S. 212. Vgl. hierzu auch Achenbach, Vollendung, S. 450 f.
187 Wie und ob hier direkte literarische Abhängigkeiten verlaufen, lässt sich allerdings kaum noch nachvollziehen. Vgl. hierzu beispielsweise Seebass, Genesis III, S. 127 mit Westermann, Genesis I/3, S. 175 f; Achenbach, Vollendung, S. 449–461; Seebass, Numeri IV/3, S. 169.
188 Dass der Gedanke des Geführt-Werdens auch in Esr präsent ist, zeigt das *nifal* העלות in Esr 1,11. Vgl. hierzu auch Anm. 11c zu Esr 1,11.

durch die Auswanderung und Ausgrenzung bestimmt."[189] Das Exodusschema ist dabei höchst produktiv und ist – bis heute – immer wieder als Mittel zur Konstruktion kollektiver Identität gebraucht worden.[190]

Auch wenn die Erzelterngeschichte im Land Kanaan verortet ist, gilt Israel in der Exoduserzählung als von außen in das Land kommend. Das Volk, das nach Kanaan einzieht, ist eingewandert, allochthon. „Seine ethnische und kulturelle Identität gewinnt Israel allein dadurch, dass sich Jhwh seiner in der Befreiung aus Ägypten erfolgreich angenommen hat."[191] Es ist daher nicht verwunderlich, dass auch Esr 1-3 sich genau dieses Konzeptes eines zweiten Exodus bedient. „Liegen nämlich die Anfänge des Volkes Israel nach der Darstellung der Exoduserzählung außerhalb des Landes und vor der Etablierung eines eigenständigen politischen Gemeinwesens, so kehrt die Darstellung der Geschichte des Volkes Israel am Ende, d. h. nach Verlust des Landes und des Königtums, zu ihren Anfängen zurück."[192] Obwohl das Exil selbst also in Esr 1-3 nie ausdrücklich thematisiert, sondern vielmehr stillschweigend vorausgesetzt wird,[193] muss es als notwendige Vorbedingung für das theologische Konzept dieser Kapitel betrachtet werden. Diese Zäsur in der Geschichte Israels ist notwendig, damit JHWH sein Volk neu erwählen kann.

Christiane Karrer hat bereits angemerkt, dass die Kontinuität der Tempelgeräte, die in Esr 1 zurück nach Jerusalem gebracht werden, nicht ohne ihren Gang ins Exil gedacht werden kann.[194] In derselben Art und Weise ist auch eine Kontinuität Israels nur möglich, weil das Volk von JHWH in Babylonien neu erwählt und herausgeführt wurde nach Juda. Der Fortbestand beider Größen wird jeweils „,auf dem Umweg' über das Exil"[195] konstruiert. Die Erhaltung der Tempelgeräte sowie des Volkes während des Exils bereitet so die Grundlage für die Neuerwählung und die Konstruktion einer neuen Identität als das „wahre" Israel.

JHWH wirkt im Esrabuch durch den persischen Großkönig Kyros (Esr 1,1-4), um sein Volk nach Hause zu schicken. Es wird erwählt, gezählt und registriert. Es reagiert darauf mit Weihgaben bzw. freiwilligen Spenden sowie dem Tempelbau und der Inbetriebnahme des Kultes – und wird dafür von JHWH als dessen

---

189 Assmann, Gedächtnis, S. 202.
190 Vgl. auch Assmann, Gedächtnis, S. 212.
191 Gertz, Tora, S. 306.
192 Gertz, Tora, S. 306.
193 Heckl, Neuanfang, S. 63 bemerkt hierbei jedoch, dass Esr 2,1 wohl bewusst auf Esr 5,12 und die dortige Schilderung der Deportation vorgreift und sie somit nicht mehr eigens thematisieren muss.
194 Vgl. Karrer, Ringen, S. 350.
195 Karrer, Ringen, S. 350.

heilige Gemeinde erinnert. Das Exil als Phase des Übergangs oder der Reinigung ermöglicht einen Neustart. Der Bund JHWHs mit seinem Volk war gebrochen, mit fatalen Konsequenzen für das Königreich Juda. Nun wird er wieder aufgerichtet. Allein durch das Exil, durch den erneuten Gang Israels in die Fremde ist es JHWH möglich, sein Volk auf dieselbe Art und Weise neu zu erwählen, wie er es bereits mit seinen Vorvätern getan hat.

Olson hat für die das Numeribuch strukturierenden Musterungen Num 1-4; 26 nachgewiesen, dass die Listen den Übergang von einer alten zu einer neuen Generation markieren und so die Konstitution und Re-Konstitution eines Volkes als „heilige Gemeinde" innerhalb eines Zyklus von *Heil – Unheil – Heil* zum Ausdruck bringen.[196] Ähnlich sind so wohl auch Esr 1-3 zu verstehen. Die Rekonstitution des Volkes nach dem babylonischen Exil fügt somit der Exodus-Wüstenwanderungs-Erzählung noch einen weiteren Zyklus hinzu, dessen Unheil mit der Zerstörung Jerusalems begonnen hat und in Esr 1 mit der anbrechenden Heilszeit unter Kyros schließlich überwunden wird.

Nicht unwichtig im Hinblick auf den Endtext ist in diesem Zusammenhang auch die Beobachtung Bänzigers, dass die Doppelung der Liste in Esr 2//Neh 7 eine Analogie zur Doppelung der Listen Num 1; 26 darstellt.[197] Auch wenn Neh 7 wohl wahrscheinlich einer späteren Einfügung entstammen dürfte,[198] kann die Doppelung der Liste im Rahmen der Gesamtkomposition so als „theologische Klammer"[199] verstanden werden, die analog zu der in den Listen Num 1; 26 miteinander verknüpften Exodus- und Landnahmegeneration, die beiden Rückkehrergenerationen zusammenbringt: „Die erste Heimkehrergeneration unter Jeschua und Serubbabel entspricht der Exodusgeneration unter Mose und Aaron, die zweite Generation unter Esra und Nehemia der Landnahmegeneration unter Eleasar und Josua."[200]

In der zweiten Volkszählungsliste in Num 26,4, die nun die Landnahmegeneration einführt, wird dabei sichergestellt, dass – obwohl eine ganze Generation ausgerottet wurde (vgl. Num 13 f) – es sich immer noch um das Volk handelt, das

---

196 Vgl. Olson, Death, S. 86: „As the narrative moves from the first census in Numbers 1 to the second census in Numbers 26, the recurring cycle involves the constitution of the people as a holy congregation under the LORD's leadership, the rebellion of the people, the death of some members of that generation to plague or military defeat, atonement and the reconstitution of the people as a holy congregation."
197 Vgl. Bänziger, Jauchzen und Weinen, S. 129–132; 195.
198 Vgl. Kap. 2.2.
199 Bänziger, Jauchzen und Weinen, S. 132.
200 Bänziger, Jauchzen und Weinen, S. 195. Zur Identifikation der Gola (Esr 2) mit dem auf die Tora zu verpflichtenden Volk (Neh 7) als Mechanismus der Identitätsvergewisserung vgl. auch Kap. 2.2.3.

aus Ägypten ausgewandert ist.[201] Zugleich geschieht über die Verbindung mit den Genealogien in Ex 1 und Gen 46 eine Anknüpfung an die Erzväter.[202] Diese Art der Kontinuität Israels über eine geschichtliche Zäsur hinweg, der Übergang von einer alten zu einer neuen Generation wird in Esr 1-3 durch die Parallelisierung der Geschehnisse erreicht.

Dabei garantiert die Verwendung des Motivkomplexes *Exodus – Zählung – Kulthandlung* nicht nur eine Kontinuität zum ersten Exodus und der vorexilischen Gemeinde. Vielmehr dient dieser Komplex samt seinen religionsgeschichtlichen Implikationen auch der Legitimierung des Volkes als wahres, einziges und zugleich „neues" Israel. Denn nur jene, die in der Liste erwähnt werden, haben primären Zugang zum Tempel und sind daher Teil der „heiligen Gemeinde" JHWHs. Dies wird sodann auch in Esr 4,1-3 deutlich, wo die Rückkehrer (V. 1) denen gegenübergestellt werden, die im Lande geblieben waren und weiterhin dort geopfert hatten. Letztere werden zugleich als Fremde (V. 2) disqualifiziert und vom Tempelbauprojekt ausgeschlossen (V. 3).

Der Text Esr 1-3 zeigt also nicht nur deutliche Anspielungen auf die Exoduserzählung, sondern stilisiert sich selbst zu einem zweiten Exodus, indem er die in Ex und Num verwendeten Strukturen bzw. den kultischen Zusammenhang von *Exodus – Zählung – Kulthandlung* sowie das Konzept der *Erwählung in der Fremde* übernimmt und so erneut die Identität einer JHWH-Gemeinde, eines rechtmäßigen Israels begründet.

4.4 Fazit

Mit großer Wahrscheinlichkeit hat wohl eine Fassung bzw. Komposition des Pentateuchs, die sowohl die Exoduserzählung als auch den Numeristoff umfasste, bereits bei der Entstehung von Esr 1-3 vorgelegen. So hat die Rückkehrerliste in Esr 2 ihr Vorbild in den Volkszählungslisten Num 1-4; 26 und ist in der gleichen Form strukturiert und aufgebaut. Damit steht sie am ehesten der Form der Heeresmusterungen nahe, an der auch Num orientiert ist. Im Hinblick auf ihre Funktion

---

201 Vgl. Seebass, Numeri IV/3, S. 164: „Insofern enthält 4bβ ein programmatisch-theologisches Urteil: Das nach Sippen aufgezählte Israel im Heiligen Land verdanke sich dem (Jahwe des) Exodus aus Ägypten. Die Numeri-Komposition wollte weder auf Num 13-14 mit der Folge, daß die Gezählten nicht mehr die von Num 1 waren, noch auf die Idee verzichten, daß das ins Heilige Land eingewiesene Israel bzw. die Gemeinde der Israeliten (2) letztlich aus Ägypten kam."
202 Vgl. Johnson, Purpose, S. 80: „Similarly, it is possible to consider the great tribal lists of Gen. 46 and Num. 26 as serving to show the continuity of the Exodus community with the patriarchal family."

lässt sich für Esr 2 jedoch eine Ähnlichkeit zu jenen Listen feststellen, die wie die griechischen Demen- oder Phratrienlisten sowie die Listen der Gemeindemitglieder von Qumran und Damaskus die Zugehörigkeit zu einer exklusiven Gruppe beschreiben, wobei zugleich nicht nur eine ethnische, sondern auch eine religiöse Identität begründet wird.

Esr 2 ist Teil eines Motivkomplexes von *Exodus – Zählung – Kulthandlung (Spende und Kultgründung)* in Esr 1-3, der sich so auch in der Exodus-Sinai-Erzählung findet. Durch die Einbettung in diesen Kontext kommt der Liste eine legitimierende Funktion zu: Nur jene, die Teil des zweiten Exodus (Esr 1), der Erfassung von Gottes erwähltem Volk (Esr 2) sowie Kultstifter und Bauherrn des Tempels sind (Esr 3), können sich als „wahres" Israel und rechtmäßige JHWH-Gemeinde bezeichnen. Zugleich wird deutlich, dass die Rückkehrerliste Esr 2 – entgegen der gängigen Ansicht[203] – nicht aus ihrem Kontext zu lösen, sondern vielmehr fest darin verankert ist. Sie ist auch nicht als separate Quelle in ihren Kontext eingearbeitet worden, sondern mit ihm zusammen im Rahmen des Motivkomplexes entstanden.[204] Esr 2 ist kein bloßes Zusatzmaterial, das die Funktion hat, das Erzählte weiter auszuschmücken, sondern integraler Bestandteil des Erzählablaufs, der sein Vorbild in der Exodus-Sinai-Erzählung hat. Aufgrund ihrer literarischen Funktion, der Ähnlichkeit zu Num sowie der für die Perserzeit unrealistisch hohen Zahlen ist – anders als die Einleitung Esr 2,1 f vorgibt – jedoch nicht damit zu rechnen, dass hier eine tatsächlich so stattgefundene Zählung der Rückkehrer eingearbeitet wurde. Dennoch lassen die Namen die Realität einer in dieser Rückkehrerliste durchscheinenden Gruppe vermuten, auf die im folgenden Kapitel 5 noch näher eingegangen werden soll.

In Esr 1-3 konstituiert sich ein „Israel" im Schreib- und Lese-Akt, wobei die Liste in ihrem Kontext selbst zur Musterung wird. Die Bindung der Erzählung an die alttestamentliche Erwählungssituation des Exodus, ihre die Zeiten überdauernde Fixierung (in hebräischer, nicht aramäischer Sprache!) und die Abfolge nach einem rituellen Muster legitimieren die in Esr 2 gelisteten Personen als *ein* Volk Israel, als kollektive Identität und alleinige Gemeinde JHWHs. Die Bedeutung der Liste lässt sich also nur vollständig durch den rituellen Kontext erschließen, in den sie eingebettet ist. Der Kontext wiederum ergibt nur Sinn durch die Liste, auf die er hinweist und die er vorbereitet.

---

203 Vgl. z. B. Noth, Studien I, S. 144; Galling, Studien, S. 91; Willi, Juda, S. 76 f; Karrer, Ringen, S. 293; Redditt, Census, S. 255 f; 237; Kratz, Komposition, S. 63 f; Wright, Rebuilding, S. 301.
204 Anders bspw. In der Smitten, Esra, S. 4 f; Rudolph, Esra, S. 11; Michaeli, Livres, S. 18; Mowinckel, Studien I, S. 42 f; Williamson, Ezra, S. xxiii; Grabbe, Ezra, S. 133; Abadie, Esra-Nehemia, S. 679.

Dabei ist Esr 1-3 ein Zeugnis von Kontinuität und Diskontinuität zugleich. In Esr 2 präsentiert sich ein neues Israel, das anders als die Listen in Gen 46, Ex 1, Num 26 nicht in genealogischer Hinsicht an das alte Israel anknüpft.[205] Wie bereits die Analyse in Kap. 3.3.2 gezeigt hat, sind die Namen der Rückkehrergruppen bzw. einzelnen Vaterhäuser inneralttestamentlich größtenteils unbekannt, das Zwölf-Stämme-System wird nicht übernommen, und auch sonst findet sich keine genealogische Anknüpfung an das vorexilische Israel. Auch eine aaronidische oder zadokidische Lineage, auf die beispielsweise Esr 7,1-5 großen Wert legen, lässt sich für die genannten Priestergruppen nicht belegen. Das Israel in Esr 2 ist eine neue Generation – vergleichbar zu der, die in Num 26 gereinigt, nach dem 40-jährigen Marsch durch die Wüste vor den Grenzen des verheißenen Landes steht. Diese Art von Diskontinuität kann als Voraussetzung für einen Neuanfang, für die erneute Erwählung durch JHWH verstanden werden und wird durch das Exil als notwendige Zäsur ermöglicht.

Dennoch: In der Weise, in der von der Rückkehr berichtet wird, in ihrer Stilisierung zu einem zweiten Exodus unter Verwendung desselben Motivkomplexes von *Exodus – Zählung – Kulthandlung*, wird eine Kontinuität zum vorexilischen Israel hergestellt, die weit hinter das Exil zurückreicht. Die Kontinuität Israels wird in Esr 1-3 nicht genealogisch, sondern narrativ, durch die Parallelität der Geschehnisse konstruiert. Esr 1-3 knüpfen an die Exodus-Sinai-Erzählung, an *den* biblischen „Gründungsakt schlechthin"[206] an, und bieten damit eine Neuauflage des Exodus. Die Erwählung der Väter wird so im Exil auch der Gruppe in Esr 2 zuteil. In dieser Hinsicht lässt sich also nun doch von einer Kontinuität Israels sprechen. Dabei gilt die Liste der Rückkehrer als „attempt to assert the importance of the principle of continuity of the people of God through a period of national disruption".[207]

Der Passus Esr 1-3 ist eine Erzählung von Entfremdung und Rückkehr, von Erwählung in der Fremde und Jahwes erneuter Zuwendung zu seinem Volk. Dabei bietet das Exil die notwendige Zäsur für die Neukonstituierung der heiligen Gemeinde Israels und deren Kult. Olson hat für die Musterungen in Num

---

205 Im Rahmen der Diskussion, ob die nachexilische Zeit tatsächlich als Zeit der „Wiederherstellung" verstanden werden kann, hat Bänziger, Jauchzen und Weinen, S. 13–15; 281–287 darauf hingewiesen, dass es den biblischen Texten Esr-Neh (die von Anfang an ein ambivalentes Bild der Restauration in Jehud zeichneten) hierbei nicht um eine „Wiederherstellung der vorexilischen Monarchie im historischen Sinn" gehe. (Zitat S. 13) Ein wichtiger Faktor für das Selbstverständnis der Rückkehrergeneration sei jedoch trotzdem die Kontinuität. Diese bedeute im Kontext von Esr-Neh: „die Rückkehrer sind die Nachkommen des vorexilischen Judas." (Zitat S. 13) Diese Form der genealogischen Kontinuität kann jedoch für die Rückkehrer in Esr 2 nicht als selbstverständlich angenommen werden.
206 Assmann, Gedächtnis, S. 202.
207 Johnson, Purpose, S. 80.

bemerkt: „And yet the book of Numbers ends with the new generation still at the doorstep of Canaan. Its future lies open before it. Thus, the new generation which ends the book of Numbers stands as a paradigm for each succeeding generation who likewise stands on the edge of the promised land, awaiting the fulfillment of the promises of God."[208] Diese Hoffnung findet nun erneut ihre Fortsetzung und Erfüllung in der Rückkehr-Tempelbau-Erzählung. Dabei besitzt Esr 1-3, wie sich im Folgenden zeigen wird, eine eigene Theologie und ein eigenes Israel-Konzept, das sich in markanten Punkten von dem der (nach-)priesterschriftlichen Exodus-Sinai-Erzählung unterscheidet.

---

208 Olson, Death, S. 97.

5 Die Konstruktion von Identität – Das „Israel" in Esr 2

Esr 2 enthält kaum narratives Material und besteht hauptsächlich aus einer langen Auflistung von Personengruppen, weshalb die Funktion und Aussage dieses Kapitels in seinem Kontext immer wieder diskutiert wurde. Oft hat dies zu der Annahme geführt, Esr 2 sei lediglich Füllmaterial, das dazu diene, die Erzählung von Rückkehr und Tempelbau in Esr 1; 3 weiter auszuschmücken. In der Tat scheint der Inhalt, wie Dyck bemerkt, zunächst einmal völlig unauffällig: „Ezra 2 is an inconspicuous document from the point of view of someone interested in practicing ideological criticism."[1]

Wie jedoch gezeigt werden konnte, ist das Kapitel nicht aus seinem Zusammenhang zu lösen, sondern bildet mit Esr 1; 3 eine sinnvoll strukturierte Gesamterzählung, die die Rückkehr und den Bau des Heiligtums im Stil eines zweiten Exodus nach dem Vorbild der Bücher Ex und Num beschreibt. Damit ist im Hinblick auf die Rückkehrerliste nicht von einem authentischen Dokument auszugehen, das etwa die Registrierung aller in Juda bzw. Jehud ankommenden Exilierten überliefert, sondern von einem literarischen Produkt, das in seinem Kontext entstanden ist. Dennoch muss es sich hierbei nicht, wie etwa schon C.C. Torrey vermutete,[2] um eine reine Fiktion des Verfassers ohne historischen Wert handeln. Vielmehr scheint die Musterungsliste als Medium zu dienen, durch das uns Einblick in eine dahinterstehende soziale bzw. religiöse Gruppierung und deren theologisches Selbstverständnis gewährt wird. Auch wenn also der Ablauf der Ereignisse sowie die Zahlenangaben unhistorisch, ja fiktional anmuten, muss die Frage nach der Aussageintention und dem dahinter stehenden Trägerkreis dennoch gestellt werden. So formuliert auch Becking im Hinblick auf das Buch Esra: „A text is a piece of evidence about its author, his or her views and the period in which the text was written."[3] Dabei können uns nicht nur die Namen der gelisteten Gruppen selbst, sondern auch der Listenkontext Auskunft über das „Israel" in Esr 2 geben.

Esr 1-3 lassen in ihrer Beschreibung der Restitution der heiligen Gemeinde eine Verschmelzung von Fiktionalem und Realem vermuten, die nicht immer eindeutig zu trennen ist. Wie stark die Bildung einer kollektiven Identität[4] mit einem

---

1 Dyck, Ezra, S. 129.
2 Vgl. Torrey, Composition, S. 65.
3 Becking, Re-enactment, S. 52.
4 Zur Anwendung des Begriffs der *kollektiven Identität* auf den Israel-Namen vgl. ausführlich Weingart, Stämmevolk, S. 38–49.

https://doi.org/10.1515/9783110569759-005

Zusammenfallen von Mythos und Geschichtsschreibung zusammenhängt, hat Gehrke für die griechisch-hellenistische Antike mit dem Begriff der „intentionalen Geschichte" deutlich machen können: „Die Geschichte im Selbstverständnis der antiken Zeitgenossen war deshalb wesentlich aus dem Mythos gemacht. Dazu trat das, was man rudimentär von der ‚realen' Geschichte wußte (z. B. von den Perserkriegen, vom Peloponnesischen Krieg etc.) und nicht selten ins Gewand des Mythos gekleidet, ‚mythifiziert' hatte. Die Erzählungen und Sagen waren aber als ‚geglaubte' Geschichte von erheblicher, nicht selten entscheidender Bedeutung für das reale Leben und das politische Verhalten."[5] Intentionale Geschichte dient als „wesentliches Element von Selbstvergewisserung, Ortsbestimmung und Identitätsstiftung und -wahrung"[6] und gibt somit zugleich Auskunft über das Selbstverständnis und die „Mentalitätsgeschichte" der Menschen.[7]

Dass es sich bei Esr 1-3 nicht um einen historischen Tatsachenbericht der Rückkehrergemeinde, sondern vielmehr um intentionale Geschichte handelt, ist im Rahmen der Analyse deutlich geworden. Es ist aber zu fragen, was wir der Liste Esr 2 und ihrem Kontext an Informationen über den entsprechenden Trägerkreis, dessen Selbstverständnis und zeitgeschichtliches Umfeld entnehmen können. Im Folgenden wird darum zunächst der Inhalt der Liste selbst, d. h die einzelnen Personengruppen, genauere Betrachtung erfahren (Kap. 5.1). Daran anschließend soll der Blick auf den Kontext ausgeweitet werden. Dabei wird die Funktion des Heiligtums (Kap. 5.2) sowie das Selbstverständnis dieser Gruppe (Kap. 5.3) – gerade auch in Abgrenzung zu anderen[8] – erörtert.

5.1 Personen und Orte – Die gelisteten Gruppen in Esr 2

Wie bereits Esr 1,5; 2,59.68; 3,12 nahelegen, baut die Rückkehrerliste auf einer Untergliederung nach Vaterhäusern bzw. ihren entsprechenden Oberhäuptern, den ראשי האבות, auf.[9] Der Terminus „Häupter der Vaterhäuser" (ראשי האבות als Kurzform von ראשי בית האבות) findet sich dabei ausschließlich in P, Esr-Neh und

5 Gehrke, Mythos, S. 247. Vgl. auch Gehrke, Bedeutung, S. 30; Gehrke, Myth, S. 297–307.
6 Gehrke, Mythos S. 257.
7 Vgl. Gehrke, Mythos, S. 252.
8 Nach Giesen, Kollektive Identität, S. 24–32 wird kollektive Identität immer auch über den Unterschied von Innen und Außen, d. h. über Abgrenzung definiert: „Es handelt sich um die Konstruktion der Grenze zwischen dem Innenraum einer Gemeinschaft und der Außenwelt jenseits dieser Grenze." (Zitat S. 24)
9 Vgl. etwa auch Dyck, Ezra, S. 135; Karrer, Ringen, S. 89; Rothenbusch, Tora, S. 381.

den Chronikbüchern.[10] In Esr 1,5 sind es die ראשי האבות aus Juda und Benjamin (samt Mitgliedern, vgl. Esr 2,3-35) sowie die Priester und Leviten (vgl. Esr 2,36-40), die sich zur Rückkehr aufmachen. Die Rückkehrer aus den wohl babylonischen Siedlungen Tel Melach, Tel Charscha, Kerub, Addan und Immer hingegen (Esr 2,59) können bezüglich ihres Vaterhauses (בית־אבותם) nicht angeben, ob sie aus Israel stammen.[11] Das Vaterhaus ist neben den hier theologisch mehrdeutigen Bezeichnungen Juda, Benjamin und Israel die einzige soziale Größe, die in Esr 1-3 eine Rolle spielt. Dabei bleibt unklar, wie diese Einheit der בית אבות innerhalb der sozialen Struktur der nachexilischen Gesellschaft einzuordnen ist. Mit Esr 1,5 lassen sich die Vaterhäuser als Untergruppierungen eines Stammes (hier Juda und Benjamin) verstehen. Über ihre tatsächliche Größe lässt sich jedoch aufgrund der fiktiven Zahlen in Esr 2 nichts sagen.

In den priesterlichen Schichten ist der Gebrauch von משפחה „Sippe" und בית אבות „nicht ganz eindeutig", während in älteren Schichten der Begriff בית אב – allerdings im Singular – eindeutig als familiäre Untereinheit von משפחה zu verstehen ist.[12] Bereits ein Blick auf Numeri macht das eher disparate Verständnis des Begriffes בית אבות deutlich. So begegnen die Vaterhäuser beispielsweise auch in der Musterung von Num 1. Dort geschieht die Zählung nach der Anweisung in Num 1,2 jeweils folgendermaßen (vgl. z. B. Num 1,20):

תולדתם למשפחתם לבית אבתם במספר שמות לגלגלתם ...

Die Auflistung von למשפחתם bis לבית אבתם legt hierbei nahe, dass es sich wohl um kleiner werdende Untergruppen bis hin zur einzelnen Person (במספר שמות לגלגלתם) handelt. Damit ist בית אבות von den sozialen Einheiten משפחה oder מטה bzw. שבט zu unterscheiden. Allerdings tragen Stellen wie Num 1,4 oder 7,2, in denen die Häupter der Vaterhäuser mit den Oberhäuptern der zwölf Stämme gleichgesetzt werden, wiederum dazu bei, dass diese beiden Größen miteinander

---

10 Vgl. Blenkinsopp, Ezra, S. 77.

11 Dabei geht es hier nicht um ein grundsätzliches Bekenntnis zu JHWH als dem Gott Israels – denn dies lassen die theophoren Namen Delajah und Tobijah bereits erahnen –, sondern um eine Zugehörigkeit zu der hier als Israel definierten Gruppe. Vgl. auch Rothenbusch, Tora, S. 381: „Das ist am ehesten so zu verstehen, dass sie die genealogische Verbindung ihrer Geschlechter mit der judäischen Bevölkerung nicht im Einzelnen aufzeigen konnten."

12 Vgl. Seebass, Numeri IV/1, S. 33 f. (Zitat S. 33) Dabei bezeichnet בית אבות nicht zwangsläufig einfach den Plural von בית אב; vgl. zusammenfassend Fechter, Familie, S. 214: „בֵּית אָב‎ bezeichnet eine soziale Größe, welche in etwa dem entsprechen könnte, was nach Lev 18,7-16* als ‚Großfamilie' beschrieben worden ist. [...] Der Ausdruck בֵּית אָבוֹת kann demgegenüber zum einen als Pluralform zu בֵּית אָב‎ verwendet werden, er kann aber auch eine eigene Größe beschreiben, die den Blick vor allem auf die Generationentiefe richtet."

assoziiert werden.[13] Seebass zufolge bezeichnet der Pluralausdruck בית אבות „den sozialgeschichtlichen Wandel hin zu einer Selbstgliederung großer Einheiten wie der Sippen bis hin zum Stamm nach den Vätern",[14] weshalb es zu jeweils unterschiedlichen Verwendungsweisen der Begriffe innerhalb der exilisch-nachexilischen Literatur kommen kann.

Auch für Esr 2 lässt sich das Verhältnis von בית אבות zu dem in Esr 1-3 nicht erwähnten Begriff משפחה nicht mit Sicherheit bestimmen.[15] Während Williamson beispielsweise beide Begriffe miteinander gleichsetzt,[16] versteht Blenkinsopp die Vaterhäuser als „subdivision of the 'family' or phratry (mišpāḥāh), itself a subdivision of a tribe (šebeṭ)".[17] Die immer wiederkehrende Erwähnung der ראשי האבות bzw. der בית אבות sowohl in Esr-Neh als auch in den priesterlichen und chronistischen Schriften legt jedoch in jedem Fall die wichtige Bedeutung dieser sozialen Struktur in nachexilischer Zeit nahe: „In den jüngeren nachexilischen Texten ist ein stärkeres Hervortreten der בית-אבות zu beobachten, während die משפחה (Klan) [...] stärker in den Hintergrund tritt."[18] Seit Weinberg lässt sich hinter den בית אבות die „basic organizational unit"[19] bzw. „basic social unit within the postexilic community"[20] vermuten. Dennoch bleibt deren genaue Funktion und Struktur weiterhin vage.[21] Karrer weist zudem darauf hin, dass im Esr-Neh-Buch der Akzent „nicht auf den בית האבות selbst – sie werden nur zweimal als solche erwähnt (Esr 2,59//Neh 7,61; Esr 10,16) –, sondern auf den ראשי האבות, den ‚Häuptern der Vaterhäuser'" liegt.[22]

Möglicherweise ist es aufgrund der wenigen und zum Teil mehrdeutigen Informationen, die uns die alttestamentlichen Texte bieten, mit Seebass angebracht,

---

13 Vgl. auch Dyck, Ezra, S. 137 Anm. 5. Auf diese mehrdeutige Verwendung der Bezeichnung בית אבות hat bereits Smith, Religion, S. 102 hingewiesen: *„The consistent 'mistake' in Numbers is to associate the words* Bēt ʾĀb *with the basic large structural units of Israel."* (Kursivierung dort)
14 Seebass, Numeri IV/1, S. 34.
15 Für einen kurzen Überblick über die differierenden Forschungsmeinungen vgl. Rothenbusch, Tora, S. 381 f.
16 Vgl. Williamson, Ezra, S. 15.
17 Blenkinsopp, Ezra, S. 77. So auch ausführlich Scharbert, Bēyt, S. 226; 326.
18 Rothenbusch, Tora, S. 383. Siehe auch a. a. O., S. 384: „Offenbar haben also die בית אבות die משפחה in nachexilischer Zeit als Grundeinheit der judäischen Bevölkerung abgelöst, ohne mit diesen notwendigerweise identisch zu sein."
19 Blenkinsopp, Judaism, S. 80.
20 Dyck, Ezra, S. 135 mit Weinberg, Citizen-Temple, S. 61. Siehe auch Weinberg, Beit ʾAbot, S. 414. Indes hat Weinbergs These einer Bürger-Tempel-Gemeinde in den letzten Jahren einige Kritik erfahren; vgl. hierzu Kap. 5.2.
21 Vgl. auch Karrer, Ringen, S. 88.
22 Karrer, Ringen, S. 88.

auch hier nicht „auf Präzision drängen" zu wollen.[23] Als Konsens lässt sich wohl für die Vaterhäuser in Esr 2 festhalten, dass hier eine Form der „extended family"[24] vorliegt, die aus realen oder (zum Teil) fiktiven Verwandtschaftsbeziehungen besteht.[25] Wie etwa auch Clines' Übersetzung der בית האבות als „phratries" nahelegt,[26] erinnert die Auflistung Esr 2 zugleich an die im griechisch-hellenistischen Kontext belegten Phratrien als Untergruppen eines Stammes (Phyle)[27] und fiktive Verwandtschaftsverbände mit lokalem Bezugspunkt, deren Mitgliedschaft in männlicher Linie weitervererbt wird.[28] Siedlungsgeschichtlich-archäologisch sind hier möglicherweise die für die persisch-hellenistische Zeit typischen Einzelgehöfte als entsprechende lokale Bezugspunkte zu verstehen.[29]

Vor diesem Kontext können die Namen in Esr 2 als Eponyme der jeweiligen Vaterhäuser verstanden werden, auf die sich die gelisteten Gruppen entsprechend zurückbeziehen.[30] Dies suggerieren auch weitere Listen des Esr-Buches

---

23 Seebass, Numeri IV/1, S. 34.

24 Williamson, Ezra, S. 15. Vgl. auch Clines, Ezra, S. 58. Ähnlich auch Rothenbusch, Tora, S. 384. Scharbert, Bēyt, S. 237 weist in diesem Zusammenhang darauf hin, dass das Hebräische für den uns geläufigen Familienbegriff „keinen adäquaten Ausdruck [bietet]; die Familie wird einfach durch den ‚Mann' (*geber*) repräsentiert, der dann immer der verheiratete Mann mit Frauen und Kindern ist, also der Familienvater in unserem Sinn. Die Ausdrücke '*ab* ‚Vater' und '*aḥ* ‚Bruder' sind immer mehrdeutig; sie können sich auf Verwandte über mehrere Zwischenglieder der Genealogie hinweg beziehen, ganz abgesehen vom metaphorischen Sprachgebrauch."

25 Smith, Politics, S. 544; 547 nimmt mit Mowinckel, Studien I, S. 74–77 „fictionalized family units" an. Dagegen rechnet Rothenbusch, Tora, S. 382–385 mit echten Verwandtschaftsbeziehungen. Er folgt hierbei Fechter, Familie, S. 215, der das בית אבות als „Bezeichnung einer sozialen Größe mit ‚geschichtlicher Tiefe'" versteht, als „agnatischer Deszendenzverband […], der seine Verwandtschaft mit der historisch nachweisbaren Abstammung von einem gemeinsamen Vorfahren begründet." Hierin sieht er den Unterschied zur Sippe bzw. zum Klan (משׁפחה), dessen Mitglieder „ihre Abstammung als eine mythische und nicht als eine historische angeben". Dyck, Ezra, S. 139; Blenkinsopp, Judaism, S. 80 sprechen wiederum mit Weinberg, Beit 'Abot, S. 407 von realen und fiktiven Verwandschaftsbeziehungen.

26 Clines, Ezra, S. 48.

27 Vgl. etwa schon Homer, Ilias, II 362 f: κρῖν' ἄνδρας κατὰ φῦλα κατὰ φρήτρας Ἀγάμεμνον, ὡς φρήτρη φρήτρησιν ἀρήγῃ, φῦλα δὲ φύλοις. Siehe hierzu auch Kap. 4.1.1.

28 Vgl. Schmitz, Art. Phratrie, Sp. 962; Lambert, Phratries, S. 8; 12.

29 Vgl. hierzu die Arbeit von Hofeditz, Judäa, die sich mit den Siedlungsstrukturen Jehuds in der Perserzeit befasst. Hofeditz stellt hierbei fest, dass „sich in der gesamten Provinz hauptsächlich kleine Dörfer und vereinzelte Bauernhöfe" fanden. (Zitat S. 165)

30 Etwas anders scheint der Fall in Neh 10 zu liegen. So finden sich viele der in Esr 2 gelisteten Vaterhaus-Namen als einzelne Agierende bei der Verpflichtung auf das Gesetz und somit als tatsächliche Rückkehrer wieder. Dies hat Karrer, Ringen, S. 89 bereits für die Liste der Priester und Leviten in Neh 12 bemerkt: „Dadurch entsteht der Eindruck, daß die Namensgeber (Begründer?) dieser ‚Vaterhäuser' selbst Erstheimkehrer waren." Sehr wahrscheinlich ist hier jedoch mit einer Abhängigkeit von Esr 2 als Basisliste zu rechnen. Vgl. hierzu Exkurs 4.

(vgl. Esr 8; 10), die alle einem bestimmten Prinzip folgen: „Es wird der Name der Einheit angegeben: ‚von den Söhnen (Angehörigen) des … (Name)' und dann werden die Namen der Betroffenen aus dieser Einheit genannt."[31] Diese Vaterhäuser in Esr 2, die neben reinen Personen- auch Ortsnamen umfassen, sollen nun im Folgenden eine genauere Betrachtung erfahren.

5.1.1 Personen

In der Liste Esr 2,3-58 finden sich 79 Personennamen, wovon sich 21 auf die Laien und 58 auf das Tempelpersonal (also fast dreimal so viele!) verteilen.[32] Im Folgenden soll nun die Zusammensetzung der Liste näher betrachtet werden. Namen können Hinweise auf die religiöse, kulturelle oder ethnische Identität einer Person oder Gruppe geben, dürfen aber keinesfalls als absolute Indikatoren betrachtet werden. „Onomastics is admittedly a fallible guide to social and political realities, personal names are not always clearly indicative of religious affiliation, names can change over time, and the same person can have more than one name […]."[33]

Laien

Bei einer Betrachtung der Laien-Namen in Esr 2,3-20 fällt zuallererst auf, dass sich mit wenigen Ausnahmen (Jeschua und Joab in Esr 2,6, Schefatja in Esr 2,7 sowie Hiskija in Esr 2,16) keine eindeutig jahwistischen Namen finden lassen. *El* als theophores Element ist zudem gar nicht vertreten.[34] Dagegen tauchen neben westsemitischen auch Namen akkadischer (Arach; Ater) und persischer Etymologie (Bigwai; Zattu; Azgad; evtl. auch Nekoda; Mehida; Peruda) auf.[35] Wenige der Namen sind alttestamentlich über das Esr-Neh-Buch hinaus belegt, manche werden in den Chronikbüchern nochmals aufgegriffen.[36] Die wohl als Eponyme der בית אבות zu verstehenden Namen deuten so auf einen kosmopolitischen Kontext hin, in dem „fremde", nicht-westsemitische Namen auch problemlos für judäisch-stämmige oder JHWH-gläubige Personen vergeben werden konnten. Gleichzeitig ist damit wohl auch – besonders angesichts der Namen persischer

---

31 Karrer, Ringen, S. 89.
32 Die Mëuniter und Nefusiter in Esr 2,50 scheinen Stammesnamen zu bezeichnen.
33 Blenkinsopp, Judaism, S. 81.
34 Dieser Befund deckt sich mit der Onomastik Elephantines; vgl. Porten, Archives, S. 135.
35 Vgl. Zadok, Jews, S. 40–42; Zadok, Namen, S. 394; 396. Siehe auch Anhang.
36 Vgl. Anhang.

Etymologie – kein allzu hohes Alter jener Eponyme anzunehmen.[37] Griechische Namen sind hingegen noch nicht vertreten. Ein Großteil der Namen ist außerbiblisch für die neo-babylonische bzw. persische Zeit belegt. Sie begegnen so oder in ähnlicher Form auch in den Dokumenten der ägyptischen Nilinsel Elephantine (שפטיה; בני > בניה; זתוא > זתוה; זתהוי > זתהי; בגוי > בגוהי; אטר), in den babylonischen Murašû-Archiven aus Nippur (z. B. בבי > *Bi-ba-a*; בצי > *Bi-ṣa-a*; גבר > *Gab-ba-ri*) oder in Zeugnissen aus anderen babylonischen Siedlungen (z. B. בני > *Bānia*).[38]

Schon Mowinckel stellte bei seiner Untersuchung der Rückkehrerliste fest, dass sich in Esr 2 keine „alten[n] Geschlechtsnamen" nachweisen lassen: „Die betreffenden soziologischen Grössen (!) haben mit einigen Ausnahmen ihre Namen nach Personen, die zwar in einigen Fällen vor dem Exil gelebt haben mögen, die aber ihren Namenstypen nach eher in die Exilszeit oder ältere nachexilische Zeit anzusetzen sein werden."[39] Entsprechend handle es sich daher um Gruppen, die jeweils nach einer Führungsperson entweder während des Exils oder bei der Wiederbesiedlung Judas benannt sind. „In keinem Falle ist aber das Geschlecht etwas anderes als eine an einem bestimmten Ort angesiedelte und wohnhafte Gruppe."[40] Auch wenn sich dies wohl nicht genau rekonstruieren lässt, ist es nicht unwahrscheinlich, dass Esr 2 Organisationsstrukturen beschreibt, deren Mitglieder sich etwa vergleichbar zu Phratrien oder ähnlichen konstruierten Verwandtschaftsverbänden auf exilisch-nachexilische Eponyme beriefen bzw. lokal gruppierten – zumal es sich, wie die außerbiblischen Belege zeigen, hierbei keinesfalls um für diese Epochen untypische oder außergewöhnliche Namen handelt.

Ein zu Esr 2 vergleichbares Phänomen liegt auch bei den Personennamen der Anführerliste in Num 1,5b-15 vor. Dort findet sich kein einziger mit JHWH gebildeter Name und nur acht der 24 Namen sind noch an anderen Stellen belegt.[41]

---

37 Anders Zadok, Jews, S. 41 f, der auf Basis von 2 Kön 17,6 von einem früheren persischen Kontakt ausgeht: „Iranian surnames (*Zattû* and *Bigway*) are recorded among Jews as early as Cyrus' reign. Since these two clans had thousands of descendants (945 [or 845] and 2056 [or 2067] respectively according to *Ezra* ii, 8, 14 = *Neh.* Vii, 13, 19), their ancestors must have lived some generations before the Achaemenian period. One may also regard the surname '*Azgād*, which appears in the same list, as Iranian, provided that it is identical with the Babylonian surname *Ašgandu* (Iran. **Žganda* – 'messenger'). [...] If these three names were not adopted by the clans after the Achaemenian conquest of Babylonia, then it is not impossible that these clans bearing Iranian names were also descendants of Israelites who were deported, possibly to Media, by the Assyrians."

38 Zu den Belegen vgl. die Aufstellung im Anhang.

39 Mowinckel, Studien I, S. 81.

40 Mowinckel, Studien I, S. 84.

41 Vgl. auch Kellermann, Priesterschrift, S. 157.

Kellermann stellt hierzu auf Basis des alttestamentlichen Textbefundes fest, dass sich „nach der Blüte der mit יהוה gebildeten Namen während der Königszeit [...] in nachexilischer Zeit ein Zurücktreten der Jahwe-Namen bemerkbar (vgl. vor allem die Listen in der Chronik)" macht.[42] Die Namensbelege des *external evidence*, aus der babylonischen und ägyptischen Diaspora sowie aus Samaria, scheinen dies für die exilisch-nachexilische Zeit jedoch nicht direkt nahezulegen. Epigraphischen Belegen zufolge scheint beispielsweise für Samaria „der Prozentsatz JHWH-haltiger Namen zur persischen Zeit wesentlich höher als derjenige im 9.-8. Jh. v. Chr." gewesen zu sein.[43] Auch in Elephantine sind fast ausschließlich -*jh/w*-theophore Namen belegt. Für die babylonische Diaspora in neobabylonischer und achämenidischer Zeit (Nippur, Āl-Yāḫūdu, Bīt-Našar und Bīt-Abīrâm) hingegen ergibt sich ein differenzierteres Bild. Während weiterhin viele *Yāma-/ Yāḫû*-haltige Namen begegnen, ja im Laufe der Zeit zahlenmäßig zunehmen,[44] tragen dort Exils-Judäer auch Namen babylonischer und anderer nichthebräischer Etymologie.

Esr 2 präsentiert dabei eine etymologische Diversität an Namen, wie sie etwa auch für das Onomastikon exilierter Judäer im achämenidischen Nippur belegt ist. So fallen auch dort Namen sehr unterschiedlicher Herkunft ins Auge: „[...] it was not considered a serious compromise of one's Jewish identity to give a child a name which was not Yahwistic, nor even of Hebrew or Aramaic linguistic stock."[45] Bei der Untersuchung der Personennamen in den Murašû-Archiven aus Nippur wird deutlich, wie kosmopolitisch diese Stadt im 5. Jh. v. Chr. gewesen sein musste und welchen starken Einfluss dies auch auf die Namensgebung ihrer Bewohner hatte.[46] Coogan bemerkt dabei „a high degree of onomastic syncretism [...] manifest at Nippur (e. g., individuals whose names are West Semitic have sons with Babylonian names)".[47] Dabei lässt sich mit Blick auf die entsprechenden Genealogien feststellen, dass die Namen nicht immer aussagekräftig für die religiöse Zugehörigkeit sind: „Ambivalent names were apparently common, and what we have called onomastic syncretism was so prevalent that the adoption of a neutral or even of a foreign name is not an index of non-Jewishness."[48]

---

42 Kellermann, Priesterschrift, S. 157.

43 Hensel, Samaritanische Identität, S. 90 mit Knoppers, Jews, S. 117; Lemaire, Inscriptions, S. 226 f.

44 Vgl. Pearce/Wunsch, Documents, S. 14.

45 Coogan, Life, S. 11.

46 Vgl. auch Coogan, West Semitic, S. 1.

47 Coogan, West Semitic, S. 5.

48 Coogan, West Semitic, S. 121.

Während die Murašû-Archive nur Auskunft über eine kleinere, elitäre Gruppe judäischer Bewohner in einer kosmopolitischen Handelsmetropole geben, liefert das Textmaterial aus Āl-Yāḫūdu, Bīt-Našar und Bīt-Abīrâm ein breiteres Spektrum auch aus den unteren sozialen Schichten, die wohl vornehmlich in ländlichen Regionen und in größtenteils ethnisch homogenen Gemeinschaften angesiedelt waren.[49] Dort lässt sich ein differenzierteres Bild der Namensgebung nachweisen. So finden sich beispielsweise einerseits in Āl-Yāḫūdu Familien, in denen über mehrere Generationen Namen mit den Elementen *Yāma-/Yāḫū-* vergeben wurden.[50] „To judge by their names, they clearly emphasize their origin and religious tradition."[51] Insgesamt sind über 75 jahwistische Namen für ca. 120 Individuen erhalten.[52] Andererseits begegnet etwa in Bīt-Našar ein gewisser Ahīqar, Sohn des Rīmūt, dessen Name seine judäische Herkunft nicht direkt verrät. „Although his name and patronym do not specifically mark him as being of Judean descent, and his wife bears the Babylonian name Bunnannītu, their cultural background is apparent in the name of their son, Nīr-Yāma."[53] Auch lassen sich Beispiele anführen, in denen das theophore Namenselement *Yāḫū-* bei ein und derselben Person einfach durch *Bēl-* ersetzt werden konnte – ein Hinweis auf „Judean acculturation and integration of Judeans into Babylonian administrative structures".[54] Es lässt sich dabei vermuten, dass besonders die Landbevölkerung, die in ethnisch relativ homogenen Siedlungen wohnte,[55] ihre Namenstradition stärker bewahrt hatte, während in den babylonischen Metropolen (wie etwa Nippur), wo sicherlich auch vornehmlich die Elite Aufnahme fand, mit einer größeren Assimilation zu rechnen ist. Für die Interpretation von Esr 2 wäre hierbei nun zu überlegen, ob es sich angesichts der etymologischen Diversität der Namen nicht möglicherweise auch eher um (elitäre) Rückkehrer aus einem kosmopolitschen Umfeld handelt. In jedem Fall dürften die Namen wohl ein Zeugnis dieses neo-babylonischen und auch noch (entgegen Esr 1) in persischer Zeit fortgesetzten Aufenthaltes im Exil, des Aufeinandertreffens verschiedener Kulturen und der Assimilation darstellen, wohingegen von der im Lande Judas gebliebenen Bevölkerung wohl eine weniger starke onomastische Varianz zu erwarten wäre.

---

49 Vgl. Pearce/Wunsch, Documents, S. 4 f.
50 Vgl. Pearce/Wunsch, Documents, S. 7 f.
51 Pearce/Wunsch, Documents, S. 8.
52 Vgl. Pearce/Wunsch, Documents, S. 15.
53 Pearce/Wunsch, Documents, S. 9.
54 Pearce/Wunsch, Documents, S. 29.
55 Vgl. Pearce/Wunsch, Documents, S. 3: „[...] the Babylonians kept communities intact, and installed them in settlements and towns in once-productive agricultural lands [...]."

Als Kontrastfolie hierzu dienen die Namensbelege in Elephantine. Auch dort zeugen Papyri zwar von der kosmopolitischen Natur der Nilinsel,[56] doch sind von den über 160 belegten Namen elephantinischer Judäer nur eine geringe Anzahl nicht-theophor.[57] Während das theophore *el* als Element auch in diesem Onomastikon überhaupt nicht begegnet, weisen die meisten Namen das für Elephantine charakteristische Namenselement *-jh/w* auf.[58] Damit bezeugt die Nilinsel ein völlig anderes Namensspektrum als etwa die Liste Esr 2, Num 1,5b-15 oder die Murašû-Archive. „The strinking fact about these names is that they all go back to pre-exilic times. They exhibit the post-exilic tendency – also prevalent in Judah – to omit the letter *w* from YHW at the end of the name. But they include almost no Aramaic names and exhibit little Aramaic influence."[59] Im Unterschied zu dem oben beschriebenen „onomastic syncretism"[60] in Nippur lässt sich also hier von einem „clearly Hebrew character of the Elephantine onomasticon",[61] ja sogar vom Phänomen der „onomastic isolation"[62] sprechen. ·

Während also Elephantine eine isolierende oder konservierende Tendenz der Namensgebung und somit eine Nähe zu den vorexilisch-judäischen Personennamen aufweist,[63] liegt der Fall in Esr 2 anders. Dort lässt sich in Anlehnung an Coogan ebenfalls von einem „onomastic syncretism" sprechen.[64] Eine Kontinuität zur vorexilischen Namensgebung kann hier kaum festgestellt werden. Dass die Namen in Esr 2 allerdings keine reine Erfindung sein dürften, wird dabei durch zwei Aspekte nahegelegt: Zum einen sind viele der in Esr 2,3-20 gelisteten Namen

---

56 Siehe TAD D, S. 194: „The cosmopolitan nature of the Elephantine community is clearly evidenced in a list whose names are Aramaic-Aramaic (D9.10:2,4), Aramaic-Egyptian (D9.10:5,7), Hebrew-Egyptian (D9.10:8), Hebrew-? (D9.10:1), Egyptian (D9.10:6), and Iranian-Iranian (D9.10:3)."

57 Vgl. Porten, Archives, S. 134.

58 Vgl. Porten, Archives, S. 135.

59 Porten, Archives, S. 147.

60 Coogan, West Semitic, S. 5.

61 Porten, Archives, S. 148.

62 Zadok, Pre-Hellenistic, S. 15.

63 Vgl. Porten, Archives, S. 149, der zusammenfasst: „Unequivocal evidence for any extensive adoption of non-Hebrew names by the Elephantine Jews is thus clearly absent."

64 Coogan, West Semitic, S. 5. An dieser Stelle sei zugleich auf die Problematik der Bedeutung und Verwendung des Synkretismusbegriffes hingewiesen. „'Syncretism' is a contentious term, often taken to imply 'inauthenticity' or 'contamination', the infiltration of a supposedly 'pure' tradition by symbols and meanings seen as belonging to other, incompatible traditions." (Shaw/ Stewart, Introduction, S. 1). Auch wenn der Synkretismusbegriff ursprünglich positiv besetzt war, wird dessen Verwendbarkeit heute kontrovers diskutiert. „Die Vorbehalte gegen die Verwendung sind zumeist durch den Hinweis begründet worden, der Begriff impliziere eine unzulässige (Ab)Wertung" (Berner, Synkretismus, S. 31). Zugleich sei jedoch zu beachten, dass „[s]imply identifying a ritual or tradition as 'syncretic' tells us very little and gets us practically

für die exilisch-nachexilische Epoche auch außeralttestamentlich belegt,[65] zum anderen wäre zu erwarten, dass man im Falle der Generierung einer fiktiven Liste wohl weniger etymologisch diverse, fremde als vielmehr an die vorexilische Zeit angelehnte „fromme", JHWH-haltige Namen verwendet hätte.

Interessant ist in diesem Zusammenhang, dass die Liste der Rückkehrer unter Esra in Esr 8 nur zwölf (V. 3-14) der in Esr 2 gelisteten Vaterhäuser bietet und diesen jeweils einen Anführer zuordnet, der in elf der zwölf Fälle einen JHWH-haltigen Namen hat und/oder ihn in seiner Filiation trägt. Ähnlich verhält es sich mit der Mischehenliste in Esr 10, und auch in Neh 10-12 finden sich zahlreiche Namen, die JHWH als theophores Element haben. Es zeigt sich also, dass diese wohl zum Teil von Esr 2 abhängigen Listen jeweils mit „frommen" Personennamen genealogisch weitergeführt werden.

Exkurs 4: Zur Abhängigkeit weiterer Listen des Esr-Neh-Buches von Esr 2

Die Ursprünglichkeit von Esr 2 gegenüber Neh 7 wurde bereits in Kap. 2.2 dargelegt und muss hier nicht erneut diskutiert werden. Die Abhängigkeit weiterer Listen des Esr-Neh-Buches (mit Ausnahme von Neh 3) von der Rückkehrerliste (Esr 2 par.) wurde in der Forschungsliteratur immer wieder festgestellt.[66] Dass die Rückkehrerliste am Anfang der literarischen Entwicklung steht, ist vor allem daran ersichtlich, dass die anderen Listen sich ihrer steinbruchartig bedienen. Während sich dies für Esr 8; 10 relativ deutlich zeigt, scheint der Sachverhalt für die Listen des Neh-Buches komplexer. Für Neh 10-12 gilt, dass diese Listen neben den Rückgriffen auf Esr 2 par. auch noch weitere Quellen zu verwenden scheinen

---

nowhere, since all religions have composite origins and are continually reconstructed through ongoing processes of synthesis and erasure." (Shaw/Stewart, Introduction, S. 7). Dies wird ebenso für die religions- und kulturgeschichtliche Entwicklung Israels und Judas deutlich, die immer auch im Austausch mit ihren Nachbarkulturen standen. Zur Debatte vgl. Shaw/Stewart, Introduction, S. 1–16; Berner, Synkretismus, S. 31–41; Berner, Untersuchungen.

65 Siehe Anhang.

66 So beispielsweise Mowinckel, Studien I, S. 121 f; 127 f; 142–144; Gunneweg, Esra, S. 146 f; 185; Becker, Esra, S. 46; 57; 99; Hieke, Bücher, S. 83; 133 f; 153; Schunck, Nehemia, S. 294–296; 325; Rothenbusch, Tora, S. 219; 222; 229; Daniels, Composition, S. 318; Dahm, Opferkult, S. 35; 39. Vgl. auch Kratz, Komposition, S. 73 f; 79; 86 f, der allerdings für Esr 10 vorsichtig formuliert: „Mehr noch als im Fall von 8,1-14 ist die literarische Abhängigkeit nicht nachzuweisen, weil die Auswahl kein Prinzip erkennen lässt." (Zitat S. 86 f) Anders hingegen Koch, Weltordnung, S. 255–257, der die „Zwölfer-Einteilung" der Liste in Esr 8 „als ein Konstrukt der Exilsgemeinde betrachtet" und somit „als älteste Stufe ansetzt". Die Rückkehrerliste Esr 2 wäre demnach erst auf Stufe drei zu verorten, da sie den Eindruck erwecke, „daß die von Esra vorgenommene Gliederung sich im Lauf der Zeit immer stärker aufgeweicht hat" (Zitate S. 256). Gegen eine Abhängigkeit von Esr 2 vgl. auch Williamson, Ezra, S. 108–110.

und insbesondere Neh 11 f mehrfach umfassend bearbeitet wurden.[67] Bereits Mowinckel hat in seiner einschlägigen Studie zu den Listen des Esr-Neh-Buches ausführlich die Abhängigkeitsverhältnisse herausgearbeitet und diskutiert.[68]

So übernimmt Esr 8 beispielsweise, um das Stämmekonzept weiter zu transportieren, die ersten zwölf Laiengeschlechter aus Esr 2 (Esr 8,2-14)[69] und fügt ihnen in Esr 8,2 noch fiktive zadokidische Priester-Ahnen hinzu.[70] „Den aus Esr 2 bekannten Stammvätern werden hier neue Namen zugeordnet (vgl. z. B. 8,3 mit 2,3; 8,4 mit 2,6 usw.). Die Liste endet nach Erreichen der Zwölfzahl. Der Text unterstellt, dass von den Nachkommen der angeführten Ahnen einige bereits 538, andere jetzt mit Esra (458?) heimgekehrt seien. Entstehungsgeschichtlich dürfte Esr 8 einfach Esr 2 literarisch übernommen haben."[71]

Auch in Esr 10 begegnen wieder die aus Esr 2 bekannten Vaterhäuser; hier jedoch in der Reihenfolge Priester – Leviten – Laien. Ihnen werden jeweils Einzelpersonen zugeordnet, die sich auf die Auflösung ihrer Mischehen verpflichten. Mowinckel bemerkt hierzu: „Die Tatsache bleibt dann, dass die Liste ebenso wie 8:1-14 nur solche Namen enthält, die sich im ersten Teil der Liste Ezr 2 finden, ohne dass irgend ein rationaler oder sachlicher Grund dafür gefunden werden kann. Die Namen sind im grossen Ganzen dieselben wie dort. Mit 8:1-14 stimmt unsere Liste auch darin überein, dass unter den mitgenommenen Geschlechtern Arach und Zakkai fehlen und Schefatja etwas herabgerückt worden ist. Es wäre doch ein merkwürdiger ‚Zufall', wenn die sündigen Geschlechter eben diejenigen wären, die etwa aus topographischen Gründen in dem ersten Teil der Volkszählungsliste eingetragen waren, und noch merkwürdiger, dass diese Geschlechter sich mit denen deckten, die soeben zahlreiche Vertreter mit Ezra von Babylonien gesandt hatten."[72]

In Neh 10 werden die Geschlechternamen aus Esr 2 sodann plötzlich zu handelnden Einzelpersonen.[73] „Offenbar genoß die Rückkehrerliste bei dem Redaktor, der die Laienliste zusammenstellte, so hohes Ansehen, daß er die Anordnung

---

67 Vgl. z. B. Mowinckel, Studien I, S. 142–144; 147; 153–157; Schunck, Nehemia, S. 293–296; 315–352. Zur Parallele von Neh 11,4b-19 mit 1 Chr 9,3-17 vgl. auch Schunck, Nehemia, S. 319 f.

68 Vgl. Mowinckel, Studien I, S. 116–162. Die Listen in Neh 11 f bewertet Mowinckel hingegen als nachträgliche Zusammenfügungen unterschiedlicher Archivdokumente und anderer Quellen durch den nachchronistischen Redaktor, ohne eine dezidierte Abhängigkeit von Esr 2 par. (vgl. S. 147; 153–157). Vgl. hierzu auch Schunck, Nehemia, S. 335 f.

69 Vgl. auch Daniels, Composition, S. 318. Mowinckel, Studien I, S. 121 merkt hierzu an, dass die Nennung der zwölf Geschlechter die Funktion hat, die Heimkehr als zweiten Exodus – dem Exodus der zwölf Stämme entsprechend – darzustellen.

70 Vgl. hierzu Dahm, Opferkult, S. 35; 37.

71 Hieke, Bücher, S. 133 f.

72 Mowinckel, Studien I, S. 129.

73 Vgl. auch Schunck, Nehemia, S. 295.

der Namen der Rückkehrerliste weitgehend übernahm."[74] Zugleich scheint sich diese Liste gleichermaßen eklektisch der Rückkehrerliste und der Mauerbauliste Esr 3 zu bedienen.[75]

Es lässt sich also festhalten, dass Esr 2 bzw. Teile daraus als Quelle im Esr-Neh-Buch weiterverwendet, für den jeweiligen Kontext modifiziert und für die entsprechende Erzählabsicht in Dienst genommen wurden. Hieke fasst zu den Abhängigkeitsverhältnissen der Personenlisten treffend zusammen: „Die Namen kehren z. T. in anderen Zusammenhängen wieder, vor allem in Listen: die Heimkehrer, die Esr begleitet haben (8,3-14); die von den Mischehen Betroffenen (10,25-43); die Unterzeichner der Urkunde der Bundeserneuerung unter Nehemia (Neh 10,15-28). Damit wird die Liste von Esr 2 zur Ausgangs- und Basisliste des Esra-Nehemia-Buches, auf die immer wieder zurückgegriffen werden kann. So vermittelt der Text den Eindruck innerer Geschlossenheit und Überschaubarkeit."[76]

Die Namen in Esr 2 hingegen reflektieren ein multiethnisches, kosmopolitisches Umfeld im Exil, was sich auch mit den Namensbelegen des *external evidence* deckt.[77] Damit dürften in Esr 2,3-20 wohl echte Eponyme vorliegen, unter denen sich Einzelne bzw. kleinere Gruppen in Form von sowohl realen als auch fiktiven Verwandtschaftsbeziehungen in neo-babylonischer bzw. frühpersischer Zeit (eventuell auf Basis bereits bestehender Strukturen) zusammengefasst haben.[78]

Tempelpersonal

Mowinckel nimmt auch für die Priester, Leviten und Sänger in Esr 2 keine echten Geschlechter, sondern vielmehr „Dienstklassen" bzw. „künstliche Gebilde" (vgl. auch 1 Chr 24,3: לפקדתם) an.[79] Möglicherweise ist jedoch die Frage nach der tatsächlichen genetischen Abstammung sowohl hier als auch bei den Laien gar nicht von primärer Bedeutung. So ist mit Blum festzuhalten, „daß Verwandtschaftsgruppen, zumal große Einheiten (das belegt vor allem die ethnologische Feldforschung), primär eine *soziale* und keine genetische Realität darstellen."[80] Über die realen oder konstruierten genealogischen Verbindungen lässt sich hier

---

74 Schunck, Nehemia, S. 295.
75 Vgl. Schunck, Nehemia, S. 295 f.
76 Hieke, Bücher, S. 82 f.
77 Vgl. etwa Beaulieu, Yahwistic Names, S. 251: „But a significant number of Judeans in the Babylonian Diaspora adopted Babylonian names as well as West Semitic names that are not Hebrew."
78 Vgl. auch Anm. 25 in diesem Kapitel.
79 Mowinckel, Studien I, S. 78.
80 Blum, Volk, S. 29.

ohnehin nur schwer eine Aussage treffen, da auch die Namen des Tempelpersonals alttestamentlich kaum bis gar nicht weiter belegt sind.

Die Namen der vier Priestergruppen Jedaja, Immer, Paschchur und Charim sind weniger bekannt, während es sich bei der Apposition לבית ישוע in V. 36 um einen Nachtrag handeln dürfte, der den zusammen mit Serubbabel genannten Jeschua (vgl. Esr 3) in die entsprechende Priester-Lineage einträgt.[81] Außerhalb von Esr-Neh und den Chronikbüchern begegnen nur Immer und Paschchur noch einmal als Priestergeschlecht einer gemeinsamen Lineage (פשחור בן־אמר הכהן) in Jer 20,1-3.6.[82] Interessant ist hieran jedoch, dass sich keiner der Namen alttestamentlich auf eine aaronidische oder zadokidische Lineage zurückführen lässt.[83]

Erst die Chronik greift diese Priestergeschlechter wieder auf und führt ihre Einsetzung auf David und Zadok zurück. So werden Jedaja, Immer und Charim in 1 Chr 24,7.8.14 zu den 24 Abteilungen der Priester gerechnet. Über den in 1 Chr 24,9 genannten Malkija ist möglicherweise auch Paschchur nach Neh 11,12 (בן־פשחור בן־מלכיה ...) zu einer der Abteilungen hinzuzurechnen.[84] Deutlich wird dabei, dass diese Personen – hier ebenfalls als ראשים לבית־אבות bezeichnet (1 Chr 24,4)! – nun sekundär eine Legitimation erfahren, indem sie das Chronikbuch einerseits mit der Genealogie Aarons verbindet (1 Chr 24,1) und sie andererseits von David und Zadok einsetzen lässt (1 Chr 24,3). Mit Dahm ist hier eine „Subsumierung bestehender Priester-Lineages unter das Zadokiden-Aharonidentum" in den jüngsten Schichten des Alten Testaments anzunehmen.[85]

Daneben lässt sich auch hier wieder Esr 8 als Kontrast zur Liste Esr 2 par. betrachten. So werden dort nicht nur, wie oben beschrieben, zwölf der Vaterhäuser aus Esr 2 genealogisch mit JHWH-haltigen Namensträgern verbunden, auch sind dort nun „die uns durch das AT vertrauten priesterlichen Namen genannt".[86] Dahm weist darauf hin, „dass die Liste Esr 8 sich in allen die Zadokiden betreffenden Aussagen betont von den Listen in Esr 2 und Neh 7 abhebt. Sie signalisiert, dass mit der Heimkehr Esras die zad[okidischen] Priesterschaften in der machtpolitischen Hierarchie die Spitzenposition einnahmen".[87] Somit liegt Esr 2 eine

---

81 Vgl. hierzu Kap. 3.3.2 V. 36-58.

82 Vgl. hierzu auch Kap. 3.3.2 V. 36-58.

83 Vgl. auch Schunck, Nehemia, S. 214 f.

84 Vgl. Bowman, Ezra, S. 583; Clines, Ezra, S. 54; Kidner, Ezra, S. 43.

85 Dahm, Opferkult, S. 40. MacDonald, Priestly Rule, S. 147 spricht hier von den „Söhnen Zadoks" als „late innovation in the biblical texts and an intertextual ideal", welches erst durch späte inneralttestamentliche Exegese Eingang in die Texte gefunden hat.

86 Dahm, Opferkult, S. 34.

87 Dahm, Opferkult, S. 34. MacDonald, Priestly Rule, S. 118 Anm. 275 bemerkt dabei den Zusammenhang zwischen den Chronikbüchern und der Genealogie in Esr 7,1-5, die er aufgrund des „awkward resumptive הוא עזרא in v.6" als „clearly redactional" versteht. Dabei betont

völlig andere Priester-Tradition zugrunde, die jene zadokidische Linie, welche in Ez 44,15 als einzig legitimes Priestergeschlecht propagiert und der für die nachexilische Zeit so viel Bedeutung zugemessen wird, nicht zu kennen scheint.[88]

Dahm hat dabei zeigen können, dass sich *die eine* zadokidische Lineage erst relativ spät im Laufe der Zeit herausbildete und anfangs noch verschiedene Varianten zadokischer Traditionsbildung vorlagen. Während Dahm hinter Esr 8; Neh 10-12 fiktive Listen vermutet, sieht sie im Falle von Esr 2 par. die zadokidische Lineage über den Rahmen Esr 2,2//Neh 7,7 mit Seraja/Asarja nachgetragen.[89] Diese Annahme deckt sich mit den oben geschilderten Ergebnissen der literar- und traditionsgeschichtlichen Analyse, der zufolge die elf Anführer in Esr 2,2a als späterer Nachtrag aus womöglich chronistischem Umfeld angesehen werden können.[90]

Demnach hat erst sehr spät eine Verknüpfung von Priester-Lineages der Heimkehrerliste mit den Zadokiden stattgefunden, was sich in jüngeren Stellen wie Neh 11,11 und 1 Chr 9,11 niedergeschlagen hat.[91] So konstruieren die Texte des Alten Testaments rückwirkend vor allem über die Genealogien eine zadokidische Tradition, die bis zu Aaron zurückreicht und an diesen anknüpft.[92] „Es war kein Widerspruch, wenn die Söhne Zadoks sich als Söhne Aharons titulierten, sondern das Zeichen zad[odikidischer] Repräsentanz im ‚Exodus'."[93] So gilt Aaron als

---

MacDonald, dass es den biblischen Redaktoren weniger um die Verknüpfung mit Zadok als um die Verbindung mit Aaron gehe: „Thus, priestly figures from Israel's history are given an Aaronide descent, as required by the priestly literature, but there is nothing to suggest that Zadok is given any prominence." (MacDonald, Priestly Rule, S. 118 Anm. 275)

88 MacDonald, Priestly Rule, S. 19–55; 146–150 hat diesbezüglich zeigen können, dass das Orakel Ez 44 was seinerseits bereits auf Jes 56 reagiert, in seiner frühesten Form mindestens persisch, wenn nicht hellenistisch zu datieren ist. Dabei seien die „Söhne Zadoks" in Ez 44,15 erst später ergänzt worden (vgl. S. 51–55). Für Esr 2* würde diese Erkenntnis dann bedeuten, dass der Text möglicherweise einfach noch keine zadokidische Tradition kannte. So schließt MacDonald, Priestly Rule: „[...] the sons of Zadok were a late innovation in the biblical texts and an intertextual ideal. Before the first revision of Ezekiel 44 was made, no group existed claiming to be the sons of Zadok." (Zitat S. 147) Damit seien die Zadokiden „the result of textual exegesis" in hellenistischer Zeit (Zitat S. 148).

89 Vgl. Dahm, Opferkult, S. 32f; 37; 39. Dahm sieht in den beiden Varianten Seraja/Asarja „eine Differenz, die sich in den (HP-)Genealogien wiederholt (Neh 11,11 und I Chr 9,11). Sie lässt sich am ehesten mit konkurrierenden Priestergenealogien oder mit einer Berichtigung der Namensfolge erklären." (Zitat S. 39)

90 Vgl. hierzu auch Kap. 3.3.2 V. 1-2 sowie 3.3.4.

91 Vgl. Dahm, Opferkult, S. 40: „Wie jung diese Stelle ist, zeigt, dass in diesem Kontext auch der Makkabäer Jojarib (Neh 11,10 und I Chr 9,10) erwähnt wird [...]."

92 Vgl. Dahm, Opferkult, S. 104.

93 Dahm, Opferkult, S. 106.

Hohepriester des Exodus-Heiligtums (vgl. Ex 25 ff), das nach Jos 18,1; 19,51 und 1 Sam 2,22 seine letzte Stätte in Schilo/Ephraim, also im Nordreichsgebiet fand.[94] Hier geschieht somit eine Verknüpfung der Zadokiden mit der Nordreichstradition und dem Exodus-Mythos.[95] Eine Rückbesinnung auf diesen Mythos nehmen hingegen auch Esr 1-3 vor, indem sie die Rückkehr aus dem Exil als zweiten Exodus – allerdings nur im Hinblick auf Juda-Benjamin – schildern.[96] Esr 2 steht also in Konkurrenz zu (oder am Anfang?) der sonst in Esr-Neh sowie Chr vorfindlichen Tradition, welche die Bedeutung des aaronidisch-zadokidischen Priesteramtes hervorhebt, genealogisch legitimiert und die Person Esras selbst in die Nachfolge Aarons und Zadoks stellt (Esr 7,1-5).

Auffällig ist weiterhin, dass in der Liste Esr 8 keine Leviten vorkommen[97] (was in V. 15 explizit bemerkt wird) und auch für Esr 2 der Anteil der Leviten überraschend gering ist, obgleich diese im Kontext der Rückkehrerliste fester Bestandteil der agierenden Gemeinde sind (Esr 1,5; 3,9.12). Während die Priester mit einer Gesamtzahl von 4 289 über ein Zehntel der gesamten Rückkehrerschaft (vgl. 2,64: 42 360) stellen, bietet die Liste für die Leviten lediglich eine Anzahl von 74 Personen. Schaper nimmt an, dass die Anzahl der deportierten Leviten, die sich vor der Eroberung Jerusalems als ehemalige Landpriester am Jerusalemer Heiligtum aufhielten, wesentlich höher als die Anzahl der deportierten Priester gewesen sein muss, da auch die ihnen zugedachten Hilfstätigkeiten mehr Personal erforderten als die Opfertätigkeiten der Priester.[98] Als Grund für die spärliche Rückkehr sieht er die Weigerung der Leviten, sich nach der Repatriierung einer völligen Degradierung (nach ezechiel'schem Verfassungsentwurf) ihres Amtes zu unterziehen.[99] Samuel nimmt dagegen an, dass „mit dem Großteil des Volkes auch der größte Teil der Leviten niemals ins Exil gegangen, sondern immer im Lande geblieben war",[100]

---

94 Vgl. Dahm, Opferkult, S. 104; 106.
95 Vgl. auch Dahm, Opferkult, S. 60; 107.
96 Dass eine aaronidische Priester-Lineage in Esr 2 fehlt, ist daher umso interessanter, als Aaron und die Aaroniden in der biblischen Tradition auch mit dem Nordreichsheiligtum in Bethel assoziiert werden (vgl. Ex 32,1-6 und 1 Kön 12,29; Ri 20,27 f.). Vgl. hierzu Koenen, Aaron/Aaroniden, Abschnitt 3.1.
97 Vgl. auch Dahm, Opferkult, S. 34. So auch Samuel, Von Priestern, S. 388, der jedoch für Esr 8,15b-20 einen Nachtrag annimmt und davor warnt, aus dieser Passage sowie der Heimkehrerliste Esr 2 par. „direkt historische Schlußfolgerungen für die frühnachexilische Zeit ziehen zu wollen".
98 Vgl. Schaper, Priester, S. 127.
99 Vgl. Schaper, Priester, S. 127. Dagegen Samuel, Von Priestern, S. 388 Amn. 1729.
100 Samuel, Von Priestern, S. 388. In diesen „altjudäischen" Leviten sieht Samuel die Trägerkreise deuteronomistischer Fortschreibungen (vgl. S. 388).

folglich auch nicht in der Liste der Rückkehrer zu finden sei bzw. zur Rückkehrergemeinde gehöre.

In Esr 1-3 werden die Leviten dennoch zunächst einmal gleichberechtigt neben den Laien und den Priestern genannt.[101] Es sind vor allem diese drei Parteien, die in der Erzählung handeln (Esr 1,5; 3,12). Auch die Namen der Leviten sind alttestamentlich außerhalb des Esr-Neh- und Chr-Corpus nicht weiter belegt. Allein der wahrscheinlich zu konjizierende Name בני findet sich nochmals in 2 Sam 23,36 unter den Kriegern Davids,[102] und selbst Jeschua begegnet in der Schreibung ישוע (sonst יהושע/יהושוע) ausschließlich in Esr, Neh und Chr.

Dabei ist nun zu beachten, dass wohl auch eine Anzahl von ca. 4 000 zurückgekehrten Priestern eher unrealistisch anmutet und sicher nicht historisch sein kann. Doch lässt sich annehmen, dass trotz der fiktiven Zahlen eine so große Differenz zwischen Priestern (4 289) und restlichem Tempelpersonal (74 + 128 + 139 + 392) intendiert gewesen sein muss und ein bestimmtes Aussageinteresse verfolgt, würde man doch für den Dienst am Tempel zunächst einmal ein umgekehrtes Zahlenverhältnis – wenige elitäre Opferspezialisten und viele Arbeiter für die „niederen" Tempeldienste – vermuten. Die Liste unterstreicht damit an dieser Stelle erneut das große Prestige dieser zurückgekehrten Gemeinde, die nicht nur mit Reichtum (V. 69), Vieh und Fülle (V. 64-67) gesegnet ist, sondern auch eine übergroße Anzahl an hochrangigen Kultspezialisten vorweisen kann.

Wie bereits erwähnt, erscheint in Esr 2 das übrige, niedere Kultpersonal jeweils getrennt gelistet, hat also noch keine Levitisierung erfahren, wohingegen in späteren Texten des Esr-Neh-Buches sowie in Chr die Tempelsänger und Torwächter unter die Leviten gefasst werden (vgl. etwa Esr 3,10; Neh 11,15-17; 1 Chr 9,17).[103] Auch in dieser Hinsicht liegt also eine unabhängige, frühere Tradition zugrunde. Im Gegensatz zu den meisten anderen Personengruppen in Esr 2 sind die in V. 41 als einzige Sängergilde gelisteten Söhne Asafs eine im Alten

---

101 Dies gilt, auch wenn zugleich vorauszusetzen ist, dass die Leviten in Esr-Neh den Priestern untergeordnet sind. Die Frage nach dem Verhältnis von Priestern und Leviten scheint in Esr-Neh bereits geklärt. Hier finden sich anders als etwa im Deuteronomium keine Hierarchie-Konflikte mehr. Die Klassifizierung der Leviten als *clerus minor* scheint eindeutig (vgl. hierzu Samuel, Von Priestern, S. 386–389).

102 Vgl. Anm. 40a zu Esr 2,40.

103 Vgl. auch Hieke, Esra, S. 87. Siehe hierzu auch Samuel, Von Priestern, S. 391, der hierin ein eigenes Interesse der Chronikbücher sieht: „Dem im Vergleich mit den Samuelis- und Königebüchern deutlich vermehrten Auftauchen von Leviten in der Chronik liegt also kaum ein genuin pro-levitisches Interesse zugrunde als vielmehr der Schutz des Tempels vor unbefugtem Zutritt durch Sicherstellung der Tatsache, daß *alles* Kultpersonal (genealogisch) qualifiziert ist." – Eine Tatsache, die für die Tempelsänger, Torwächter, Netinim und Beamten Salomos Esr 2 nicht ohne Weiteres behauptet werden kann.

Testament allein schon durch die Psalmpräskripte (Ps 50; 73-83) durchaus nicht unbekannte Gruppe, die in Esr-Neh wohl ihre ältesten nachexilischen Textbelege hat.[104] Die Namen der Torwächter hingegen begegnen – mit Ausnahme des vorexilisch bezeugten Namens Schallum – wiederum nur in Esr-Neh und teilweise in Chr.[105]

Die letzten beiden Gruppen des Tempelpersonals, die Netinim und Söhne der Beamten Salomos, lassen sich etwas schwieriger einordnen, da diese erst nachexilisch, vor allem in Esr-Neh, seltener auch in Chr als „fest umrissene Größe"[106] belegt sind, wobei ihre Funktion aus den Textbelegen nicht deutlich wird.[107] Zadok stellt nach seiner Analyse der Namen des niederen Tempelpersonals fest: „the most significant finding is that among 45 names of the $n^e t\hat{\imath}n\hat{\imath}m$ and Solomon's slaves, only two ($R^{e\,}\bar{a}y\bar{a}h$ and $\check{S}^e pa\underline{t}y\bar{a}h$) are Yahwistic, and 9 exclusively Hebrew-Canaanite [...]."[108] Da es sich bei einem Großteil um „non-Hebrew West-Semitic names" handelt, wird oft angenommen, dass diese Gruppen vor allem aus zu Israel und Juda benachbarten Ländern stammen.[109] Wie oben dargestellt, kann dabei jedoch nicht davon ausgegangen werden, dass es sich bei den besagten Gruppenbezeichnungen um niedere Arbeiter mit geringer Stellung im sozialen Gefüge handelt.[110]

Auffällig ist hingegen, dass viele der Namen, die unter den Torwächtern, Netinim und Söhnen der Beamten Salomos gelistet sind, ähnlich und in gewissem Maße fast „generiert" klingen – so etwa חטיל/חטיפא/הקופא/חשופא/חטיטא, גזם/גחר/חנן/חרשא/תרחור/חגב/חגבה oder סיסרא/סיעהא/ציחא. Hinzu kommt, dass ein Großteil dieser Namen alttestamentlich ausschließlich in dieser Liste belegt ist[111] und es mit Ausnahme des ägyptischen Namens Ziha sowie der Mëuniter und Nefusiter unmöglich ist, „to define the ethnicity of the other clans".[112] Viele muten informell bzw. wie Spitznamen an.[113] Dabei entsteht durch die vielen (insgesamt 51 gegenüber den 21 bei den Laien) gelisteten Namen eine Unwucht zugunsten des niederen Tempelpersonals.

---

104 Vgl. Gese, Geschichte, S. 148; Weber, Asaf, S. 241. Zur Problematik der Datierung der Psalmpräskripte vgl. etwa Weber, Asaf, S. 254–258.
105 Siehe Anhang.
106 Gunneweg, Esra, S. 62.
107 Vgl. hierzu Anm. 43a zu Esr 2,43 sowie Anm. 55a zu Esr 2,55.
108 Zadok, Notes, S. 115.
109 Vgl. u. a Zadok, Notes, S. 116; Becker, Esra, S. 22; Gunneweg, Esra, S. 62; Williamson, Ezra, S. 36; Blenkinsopp, Ezra, S. 90.
110 Vgl. Anm. 43a zu 2,43 und Anm. 55a zu Esr 2,55 sowie Kap. 3.3.2 V. 36-58.
111 Vgl. Anhang.
112 Zadok, Notes, S. 116.
113 Vgl. u. a Bowman, Ezra, S. 584.

In der literar- und traditionsgeschichtlichen Analyse von Esr 2 wurde bereits angemerkt, dass weder die Torhüter noch die Netinim oder Söhne der Beamten Salomos im weiteren Verlauf von Esr 1-6 eine Rolle spielen und – mit Ausnahme von Schallum und Schefatja – keiner der Namen im gesamten Esr-Buch erneut Erwähnung findet. Der Fokus liegt dort ausschließlich auf den Laien sowie den Priestern und Leviten.[114] Da sich zudem das Auflistungsschema ab Esr 2,42 ändert, könnte man versucht sein, die Gruppen der Torwächter, Netinim und Söhne der Beamten Salomos literarkritisch abzutrennen und einer Bearbeitungsschicht zuzuordnen, die einen stärkeren Fokus auf die Ausdifferenzierung des Tempelpersonals legt.[115] Doch lässt sich dies nur vorsichtig vermuten und ist aufgrund der besonderen Eigenschaften von Listen[116] literarkritisch nicht nachweisbar.

Zusammenfassend lässt sich feststellen, dass Esr 2 einen eindeutigen Schwerpunkt auf die Priester legt, die gegenüber dem restlichen Tempelpersonal zahlenmäßig stark überrepräsentiert sind. Mit Ausnahme der etwas prominenteren Söhne Asafs sind die Namen des Kultpersonals eher unbekannt, wenn auch außerbiblisch zum Teil belegt, selten theophor und teilweise von nicht-hebräischer Etymologie. Auffallend ist dabei, dass Esr 2 – im Gegensatz zu Esr 7 f – keinen Wert auf eine Anknüpfung an die für die nachexilische Zeit so bedeutsame aaronidisch-zadokidische Lineage zu legen scheint bzw. eine davon noch unabhängige Tradition bezeugt. Gleiches gilt für die in Esr 2 noch nicht stattgefundene Levitisierung von Sängern und Torwächtern. Diese Beobachtungen sprechen für eine innerhalb des Esr-Neh- und Chr-Corpus relativ früh einzuordnende, authentische Tradition der Namen, während späteres Listenmaterial in Esr-Neh wohl teilweise fiktiv sein dürfte.

5.1.2 Orte

Dass in einer Liste von Personennamen zwischendurch Orte folgen, ist zunächst einmal auffällig, wenn auch nicht ganz ungewöhnlich.[117] In Esr 2 hat der Wechsel von einer Personenliste (בני- + PN) zu einer relativ homogenen Liste

---

114 Vgl. auch Karrer, Ringen, S. 86, die bemerkt, dass gerade die Priester und Leviten im Esr-Neh-Buch als „besonderer Teil der Gesamtbevölkerung hervorgehoben" werden. Vgl. auch Rothenbusch, Tora, S. 424.

115 Es wäre zudem ebenso möglich, dass der Verfasser des Textes selbst den tatsächlichen Eponymen in Esr 2,3-41 noch weitere fiktive Gruppen hinzugefügt hat, um die Organisation des Kultes noch größer und komplexer erscheinen zu lassen.

116 Vgl. hierzu Kap. 4.1.

117 Auch in der Musterungsliste Num 26 werden Orts- und Personennamen nicht scharf voneinander getrennt. Gottwald, Tribes, S. 368 bemerkt zu Num 26,30-33: „Some are place names;

von Ortszugehörigkeiten (אנשי/בני- + ON) dabei eine bestimmte Funktion.[118] Die Orte, die sich identifizieren lassen, gruppieren sich in Clustern mit zunehmender Distanz um Jerusalem herum.[119] Jerusalem selbst wird in der Liste nicht erwähnt. Die Listeneinleitung Esr 2,1b (וישובו לירושלם ויהודה איש לעירו) legt jedoch nahe, dass mit den zuerst und nach Personennamen gelisteten Rückkehrern die Bewohner Jerusalems gemeint sind, während die Verse 21-35 jene Orte bezeichnen, deren Bewohner ebenfalls als Männer der Volkes Israel (vgl. Esr 2,2b) gelten können.[120] Damit wäre die Liste aus der Perspektive Jerusalems als Zentrum verfasst, wobei zunächst die Jerusalem angehörigen Vaterhäuser Eintragung in das Verzeichnis gefunden hätten und dann mit wachsender Distanz jene Orte bzw. Ortscluster, deren Bewohner ebenfalls dieser Gemeinde und diesem Tempel zugehörig sind. Dass die Liste an Orten um Jerusalem zunächst etwas unsystematisch erscheint, mag der Aufzählung aus dem Gedächtnis geschuldet sein, wobei zunächst solche Orte, die im näheren Umland liegen, und dann solche an der Peripherie in Gruppen aufgelistet wurden. Zugleich ist jedoch ein literarisches Wachstum an dieser Stelle weder nachweisbar noch auszuschließen. Auch hier ist zudem zu bedenken, dass die Zahlen keine realistischen Informationen über die Größe des jeweiligen Ortes liefern.

Schwierigkeiten haben dabei immer wieder vor allem die Orte Lod, Chadid und Ono bereitet, die während der Perserzeit nachweislich nicht innerhalb der Grenzen Jehuds gelegen haben können. Auch die Siedlungsgeschichte bereitet hier Probleme, da nicht alle Orte für die Perserzeit belegt werden können. Doch an keiner Stelle nimmt die Liste Esr 2 für sich in Anspruch, die politischen oder administrativen Grenzen der persischen Provinz Jehud zu umschreiben. Das theologische Israel und das geographische Jehud sind nicht identisch. „It is likely that there were Jewish settlers in many places outside Yehud. It would be foolish to insist that every name in these lists must have been within the boundaries of Yehud."[121]

Für das Verständnis von Esr 2 nicht unbedeutend ist daher auch der Fund zweier griechischer Inschriften aus dem 3.-1. Jh. v. Chr. auf Delos, einer Insel im griechischen Archipel, deren Verfasser sich ebenfalls als Israeliten präsentieren:

Hepher, Hogla, Shechem, Shemida, and Tirzah are recognized cities in Manasseh, and Shimron was a city in Zebulun (here credited to Issachar)."
118 Zur Frage, ob es sich bei Esr 2,21-35 ausschließlich um Ortsnamen handelt, vgl. auch Kap. 3.3.2 V. 3-35.
119 Vgl. hierzu Kap. 3.3.2 V. 3-35.
120 Vgl. auch Halpern, Commentary, S. 96; Gunneweg, Esra, S. 59; Clines, Ezra, S. 46.
121 Grabbe, History, S. 137.

Inschrift Nr. 1:[122]
1. ΟΙ ΕΝ ΔΗΛΟ ΙΣΡΑΕΛΕΙΤΑΙ ΟΙ Α
2. ΠΑΡΧΟΜΕΝΟΙ ΕΙΣ ΙΕΡΟΝ ΑΡΓΑ
3. PIZEIN (...)

Inschrift Nr. 2:[123]
1. ΙΣΡΑΗΛΙΤΑΙ ΟΙ ΑΠΑΡΧΟΜΕΝΟΙ ΕΙΣ ΙΕΡΟΝ ΑΓΙΟΝ ΑΡ
2. ΓΑΡΙΖΕΙΝ (...)

Offensichtlich hat sich auch dort eine – in diesem Fall samaritanische – Diaspora als Israeliten und dem Heiligtum auf dem Garizim zugehörig verstanden.[124] Der Wohnort einer Gruppe scheint also nicht maßgeblich für die Zugehörigkeit zu einer Gemeinde, einem Tempel oder Kult zu sein. Ebenso können sich auch Personengruppen außerhalb der Grenzen Jehuds oder Judäas zu der in Esr 2 beschriebenen Gemeinde Israel um den Jerusalemer Tempel zugehörig verstanden haben.

Dafür, dass es sich hier nicht um das administrative Jehud, sondern um eine theologische Größe handelt, könnte auch die Tatsache sprechen, dass Mizpa als wichtiges exilisches und nachexilisches Verwaltungszentrum an keiner Stelle Erwähnung findet.[125] Stattdessen steht Jerusalem im Fokus der Erzählung. Zugleich fällt auf, dass es sich – anders als im Falle der Personennamen – bei den gelisteten Orten häufig um alttestamentlich gut bekannte Namen handelt. In Esr 2,1 ist dabei von der Rückkehr nach Jerusalem *und* Juda die Rede, wobei Juda eben nicht mit dem persischen Jehud gleichzusetzen ist, sondern vielmehr als vorexilisches, theologisches Konzept verstanden werden muss – als „Land der Väter", dessen Grenzen hier nicht genau definiert werden müssen und dessen Zentrum Jerusalem ist.

Finkelstein zufolge reflektiert die Erwähnung von Lod in Esr 2 Verhältnisse aus hasmonäischer Zeit (2. Jh. v. Chr.).[126] Dazu kommt die Beobachtung, „that seven of the places in the list are mentioned in the Books of the Maccabees, including important places in the history of the Hasmonaeans such as

---

122 Zitiert nach Böhm, Wer gehörte, S. 193.
123 Zitiert nach Böhm, Wer gehörte, S. 193.
124 Vgl. auch de Hemmer Gudme, Before the God, S. 64.
125 Vgl. z. B. Zwickel, Jerusalem, S. 213–218, der auf die wichtige administrative und wirtschaftliche Bedeutung Mizpas hinweist, während das zerstörte Jerusalem „allein von seiner religiösen Bedeutung lebte" (Zitat S. 216). „Schon die Tatsache, dass Gedalja, der von den Babyloniern eingesetzte Statthalter, nicht mehr in Jerusalem residierte, sondern in dem wenige Kilometer nördlich gelegenen Mizpa/Tell en-Nasbe, kann eigentlich nur damit erklärt werden, dass Jerusalem nach der babylonischen Eroberung nicht mehr bewohnbar war und sich daher nicht mehr als Verwaltungszentrum eignete." (Zitat S. 213)
126 Vgl. Finkelstein, Geographical Lists, S. 68.

Beeroth, Michmash and Hadid".[127] Dass diese Orte in hasmonäischer Zeit besondere Bedeutung bekommen bzw. erst im 2. Jh. v. Chr. als Teile Judäas annektiert werden, schließt jedoch nicht aus, dass dort auch vorher schon Gruppen existiert haben können, die dem Jerusalemer Tempel zugehörig waren. Denn wie bereits erwähnt, markiert Esr 2 keine geographischen Grenzen, sondern beschreibt die Zugehörigkeit zur Gemeinde Israels. So rechnet beispielsweise auch 1 Chr 8,12 die beiden Orte Ono und Lod dem Geschlecht Benjamins zu, was ebenfalls nicht auf eine historische Grenzziehung zurückgeführt werden kann.

Honigman weist in diesem Zusammenhang auf ein von unserem heutigen Verständnis von „Raum" verschiedenes Konzept hin: „Space, like time, was not perceived as objective in many ancient societies. The quality of a territory was defined through its inhabitants. To ancient Greek authors, Greece comprises all the territories inhabited by Greeks throughout the Mediterranean, and Arabia was the space inhabited by Arabs. No territorial continuity is assumed in these definitions. Unsurprisingly, geographical lore was often transmitted in the form of mythical genealogies, blurring the distinction between territory and men."[128]

Dabei erübrigt sich auch die Frage danach, ob es sich in Esr 2 um Ortschaften handelt, aus denen die Exilierten deportiert wurden, oder um solche, zu denen sie zurückkehrten.[129] So hat sich zum Zeitpunkt der Abfassung von Esr 2 diese Frage möglicherweise gar nicht gestellt. Da in der Konzeption von Esr 1-3 vor- und nachexilisches Israel eine Gemeinschaft bilden, macht es rückblickend keinen Unterschied, ob sich erst die Rückkehrer in den genannten Orten niederließen oder ob deren Vorfahren vor dem Exil bereits dort gesiedelt hatten. Dies legt auch der Listenrahmen nahe, dem zufolge ein jeder in *seine* Stadt (V. 1: איש לעירו) zurückkehrte bzw. ganz Israel in *seinen* Städten war (V. 70: וכל־ישראל בעריהם). So beschreibt die Liste Orte, die theologisch zu jener sich in Esr 1-3 um den neuen Jerusalemer Tempel konstituierenden Gemeinde dazugehören und daher für diese Gruppe von Bedeutung sind. Dass einige davon, wie Finkelstein bemerkt hat,[130] in den Makkabäerbüchern wichtig werden, unterstreicht dies.

V. 59 f zeigen im Gegensatz dazu, dass für jene Rückkehrer, die nicht wussten, ob sie aus Israel stammen, auch keine judäischen Orte angegeben werden. Die

---

127 Finkelstein, Geographical Lists, S. 68.
128 Honigman, Cyclical, S. 206.
129 Vgl. z. B. Bowman, Ezra, S. 580: „It is uncertain whether the places mentioned represent pre-exilic ancestral homes to which the immigrants returned or centers at which returning Jews actually settled." So geht beispielsweise Williamson, Ezra, S. 34 davon aus, dass es sich in Esr 2 um Ortschaften handelt, „from which the people had been exiled and not necessarily in every case those to which they returned".
130 Vgl. Finkelstein, Geographical Lists, S. 68.

einzige Referenz sind hier nun die Siedlungen in Babylonien, aus denen sie auszogen – Tel Melach, Tel Charscha, Kerub, Addan und Immer. Dass in Babylonien Personen von gemeinsamer ethnischer Herkunft zusammenwohnten, belegen dabei zum Teil auch die Namen der Orte – wie beispielsweise Āl-Yāḫūdu, wo Deportierte aus Jerusalem und Juda angesiedelt wurden.[131] Im Falle der Rückkehrer von Esr 2,59 f scheint die Herkunft jedoch nicht abschließend geklärt zu sein.

5.1.3 Fazit

Die Rückkehrerliste Esr 2 ist also nach Vaterhäusern bzw. den entsprechenden Eponymen aufgebaut. Das Vaterhaus (בית אבות) stellt, wie auch andere Textstellen belegen, eine typisch nachexilische Größe und „basic structural unit"[132] dar. Über tatsächliche genealogische Beziehungen innerhalb der Gruppen lässt sich dabei nur spekulieren. Ähnlich wie im Falle der griechischen Phratrien handelt es sich hier wohl auch um zumindest teilweise fiktive Verwandtschaftsverbände. So ist zu bedenken, „daß Verwandtschaftsgruppen, zumal große Einheiten (das belegt vor allem die ethnologische Feldforschung), primär eine *soziale* und keine genetische Realität darstellen. Maßgeblich ist allein das kollektive Selbstverständnis, nicht der genetische Code".[133]

Der Großteil der Eponym- bzw. Namensliste Esr 2,3-58 enthält teils etymologisch „fremde", vor allem aber für das Alte Testament sonst kaum belegte Namen, die jedoch anders als jene der davon abhängigen Listen Esr 8; 10 authentisch sein dürften. Die in V. 21-35 gelisteten Orte sind hingegen alttestamentlich besser bezeugt, sagen aber nichts über die geographischen oder administrativen Grenzen eines perserzeitlichen Jehuds oder hellenistischen Judäas aus. Sie belegen Orte und Ortsverbände, die bzw. deren Bewohner zum theologischen Israel und zu der sich in Esr 2 um den Tempel konstituierenden Gemeinde hinzugerechnet wurden. Im Hinblick auf das Tempelpersonal ist weiterhin vor allem die Rolle der Priester von Bedeutung, die in verhältnismäßig großer Zahl auftreten (ein Zehntel der gesamten Rückkehrerschaft sind hochspezialisierte Kultexperten!), aber (noch?) keine aaronidisch-zadokidische Lineage belegen.

Die Liste Esr 2 steht somit in vielerlei Hinsicht im Kontrast zu den sonst im Esr-Buch vorfindlichen Listen und Traditionen, die neben der Wichtigkeit der Zwölfzahl sowohl für die Laien als auch für die Priester eher alttestamentlich bekannte und häufig auch JHWH-haltige Namen bezeugen und Wert auf die zadokidische

---

131 Vgl. hierzu Pearce/Wunsch, Documents, S. 3.
132 Weinberg, Citizen-Temple, S. 61.
133 Blum, Volk, S. 29.

Priesterlineage legen.[134] Die in Esr 2 begegnenden Namen sind hingegen Zeichen einer onomastischen Vielfalt der Exilszeit[135] und bieten somit keine Kontinuität zum vorexilischen Israel. Allein die Erwähnung „altbekannter" Ortschaften in Esr 2,21-35 bietet eine Möglichkeit, an die vorexilische Tradition anzuknüpfen. Die Kontinuität zum „alten" Israel, zum dem Israel, das von JHWH aus Ägypten geführt wurde, wird sonst primär über die Form konstruiert, nämlich über die Parallelisierung der Ereignisse von Exodus und Exilsrückkehr als Zeichen göttlicher Erwählung. Während das Format von Esr 2 den Musterungslisten aus Num 1-4; 26 entlehnt ist und auch die Zahlenangaben historisch nicht ernst zu nehmen sind,[136] scheinen die Namen selbst jedoch authentisch zu sein. Demnach bediente man sich des Motivkomplexes *Exodus – Zählung – Kulthandlung (Spende und Kultgründung)* und des Mediums der Musterungsliste, um eine bestimmte theologische Absicht zu transportieren,[137] trug aber die Namen bzw. Eponyme der zu dem entsprechenden Verfasser- bzw. Trägerkreis gehörenden Personengruppen ein und fixierte so eine für alle Zeit gültige Gemeindegliederliste. Dass die Auflistung selbst, etwa bei den Ortschaften oder dem Tempelpersonal, literarisches Wachstum zu verzeichnen haben könnte, muss bei der Form der Liste sowie ihrer langen Überlieferungsgeschichte immer mitgedacht werden, kann jedoch literarkritisch kaum mehr sinnvoll nachvollzogen und belegt werden.

5.2 Der Jerusalemer Tempel als Bezugspunkt

Die Analyse von Esr 1-3 hat gezeigt, dass neben der Exodustradition einerseits die prophetische Tradition eine wichtige Rolle spielt, dass sich andererseits aber auch immer wieder Textanspielungen auf den Bau von Zeltheiligtum und salomonischem Tempel finden (vgl. vor allem Esr 3). Dabei werden vor allem in der

---

134 Damit steht Esr 2 wohl auch relativ weit am Anfang der literargeschichtlichen Entwicklung des Esr-Buches. So scheint sich die Bedeutung des aaronidisch-zadokidischen Priestertums erst später herauszubilden (vgl. hierzu Dahm, Opferkult, S. 32–40; MacDonald, Priestly Rule, S. 147). Auch können die weiteren Listen des Esr-Buches als von Esr 2 abhängig betrachtet werden. Vgl. hierzu auch Exkurs 4.
135 Vgl. hierzu auch Coogan, West Semitic, S. 121.
136 Zugleich transportieren die gegebenen Zahlenverhältnisse wohl ihre eigene Botschaft. So entspricht die Summe von 42 360 Rückkehrern in etwa der Größe eines Stammes der Musterungsliste in Num. Zudem umfasst die Zahl der Priester ein Zehntel der Gesamtzahl der Rückkehrer, was die Ausrichtung auf Kult und Tempel und zugleich den Wohlstand der Gemeinde unterstreicht. Darüber hinaus dürften die Zahlen des zurückgekehrten Israels aber auch deswegen so hoch angesetzt sein, damit sie auch in zukünftiger Zeit nicht erreicht werden können.
137 Vgl. hierzu Kap. 4.

Erwähnung Serubbabels und Jeschuas sowie der Schilderung der Grundsteinlegung in Esr 3,6-13* Parallelen zur in Hag berichteten Tempelrestauration deutlich. Exodusmotivik, Heiligtumsbau und prophetische Tradition sind an vielen Stellen in Esr 1-3 miteinander verwoben.[138] Schon die Exoduserzählung selbst läuft auf den Bau der Stiftshütte hinaus und zeigt hierbei einen „tempeltheologischen Bezug".[139] Aber auch die prophetische Tradition ist eng an den Tempel geknüpft.[140] Erst ab Esr 7 ff spielen diese Aspekte kaum noch eine Rolle, während die Tora als Zentrum der Gemeinde in den Fokus rückt. Zwar fällt in Esr 7 mit der Person Esras die Rolle des Priesters mit der des Schriftgelehrten zusammen,[141] doch treten die Institutionen Tempel und Prophetie in den Hintergrund.[142] So weist Grätz im Hinblick auf Esr 7 ff darauf hin, „dass dort, wo die Tora eingeführt wird, die Prophetie, die Esr 1-6 ja noch deutlich prägt, zum Schweigen kommt".[143]

Die Erzählung Esr 1-3* bzw. Esr 1-6* läuft jedoch, ebenso wie die Exoduserzählung, auf den Bau des Heiligtums hinaus. So gilt der Tempel als „Ort der besonderen Präsenz Gottes",[144] um den herum sich die Gemeinde konstituiert. Zugleich wird vor allem in Esr 1 wiederholt betont, dass es sich hierbei um das Heiligtum *in Jerusalem* handelt.[145] Der Text macht unmissverständlich klar: Dieser Tempel ist das Haus Gottes, das in Jerusalem, in Juda, ist (Esr 1,2: בית בירושלם אשר ביהודה; vgl. auch Esr 1,3-5; 2,68), und JHWH ist der Gott, der in Jerusalem ist (Esr 1,3: הוא האלהים אשר בירושלם).

An dieser Stelle unterscheidet sich der zweite Exodus in Esr 1-3 dezidiert von der Exoduserzählung in Ex und Num. So konnte Fritz im Hinblick auf das Zeltheiligtum der Exoduserzählung deutlich machen, „daß die Priesterschrift nicht einfach ein Abbild des Jerusalemer Tempels schaffen wollte. Das Zeltheiligtum ist keine bloße Projektion des Tempels in die Wüstenzeit, um diesen als

---

138 Vgl. hierzu Kap. 3.3.4.
139 Lux, Silber, S. 172.
140 Vgl. hierzu auch Karrer, Ringen, S. 348: „So wird einerseits die Bedeutung der prophetischen Verkündigung hervorgehoben, sie wird andererseits jedoch in ihrer Funktion auf den Tempelbau beschränkt und so in einer spezifischen Weise interpretiert."
141 Vgl. hierzu Grätz, Bund, S. 127 f.
142 Nach Oswald, Staatstheorie, S. 241 behandelt die „Esra-Schrift als solche [...] allein die Promulgation (öffentliche Verkündigung) und Inkraftsetzung der Tora in Jerusalem. [...] Im Eingangsteil Esr 7 f gehören daher die auf den Tempel und die auf die Leviten bezogenen Stücke und damit die gesamte Reise-Erzählung nicht in die Grundschicht der Esra-Schrift, [...]." Vgl. auch Rothenbusch, Tora, S. 428, der darauf hinweist, dass gerade bei Esra und Nehemia eine zentrale Bedeutung des Tempels nicht zu erkennen ist.
143 Grätz, Bund, S. 129.
144 Karrer, Ringen, S. 345.
145 Vgl. auch Karrer, Ringen, S. 245.

eine Einrichtung der Vorzeit zu legitimieren".[146] Das transportable Zeltheiligtum ist nicht lokal fixiert, sondern beweglich.[147] Es kann überall hinwandern, besitzt eine größere Zugänglichkeit und hat seinen Platz in der Mitte des Volkes: „nicht ein bestimmter Ort ist heilig, sondern das Volk, sofern es an den kultischen Einrichtungen festhält und damit bei Jahwe bleibt."[148]

Tempeltheologisch präsentieren Esr 1-3 nun einen Gegenentwurf zum priesterschriftlichen Zeltheiligtum. Das kultische Zentrum der Gemeinde Israel ist in der Rückkehrererzählung eindeutig Jerusalem; dort soll der Tempel (wieder) aufgebaut werden. Während die Priesterschrift also den Versuch darstellt, „den Verlust des Tempels als des kultischen Mittelpunktes zu bewältigen",[149] wird in Esr 1-3 dieser kultische Mittelpunkt wiederhergestellt. Zudem hat die Priesterschrift „mit der Stiftung des Heiligtums den Anfang allen Kultes an den Sinai verlegt".[150] In Esr ist der Neubeginn des Kultes aber an Jerusalem, die Stadt des Gottes JHWH, des Gottes Israels (Esr 1,3) geknüpft. Überdies findet das bewegliche Zeltheiligtum seine letzte Stätte in Schilo, Ephraim (vgl. Jos 18,1; 19,51; 1 Sam 2,22), also auf Nordreichsgebiet,[151] wohingegen für Esr 1-3 Jerusalem in Juda das einzige kultische Zentrum Israels ist.

Die enge Bindung an den Tempel in Jerusalem und die Hervorhebung der Priester und Leviten gemeinsam mit den Laien lässt auf eine tempelnahe Verfasserschaft schließen. Vor allem die Aussage in Esr 1,3 – את־בית יהוה אלהי ישׂראל הוא – האלהים אשר בירושׁלם – sowie ähnliche Formulierungen in Esr 1,3-5; 2,68 machen unmissverständlich deutlich, dass es für die Gemeinde JHWHs, das Volk Israels, nur ein kultisches Zentrum, nur einen Tempel gibt: Jenen, der in Esr 3 und Esr 5 f in Jerusalem gebaut wird. Diese häufige Betonung des Standortes kann als bewusste Abgrenzung zu anderen Heiligtümern verstanden werden. So lässt sich für die persisch-hellenistische Zeit eine ganze Reihe von JHWH-Heiligtümern annehmen, die möglicherweise ab einem gewissen Zeitpunkt – nicht nur aus religiösen, sondern sicherlich vor allem auch aus wirtschaftlichen und politischen Gründen – in Konkurrenz zueinander standen.[152] „Archaeology

---

146 Fritz, Tempel, S. 148.
147 Vgl. Fritz, Tempel, S. 151.
148 Fritz, Tempel, S. 151.
149 Fritz, Tempel, S. 151.
150 Fritz, Tempel, S. 150.
151 Vgl. Dahm, Opferkult, S. 104; 106.
152 Vgl. Becking, Construction, S. 70. Bolin, Ezra, S. 32 weist darauf hin, dass auch der Jerusalemer Tempel als konkurrierend wahrgenommen wurde: „Part of the theology of the Qumran community involved what they perceived as illegitimate worship in the Jerusalem temple." Frey, Temple, S. 198 schließt hingegen aus seiner Untersuchung der Tempelgründungen in Elephantine, Leontopolis und am Garizim, dass es in keinem der Fälle darum ging, „eine neue religiöse

and epigraphy have indicated the existence of Yahwistic sanctuaries at Gerizim/ Samaria, Maqqēdāh, and Lachish."[153] Hinzu kommen die rivalisierenden JHWH-Tempel auf ägyptischem Boden – in Leontopolis (2. Jh. v. Chr.)[154] und Elephantine – sowie das im 2. Jh. v. Chr. möglicherweise durch den Tobiaden Hyrcanus erbaute Qaṣr el-ʿAbd in ʾAraq el-Emir, Jordanien.[155]

Dabei ist zu bedenken, dass die JHWH-Gemeinde in Esr 1-3 nicht deckungsgleich mit der Bevölkerung Jehuds oder Judäas ist. Dies wird an keiner Stelle nahegelegt. Vielmehr präsentiert sich hier eine theologische Größe, die den Tempel in Jerusalem zum Zentrum hat, sich zwar auch lokal um diesen herum gruppiert, sich zugleich aber nicht an bestimmte administrative oder politische Grenzen zu halten scheint. Willi-Plein hat dabei deutlich gemacht, dass es keine zwingende Notwendigkeit gab, den Tempel in Jerusalem wieder aufzubauen.[156] Es muss jedoch „Menschen gegeben haben, deren religiöse Identität mit diesem Tempel verknüpft war und die die Gunst der Stunde erkannten und wahrnahmen, indem sie – vielleicht auf dem Hintergrund der Ereignisse im babylonischen Kernland – auf das zerstörte Heiligtum von Jerusalem aufmerksam machten und auch dessen Wiederaufbau als im Sinne des achämenidischen Herrschaftsideals günstig darzustellen vermochten".[157] Die Gruppe, die sich in Esr 1-3 als Israel konstituiert, grenzt sich mit dieser Rückkehr-Tempelbau-Erzählung von anderen JHWH-Heiligtümern und deren Gemeinden ab. JHWH ist der Gott, der in Jerusalem ist (und in keinem anderen Kultzentrum) – so lässt Esr 1,3 es den persischen König Kyros selbst verkünden, was die Legitimität dieses Anspruchs noch einmal untermauert.

An dieser Stelle wird die Vermischung von „realer" Geschichte und Mythos deutlich. Die Möglichkeit bzw. Genehmigung zum Wiederaufbau des Tempels

---

Tradition oder gar eine religiöse Trennung von Jerusalem oder gar vom Judentum zu begründen"; ausschlaggebend gewesen seien in erster Linie politische Motive. Vgl. auch Kratz, Israel, S. 246.

153 Becking, Construction, S. 71. Zur Diskussion um Lachisch vgl. auch Knowles, Centrality, S. 44–48; zur Interpretation des idumäischen Ostrakons mit der Erwähnung eines *byt yhw* (ISAP1283 = H1.1, Z. 2) im Hinblick auf die Existenz eines nachexilischen Heiligtums in Maqqēdāh/ Khirbet El-Kom (4. Jh. v. Chr.) vgl. Lemaire, Nouveau temple, S. 265–273; dagegen TAO A, S. xxif; liii. Siehe auch Hensel, Juda und Samaria, S. 211 f.

154 Dieser möglicherweise durch den abgesetzten Hohepriester Onias III. (197-175 v. Chr.) erbaute Tempel im Nildelta ist nur literarisch bezeugt und wird in jüngerer Zeit alternativ auch in Heliopolis verortet; vgl. hierzu Frevel, Geschichte, S. 346.

155 Vgl. Will/Larché, ʾIraq al-Amir. Zur Interpretation der Anlage siehe auch Bolin, Ezra, S. 32; Porten, Archives, S. 116; Frey, Temple, S. 171–203. Zu Qaṣr el-ʿAbd als Festung, nicht Sakralbau, vgl. hingegen Frevel, Geschichte, S. 343. Zur Diskussion vgl. auch Hensel, Juda und Samaria, S. 213 f.

156 Vgl. Willi-Plein, Warum, S. 57–59.

157 Willi-Plein, Warum, S. 65.

dürfte dabei tatsächlich durch die pragmatische Religionspolitik der Perser ermöglicht worden sein. Dass der persische Großkönig jedoch so ein aktives Interesse an der Wiederbelebung und Finanzierung des dortigen Tempelkultes gehabt haben könnte, wie es Esr nahelegt, ist allerdings zweifelhaft, betrachtet man die starke theologische Ausrichtung aller überlieferten Versionen des Kyros-ediktes in ihrem Erzählkontext (2 Chr 36,22 f; Esr 1,1-4; 6,3-5).[158] Auch die Rückgabe der Tempelgeräte (Esr 1,7-11) und die großzügigen Tempelspenden der Rückkeh-rer (Esr 2,68 f) verfolgen ein primär theologisches Interesse – als Zeichen für die Kontinuität über das Exil hinaus und den Segen an Reichtum und Fülle – und liefern daher keine historischen Informationen über die Restitution des Tempels und seiner Anhängerschaft. Gleiches gilt für die tatsächliche Größe der in Esr 2 genannten Rückkehrergemeinde. Auch eine dezidierte Verfasstheit der Gemeinde lässt sich dem Text nicht entnehmen. So nennen Esr 1-3 weder einen Statthalter (פחה) noch einen Hohepriester (הכהן הגדל). Allein Scheschbazzar wird in Esr 1,8 mit dem schwer zu greifenden Begriff הנשיא als Führungsperson herausgestellt; daneben treten Priester, Leviten und Vaterhäuser häufig gemeinsam auf (Esr 1,5; 2,70*; 3,8*.12). Aus diesen Gründen können, obgleich hier der Tempel als klares Zentrum gilt, Esr 1-3 auch nicht als Quelle oder Beleg für die Existenz einer soge-nannten *Bürger-Tempel-Gemeinde* nach mesopotamischem Vorbild dienen.

In den 1970er Jahren präsentierte Joel P. Weinberg unter Aufnahme der Arbei-ten von Dandamayev, Sarkisjan und Perichanjan das Modell der Bürger-Tempel-Gemeinde für die in Esr-Neh geschilderte Gemeinschaft. Als Grundlage hierfür diente das Vorbild entsprechender Bürger-Tempel-Gemeinden in Mesopotamien und Kleinasien. Dabei handle es sich um einen „eigentümlichen sozialpolitischen Organismus",[159] der vor allem in achämenidischer Zeit Verbreitung fand und aus einem „Zusammenschluß von Stadtgemeinde und Tempel"[160] bestand. Es ent-stand eine neue Struktur, „die eine geeinte Organisation für die früheren Gemein-demitglieder und auch für die vorherigen Angehörigen des staatlichen Sektors war. Diese Bürger-Tempel-Gemeinde gab ihren Mitgliedern eine organisatorische Einheit und kollektive Selbstverwaltung, sie sorgte für politische und ökonomi-sche Hilfeleistung."[161] Dieser Organismus sei mit der Zeit zur selbstverwalteten

---

158 Vgl. auch Kap. 3.3.1. Siehe auch Bedford, Temple Restoration, S. 303: „The rebuilding of the Jerusalem temple would have needed administrative permission, but as a minor shrine the Achaemenid Persian bureaucracy was neither interested to ensure that it was rebuilt nor funded its rebuilding, particularly since such activities were held to be the responsibility of the local com-munity." Vgl. auch Willi-Plein, Warum, S. 65. Anders zuletzt etwa Rothenbusch, Tora, S. 401–405.
159 Weinberg, Bemerkungen, S. 12.
160 Weinberg, Bemerkungen, S. 13.
161 Weinberg, Agrarverhältnisse, S. 473 f.

Partikulargewalt unter achämenidischer Zentralgewalt herangewachsen.[162] Dabei sei die Bürger-Tempel-Gemeinde Judas bzw. Jehuds in Vaterhäuser (בית אבות) als jeweilige strukturelle Einheiten gegliedert.[163] Während die mesopotamischen Gemeinden sich jedoch durch Landbesitz auszeichneten, ließe sich dies für die Jerusalemer Tempelgemeinde als einziges Beispiel dieser Art nicht reklamieren.[164]

Wichtiger Ausgangspunkt für Weinbergs Verständnis der Jerusalemer Bürger-Tempel-Gemeinde ist die Interpretation der Liste Esr 2//Neh 7, die er als authentische und „sehr ergiebige[...] Quelle" einstuft.[165] So erhalte die Liste „ein Verzeichnis der die Bürger-Tempel-Gemeinde bildenden Kollektive bis zum Jahr 458/7".[166] Deren Gesamtzahl von 42 360 Mitgliedern schätzt Weinberg dabei auf 20 % der tatsächlichen Bevölkerung Jehuds, also auf eine relativ kleine Gruppe der nachexilischen Gemeinde innerhalb des perserzeitlichen Judas.[167] Weitere Zuwanderung und wirtschaftlicher Aufschwung hätten jedoch dafür gesorgt, dass sich der Anteil der Bürger-Tempel-Gemeinde auf bis zu 70 % erhöhte bzw. „Bürger-Tempel-Gemeinde und Provinz Jehud sich einander immer mehr nähern".[168]

Weinbergs Theorie hat in den letzten Jahren von vielen Seiten Kritik[169] und Modifikation[170] erfahren. Dabei liegen berechtigte Zweifel vor allem in der Vergleichbarkeit zu mesopotamischen Vorbildern der Bürger-Tempel-Gemeinde.[171] So fasst jüngst Rothenbusch zusammen: „Die Situation in Juda unterscheidet sich insofern völlig von der in Mesopotamien, als der Jerusalemer Tempel kein eigenes Land besaß, während die mesopotamischen Tempelökonomien gerade auf dem Landbesitz der Tempel beruhten und die Arbeitskraft der darauf ansässigen Bauern nutzten. Das ist eine zentrale Schwierigkeit der Theorie, die man nicht einfach durch die Einordnung des Jerusalemer Tempels in eine zweite Kategorie der Bürger-Tempel-Gemeinde lösen kann."[172] Auch waren die Mitglieder entsprechender Bürger-Tempel-Gemeinden in Babylonien als Bürger jeweils an eine

---

162 Vgl. Weinberg, Bemerkungen, S. 17; 20; ders., Zentral- und Partikulargewalt, S. 25–43.
163 Vgl. Weinberg, Bemerkungen, S. 15; ders., Beit ʾAbot, S. 400–414.
164 Vgl. Weinberg, Agrarverhältnisse, S. 484 f; ders., Bemerkungen, S. 16.
165 Weinberg, Notizen, S. 51.
166 Weinberg, Notizen, S. 52.
167 Vgl. Weinberg, Notizen, S. 53.
168 Vgl. Weinberg, Notizen, S. 53–58. (Zitat S. 58)
169 Vgl. zuletzt u. a. Schaper, Priester, S. 194–205; Bedford, Temple Restoration, S. 215–230; Grabbe, History, S. 144 f; Karrer, Ringen, S. 44–49; Rothenbusch, Tora, S. 426–428.
170 Zur Modifikation der These vgl. Blenkinsopp, Temple, S. 40–53 (besonders S. 50–53) und die entsprechende Kritik bei Grabbe, History, S. 144 f.
171 Vgl. hierzu ausführlich Bedford, Temple Restoration, S. 223–227.
172 Rothenbusch, Tora, S. 427 f mit Schaper, Priester, S. 194–205; Bedford, Temple Restoration, S. 223–230. So auch Grabbe, History, S. 144.

bestimmte Stadt gebunden, während „the Judean Bürger-Tempel-Gemeinde drew on citizens of towns that were scattered throughout the territory and amalgamated them into a single, unified socio-political organization".[173]

Als weitere Hauptkritikpunkte werden unter anderem angeführt, dass Weinbergs Modell von einer viel zu hohen Bevölkerungszahl Jehuds ausgeht (die 42 360 Rückkehrer in Esr 2 als 20 % der Gesamtbevölkerung) und auch eine steuerliche Befreiung der Tempel-Bürger-Gemeinde unter persischer Oberherrschaft nicht anzunehmen ist.[174] Eine nicht unbedeutende Schwierigkeit besteht darüber hinaus darin, dass die These der Jerusalemer Bürger-Tempel-Gemeinde vor allem auf der Interpretation von Listen des Esr-Neh-Buches beruht.[175] Dabei sieht Weinberg die nachexilische Gemeinde als „am besten dokumentiert[es]"[176] Beispiel für diese Organisationsform an. Dies ist insofern problematisch, als einerseits die historische Auswertbarkeit dieser Listen durchaus fraglich ist und bis heute kontrovers diskutiert wird und andererseits die Überlieferung Esr-Neh selbst als Komposition verschiedener, unterschiedlich zu datierender theologischer Aussage- und Erzähllintentionen angesehen werden muss, die kein einheitliches Bild zeichnet.[177]

Die Rückkehr-Tempelbau-Erzählung lässt nur wenige Rückschlüsse auf die tatsächliche soziale, gesellschaftliche oder wirtschaftliche Situation der Einwohner Jehuds bzw. Judäas in persisch-hellenistischer Zeit zu. Die zunächst einmal authentisch anmutenden Dokumente, Fakten und Zahlen besitzen vor allem eine literarisch-theologische Funktion und tragen so zudem kaum zur Lösung der Datierungsfrage bei. Dennoch lässt die Erzählung Esr 1-3 etwas über die religionspolitische Situation in nachexilischer Zeit erahnen. Die Betonung der Exklusivität der Gruppe, der starke Fokus auf den Standort Jerusalem sowie die Existenz weiterer JHWH-Heiligtümer lassen darauf schließen, dass das Israel in Esr 2 als eine sich am Jerusalemer Tempel verortende Gemeinschaft hier seinen Legitimitätsanspruch gegenüber konkurrierenden Gruppen begründet. Wie dessen Selbstverständnis aussieht und wie es sich legitimiert, soll nun im Folgenden untersucht werden.

---

173 Bedford, Temple Restoration, S. 222.
174 Vgl. etwa Grabbe, History, S. 144; Schaper, Priester, S. 202 f; Karrer, Ringen, S. 45 f; Rothenbusch, Tora, S. 428.
175 Vgl. auch Grabbe, History, S. 144; Karrer, Ringen, S. 45.
176 Weinberg, Agrarverhältnisse, S. 474.
177 Vgl. auch Rothenbusch, Tora, S. 428: „Ein weiteres Problem ist die Interpretation mehr oder weniger der gesamten Überlieferung im Esra/Nehemiabuch als nur auf die Bürger-Tempel-Gemeinde bezogene Aussagen, was vom Text selbst nicht nahegelegt wird, vielmehr häufig zu einer gezwungenen Interpretation führt."

5.3 Wer ist Israel? – Die Exklusivität der Rückkehrergemeinde

Wie durch außerbiblische Belege nahegelegt wird, ist der Begriff Israel wohl ursprünglich fest im Norden verhaftet, wird später aber geographisch losgelöst als theologische Größe auch für den Süden von Bedeutung.[178] Dabei scheint der Israel-Name in der alttestamentlichen Literatur jeweils unterschiedlich (mal inklusiv, mal exklusiv) gebraucht und verstanden zu werden. Weingart zufolge lasse sich eine „Vielfalt möglicher Zuschreibungen" und damit „Mehrdeutigkeit im Sinne einer Mehrzahl möglicher Referenzen des Namens" feststellen,[179] wobei der unmittelbare Bezug zu JHWH nie weggedacht werden könne.[180] Über die alttestamentlichen Textzeugnisse hinaus kann zudem davon ausgegangen werden, dass es nachexilisch nicht *das eine Israel* gab, sondern mehrere Gruppen, die sich auf diesen Namen und damit auf dessen Verheißungstradition und religiöses Erbe beriefen; dass also das, was „unter dem Begriff ‚Israel' in der persischen und hellenistischen Zeit aufzufassen war, [...] wohl wesentlich breiter zu fassen" ist.[181] Dies verdeutlicht auch die Existenz weiterer JHWH-Heiligtümer im direkten Umland – das prominenteste wohl am Garizim[182] – sowie die ethnisch-religiös qualifizierte Selbstbezeichnung der Verfasser der Delos-Inschriften als ΙΣΡΑΕΛΕΙΤΑΙ/ ΙΣΡΑΗΛΙΤΑΙ, die sich zum Garizim und nicht nach Jerusalem bekannten.[183]

In Esr 1-3 präsentiert sich nun die neue Exodusgemeinde Israel im Gewand einer bereits bekannten Tradition. Dabei zeichnen sich jedoch zugleich dezidierte Unterschiede zwischen der Rückkehr-Tempelbau-Erzählung und ihrer „Vorlage",

---

178 Siehe hierzu Hensel, Samaritanische Identität, S. 98. Anders Weingart, Stämmevolk, S. 373 f, der zufolge die „Annahme einer ursprünglich allein engen Verwendungsweise als staatsrechtliche Bezeichnung für das Nordreich [...] sich nicht [bestätigt]" (Zitat S. 273 f) und bereits für die Zeit der geteilten Reiche sowohl in Nord- als auch in Südreichstexten „neben einer engen auf das Nordreich referierenden eine weite, d. h. gesamt-israelitische Verwendungsweise des Israel-Namens festzustellen" ist (Zitat S. 374). Zur Diskussion um die Entstehung eines biblischen Israels bzw. zur „Israelitisierung Judas" vgl. zudem Hong, Once Again, S. 278–288 sowie den Forschungsüberblick bei Weingart, Stämmevolk, S. 17–25.
179 Weingart, Stämmevolk, S. 373. Dabei ist anzumerken, dass sich Weingart in ihrer Studie durchweg auf die alttestamentlichen Verwendungsweisen des Israel-Namens bezieht. Diese biblisch-literarische Realität ist jedoch von einer „historischen" Realität zu trennen. Wie und von welchen Gruppen der Israelbegriff in nachexilischer Zeit tatsächlich – auch außerhalb des biblischen Kanons – verwendet wurde, bleibt noch zu diskutieren.
180 Vgl. Weingart, Stämmevolk, S. 375: „Richtig ist aber, dass es untrennbar zu JHWH gehört, als אלהי ישראל Gott des so bezeichneten Stämmevolks zu sein."
181 Hensel, Samaritanische Identität, S. 99 f mit Böhm, Wer gehörte, S. 181–202.
182 Zu den Ausmaßen des Heiligtums am Garizim in persisch-hellenistischer Zeit vgl. Magen, Dating, S. 157–211.
183 Vgl. hierzu auch Hensel, Samaritanische Identität, S. 80–83; Böhm, Wer gehörte, S. 189–198.

der nachpriesterschriftlichen Exoduserzählung, ab. Als ein Unterschied kann bereits, wie oben dargestellt, die Betonung des Standortes Jerusalem als Zentrum der Kultneugründung im Gegensatz zum beweglichen Heiligtum der Priesterschrift gelten, welches am Sinai seinen Ausgangspunkt hat und in Schilo zu seinem Ziel kommt.

Darüber hinaus wird jedoch deutlich, dass in Esr 1-3* an keiner Stelle die zwölf Stämme im Blick sind.[184] Das zurückgekehrte Israel besteht nach Esr 1,5 aus den Häusern Juda und Benjamin sowie den Priestern und Leviten. Auch die Strukturierung der Liste Esr 2 legt im Gegensatz zu Esr 8[185] oder den Listen der Chronik kein Zwölf-Stämme-Volk nahe.[186] Rothenbusch zufolge sei die ausschließliche Nennung Judas und Benjamins zwar „im Kontext eines wiederbelebten Verständnisses von Israel als Zwölfstämmevolk zu sehen (vgl. auch 2 Chr 34,9), wie das insbesondere in der sog. ‚geneaologischen Vorhalle' der Chronik seinen Niederschlag gefunden hat (1 Chr 1-9), in deren Zentrum die ‚Stämme' Juda, Benjamin und Levi stehen".[187] Doch gerade die Beobachtung, dass Esr 1-3* bewusst auf die Tradition in Numeri anspielt, macht die Abweichung vom dortigen Zwölf-Stämme-Konzept deutlich. In Numeri ist die Zwölf-Stämme-Tradition durch die Musterungslisten ganz präsent. „[...] Num 2 ebenso wie Num 1 liegt in höchstem Maße daran, Israel nicht auf Juda zusammenschmelzen zu lassen, sondern Ganz-Israel als das wahre Gegenüber des heiligen Gottes zu erfassen."[188] Ganz anders verhält sich dies jedoch in Esr 1-3* – Israel ist Juda bzw. Juda-Benjamin. Hierbei handelt es sich um ein ganz enges Verständnis des Israelbegriffs. Die anderen Stämme finden keine Erwähnung.

Auch gibt es anders als in Num 1 f nicht zwölf, sondern nur einen Anführer. Während Num 2 für jeden Stamm einen נשׂיא listet, wird in Esr 1,8 Scheschbazzar (in Abweichung zur Vorlage Esr 5,14, in der er פחה genannt wird) als הנשׂיא ליהודה

---

184 Vgl. auch Kap. 3.3.4. Siehe auch Knoppers, Jews, S. 137.

185 Hier wird die Vorlage Esr 2 bewusst auf eine Zwölfzahl beschränkt. Zur literarischen Abhängigkeit von Esr 8 vgl. auch Exkurs 4.

186 Vgl. auch Rothenbusch, Tora, S. 389.

187 Rothenbusch, Tora, S. 390. Ähnlich auch Blenkinsopp, Ezra, S. 78. Auch Weingart, Stämmevolk, S. 292–294 vertritt die Annahme, dass in sämtlichen nachexilischen Texten – mal mehr (1/2 Chr), mal weniger (Esr-Neh) offensichtlich – immer das Zwölf-Stämme-Volk impliziert ist. Auch wenn also etwa in Esr-Neh von der „Stämmetrias der Provinz Jehud (Juda, Benjamin, Levi)" (Zitat S. 292) die Rede ist, bleibe durchweg *Ganz-Israel* im Blick. Dieser weite Israel-Begriff trete allerdings nur noch in kultischen Textabschnitten, wie etwa Esr 6,16 f, zutage (vgl. S. 292; 294). Dabei ist zu fragen, ob solch ein weites Israel-Verständnis tatsächlich in literarkritischer Hinsicht auf alle Schichten des Esr-Buches anwendbar ist. Die Grundschicht von Esr 1-3* jedenfalls scheint nichts von einem Zwölf-Stämme-Konzept zu wissen.

188 Seebass, Numeri IV/1, S. 58.

bezeichnet und eindeutig als Anführer der Rückkehrergruppe namentlich her-vorgehoben.[189] Die Gemeinde des zweiten Exodus hat also anders als das „alte" Israel nur einen, keine zwölf נשׂיאים. Auch entspricht die in Esr 2,64 angegebene Gesamtsumme von 42 360 Rückkehrern nur der ungefähren Größe eines Stammes in Num, während in den dortigen Musterungslisten jeder Stamm eine Größe von ± 50 000 Mann vorweisen kann. Hier wird also eine bewusste Abweichung von der Gesamt-Israel-Konzeption in Num deutlich.

Ein weiterer Hinweis darauf, dass Esr 1-3* das Zwölf-Stämme-Konzept der (nach-) priesterlichen Exoduserzählung dezidiert meidet, findet sich auch in der Listenüberschrift Esr 2,2b par. Wie bereits angemerkt, begegnet die Bezeichnung אנשׁי עם ישׂראל sonst an keiner anderen Stelle im Alten Testament.[190] Gerade im Hinblick auf die Einleitung anderer alttestamentlichen Israel-Listen (Gen 46,8; Ex 1,1; Num 26,4b) wäre an dieser Stelle jedoch der Terminus בני ישׂראל zu erwar-ten gewesen. Der Esratext scheint hier also bewusst diese sonst so theologisch aufgeladene Konstruktion zu meiden. Denn auch wenn der Begriff בני- generell einfach nur die Mitglieder einer Gruppe bezeichnen kann, impliziert בני ישׂראל vor dem Hintergrund der Genesis doch immer auch einen genealogischen Aspekt, die zwölf Söhne Jakobs bzw. Israels als zwölf Stämme (Gen 35,22b-26; vgl. auch 1 Chr 2,1 f!) – ein Konzept also, auf das Esr 1-3* hier nun bewusst nicht zurückgreift und stattdessen eine „neutrale" Begrifflichkeit verwendet.

Das wahre Israel umfasst somit nur (noch) einen Stamm – den des Hauses Juda-Benjamin. Damit gerät das Nordreich komplett aus dem Blick. Auch der Stamm Benjamin scheint hier unter das Haus Juda gefasst zu werden. Dies bestä-tigt die Liste der Orte in Esr 2,21-35, von denen viele auf benjaminitischem Gebiet liegen, während die Listeneinleitung (Esr 2,1) aber von einer Rückkehr nach Jeru-salem und Juda spricht.

Das Konzept eines Judas als „Land der Vorväter"[191] umfasst hier also auch das Gebiet Benjamin. Dass diese beiden Stämme in der exilisch-nachexilischen Tra-dition eng miteinander verbunden sind,[192] zeigt sich bereits in der Erzählung von der Reichsteilung unter Rehabeam und Jerobeam in 1 Kön 11,29 ff und 1 Kön 12. Dort werden die zwölf Stämme in der Verheißung des Propheten Ahija durch zwölf zerrissene Mantelstücke repräsentiert, wovon er zehn Stücke Jerobeam

---

189 Dies gilt insofern, als natürlich der persische Großkönig (im Auftrag JHWHs) weiterhin die oberste Weisungsbefugnis hat.
190 Vgl. auch Kap. 3.3.2. V. 1-2.
191 Vgl. hierzu Kap. 3.3.2 und 5.1.2.
192 Der Zeitpunkt, ab dem Benjamin zum Südreich Juda hinzugerechnet wurde ist indes schwer zu greifen. Vgl. etwa Davies, Origin, S. 144, der von einem „Judean *Anschluss*, whenever that occured" spricht.

zukommen lässt (1 Kön 11,29-31). Jerobeam soll somit über zehn Stämme des salomonischen Königreiches herrschen, während Salomo bzw. dessen Nachfolger
Rehabeam nur einen Stamm behalten darf (1 Kön 11,32; 12,17.21). Damit scheint
es sich jedoch nur um elf Stämme zu handeln – ein Zählungsproblem, das man
unter anderem versucht hat redaktionskritisch zu lösen.[193] Auffällig ist dabei
allerdings, dass (zumindest auf Ebene des Endtextes) zwar in 1 Kön 11,32.36 nur
von *einem* Stamm bzw. in 1 Kön 12,17 dezidiert vom Stamm Juda die Rede ist, in
1 Kön 12,21.23 jedoch unter das Haus Juda auch der Stamm Benjamin gefasst wird:
ויקהל את־כל־בית יהודה ואת־שבט בנימן (V. 21). So werden auch hier Juda und Benjamin als gemeinsame Entität betrachtet – „the biblical accounts have retrojected
the later Judah-Benjamin union into the beginnings of the independent Judean
kingdom itself, severing Benjamin from any recent connection with Israel."[194]

Im Hinblick auf Geographie und Wirtschaft kann Benjamin zum Einzugs-
und Siedlungsgebiet Jerusalems hinzugerechnet werden. Um die Zugehörigkeit
dieses wirtschaftlich und strategisch bedeutsamen Gebietes scheint es schon
in der Vergangenheit immer wieder Konflikte zwischen Nord- und Südreich
gegeben zu haben.[195] Die Beobachtung, dass Benjamin bzw. das Gebiet nördlich
von Jerusalem womöglich weniger Zerstörung durch die Babylonier erfahren hat
und so wirtschaftlich weiterhin funktionstüchtig geblieben ist,[196] unterstreicht,

---

193 Vgl. hierzu bspw. Würthwein, Könige, S. 141 f zu 1 Kön 11,29-39: „Mit der Erkenntnis, daß hier
zwei verschiedene Schichten zusammengearbeitet sind, bietet sich eine Lösung für ein altes,
viel verhandeltes Problem: Jerobeam werden die *zehn* Stämme zugewiesen, dem Hause David
ein Stamm – die Frage erhebt sich und wurde immer wieder in der Forschung gestellt: Was ist
mit dem zwölften Stamm? Die Antwort liegt darin, daß die DtrP-Schicht eben nur von den zehn
Stämmen des Nordreichs handelte, über die Jerobeam herrschen sollte. In ihnen liegt eine feste
Größe vor, aus der sich künftig das Nordreich entwickelt, während andererseits das Südreich in
der Hauptsache aus dem *einen* Stamm Juda besteht. Die Gegenüberstellung der zehn Stämme
und des einen Stammes geht also auf historische Gegebenheiten zurück und stellt nicht etwa ein
(falsches) Rechenexempel dar." Vgl. hierzu auch Coogan, 1 Kings, S. 340; DeVries, 1 Kings, S. 151,
die von einer späten (vorexilischen) Erzählzeit ausgehen, in der Benjamin schon als Teil Judas
angesehen wurde. Noth, Könige 1, S. 279 etwa rechnet bei dem Abschnitt 1 Kön 12,21-24, der Benjamin noch zu Juda zählt, mit einer möglicherweise sehr jungen Ergänzung. Diese habe „eher
das Bild der nachexilischen Gemeinde vor Augen, die sich als aus Judäern und Benjaminiten
bestehend verstand (vgl. Esr 1$_5$ 4$_1$ 10$_9$ Neh 11$_4$ 11$_{25+31}$, auch 11$_{36}$)". (Zitat S. 279 f.)
194 Davies, Trouble, S. 103.
195 Vgl. Berlejung, Geschichte, S. 111 f; Kratz, Israel, S. 29; 148 mit dem Verweis auf 1 Kön 14,30;
15,7.16.
196 Vgl. z. B. Lipschits, Demographic Changes, S. 246; Knauf, Josua, S. 159: „Im 6. Jh., während
des babylonischen ‚Exils', lagen das judäische Bergland, Jerusalem und die Schefela weitgehend
wüst, nur Benjamin blieb besiedelt und dominierte nun für etwas mehr als hundert Jahre die
Provinz Judäa." Eine andere Einschätzung zeigt hingegen Faust, Judah, S. 209–231, der auf die

wie wichtig dies auch für Exilsrückkehrende bzw. Judäer gewesen sein dürfte. Umso auffälliger ist es jedoch, dass hier Jerusalem ins Zentrum gerückt wird, während die benjaminitische Provinzhauptstadt Mizpa, die bereits exilisch als Verwaltungszentrum für Juda gedient haben dürfte,[197] an keiner Stelle erwähnt wird. Diese Beobachtung lässt sich gut in das theologische Grundkonzept von Esr 1-3 einfügen, das suggeriert, es habe ausschließlich jene Rückkehrer gegeben, die in ein leeres Land eingewandert seien. Auch wenn also Benjamin mit dem wohl bis in die Mitte des 6. Jh. v. Chr. existierenden Heiligtum in Bethel und der Verwaltungshauptstadt Mizpa als Zentrum religiösen und politischen Lebens in der neobabylonischen Zeit gegolten haben muss,[198] können für die Erzählung in Esr weder Daheimgebliebene noch eine entsprechende Verwaltung oder gar ein weiteres Kultzentrum existiert haben. Für Esr 1-3 existiert Israel ausschließlich als zurückgekehrtes Juda-Benjamin.

Zugleich ist der Name „Israel" untrennbar mit dem Exodusgeschehen, mit der Erwählung und Rettung durch den Gott JHWH verknüpft. Immer wieder wurde die Tradition vom Auszug aus Ägypten als „Urbekenntnis Israels" bezeichnet.[199] Dies gilt nun nicht nur für den ursprünglichen Exodusmythos, sondern auch für den analog geschilderten zweiten Exodus. Dabei macht sich die Erzählung in Esr 1-3 eine Tradition zu eigen, die sehr wahrscheinlich ursprünglich im Nordreich beheimatet ist.[200] So ging möglicherweise mit Jerobeam I. oder Jerobeam II. „das Exodus-Credo in den Staatskult Israel ein (1 Kön 12,28)".[201] Die Exodustradition wurde zur „prägende[n]

Diskrepanz von Daten aus regulären Grabungen und Ergebnissen aus Surveys und Notgrabungen hinweist und auch für Benjamin eine starke, wenn auch graduelle Dezimierung annimmt: „It appears that the common view of prosperity in Benjamin throughout the sixth century is only a scholarly construct, originating in the Bible's hints that the region was an area of refuge and the new center of the remaining populations. The rural sites in the region were probably destroyed or abandoned in 586 B.C.E. The urban sector was not directly destroyed at the time, but was gradually abandoned after Gedaliah's assassination. In this there is a marked difference between Benjamin and other regions that were probably devastated more severely during Babylonian campaigns." (Zitat S. 231)

197 Vgl. Davies, Origin, S. 141: „[...] for the entire period, a province called 'Judah' was in fact governed from a territory that, as the Bible would describe it, was 'Benjamin' [...]. The former capital of the Kingdom of Judah, Jerusalem, was replaced by Mizpah."

198 Vgl. Davies, Origin, S. 142; ders., Trouble, S. 94; Blenkinsopp, Bethel, S. 93–107; Lipschits, Demographic Changes, S. 346 f.

199 So schon Noth, Überlieferungsgeschichte, S. 52.

200 Vgl. Crüsemann, Freiheit, S. 108 f. Siehe auch Knauf, Josua, S. 18: „Die Mose-Exodus-Überlieferung stammt aus dem Nordreich Israel, aber dort endete sie im Land zwischen Bethel und Dan (vgl. 1 Kön 12,28-29; wahrscheinlich eine Tradition aus dem 8. Jh. v. Chr.)."

201 Knauf, Josua, S. 24.

Staatsideologie dieses Nordstaates".[202] Israel bekennt sich zu dem Gott JHWH, der es erwählt und aus Ägypten in das ihm verheißene Land geführt hat.

Diese Erwählung gilt in Esr 1-3 nun dem Israel, das sich in Juda um den neuen Tempel gruppiert. Die Exoduserinnerung wird also neu mit dem Heiligtum in Jerusalem verbunden und konterkariert so zugleich auch die Erzählung in 1 Kön 12,28 f, die eine Verbindung mit den Nordreichsheiligtümern Bethel und Dan nahelegt.[203] So erfolgt durch die Übertragung des Exodusmythos auf die nun in Jerusalem und Juda beheimatete Rückkehrergruppe eine Umwidmung des Erwählungsgeschehens – die Gründungslegende des Nordreichs wird nun zur Legitimation der Gemeinde um den Jerusalemer Tempel. Deutlicher kann der Anspruch, das Erbe Israels anzutreten, kaum erhoben werden.

„Israel" in Esr 1-3* ist also der eine Stamm Juda-Benjamin samt Priestern und Leviten,[204] der von JHWH erwählt und durch Kyros vermittelt nun aus dem Exil in Babylonien in ein leeres Land zurückgekehrt ist und den wahren und einzigen JHWH-Kult in Jerusalem wieder restituiert.[205] Betrachtet man die (anders als die Zahlen) wohl als historisch anzunehmenden Eponyme der zurückgekehrten Gruppen in Esr 2, darf man davon ausgehen, dass diese Mischung aus Namen unterschiedlichster religiöser und ethnischer Herkunft wohl als Zeugnis der zahlreichen „Fremdkontakte" im Exil zu verstehen ist[206] und dass die religiöse

---

202 Crüsemann, Freiheit, S. 109. Vgl. auch Assmann, Exodus, S. 74, der vom „Gründungsmythos" des Nordreiches spricht.

203 Zur Konkurrenz von Jerusalem und Bethel in neobabylonischer Zeit vgl. Blenkinsopp, Bethel, S. 93–107; Knauf, Bethel, S. 326–329.

204 Weingart, Stämmevolk, S. 67 f verweist darauf, dass die Verwendung des Israel-Namens „als Bezeichnung des säkularen Anteils der Bevölkerung im Gegenüber zu Leviten, Priestern und anderen Funktionsträgern im Kult" für späte Texte typisch ist (Zitat S. 67), diese Bezeichnung aber in der Regel doch auch für die Gesamtbevölkerung gilt (S. 68).

205 Weingart, Stämmevolk, S. 73–83 unterscheidet an dieser Stelle zwischen dem Grundtext Esr 1-6* und der nachträglich eingefügten Liste Esr 2. Erst diese erwecke den „Eindruck einer frühen Rückwanderungswelle incl. der Besiedlung des übrigen Landes" (Zitat S. 73). Vorher sei nur von einem Heraufziehen die Rede. Zugleich stehe in Esr 1-6* Israel für alle Exulanten, „unabhängig davon, ob sie zurückgekehrt sind oder nicht" (Zitat S. 76), während die Liste in Esr 2 nahelege, dass es außer den aus dem Exil Zurückgekehrten kein Israel gebe und die Diaspora gar nicht im Blick sei (S. 82). Wie sich jedoch in der vorliegenden Untersuchung gezeigt hat, ist erstens die Liste nicht aus ihrem Erzählkontext Esr 1-3 zu lösen, zweitens die gesamte Erzählung Esr 1-3 als zweiter Exodus zu verstehen und somit durchaus auf die Rückkehr ausgerichtet und drittens im gesamten Textabschnitt Esr 1-3 keine Diaspora im Blick.

206 Vgl. hierzu auch Rothenbusch, Tora, S. 269: „Es ist bemerkenswert, dass sich der Prosopographie R. Zadoks zufolge unter den Exilierten in der früheren Phase der Diaspora verhältnismäßig viele babylonische Namen finden (bis zur Mitte des 5. Jh.), die im Laufe der Zeit zunehmend JHWH-Namen weichen."

Identität dieses Israels vielmehr durch die Erzählung und den Motivkomplex in Esr 1-3 als durch eine tatsächliche genealogische Rückführung auf ein vorexilisches Israel konstruiert wird, dass also „not all, and perhaps not many, of those who left Babylonia for Judah in the Persian period were descendants of the deportees of more than a century earlier, that not all were Jewish by birth, and that the links between the *golah* and the national past were more the product of ideology than either descent from common ancestors or cultural continuity".[207] Diese Ideologie tritt in der Rückkehr-Tempelbau-Erzählung deutlich hervor.

An dieser Stelle muss auf die Studie von Weingart hingewiesen werden, der zufolge Israel in der alttestamentlichen Literatur und somit auch in Esr 1-3 durchweg als Ethnos und nicht als Religionsgemeinschaft verstanden werde.[208] Nach einer ausführlichen Untersuchung der Anwendungsbereiche des Israel-Begriffs im Hinblick auf die drei verschiedenen Konzeptionen *Gottesvolk*, *Stämmevolk* und *Staatsvolk* kommt sie zu dem Schluss, dass Israel sowohl in seiner inklusiven als auch in seiner exklusiven Verwendungsweise im Alten Testament durchweg nicht primär religiös codiert ist.[209] Der Israel-Name sei dabei Ausdruck einer kollektiven Identität, die primordial codiert ist, d. h. gebunden ist „an Herkunft, Geschlecht, Verwandtschaft, Rasse o. ä., also an Strukturen, die als naturgegeben betrachtet werden. Sie stehen jenseits der Möglichkeit individueller Entscheidung und repräsentieren eine als objektiv wahrgenommene natürliche Ordnung".[210]

Auch für Esr 1-3 scheint (vor allem im Hinblick auf Esr 2,59 f; 4,1-3) zunächst zu gelten, dass die Zugehörigkeit nicht auf der Basis individueller Entscheidung möglich, sondern genealogisch konstruiert ist. Dennoch hat sich dieses nachexilische Israel im Vergleich zum vorexilischen, zu dem es sich in Kontinuität setzt, verändert. Denn von den zwölf Stämmen ist nur einer übrig geblieben, der das rechtmäßige Erbe Israels antritt.[211] Zwar wird die Gruppe „nicht als neu entstandene oder vom vorexilischen Volk verschiedene Gemeinschaft angesprochen, sondern als das Volk Israel, dessen Geschichte durch das Exil hindurch und nach dem Exil weitergeht".[212] Doch gilt dies nur für einen Teil des alten Israels. In der Geschichtskonstruktion von Esr 1-3 wird aus den zwölf Stämmen des ersten Exodus nun *ein* Stamm im zweiten Exodus. Das Selbstverständnis dieses einen

---

207 Blenkinsopp, Judaism, S. 83.
208 Vgl. Weingart, Stämmevolk, S. 374 f. Vgl. auch Blum, Volk, S. 24–39.
209 Vgl. Weingart, Stämmevolk, S. 374 f. Vgl. hierzu auch Blum, Volk, S. 24–39.
210 Weingart, Stämmevolk, S. 40 mit Giesen, Kollektive Identität, S. 32 f.
211 Anders Weingart, Stämmevolk, S. 289, der zufolge das Zwölf-Stämme-Konzept nicht vom Namen Israel zu trennen ist. Vgl. auch Anm. 178 in diesem Kapitel.
212 Weingart, Stämmevolk, S. 290.

Stammes ist wiederum eng an den Tempel und Kult in Jerusalem gebunden (vgl. v. a. Esr 3) und so lokal fixiert.

Angesichts der etymologischen Diversität der Namen in Esr 2, die an nichts Vorexilisches anknüpfen, wird deutlich, dass die Kontinuität zum vorexilischen Israel weniger über genealogische Konstruktionen, sondern über eine Parallelität der Geschehnisse bzw. der Geschichte mit Gott gewährleistet wird. Es ist daher zu überlegen, ob das Israel in Esr 2 hier nicht auch als Kultgemeinde bzw. religiös codierte Identität zu verstehen ist und so zugleich Mechanismen „traditionaler Codierung" greifen, die Weingart mit Giesen folgendermaßen beschreibt: „Der wichtigste Modus zur Konstruktion von Kontinuität ist hier die Erinnerung, die häufig ritualisierte Formen annimmt. Die geteilte Vergangenheit schafft Gemeinsamkeit, kommemorative Rituale [...]."[213] Dabei gelte: „Entscheidend für traditionale Formen kollektiver Identität ist dabei nicht die tatsächliche Kontinuität zwischen Vergangenheit, Gegenwart und Zukunft, sondern der Versuch, die eigene Gegenwart in ein solches Kontinuitätsmuster einzureihen und damit zu begründen. Auf dem Umweg über die Vergangenheit, die selbst wieder eine Projektion der Gegenwart ist, konstruiert eine Gemeinschaft ihre kollektive Identität als Kontinuität."[214] Die Rückkehrer in Esr 2 werden zu einem gemeinsamen Volk mit dem vorexilischen Israel, weil sich die Geschichte wiederholt und zugleich neu geschrieben wird – JHWHs Volk muss durch einen zweiten Exodus, durch Entfremdung und Heimkehr. Nur wer diesen gesamten Prozess durchlaufen hat, gehört dazu. Präsens und Präteritum, Geschichts- und Selbstbewusstsein erfahren in dieser Geschichtskonstruktion eine Verschränkung.[215]

Die in Esr 2 gelisteten Personen werden so von Einwanderern zu Rückkehrern, von einer Gruppe, die unter dem multiethnischen, multireligiösen Einfluss des babylonischen Exils stand – und so klar mit einem Legitimationsdefizit zu kämpfen hat –, zum wahren und einzigen Israel.[216] Die Rückkehrergemeinschaft präsentiert sich dabei als hoch exklusiv. Die Identität und Legitimität der Gruppe wird gewährleistet durch den Gang ins Exil einerseits und durch die erneute Rückkehr andererseits. Nur wer bzw. wessen Vaterhaus an diesem Prozess der

---

213 Weingart, Stämmevolk, S. 40 mit Giesen, Kollektive Identität, S. 42–54. Zur Diskussion, ob perserzeitlich bereits Konfessionsgemeinden anzunehmen sind, vgl. auch Blum, Volk, S. 24–39. Dagegen Gerstenberger, Israel, S. 328–334.

214 Giesen, Kollektive Identität, S. 42 f.

215 Vgl. hierzu Gerke, Bedeutung, S. 39; 45 im Rahmen seiner Theorie zur *Intentionalen Geschichte*.

216 Anders Karrer, Ringen, S. 76, die Esr 1; 3-8 ohne Esr 2 als gemeinsamen Textblock betrachtet und daher einen umfassenden Israelbegriff annimmt, „der die Rückkehrer nach Jerusalem/Juda mit anderen Gruppen von ‚Israeliten' verbindet".

Entfremdung und Heimkehr partizipiert hat,[217] kann den rechtmäßigen JHWH-Kult in Jerusalem wieder etablieren. Durch diese Erzählstrategie wird eine Abgrenzung deutlich, auch ohne dass die jeweiligen Gruppen explizit genannt werden.

Mit der Erzählung grenzt sich die Rückkehrergruppe in Esr 2 sowohl gegen jene ab, die in der Diaspora geblieben und nicht zurückgekehrt sind, als auch gegen jene, die nach der babylonischen Eroberung im Lande verblieben waren. Die restliche Gola, also die, deren Geist offensichtlich nicht zur Rückkehr erweckt wurde (vgl. Esr 1,5), hat in Esr 1-3 keinerlei Bedeutung und wird auch nicht gesondert erwähnt – ebenso wenig wie die Altjudäer,[218] die den religiösen Kult im Land weiterhin fortgesetzt haben dürften, etwa in Bethel[219] oder auf einem provisorischen Altar in den Trümmern des zerstörten Jerusalemer Tempels (vgl. Jer 41,4 f). Für Esr 1-3 hingegen gibt es keine Weiterbesiedlung im Land; das Exil schafft eine totale Zäsur. Auch die Benjaminiten gehören in Esr 1 f vollständig zu den Rückkehrern – von Daheimgebliebenen ist nicht die Rede.

Doch dient die Rückkehr-Tempelbau-Erzählung nicht nur als Abgrenzung gegen den im Lande fortgesetzten Kultbetrieb (ein Konflikt, der zum Zeitpunkt der Abfassung von Esr 1-3 wohl schon nicht mehr aktuell gewesen sein dürfte)[220] sondern vor allem auch gegen verwandte religiöse Gruppen, die weiterhin an konkurrierenden JHWH-Heiligtümern (am Garizim, in Lachisch, in Maqqēdāh, in Elephantine etc.) opferten – denn JHWH ist der Gott, der in Jerusalem ist (Esr 1,3: הוא האלהים אשר בירושלם).[221] Dabei hat sich wohl gerade auch Samaria in persisch-hellenistischer Zeit als Israel verstanden.[222] Wie bereits dargestellt, übernimmt jedoch die Erzählung mit der Exodusparallele die Gründungslegende des Nordreichs und grenzt sich zudem ganz deutlich gegen ein Zwölf-Stämme-Verständnis von Israel ab. Israel ist nur Juda bzw. Juda und Benjamin.

Interessant sind in diesem Zusammenhang auch die Verse Esr 2,59 f, die den Söhnen Delajah, Tobijah und Nekoda fehlende Abstammungskenntnis attestieren – diese konnten nicht angeben, ob sie aus Israel sind. Dass hier der Begriff Israel und das Bekenntnis zu JHWH nicht gleichbedeutend sind, wird an den JHWH-haltigen Namen der beiden erstgenannten Personen deutlich.[223] Weingart

---

217 Wobei mit Blenkinsopp, Judaism, S. 85 deutlich sein muss, dass diese Rückkehr tatsächlich „for most of those involved in it, would have been a settlement rather than a resettlement, an arrival in an adopted homeland rather than a return."

218 Zum Begriff „Altjudäer" vgl. Weingart, Stämmevolk, S. 307.

219 So Blenkinsopp, Bethel, S. 93–107. Vgl. auch Knauf, Bethel, S. 305–309.

220 Vgl. auch Weingart, Stämmevolk, S. 311.

221 Vgl. auch Kap. 5.2. Siehe auch zusammenfassend Frevel, Geschichte, S. 323–326.

222 Vgl. Hensel, Samaritanische Identität, S. 67–115. Vgl. auch Kratz, Israel, S. 247. Zum Verhältnis von Juda und Samaria in nachexilischer Zeit s. auch ausführlich Hensel, Juda und Samaria.

223 Vgl. hierzu auch Blum, Volk, S. 28–33.

weist dabei darauf hin, dass es offensichtlich Sippen gibt, „die die Exilserfahrung teilen, aber deren Zugehörigkeit zu Israel dennoch nicht gesichert ist".[224] An dieser Stelle wird deutlich, dass nicht allein die Rückkehr ins Land eine Zugehörigkeit zur Gruppe garantiert; wichtig wird hier wohl auch die ursprüngliche Herkunft bzw. der Gang ins Exil. So sind für diese Gruppen auch nur die Orte ihres Auszuges angegeben, nicht aber ihre Heimatorte in Juda.

Da Delajah in den Elephantine-Papyri auch als Name eines Sohnes des Sanballat, des Statthalter Samarias (TAD A4.7,29; ohne Filiation in TAD A4.9,1), belegt ist, ist es möglich, dass auch hier eine antisamaritanische Spitze vorliegt. Zudem wird in Neh 2,10.19; 3,33; 4,1; 6,1 u. ö. neben Sanballat auch ein Tobijah als Apostat und Gegner Nehemias eingeführt.[225] Ein eventuell mit dem des Nehemiabuches zu identifizierender Tobijah (Τουβιας) findet sich auch in den Zenon-Papyri,[226] aus denen hervorgeht, dass dieser „even though he was Jewish has adopted Hellenistic customs broadly. It is witnessed that he sold Jews as slaves and did not care about the circumcision of his bondsmen".[227]

Wer jedoch genau hinter den Namensträgern aus Esr 2,60 steckt, ist heute kaum mehr rekonstruierbar. Ob es sich bei Tobijah und Delajah um jene bereits bekannten Protagonisten persisch-hellenistischer Zeit handelt, kann nur vermutet werden. Nekoda ist (bis auf den Namensvetter unter den Netinim in Esr 2,48) gänzlich unbekannt. Sicherlich wusste man zur Zeit der Entstehung des Textes genau, um wen es sich dabei handelt. Es ist daher zu überlegen, ob die Namen möglicherweise mit Zugehörigen konkurrierender JHWH-Kultgemeinschaften in Verbindung gebracht werden können, so dass hier ein Seitenhieb gegen jene Gruppen zu vermuten wäre.[228]

Abschließend lässt sich nun festhalten, dass die Parallelisierung des Motivkomplexes *Exodus – Zählung – Kulthandlung (Spende und Kultgründung)* in Ex/Num und Esr 1-3 und somit die Übertragung des göttlichen Erwählungsgeschehens auf die Gruppe in Esr 2 zum einen als Ausweis von Legitimität dient und zugleich dieses *wahre und einzige Israel* von den anderen JHWH-verehrenden Gruppen abgrenzt, die wohlweislich im Text gar nicht genannt werden. Wahrscheinlich ist jedoch in dieser Nicht-Nennung bewusst eine *damnatio memoriae* zu vermuten – denn wer nicht überliefert ist, den gibt es nicht. Gerade im

---

224 Weingart, Stämmevolk, S. 83.
225 Diese sollen im Nehemiabuch stellvertretend die Bedrohung von außen symbolisieren. Vgl. hierzu u. a. Grätz, Adversaries, S. 82; Finkelstein, Nehemiah's adversaries, S. 47–55.
226 Vgl. etwa Edgar, Zenon-Papyri I, Nr. 59003; 59005; 59075; 59076.
227 Grätz, Adversaries, S. 82.
228 Vgl. auch Heckl, Neuanfang, S. 76.

Gegensatz dazu wird die Bedeutung der ausführlichen Rückkehrerliste in Esr 2 erneut deutlich.

Becking geht davon aus, dass zu Beginn des 4. Jh. v. Chr. „various factions were present in and around Jerusalem and that various forms of Yahwism/ Judaism were in a way competing".[229] Demnach gebe das Buch Esra „ideological support to one specific faction and to one form of Yahwism/Judaism".[230] Dabei wird in Esr 1-3 nicht nur der Anspruch auf die einzig rechtmäßige Form eines Jahwismus erhoben, sondern dezidiert auch auf den Namen und das Erbe Israels.

Es ist also anzunehmen, dass sich hier eine von mehreren JHWH-verehrenden Gruppen mit ihrer eigenen Tradition gegenüber anderen behauptet.[231] Denn kollektive Identität funktioniert immer zugleich auch über Abgrenzung.[232] Diese Gruppe konstituiert und legitimiert sich durch die Kontinuität zum vorexilischen Israel,[233] die ihrerseits allein durch die Erzählung in Esr 1-3 gewährleistet wird. Inwiefern dieser Legitimationserzählung jedoch historische Realitäten aus persisch-hellenistischer Zeit entnommen werden können, ist fraglich – Esr 1-3 sind in erster Linie „geglaubte Geschichte".[234] Wie Becking treffend herausgearbeitet hat, muss das Esrabuch selbst als „relic of the past and as such [...] a piece of evidence",[235] als „history competing with other histories about the same period (e. g. 1 Esdra; *Damascus Document*; Josephus; Herodotus)"[236] betrachtet werden.

Auch wie groß diese Gruppe im Verhältnis zu anderen war, lässt sich kaum sagen. Mit Weingart kann jedoch angenommen werden, dass es sich bei diesem exklusiven Israel-Verständnis eher um eine Minderheitenposition handelt.[237] Die Tatsache, dass die Rückkehr-Tempelbau-Erzählung im biblischen Kanon

---

229 Becking, We All, S. 12; vgl. auch ders., Re-enactment, S. 53. Siehe hierzu auch Davies, Scenes, S. 147. Dass dies vor allem auch für die gesamte persisch-hellenistische Zeit gilt, macht Hensel, Identität, S. 100 deutlich: „Während dieser zeitlichen Epoche zeichnete sich der JHWH-Glaube Israels ohnehin mehr durch Heterogenität denn durch kultische, ideologisch normierte Homogenität aus." Vgl. hierzu auch Böhm, Wer gehörte, S. 181–202.

230 Becking, We All, S. 13. Vgl. auch Blenkinsopp, Judaism, S. 199: „The *golah* therefore corresponds to the introversionist type of sect by virtue of its self-segregation not only from the Gentile world but also from other Jews who did not share its theology and agenda."

231 Kessler, Persia's, S. 96 spricht in diesem Zusammenhang von einer „complex Yahwistic tapestry [...]: (1) Golah returnees; (2) Golah remainees in Babylonia; (3) Yehudite remainees; (4) Egyptian Yahwists; (5) Samarian Yahwists of diverse origins; and (6) other Yahwists in the Levant".

232 Vgl. Giesen, Kollektive Identität, S. 24–32.

233 Vgl. auch Becking, We All, S. 13 zum gesamten Esrabuch.

234 Zum Begriff vgl. Gehrke, Mythos, S. 247.

235 Becking, Re-enactment, S. 52.

236 Becking, Re-enactment, S. 55.

237 Vgl. Weingart, Stämmevolk, S. 375.

überliefert wurde, spricht jedoch für den großen Einfluss ihres Trägerkreises, der sicherlich im Umfeld des Jerusalemer Tempels zu suchen ist.[238] Dass es auch Gruppen mit anderen religiösen und ideologischen Vorstellungen gab, zeigen hingegen Schriftzeugnisse wie die Damaskusschrift (CD), das Jubiläenbuch oder die Bücher Henoch und Daniel, „which, in addition to other resemblances they share, deny that any 'restoration' took place immediately after the end of the 'exile' and ignore or belittle the building of a Temple about that time".[239] Mit Esr 1-3 liegt uns also nur *ein* – obgleich wohl relativ einflussreicher – Bruchteil des Spektrums nachexilischer JHWH-Religiosität vor.

5.4 Literarhistorische Erwägungen zur Datierung der Rückkehr-Tempelbau-Erzählung

In der vorliegenden Arbeit wurde im Hinblick auf den Entstehungshorizont von Esr 1-3 immer wieder ganz allgemein von der nachexilischen bzw. persisch-hellenistischen Zeit gesprochen. Tatsächlich wird die Rückkehr-Tempelbau-Erzählung in der Forschungsliteratur oft ganz selbstverständlich als Quelle für die persische Zeit angenommen.[240] Doch legt ein genauer Blick auf Esr 1-3* eine Einordnung in einen anderen zeitgeschichtlichen Kontext nahe.

So können zum einen die Abgrenzung zu anderen JHWH-verehrenden Gruppen sowie die implizite Nordreichs-Polemik als Anhaltspunkt zur Datierung dienen. Wie in der neueren Forschung verschiedentlich herausgearbeitet wurde, ist mit einem sogenannten *samaritanischen Schisma* nicht schon im 6./5. Jh. v. Chr.,[241] sondern wahrscheinlich erst wesentlich später zu rechnen. Bereits die Elephantine-Korrespondenz legt nahe, dass anfangs wohl eher eine „geregelte Kooperation in religiösen Dingen"[242] anzunehmen war. Dies verdeutlicht ein Memorandum (TAD A4.9), welches von den Statthaltern Judäas und Samarias, Bagohi und Delajah, gemeinsam an die Gemeinde in Elephantine

---

238 Dieser scheint jedoch, wie sich gezeigt hat, interessanterweise weder eine aaronidisch-zadokidische Lineage noch ein Hohepriestertum zu kennen.

239 Davies, Scenes, S. 161.

240 Um nur wenige Beispiele zu nennen, zuletzt etwa Willi, Jehud, passim; Karrer, Ringen (vgl. u. a S. 332); Gerstenberger, Israel, S. 36 f; Rothenbusch, Tora (vgl. etwa das Fazit S. 429–433); Weingart, Stämmevolk, passim.

241 So etwa noch Donner, Geschichte 2, S. 448; 455 f, der mit „zwei Phasen des samaritanischen Widerstandes gegen Jerusalem" rechnet: „520-518 und 486/5 v. Chr" (Zitat S. 448). Zur Auseinandersetzung mit dieser auf der geschichtlichen Rekonstruktion Albrecht Alts beruhenden These vgl. Grätz, Essay, S. 171–184.

242 Grätz, Edikt, S. 267.

verfasst wurde.[243] Auch sonst fehlen außerbiblische Hinweise auf eine frühe Trennung, während der Bericht des Josephus in *Ant. XI.* wohl auf einer Ausschmückung von Neh 13,28 f beruhen und historisch kaum ernst zu nehmen sein dürfte.[244] Einen festen Anhaltspunkt bietet somit erst die Zerstörung des Heiligtums auf dem Garizim während der Eroberung Samarias durch Johannes Hyrkan I (um 111 v. Chr).[245] „Thus it no longer seems plausible to date the so-called Samaritan schism earlier than the second century BCE and it is at least possible that the schism was somehow related to the destruction of the sanctuary on Mount Gerizim by John Hyrcanus in the late second century BCE."[246] Dabei ist nicht auszuschließen, dass mögliche Konflikte zwischen Judäa und Samaria bzw. Jerusalem und Garizim schon früher zu schwelen begannen, eine dezidierte Samaritanerpolemik scheint jedoch literarisch erst ab hasmonäsicher Zeit nachweisbar zu sein.[247] In Esr 1-3* ist die Samaritaner-Polemik nicht direkt, sondern eher implizit zu spüren. Dennoch wird deutlich, wie stark sich der Text vom Nordreich abgrenzt, während er gleichzeitig seine Traditionen übernimmt. Auch wenn eine genaue Datierung der Konflikte (noch) nicht möglich ist, lässt sich in jedem Fall mit Hensel festhalten, „dass die entsprechende Einschätzung der Samaritaner im Esra-Nehemia-Buch weniger aus der persischen Zeit stammt, wo sie absolut singulär wäre, sondern viel eher in die hellenistische Zeit weist, wo diese Polemik entsteht und textpragmatisch funktioniert".[248] Zudem lässt sich auch für die hellenistische Zeit, vor allem aber für das 2. Jh. v. Chr. „in besonderer Weise eine Phase der Diversifizierung in der Entwicklung des Frühjudentums"[249] annehmen.

Ein weiterer Anhaltspunkt für eine Datierung in „nach-persische" Zeit bietet der Blick auf die Darstellung der Perserkönige in Esr 1-6. Nur zwei persische Großkönige sind hier von besonderer Bedeutung: Kyros und Darius. Beide scheinen mit der Restauration des Tempels assoziiert worden zu sein, während etwa Kambyses gar keine und Xerxes (Esr 4,6) nur eine kurze Erwähnung findet. In Esr 5 f gilt Kyros als der Initiator der Tempelrestauration, die dann erst unter der Förderung des Darius ihre Vollendung findet. In Esr 1-3* gerät Darius dann völlig aus dem Blick, während Kyros (Esr 1,1-4) noch stärker den Beginn der Heilszeit

---

243 Vgl. Grätz, Edikt, S. 267.
244 Vgl. Frevel, Geschichte, S. 231 f.
245 Vgl. Frevel, Geschichte, S. 322, der die Zerstörung jedoch auf 129/128 v. Chr. datiert. Zur Datierung um 111 v. Chr. vgl. z. B. Nihan, Torah, S. 190; Schorch, Construction, S. 139; Hensel, Von „Israeliten", S. 479.
246 de Hemmer Gudme, Before the God, S. 62 mit Nihan, Torah, S. 190.
247 Vgl. hierzu Hensel, Von „Israeliten", S. 475–493 sowie ausführlich Hensel, Juda und Samaria.
248 Hensel, Samaritanische Identität, S. 101. Vgl. auch Davies, Scenes, S. 159.
249 Frevel, Geschichte, S. 360.

und der Restauration des Volkes und des Kultes markiert. Es ist Kyros, von JHWH erweckt, der zur Rückkehr und zum Tempelbau aufruft. Artaxerxes hingegen scheint mit dem Wiederaufbau Jerusalems in Verbindung gebracht zu werden (vgl. Esr 4; Neh). Dass sich in der Esr-Neh-Tradition vor allem dieser drei Perserkönige erinnert wird, während die anderen Könige für die Chronologie der Restauration keine Rolle spielen, zeigt sich auch an Esr 6,14: ומטעם כורש ודריוש וארתחששתא מלך פרס [...].

Dabei ist die Idealisierung der Perserkönige als Gönner und Kultförderer nicht zu übersehen.[250] Dies impliziert zugleich eine gewisse Distanz zu den erzählten Geschehnissen, die eine solche Idealisierung – im Falle des Kyros schon eher eine Mythifizierung – erst erlaubt.[251] So stellt Davies für das gesamte Esr-Neh-Buch fest, was auch für die Rückkehrererzählung gilt: „[...] it is surely more productive for the historian of Judaism to accept the clear evidence that these books are far removed from the time they describe and to ask about the function of stories and of characters such as these in such a later period."[252] Das Esrabuch schaut bereits mit einigem Abstand auf die Restauration zurück und verklärt das Wirken der Perserkönige, das ganz im Kontrast zu dem ihrer Vorgänger, aber auch ihrer Nachfolger[253] steht. Es ist daher nicht unwahrscheinlich, dass sich die Autoren zum Zeitpunkt der Abfassung von Esr 1-3 schon unter hellenistischer Fremdherrschaft befanden und nun auf eine idealisierte Zeit persischen Großkönigtums zurückblickten.

---

250 Hier zeichnet sich bereits eine positive Hervorhebung des persischen Königtums ab, die in 3 Esr noch wesentlich stärker propagiert wird. Vgl. hierzu Grätz, Bild, S. 109–120, der herausgearbeitet hat, dass den persischen Großkönigen in 3 Esr eine bedeutende Rolle für den „religiöskultischen Neuanfang in Jerusalem" (Zitat S. 118) zukommt und der Text somit auch als „Fürstenspiegel" (Zitat S. 119) verstanden werden kann.

251 Interessanterweise lässt sich eine solche (zum Teil auch stark militärische) Mythifizierung der Perserkönige auch für den griechischen Kulturraum feststellen, etwa bei Xenophon oder Herodot; vgl. hierzu auch Kap. 4.1.1. Siehe auch Karrer, Ringen, S. 20.

252 Davies, Scenes, S. 160.

253 Greifbar wird dies für uns erst in seleukidischer Zeit mit dem ersten (erfolglosen) Zugriffsversuch auf den Jerusalemer Tempelschatz durch Seleukus IV. Philopator (187-175 v. Chr.) bzw. seinen Kanzler Heliodor; vgl. hierzu Frevel, Geschichte, S. 345. Eine Zuspitzung des Konfliktes geschieht dann durch die religions- und machtpolitischen Maßnahmen sowie Strafaktionen Antiochus' IV. (175-164 v. Chr) als Reaktion auf die Machtergreifung des Hohepriesters Jason in Jerusalem; vgl. Frevel, Geschichte, S. 349–351: „Doch der erfolgreiche Antiochus kehrt aus Ägypten 169 v. Chr. zurück, wertet den Machtwechsel als Rebellion und bestraft Jerusalem hart. Dabei werden der Tempel geplündert und die kultischen Geräte entwendet." (Zitat S. 349) Interessanterweise steht diese Aktion genau im Gegensatz zu den Großtaten des Kyros, der dafür sorgt, dass der Tempelschatz wieder zurück nach Jerusalem gebracht wird (Esr 1,7)!

Bestärkt wird diese Annahme auch durch einen Blick auf die relative Chronologie der literarischen Entwicklung des Esrabuches sowie des Kanons insgesamt. Dabei wird einerseits deutlich, dass Esr 1-3 schon auf eine (womöglich noch nicht völlig abgeschlossene) Form der Tora zurückgreifen. Wie in Kapitel 4.1.2 herausgearbeitet wurde, bedient sich der Text der nachpriesterschriftlichen Exoduserzählung und scheint schon die perserzeitlichen Überarbeitungen des Numeribuches vorauszusetzen.[254] Zugleich stammen wohl auch bereits Teile der Aramäischen Chronik (Esr 5 f), derer sich Esr 1-3 als Quelle bedienen,[255] aus hellenistischer Zeit. So kommt Schwiderski nach eingehender Untersuchung der Briefformulare in Esr 5 f zu dem Schluss, dass diese „in wesentlichen Punkten nicht dem reichsaramäischen Brieffformular" entsprechen.[256] Vielmehr stünden diese Brieffformulare dem hellenistisch-römischen Typ nahe, weshalb gelte: „Als wahrscheinliche Abfassungszeit der in Esr 4-6 enthaltenen Briefe ist die frühe hellenistische Zeit (3. Jh. v. Chr.) anzusetzen".[257] Zudem konnte Grätz zeigen, dass die in Esr 5 f so wichtige Institution eines Ältestengremiums für die Perserzeit nicht nachweisbar ist und dass es sich hingegen vielmehr um eine Rückprojektion aus hellenistischer Zeit handeln dürfte.[258] Die literarischen Abhängigkeiten von der nachpriesterschriftlichen Redaktion des Numeribuches einerseits, der Aramäischen Chronik in Esr 5 f andererseits führen daher zu der Annahme, dass auch Esr 1-3 in hellenistischer Zeit entstanden sein muss.

Überdies liefert die Liste Esr 2 auch selbst Anhaltspunkte für eine zeitgeschichtliche Einordnung. Die Namen in Esr 2 scheinen neo-babylonische bzw. perserzeitliche Verhältnisse zu reflektieren; reichen also als Eponyme möglicherweise in die exilische Zeit zurück. Dabei enthält die Liste zwar einige persische, jedoch keine griechischen Namen. Ein Blick auf das Kultpersonal liefert möglicherweise einen *terminus ad quem*. Denn Esr 2 belegt noch nicht die seit Ez 44,15 für das nachexilische Hohepriestertum als einzig legitim herausgestellte aaronidisch-zadokidische Lineage, obwohl der Verfasser- bzw. Trägerkreis des Textes wohl eindeutig im Umfeld des Jerusalemer Tempels zu suchen sein dürfte.[259] Auch scheint die Liste

---

254 Mit Achenbach, Vollendung, S. 473–477; Seebass, Numeri IV/1, S. 19 f; 38 ist davon auszugehen, dass achämenidische Heeresmusterungen als Vorbild für die Musterungen in Num 1-4; 26 gedient haben dürften.
255 Vgl. Kap. 3.3.1 V. 1-4.
256 Schwiderski, Handbuch, S. 381.
257 Schwiderski, Handbuch, S. 381.
258 Vgl. Grätz, Aramäische Chronik, S. 405–422.
259 Diese Beobachtung könnte damit zusammenhängen, dass Esr 2 diese Tradition schlicht und einfach noch nicht kennt. Nach MacDonald, Priestly Rule, S. 51–55; 146–148 handelt es sich bei den den „Söhnen Zadoks" um eine „late innovation in the biblical texts and an intertextual ideal" (S. 147). Während die für unser Verständnis von den Zadokiden so wichtig gewordene

noch keine Levitisierung der Sänger zu kennen, wie sie sich für spätere Texte des Esr-Neh-Buches sowie 1/2 Chr findet. Dies spricht für eine innerhalb des Esr-Neh-Chr-Corpus relativ früh einzuordnende Tradition.[260] Zugleich muss jedoch auch die Erwähnung der Orte in Esr 2,21-35 berücksichtigt werden, von denen einige vor allem in hasmonäischer Zeit Bedeutung erlangen.[261] Auch wenn dies nicht notwendigerweise bedeutet, dass Esr 2 die territorialen Grenzen des 2. Jh. v. Chr. reflektiert, ist die Feststellung, dass einige der erwähnten Orte, wie beispielsweise Lod, Chadid und Ono, in dieser Zeit für den sich formierenden „Hasmonäerstaat" eine wichtige Rolle spielen, nicht unerheblich – sind diese doch durch ihre Erwähnung in der Liste bereits fest mit dem Tempelkult in Jerusalem assoziiert. Zuletzt kann auch die Erwähnung der Golddrachme in Esr 2,69, die wohl aufgrund der erst im hellenistischen Großreich vermehrt einsetzenden Goldprägungen nicht vor dem 4. Jh. v. Chr. bekannt gewesen sein dürfte,[262] als Indiz für eine nicht allzu frühe Datierung gelten. Zusammenfassend lässt sich also annehmen, dass die Abfassung von Esr 1-3 wohl eher in der hellenistischen als in persischer Zeit zu verorten ist. Damit gibt der Text kaum Auskunft über tatsächliche Verhältnisse, sondern eher über eine idealisierte Perserzeit, die möglicherweise gerade im Gegensatz zu den zeitgenössischen Erfahrungen der Verfasser steht.[263]

Stelle Ez 44,15 in ihrem möglicherweise bereits hellenistisch zu datierenden Grundbestand noch keine Zadokiden kannte (vgl. MacDonald, Priestly Rule, S. 51–55; 147), haben diese vor allem über späte Redaktions- und Auslegungsprozesse Eingang in die biblische Tradition gefunden. Siehe auch Kap. 5.1.1 Tempelpersonal.

260 Zur relativen zeitlichen Einordnung vgl. auch Dahm, Opferkult, S. 31–33, die feststellt: „Unabhängig von der unsicheren Datierung bleibt das Problem, dass kein Zadokide in den ‚Heimkehrerlisten' steht. Sie zählten demnach nicht zu den Oberpriestern des Jerusalemer Tempels, als die Listen erstellt wurden." (Zitat S. 33)

261 Vgl. Finkelstein, Geographical Lists, S. 68: „It is noteworthy that seven of the places in the list are mentioned in the Books of Maccabees, including important places in the history of the Hasmoneans such as Beeroth, Michmash and Hadid. The appearance in the list of Lod, Hadid and Ono is also significant, as the district of Lod was added to Juda only in 145 BCE (1 Macc. 11.34) – another clue that the list may depict second century BCE realities."

262 Vgl. hierzu Anm. 69c zu Esr 2,69.

263 Vgl. auch Becking, Re-enactment, S. 52: „A text is a piece of evidence about its author, his or her views and the period in which the text was written."

6 Ertrag und Ausblick

Die vorliegende Untersuchung kommt zu dem Schluss, dass die Liste Esr 2 als integraler Bestandteil der Komposition Esr 1-3 zu betrachten ist und nicht aus ihrem Kontext gelöst werden kann. Innerhalb dieser Erzählung hat sie ihren ursprünglichen Sitz und ist weder als ausschmückendes Zusatzmaterial noch als bloßer Ersatz für eine fehlende Rückkehrerzählung zu verstehen. Esr 2 ist Teil eines Motivkomplexes von *Exodus/Übergang – Zählung – Kulthandlung (Spende und Kultgründung)*, der sowohl in der Exodus-Sinai-Erzählung in Ex/Num als auch in der Darstellung des zweiten Exodus in Esr 1-3 begegnet.[1] Durch die Verwendung derselben Abfolge von Motiven werden beide Geschehnisse parallelisiert.

Die Rückkehrerliste ist literarisches Produkt und zeitgeschichtliche Quelle zugleich. Esr 2 wurde für ihren Kontext konstruiert und in Anlehnung an die Musterungslisten des Numeribuches verfasst.[2] Dennoch sind hier wohl die Namen tatsächlicher Eponyme eingetragen, hinter denen der sich in Esr 1-3 legitimierende Trägerkreis zu vermuten ist. So transportiert die an Num angelehnte Musterungsliste als Medium authentische Namen einer Gruppe, die sich mit diesem Text als Israel konstituiert. Die Namen sind dabei kaum JHWH-theophor, dagegen von verschiedener etymologischer Herkunft (hebräisch, aramäisch, akkadisch, persisch, ägyptisch) und in vielen Fällen auch außeralttestamentlich belegt. Während sich über die Größe der Gemeinschaft aufgrund der fiktiven Zahlen keine Aussage treffen lässt, deutet die Zusammensetzung der Liste auf eine Gruppe hin, deren Namensvielfalt die kosmopolitischen, multiethnischen und multireligiösen Gegebenheiten des Exils widerspiegelt. Es handelt sich dabei wohl um eine tempelnahe Elite, die sich in und um Jerusalem gruppiert[3] und sich – anders als zu erwarten wäre – weder auf ausschließlich „fromme" JHWH-haltige Namensträger zurückführt (vgl. dagegen Esr 8,1-14) noch auf eine aaronidisch-zadokidische Priesterlineage (vgl. dagegen Esr 7,1-5) beruft. Ungeachtet dessen nimmt sie für sich in Anspruch, das Erbe des vorexilischen Israels anzutreten und grenzt sich zugleich dezidiert von konkurrierenden JHWH-Gemeinschaften ab.[4]

Auch wenn Esr 2 Aufschluss über den dahinterstehenden Trägerkreis bieten kann, muss bei einer Interpretation der Liste gleichwohl ihre besondere Form mit

---

1 Vgl. Kap. 4.3.
2 Vgl. Kap. 4.1.2.
3 Die nicht in Jerusalem ansässigen Mitglieder scheinen hingegen anhand ihrer Ortschaften aufgelistet. Vgl. Kap. 3.3.2 V. 3-35. Ob dies darauf hindeutet, dass es sich hier gegenüber der Jerusalemer Elite um die weniger wohlhabendere Landbevölkerung handelt, die dennoch zur Kultgemeinde hinzugerechnet wird, lässt sich kaum nachweisen.
4 Vgl. Kap. 5.

https://doi.org/10.1515/9783110569759-006

in Betracht gezogen werden. Die Liste als „notorisch unterbestimmt[e]",[5] dekontextualisierte und semantisch „instabile"[6] Textform erhält ihre Deutung nur durch den Kontext. Sie lädt zugleich zu Ergänzungen ein bzw. ist immer schon auf Fortschreibung und Weiterführung ausgelegt. Dadurch, dass sie in hohem Maße elliptisch ist, können hier kaum literarkritische Maßstäbe angelegt werden. Es lassen sich somit keine fundierten Aussagen hinsichtlich eines Textwachstums treffen. Es ist zwar durchaus möglich, dass einzelne Namen oder Ortschaften – gerade im Hinblick auf das niedere Tempelpersonal[7] – mit der Zeit ergänzt worden sind. Nachweisbar ist dies jedoch nicht. Zusammen mit ihrem literarischen Kontext ermöglicht uns die Liste jedoch einen Einblick in die Mechanismen der Identitätsbildung einer Gruppe, die sich als das wahre und einzige Israel versteht und sich zugleich in Kontinuität zum alten setzt.

6.1 Identität

Während Form und Aufbau von Esr 2 eher an eine Heeresmusterung (vgl. Num 1-4; 26) erinnern, ist die Funktion der Liste vergleichbar zu den griechischen Phratrienlisten oder den Gemeindelisten aus Qumran und Damaskus. Sie dokumentiert schriftlich die Zugehörigkeit ihrer Mitglieder zu einer exklusiven Gruppe und beansprucht so als stilisiertes Verwaltungsdokument höchste Verbindlichkeit.[8] Eine wichtige Bedeutung kommt hierbei der schriftlichen Fixierung der Namen zu. Namen-Bewahren und Namen-Auslöschen wird immer auch als existentieller Akt, als Akt des Gebens oder Nehmens von Identität betrachtet.[9] Deutlich wird dies auch daran, dass der Text Esr 1-3 seine Konkurrenten, gegen die er sich abgrenzt, eben nicht namentlich erwähnt. Diese *damnatio memoriae* hat zur Folge, dass noch heute in der Forschung diskutiert wird, wer die eigentlichen Gegner in der Rückkehr-Tempelbau-Erzählung sind (etwa die Samaritaner oder die Landbevölkerung Jehuds). Als wahre, nachexilische JHWH-Gemeinde präsentiert der biblische Text ausschließlich die Rückkehrergruppe des Esrabuches.

Wie die Exodus-Sinai-Erzählung beschreibt auch Esr 1-3 eine Erwählungssituation und folgt dabei dem rituellen Muster von *Exodus/Übergang – Zählung – Kulthandlung (Spende und Kultgründung)*.[10] Durch das Medium Schrift erlangt

---

5 Mainberger, Kunst, S. 20.
6 Mainberger, Kunst, S. 177.
7 Vgl. Kap. 5.1.1 Tempelpersonal.
8 Vgl. Kap. 4.1.
9 Vgl. Kap. 4.2.2.
10 Vgl. Kap. 4.2.1.

die Liste in Esr 2 nicht nur dauerhafte Gültigkeit, sondern zugleich eine eigene Wirkmächtigkeit und Realität. In der Auflistung konstituiert sich das neue Israel, das aus dem Exil zurückgekehrt ist – die Musterung passiert durch den Text und wird mit jedem Leseakt neu vollzogen. So wird dieses Israel – vergleichbar zu Votiv- und Weihinschriften an Heiligtümern – durch das Lesen der Namensliste der Gottheit in Erinnerung gerufen und gleichzeitig legitimiert.[11]

Die Bedeutung der Liste lässt sich mithin nur vollständig durch den rituellen Kontext erschließen, in den sie eingebettet ist. Der Kontext wiederum ergibt nur Sinn durch die Liste, auf die er hinweist und die er vorbereitet. Dabei ist es sicher nicht unwichtig, dass Esr 1-3 in hebräischer Sprache abgefasst ist, während die Aramäische Chronik hier doch wohl als Quelle gedient hat. Auch die Beobachtung, dass der Text viele Aramaismen aufweist, lässt deutlich werden, dass er – in Anknüpfung an Esr 5 f* – ebenso hätte auf aramäisch verfasst werden können. Dennoch bedient sich die Erzählung vom zweiten Exodus und der Erwählung des Volks bewusst des Hebräischen, das hier wohl – gerade vor dem Kontext eines rituellen Zusammenhangs von *Übergang (Esr 1)* – *Musterung (Esr 2)* – *Kulthandlung (Esr 3)* – als Sakralsprache verstanden werden kann.

Esr 1-3 geht es – anders als Josephus' Nacherzählung (*Ant.* XI,68) – nicht um eine historisch-chronologische Darstellung der Ereignisse, sondern um die Konstruktion kollektiver Identität. Dabei geschieht dies immer auch über Abgrenzung.[12] Die Art und Weise, wie Esr 1-3 die Exodus-Sinai-Erzählung aufnimmt und neu interpretiert, gibt dabei nicht nur Aufschluss über das Selbstverständnis der Gruppe, sondern auch darüber, wer nicht dazu gehört. So wird hier bewusst das Zwölf-Stämme-System verworfen – Israel ist ausschließlich das zurückgekehrte Juda-Benjamin, ein Nordreich Israel gibt es nicht, Samaria hat keinen Anteil am Erbe, ja wird an keiner Stelle erwähnt.[13] Der Tempel in Jerusalem steht als kultisches Zentrum im Mittelpunkt und nicht das bewegliche Zeltheiligtum, das überall seinen Platz hat, wo das Volk sich niederlässt – nur in Jerusalem hat JHWH seinen Sitz (Esr 1,3).[14] Zugleich gilt: Nur wer deportiert, von JHWH in der Fremde erwählt und wieder zurückgeführt wurde, gehört zu Israel. Wenngleich man wohl konstatieren muss, dass das sich in Esr 1-3 präsentierende „wahre und einzige" Israel dabei tatsächlich eher eines von vielen gewesen sein dürfte. Die weiteren Gruppen hingegen können wir heute jedoch mangels Quellen schwer greifen. So erklärt gerade auch die Existenz verschiedener JHWH-Kultgruppen in nachexilischer Zeit die Notwendigkeit von Legitimation und Abgrenzung.

---

11 Vgl. Kap. 4.2.2.
12 Vgl. Giesen, Kollektive Identität, S. 24 f.
13 Vgl. Kap. 5.3.
14 Vgl. Kap. 5.2.

6.2 Kontinuität

Auf den ersten Blick erstaunlich scheint, dass die Namen in Esr 2 keinerlei Bezug zu dem biblischen Israel vor dem Exil aufweisen. Dies steht im Kontrast etwa zu der Einführung Esras als Anführer einer Rückkehrerschaft in Esr 7,1-5, die seine zadokidisch-aaronidische Abstammung ausführlich darlegt. Kontinuität wird in Esr 1-3 nicht über eine genealogische Anknüpfung an vorexilische Akteure und auch nicht über den Bezug zum Zwölf-Stämme-Konzept, wie etwa im Falle der Listen Gen 46,8-27; Ex 1,1-5; Num 26,4b-51, konstruiert. Das Israel in Esr 1-3 legitimiert sich über die Parallelität der Geschehnisse. Dabei kommt dem Exil als Zäsur und Phase des Übergangs eine besondere Funktion zu. Nur durch den Gang ins Exil kann das Volk – der Exoduserzählung gleich – von JHWH in der Fremde erwählt und heimgeführt werden.[15]

Wie seine Vorväter erlebt so das Israel der Rückkehr-Tempelbau-Erzählung nun eine erneute Erwählung, einen zweiten Exodus und bezieht daraus seine Legitimität. Dass diese Kontinuität und Legitimität nicht nur für das Volk, sondern auch für den Kult gilt, zeigt die parallel geschilderte Rückkehr der Tempelgeräte (Esr 1,7-11). Die in Esr 1-3 ganz eigene Interpretation dieser biblischen Traditionen zeigt jedoch deutlich, dass das neue Israel zugleich auch ein anderes ist und somit ein Moment der Diskontinuität besitzt. Es ist eben nicht jenes Zwölf-Stämme-Volk, das aus Ägypten auszog, sondern nur noch Juda-Benjamin.[16] Dennoch reicht durch die Parallelisierung der Geschichte von *Erwählung in der Fremde*, *Exodus* und *Heimkehr* die Kontinuität der Gemeinde JHWHs weit hinter das Exil zurück und überbrückt somit eine geschichtliche Zäsur. Das „wahre", einzige Israel in Esr 1-3 steht in Kontinuität zum alten und ist ein ganz neues, anderes zugleich.

6.3 Ausblick: Esr 1-6 und die Gesamtkomposition des Esr-Neh-Buches

Esr 1-3 gibt den zweiten Exodus in äußerst kondensierter Form wieder. Der Grundbestand Esr 1-3* erzählt nicht, er liefert lediglich knappe Fakten: Der Beginn der Heilszeit mit Kyros bis hin zum Tempelbau in der Zeit Darius I. wird inklusive dreier Listen (Tempelgeräte, Rückkehrer, Tempelspenden) innerhalb von drei Kapiteln mitgeteilt. Der knappe, elliptische Stil arbeitet vor allem mit Verweisen

---

15 Vgl. Kap. 4.3.
16 Vgl. Kap. 5.3.

auf Bekanntes. So finden sich in Esr 1-3 allerlei alttestamentliche und altorientalische Motive und Traditionen in jeweils eigener Deutung wieder. Die verwendeten Themen bzw. Traditionen *Exodus, Heiligtumsbau* (Zeltheiligtum und salomonischer Tempel) und *Heilsprophetie* (Dtjes; Hag; Sach) sind zugleich eng miteinander verwoben.[17] Diese werden jedoch allesamt nur angedeutet und nicht weiter ausgeführt. Dabei ruht der hebräische Erzählteil auf der Rückkehrerliste Esr 2 und findet hier seine textliche Mitte. Gleichwohl kann Esr 1-3 nicht alleine stehen und läuft auf die Fortsetzung und Vollendung des Tempelbaus in Esr 5 f hinaus.

Wie sich gezeigt hat, verwendet Esr 1-3 die sogenannte Aramäische Chronik Esr 5 f* nicht nur als Quelle, sondern führt den dort entnommenen Aspekt der Erlaubnis des Tempelbaus durch Kyros theologisch aus und deutet ihn neu.[18] Dem aramäischen Text vorangestellt, wird Esr 1-3 so zur literarischen Brille für die gesamte Rückkehr-Tempelbau-Erzählung: es geht nicht mehr nur um die rechtliche Legitimation des Tempelbaus, sondern ausdrücklich auch um die durch JHWH motivierte Rückkehr und Wiederherstellung des Gottesvolkes und seines Kultes.

Dabei ist damit zu rechnen, dass Esr 4 erst später im Hinblick auf die Integration der Nehemiaerzählung bzw. auf die Gesamtkomposition des Esr-Neh-Buches aufgenommen wurde, da das eigentliche Thema dieses Kapitels der Stadtbau ist (vgl. Esr 4,12). Möglicherweise ist diese Einfügung auch durch Esr 5,3 (ואשרנא דנה לשכללה...) motiviert. Ungeachtet der komplexen Entstehungsgeschichte der Kapitel Esr 4 und Esr 5 f, die wohl auch selbst literarisch gewachsen sein dürften, lässt sich vermuten, dass Esr 1-3* ursprünglich an Esr 5,3 anschloss, während Esr 4,1-3(-5) erst als literarische Brücke im Zuge der Einfügung der Artaxerxeskorrespondenz geschaffen wurde.[19] Denn Esr 3,13 knüpft mit der Bemerkung, dass das Freudenjauchzen von fern her hörbar war, sehr gut an den Bericht von der Exkursion des Statthalters Tattenai und dessen Begleitern an, die durch den Lärm auf das Bauprojekt aufmerksam geworden sein könnten (Esr 5,3: בה־זמנא אתא עליהון...).[20] Damit schildern Esr 3*.5 f* einen fortlaufenden Bauprozess, der erst durch Esr 4 unterbrochen wird.[21]

---

17 Vgl. Kap. 3.3.4.

18 Vgl. auch Kap. 3.3.1 V. 1-4.

19 Vgl. Exkurs 3.

20 Zur Beobachtung, dass Esr 5,1 f wahrscheinlich sekundär sowohl die Propheten Haggai und Sacharja als auch Jeschua und Serubbabel hinter Esr 4,24 nachtragen vgl. Willi, Juda, S. 66; Grätz, Aramäische Chronik, S. 418 f; Rothenbusch, Tora, S. 84; 86.

21 Es ist durchaus möglich, bereits Esr 3 in der Regierungszeit des Darius spielen zu lassen, auch wenn der in Esr 1 geschilderte Beginn der Heilzeit mit Kyros die gesamte Chronologie überlagert; vgl. hierzu Kap. 3.3.3 V. 10b-13 sowie Exkurs 1.

Dabei stehen die in der vorliegenden Arbeit herausgearbeiteten Ergänzungen in Esr 3,3 (כי באימה עליהם מעמי הארצות).9b, die zum einen das Thema der Anfeindung durch Fremde eintragen (Esr 3,3) und zugleich Parallelen zum Nehemiabuch aufweisen, möglicherweise im Zusammenhang mit der Einfügung von Esr 4.[22] Es kann also vermutet werden, dass zuerst der hebräische Teil Esr 1-3* der Aramäischen Chronik Esr 5 f* vorangestellt und dann in einem späteren Schritt Esr 4*, zusammen mit den Ergänzungen in Esr 3,3*(כי באימה עליהם מעמי הארצות).9b, eingefügt wurde.

Esr 1-3 weist zudem eine weitere, frühere Bearbeitungsschicht auf, welche die Ergänzungen in Esr 3,3*.9* bereits voraussetzen. Diese zeigt eine Nähe zur chronistischen Theologie (Zwölf-Stämme-Konzept, Fragen der kultischen Reinheit und Schilderungen des Kultes). Besonders auffällig ist dabei, dass der Text an zwei Stellen mit Narrativen auf Fragen der Reinheit und der Schilderung kultischer Angelegenheiten (Esr 2,61-63; 3,1-5.10 f) verharrt, während sonst ein relativ kondensierter Erzählstil vorliegt. Diese Passagen sind mit einiger Wahrscheinlichkeit einer gemeinsamen Bearbeitungsschicht (Esr 2,2a.36*.61-63.70a* sowie Esr 3,1-5.8bβγ.9aα.10b.11) zuzurechnen, die sich sowohl über weite Teile des Esr-Neh-Buches als auch über 1/2 Chr erstreckt.[23] Es ist anzunehmen, dass das Buch Esr* (Rückkehr-Tempelbau- und Esra-Tora-Erzählung) zunächst eine Bearbeitung mit kultischem bzw. reinheitstheologischem Schwerpunkt erfahren hat, die zugleich im Zusammenhang mit einer Redaktion der Chronikbücher steht und so für die auffälligen sprachlichen und theologischen Gemeinsamkeiten in bestimmten Kapiteln verantwortlich ist.[24] In diesen Bearbeitungskontext ist daher möglicherweise auch der sekundäre Rahmen in Esr 6,16-18.19-22 einzuordnen,[25] der eben nicht auf gleicher Entstehungsebene mit der Einfügung des Prologs Esr 1-3* anzusiedeln ist, sondern erst später mit den Themenschwerpunkten *Zwölfzahl des Volkes Israel, Opfer- und Reinheitstheologie* sowie dem *Passafest* die Erzählung neu gewichtet.

Im Rahmen der literarischen Verzahnung mit der Nehemiaerzählung ist dann die Einfügung von Esr 3,3*(כי באימה עליהם מעמי הארצות).9b und Esr 4* zu vermuten. Dabei ist möglicherweise auch die Rückkehrerliste Esr 2 in Neh 7 eingewandert, die nun in ihrem neuen Kontext zwei Funktionen erfüllt: 1. die Parallelisierung der Wiederaufnahme des Kultes in Esr 3 mit der Verlesung der Tora durch Esra in Neh 8 sowie 2. (parallel zur Doppelung der Musterungslisten in

---

22 Vgl. Kap. 3.3.3 Fazit.
23 Vgl. Kap. 3.3.4.
24 Vgl. auch Steins, Chronik, S. 442 f.
25 Auch dieser zweisprachige Rahmen dürfte sicherlich selbst noch einmal literarisch gewachsen sein.

Num 1; 26)[26] die Identifikation des Volkes, das die Tora empfängt, mit der Rückkehrergemeinde und somit die Schaffung von Kontinuität.[27]

Im Rahmen dieser Untersuchung dürfte deutlich geworden sein, dass das
literarische Wachstum von Esr 1-3 bzw. Esr 1-6 immer zugleich auch an die Entstehung des restlichen Esr-Neh-Buches gekoppelt ist. Insbesondere das Verhältnis
der Kapitel Esr 7 f zu Esr 1-6 bleibt in dieser Hinsicht noch zu erörtern. So schildern diese offenbar einen Teil-Rückkehrerzug und zugleich eine „Neuauflage"
der Rückkehrerzählung Esr 1-3 zur Zeit des Artaxerxes unter Verwendung desselben Motivkomplexes, laufen aber auf einen anderen Höhepunkt – die Verlesung
der Tora – hinaus. Damit scheint die Esraerzählung die Grundkomposition der
Rückkehr-Tempelbau-Erzählung Esr 1-3*.5 f* bereits vorauszusetzen.[28] Während
diese Grundkomposition noch unabhängig von der Esra- und Nehemiaerzählung
betrachtet werden kann, ist ihre weitere literarische Entwicklung fest mit der Entstehungsgeschichte der Gesamtkomposition Esr-Neh verbunden. Ein umfassen-
des Entstehungsmodell stellt jedoch weiterhin ein Desiderat der Forschung dar.
Ungeachtet der weiterhin offenen Fragen zur Komposition des Esr-Neh-Buches
zeigt sich jedoch immer wieder die Bedeutung des Prologs Esr 1-3, der mit dem
Konzept eines durch JHWH erwählten, zurückgekehrten und restituierten Israels
ein Leitmotiv und einen theologischen Anknüpfungspunkt für sämtliche Erzählstränge der Gesamtkomposition liefert.

---

26 Vgl. hierzu Bänziger, Jauchzen und Weinen, S. 129-132; 195.
27 Vgl. Kap. 2.2.3.
28 Vgl. auch Grätz, Edikt, S. 285; Rothenbusch, Tora, S. 237. Anders jüngst Heckl, Neuanfang,
S. 270–280, der Esr 1-8 als durchlaufende Handlung und von einem gemeinsamen Verfasser ge-
schaffenen Text betrachtet.

Anhang

ESR 2	NEH 7	ATL. BELEGSTELLEN	ETYMOL. ANMERKUNGEN UND AUSSERATL. BELEGE	3 ESR 5
		אַנְשֵׁי עַם יִשְׂרָאֵל		
פַּרְעֹשׁ [3]	פַּרְעֹשׁ [8]	Esr 2,3; 8,3; 10,25; Neh 3,25; 7,8; 10,15 (in 1 Sam 24,4; 26,20 als „Floh")	= ursprüngl. vierradikalige Form („Floh")[1] פרעש: HAE II/2 Nr. 1.21 (Siegel, 7. Jh. v. Chr.); 17.38 (Siegel, 8./7. Jh. v. Chr.); AHI II 100.933 (Siegel, 7. Jh. v. Chr.)	Φορος [9]
שְׁפַטְיָה [4]	שְׁפַטְיָה [9]	2 Sam 3,4; 1 Chr 3,3; 9,8; Esr 2,4.57; 8,8; Neh 7,9.59; 11,4; Jer 38,1 שפטיהו: in 1 Chr 12,2; 27,16; 2 Chr 21,2	< שפט („richten") + יהוה [שפ]טיה: TAD C3.3,14 (Elephantine)	Σαφατ [10]
אָרַח [5]	אָרַח [10]	1 Chr 7,39; Esr 2,5; Neh 6,18; 7,10	< akk. arḫu („Kuh; Wildochse"); ug. arḫ[2] oder < *'urḫ > 'ōraḥ („Weg") > 'ōrēᵃḥ („Reisender")? (vgl. 1 Chr 7,39 LXX: Ορεχ)[3] Arāḫ (ᵐa-ra-aḫ): BaAr 6 9:20 (Babylonien); A-ra-ḫu/ḫi: NBN 10	Αρεε
פַּחַת מוֹאָב [6]	פַּחַת מוֹאָב [11]	Esr 2,6; 8,4; 10,30; Neh 3,11; 7,11; 10,15	= „Statthalter von Moab"	Φααθ-μωαβ [11]
לִבְנֵי יֵשׁוּעַ	לִבְנֵי יֵשׁוּעַ	יֵשׁוּעַ: 1 Chr 24,11; 2 Chr 31,15; Esr 2,2.6.36.40; 3,2.8.9.; 4,3; 5,2; 8,33; 10,18; Neh 3,19;	< ישע (hifil: „retten, helfen") < יהוה + יְהוֹשֻׁעַ Yāḫûšū (ᵐᵈia-ḫu-ú-šu-ú): CUSAS 28 45:4 (Āl-Yāḫūdu, 6. Jh. v. Chr.); BaAr 6 13:10 (Babylonien)	εἰς τοὺς υἱοὺς Ἰησοῦ

Anmerkung: Für entsprechende Abkürzungen vgl. Literaturverzeichnis.

---

1 Vgl. Zadok, Pre-Hellenistic, S. 153 f; Noth, Personennamen, S. 230.

2 Zadok, Jews, S. 41; ders., Pre-Hellenistic, S. 73 Anm. 120. Siehe auch Noth, Personennamen, S. 230.

3 Vgl. Zadok, Pre-Hellenistic, S. 70.

Esr 2	Neh 7	ATL. Belegstellen	Etymol. Anmerkungen und Ausseratl. Belege	3 Esr 5
		7,7.11.39.43; 8,7.17; 9,4.5; 10,10; 11,26; 12,1.7.8.10.24.26 (sonst יְהוֹשֻׁעַ)		
יוֹאָב	יוֹאָב	1 Sam 26,6; 2 Sam (85-mal); 1 Kön (14-mal); 1 Chr (22-mal); Esr 2,6; 8,9; Neh 7,11; Ps 60,2	> אָב + יהוה ("Vater") יוֹאָב: HAE II/2 10.45 (Stempelsiegel, Karthago, 8. Jh. v. Chr.)	καὶ Ιωαβ
עֵילָם [7]	עֵילָם [12]	Gen 10,22; 14,1.9; 1 Chr 1,17; 8,24; 26,3; Esr 2,7.31; 8,7; 10,2.26; Neh 7,12.34; 10,15; 12,42; Jes 11,11; 21,2; 22,6; Jer 25,25; 49,34.35.36.37.38.39; Ez 32,24; Dan 8,2	Etymologie unsicher. < 'w/yl ('ûl „Säugling"; 'āwîl „Junge"; qayl-Form) + -am oder < verwandt mit Gentilizium 'Ālemet (*ġlm); dagegen jedoch LXX Ηλαμ; Αιλαμ.[4]	[12] Ωλαμου
זַתּוּא [8]	זַתּוּא [13]	Esr 2,8; 10,27, Neh 7,13; 10,15	<pers. Zāta-vahya- („Bessergeboren")[5] זתוהי: TAD A6.9,1 (Elephantine)	Ζατου
זַכַּי [9]	זַכַּי [14]	Esr 2,9; Neh 3,20; 7,14	< זכה oder זכך?[6] Evtl. aramäischer Einfluss[7] oder < זכר, Hypokoristikon[8]	Χορβε
בָּנִי [10]	בִּנּוּי [15]	בָּנִי: 2 Sam 23,36; 1 Chr 6,31; 9,4; Esr 2,10; 10,29.34.38; Neh 3,17; 8,7; 9,4(*2).5; 10,14.15; 11,22	> בְּנָיָה (בנה + יהוה), Hypokoristikon (z. B. 1 Kön 1,8.10.26 u. ö.)?[9] בניה: TAD D1.8,2 (aram. Brief, Elephantine)	Βανι

---

4 Vgl. Zadok, Pre-Hellenistic, S. 3; 144 f; 158.
5 Vgl. Zadok, Jews, S. 113 Anm. 104; ders., Namen, S. 396. Gegen Noth, Personennamen, S. 242, der von einer semitischen Etymologie (Kurzform von unbekanntem Stamm זתא) ausgeht.
6 Vgl. Gesenius, Handwörterbuch[18], S. 300; Zadok, Pre-Hellenistic, S. 113.
7 Vgl. Zadok, Jews, S. 41; ders., Pre-Hellenistic, S. 162 f.
8 Vgl. Noth, Personennamen, S. 38; 187.
9 Vgl. Noth, Personennamen, S. 38; 172.

Esr 2	Neh 7	Atl. Belegstellen	Etymol. Anmerkungen und Ausseratl. Belege	3 Esr 5
			Bānia (ᵐ*ba-ni-ia*): CUSAS 28 56:4.6; 79:17 (Bīt-Našar, 6. Jh. v. Chr.); BaAr 6 75:2.9 u. ö. (Babylonien)	
			Banā-Yāma (ᵐ*ba-an-na-ia-ma*): BaAr 6 5:6 (Babylonien) u. ö.	
		בְּנוּי: Esr 8,33; 10,30.38; Neh 3,24; 7,15; 10,10; 12,8 (Ri 6,28; Sol 4,4 als Ptz. Qal passiv)	< aram.?[10] <evtl. Hypokoristikon zu בְּנָיָהוּ?[11]	
בֵּבַי [11]	בֵּבָי [16]	Esr 2,11; 8,11 (*2); 10,28; Neh 7,16; 10,16	< aram. od. akkad. („Baby")[12] < vgl. hebr. בְּבָה * („Kleinkind")[13]	[13] Βηβαι
			Bi-ba-a: u. a. BE 9 65:24; 67:14; 70:30; 100:2[14]; BE 10 22:2; 62:2; 51:17 u. ö.[15] (Murašû-Archiv)	
			Bibêa (ᵐ*bi-bi-e-a*/ ᵐ*bi-bi-e-iâ*): CUSAS 28 69:3.14; 70:2 (Bīt-Našar, 6. Jh. v. Chr.); BaAr 6 29:14 (Babylonien)	
עַזְגַּד [12]	עַזְגָּד [17]	Esr 2,12; 8,12; Neh 7,17; 10,16	< babylon. *Ašgandu* mit persischer Etymologie (*Žganda- = „Bote")[16] oder < עז + Gottesname גד[17]	Ασγαδ
			עזגד: TAD C3.28,107 (Elephantine); D21.7,1 (aram. Grabinschrift, Edfu, 4. Jh. v. Chr.)	
אֲדֹנִיקָם [13]	אֲדֹנִיקָם [18]	Esr 2,13; 8,13; Neh 7,18	< קום + אדון[18]	[14] Αδωνικαμ

---

10 Vgl. Zadok, Jews, S. 41.
11 Vgl. Noth, Personennamen, S. 172.
12 Vgl. Zadok, Pre-Hellenistic, S. 174.
13 Vgl. Gesenius, Handwörterbuch¹⁸, S. 122.
14 Vgl. auch BE 9, S. 57.
15 Vgl. auch BE 10, S. 47.
16 Vgl. Zadok, Jews, S. 41.
17 Vgl. Zadok, Pre-Hellenistic, S. 52 mit Noth, Personennamen, S. 126.
18 Vgl. Noth, Personennamen, S. 117; 176.

Esr 2	Neh 7	Atl. Belegstellen	Etymol. Anmerkungen und Ausseratl. Belege	3 Esr 5
בִּגְוַי [14]	בִּגְוָי [19]	Esr 2,2.14; 8,14; Neh 7,7.19; 10,17	<*Bāgoy[19] <persisch: Baga-vahya- (Baga = Gott +?)[20] בגוהי: TAD A4.7,1; A4.9,1 (Elephantine)	Βαγοι
עָדִין [15]	עָדִין [20]	Esr 2,15; 8,6; Neh 7,20; 10,17 (2 Kön 14,2: Ketib: יְהוֹעַדִּין; Qere: יְהוֹעַדָּן)	< עֵדֶן („Wonne"); qatil- Bildung; aram. Einfluss?[21]	Αδινου
אָטֵר [16]	אָטֵר [21]	Esr 2,16.42; Neh 7,21.45; 10,18	Etymologie unsicher. <babylonische Etymologie?[22]; vgl. Ēṭiru (akkad. „the one who saves")[23] → Lehnwort im Hebr. und Aram.? = Aṭar/Eṭir? ("Protected")[24] oder < *ʾaṭir („krumm") bzw. *ʾaṭṭir („gelähmt, linkshändig")[25] אטר: TAD B2.7,3 (Elephantine) Ēṭiru (ᵐe-ṭè-ru/ᵐe-ṭi-ru): BaAr 6 18:8; 56:13 (Babylonien)	[15] Ατηρ
לְחִזְקִיָּה	לְחִזְקִיָּה	חִזְקִיָּה: 2 Kön 18,1.10.13.14 (*2).15.16 (*2); 1 Chr 3,23; Neh 7,21; 10,18; Prov 25,1; Zef 1,1 יְחִזְקִיָּה: Esr 2,16; Hos 1,1; Mi 1,1 (יְחִזְקִיָּהוּ bzw. חִזְקִיָּהוּ: sehr häufig in 2 Kön; 2 Chr; Jes)	< חזק („fest, stark sein") + יהוה[26] חזקיהו: u. a. HAE II/2 8.19 (Bullen, ca. 700 v. Chr.); 10.26 (Bullen, Jerusalem, 8. Jh. v. Chr.)	Εζεκιου

19 Vgl. Gesenius, Handwörterbuch[18], S. 124.
20 Vgl. Zadok, Jews, S. 41; 113 Anm. 105; ders., Namen, S. 395.
21 Vgl. Noth, Personennamen, S. 223; Zadok, Pre-Hellenistic, S. 108.
22 Vgl. Zadok, Jews, S. 41.
23 Vgl. Pearce/Wunsch, Documents, S. 51.
24 Vgl. Porten, Archives, S. 141. Siehe auch Pearce/Wunsch, Documents, S. 89.
25 Vgl. Gesenius, Handwörterbuch[18], S. 43 mit Noth, Personennamen, S. 227.
26 Vgl. auch Noth, Personennamen, S. 160.

ESR 2	NEH 7	ATL. BELEGSTELLEN	ETYMOL. ANMERKUNGEN UND AUSSERATL. BELEGE	3 ESR 5
–	חָשֻׁם[22]	s. u. Esr 2,19	–	–
–	–	–	–	Κιλαν καὶ Αζητας Αζουρου [16]Αννιας Αρομ
בֵּצָי[17]	בֵּצָי[23]	Esr 2,17; Neh 7,23; 10,19	< vgl. jüd.-aram. *bṣy* („zerspalten; durchbrechen; suchen")?[27] *Bi-ṣa-a*: u. a. BE 9 32:10; 15:4.8.16;[28] BE 10 90:2.7; 122:2.7.10; 107.10 u. ö.[29] (Murašû-Archiv)	Βασσαι
יוֹרָה[18]	חָרִיף[24]	יוֹרָה: Esr 2,18 חָרִיף: Neh 7,24; 10,20	< ירה?[30] < חרף₂ („der Scharfe; der Kluge")[31]	Αριφου
חָשֻׁם[19]	–	Esr 2,19; 10,33; Neh 7,22; 10,19; חָשֻׁם: Gen 36,34.35; חֻשָׁם: 1 Chr 7,12	< *ḫtm? (arab. *ḫaṭim* = „Breitnase")[32]	–
גִּבָּר[20]	גִּבְעוֹן[25]	גִּבָּר: Esr 2,20 גֶּבֶר als PN in 1 Kön 4,13.19; עֶצְיוֹן גֶּבֶר in Num 33,35.36; Dtn 2,8 גִּבְעוֹן: 45-mal im AT (v. a. Jos; 2 Sam)	< גבר? *Gab-ba-ri*: BE 9 86:5.6[33] (Murašû-Archiv) –	[17]Βαιτηρους
בֵּית־לֶחֶם[21]	אַנְשֵׁי[26] בֵּית־לֶחֶם	41-mal im AT (Gen, Jos, Ri, Ruth, 1/2 Sam, 1/2 Chr, Esr, Neh, Jer, Mi)		Βαιθλωμων

---

27 Vgl. Zadok, Namen, S. 389; ders. Pre-Hellenistic, S. 174.

28 Vgl. auch BE 9, S. 57.

29 Vgl. auch BE 10, S. 47.

30 Vgl. Gesenius, Handwörterbuch[18], S. 455 mit Zadok, Pre-Hellenistic, S. 132.

31 Vgl. Gesenius, Handwörterbuch[18], S. 397 mit Noth, Personennamen, S. 228; Zadok, Pre-Hellenistic, S. 108.

32 Vgl. Gesenius, Handwörterbuch[18], S. 408 mit Noth, Personennamen, S. 227.

33 Vgl. auch BE 9, S. 58.

Esr 2	Neh 7	Atl. Belegstellen	etymol. Anmerkungen und Ausseratl. Belege	3 Esr 5
אַנְשֵׁי נְטֹפָה ²²	וּנְטֹפָה	Esr 2,21; Neh 7,26; als Gentilizium in: 2 Sam 23,28 f; 2 Kön 25,23; 1 Chr 2,54; 9,16; 11,30 (*2); 27,13.15; Neh 12,28; Jer 40,8		¹⁸ Νετεβας
אַנְשֵׁי ²³ עֲנָתוֹת	אַנְשֵׁי ²⁷ עֲנָתוֹת	Jos 21,18; 2 Sam 23,27; 1 Kön 2,26; 1 Chr 6,45; 7,8; 11,28; 12,3; 27,12; Esr 2,23; Neh 7,27; 10,20; 11,32; Jes 10,30; Jer 1,1; 11,21.23; 29,27; 32,7–9.		Ενατου
עַזְמָוֶת ²⁴	אַנְשֵׁי ²⁸ בֵית־עַזְמָוֶת	בֵית־עַזְמָוֶת: Neh 7,28 עַזְמָוֶת: Esr 2,24; Neh 12,29; als PN in 2 Sam 23,31; 1 Chr 8,36; 9,42; 11,33; 12,3; 27,25		Βαιτασμων
קִרְיַת עָרִים ²⁵	אַנְשֵׁי ²⁹ קִרְיַת יְעָרִים	קִרְיַת עָרִים: Esr 2,25 קִרְיַת יְעָרִים: Jos 9,17; 15,9.60; 18,14 f; Ri 18,12; 1 Sam 6,21; 7,1 f; 1 Chr 2,50.52.53; 13,5; 2 Chr 1,4; Neh 7,29; Jer 26,20		¹⁹ Καριαθ-ιαριος
כְּפִירָה	כְּפִירָה	Jos 9,17; 18,26; Esr 2,25; Neh 7,29		Καπιρας
וּבְאֵרוֹת	וּבְאֵרוֹת	Jos 9,17; 18,25; 2 Sam 4,2(*2)f.5.9; 23,37; 1 Chr 11,39; Esr 2,25; Neh 7,29		Βηρωτ
–	–	–		²⁰ Χαδιασαι Αμμιδιοι
הָרָמָה ²⁶	אַנְשֵׁי ³⁰ הָרָמָה	רָמָה: 23-mal im AT (Jer 31,15; Neh 11,33)		Κιραμας

Esr 2	Neh 7	Atl. Belegstellen	etymol. Anmerkungen und Ausseratl. Belege	3 Esr 5
וָגֶבַע	וָגֶבַע	Jos 18,24; 21,17; Ri 20,10.33; 1 Sam 13,3.16; 14,5; 2 Sam 2,25; 1 Kön 15,22; 2 Kön 23,8; 1 Chr 6,45; 8,6; 2 Chr 16,6; Esr 2,26; Neh 7,30; 11,31; 12,29; Jes 10,29; Sach 14,10		Γαββης
אַנְשֵׁי [27] מִכְמָס	אַנְשֵׁי [31] מִכְמָס	מִכְמָס: Esr 2,27; Neh 7,31 מִכְמָשׂ: 1 Sam 13,2.5.11.16.23; 14,5.31; Neh 11,31; Jes 10,28		[21] Μακαλων
אַנְשֵׁי [28] בֵית־אֵל	אַנְשֵׁי [32] בֵית־אֵל	72-mal im AT		Βαιτολιω
וְהָעָי	וְהָעָי	37-mal im AT (v. a. in Jos 8)		–
נְבוֹ [29]	אַנְשֵׁי [33] נְבוֹ אַחֵר	Num 32,3.38.47; Dtn 32,49; 34,1; 1 Chr 5,8; Esr 2,29; 10,43; Neh 7,33; Jes 15,2; 46,1; Jer 48,1.22		Νιφις
מַגְבִּישׁ [30]	–	Esr 2,30		–
עֵילָם [31] אַחֵר	עֵילָם [34] אַחֵר	So nur in Esr 2,31; Neh 7,34 (Elam s. o.)		[22] Καλαμων ἄλλου
חָרִם [32]	חָרִם [35]	s. u. Esr 2,39 par.		–
–	יְרֵחוֹ [36]	s. u. Esr 2,34		
לֹד [33]	לֹד [37]	1 Chr 8,12; Esr 2,33; Neh 7,37; 11,35; 1 Makk 11,34		
חָדִיד	חָדִיד	Esr 2,33; Neh 7,37; 11,34; 1 Makk 12,38; 13,13		
וְאוֹנוֹ	וְאוֹנוֹ	1 Chr 8,12; Esr 2,33; Neh 6,2; 7,37; 11,35		Ωνους
יְרֵחוֹ [34]	–	57-mal im AT (v. a. Num; Jos)		Ιερεχου

ESR 2	NEH 7	ATL. BELEGSTELLEN	ETYMOL. ANMERKUNGEN UND AUSSERATL. BELEGE	3 ESR 5
סְנָאָה [35]	סְנָאָה [38]	Esr 2,35; Neh 3,3; 7,38 סְנוּאָה: Neh 11,9 סְנָאָה: 1 Chr 9,7	סְנֶה?[34] >	Σαναας [23]

הַכֹּהֲנִים

ESR 2	NEH 7	ATL. BELEGSTELLEN	ETYMOL. ANMERKUNGEN UND AUSSERATL. BELEGE	3 ESR 5
יְדַעְיָה [36]	יְדַעְיָה [39] לְבֵית יֵשׁוּעַ	יְדַעְיָה: 1 Chr 9,10; 24,7; Esr 2,36; Neh 7,39; 11,10; 12,5.19.21; Sach 6,10.14	יהוה + ידע > ידעיה: HAE II/2 10.11 (Krughenkel, 7. Jh. v. Chr.) ידעיהו: HAE I Arad (7):39,4 (Ostrakon, Arad, 7. Jh. v. Chr.) **Yadi-Yāma** (ᵐia-di-a-ma): CUSAS 28 12:5 (Āl-Yāḫūdu, 6. Jh. v. Chr.)	Ιεδδου [24] τοῦ υἱοὶ Ἰησοῦ εἰς τοὺς υἱοὺς Ανασιβ
		יֵשׁוּעַ: s. o. Esr 2,6 par.	–	
אִמֵּר [37]	אִמֵּר [40]	1 Chr 9,12; 24,14; Esr 2,37; 10,20; Neh 3,29; 7,40; 11,13; Jer 20,1 (Ortsname in Esr 2,59; Neh 7,61)	אמר > („Lamm"; „Widder")[35] Vgl. auch אמריהו[36]	Εμμηρου
פַּשְׁחוּר [38]	פַּשְׁחוּר [41]	1 Chr 9,12; Esr 2,38; 10,22; Neh 7,41; 10,4.11.12; Jer 20,1–3.6; 21,1; 38,1	ägypt. p3-šri-n-ḥr („Sohn des Horus")[37] > פשחר: HAE I Arad (8):54,1 (Ostrakon, Arad, 8. Jh. v. Chr.); HAE I Ar 8:2,1 f (Ostrakon, Tel 'Ar'ara, 8. Jh. v. Chr.); HAE II/2 Nr. 1.22 (Siegel, 7./6. Jh. v. Chr.); 17.39 (Siegel, 7. Jh. v. Chr.); 17.40–43 (Bullen, 7. Jh. v. Chr.)	Φασ-σουρου [25]
חָרִם [39]	חָרִם [42]	1 Chr 24,8; Esr 2,32.39; 10,21.31; Neh 3,11; 7,35.42; 10,6.28; 12,15	חרם > („[der Gottheit] geweiht")[38] Anders Zadok: Metathesis zu רְחֻם?[39]	Χαρμη

---

34 Vgl. hierzu Kap. 3.1 Anm. 35a zur Übersetzung Esr 2,35 sowie Zadok, Pre-Hellenistic, S. 78.
35 Vgl. Noth, Personennamen, S. 188; Zadok, Pre-Hellenistic, S. 115.
36 Vgl. Zadok, Pre-Hellenistic, S. 154.
37 Vgl. Ranke, Personennamen I, S. 119; Zadok, Namen, S. 394.
38 Vgl. Noth, Personennamen, S. 136 f; 216.
39 Vgl. Zadok, Pre-Hellenistic, S. 6.

Esr 2	Neh 7	Atl. Belegstellen	Etymol. Anmerkungen und Ausseratl. Belege	3 Esr 5
			Ḥarīm (ᵐḫa-ri-im): CUSAS 28 23:7 (Āl-Yāḫūdu, 6. Jh. v. Chr.); (Ḫa-ri-im-ma-ʾ:) BE 10 119:12; 120:8[40]; PBS 2/1 221:9 (Murašû-Archiv)	

הַלְוִיִּם

Esr 2	Neh 7	Atl. Belegstellen	Etymol. Anmerkungen und Ausseratl. Belege	3 Esr 5
יֵשׁוּעַ [40]	יֵשׁוּעַ [43]	s. o. Esr 2,6 par.	–	Ἰησοῦ [26]
וְקַדְמִיאֵל	לְקַדְמִיאֵל	Esr 2,40; 3,9; Neh 7,43; 9,4 f; 10,10; 12,8.24	Etymologie unsicher. < קדם + -*i* + אל („Gott ist [mir] entgegen gekommen") bzw. קֶדֶם + -*i* + אל („Was vor [mir] ist, ist El")[41] oder < Nominalsatz mit GN *Qdm* → „*Qdm* ist Gott."[42]	Καδμιηλου
לִבְנֵי	לִבְנֵי	Evtl. Konjektur: בְּנֵי s. o. Esr 2,10	Zur Konjektur בְּנֵי: s. o. Kapitel 3.1 Anm. 40a zur Übersetzung Esr 2,40.	Βαννου
הוֹדַוְיָה	לְהוֹדְוָה	הוֹדַוְיָה: 1 Chr 5,24; 9,7; Esr 2,40 Konjektur: Esr 3,9[43]	יהוה + ידה >[44] הודויה: TAD B5.1,9; B4.4,2; B4.3,2; B3.1,22 u. ö. (Elephantine)	Σουδιου
		הוֹדְוָה: Neh 7,43	vgl. הוֹדְוָיָה[45]	

הַמְשֹׁרְרִים

Esr 2	Neh 7	Atl. Belegstellen	Etymol. Anmerkungen und Ausseratl. Belege	3 Esr 5
אָסָף [41]	אָסָף [44]	46-mal im AT (v. a. in 1/2 Chr; Ps)	Hypokoristikon von אסף + GN[46] אסף: HAE II/2 Nr. 1.120 (Bulle, 7. Jh. v. Chr.); 1.123 (Siegel, 8. Jh. v. Chr.); 10.67 (Bulle, 7. Jh. v. Chr.); 13.81 (Siegel, 8./7. Jh. v. Chr.)	Ασαφ [27]

---

40 Vgl. auch BE 10, S. 50.
41 Vgl. Gesenius, Handwörterbuch[18], S. 1149. Siehe auch Noth, Personennamen, S. 256 Nr. 1216.
42 Vgl. Zadok, Pre-Hellenistic, S. 45; 47; 179; 181.
43 Vgl. hierzu Kapitel 3.1 Anm. 9b zur Übersetzung Esr 3,9.
44 Vgl. Zadok, Pre-Hellenistic, S. 30 f; 42 f.
45 Vgl. Zadok, Pre-Hellenistic, S. 7 zu Neh 7,43: „did the scribe understand *Hwdwyh* as an 'eclectic' spelling and 'analyzed' it?"
46 Vgl. Noth, Personennamen, S. 181; Zadok, Pre-Hellenistic, S. 23 f.

Esr 2	Neh 7	Atl. Belegstellen	Etymol. Anmerkungen und Ausseratl. Belege	3 Esr 5
		הַשֹּׁעֲרִים		
שַׁלּוּם [42]	שַׁלּוּם [45]	2 Kön 15,10.13–15.; 22,14; 1 Chr (10-mal); 2 Chr 28,12; 34,22; Esr 2,42; 7,2; 10,24.42; Neh 3,12; 7,45; Jer 22,11; 32,7; 35,4	< שׁלם *piel* (= „Ersatz")[47] שׁלום: AradOstr 9,2 (aram. Ostrakon, Arad; 4. Jh. v. Chr.); HAE I Lak (6):13,20 (Ostrakon, Lachisch, 6. Jh. v. Chr.); TAD B2.10,18; B3.13,13; B7.3,1 u. ö. (Elephantine) **Šillimu** (^{m}ši-li-im/^{m}ši-il-li-im): CUSAS 28 6:13; 9:8 u.ö. (Āl-Yāḫūdu, 6. Jh. v. Chr.)	Σαλουμ [28]
אָטֵר	אָטֵר	Esr 2,16.42; Neh 7,21.45; 10,18	s.o. Esr 2,16	Αταρ
טַלְמוֹן	טַלְמֹן	1 Chr 9,17; Esr 2,42; Neh 7,45; 11,19; 12,25	< aram. טֶלֶם < „Äquivalent von hebr. Ṣalmôn"[48] (= צלם)	Τολμαν
עַקּוּב	עַקּוּב	1 Chr 3,24; 9,17; Esr 2,42.45; Neh 7,45; 8,7; 11,19; 12,25	<* 'qb? ("beschützen, bewachen"; altsüdarab., altnordarab. u.ö. belegt)[49] עקוב: TAD D11.2 (Elephantine) **Aqqubu** (^{m}aq-qu-bu): BaAr 6 95:13 (Babylonien) **Aqabi-Yāma**: CUSAS 28 77:1.9.19 (Bīt-Našar, 6. Jh. v. Chr.)	Ακουβ
חֲטִיטָא	חֲטִיטָא	Esr 2,42; Neh 7,45	< aram. * ḫṭṭ („graben, durchbohren")[50]	Ατητα
שֹׁבָי	שֹׁבָי	Esr 2,42; Neh 7,45 שֹׁבִי in 2 Sam 17,27	Etymologie unsicher. < Partz. akt. von שׁבה (= „Fänger; Geiselnehmer")?[51]	Σωβαι

---

47 Vgl. Noth, Personennamen, S. 174; Zadok, Pre-Hellenistic, S. 115.

48 Zadok, Namen, S. 390.

49 Vgl. Noth, Personennamen, S. 178; Gesenius, Handwörterbuch[18], S. 1005.

50 Vgl. Noth, Personennamen, S. 243 Nr. 477; Zadok, Pre-Hellenistic, S. 108; Gesenius, Handwörterbuch[18], S. 341.

51 Vgl. Zadok, Pre-Hellenistic, S. 106.

Esr 2	Neh 7	Atl. Belegstellen	Etymol. Anmerkungen und Ausseratl. Belege	3 Esr 5
			שבי: HAE I MHas (7):1,7 f (Ostrakon, Meṣad Hashavyahu, 7. Jh. v. Chr.); AHI I 100.874,2 (Siegel; 8. Jh. v. Chr.)	

הַנְּתִינִים

Esr 2	Neh 7	Atl. Belegstellen	Etymol. Anmerkungen und Ausseratl. Belege	3 Esr 5
צִיחָא [43]	צֵחָא [46]	Esr 2,43; Neh 7,46; 11,21	< ägypt. ḏd-ḥr („das Gesicht/Horus spricht")[52] Ṣi-ḫa-': BE 10 66:13; 99:3[53] (Murašû-Archiv)	[29] Ησαυ
חֲשׂוּפָא	חֲשֻׂפָא	Esr 2,43; Neh 7,46	< חשף („entblößt") oder < vgl. jüd.-aram. ḥsp („abblättern; schuppige Haut haben")[54] oder < vgl. arab. ḫašūfun („schnell")[55]	Ασιφα
טַבָּעוֹת	טַבָּעוֹת	Esr 2,43; Neh 7,46	< Pl. v. hebr. טַבַּעַת („Siegelring")?[56]	Ταβαωθ
קֵרֹס [44]	קֵירֹס [47]	Esr 2,44; Neh 7,47	Etymologie unsicher. < *qrs („sich krümmen")?[57] oder < ethnische Gruppe zyprischer Herkunft (evtl. Bezug zu Kittiten)[58] קרסי (Gentilizium): HAE I Arad (6):18,5 (Ostrakon, Arad, 6. Jh. v. Chr.)	Κηρας
סִיעֲהָא	סִיעָא	Esr 2,44; Neh 7,47	< verwandt mit סִיעָה = jüd.-aram. („Reisegesellschaft; Reisebegleitung")?[59]	Σουα
פָּדוֹן	פָּדוֹן	Esr 2,44; Neh 7,47	< semit. *pdy bzw. hebr. פדה („loskaufen")[60]	Φαδαιου

---

52 Vgl. Gesenius, Handwörterbuch[18], S. 1116 mit Ranke, Personennamen I, 411 Nr. 12.
53 Vgl. auch BE 10, S. 64.
54 Vgl. Zadok, Notes, S. 110 f.
55 Vgl. Noth, Personennamen, S. 226.
56 Vgl. Noth, Personennamen, S. 38 f; 223; Zadok, Notes, S. 111.
57 Vgl. Zadok, Notes, S. 111.
58 Vgl. Garfinkel, *MLṢ HKRSYM*, S. 27–34.
59 Vgl. Zadok, Notes, S. 111.
60 Vgl. Zadok, Notes, S. 111; Gesenius, Handwörterbuch[18], S. 1038; HAE II/1, S. 80 f.

Esr 2	Neh 7	Atl. Belegstellen	Etymol. Anmerkungen und Ausseratl. Belege	3 Esr 5
			פדיה: HAE II/2 Nr. 17.7 (Siegel, 7. Jh. v. Chr.)	
			פדיהו: HAE II/2 Nr. 1.67 (Siegel, Ende 8. Jh. v. Chr.); 17.8–9 (Siegel, 7. Jh. v. Chr.); 17.10 (Siegel, Ende 8. Jh. v. Chr.); 17.11–12. (Siegel, 7. Jh. v. Chr.) u.ö.	
			Padā-Yāma (ᵐ*pa-da-a-ma*/ ᵐ*pa-da-iá-a-ma*): CUSAS 28 39:3 (Āl-Yāḫūdu, 6. Jh. v. Chr.); 76:16 (Bīt-Našar, 6. Jh. v. Chr.); BaAr 6 3:13 (Babylonien) u.ö.	
לְבָנָה [45]	לְבָנָה [48]	Esr 2,45; Neh 7,48	לָבָן > = „der Weiße" als Epitheton des Mondgottes + hypokor. Suffix -ā.[61]	Λαβανα
חֲגָבָה	חֲגָבָה	Esr 2,45; Neh 7,48	חָגָב > („Heuschrecke")[62] s. u. Esr 2,46	Αγγαβα
עַקּוּב	–	1 Chr 3,24; 9,17; Esr 2,42.45; Neh 7,45; 8,7; 11,19; 12,25	s. o. Esr 2,42	[30] Ακουδ
–	–	–	–	Ουτα Κηταβ
חָגָב [46]	–	Esr 2,46	חָגָב > („Heuschrecke") חגב: HAE I Lak(6):1,1 (Ostrakon, Lachisch, 6. Jh. v. Chr.)	Αγαβα
Ketib: שַׁמְלַי Qere: שַׁלְמַי	שַׁלְמַי	Esr 2,46 (Qere); Neh 7,48 שַׁלְמִי: Num 34,27	שלם bzw. שלום[63] > ***Šilim-Yāma*** (ᵐ*ši-li-im-a-ma*/ ᵐ*ši-li-im-iá-a-ma*): CUSAS 28 30:16; 45:23 u. ö. (Āl-Yāḫūdu, 6. Jh. v. Chr.)	Συβαι
חָנָן	חָנָן [49]	Gen 36,38 f; 1 Kön 4,9;	הנן > (vgl. auch הנן + GN)	Αναν

---

61 Vgl. Zadok, Notes, S. 111.
62 Vgl. Noth, Personennamen, S. 230; Zadok, Notes, S. 111.
63 Vgl. auch Noth, Personennamen, S. 165; Zadok, Notes, S. 112.

Esr 2	Neh 7	Atl. Belegstellen	Etymol. Anmerkungen und Ausseratl. Belege	3 Esr 5
		1 Chr 1,49; 4,20; 8,23.38; 9,44; 11,43; 27,28; Esr 2,26; Neh 7,49; 8,7; 10,11.23.27; 13,13 Jer 35,4	< „a common Hebrew and Aramaic name"[64] *Ḥanan* (ᵐḫa-na-na): CUSAS 28 28:15; 37:14 (Āl-Yāḫūdu, 6. Jh. v. Chr.); BaAr 6 9:18 (Babylonien) u. ö.	
–	–	–	–	Καθουα
גִּדֵּל[47]	גִּדֵּל	Esr 2,47.56; Neh 7,49.58	< גדל גדול:[65] TAD B2.2,18; B2.7,14; B2.9,17; B4.5,2 u. ö. (Elephantine)	Γεδδουρ
גַּחַר	גַּחַר	Esr 2,47; Neh 7,49	Etymologie unklar.[66]	–
רְאָיָה	רְאָיָה[50]	1 Chr 4,2; 5,5; Esr 2,47; Neh 7,50	< ראה + יהוה ראיהו: HAE II/2 Nr. 20.1 (Bulle, 7. Jh. v. Chr.)	[31] Ιαϊρου
רְצִין[48]	רְצִין	2 Kön 15,37; 16,5 f.9; Esr 2,48; Neh 7,50; Jes 7,1.4.8; 8,6; 9,10	< רצה + ‑ān?; vgl. aram. *Raʿyān*. *Rezin* bzw. *Raṣyān*: Name des Königs von Aram-Damaskus, 8. Jh. v. Chr. (2 Kön; Jes).[67]	Δαισαν
נְקוֹדָא	נְקוֹדָא	Esr 2,48.60; Neh 7,50.62	< נְקֹד (mhebr. נָקוֹד) („gesprenkelt")[68] oder < persisch[69]: *Nakkunda* (ᵐna-ak-ku-un-da): PF 172:4 f; 743:4 (Persepolis, ca. 500 v. Chr.)	Νοεβα
–	–	–	–	Χασεβα
גַּזָּם	גַּזָּם[51]	Esr 2,48; Neh 7,51	Etymologie unsicher. < *gzm („abschneiden")?[70]	Γαζηρα

---

64 Zadok, Notes, S. 112.
65 Vgl. Williamson, Ezra, S. 26: „[...] this should be revocalized as גְּדֹל 'big' (cf. Esdr 5:33), a name found frequently in the Elephantine Papyri."
66 Zur Diskussion vgl. Zadok, Notes, S. 112.
67 Vgl. Gesenius, Handwörterbuch[18], S. 1264.
68 Vgl. Noth, Personennamen, S. 225; Zadok, Notes, S. 112.
69 Vgl. Fried, Ezra, S. 123.
70 Vgl. Zadok, Notes, S. 112. Anders Noth, Personennamen, S. 230.

ESR 2	NEH 7	ATL. BELEGSTELLEN	ETYMOL. ANMERKUNGEN UND AUSSERATL. BELEGE	3 ESR 5
עַזָּא [49]	עַזָּא	2 Sam 6,3.6–8.; 2 Kön 21,18.26; 1 Chr 8,7; 13,7.9–11.; Esr 2,49; Neh 7,51 עֲזָה: 1 Chr 6,14	< עֹז („Kraft; Schutz [Gottes]") (+ GN); Hypokoristikon[71] עזא: HAE II/2 Nr. 1.76 (Siegel, 7. Jh. v. Chr.); 16.19 (Siegel, 8. Jh. v. Chr.); 16.20 (Siegel, 7. Jh. v. Chr.)	Οζιου
פָּסֵחַ	פָּסֵחַ	1 Chr 4,12; Esr 2,49; Neh 3,6; 7,51	= פִּסֵּחַ („lahm; hinkend")[72] פסח: HAE II/2 Nr. 17.10 (Siegel, 8. Jh. v. Chr.)	Φινοε
–	–	–	–	Ασαρα
בֵּסַי	בֵּסַי [52]	Esr 2,49; Neh 7,52	Etymologie unsicher. < bēsāy: ägypt. Gott Bes als theophores Element[73] oder < babylonisch?[74] בסי: HAE II/2 Nr. 2.20 (Siegel, 7. Jh. v. Chr.); 16.15 (Siegel, Ende 8. Jh. v. Chr.); 22.1 (Bulle, 7. Jh. v. Chr.) *Bi-is-sa-a*: NBN 49	Βασθαι
אַסְנָה [50]	–	Esr 2,50	< ägypt.?[75]	Ασανα
Ketib: מְעוּנִּים Qere: מְעִינִים	מְעוּנִים	1 Chr 4,41; 2 Chr 26,7; Esr 2,50; Neh 7,52	Etymologie umstritten. < vgl. Minäer[76] →arabischer Stamm im Norden des Sinai[77]	Μααvι
Ketib: נְפִיסִים Qere: נְפוּסִים	Ketib: נְפוּשְׁסִים Qere: נְפִישְׁסִים	Esr 2,50; Neh 7,52	< semit. *npš; vgl. jüd.-aram. nepîš („viel sein")[78] →Nachkommen des ismaelitischen Stammes Nāpîš.[79]	Ναφισι

---

71 Vgl. Zadok, Notes, S. 113; ders., Pre-Hellenistic, S. 151; 155.

72 Vgl. Zadok, Notes, S. 113 mit Noth, Personennamen, S. 227.

73 Vgl. Becking, Construction, S. 63.

74 So Myers, Ezra, S. 14. Anders Noth, Personennamen, S. 152: Hypokoristikon zu בסדיה.

75 Vgl. Noth, Personennamen, S. 63 f; Myers, Ezra, S. 14. Siehe auch Fried, Ezra, S. 124 mit Verweis auf PF 619:5.

76 Vgl. Knauf, Mu'näer und Mëuniter, S. 114–122.

77 Vgl. Knauf, Mu'näer und Mëuniter, S. 114–122.

78 Vgl. Zadok, Remarks, S. 297.

79 Vgl. Zadok, Remarks, S. 296 f.

ESR 2	NEH 7	ATL. BELEGSTELLEN	ETYMOL. ANMERKUNGEN UND AUSSERATL. BELEGE	3 ESR 5
			Na-pi-šá-a-a (= „Nafischite"): CT 53,289 (ver. 7) (neuassyrischer Brief, 7. Jh. v. Chr.)	
בַּקְבּוּק ⁵¹	בַּקְבּוּק ⁵³	Esr 2,51; Neh 7,53	< בַּקְבֻּק („Flasche") <*bqq („ausleeren")[80] oder < persisch?[81]: *Bakapukša* (ᵐba-ka-pu-uk-ša): PF 137:2 f; 667:8 f; 981:3 u.ö. (Persepolis, ca. 500 v. Chr.) *Bagabukša* (altpers.: *baga-bukša*/babylon.:ᵐ*ba-ga-bu-ki-šu*/ elam.: *ba-ḳa-bu-uk-ša*): DB § 68 (Behistun-Inschrift)	–
חֲקוּפָא	חֲקוּפָא	Esr 2,51; Neh 7,53	Etymologie unsicher. < arab. *ḥaqafa* („gekrümmt sein")?[82]	Ακουφ
–	–	–	–	Αχιβα Ασουρ Φαρακιμ
חַרְחוּר	חַרְחוּר	Esr 2,51; Neh 7,53	Etymologie unsicher. < akkad. *ḫaḫḫūru* („Rabe")?[83] oder < *ḥrr („frei sein od. werden")?[84]	–
בַּצְלוּת ⁵²	בַּצְלִית ⁵⁴	Esr 2,52; Neh 7,54	Etymologie unsicher. < בָּצָל („Zwiebel")? + hypokor. Suffix -*ît*/-*ût*.[85]	Βασαλωθ
מְחִידָא	מְחִידָא	Esr 2,52; Neh 7,54	Etymologie unsicher. <* ḥw/yd (vgl. arab. *ḥada* „ablehnen; meiden")?[86] oder < persisch: *Mahitika* (*Mahiti* + PN Determinativ -*ka*)?:[87]	³² Μεεδδα

---

80 Vgl. Zadok, Notes, S. 113.
81 Vgl. Fried, Ezra, S. 125.
82 Vgl. Zadok, Notes, S. 113 mit Noth, Personennamen, S. 227.
83 Vgl. Zadok, Notes, S. 113 mit Noth, Personennamen, S. 230.
84 Vgl. Zadok, Notes, S. 113.
85 Vgl. Noth, Personennamen, S. 231; Zadok, Notes, S. 113.
86 Vgl. Zadok, Notes, S. 114.
87 Vgl. Fried, Ezra, S. 126.

ESR 2	NEH 7	ATL. BELEGSTELLEN	ETYMOL. ANMERKUNGEN UND AUSSERATL. BELEGE	3 ESR 5
			Mahitika (ᵐ*ma-hi-ti-ka*): PF 1777:5 f (Persepolis, ca. 500 v. Chr.)	
–	–	–	–	Κουθα
חַרְשָׁא	חַרְשָׁא	Esr 2,52; Neh 7,54; ON: Esr 2,59; Neh 7,61	= aram. „taub"[88] ***Harruš*** (ᵐ*har-ru-iš*) :[89] PF 786:3 f (Persepolis, ca. 500 v. Chr.)	Χαρεα
בַּרְקוֹס [53]	בַּרְקוֹס [55]	Esr 2,53; Neh 7,55	< aram. „Sohn des Qôs" (בר + קוֹס); vgl. edomitischer Gott Qaus/Qôs[90]	Βαρχους
סִיסְרָא	סִיסְרָא	Ri 4,2.7.9.12–18.22; 5,20.26.28.30; 1 Sam 12,9; Esr 2,53; Neh 7,54; Ps 83,10	Etymologie umstritten[91] > vgl. luwischer Personenname *zi-za-ru-wa*[92] oder > semitischer Personenname vgl. *s³-sw-:r-y*; *:t3-t3-r* in ägyptischen Quellen[93] oder > fremde bzw. nicht-semitische Herkunft[94]	Σεραρ
תָּמַח	תָּמַח	Esr 2,53; Neh 7,55	Etymologie unbekannt.	Θομοι
גְּצִיחַ [54]	גְּצִיחַ [56]	Esr 2,54; Neh 7,56	< aram. נצח („siegreich; glänzend")[95] Anders Noth: arab. *naṣīḥun* („treu")[96]	Νασι
חֲטִיפָא	חֲטִיפָא	Esr 2,54; Neh 7,56	< aram. חטף („geraubt; davongetragen; eilig getan")[97]	Ατιφα

---

88 Vgl. Zadok, Notes, S. 114.

89 Vgl. Fried, Ezra, S. 126.

90 Vgl. Zadok, Notes, S. 114; siehe auch Becking, Construction, S. 64. Zadok, Notes, S. 114 bemerkt hierzu: „The deity *Qōs* appears in Edomite names but is not exclusively Edomite."

91 Vgl. Becking, Construction, S. 64; Gesenius, Handwörterbuch[18], S. 884.

92 Vgl. HAL III, S. 710.

93 Vgl. Becking, Construction, S. 64 mit Schneider, Asiatische Personennamen, S. 192; 260.

94 Vgl. Noth, Personennamen, S. 64; Zadok, Notes, S. 114.

95 Vgl. Zadok, Notes, S. 114.

96 Vgl. Noth, Personennamen, S. 228.

97 Vgl. Noth, Personennamen, S. 232; Zadok, Notes, S. 114.

ESR 2	NEH 7	ATL. BELEGSTELLEN	ETYMOL. ANMERKUNGEN UND AUSSERATL. BELEGE	3 ESR 5
			בְּנֵי עַבְדֵי שְׁלֹמֹה	
סֹטַי [55]	סוֹטַי [57]	Esr 2,55; Neh 7,57	Etymologie unsicher. < *śṭy (hebr./aram. „abweichen; irren"); ś > s?[98]	–
הַסֹּפֶרֶת	סוֹפֶרֶת	Esr 2,55; Neh 7,57	< ספר; Kollektivbezeichnung?[99]	Ασσαφιωθ [33]
פְּרוּדָא	פְּרִידָא	Esr 2,55; Neh 7,57	< פרד + aram. א- („der Einzige")[100] oder < persisch? :[101] **Pirrada** (ᵐpir-ra-da): PF 745:3 (Persepolis, ca. 500 v. Chr.); (altpers.: prāda/babylon.: ᵐpa-ra-da-ʾ/ elam.: pir-ra-da:) DB § 38; § 52 (Behistun-Inschrift)	Φαριδα
יַעְלָה [56]	יַעְלָא [58]	Esr 2,56; Neh 7,58 יוֹעֵאלָה: 1 Chr 12,8	<*יַעֵל („Steinbock") + aram. א- oder hypokor. Suffix[102]	Ιεηλι
דַּרְקוֹן	דַּרְקוֹן	Esr 2,56; Neh 7,58	Etymologie umstritten. < arab. darkun („hart")[103] < arab. daraqa („schnell laufen") oder < arab. darqatun („Schild") oder < Metathesis von hebr. דקר („durchbohren")[104]	Λοζων
גַּדֵּל	גַּדֵּל	Esr 2,47.56; Neh 7,49.58	s.o. Esr 2,47	Ισδαηλ
שְׁפַטְיָה [57]	שְׁפַטְיָה [59]	2 Sam 3,4; 1 Chr 3,3; 9,8; Esr 2,4.57; 8,8; Neh 7,9.59; 11,4; Jer 38,1 שְׁפַטְיָהוּ: 1 Chr 27,16; 2 Chr 21,2	s.o. Esr 2,4	Σαφυθι

---

98 Vgl. Zadok, Notes, S. 114.
99 Vgl. Zadok, Notes, S. 114.
100 Vgl. Noth, Personennamen, S. 224; Zadok, Notes, S. 115.
101 Vgl. Fried, Ezra, S. 127.
102 Vgl. Zadok, Notes, S. 115.
103 Vgl. Noth, Personennamen, S. 225.
104 Vgl. hierzu Zadok, Notes, S. 115: „However, D-R-Q does not produce any Semitic names." D-Q-R dagegen „is productive in the Northwest Semitic onomasticon."

Esr 2	Neh 7	Atl. Belegstellen	Etymol. Anmerkungen und Ausseratl. Belege	3 Esr 5
חֲטִיל	חֲטִיל	Esr 2,57; Neh 7,59	Etymologie unsicher. < arab. ḥaṭala („be loose, base"), qattīl-Form[105] Oder < arab. ḫatila („geschwätzig")[106]	[34] Αγια
פֹּכֶרֶת הַצְּבָיִים	פֹּכֶרֶת הַצְּבָיִים	Esr 2,57; Neh 7,59	< *kpr (mhebr., jüd.-aram. „niederreißen, zerstören") + צבי („Gazelle"), Kollektiv: Gazellenfänger?[107]	Φακαρεθ-σαβιν
–	–	–	–	Σαρωθιε Μασιας Γας Αδδους Σουβας Αφερρα Βαρωδις Σαφατ
אָמִי	אָמוֹן	אָמִי: Esr 2,57 ——— אָמוֹן: 1 Kön 22,26; 2 Kön 21,18.23–25.; 1 Chr 3,14; 2 Chr 18,25; 33,20–23; 33,25; Neh 7,59; Jer 1,2; 25,3; Zef 1,1	אָמוֹן > אמן („fest, beständig, treu, zuverlässig sein")[108] אָמִי < Hypokoristikon zu אָמוֹן?[109]	Αμων

---

105 Vgl. Zadok, Notes, S. 115.
106 Vgl. Noth, Personennamen, S. 229.
107 Vgl. Zadok, Notes, S. 115.
108 Vgl. Zadok, Notes, S. 115 mit Noth, Personennamen, S. 228.
109 Vgl. Zadok, Notes, S. 115.

Literaturverzeichnis

Die Abkürzungen für die Titel von Zeitschriften und Reihen folgen:

Siegfried M. Schwertner, Internationales Abkürzungsverzeichnis für Theologie und Grenzgebiete (IATG3), Berlin/New York ³2014.

Abkürzungsverzeichnis in: Reallexikon der Assyriologie und Vorderasiatischen Archäologie, begründet von Erich Ebeling und Bruno Meissner, herausgegeben von Michael P. Steck, 11. Band, Berlin/New York 2006–2008, S. III–XLII.

Abkürzungsverzeichnis in: Der Neue Pauly. Enzyklopädie der Antike (DNP), herausgegeben von Hubert Cancik und Helmuth Schneider, Band 1, Stuttgart/Weimar 1996, S. XV–XXXIX.

Abadie, Philippe, 1/2 Chronik, in: Thomas Römer u. a. (Hg.), Einleitung in das Alte Testament. Die Bücher der Hebräischen Bibel und die alttestamentlichen Schriften der katholischen, protestantischen und orthodoxen Kirchen, Zürich 2013, S. 687–696.

Abadie, Philippe, Esra-Nehemia, in: Thomas Römer u. a. (Hg.), Einleitung in das Alte Testament. Die Bücher der Hebräischen Bibel und die alttestamentlichen Schriften der katholischen, protestantischen und orthodoxen Kirchen, Zürich 2013, S. 676–686.

Abel, Félix-Marie, Géographie de la Palestine. Tome II. Géographie politique. Les villes, Paris ³1967.

Achenbach, Reinhard, Die Vollendung der Tora. Studien zur Redaktionsgeschichte des Numeribuches im Kontext von Hexateuch und Pentateuch, BZAR 3, Wiesbaden 2003.

Ackroyd, Peter R., I & II Chronicles, Ezra, Nehemiah. Introduction and Commentary, London 1973.

Ackroyd, Peter R., The Temple Vessels – A Continuity Theme, in: Studies in the Religion of Ancient Israel, VT.S XXIII, Leiden 1972, S. 166–181.

Aharoni, Yohanan, Arad Inscriptions, Jerusalem 1981.

Aharoni, Yohanan, Das Land der Bibel. Eine historische Geographie, Neukirchen-Vluyn 1984.

Ahituv, Shmuel, Echoes from the Past. Hebrew and Cognate Inscriptions from the Biblical Period, Jerusalem 2008.

AHI I-II: siehe Davies, Ancient Hebrew Inscriptions, Vol. 1 & 2.

Albertz, Rainer, Die Exilszeit. 6. Jahrhundert v. Chr., BE 7, Stuttgart u. a. 2001.

Albright, William F./Bacon, Benjamin W., Excavations and Results at Tell el-Fûl (Gibeah of Saul) by the Director of the School in Jerusalem, in: AASOR 4 (1922), S. 1–160.

Allrik, H. L., The Lists of Zerubbabel (Nehemiah 7 and Ezra 2) and the Hebrew Numeral Notation, in: BASOR 136 (Dez 1954), S. 21–27.

Alt, Albrecht, Die Rolle Samarias bei der Entstehung des Judentums, in: ders., Kleine Schriften zur Geschichte des Volkes Israel. Zweiter Band, München 1953, S. 316–337 (zuerst erschienen in: FS Otto Procksch zum 60. Geburtstag, Leipzig 1934, S. 5–28).

Alt, Albrecht, Judas Gaue unter Josia, in: ders., Kleine Schriften zur Geschichte des Volkes Israel. Zweiter Band, München 1953, S. 276–288 (zuerst erschienen in: Palästinajahrbuch 21 (1925), S. 100–116).

Ambos, Claus, Mesopotamische Bauriuale aus dem 1. Jahrtausend v. Chr. Mit einem Beitrag von Aaron Schmitt, Dresden 2004.

Anderson, George W., Art. נָצַח, in: ThWAT V (1986), Sp. 565–570.

AradOstr: siehe Naveh, The Aramaic Ostraca from Tel Arad.

Arav, Rami, Art. Hadid, in: ABD 3 (1992), S. 15 f.

Arnold, Bill T., The Use of Aramaic in the Hebrew Bible: Another Look at Bilingualism in Ezra and Daniel, JNSL 22.2 (1996), S. 1–16.

Assmann, Jan, Das kulturelle Gedächtnis. Schrift, Erinnerung und politische Identität in frühen Hochkulturen, München [7]2013.

Assmann, Jan, Exodus. Die Revolution der alten Welt, München 2015.

Avigad, Nahman, Bullae and Seals from a Post-Exilic Judean Archive, Qedem 4, Jerusalem 1976.

BaAr 6: siehe Wunsch/Pearce, Judeans by the Waters of Babylon.

Bach, Robert, Esra 1. Der Verfasser, seine 'Quellen' und sein Thema, in: Peter Mommer u. a. (Hg.), Gottes Recht als Lebensraum. FS für Hans Jochen Becker, Neukirchen-Vluyn 1993, S. 41–60.

Bänziger, Thomas, „Jauchzen und Weinen": Ambivalente Restauration in Jehud. Theologische Konzepte der Wiederherstellung in Esra-Nehemia, Zürich 2014.

Barstad, Hans M., After the 'Myth of the Empty Land': Major Challenges in the Study of Neo-Babylonian Judah, in: Oded Lipschits/Joseph Blenkinsopp (Hg.), Judah and the Judeans in the Neo-Babylonian Period, Winona Lake (Indiana) 2003, S. 3–20.

Barstad, Hans M., Isaiah 56–66 in Relation to Isaiah 40–55. Why a New Reading is Necessary, in: Lena-Sofia Tiemeyer/Hans M. Barstad (Hg.), Continuity and Discontinuity. Chronological and Thematic Development in Isaiah 40–66, FRLANT 255, Göttingen 2014, S. 41–62.

Barstad, Hans M., The Myth of the Empty Land. A Study in the History and Archaeology of Judah During the "Exilic" Period, SO.S XXVIII, Oslo 1996.

Batten, Loring W., A Critical and Exegetical Commentary on the Books of Ezra and Nehemiah, ICC, Edinburgh 1913.

BE 9: siehe Hilprecht/Clay, Business Documents of Murashû Sons of Nippur, The Babylonian Expedition of the University of Pennsylvania: Series A. Cuneiform Texts 9.

BE 10: Clay, Business Documents of Murashû Sons of Nippur, The Babylonian Expedition of the University of Pennsylvania: Series A. Cuneiform Texts 10.

Beaulieu, Paul-Alain, Yahwistic Names in Light of Late Babylonian Onomastics, in: Oded Lipschits u. a. (Hg.), Judah and the Judeans in the Achaemenid Period. Negotiating Identity in an International Context, Winona Lake 2011, S. 245–266.

Becker, Joachim, Esra/Nehemia, NEB.AT 25, Würzburg 1990.

Becking, Bob, Ezra, Nehemiah, and the Construction of Early Jewish Identity, FAT 80, Tübingen 2011.

Becking, Bob, Ezra's Re-enactment of the Exile, in: Lester L. Grabbe (Hg.), Leading Captivity Captive. 'The Exile' as History and Ideology, JSOT.S 278, Sheffield 1998, S. 40–61.

Becking, Bob, On the Identity of the 'Foreign' Women in Ezra 9–10, in: Gary N. Knoppers u. a. (Hg.), Exile and Restoration Revisited. Essays on the Babylonian and Persian Periods in Memory of Peter R. Ackroyd, Library of Second Temple Studies (LSTS) 73, London/New York 2009, S. 31–49.

Becking, Bob, The Story of the Three Youths and the Composition of 1 Esdras, in: Lisbeth S. Fried (Hg.), Was 1 Esdras First? An Investigation into the Priority and Nature of 1 Esdras, SBL 7, Atlanta 2011, S. 61–71.

Becking, Bob, 'We All Returned as One!': Critical Notes on the Myth of the Mass Return, in: Oded Lipschits/Manfred Oeming (Hg.), Judah and the Judeans in the Persian Period, Winona Lake 2006, S. 3–18.

Bedford, Peter Ross, Temple Restoration in Early Achaemenid Judah, JSJ.S 65, Leiden u. a. 2001.

Beit-Arieh, Itzhaq, A First Temple Period Census Document, in: PEQ 115 (1983), S. 105–108.

Bergdall, Chaney R., Art. Harim, in: ABD 3 (1992), S. 60.

Berger, Paul-Richard, Zu den Namen ששבצר und שנאצר, in: ZAW 83 (1971), S. 98–100.

Berlejung, Angelika, Geschichte und Religionsgeschichte des antiken Israel, in: Jan Christian Gertz (Hg.), Grundinformation Altes Testament. Eine Einführung in Literatur, Religion und Geschichte des Alten Testaments, Göttingen ⁴2010, S. 59–192.

Berner, Ulrich, Synkretismus – die Problematik der Grenzen zwischen und in den Religionen, in: ZMR 94 (2010), S. 31–41.

Berner, Ulrich, Untersuchungen zur Verwendung des Synkretismus-Begriffes, GOF.G 2, Wiesbaden 1982.

Bewer, Julius A., Der Text des Buches Ezra. Beiträge zu seiner Wiederherstellung, FRLANT 31, Göttingen 1922.

Beyer, Klaus, Die aramäischen Texte vom Toten Meer samt den Inschriften aus Palästina, dem Testament Levis aus der Kairoer Geniza, der Fastenrolle und den alten talmudischen Zitaten. Aramaistische Einleitung. Text. Übersetzung. Deutung. Grammatik/Wörterbuch. Deutsch-aramäische Wortliste. Register, Göttingen 1984.

Beyer, Klaus, Die aramäischen Texte vom Toten Meer samt den Inschriften aus Palästina, dem Testament Levis aus der Kairoer Geniza, der Fastenrolle und den alten talmudischen Zitaten. Aramaistische Einleitung. Text. Übersetzung. Deutung. Grammatik/Wörterbuch. Deutsch-aramäische Wortliste. Register. Band 2, Göttingen 2004.

BHQ: siehe Schenker u. a. (Hg.), Biblia Hebraica Quinta. Fascicle 20.

BHS: siehe Elliger/Rudolph (Hg.), Biblia Hebraica Stuttgartensia.

Bickerman, Elias, The Edict of Cyrus in Ezra 1, in: ders., Studies in Jewish and Christian History. Part One, AGJU IX, Leiden 1976 (zuerst erschienen in JBL 65 (1946), S. 249–275).

Birot, Maurice, Textes administratifs de la sall 5 du palais, ARM IX, Paris 1960.

Blenkinsopp, Joseph, Bethel in the Neo-Babylonian Period, in: Oded Lipschits/Joseph Blenkinsopp (Hg.), Judah and the Judeans in the Neo-Babylonian Period, Winona Lake 2003, S. 93–107.

Blenkinsopp, Joseph, Ezra-Nehemiah. A Commentary, OTL, Philadelphia 1988.

Blenkinsopp, Joseph, Ezra-Nehemiah: Unity or Disunity?, in: Mark J. Boda/Paul L. Redditt (Hg.), Unity and Disunity in Ezra-Nehemiah. Redaction, Rhetoric, and Reader, HBM 17, Sheffield 2008, S. 306–314.

Blenkinsopp, Joseph, Temple and Society in Achaemenid Judah, in: Philip R. Davies (Hg.), Second Temple Studies. 1. Persian Period, JSOT.S 117, Sheffield 1991, S. 22–53.

Blenkinsopp, Joseph, Judaism: The First Phase. The Place of Ezra and Nehemiah in the Origins of Judaism, Grand Rapids (Michigan)/Cambridge (U.K.) 2009.

Blum, Erhard, Volk oder Kultgemeinde? Zum Bild des nachexilischen Judentums in der alttestamentlichen Wissenschaft, in: KuI 10 (1995), S. 24–39.

Boda, Mark J., Redaction in the Book of Nehemiah: A Fresh Proposal, in: Mark J. Boda/Paul L. Redditt (Hg.), Unity and Disunity in Ezra-Nehemiah. Redaction, Rhetoric, and Reader, HBM 17, Sheffield 2008, S. 25–54.

Böhler, Dieter, Die heilige Stadt in Esdras α und Esra-Nehemia. Zwei Konzeptionen der Wiederherstellung Israels, OBO 158, Freiburg (Schweiz)/Göttingen 1997.

Böhler, Dieter, 1 Esdras, IEKAT, Stuttgart 2015.

Böhler, Dieter, Esdras I. Das erste Buch Esdras/Das dritte Buch Esra. Einleitung, in: Martin Karrer/Wolfgang Kraus (Hg.), Septuaginta Deutsch. Erläuterungen und Kommentare zum griechischen Alten Testament. Band I. Genesis bis Makkabäer, Stuttgart 2011, S. 1165–1175.

Böhm, Martina, Wer gehörte in hellenistisch-römischer Zeit zu „Israel"? Historische Voraussetzungen für eine veränderte Perspektive auf neutestamentliche Texte, in: Jörg Frey u. a. (Hg.), Die Samaritaner und die Bibel. Historische und literarische Wechselwirkungen zwischen biblischen und samaritanischen Traditionen (= The Samaritans and the Bible. Historical and Literary Interactions between Biblical and Samaritan Traditions), SJ 70/ StSam 7, Berlin u. a. 2012, S. 181–202.

Bolin, Thomas M., Ezra, Nehemiah, The new Collegeville Bible Commentary. Old Testament 11, Collegeville (Minnesota) 2012.

Borger, Rykle, Der Kyros-Zylinder, in: TUAT I,4. Historisch-Chronologische Texte I, Gütersloh 1984, S. 407–410.

Bosshard-Nepustil, Erich, Rezeptionen von Jesaja 1–39 im Zwölfprophetenbuch. Untersuchungen zur literarischen Verbindung von Prophetenbüchern in babylonischer und persischer Zeit, OBO 154, Freiburg (Schweiz)/Göttingen 1997.

Bowman, Raymond A., Ezra and Nehemiah, in: IntB 3, S. 551–819.

Braun, Roddy L., Chronicles, Ezra, and Nehemiah: Theology and Literary History, in: John A. Emerton (Hg.), Studies in the Historical Books of the Old Testament, VT.S XXX, Leiden 1979, S. 52–64.

bSota: siehe Der babylonische Talmud.

Budd, Philip J., Numbers, WBC 5, Waco 1984.

Carter, Charles E., The Emergence of Yehud in the Persian Period. A Social and Demographic Study, JSOT.S 294, Sheffield 1999.

Clay, Albert T., Business Documents of Murashû Sons of Nippur Dated in the Reign of Darius II., Publications of the Babylonian Section 2/1, Philadelphia 1912. (Zitiert als PBS 2/1).

Clay, Albert T., Business Documents of Murashû Sons of Nippur Dated in the Reign of Darius II (424–404 B.C.), The Babylonian Expedition of the University of Pennsylvania: Series A. Cuneiform Texts 10, Philadelphia 1904. (Zitiert als BE 10).

Clines, David J., Ezra, Nehemiah, Esther, NCBC, Grand Rapids/London 1984 (Nachdr. 1992).

Cogan, Mordechai, 1 Kings. A New Translation with Introduction and Commentary, AncB 10, New York 2000.

Cogan, Mordechai, The Men of Nebo – Repatriated Reubenites, in: IEJ 29 (1979), S. 37–39.

Coggins, Richard J., The Books of Ezra and Nehemiah. Commentary, CBC 15/16, Cambridge 1976.

Conrad, Joachim, Art. נדב, in: ThWAT V (1986), Sp. 237–245.

Coogan, Michael D., Life in the Diaspora: Jews at Nippur in the Fifth Century B.C., in: BA 37 (1974), S. 6–12.

Coogan, Michael D., West Semitic Personal Names in the Murašû Documents, HSM 7, Missoula 1976.

Cowley, Arthur E., Aramaic Papyri of the Fifth Century B.C., Oxford 1923 (Nachdr. Osnabrück 1967).

Crüsemann, Frank, Freiheit durch Erzählen von Freiheit. Zur Geschichte des Exodus-Motivs, in: EvTh 61 (2001), S. 102–118.

CUSAS 28: siehe Pearce/Wunsch, Documents of Judean Exiles.

CT 53: siehe Parpola, Cuneiform Texts from Babylonian Tablets in the British Museum. Part 53.

Dahm, Ulrike, Opferkult und Priestertum in Alt-Israel. Ein kultur- und religionswissenschaftlicher Beitrag, BZAW 327, Berlin/New York 2003.

Dandamaev, Muchammed A./Lukonin, Vladimir G., The Culture and Social Institutions of Ancient Iran, Cambridge u. a. 1989.

Daniels, Dwight R., The Composition of the Ezra-Nehemiah Narrative, in: Dwight R. Daniels u. a. (Hg.), Ernten, was man sät. Festschrift für Klaus Koch zu seinem 65. Geburtstag, Neukirchen-Vluyn 1991, S. 311–327.

Davidson, Andrew B., Hebrew Syntax, Edinburgh ³1985.

Davies, Eryl W., Numbers, NCBC, London/Grand Rapids 1995.

Davies, Gordon F., Ezra and Nehemiah, Berit Olam, Collegeville (Minnesota) 1999.

Davies, Graham, Ancient Hebrew Inscriptions. Corpus and Concordance, Cambridge u. a. 1991. (Zitiert als AHI I).

Davies, Graham, Ancient Hebrew Inscriptions. Volume 2. Corpus and Concordance, Cambridge u. a. 2004. (Zitiert als AHI II).

Davies, Philip R., The Origin of Biblical Israel, in: Yairah Amit u. a. (Hg.), Essays on Ancient Israel in Its Near Eastern Context. A Tribute to Nadav Na'aman, Winona Lake 2006, S. 141–148.

Davies, Philip R., Scenes from the Early History of Judaism, in: Diana Vikander Edelman (Hg.), The Triumph of Elohim. From Yahwisms to Judaisms, Grand Rapids 1996, S. 145–182.

Davies, Philip R., The Trouble with Benjamin, in: Robert Rezetko u. a. (Hg.), Reflection and Refraction. Studies in Biblical Historiography in Honour of A. Graeme Auld, VT.S 113, Leiden u. a. 2007.

DB: siehe Weissbach, Die Keilinschriften der Achämeniden, S. 8–75.

Der babylonische Talmud. Neu übertragen durch Lazarus Goldschmidt, 6. Soṭa, Giṭṭin, Qid-dušin, Berlin ²1966. (Zitiert als bSota).

De Troyer, Kristin, The Second Year of Darius, in: Lisbeth S. Fried (Hg.), Was 1 Esdras First? An Investigation into the Priority and Nature of 1 Esdras, SBL 7, Atlanta 2011, S. 73–81.

De Vaux, Roland, Das Alte Testament und seine Lebensordnungen I. Fortleben des Nomanden-tums. Gestalt des Familienlebens. Einrichtungen und Gesetze des Volkes, Freiburg u. a. ²1964.

DeVries, Simon J., 1 Kings, WBC 12, Nashville 2003.

Dion, Paul E., שׁשׁבצר and ססנורי, in: ZAW 95 (1983), S. 111 f.

Dionysius von Halicarnassus: siehe The Roman Antiquities of Dionysius of Halicarnassus.

Dohmen, Christoph, Exodus 19–40, HThKAT, Freiburg u. a. 2004.

Donner, Herbert, Geschichte des Volkes Israel und seiner Nachbarn in Grundzügen. Teil 2: Von der Königszeit bis zu Alexander dem Großen. Mit einem Ausblick auf die Geschichte des Judentums bis Kochba, GAT 4/2, Göttingen ⁴2008.

Dossin, Georges, Correspondance de Šamši-Addu et de ses fils, ARM I, Paris 1950.

Douglas, Mary, In the Wilderness. The Doctrine of Defilement in the Book of Numbers, Sheffield 1993.

Driver, Godfrey R., Aramaic Documents of the Fifth Century B.C., Oxford ²1965.

Dyck, Jonathan E., Ezra 2 in Ideological Critical Perspective, in: M. Daniel Carroll R. (Hg.), Rethinking Contexts, Rereading Texts. Contributions from the Social Sciences to Biblical Interpretation, JSOT.S 299, Sheffield 2000, S. 129–145.

Edelman, Diana V., Ezra 1–6 as Idealized Past, in: Ehud Ben Zvi u. a. (Hg.), A Palimpsest: Rheto-ric, Ideology, Stylistics, and Language Relating to Persian Israel, PHSC 5, Piscataway (New Jersey) 2009, S. 47–59.

Edelman, Diana V., The Origins of the 'Second Temple'. Persian Imperial Policy and the Rebuil-ding of Jerusalem, London/Oakville 2005.

Edgar, Campbell C., Zenon Papyri. Volume I, Hildesheim/New York 1971 (Reprograf. Nachdr. der Ausgabe Kairo 1925).

Ehrlich, Arnold B., Randglossen zur hebräischen Bibel. Textkritisches, Sprachliches und Sach-liches. Hohes Lied, Ruth, Klagelieder, Kohelet, Esther, Daniel, Esra, Nehemia, Könige, Chronik, Nachträge und Gesamtregister. Siebenter Band, Leipzig 1914 (Nachdr. Hildesheim 1968).

Ellenbogen, Maximilian, Foreign Words in the Old Testament. Their Origin and Etymology, London 1962.

Elliger, Karl/Rudolph, Wilhelm (Hg.), Biblia Hebraica Stuttgartensia, Stuttgart ⁵1997. (Zitiert als BHS).

Eskenazi, Tamara Cohn, In an Age of Prose. A Literary Approach to Ezra-Nehemiah, SBLMS 36, Atlanta 1988.

Eskenazi, Tamara Cohn, Art. Pochereth-Hazzebaim, in: ABD 5 (1992), S. 384.

Eskhult, Mats, The Importance of Loanwords for Dating Biblical Hebrew Texts, in: Ian Young (Hg.), Biblical Hebrew. Studies in Chronology and Typology, JSOT.S 369, London/New York 2003, S. 8–23.

Eusebius, Onomasticon: siehe Notley, Steven R./Safrai Ze'ev (Hg.), Eusebius, Onomasticon.

Fales, Frederick M./Postgate, J. Nicholas (Hg.), Imperial Administrative Records. Part II. Provincial and Military Administration, State Archives of Assyria XI, Helsinki 1995.

Faust, Avraham, Judah in the Neo-Babylonian Period: The Archaeology of Desolation, SBLABS 18, Atlanta 2012.

Fechter, Friedrich, Die Familie in der Nachexilszeit. Untersuchungen zur Bedeutung der Verwandtschaft in ausgewählten Texten des Alten Testaments, BZAW 264, Berlin/New York 1998.

Feix, Josef (Hg.), Herodot. Historien. Zweiter Band. Bücher VI-IX, Düsseldorf/Zürich ⁶2001.

Fensham, Frank Charles, Mĕdînâ in Ezra and Nehemiah, in: VT 25 (1975), S. 795–797.

Fensham, Frank Charles, The Books of Ezra and Nehemiah, NICOT, Grand Rapids 1982.

Ferch, Arthur J., Art. Nebo (Place), in: ABD 4 (1992), S. 1056.

Finkelstein, Israel, Geographical Lists in Ezra and Nehemiah in the Light of Archaeology: Persian or Hellenistic?, in: Lester L. Grabbe/Oded Lipschits (Hg.), Judah between East and West. The Transition from Persian to Greek Rule (ca. 400–200 BCE). A Conference Held at Tel Aviv University, 17–19 April 2007. Sponsored by the ASG (the Academic Study Group for Israel and the Middle East) and Tel Aviv, Library of Second Temple Studies (LSTS) 75, London/New York 2011, S. 49–69.

Finkelstein, Israel, Nehemiah's adversaries: a hasmonaean reality?, in: TrEu 47 (2015), S. 47–55.

Fishbane, Michael, Census and Intercession in a Priestly Text (Exodus 30:11–16) and in its Midrashic Transformation, in: David P. Wright u. a. (Hg.), Pomegranates and Golden Bells. Studies in Biblical, Jewish, and Near Eastern Ritual, Law, and Literature in Honor of Jacob Milgrom, Winona Lake 1995, S. 103–111.

Flavius Josephus, Jüdische Altertümer. Vollständige Ausgabe. Übersetzt und mit einer Einleitung versehen von Dr. Heinrich Clementz. Mit Paragraphenzählung nach Flavii Josephi Opera recognovit Benedictus Niese (Editio minor), Berlin 1888–1895, Wiesbaden ⁴2015.

Flower, Michael A., IG II².2344 and the size of phratries in classical Athens, in: CQ 35.1 (1985), S. 232–235.

Freedmann, David N./Willoughby, Bruce E., Art. נשׂא, in: ThWAT V (1986), Sp. 626–642.

Frevel, Christian, Geschichte Israels, Stuttgart 2016.

Frey, Jörg, Temple and Rival Temple – The Cases of Elephantine, Mt. Gerizim, and Leontopolis, in: Beate Ego u. a. (Hg.), Gemeinde ohne Temple/Community without Temple. Zur Substituierung und Transformation des Jerusalemer Tempels und seines Kults im Alten Testament, antiken Judentum und frühen Christentum, WUNT 118, Tübingen 1999, S. 171–203.

Fried, Lisbeth S., Ezra. A Commentary, Sheffield 2015.

Fried, Lisbeth S., Ezra's Use of Documents in the Context of Hellenistic Rules of Rhetoric, in: Isaac Kalimi (Hg.), New Perspectives on Ezra-Nehemiah. History and Historiography, Text, Literature, and Interpretation, Winona Lake 2012, S. 11–26.

Fried, Lisbeth S., The Land Lay Desolate: Conquest and Restoration in the Ancient Near East, in: Oded Lipschits/Joseph Blenkinsopp (Hg.), Judah and the Judeans in the Neo-Babylonian Period, Winona Lake 2003, S. 21–54.

Fried, Lisbeth S., Who Wrote Ezra-Nehemiah – and Why Did They?, in: Mark J. Boda/Paul L. Redditt (Hg.), Unity and Disunity in Ezra-Nehemiah. Redaction, Rhetoric, and Reader, HBM 17, Sheffield 2008, S. 75–97.

Fried, Lisbeth S., Why the Story of the Three Youths in 1 Esdras?, in: Lisbeth S. Fried (Hg.), Was 1 Esdras First? An Investigation into the Priority and Nature of 1 Esdras, SBL 7, Atlanta 2011, S. 83–92.

Fritz, Volkmar, Tempel und Zelt. Studien zum Tempelbau in Israel und zu dem Zeltheiligtum der Priesterschrift, WMANT 57, Neukirchen-Vluyn 1977.

Fulton, Deirdre N./Knoppers, Gary N., Lower Criticism and Higher Criticism: The Case of 1 Esdras, in: Lisbeth S. Fried (Hg.), Was 1 Esdras First? An Investigation into the Priority and Nature of 1 Esdras, SBL 7, Atlanta 2011, S. 11–29.

Gadd, Cyril J., Tablets from Chagar Bazar and Tall Brak, 1937–38, in: Iraq 7 (1940), S. 22–66.

Galling, Kurt, Der Tempelschatz nach Berichten und Urkunden im Buche Esra, in: ZDPV 60 (1937), S. 177–183.

Galling, Kurt, Die Bücher der Chronik, Esra und Nehemia, ATD 12, Göttingen 1954.

Galling, Kurt, Studien zur Geschichte Israels im persischen Zeitalter, Tübingen 1964.

Galling, Kurt, The "Gōlā-List" According to Ezra 2//Nehemiah 7, in: JBL 70.2 (1951), S. 149–158.

García-López, Felix, Art. נגד, in: ThWAT V (1986), Sp. 188–201.

Garfinkel, Yosef, MLṢ HKRSYM in Phoenician Inscriptions from Cyprus, the QRSY in Arad, HKRSYM in Egypt, and BNY QYRS in the Bible, in: JNES 47 (1988), S. 27–34.

Garfinkel, Yosef, The Meaning of the Word MPQD in the Tel ʿIra Ostracon, in: PEQ 117 (1987), S. 19–23.

Gaster, Theodor H., Myth, Legend, and Custom in the Old Testament. A comparative study with chapters from Sir James G. Frazer's Folklore in the Old Testament, London 1969.

Gehrke, Hans-Joachim, Die Bedeutung der (antiken) Historiographie für die Entwicklung des Geschichtsbewußtseins, in: Eve-Marie Becker (Hg.), Die antike Historiographie und die Anfänge der christlichen Geschichtsschreibung, BZNW 129, Berlin/New York 2005, S. 29–51.

Gehrke, Hans-Joachim, Myth, History, and Collective Identity: Uses of the Past in Ancient Greece and Beyond, in: Nino Luraghi (Hg.), The Historian's Craft in the Age of Herodotus, Oxford 2001, S. 286–313.

Gehrke, Hans-Joachim, Mythos, Geschichte, Politik – antik und modern, in: Saeculum 45 (1994), S. 239–264.

Gerstenberger, Erhard S., Israel in der Perserzeit. 5. und 4. Jahrhundert v. Chr., BE 8, Stuttgart 2005.

Gertz, Jan Christian, I. Tora und Vordere Propheten, in: ders. (Hg.), Grundinformation Altes Testament. Eine Einführung in Literatur, Religion und Geschichte des Alten Testaments, Göttingen ⁴2010, S. 193–311.

Gertz, Jan Christian, Tradition und Redaktion in der Exoduserzählung. Untersuchungen zur Endredaktion des Pentateuch, FRLANT 186, Göttingen 2000.

Gese, Hartmut, Zur Geschichte der Kultsänger am zweiten Tempel, in: ders., Vom Sinai zum Zion. Alttestamentliche Beiträge zur biblischen Theologie, BEvT 64, München 1984, S. 147–158 (zuerst erschienen in: Abraham unser Vater. FS für Otto Michel, Leiden 1963, S. 222–234).

Gesenius, Wilhelm u. a., Hebräische Grammatik, völlig umgearbeitet von E. Kautzsch, Hildesheim 1983 (4. Nachdruckaufl. d. 28. Aufl. Leipzig 1909).

Gesenius, Wilhelm, Hebräisches und Aramäisches Handwörterbuch über das Alte Testament, begonnen von Rudolf Meyer, bearbeitet und herausgegeben von Herbert Donner, Heidelberg u. a. [18]2013.

Giesen, Bernhard, Kollektive Identität. Die Intellektuellen und die Nation 2, surkamp taschenbuch wissenschaft 1410, Frankfurt am Main 1999.

Gordon, Cyrus H., Ugaritic Manual. Newly Revised Grammar. Texts in Transliteration. Cuneiform Selections. Paradigms – Glossary – Indices, AnOr 35, Rom 1955.

Gordon, Cyrus H., Ugaritic Textbook, Teil 3: Glossary. Indices, AnOr 38, Rom 1965 (Nachdr. 1967).

Gottwald, Norman K., The Tribes of Yahweh. A Sociology of the Religion of Liberated Israel, 1250–1050 BCE, BiSe 66, Sheffield 1999.

Grabbe, Lester L., A History of the Jews and Judaism in the Second Temple Period. Volume 1. Yehud: A History of the Persian Province of Judah, Library of Second Temple Studies (LSTS) 47, London/New York 2004.

Grabbe, Lester L., Chicken or Egg? Which Came First, 1 Esdras or Ezra-Nehemiah?, in: Lisbeth S. Fried (Hg.), Was 1 Esdras First? An Investigation into the Priority and Nature of 1 Esdras, SBL 7, Atlanta 2011, S. 31–43.

Grabbe, Lester L., Ezra-Nehemiah, London/New York 1998.

Grabbe, Lester L., The "Persian Documents" in the Book of Ezra: Are They Authentic?, in: Oded Lipschits/Manfred Oeming (Hg.), Judah and the Judeans in the Persian Period, Winona Lake 2006, S. 531–570.

Grätz, Sebastian, Bund und Erwählung in Esra-Nehemia, in: Nathan MacDonald (Hg.), Covenant and Election in Exilic and Post-Exilic Judaism, FAT.2 79, Tübingen 2015, S. 123–137.

Grätz, Sebastian, Chronologie im Esrabuch. Erwägungen zu Aufbau und Inhalt von Esra 1–6, in: Jens Kotjatko-Reeb u. a. (Hg.), Nichts Neues unter der Sonne? Zeitvorstellungen im Alten Testament. Festschrift für Ernst-Joachim Waschke zum 65. Geburtstag, BZAW 450, Berlin/New York 2014, S. 213–225.

Grätz, Sebastian, Das Bild des Königs im Dritten Esrabuch (3.Esr). Beobachtungen zur Gesamtkonzeption des apokryphen Esrabuches, in: Michael Pietsch/Friedhelm Hartenstein (Hg.), Israel zwischen den Mächten. Festschrift für Stefan Timm zum 65. Geburtstag, AOAT 364, Münster 2009, S. 109–120.

Grätz, Sebastian, Das Edikt des Artaxerxes. Eine Untersuchung zum religionspolitischen und historischen Umfeld von Esra 7,12–26, BZAW 337, Berlin/New York 2004.

Grätz, Sebastian, Die Aramäische Chronik des Esrabuches und die Rolle der Ältesten in Esr 5–6*, in: ZAW 118 (2006), S. 405–422.

Grätz, Sebastian, The Adversaries in Ezra/Nehemia – Fictitious or Real? A Case Study in Creating Identity in Late Persian and Hellenistic Times, in: Rainer Albertz/Jakob Wöhrle (Hg.), Between Cooperation and Hostility. Multiple Identities in Ancient Judaism and the Interaction with Foreign Powers, JAJSup 11, Göttingen 2013, S. 73–87.

Grätz, Sebastian, The Image of the King(s) in 1 Esdras, in: Lisbeth S. Fried (Hg.), Was 1 Esdras First? An Investigation into the Priority and Nature of 1 Esdras, SBL 7, Atlanta 2011, S. 167–177.

Grätz, Sebastian, Zu einem Essay von Albrecht Alt. Die Rolle Samarias bei der Entstehung des Judentums, in: Thomas Wagner u. a. (Hg.), Kontexte. Biografische und forschungsgeschichtliche Schnittpunkte der alttestamentlichen Wissenschaft. Festschrift für Hans Jochen Boecker zum 80. Geburtstag, Neukirchen-Vluyn 2008, S. 171–184.

Gunneweg, Antonius H. J., Esra. Mit einer Zeittafel von A. Jepsen, KAT XIX/1, Gütersloh 1985.
HAE I-II/2: siehe Renz/Röllig, Handbuch der althebräischen Epigraphik. Bd. I-II/2.
HAL III: siehe Köhler/Baumgartner, Hebräisches und Aramisches Lexikon zum Alten Testament.
Hallaschka, Martin, Haggai und Sacharja 1–8. Eine redaktionsgeschichtliche Untersuchung, BZAW 411, Berlin/New York 2011.
Hallock, Richard T., Persepolis Fortification Tablets, UCOIP XCII, Chicago 1969.
Halpern, Baruch, A Historiographic Commentary on Ezra 1–6: Achronological Narrative and Dual Chronology in Israelite Historiography, in: William H. Propp u. a. (Hg.), The Hebrew Bible and its Interpreters, Biblical and Judaic Studies from the University of California, San Diego 1, Winona Lake 1990, S. 81–142.
Hanhart, Robert, Ein unbekannter Text zur griechischen Esra-Überlieferung, in: NAWG. PH = MSU XXII, 4 (1995), S. 111–132.
Hanhart, Robert, Text und Textgeschichte des 1. Esrabuches, AAWG.PH, 3. Folge, 92 = MSU XII, Göttingen 1974.
Harvey Jr., Paul B., Darius' Court and the Guardsmen's Debate: Hellenistic Greek Elements in 1 Esdras, in: Lisbeth S. Fried (Hg.), Was 1 Esdras First? An Investigation into the Priority and Nature of 1 Esdras, SBL 7, Atlanta 2011, S. 179–190.
Häusl, Maria, Registriert – Beobachtungen zur Funktion der Listen im Buch Esra/Nehemia, in: Hans Rechenmacher (Hg.), In Memoriam Wolfgang Richter, ATSAT 100, St. Ottilien 2016, S. 129–148.
Heckl, Raik, Neuanfang und Kontinuität in Jerusalem. Studien zu den hermeneutischen Strategien im Esra-Nehemia, FAT 104, Tübingen 2016.
Hensel, Benedikt, Juda und Samaria. Zum Verhältnis zweier nach-exilischer Jahwismen, FAT 110, Tübingen 2016.
Hensel, Benedikt, Samaritanische Identität in persisch-hellenistischer Zeit im Spiegel der biblischen Überlieferung (Esra-Nehemia) und der archäologisch-epigraphischen Befunde, in: Miklos Köszeghy/Wolfgang Zwickel (Hg.), Nationale Identität im Alten Testament, KAANT 12, Kamen 2015, S. 67–115.
Hensel, Benedikt, Von "Israeliten" zu "Ausländern": Zur Entwicklung anti-samaritanischer Polemik ab hasmonäischer Zeit, in: ZAW 126 (2014), S. 475–493.
Herion, Gary A., Art. Magbish, in: ABD 4 (1992), S. 463.
Hermisson, Hans-Jürgen, Deuterojesaja. 3. Teilband. Jesaja 49,14–55,13, BKAT XI/3, Göttingen 2017.
Hieke, Thomas, Die Bücher Esra und Nehemia, NSK-AT 9/2, Stuttgart 2005.
Hieke, Thomas, Die Genealogien der Genesis, HBS 39, Freiburg u. a. 2003.
Hieke, Thomas, Art. Volkszählung/Zensus (AT), in: Das Wissenschaftliche Bibellexikon im Internet (www.wibilex.de), 2008 (Zugriffsdatum: 09.02.2015).
Higbie, Carolyn, The Lindian Chronicle and the Greek Creation of their Past, Oxford 2003.
Higbie, Carolyn. Art. Lindian Chronicle (532), in: Brill's New Jacoby (BNJ). Editor in Chief: Ian Worthington. Brill Online, 2015. http://referenceworks.brillonline.com/entries/brill-s-new-jacoby/lindian-chronicle-532-a532 (Zugriffsdatum: 05.03.2015).
Hilprecht, Hermann V./Clay, Albert T., Business Documents of Murashû Sons of Nippur Dated in the Reign of Artaxerxes I (464–424 B.C.), The Babylonian Expedition of the University of Pennsylvania: Series A. Cuneiform Texts 9, Philadelphia 1898. (Zitiert als BE 9).
Höffken, Peter, Jesaja. Der Stand der theologischen Diskussion, Darmstadt 2004.
Hofeditz, Ulrich, Judäa und Jerusalem in persischer Zeit. Größe, Struktur und Bedeutung der Provinz Jehud anhand von textlichen und archäologischen Quellen,

unveröffentlichte Dissertation, eingereicht am 23. November 2016, Fachbereich 07, Universität Mainz.

Hofeditz, Ulrich, Jüdische Unabhängigkeit – Monarchie der Hasmonäer, in: Herders Neuer Bibelatlas, S. 250–255.

Hölscher, Gustav, Die Bücher Esra und Nehemia, in: Emil Kautzsch (Hg.), Die heilige Schrift des Alten Testaments. Bd. 2. Hosea bis Chronik. Beilagen, Tübingen ³1910, S. 449–492.

Hossfeld, Frank-Lothar/Kindl, Eva-Martina, Art. קהל. IV, in: ThWAT VI (1989), Sp. 1210–1219.

Honigman, Sylvie, Cyclical Time and Catalogues: The Construction of Meaning in 1 Esdras, in: Lisbeth S. Fried (Hg.), Was 1 Esdras First? An Investigation into the Priority and Nature of 1 Esdras, SBL 7, Atlanta 2011, S. 191–208.

Hunt, Melvin, Art. Lod, in: ABD 4 (1992), S. 346 f.

Hurowitz, Victor A., I Have Built You an Exalted House. Temple Building in the Bible in Light of Mesopotamian and Northwest Semitic Writings, JSOT.S 115, Sheffield 1992.

Ifrah, Georges, Universalgeschichte der Zahlen, Frankfurt a.M./New York ²1991.

In der Smitten, Wilhelm Th., Der Tirschātā' in Esra-Nehemia, in: VT 21 (1971), S. 618–20.

In der Smitten, Wilhelm Th., Esra. Quellen, Überlieferung und Geschichte, Assen 1973.

IG II²: siehe Inscriptiones Graecae.

Inscriptiones Graecae. Consilio et auctoritate Academiae Litterarum Borussicae editae. Voluminis II et III. Editio minor. Pars altera. Inscriptiones Atticae Euclidis anno posteriores. Edid Johannes Kirchner, Berlin 1931. (Zitiert als IG II²).

Janowski, Bernd, Sühne als Heilsgeschehen. Traditions- und religionsgeschichtliche Studien zur priesterschriftlichen Sühnetheologie, WMANT 55, Neukirchen-Vluyn ²2000.

Janssen, Enno, Juda in der Exilszeit. Ein Beitrag zur Frage der Entstehung des Judentums, FRLANT 69, Göttingen 1956.

Japhet, Sara, I & II Chronicles. A Commentary, OTL, Louisville 1993.

Japhet, Sara, 1 Chronik, HThKAT, Freiburg u. a. 2002.

Japhet, Sara, Composition and Chronology in the Book of Ezra-Nehemiah, in: Tamara C. Eskenazi/Kent H. Richards (Hg.), Second Temple Studies 2: Temple and Community in the Persian Period, JSOT.S 175, Sheffield 1994, S. 189–216.

Japhet, Sara, 1 Esdras, in: John Barton/John Muddiman (Hg.), The Oxford Bible Commentary, Oxford/New York 2001, S. 751–770.

Japhet, Sara, 1 Esdras: Its Genre, Literary Form, and Goals, in: Lisbeth S. Fried (Hg.), Was 1 Esdras First? An Investigation into the Priority and Nature of 1 Esdras, SBL 7, Atlanta 2011, S. 209–223.

Japhet, Sara, Periodization: Between History and Ideology. The Neo-Babylonian Period in Biblical Historiography, in: Oded Lipschits/Joseph Blenkinsopp (Hg.), Judah and the Judeans in the Neo-Babylonian Period, Winona Lake 2003, S. 75–89.

Japhet, Sara, The Ideology of the Book of Chronicles and its Place in Biblical Thought, BEAT 9, Frankfurt am Main u. a. ²1997.

Japhet, Sara, The Relationship between Chronicles and Ezra-Nehemiah, in: John A. Emerton (Hg.), Congress Volume. Leuven 1989, VT. S XLIII, Leiden u. a. 1991, S. 298–213.

Jenni, Ernst, Die hebräischen Präpositionen. Band 3: Die Präposition Lamed, Stuttgart u. a. 2000.

Johnson, Marshall D., The Purpose of Biblical Genealogies. With Special Reference to the Setting of the Genealogies of Jesus, SNTSMS 8, Cambridge ²1988.

Joüon, Paul/Muraoka, Takamitsu, A Grammar of Biblical Hebrew, SubBi 27, Rom ²2008.

Justi, Ferdinand, Iranisches Namenbuch, Hildesheim 1963 (Nachdr. d. Ausg. Marburg 1895).

Kaiser, Otto, Provinzen Jehud und Samaria, in: Herders Neuer Bibelatlas, S. 202–207.

Kaenel, Hans-Markus von, Art. Münzprägung. I. Klassische Antike, in: DNP 8 (2000),
   Sp. 446–450.
Karrer, Christiane, Ringen um die Verfassung Judas. Eine Studie zu den theologisch-politischen
   Vorstellungen im Esra-Nehemia-Buch, BZAW 308, Berlin/New York 2001.
Karrer-Grube, Christiane, Scrutinizing the Conceptual Unity of Ezra and Nehemiah, in: Mark J.
   Boda/Paul L. Redditt (Hg.), Unity and Disunity in Ezra-Nehemiah. Redaction, Rhetoric, and
   Reader, HBM 17, Sheffield 2008, S. 136–159.
Keil, Carl Friedrich, Biblischer Commentar über die nachexilischen Geschichtsbücher: Chronik,
   Esra, Nehemia und Esther, BC 5, Leipzig 1870.
Kellermann, Diether, Die Priesterschrift von Numeri 1,1 bis 10,10 literarkritisch und traditions-
   geschichtlich untersucht, BZAW 120, Berlin 1970.
Kellermann, Ulrich, Nehemia. Quellen, Überlieferung und Geschichte, BZAW 102, Berlin 1967.
Kessler, John, Persia's Loyal Yahwists: Power Identity and Ethnicity in Achaemenid Yehud,
   in: Oded Lipschits/Manfred Oeming (Hg.), Judah and the Judeans in the Persian Period,
   Winona Lake 2006, S. 91–121.
Kidner, Derek, Ezra and Nehemiah. An Introduction and Commentary, TOTC 12, Nottingham/
   Downers Grove 2009 (Nachr. d. Ausg. 1979).
Kiesow, Klaus, Exodustexte im Jesajabuch. Literarkritische und motivgeschichtliche Analysen,
   OBO 24, Freiburg (Schweiz)/Göttingen 1979.
Klose, Dietrich, Art. Münzprägung. II. Orient, in: DNP 8 (2000), Sp. 450–451.
Knauf, Ernst Axel, Bethel: The Israelite Impact on Judean Language and Literature, in: Oded
   Lipschits/Manfred Oeming (Hg.), Judah and the Judeans in the Persian Period, Winona
   Lake 2006, S. 291–350.
Knauf, Ernst Axel, Josua, ZBK.AT 6, Zürich 2008.
Knauf, Ernst Axel, Mu'näer und Mëuniter, in: WO 16 (1985), S. 114–122.
Knierim, Rolf P./Coats, George W., Numbers, FOTL IV, Grand Rapids/Cambridge 2005.
Knoppers, Gary N., Jews and Samaritans. The Origins and History of Their Early Relations,
   Oxford 2013.
Knowles, Melody D., Centrality Practiced. Jerusalem in the Religious Practice of Yehud and the
   Diaspora in the Persian Period, SBLABS 16, Atlanta 2006.
Koch, Klaus, Weltordnung und Reichsidee im alten Iran und ihre Auswirkungen auf die Provinz
   Jehud, in: Peter Frei/Klaus Koch, Reichsidee und Reichsorganisation im Perserreich, OBO
   55, Freiburg (Schweiz)/Göttingen ²1996, S. 133–325.
Koenen, Klaus, Art. Aaron/Aaroniden, in: Das Wissenschaftliche Bibellexikon im Internet (www.
   wibilex.de), 2017 (Zugriffsdatum: 06.09.2017).
Köhler, Ludwig/Baumgartner, Walter, Hebräisches und Aramäisches Lexikon zum Alten Testa-
   ment. Lieferung III. נבט – ראה, Leiden ³1983. (Zitiert als HAL III).
König, Friedrich Eduard, Historisch-kritisches Lehrgebäude der hebräischen Sprache. Band III.
   Zweite Hälfte. 2. Teil. Historisch-comparative Syntax der hebräischen Sprache. Schluss-
   theil des historisch-kritischen Lehrgebäudes des Hebräischen, Leipzig 1897 (Nachdr.
   Hildesheim/New York 1979).
Konkel, Michael, Architektonik des Heiligen. Studien zur zweiten Tempelvision Ezechiels (Ez
   40–48), BBB 129, Berlin/Wien 2001.
Kratz, Reinhard G., Der Anfang des Zweiten Jesaja in Jes 40,1 f. und das Jeremiabuch, in: ZAW
   106 (1994), S. 243–261.
Kratz, Reinhard G., Die Komposition der erzählenden Bücher des Alten Testaments. Grundwis-
   sen der Bibelkritik, UTB 2157, Göttingen 2000.

Kratz, Reinhard G., Historisches und biblisches Israel. Drei Überblicke zum Alten Testament, Tübingen 2013.

Kratz, Reinhard G., Kyros im Deuterojesaja-Buch. Redaktionsgeschichtliche Untersuchungen zu Entstehung und Theologie von Jes 40–55, FAT 1, Tübingen 1991.

Kratz, Reinhard G., Serubbabel und Joschua, in: ders., Das Judentum im Zeitalter des Zweiten Tempels, FAT 42, Tübingen 2004, S. 79–92.

Kratz, Reinhard G., Statthalter, Hohepriester und Schreiber im perserzeitlichen Juda, in: ders., Das Judentum im Zeitalter des Zweiten Tempels, FAT 42, Tübingen 2004, S. 93–119.

Krüger, Thomas, Esra 1–6: Struktur und Konzept, in: BN 41 (1988), S. 65–75.

Kullmann, Wolfgang, Ilias, in: Antonios Rengakos/Bernhard Zimmermann (Hg.), Homer-Handbuch. Leben – Werk – Wirkung, Stuttgart/Weimar 2011, S. 78–119.

Kupper, Jean-Robert, Les nomades en Mésopotamie au temps des rois de Mari, Bibliothèque de la Faculté de Philosophie et Lettre de l'Université de Liège CXLII, Paris 1957.

Lang, Bernhard, Art. כָּפַר, in: ThWAT IV (1984), Sp. 303–318.

Lambert, Stephen D., The Phratries of Attica, Ann Arbor 1993.

Lemaire, André, Das Achämenidische Juda und seine Nachbarn im Lichte der Epigraphie, in: Reinhard G. Kratz (Hg.), Religion und Religionskontakte im Zeitalter der Achämeniden, VWGTh 22, Gütersloh 2002, S. 210–230.

Lemaire, André, Inscriptions hébraïques. I. Les ostraca, LAPO 9, Paris 1977.

Lemaire, André, Nouveau Temple de Yaho (IVᵉ S. AV. J.-C.), in: Matthias Augustin/Hermann Michael Niemann (Hg.), „Basel und Bibel". Collected Communications to the XVIIth Congress of the International Organization for the Study of the Old Testament. Basel 2001, BEAT 51, Frankfurt 2004, S. 265–273.

Lienhardt, Godfrey, Divinity and Experience. The Religion of the Dinka, Oxford 1961.

Lipiński, Edward, Art. נָתַן, in: ThWAT V (1986), Sp. 693–712.

Lipschits, Oded, Demographic Changes in Judah between the Seventh and the Fifth Centuries B.C.E., in: Oded Lipschits/Joseph Blenkinsopp (Hg.), Judah and the Judeans in the Neo-Babylonian Period, Winona Lake 2003, S. 323–376.

Lipschits, Oded, The Fall and Rise of Jerusalem. Judah under Babylonian Rule, Winona Lake 2005.

Lohse, Eduard, Texte aus Qumran. Hebräisch und Deutsch. Mit masoretischer Punktation. Übersetzung, Einführung und Anmerkungen, Darmstadt ⁴1986.

Lortie, Christopher R., These Are the Days of the Prophets: A Literary Analysis of Ezra 1–6, in: TynB 64.2 (2013), S. 161–169.

Lust, Johan/Eynikel, Erik/Hauspie, Katrin, Greek-English Lexicon of the Septuagint. Revised Edition, Stuttgart 2003.

LXX: siehe Rahlfs/Hanhart (Hg.), Septuaginta.

MacDonald, Nathan, Priestly Rule. Polemic and Biblical Interpretation in Ezekiel 44, BZAW 476, Berlin/Boston 2015.

Magen, Yitzhak, The Dating of the First Phase of the Samaritan Temple on Mount Gerizim in Light of the Archaeological Evidence, in: Oded Lipschits u. a. (Hg.), Judah and the Judeans in the Fourth Century B.C.E., Winona Lake 2007, S. 157–211.

Mainberger, Sabine, Die Kunst des Aufzählens. Elemente zu einer Poetik des Enumerativen, QFLKG 22 (=256), Berlin/New York 2003.

Marcus, David, Introduction and Commentaries on Ezra and Nehemia, in: Schenker, Adrian, et al. (Hg.), Biblia Hebraica Quinta editione cum apparatu critico novis curis elaborato. Fascicle 20: עזרא ונחמיה. Ezra and Nehemiah. Prepared by David Marcus, Stuttgart 2006, S. 5*–52*.

Marquart, Joseph, Fundamente israelitischer und jüdischer Geschichte, Göttingen 1896.

McGarry, Susan E., Art. Azmaveth (Place), in: ABD 1 (1992), S. 539 f.

Mendel, Anat, Epigraphic Lists in Israel and Its Neighbors in the First Temple Period, unveröffentlichte Dissertation, Jerusalem 2015.

Meyer, Eduard, Die Entstehung des Judenthums. Eine historische Untersuchung, Halle 1896.

Michaeli, Frank, Les Livres des Chroniques, d'Esdras et de Néhémie, CAT XVI, Neuchâtel 1967.

Michel, Diethelm, Grundlegung einer hebräischen Syntax. Teil 2. Der hebräische Nominalsatz, hg. von Achim Behrens u. a., Neukirchen-Vluyn ²2004.

Milgrom, Jacob, Numbers. במדבר. The Traditional Hebrew Text with the New JPS Translation, JPSTC, Philadelphia 1990.

Morenz, Ludwig D., Wie die Schrift zu Text wurde. Ein komplexer medialer, mentalitäts- und sozialgeschichtlicher Prozeß, in: Ludwig Morenz/Stefan Schorch (Hg.), Was ist ein Text? Alttestamentliche, ägyptologische und altorientalische Perspektiven, BZAW 362, Berlin/ New York 2007, S. 18–48.

Mosis, Rudolf, Art. יָסַד, in: ThWAT III (1982), Sp. 668–682.

Mowinckel, Sigmund, Studien zu dem Buche Ezra-Nehemia. I. Die nachchronische Redaktion des Buches. Die Listen, SNVAO.HF 3, Oslo 1964.

Muraoka, Takamitsu, A Greek-English Lexicon of the Septuagint, Louvain u. a. 2009.

Myers, Jacob M., Ezra. Nehemiah. Introduction, Translation, and Notes, AncB 14, Garden City, NY 1965.

Naveh, Jospeh, The Aramaic Ostraca from Tel Arad, in: Yohanan Aharoni, Arad Inscriptions, Jerusalem 1981, S. 153–176. (Zitiert als AradOstr).

NBN: siehe Tallqvist, Neubabylonisches Namenbuch.

Nickel, Rainer (Hg.), Xenophon. Kyropädie. Die Erziehung des Kyros. Griechisch-Deutsch, Sammlung Tusculum, München 1992.

Nihan, Christophe/Römer, Thomas, Die Entstehung des Pentateuch: Die aktuelle Debatte, in: Thomas Römer u. a. (Hg.), Einleitung in das Alte Testament. Die Bücher der Hebräischen Bibel und die alttestamentlichen Schriften der katholischen, protestantischen und ortho- doxen Kirchen, Zürich 2013, S. 138–164.

Nihan, Christophe, The Torah between Samaria and Judah: Shechem and Gerizim in Deutero- nomy and Joshua, in: Gary N. Knoppers/Bernard M. Levinson (Hg.), The Pentateuch as Torah. New Models for Understanding Its Promulgation and Acceptance, Winona Lake 2007, S. 187–223.

Notley, Steven R./Safrai Ze'ev (Hg.), Eusebius, Onomasticon. A Triglott Edition with Notes and Commentary, Leiden 2005.

Noth, Martin, Das zweite Buch Mose. Exodus, ATD 5, Göttingen ⁶1978.

Noth, Martin, Die israelitischen Personennamen im Rahmen der gemeinsemitischen Namenge- bung, BWANT 46, Stuttgart 1928.

Noth, Martin, Könige I [1–16], BKAT 9, Neukirchen-Vluyn 1968.

Noth, Martin, Überlieferungsgeschichte des Pentateuchs, Stuttgart 1948.

Noth, Martin, Überlieferungsgeschichtliche Studien. Die sammelnden und bearbeitenden Geschichtswerke im Alten Testament, SKG.G 18,2, Tübingen ²1954.

Nötscher, Friedrich, Himmlische Bücher und Schicksalsglaube in Qumran, in: RdQ 1 (1959), S. 405–411.

Olson, Dennis T., The Death of the Old and the Birth of the New. The Framework of the Book of Numbers and the Pentateuch, BJSt 71, Chico 1985.

Oppenheim, A. Leo, Babylonian and Assyrian Historical Texts, in: James B. Pritchard (Hg.), Ancient Near Eastern Texts. Relating to the Old Testament, Princeton ³1969, S. 265–317.

Oswald, Wolfgang, Staatstheorie im Alten Israel. Der politische Diskurs im Pentateuch und in den Geschichtsbüchern des Alten Testaments, Stuttgart 2009.

Otto, Eckart, Die nachpriesterschriftliche Pentateuchredaktion im Buch Exodus, in: Marc Vervenne (Hg.), Studies in the Book of Exodus. Redaction – Reception – Interpretation, BEThL 126, Leuven 1996, S. 61–111.

Ottosson, Magnus, Art. הֵיכָל, in: ThWAT II (1977), Sp. 408–415.

Pakkala, Juha, Ezra the Scribe. The Development of Ezra 7–10 and Nehemia 8, BZAW 347, Berlin/New York 2004.

Pakkala, Juha, The Quotations and References of the Pentateuchal Laws in Ezra-Nehemiah, in: Hanne von Weissenberg u. a. (Hg.), Changes in Scripture. Rewriting and Interpreting Authoritative Traditions in the Second Temple Period, BZAW 419, Berlin/New York 2011, S. 193–221.

Pakkala, Juha, Why 1 Esdras Is Probably Not an Early Version of the Ezra-Nehemiah Tradition, in: Lisbeth S. Fried (Hg.), Was 1 Esdras First? An Investigation into the Priority and Nature of 1 Esdras, SBL 7, Atlanta 2011, S. 93–107.

Parpola, Simo, Cuneiform Texts from Babylonian Tablets in the British Museum. Part 53. Neo-Assyrian Letters from the Kuyunjik Collection, London 1979. (Zitiert als CT 53).

Pearce, Laurie E./Wunsch, Cornelia, Documents of Judean Exiles and West Semites in Babylonia in the Collection of David Sofer, CUSAS 28, Bethesda (Maryland) 2014. (Zitiert als CUSAS 28).

PBS 2/1: siehe Clay, Business Documents of Murashû Sons of Nippur, Publications of the Babylonian Section 2/1.

PF: siehe Hallock, Persepolis Fortification Tablets.

Pohlmann, Karl-Friedrich, 3. Esra-Buch, JSHRZ I/5, Gütersloh 1980.

Pohlmann, Karl-Friedrich, Studien zum dritten Esra. Ein Beitrag zur Frage nach dem ursprünglichen Schluß des chronistischen Geschichtswerkes, FRLANT 104, Göttingen 1970.

Pola, Thomas, Die ursprüngliche Priesterschrift. Beobachtungen zur Literarkritik und Traditionsgeschichte von Pᵍ, WMANT 70, Neukirchen-Vluyn 1995.

Porten, Bezalel, Archives from Elephantine. The Life of an Ancient Jewish Military Colony, Berkely/Los Angeles 1968.

Porten, Bezalel/Yardeni, Ada, Textbook of Aramaic Documents from Ancient Egypt. Newly Copied, Edited and Translated into Hebrew and English. Vol. I: Letters. Appendix: Aramaic Letters from the Bible; Vol. 2: Contracts; Vol. 3: Literature – Accounts – Lists; Vol. 4: Ostraca & Assorted Inscriptions, Jerusalem 1986–1999. (Zitiert als TAD A-D).

Porten, Bezalel/Yardeni, Ada, Textbook of Aramaic Ostraca from Idumea. Vol. 1. Dossiers 1–10: 401 Commodity Chits, Winona Lake 2014. (Zitiert als TAO A).

Radner, Karen, Die Macht des Namens. Altorientalische Strategien zur Selbsterhaltung, SANTAG 8, Wiesbaden 2005.

Rahlfs, Alfred/Hanhart, Robert (Hg.), Septuaginta. Id est Vetus Testamentum graece iuxta LXX interpretes. Duo volumina in uno, Stuttgart ²2006. (Zitiert als LXX).

Ranke, Hermann, Die ägyptischen Personennamen I, Glückstadt 1935.

Redditt, Paul L., The Census List in Ezra 2 and Nehemiah 7: A Suggestion, in: Isaac Kalimi (Hg.), New Perspectives on Ezra-Nehemiah. History and Historiography, Text, Literature, and Interpretation, Winona Lake 2012, S. 223–240.

Redditt, Paul L., The Dependence of Ezra-Nehemiah on 1 and 2 Chronicles, in: Mark J. Boda/Paul L. Redditt (Hg.), Unity and Disunity in Ezra-Nehemiah. Redaction, Rhetoric, and Reader, HBM 17, Sheffield 2008, S. 216–240.

Renz, Johannes, Die althebräischen Inschriften. Teil 1: Text und Kommentar, Handbuch der althebräischen Epigraphik I, Darmstadt 1995. (Zitiert als HAE I).

Renz, Johannes, Die althebräischen Inschriften. Teil 2: Zusammenfassende Erörterungen, Paläographie und Glossar, Handbuch der althebräischen Epigraphik II/1, Darmstadt 1995. (Zitiert als HAE II/1).

Röllig, Wolfgang, Siegel und Gewichte, Handbuch der althebräischen Epigraphik II/2, Darmstadt 2003. (Zitiert als HAE II/2).

Rollston, Christopher A., Scribal Education in Ancient Israel: The Old Hebrew Epigraphic Evidence, in: BASOR 344 (2006), S. 47–74.

Riesener, Ingrid, Der Stamm עבד im Alten Testament. Eine Wortuntersuchung unter Berücksichtigung neuerer sprachwissenschaftlicher Methoden, BZAW 149, Berlin/New York 1979.

Ringgren, Helmer, Art. עָמַד, in: ThWAT VI (1989), Sp. 194–204.

Römer, Thomas, Numeri, in: Thomas Römer u. a. (Hg.), Einleitung in das Alte Testament. Die Bücher der Hebräischen Bibel und die alttestamentlichen Schriften der katholischen, protestantischen und orthodoxen Kirchen, Zürich 2013, S. 256–269.

Rothenbusch, Ralf, „...abgesondert zur Tora Gottes hin". Ethnisch-religiöse Identitäten im Esra/Nehemiabuch, HBS 70, Freiburg 2012.

Rudolph, Wilhelm, Esra und Nehemia samt 3. Esra, HAT I, 20, Tübingen 1949.

Rüterswörden, Udo, Art. עָבַד. III.5, in: ThWAT V (1986), Sp. 997–999.

Samuel, Harald, Von Priestern zum Patriarchen. Levi und die Leviten im Alten Testament, BZAW 448, Berlin/Boston 2014.

Schaack, Thomas, Die Ungeduld des Papiers. Studien zum alttestamentlichen Verständnis des Schreibens anhand des Verbums katab im Kontext administrativer Vorgänge, BZAW 262, Berlin/New York 1998.

Schaeder, Hans Heinrich, Iranische Beiträge I, SKG.G 6,5, Halle 1930.

Schaper, Joachim, Priester und Leviten im achämenidischen Juda. Studien zur Kult- und Sozialgeschichte Israels in persischer Zeit, FAT 31, Tübingen 2000.

Scharbert, Josef, Bēyt 'āb als soziologische Größe im Alten Testament, in: Wilhelm C. Delsman u. a. (Hg.), Von Kanaan bis Kerala. FS J.P.M. van der Ploeg zur Vollendung des siebzigsten Lebensjahres, 4. Juli 1979, AOAT 211, Kevelaer/Neukirchen-Vluyn 1982, S. 213–237.

Scheftelowitz, Isidor, Arisches im Alten Testament. I, Königsberg 1901.

Schenker, Adrian u. a. (Hg.), Biblia Hebraica Quinta editione cum apparatu critico novis curis elaborato. Fascicle 20: עזרא ונחמיה. Ezra and Nehemiah. Prepared by David Marcus, Stuttgart 2006. (Zitiert als BHQ).

Schenker, Adrian, La relation d'Esdras A' au texte massorétique d'Esdras-Néhémie, in: Gerard J. Norton/Stephen Pisano (Hg.), Tradition of the Text. Studies offered to Dominique Barthélemy in Celebration of his 70th Birthday, OBO 109, Freiburg (Schweiz)/Göttingen 1991, S. 218–248.

Schenker, Adrian, The Relationship between Ezra-Nehemiah and 1 Esdras, in: Lisbeth S. Fried (Hg.), Was 1 Esdras First? An Investigation into the Priority and Nature of 1 Esdras, SBL 7, Atlanta 2011, S. 45–58.

Schley, Donald G., Art. Azmaveth (Person), in: ABD 1 (1992), S. 539.

Schmid, Konrad, Erzväter und Exodus. Untersuchungen zur doppelten Begründung der Ursprünge Israels innerhalb der Geschichtsbücher des Alten Testaments, WMANT 81, Neukirchen-Vluyn 1999.

Schmidt, Werner H., Art. דבר. IV, in: ThWAT II (1977), Sp. 111–118.

Schmitz, Thomas A., Homerische Poetik, in: Antonios Rengakos/Bernhard Zimmermann (Hg.), Homer-Handbuch. Leben – Werk – Wirkung, Stuttgart/Weimar 2011, S. 64–78.

Schmitz, Winfried, Art. Phratrie, in: DNP 9 (2000), Sp. 962 f.

Schneider, Heinrich, Die Bücher Esra und Nehemia, HSAT IV.2, Bonn 1959.

Schneider, Thomas, Asiatische Personennamen in ägyptischen Quellen des neuen Reiches, OBO 114, Freiburg (Schweiz)/Göttingen 1992.

Schorch, Stefan, The Construction of Samari(t)an Identity from the Inside and from the Outside, in: Rainer Albertz/Jakob Wöhrle (Hg.), Between Cooperation and Hostility. Multiple Identities in Ancient Judaism and the Interaction with Foreign Powers, JAJSup 11, Göttingen 2013, S. 135–149.

Schoville, Keith N., Ezra-Nehemiah, The College Press NIV Commentary (CPNIV). Old Testament Series, Joplin (Mo.) 2001.

Schunck, Klaus-Dietrich, Nehemia, BKAT XXIII/2, Neukirchen-Vluyn 2009.

Schwiderski, Dirk, Handbuch des nordwestsemitischen Briefformulars. Ein Beitrag zur Echtheitsfrage der aramäischen Briefe des Esrabuches, BZAW 295, Berlin/New York 2000.

Schwienhorst, Ludger, Art. נגע, in: ThWAT V (1986), Sp. 219–224.

Scolnic, Benjamin Edidin, Theme and Context in Biblical Lists, SFSHJ 119, Atlanta 1995.

Seebass, Horst, Genesis III. Josephsgeschichte (37,1–50,26), Neukirchen-Vluyn 2000.

Seebass, Horst, Numeri. Teilbd. 1. Num 1,1–10,10, BKAT IV/1, Neukirchen-Vluyn 2012. (Zitiert als Seebass, Num IV/1).

Seebass, Horst, Numeri. Teilbd. 3. Num 22,2–36,13, BKAT IV/3, Neukirchen-Vluyn 2007. (Zitiert als Seebass, Num IV/3).

Segert, Stanislav, Altaramäische Grammatik. Mit Bibliographie, Chrestomatie und Glossar, Leipzig ⁴1990.

Seidl, Theodor, Art. שְׁלָמִים, in: ThWAT VIII (1995), Sp. 101–111.

Shaw, Rosalind/Stewart, Charles, Introduction: problematizing syncretism, in: Charles Stewart/Rosalind Shaw (Hg.), Syncretism/Anti-Syncretism. The Politics of Religious Synthesis, EASA (European Association of Social Anthropologists), London/New York 1994, S. 1–26.

Siedlecki, Armin, Contextualizations of Ezra-Nehemiah, in: Mark J. Boda/Paul L. Redditt (Hg.), Unity and Disunity in Ezra-Nehemiah. Redaction, Rhetoric, and Reader, HBM 17, Sheffield 2008, S. 263–276.

Simons, Jan J., The Geographical and Topographical Texts of the Old Testament. A Concise Commentary in XXXII Chapters, Leiden 1959.

Smend, Rudolf, Die Listen der Bücher Esra und Nehemia, Basel 1881.

Smith, Daniel L., The Religion of the Landless. The Social Context of the Babylonian Exile, Bloomington 1989.

Speiser, Ephraim A., Census and Ritual Expiation in Mari and Israel, in: BASOR 149 (1958), S. 17–25.

Steins, Georg, Die Chronik als kanonisches Abschlußphänomen. Studien zur Entstehung und Theologie von 1/2 Chronik, BBB 93, Weinheim 1995.

Stern, Ephraim, Material Culture of the Land of the Bible in the Persian Period 538–332 B.C., Warminster 1982.

TAD A-D: siehe Porten/Yardeni, Textbook of Aramaic Documents. Vol. 1–4.

TAO A: siehe Porten, Bezalel/Yardeni, Ada, Textbook of Aramaic Ostraca from Idumea.

Tallqvist, Knut L., Neubabylonisches Namenbuch zu den Geschäftsurkunden aus der Zeit des Šamaššumukîn bis Xerxes, Acta Societatis Scientiarum Fennicae XXXII,2, Helsingfors 1906. (Zitiert als NBN).

Talmon, Shemaryahu, Art. "Ezra and Nehemiah (Books and Men)", in: IDBSup 1976, S. 317–328.

Talshir, Zipora, Ancient Composition Patterns Mirrored in 1 Esdras and the Priority of the Canonical Composition Type, in: Lisbeth S. Fried (Hg.), Was 1 Esdras First? An Investigation into the Priority and Nature of 1 Esdras, SBL 7, Atlanta 2011, S. 109–129.

Talshir, Zipora, 1 Esdras. A Text Critical Commentary, SBLSCS 50, Atlanta 2001.

Talshir, Zipora, 1 Esdras. From Origin to Translation, SBLSCS 47, Atlanta 1999.

Tengström, Sven, Art. חָלַף, in: ThWAT II (1977), Sp. 999–1002.

The Roman Antiquities of Dionysius of Halicarnassus with an English Translation by Earnest Cary, Ph.D on the Basis of the Version of Edward Spelman in Seven Volumes, Vol. II. Books III-IV, The Loeb Classical Library, London/Cambridge (Mass.) 2001.

The Talmud of the Land of the Israel. A Preleminary Translation and Explanation. Vol. 18. Besah and Taanit, translated by Jacob Neuser, Chicago 1987.

Thiel, Winfried, Art. רְכוּשׁ, in: ThWAT VII (1993), Sp. 515–519.

Thiel, Helmut van, Homerus: Ilias, Hildesheim 1996.

Throntveit, Mark A., Ezra-Nehemiah, Interpretation. A Bible Commentary for Teaching and Preaching, Louisville (Ky.) 1992.

Tiemeyer, Lena-Sofia/Barstad, Hans M. (Hg.), Continuity and Discontinuity. Chronological and Thematic Development in Isaiah 40–66, FRLANT 255, Göttingen 2014.

Titus Livius, Römische Geschichte. Buch I-III. Lateinisch und deutsch herausgegeben von Hans Jürgen Hillen, Sammlung Tusculum, München/Zürich 1987.

Tollington, Janet E., Tradition and Innovation in Haggai and Zechariah 1–8, JSOT.S 150, Sheffield 1993.

Torrey, Charles C., Ezra Studies, Chicago 1910 (Nachdr. New York 1970).

Torrey, Charles C., The Composition and Historical Value of Ezra-Nehemiah, BZAW 2, Berlin 1896.

Utzschneider, Helmut/Oswald, Wolfgang, Exodus 1–15, IEKAT, Stuttgart 2013.

VanderKam, James C., Ezra-Nehemiah or Ezra and Nehemiah?, in: Eugene Ulrich u. a. (Hg.), Priests, Prophets and Scribes. Essays on the Formation and Heritage of Second Temple Judaism in Honour of Joseph Blenkinsopp, JSOT.S 149, Sheffield 1992, S. 55–75.

VanderKam, James C., Literary Questions between Ezra, Nehemiah, and 1 Esdras, in: Lisbeth S. Fried (Hg.), Was 1 Esdras First? An Investigation into the Priority and Nature of 1 Esdras, SBL 7, Atlanta 2011, S. 131–143.

Van der Kooij, Arie, On the Ending of the Book of 1 Esdras, in: C. E. Cox (Hg.), LXX. VII. Congress of the International Organization for Septuagint and Cognate Studies, SCSt 31, Atlanta 1991, S. 37–49.

Van der Kooij, Arie, Zur Frage des Anfangs des 1.Esrabuches, in: ZAW 103 (1991), S. 239–252.

Van der Veen, Pieter, Juda unter Joschija, in: Herders Neuer Bibelatlas, S. 180–183.

Wagner, Max, Die lexikalischen und grammatischen Aramaismen im alttestamentlichen Hebräisch, BZAW 96, Berlin 1966.

Waltke, Bruce K./O'Connor, Michael, An Introduction to Biblical Hebrew Syntax, Winona Lake 1990.

Weber, Beat, Art. Asaf/Asafiten/Asafpsalmen, in: Das Wissenschaftliche Bibellexikon im Internet (www.wibilex.de), 2008 (Zugriffsdatum: 09.02.2015).

Weber, Beat, Asaf – ein Name, seine Träger und ihre Bedeutung in biblischen Zeiten, in: Markus Witte/Johannes F. Diehl (Hg.), Orakel und Gebete. Interdisziplinäre Studien zur Sprache der Religion in Ägypten, Vorderasien und Griechenland in hellenistischer Zeit, FAT II 38, S. 235–259.

Weber, Beat, Psalm 77 und sein Umfeld. Eine poetologische Studie, BBB 103, Weinheim 1995.

Weimar, Peter, Die Berufung des Mose. Literaturwissenschaftliche Analyse von Exodus 2,23–5,5, OBO 32, Freiburg (Schweiz)/Göttingen 1980.

Weinberg, Joel P., Bemerkungen zum Problem „Der Vorhellenismus im Vorderen Orient", in: Klio 58 (1976), S. 5–20.

Weinberg, Joel P., Das Bēit ʾĀbōt im 6.-4. Jh. v. u. Z., in: VT 23 (1973), S. 400–414.

Weinberg, Joel P., Demographische Notizen zur Geschichte der nachexilischen Gemeinde in Juda, in: Klio 54 (1972), S. 45–59.

Weinberg, Joel P., Die Agrarverhältnisse in der Bürger-Tempel-Gemeinde der Achämenidenzeit, in: János Harmatta/György Komoróczy (Hg.), Wirtschaft und Gesellschaft im Alten Vorderasien, Budapest 1976, S. 473–484.

Weinberg, Joel P., Neṭînîm und „Söhne der Sklaven Salomos" im 6.-4. Jh. v. u. Z, in: ZAW 87 (1975), S. 355–371.

Weinberg, Joel P., The Citizen-Temple Community, JSOT.S 151, Sheffield 1992.

Weinberg, Joel P., Zentral- und Partikulargewalt im achämenidischen Reich, in: Klio 59 (1977), S. 25–43.

Weinfeld, Moshe, The Census in Mari, in Ancient Israel and in Ancient Rome, in: Daniele Garrone/Felice Israel (Hg.), Storia e tradizioni di Israele. Scritti in onore di J. Alberto Soggin, Bescia 1991, S. 293–298.

Weingart, Kristin, Stämmevolk – Staatsvolk – Gottesvolk? Studien zur Verwendung des Israel-Namens im Alten Testament, FAT.2 68, Tübingen 2014.

Weissbach, Franz H., Die Keilinschriften der Achämeniden, VAB 3, Leipzig 1911.

Westermann, Claus, Genesis. 3. Teilband. Genesis 37–50, BKAT I/3, Neukirchen-Vluyn 1982.

Wijngaards, John, הוציא and העלה. A Twofold Approach to the Exodus, in: VT 15 (1965), S. 91–102.

Will, Ernest/Larché, François, ʾIraq al-Amir. Le château du Tobiade Hyrcan. Texte. Album, BAH CXXXII, Paris 1991.

Willi, Thomas, Chronik. 1. Teilband. 1 Chronik 1,1–10,14, BKAT XXIV/1, Neukirchen-Vluyn 2009.

Willi, Thomas, Juda – Jehud – Israel. Studien zum Selbstverständnis des Judentums in persischer Zeit, FAT 12, Tübingen 1995.

Willi, Thomas, Zwei Jahrzehnte Forschung an Chronik und Esra-Nehemia, in: ThR 67 (2002), S. 61–104.

Willi-Plein, Ina, Warum mußte der Zweite Temple gebaut werden?, in: Beate Ego u. a. (Hg.), Gemeinde ohne Temple/Community without Temple. Zur Substituierung und Transformation des Jerusalemer Tempels und seines Kults im Alten Testament, antiken Judentum und frühen Christentum, WUNT 118, Tübingen 1999, S. 57–73.

Williamson, Hugh G. M., 1 Esdras, in: James D. G. Dunn/John William Rogerson (Hg.), Eerdmans Commentary on the Bible, Grand Rapids, Michigan 2003, S. 851–858.

Williamson, Hugh G. M., 1 Esdras as Rewritten Bible?, in: Lisbeth S. Fried (Hg.), Was 1 Esdras First? An Investigation into the Priority and Nature of 1 Esdras, SBL 7, Atlanta 2011, S. 237–249.

Williamson, Hugh G. M., Ezra, Nehemiah, WBC 16, Waco 1985.

Williamson, Hugh G. M., Israel in the Book of Chronicles, Cambridge 1977.

Williamson, Hugh G. M., More Unity than Diversity, in: Mark J. Boda/Paul L. Redditt (Hg.), Unity and Disunity in Ezra-Nehemiah. Redaction, Rhetoric, and Reader, HBM 17, Sheffield 2008, S. 328–343.

Williamson, Hugh G. M., The Composition of Ezra 1–6, in: ders., Studies in Persian Period History and Historiography, FAT 38, Tübingen 2004, S. 244–270 (zuerst erschienen in: JTS 34 [1983], S. 1–30).

Williamson, Hugh G. M., The Problem with First Esdras, in: John Barton/David J. Reimer (Hg.), After the Exile. Essays in Honour of Rex Mason, Macon (Georgia) 1996, S. 201–216.

Wilson, Robert R., Genealogy and History in the Biblical World, YNER 7, New Haven/London 1977.

Wimmer, Stefan, Palästinisches Hieratisch. Die Zahl- und Sonderzeichen in der althebräischen Schrift, ÄAT 75, Wiesbaden 2008.

Wiseman, Donald J., The Alalakh Tablets, OPBIAA 2, London 1953.

Witte, Markus, Schriften (Ketubim), in: Jan Christian Gertz, (Hg.), Grundinformation Altes Testament. Eine Einführung in Literatur, Religion und Geschichte des Alten Testaments, Göttingen ⁴2010, S. 413–534.

Wright, Jacob L., A New Model for the Composition of Ezra-Nehemiah, in: Oded Lipschits u. a. (Hg.), Judah and the Judeans in the Fourth Century B.C.E., Winona Lake 2007, S. 333–348.

Wright, Jacob L., Rebuilding Identity. The Nehemiah-Memoir and its Earliest Readers, BZAW 348, Berlin/New York 2004.

Wright, Jacob L., Remember Nehemiah: 1 Esdras and the Damnatio Memoriae Nehemiae, in: Lisbeth S. Fried (Hg.), Was 1 Esdras First? An Investigation into the Priority and Nature of 1 Esdras, SBL 7, Atlanta 2011, S. 145–163.

Wright, Jacob L., Seeking, Finding and Writing in Ezra-Nehemiah, in: Mark J. Boda/Paul L. Redditt (Hg.), Unity and Disunity in Ezra-Nehemiah. Redaction, Rhetoric, and Reader, HBM 17, Sheffield 2008, S. 277–304.

Wright, John W., Remapping Yehud: The Borders of Yehud and the Genealogies of Chronicles, in: Oded Lipschits/Manfred Oeming (Hg.), Judah and the Judeans in the Persian Period, Winona Lake 2006, S. 67–89.

Wunsch, Cornelia/Pearce, Laurie E., Judeans by the Waters of Babylon. New Historical Evidence in Cuneiform Sources from Rural Babylonia. Texts from the Schøyen Collection, Babylonische Archive 6, in Kürze erscheinend. (Zitiert als BaAr 6).

Würthwein, Ernst, Die Bücher der Könige. 1. Kön 1–16, ATD 11, Göttingen ²1985.

Zadok, Ran, Die Nichthebräischen Namen der Israeliten vor dem Hellenistischen Zeitalter, in: UF 17 (1986), S. 387–398.

Zadok, Ran, Notes on the Biblical and Extra-Biblical Onomasticon, in: JQR.NS 71 (1980), S. 107–117.

Zadok, Ran, Remarks on Ezra and Nehemiah, in: ZAW 94 (1982), S. 296–298.

Zadok, Ran, Some Issues in Ezra-Nehemiah, in: Isaac Kalimi (Hg.), New Perspectives on Ezra-Nehemiah. History and Historiography, Text, Literature, and Interpretation, Winona Lake 2012, S. 151–181.

Zadok, Ran, The Jews in Babylonia During the Chaldean and Achaemenian Periods. According to the Babylonian Sources, Studies in the History of the Jewish People and the Land of Israel. Monograph Series III, Haifa 1979.

Zadok, Ran, The Pre-Hellenistic Israelite Anthroponymy and Prosography, OLA 28, Leuven 1988.

Zwickel, Wolfgang u. a. (Hg.), Herders Neuer Bibelatlas, Freiburg u. a. 2013.

Zwickel, Wolfgang, Jerusalem und Samaria zur Zeit Nehemias. Ein Vergleich, in: BZ 52 (2008), S. 201–222.

Register

7,5-9	136
8,12	125, 248
8,13	64
8,24	73
8,28	64
8,6	64
9,1	79
9,11	241
9,17	130, 243
9,17-19	130
9,3-17	238
9,7	74

2 Chr

2,15	86
2,2-15	160
2,3	85
2,7	160
23,18	153, 176
23,18f	128
24,13	82, 87
24,14	154, 155
24,6	210
26,7	77
29,27-29	154, 155
29,30	128
29,7	154, 155
29-35	159
3,2	54, 162
30,10-12	158
30,16	153
30,18-20	158
31,16-19	136
31,17	165
31,3	85
34	21, 22
34,10	82
34,12	164, 165
34,14	42
34,29-33	21
34,9	258
35	21, 22
35,15f	128
35,1ff	17
35,4f	158
36,10	107
36,18	107

36,21	62
36,22	62
36,22f	96, 254
36,23	63
36,7	107
4,11	82
5,1	82
5,12	88
5,12f	170
5,2f	150
7	154, 155, 157
7,6	170
88,13	85

B. Außerkanonische Schriften

1 Makk

11,34	124, 272
12,38	124
13,13	124

3 Esr (= Esdr α)

1,21f	17, 20
2,1	62
2,1-25	25
2,15-25	18, 57
2,25	36
2,4	63
2,5-9	8
2,6	65
2,9	67
2,9-14	17
2-7	25
3,1-5,6	18, 24
4,13	27
4,47	29, 30
4,47f	26
4,57	24
4,63	24
5	4
5,15f	71
5,1-6	27
5,18-21	94
5,2	29, 30
5,40	29
5,45	31, 143, 145
5,46-62	28
5,5	27